KB267902

충북의 독립운동과 독립운동가

충북의 독립운동과 독립운동가

박걸순

국학자료원

필자는 1987년부터 꼭 20년 동안 독립기념관 한국독립운동사연구소에서 독립운동사 연구자로서 길을 걷다가 2007년 충북대학교 교수로 부임하였다. 독립기념관 봉직 시절은 연구자로서 매우 행복한 시간이었고, 대학으로의 전임은 연구에 더욱 몰두할 수 있는 계기가 되었다. 필자가 관심을 지니고 있는 시간적 대상은 한국근현대사이며, 주제는 독립운동사와 근현대사학사 분야이다. 한편 공간적 관심은 태생적 연고가 있는 충북지역에 두고 있었다. 그래서 전공 분야의 주제와 함께 1990년대부터 충북지역 독립운동사에 대한 논문도 간간이 써왔고, 대학교 부임 이후에는 충북의 근현대사를 주요 연구 대상으로 삼고 있다.

충북은 다른 지역에 비해 근현대사의 소재가 풍부하지는 못하다. 또한 그리 커다란 역사적 사건의 무대가 되지도 못하여 역동적이라고 말하기도 어렵다. 그래서인지는 몰라도 다른 지역에 비해 연구자도 적고 연구 성과도 미미하다. 그것보다 더욱 심각한 것은 지역사회의 근현대사에 대한 인식이 너무 부족하다는 사실이다. 각 지자체에서는 경쟁이나 하듯 지역의 근현대사와 독립운동사 연구 사업을 지원하고 방대한 연구서를 출판해 내고 있으나, 충북은 아직 별다른 반응이 없다. 지역문화를 선도해야 하는 지자체 단체장과 행정 실무 담당자들의 인식과 발상의 전환을 기대해 본다. 지역의 품격을 따지는 척도는 경제 자립도에만 있는 것이 아니라, 그 지역의 역사·문화적 가치의 전승 여부도 중요한 기준이 된다는 사실을 유념하여야 한다.

필자는 지역 대학에서 연구하며 가르치는 사람은 지역사회에 대한 일정한 책무가 있다고 생각한다. 따라서 한국사 연구자들은 응당 지역사 연구에 참여하고 지역사 규명에 기여하여야 한다고 믿는다. 그런데 한동안 지역사를 중앙사의 하부적 존재쯤으로 하찮게 여기던 사람들이 있었다. 그들은 지역사는 향토사가와 같은 아마추어의 영역으로 치부하고, 자신들은 고급의 역사를 담당해야 한다는 오만과 착각에 빠졌던 것이다. 물론 지금 그렇게 생각하는 사람은 없을 것이다. 영호남에 비해 충청의 지역사 연구가 출발이 늦고 성과가 부진한 데에는 서울과 인접한 지역적 특성도 작용하였다. 그만큼 중앙에 대한 예속성이 강하였고, 그 원심력에 쉽게 빨려 들어가 지역학과 지역사의 필요성을 덜 절감하였던 것이다.

얼마 전 우리 대학 특성화 교양 과목으로 지역사를 포함하는 지역학을 개설하려다가 이를 반대하는 이공계열 교수들과 논쟁을 벌였던 적이 있다. 마치 지역학을 세계화와 국제화에 역행하는 퇴행적 학문쯤으로 여기는 그들에게는 '글로컬라이제이션(Glocalization)'이란 신조어조차 먹히지 않았다. 그런 그들이 미국 유학 시절 외국인 유학생들에게 필수과목으로 지정된 미국사 학점 취득에 진땀을 뺀 회고담을 늘어놓는 것은 아이러니한 일이었다.

한동안 우리의 근현대사, 특히 독립운동사를 비하하는 천박한 역사인식을 가진 사람들의 목소리가 높았었다. 그들 중 일부가 권력의 중심에 서며 해괴한 역사 논쟁을 유발하기도 하였다. 역사인식이 역사를 이해하는 학문적 체계라면, 역사의식은 그를 바탕으로 현대사회가 당면한 문제를 해결해 나가고자 하는 지향이다. 그렇기 때문에 역사인식이 올바로 정립되지 않은 사람들에게 바람직한 역사의식을 기대하기는 천부당만부당한 일이다. 지금 우리 사회의 역사의식의 방향성이 잘못 규정된 것이라면 먼저 역사인식의 부재를 반성해야 할 것이다.

지역사는 중앙사의 종속적·하부적 단위나 개념이 절대 아니다. 오히려 지역사는 중앙사를 귀납적으로 체계화시켜주는 기초적 대상이자 선결적 과제이다. 역사 연구의 학문적 영역에서 지역사와 중앙사를 상하의 기준으로 구별하려는 것은 바람직하지 못하다. 지역은 시기에 따라서 민족사의 중심이 되기도 하였기 때문에 이를 구분하려는 것은 역사에 대한 이해의 부족을 드러내는 것이고, 현대 역사학의 연구 추세에도 괴리되는 논리이다.

본서는 필자가 20여 년 동안 충북지역의 독립운동사를 주제로 썼던 논문 15편을 중심으로 구성한 것이다. 지금 돌아보니 오래 전에 발표한 논문일수록 오류가 적지 않아 부끄럽기 그지없다. 그것은 일차적으로 필자의 연구 능력이 일천하고 부족한 탓이나, 연구 토양이 척박하였던 것도 요인의 하나였다. 논문 가운데에는 스스로 논지를 수정한 경우도 있다. 예컨대 한봉수에 관한 첫 논문에서는 그를 진위대 출신 의병장이라고 서술했다가, 후속 논문에서는 평민 출신 의병장으로 수정한 것이 대표적이다. 여기에서 다룬 대상 중에는 처음으로 학계에 소개한 인물도 있다. 한봉수·홍범식·안숙·신팔균은 한 인물을 단독 주제로 한 최초의 논문이었다.

일련의 신채호 관련 연구를 진행하면서 평양 인민대학습당에 소장되어 있는 신채호 자료 목록을 입수, 공개한 것은 나름의 보람이었다. 또한 신채호의 피체 장소를 기존의 기륭항에서 기륭우편국으로 바로 잡은 것은 작은 부분이나마 단재 연구의 성과였다.

필자가 각각의 논문을 통해 피력한 내용 가운데에는 이미 학문적 생명력을 다하여 용도 폐기해야 할 것들도 있으나, 여전히 유효한 제안이나 주장 또한 적지 않다. 그래서 가급적 수정하지 않고 원문대로 수록하고자 하였다. 그것은 본서가 충북지역 근현대사 연구사의 한 페이지가 될 수도 있고, 필자의 연구 궤적을 반성적으로 회고할 수 있다고 여겼기 때문이다.

본서는 3부와 부록으로 구성하였다. 제1부는 충북지역에서 전개된 3·1운동과 학생운동을 검토한 논문과, 독립운동사 연구 현황과 과제를 정리한 논문 등 3편을 수록하였다. 제2부는 충북 출신 독립운동가 가운데 한봉수·홍범식·안숙·이상설·정순만·신팔균 및 3·1운동 당시 충북 출신 민족대표 6인의 독립사상을 논의한 논문 등 8편을 수록하였다. 현재 독립운동의 공적을 인정받아 정부로부터 훈포장을 받은 충북 출신 독립유공자는 405명인데, 본서에서 검토의 대상으로 한 것은 그 중 극히 일부에 불과하다. 이 중 안숙 관련 논문은 학술지에 게재하기 위해 대폭 축약하였는데, 여기에서는 축약하기 이전의 원문대로 수록하였다. 제3부는 단재 신채호에 대해 쓴 4편의 논문으로 구성하였다. 각각의 논문이 게재된 학술지와 발표 시기는 해당 논문의 말미에 밝혀 두었다.

　　부록으로는 충주 출신 아나키스트 柳子明의 친필 수기 두 편을 발굴하여 원전과 필자의 번역본을 함께 수록하였다. 이 자료는 2008년 필자가 중국 창사에 거주하고 있는 그의 아들 柳展輝 교수의 집을 방문하여 류자명 자료를 조사할 때 확인한 자료이다. 「我的簡歷」은 1974년 3월 호남농학원 재직 시절에 자신의 약력을 정리한 것이고, 「我在中國六十多年」은 1979년의 사실까지 기술하고 있어 그 후에 정리한 것임을 알 수 있는데 구성과 내용은 유사하다. 당시 자료 조사의 편의를 제공해 주고 이 자료의 공개를 허락해 주신 류전휘 교수께 감사드린다. 또한 필자와 함께 현지에 동행하여 자료의 수집과 정리를 도와주신 重慶大韓民國臨時政府廳舍 李鮮子 부관장의 노고에도 감사드린다. 말미에는 류전휘 교수가 보내온 아버지에 대한 회고록을 수록하였다.

　　아무쪼록 본서가 척박한 충북지역 근현대사 연구의 섬돌 하나를 얹는 역할이라도 하기를 기대해 본다. 본서를 일제강점기라는 민족의 불행기를 타파하고자 치열하게 고뇌하고 투쟁한 충북인의 영전에 바친다. 끝으로 채산성도 없는 본서의 출판을 허락해 주신 국학자료원 정찬용 원장님과 편집에 애써 주신 박지연·이원숙님께 감사의 말씀을 드리며, 교정을 도와 준 충북대학교 대학원 근현대사 연구팀에게도 감사의 말을 전한다.

2012년 광복절
개신골 연구실에서, 필자

목차

제2부 충북인의 독립운동

의병장 韓鳳洙의 항일투쟁

一阮 洪範植의 자결 순국과 그 유훈

제3부 신채호의 독립운동과 역사인식

『단재 신채호 전집』 편찬의 의의와 과제

申采浩의 독립운동론과 재중독립운동

1920년대 신채호의 역사인식과 역사서술

申采浩의 아나키즘 수용과 동방피압박민족연대론

▨ 부록 ‖ 새로 발굴한 아나키스트 柳子明의 친필 수기

제1부

충북지역의 독립운동

충북지역 3·1운동의 전개 양상과 성격

I. 머리말

3·1운동은 일제강점기 최대의 독립운동으로 평가된다. 그 까닭은 독립운동의 참여 계층이 각계의 민중으로 확대되고, 독립운동의 공간이 국내외로 확장되었기 때문이다. 또한 3·1운동은 1920년대 이후 독립운동의 이념이 다원화되고 방법론이 다양화하는 계기를 조성하였다. 따라서 3·1운동의 지역사적 특징을 규명하는 것은 단지 3·1운동사뿐만 아니라, 이를 전후한 시기 그 지역 독립운동의 주체 세력과 운동 양상을 실체적으로 이해함은 물론 현대사의 추이로도 연계되는 중요한 주제이다.

그러나 충북지역의 독립운동사 연구는 아직 사실의 확인 등 현상적 규명조차 제대로 이루어지지 못하였다. 따라서 운동 주체 세력의 존재 형태나 역량, 시기별·계열별 운동 양태 등이 인과적으로 규명되지 못하였다. 그 주요한 원인은 운동사의 측면에서 충북지역의 독립운동이 타 지역에 비해 미약하여 주목받지 못하였고, 연구사의 측면에서 연구자가 부재했고 근현대사에 대한 관심이 부족했기 때문이라 할 수 있다. 필자는 이전에 충북지역 3·1운동의 지역사적 특성 파악을 통한 전후 독립운동사의 규명 및 민족대표 등의 인물 연구를 통한 평전의 집필, 유적지의 정밀한 고증과 현장 학습장으로의 활용 등을 제안한 바 있다.[1]

충북지역의 3·1운동에 대하여는 일부 연구가 진행되었다. 김진봉은 호서지역 3·1운동의 요인과 전개, 성격을 밝혔고,[2] 황부연은 충북지역 3·1운동의 배경과 각 지역별 만세시위, 일제의 탄압, 만세운동의 특징을 검토하였다.[3] 박걸순은 청원과 괴산 등 일부지역의 3·1운동을 검토한 바 있고, 의병장 한봉수의 연구를 통해 독립운동선상에서 의병과 3·1운동의 맥락이 전승된 사실을 규명하였으며,[4] 충북 출신 민족대표의 공판기록을 분석하여 그들의 독립사상을 정리하였다.[5] 한편 김진호는 충북지역 3·1운동의 전개과정과 지역별 시위 양상 및 일제의 탄압을 개괄하였다.[6]

그럼에도 불구하고 충북지역의 3·1운동사 연구는 좀 더 규명되어야 할 부분이 적지 않다.[7] 본고는 이 같은 문제인식으로부터 출발하였다. 먼저 3·1운동의 실태 파악을 위해 일제 측의 육군성, 조선총독부경무국, 3

---

1) 朴杰淳, 「忠北地方 獨立運動史의 研究現況과 課題」, ≪한국독립운동사연구≫ 제15집, 2000, 355~389쪽.
2) 金鎭鳳, 「湖西地方 3·1運動의 性格」, ≪한국독립운동사연구≫ 제1집, 1987, 129~150쪽.
3) 黃富淵, 「忠北地方의 三·一運動」, ≪忠北史學≫ 제1집, 1987, 1~26쪽.
4) 박걸순, 『槐山地方 抗日獨立運動史』, 괴산문화원, 1996; 「義兵將 韓鳳洙의 抗日鬪爭」, ≪한국독립운동사연구≫ 제10집, 1996.
5) 박걸순, 「3·1운동 공판기록을 통해 본 충북 출신 '민족대표'의 독립사상」, ≪中原文化研究≫ 제13집, 2010.
6) 김진호·박이준·박철규, 『국내 3·1운동 ―남부―』(한국독립운동의 역사 20), 한국독립운동사편찬위원회·독립기념관 한국독립운동사연구소, 2009.
7) 충남지역의 3·1운동을 주제로 박사학위 논문이 나온 바 있고(金珍皓, 「忠南地方 3·1運動 研究」, 충남대학교 대학원, 2002), 지역별 시위 상황을 밝힌 박사 학위 논문에서도 충북지역에 대하여는 전혀 논의되지 않았다(李廷銀, 「3·1運動의 地方示威에 관한 研究」, 서울대학교 대학원, 2006).

조선군사령부의 전보·보고·조서 등 정보관계 문서, 공판기록 등의 자료를 면밀히 검토하는 기초 조사를 진행하고, 이를 토대로 시·군별 만세시위의 전개양상과 성격을 살펴보기로 한다.

II. 충북지역 3·1운동의 양상

1. 만세운동의 배경과 통계

일제는 만세시위의 지방 확산의 구체적 원인을 독립선언서 배포 등 중앙과의 연계에 유의하였다. 충북지역은 천도교 측 印宗益이 독립선언서의 배포를 담당하였는데, 3월 2일 경에는 다수의 독립선언서가 청주에 배포되었다. 일제는 충북지방 3·1운동의 동기를 인종익과 서울에서 내려온 자들의 독립선언서 배포와 선동에 의한 것으로 파악하였다.[8]

조선헌병대사령부의 『朝鮮騷擾事件狀況』에는 충북지역 만세운동 발발 동기에 대해 구체적으로 보고되어 있다. 먼저 그들은 자기네들의 선정에 의해 충북지역의 민심이 구래의 惰眠性을 타파하였고 재정적으로도 좋아졌으며, 자신들의 적극적인 인명과 재산 보호에 따라 한인이 충심으로 同化에 순응하고 있다고 왜곡 보고하였다. 그러나 한편으로는 유생과 양반을 중심으로 경술국치 때 순절한 洪範植과 金濟煥 등을 찬양하고 세계대전에서 독일이 승리하면 조선이 독립될 것이라고 여기거나, 민족자결주의의 유포에 따라 평소 온건한 지식계급까지 이에 기울고 있다고 우려하였다. 특히 광무황제의 폭붕에 따른 憤死와 독살설 소문이 돌아 민심이 흉흉하며, 국장에 會葬하기 위해 상경하였다가 '불온 인쇄물'을 두루마기 속에 꿰매 가지고 오거나 우편으로 친지에게 붙이는 자들이 있었고, 상경했던 자들이 귀향하여 서울에서 전개된 만세운동의 소식을 전하며

---

8) 高第六九二二號, 1919. 3. 14, 「獨立運動に關する件(第十四報)」(金正明編, 『朝鮮獨立運動』 第Ⅰ卷, 原書房, 1967, 359~361쪽).

인심이 완전히 동요하기에 이르렀다고 파악하였다.[9]

일제는 전국적으로 만세시위가 발생하자 충북지방민이 이 같은 분위기에 '감염'되었다고 하며 당시 충북 지역민의 심리상태를 다음과 같이 5개의 부류로 나누어 파악하였다.

> ① 조선의 독립은 기대할 수 없지만 조선 민족의 의기를 드높여 위정자에게 각성을 촉구하는 것.
> ② 소요를 일으키면 강화 회의에 반향 되어 독립될 수 있다고 하는 流說을 妄信한 것.
> ③ 소요에 가담하지 않으면 비겁하다고 세상에서 嘲罵된다는 것.
> ④ 소요에 참가하지 않으면 후일 독립되었을 때 학대당하여 세상에서 행세할 수 없다는 것.
> ⑤ 이미 독립이 되었다고 妄信한 것.[10]

한편 일제 헌병대는 충북 지역민이 식민지 통치에 대해 지니고 있는 불만에 대해 ① 조선인 관리의 대우가 열등한 점, ② 조선을 식민지시하여 조선인을 멸시 冷遇하는 일, ③ 국비로 해야 할 공사의 부역을 인민에게 부과하는 일, ④ 인민의 권리를 무시하고 갖가지 공사를 하는 일, ⑤ 공동묘지제를 강행한 일, ⑥ 민정을 조사하지 않고 일률적으로 산업장려를 한 일, ⑦ 행정 관리는 오만하고 친절함이 없으며 압박 수단으로써 임하는 일 등 일곱 개로 파악하였다.[11]

이로써 보면 충북지역 만세운동은 전래적으로 전통 유교사상에 바탕

---

9) 朝鮮憲兵隊司令部. 1919, 『朝鮮騷擾事件狀況』(독립운동사편찬위원회, 『독립운동사자료집』 제6집, 1973, 472~474쪽).
10) 『독립운동사자료집』 제6집, 495~496쪽. 일제는 이 같은 다섯 부류 중 첫 번째는 홍명희가 유일한 예로서 그는 민족자결이 조선 민족에 적용되는 것이 아니며, 당장 독립을 쟁취할 수 없지만 일제의 압제에 굴복할 수 없기 때문에 만세운동을 전개해야 한다고 주장하였다고 하였다. 또한 두 번째 경우는 약간 이해력이 있는 계층의 인식이고, 나머지는 하급 노동자들로서 만세시위의 대부분을 차지하는 자들의 인식이라고 파악하였다.
11) 『독립운동사자료집』 제6집, 760~761쪽.

을 둔 충효정신, 민족의식의 배태와 식민지 통치에 대한 대항의식, 광무황제의 폭붕과 민족자결주의의 제창 등 국내외적 상황 등이 종합적으로 작용한 것이라 할 수 있다.[12]

다음에 규명하여야 할 것은 충북지역 만세운동의 개괄적 통계이다. 충북지역의 만세운동을 알려주는 몇 가지 통계자료가 있다. 3·1운동 관련 통계로서 가장 먼저 정리된 것은 1919년 9월 대한민국임시정부가 외교활동의 일환으로 국제연맹에 제출하기 위해 임시사료편찬회(총재, 안창호)를 조직하여 편찬한『韓日關係史料集』의 제4부에 첨부된「독립운동일람표」이다.[13]

『한일관계사료집』에 수록된 충북지역 3·1운동 관련 통계를 정리하면 다음의 표와 같다.

충북지역 3·1운동 통계표(Ⅰ)[14]

郡名	月日	會集數	死亡數	被傷數	被囚數	主謀團體
槐山	3. 20	6,000				
清州	3. 23	5,000			20	天道教
沃川	3. 27	4,700	40	92	48	
永同	3. 30	1,000				
鎭川	4. 2	900				
堤川		2,900	16	25	41	
陰城		2,000	6	10		
忠州		3,250	12	36	48	
忠清北道		25,750	74	163	157	

이 자료는 지금까지 거의 활용하지 않은 것이나, 3·1운동 직후 정리된 최초의 기록이자 대한민국임시정부가 정리하여 편찬한 공식기록으로

---

12) 그러나 종교적 영향은 미약했던 것으로 보인다. 예컨대 3·1운동 입감자 도별 종교인 통계에 의하면 267명의 종교인 입감자 중 충북은 함북과 함께 1명도 없었다(近藤劒一, 『万歲騷擾事件(1)』, 223~227쪽).
13) 박걸순, 「大韓民國臨時政府의 역사서 편찬」, 『大韓民國臨時政府樹立80周年記念論文集(下)』, 국가보훈처, 1999.
14) 국사편찬위원회, 『대한민국임시정부자료집』 7, 2005, 731~732쪽.

서의 가치를 지니는 매우 중요한 것이다. 특히 이 자료는 1920년 상해에서 편찬된 金秉祚의 『韓國獨立運動史略』 上篇과 박은식의 『韓國獨立運動之血史』의 저본이 되었다는 점에서 사학사적 의의와 함께 선행 자료로서의 가치를 지니는 것이다. 다만, 이 표에 정리된 날짜 등에 오류가 있고, 그나마 제천·음성·충주는 월일이 누락되는 등 한계가 있는 것도 사실이나, 임시정부가 밝힌 것처럼 전체적인 조사가 불가능하여 일부 지역만 조사하여 정리하였기 때문에 많이 遺漏되었던 것이다.15) 보은과 단양이 통계에서 누락된 것도 그 때문일 것이다.

이와 함께 金秉祚의 『한국독립운동사략』 상편과 박은식의 『한국독립운동지혈사』의 통계도 중요하다. 전자는 『한일관계사료집』의 독립운동 부분 책임자로서 자료의 수집과 정리를 담당한 김병조의 저술이라는 점에서 주목되나, 중복되는 부분 등 오류가 있다.16) 지금까지 3·1운동의 고전적 통계로 이용된 대표적인 것은 『한국독립운동지혈사』로서, 여기에 기재된 충북 3·1운동 관련 통계를 정리하면 다음과 같다.

충북지역 3·1운동 통계표(II)17)

府郡名	會集回數	會集人數	死亡人數	被傷人數	被囚人數
槐山	6	6,000			
清州	7	5,000			20
沃川	7	4,700	40	92	48
永同	2	1,000	25	47	
鎭川	3	900			
堤川	7	2,900	16	25	41
陰城	6	2,000	6	10	

---

15) 국사편찬위원회, 『대한민국임시정부자료집』 7, 720쪽의 「獨立運動一覽表의 注意」.

16) 金秉祚, 『韓國獨立運動史略』 上篇, 上海 宣民社, 1920. 여기에는 충북의 3월 중 시위 통계로서 괴산 6천, 청주 5천, 옥천 4천 7백, 영동 1천, 음성 2천, 충주 3,250(74쪽), 4월 중 시위 통계로서 영동 1천, 진천 900, 제천 2,900, 음성 2천, 충주 3,250(136쪽)이 기록되어 있으나, 4월 통계 중 진천을 제외하고 영동·제천·음성·충주는 3월 통계와 중복된 것이다.

| 忠州 | 6 | 3,250 | 12 | 36 | 48 |
| 忠淸北道 | 44 | 25,750 | 99 | 210 | 157 |

그런데 이 자료는 앞의 『한일관계사료집』을 이용한 것이기 때문에 그와 거의 비슷하다.[18] 다만, 여기에는 월일 대신 회집회수가 집계되어 있고, 회집인원과 피수인수는 동일하다. 사망자와 피상자수가 증가된 것은 영동의 통계가 추가되었기 때문이다.

3·1운동 통계와 관련하여 주목하여야 할 것은 일제 측 자료이다. 경무총감부와 헌병대사령부가 합동 보고한 내용 중 충북지역 만세운동 관련 통계는 다음과 같다.

충북지역 3·1운동 통계표(Ⅲ)[19]

| 道 別 | 參加群衆 | 出動 軍隊 | | 發砲 箇所(괄호는 헌병) | 死傷 | |
		兵力	箇所		示威群衆	日帝
忠淸北道	23,730	90	11	9(5)	57	11

이 통계는 임시정부나 우리 측 통계와 대비해 볼 때 참가인원이 축소되었음은 물론 특히 사상자수가 크게 축소되어 있어 일제 측 의도를 여실히 보여준다.[20] 또한 군대의 출동과 발포 관련 통계 및 자신들의 피해상을

---

17) 朴殷植, 『韓國獨立運動之血史』, 34~36쪽(『白巖朴殷植全集書』 제2권, 동방미디어, 2002, 174~176쪽).

18) 『韓日關係史料集』에 집계된 3·1운동 관련 통계보다 『韓國獨立運動之血史』의 통계가 더욱 증대되었다. 그 까닭은 예컨대 진주의 3월 20일의 시위자 수가 『韓日關係史料集』에는 8,000명이나 『韓國獨立運動之血史』에는 28,000명으로 기록되는 등 자료의 이용과정에서 천, 또는 만 단위의 숫자가 오류로 추가된 경우가 많기 때문이다(박걸순, 「大韓民國臨時政府의 역사서 편찬」 참조).

19) 朝鮮總督府, 1919. 5. 10, 「騷擾事件報告臨時報第十二」(金正明編, 『朝鮮獨立運動』 第Ⅰ卷, 754쪽의 「騷擾事件道別表(3. 1~4. 30)」). 사상자란의 '시위군중'은 원 자료에는 '暴民'으로 되어 있다.

20) 이 통계에는 참가자 수가 463,068명이고 시위군중의 사상자도 1,199명에 불과하다고 되어 있어 『韓國獨立運動之血史』의 참가자 수 2,023,098명, 사망 7,509명, 피상 15,961명

부각시키고자 하는 의도를 알 수 있다. 이듬해 1월 일제는 3·1운동 관련 통계를 수정하였는데, 그 내용은 다음과 같다.

충북지역 3·1운동 통계표(IV)[21]

道 名	箇所	回數	官憲側		普通民		示威群衆		官公署, 기타 피해
			死	傷	死	傷	死	傷	
忠淸北道	31	37	−	20	−	−	28	50	18

이 통계 또한 우리 측의 자료와 격차를 보이기는 마찬가지이다. 일제는 이 통계의 '비고'를 통해 소수 인원이 단순히 만세를 외치거나 헌병 경찰관 소재지 외에서 시위가 일어나 후에 발견된 것은 집계하지 않았으며, 동일 장소에서 2회 이상 시위가 일어난 것은 1회로 계상하였다고 하고 있으나, 『한일관계사료집』이나 『한국독립운동지혈사』도 이 같은 기준에서 정리된 것이기 때문에 축소된 것은 틀림없다.

그렇다면 충북지역의 3·1운동은 언제 어디에서 시작해서 언제 어느 곳의 시위를 끝으로 종료된 것인가? 어떤 자료에는 3월 1일 청주,[22] 또는 3월 7일 청주에서 개시되었다고 하고 있으나,[23] 모두 사실과 다르다. 3·1운동 관련 자료 중 가장 신속히 보고한 것은 일제 측 자료였다. 물론 일제는 탄압의 주체였기 때문에 상황과 명분에 따라 보고 내용에 축소 또는 과장이 있을 수 있어 주의를 요한다. 그럼에도 불구하고 日次 또는 정기 보고가 계속되었고 현장성을 지니고 있기 때문에 자료적 가치를 부여할 수 있을 것이다.

과 큰 격차를 보인다.

21) 「陸軍省發表の損害內譯數訂正方に關する件」(1920. 1. 4, 朝鮮憲兵隊司令官 兒島惣次郎)(金正明編, 『朝鮮獨立運動』 第Ⅰ卷 分冊, 253쪽의 「騷擾箇所及死傷一覽表」). 여기에서 '普通民'은 시위군중(暴民)과 구별하려는 일제 측 의도로 보이며, '시위 군중'도 일제 측 자료에는 '暴民'으로 표기되어 있다.

22) ≪獨立新聞≫ 1919년 9월 2일자.

23) 독립운동사편찬위원회, 『독립운동사』 제3권, 1972, 79쪽.

일제 측 자료에 의하면 충북 최초의 만세운동 움직임은 3월 10일 밤, 청주농업학교 2년생 31명이 교장에게 시험 연기원서를 제출하였고, 또 1학년생 15명이 이날 밤 비밀리에 기숙사를 탈출한 데에서 비롯되었음을 알 수 있다. 일제는 이를 서울에서 내려온 자의 선동에 의한 것으로 보고 엄중히 경계하였다.[24) 이는 3월 2일 청주에 독립선언서가 배포된 것과 관련이 있어 보인다. 청주의 만세운동 분위기는 이튿날까지 지속되었으나,[25) 만세운동으로 연결되지는 못하였다. 3월 15일에는 진천에서 보통학교 생도들이 만세운동을 계획하였으나 역시 불발로 그쳤다.[26)

충북에서 본격적인 만세시위는 3월 19일 괴산읍 장터에서 홍명희 등의 주도로 전개되었다. 이는 전국에서 가장 늦은 출발이었다. 이처럼 충북지역의 만세시위가 늦게 시작된 까닭은 교통의 불편, 종교조직의 미약, 학생층 등 독립운동 주체 세력 역량의 미성숙 등이 요인이 되었던 것으로 보인다.[27) 그러나 이후 충북지역에서는 4월 19일 제천 송학 시위까지 만 1개월 간 도내 각 곳에서 만세함성과 시위가 그치지 않았다. 당시 조선군 참모부의 비밀문서는 충청지방을 경기지역 다음의 위험지역으로 간주할 정도로 시위는 격렬히 전개되었다.[28)

日次 보고 등 일제 측 자료를 중심으로 충북지방 3·1운동을 정리하면 다음의 표와 같다.

일제 측 자료에 나타난 충북의 3·1운동[29)

월일	지명	군중수	출동병력	발포개소	사상자	계획 진행의 정도
3. 2	청주					선언서 배포
3. 11	청주					'불온' 행동이 나타날 조짐이 있음

<hr>

24) 高第六七〇五號, 1919. 3. 11, 「極秘 獨立運動に關する 件(第十二報)」(金正明編, 『朝鮮獨立運動』第Ⅰ卷, 350쪽).
25) 朝鮮總督府, 1919. 5. 10, 「騷擾事件報告臨時報第十二」(金正明編, 『朝鮮獨立運動』第Ⅰ卷, 709쪽).
26) 朝鮮總督府, 1919. 5. 10, 「騷擾事件報告臨時報第十二」(金正明編, 『朝鮮獨立運動』第Ⅰ卷, 712쪽).
27) 朴杰淳, 「忠北地方 獨立運動史의 研究現況과 課題」, 363~364쪽.
28) 朝特報九號, 1919. 4. 7, 「騷擾事件に關する 狀況」(金正明編, 『朝鮮獨立運動』第Ⅰ卷, 524쪽).

3. 15	진천					보통학교 생도 독립운동을 기도
3. 19	괴산		12(1)			
3. 27	이원	700		1	2(10)	
3. 29	괴산(2)	1,500	15(1)		(1)	
3. 29	영동 서산	200				
3. 30	미원	1,000	7(1)	1	4	
3. 30	청안(3)	3,000	7(1)		7	
4. 1	괴산 청천	500	10(1)			
4. 1	음성 한천	200				
4. 2	진천 석현	다수		1	2	
4. 2	진천 장양	200		1		
4. 2	진천 광혜원	500				
4, 2	음성 천평	500				
4. 2	괴산 장연	200				
4. 2	청주	500				
4. 3	영동 괴목	2,000				
4. 3	광혜원(2)	600	6(1)	1	9	
4. 3	옥천 청산	1,000		1	5	
4. 3	영동 서산(2)	300	5(1)	1	10	
4. 4	영동	2,000			14	
4. 4	음성 장호원	2,000				
4. 5	장호원(2)	3,000		1		
4. 6	영동 추풍령	300				
4. 6	청주 문의	1,300	8(1)			
4. 6	음성 음성	500				
4. 8	보은 보은	100	4(1)			
4. 8	옥천 오동	50				
4. 10	괴산 광덕	300	1(1)		1	
4. 11	보은 구인리	100				
4. 12	보은 무서리	100				
4. 13	보은 선곡리	50				
4. 17	제천읍	1,000	15(1)	1	3	
4. 19	제천 송학	50				

※ 괄호 내 숫자: 지명(발생횟수), 출동병력(출동개소), 사상자(일본 측 사상자)

　이로써 보면 3·1운동 당시 충북지역에서는 3월 19일의 괴산시위를 필두로 4월 19일의 제천 송학 시위까지 만 1개월 동안 도내 전역에서 38

---

29) 이 표는 金正明編, 『朝鮮獨立運動』第Ⅰ卷에 수록된 일제의 각종 정보 자료를 종합하여 작성한 것이다.

회의 시위가 벌어졌음을 알 수 있다. 시위참여 군중 수는 인원이 누락된 괴산(3. 19)과, '다수'라고만 기록된 진천 석현(4. 2)을 제외하더라도 24,750명에 이르는데, 이는 우리는 물론 일제 측 통계와도 근사치이다.

그런데 이 자료는 당일의 기록으로서 매우 정확하고 상세한 듯 보이나, 누락된 사실이 적지 않다. 당시 충북은 10개 군이었는데 전술한 바와 같이 『한일관계사료집』과 『한국독립운동지혈사』 등 우리 측 자료에는 보은과 단양의 만세운동이 누락되어 있다. 그러나 일제 측 자료에는 보은군 내 시위가 4회나 기록되어 있다. 단양의 경우도 회고담이나 관련 자료에 의하면 군내 각지에서 4, 5차에 걸쳐 소규모의 시위가 있었던 것으로 확인된다.[30] 따라서 충북은 10개 군 전체에서 만세시위가 전개되었다고 보는 것이 타당하다.

우리 측 자료는 물론 일제 측 자료에서도 소규모 인원이 모여 단순히 만세를 외치고 해산한 경우나, 일제 군경이 출동하지 않고 시위 후 자진 해산한 경우, 경찰이나 헌병주재소와 멀리 떨어져 일제가 뒤늦게 파악한 경우 등은 당일의 통계에서 제외되었다. 예컨대 4월 1일과 2일에 걸쳐 청원군 내수읍 세교리 구 장터에서 의병장 출신 한봉수가 주도한 만세시위나,[31] 4월 1일 밤 송태현 등이 청원군 우산리에서 주도한 만세시위,[32] 동일 괴산 소수에서 유해륜 등이 주도한 만세시위[33] 등은 판결문까지 있으나 통계에서는 누락되어 있다. 또한 4월 2일에는 괴산 장연면 오가리와 대성리에서 각각 만세시위가 있었으나, 오가리 시위만 보고하고 대성리 시위는 판결문이 있음에도 누락되어 있다.[34] 한편 일제는 각지의 독립운동 상황을 보고하는 문건에서는 보고하였으나, 통계표에서는 누락시킨 경우가 있는데, 4월 2일 청산 시위가 누락된 것이 그 사례이다. 따라서 3 · 1

---

30) 『독립운동사』 제3권, 77~78쪽.
31) 박걸순, 「義兵將 韓鳳洙의 抗日闘爭」, 286~288쪽.
32) 국가보훈처, 『獨立有功者功勳錄』 제16권, 2006, 322~323쪽.
33) 『독립운동사자료집』 제5권, 1078~1079쪽의 「柳海崙 등 判決文」.
34) 『독립운동사자료집』 제5권, 1080~1083쪽 「曹圭鶴 등 判決文」과 「金義大 등 判決文」.

운동 관련 통계는 우리 측이나 일제 측 모두 불완전한 것인데, 도내 각 군에서 최소한 50회 이상의 시위가 발생하였음이 확실하다.

2. 지역별 만세운동의 양상[35]

1) 괴산군

3월 19일, 충북 최초의 만세함성이 괴산 장터에서 울려 퍼졌다. 이날 만세시위 주도자는 洪命憙였는데, 그는 이날 미리 준비한 독립선언서를 장꾼들에게 나누어 주고 그들의 선두에서 만세시위를 주도하였다. 그는 고종의 인산에 참여하기 위해 상경하였다가 손병희를 만나고 귀향한 뒤 숙부인 홍용식, 이재성 등과 협의하여 만세시위를 추진한 것이었다.[36]

이날 수많은 시위대는 경찰서로 몰려가 동지의 석방을 요구하며 투석전을 벌여 경찰서를 파괴하는 등 이튿날 새벽까지 격렬히 투쟁하였다. 이 때 괴산공보 학생들의 활약이 돋보였다. 다음 장날인 3월 24일에는 홍명희의 동생 洪性憙의 주도로 만세시위가 전개되었고 29일의 장날에도 다시 만세시위가 벌어졌다.[37]

청안은 縣 치소가 있던 옛 고을로서, 3월 30일의 청안 장날 3천여 명의 시위군중이 모여 3차에 걸쳐 만세시위를 벌였다. 이 때 군중들은 경찰관 주재소와 우편소를 습격하며 격렬히 항쟁하였는데, 일제의 발포로 많은 희생자가 발생하였다.[38]

장연면에서는 4월 1일과 2일에 걸쳐 2백여 명의 시위대가 면사무소를 습격하는 등 격렬한 만세시위가 있었고, 인근의 대성리 뒷산에서 30여 명의 동리사람들이 독립만세를 고창하였다. 한편 4월 1일에는 청천면에서

---

35) 당시의 행정구역에 의거하여 서술한다.
36) 독립운동사편찬위원회,『독립운동사자료집』제5권, 1079~1080쪽의 「洪命憙 등 判決文」.
37) 朴杰淳,『槐山地方 抗日獨立運動史』, 109~111쪽.
38)『독립운동사자료집』제5권, 1084~1085쪽의 「金明鎭 등 判決文」.

청천장날을 이용하여 만세 시위를 벌이던 중 헌병주재소를 습격하였고, 2일에는 소수면에서 주민들이 면장 집과 주재소에서 독립만세를 외쳤다. 칠성면에서는 4월 3일 쌍곡리에서 만세시위가 있었다고 전해지며, 도안 면에서는 4월 10일 광덕리에서 만세시위가 전개되었는데, 일제의 야만적 탄압으로 희생자가 발생하였다.[39] 괴산은 도내 만세운동 진원지이자 최 다 인원인 6천여 명이 참가한 지역이다.

2) 옥천군

3월 27일 옥천 이원장터에는 6백여 명의 시위군중이 만세시위를 벌이 다가 이원경찰주재소로 쇄도하여 돌을 던져 유리창을 부수고 주재소 안 으로 돌입하여 유치장과 벽을 파괴하는 등 격렬히 항쟁하였다. 이때 옥천 헌병분대장 등이 응원 출동하였으나, 오히려 10명의 헌병이 부상할 정도 로 시위 군중의 기세가 등등하자 일제는 다시 장교 이하 21명을 파견, 사 격을 감행하여 희생자가 발생하였다.[40] 조선헌병대사령부는 이원 시위 를 충북지방에서 '폭행 시위의 효시'라고 보고하였다.[41]

4월 2일과 3일에는 청산에서 만세함성이 울려 퍼졌다. 2일 밤에 3백여 명이 전개한 시위는 곧 해산되었으나, 이튿날에는 1,000여 명의 군중이 청산 헌병주재소를 내습하였는데 위기를 느낀 일제가 무차별 발포를 감 행하여 5명이 현장에서 순국하였다.[42]

4월 8일 밤에는 군서면 오동 헌병주재소 관내에서 약 50여 명의 주민 이 독립만세를 고창하였으나 헌병이 출동하자 곧 해산하였다.[43]

---

39) 朴杰淳, 『槐山地方 抗日獨立運動史』, 113~114쪽.
40) 高第九一四六號, 1919. 3. 28, 「極秘 獨立運動に關する 件(第二十九報)」(金正明編, 『朝鮮 獨立運動』 第Ⅰ卷, 431~433쪽).
41) 『독립운동사자료집』 제6권, 1973, 533쪽.
42) 高第九八三三號, 1919. 4. 4, 「極秘 獨立運動に關する 件(第三十七報)」(金正明編, 『朝鮮獨 立運動』 第Ⅰ卷, 505쪽) 및 朝鮮憲兵隊司令官 發信 電報, 1919. 4. 6(金正明編, 『朝鮮獨立 運動』 第Ⅰ卷, 515쪽).

3) 영동군

3월 30일 학산면 鋤山 경찰관 주재소에 2백여 명의 주민들이 돌을 던지고 안으로 들이닥쳐 유리창과 전화를 부수는 등 격렬한 시위를 벌였으나, 7명의 경찰관이 응원 출동하여 군중을 해산시켰다.[44] 서산리에서는 다시 4월 3일 두 차례에 걸쳐 300여 명의 군중이 경찰주재소와 면사무소를 습격하여 건물을 파괴하며 시위를 벌이자 일제가 무차별 사격을 감행하여 10명의 사상자가 발생하였다.[45]

4월 2일부터 4일에 걸쳐 매곡면 노천리와 옥전리 일대에서 격렬한 시위가 있었다. 시위군중은 인근의 추풍령 헌병대로 몰려가 전후 7회의 시위를 벌였다.[46] 4월 5일 매곡면 추풍령 헌병분견소 숙사가 불탔는데, 일제는 이를 ‘폭민’의 방화에 의한 것으로 보고하였고, 6일 오전 11시에는 6백여 명의 주민이 분견소로 몰려가 독립만세를 고창하며 시위를 벌였으나 곧 해산 당하였다.[47]

4월 3일에는 양강면 괴목리에서 2,000여 명의 군중이 봉기하여 경찰관 주재소를 습격하였는데, 일제는 인근에서 경찰 5명을 응원 출동시켜 해산시켰다.[48]

4월 4일에는 영동읍에서 2,000여 명의 대규모 군중이 만세시위를 벌였는데, 헌병이 응원 출동하여 경찰과 함께 사격을 감행하여 6명이 순국하고 8명이 부상하였다.[49]

---

43) 高第一一〇一四號, 1919. 4. 11, 「極秘 獨立運動に關する 件(第四十四報)」(金正明編, 『朝鮮獨立運動』 第Ⅰ卷, 593~594쪽).

44) 高第九六一三號, 1919. 3. 31, 「極秘 獨立運動に關する 件(第三十二報)」(金正明編, 『朝鮮獨立運動』 第Ⅰ卷, 441쪽).

45) 朝鮮憲兵隊司令官 發信 電報, 1919. 4. 6(金正明編, 『朝鮮獨立運動』 第Ⅰ卷, 515쪽).

46) 『독립운동사자료집』 제5권, 1120~1122쪽의 「林奉春 등 判決文」.

47) 高第一〇四六〇號, 1919. 4. 7, 「極秘 獨立運動に關する 件(第四十報)」(金正明編, 『朝鮮獨立運動』 第Ⅰ卷, 522쪽).

48) 高第九八三三號, 1919. 4. 4, 「極秘 獨立運動に關する 件(第三十七報)」(金正明編, 『朝鮮獨立運動』 第Ⅰ卷, 505쪽).

4) 음성군

4월 1일 소이면 한천 장날 200여 명의 군중이 만세시위를 벌이다 일제의 발포로 다수의 순국자가 발생하였으며, 2일 밤에는 삼성면 천평리에서 5백여 명의 군중이 만세를 외치며 경찰 주재소로 들이닥쳤고, 주천·내송·쌍정리 등지에서도 시위가 계속되었다.[50]

장호원(현재 경기도 이천시) 시위는 단일 지역 시위로는 최대 규모였다. 4월 4일의 시위에는 약 2,000명이 참가하였고, 이튿날 3,000여 명이 다시 일어나 분위기가 험악해지자 일제는 위협적인 발포를 감행하여 군중을 해산시켰다.[51]

4월 6일 밤 9시경에는 음성읍 부근 고지에서 5백여 명의 군중이 시위를 벌이자 보병과 경찰이 출동하여 해산시켰다. 4월 11일 밤에는 원남면 주봉리에서 80여 명이 소규모 시위를 벌였으나 곧 해산 당하였다.[52]

5) 청주군

청주에서는 3월 2일 독립선언서가 발견되고, 3월 10일 청주농업학교 학생들의 시위 움직임이 있었다. 그러나 본격적인 만세시위는 3월 23일 강내면 태성리에서 조동식 등이 산위에서 봉화만세시위를 벌이며 시작되었다.[53]

3월 30일, 군내 최대의 만세운동이 미원장터에서 벌어졌다. 이날은 미원 장날로 1천여 명의 시위군중이 장터에서 독립만세를 외치자, 주재소

---

49) 朝鮮憲兵隊司令官 發信 電報, 1919. 4. 6(金正明編, 『朝鮮獨立運動』 第Ⅰ卷, 516쪽).

50) 高第九八三三號, 1919. 4. 4, 「極秘 獨立運動に關する 件(第三十七報)」(金正明編, 『朝鮮獨立運動』 第Ⅰ卷, 505쪽).

51) 高第一〇四六〇號, 1919. 4. 7, 「極秘 獨立運動に關する 件(第四十報)」(金正明編, 『朝鮮獨立運動』 第Ⅰ卷, 522쪽).

52) 高第一〇五六八號, 1919. 4. 8, 「極秘 獨立運動に關する 件(第四十一報)」(金正明編, 『朝鮮獨立運動』 第Ⅰ卷, 544쪽) 및 高第一一二四八號, 1919. 4. 13, 「極秘 獨立運動に關する 件(第四十六報)」(金正明編, 『朝鮮獨立運動』 第Ⅰ卷, 601쪽).

53) 『독립운동사자료집』 제5권, 1102~1103쪽의 「趙東植 判決文」.

에서 헌병이 출동하여 주도자를 연행하였다. 이에 분노한 군중들은 주재
소로 몰려가 유리창을 부수는 등 격렬히 항쟁하였는데 일제의 발포로 많
은 희생자가 발생하였다.[54]

4월 1일과 2일에는 내수 세교리에서 만세시위가 벌어졌다. 이 시위는
의병장 출신으로 사형선고까지 받았던 한봉수의 지휘로 내수보통학교 학
생들이 벌였다는 점에서 특기하여야 한다.[55] 1일 밤에는 세교리 인근의
우산리에서도 수십 명의 주민이 불을 피우고 독립만세를 외쳤다.[56] 또한
4월 2일에는 북이면 신대리에서 면서기가 주도한 만세시위가 전개된 것
도 이채롭다.[57]

4월 2일 밤에는 청주 부근의 산 위에서 5백여 명의 군중들이 독립만세를
외치다가 출동한 일제에 의해 제지당하였으며,[58] 4월 6일 오후 8시경에는
문의 산 위에서 1,300여 명의 대규모 군중이 봉화를 올리고 만세를 외치다
가 하사 이하 보병과 헌병이 출동하여 주도자 8명이 피체되기도 하였다.[59]

청주군은 손병희·권병덕·신석구·신홍식·정춘수 등 1개 군에서 5
명의 민족대표를 배출한 점에서 특기하여야 할 것이다.

6) 진천군

3월 15일 진천보통학교 학생들의 만세시위 계획은 8명이 피검되며 불
발로 그쳤으나,[60] 4월 2일에는 군내에서 동시다발적으로 만세시위가 벌

---

54) 高第九六一三號, 1919. 3. 31, 「極秘 獨立運動에 關する 件(第三十二報)」(金正明編, 『朝鮮
　　獨立運動』 第Ⅰ卷, 441~442쪽).
55) 박걸순, 「義兵將 韓鳳洙의 抗日鬪爭」, 287쪽.
56) 국가보훈처, 『獨立有功者功勳錄』 제16권, 322~323쪽.
57) 이날의 시위는 金浩相·金貞煥·李始雨(이상 면서기)·張星伊(면 고용원) 등 면직원들이
　　주도하였다(『독립운동사자료집』 제5권, 1105쪽의 「金浩相 등 判決文」).
58) 高第九八三三號, 1919. 4. 4, 「極秘 獨立運動에 關する 件(第三十七報)」(金正明編, 『朝鮮獨
　　立運動』 第Ⅰ卷, 505쪽).
59) 高第一〇五六八號, 1919. 4. 8, 「極秘 獨立運動에 關する 件(第四十一報)」(金正明編, 『朝
　　鮮獨立運動』 第Ⅰ卷, 544쪽).

어졌다. 이날 이월면 장양에서는 200여 명의 주민이 헌병주재소를 내습하자, 헌병들이 공포를 발사하며 무력진압에 나서 해산하였다. 또한 이날 밤 만승면 광혜원에서는 500여 명의 군중이 헌병주재소를 습격한 뒤 다시 면사무소로 몰려가 면장과 면서기를 구타하고 기물을 파괴하는 등 격렬한 시위를 전개하였고,[61] 백곡면 석현에서는 다수의 군중이 헌병주재소를 습격하여 헌병과 충돌하였다.[62]

4월 3일에는 다시 광혜원에서 600여 명의 군중이 2차에 걸쳐 봉기하여 격렬한 시위를 전개하다가 헌병이 응원 출동한 보병과 합세하여 발포를 감행하여 4명이 순국하고 5명이 부상하였다.[63]

7) 충주군

3월 15일 충주 장날을 이용한 간이농업학교와 공립보통학교 학생들의 만세시위 계획은 일경에 탐지되어 실패로 돌아가고 말았다.[64] 그러나 4월 1일 신니면 신청리 용원 장날, 500여 명의 군중이 태극기를 휘두르며 독립만세를 전개하였다.[65]

8) 보은군

『韓日關係史料集』과 『韓國獨立運動之血史』 등 우리 측 자료에는 보은의 만세시위가 누락되어 있으나, 일제 측 자료에는 기록되어 있다. 4월 초에 들며 인근의 옥천과 영동에서 격렬한 시위가 전개되자 보은에서도 만

---

60) 『독립운동사자료집』 제6권, 815쪽.
61) 高第九八三三號, 1919. 4. 4, 「極秘 獨立運動に關する 件(第三十七報)」(金正明編, 『朝鮮獨立運動』 第Ⅰ卷, 505쪽).
62) 朝特報九號, 1919. 4. 7, 「騷擾事件に關する 狀況」(金正明編, 『朝鮮獨立運動』 第Ⅰ卷, 538쪽).
63) 朝鮮憲兵隊司令官 發信 電報, 1919. 4. 6(金正明編, 『朝鮮獨立運動』 第Ⅰ卷, 515쪽).
64) 류자명, 『한 혁명자의 회억록』, 독립기념관 한국독립운동사연구소, 1999, 30~32쪽. 이 시위 계획의 주도자는 류자명이었다.
65) 『독립운동사자료집』 제5권, 1091~1094쪽의 「殷慶玉 등 判決文」.

세운동의 분위기가 고조되었다. 이에 위협을 느낀 일제는 대전으로부터
장교 이하 16명을 파견하여 삼엄한 감시를 하였다.66) 그러나 주민들은 이
에 굴하지 않고 4월 8일 보은 소재지에서 100여 명이 시위를 벌였고, 11
일에는 산외면 구티리에서 100여 명이 종을 울리며 만세운동을 시작하다
가 급히 출동한 일경에 의해 해산 당하였다.67)

4월 12일 밤에는 수한면 무서리에서 주민 100여 명이 산위에 올라가 봉
화를 올리며 만세운동을 벌였고, 13일 밤 11시에는 삼승면 선곡리 주민
30여 명이 독립만세를 고창하였다.68)

9) 단양군

3월 4일부터 3일 동안 만세시위가 있었다는 회고담이 있으나, 자료에
서는 확인되지 않는다.69) 또한 3월 20일 오후 8시경 군내 각 처에서 봉화
시위를 벌인 후 해산하였으며, 4월 6일 단양에서 시위가 있었다고 하나,
이 또한 일제 측 자료 등에서는 확인되지 않는다.70)

10) 제천군

4월 17일의 제천 장날, 1천여 명의 시위군중은 장터에서 미리 제작 배
포한 태극기를 휘두르며 독립만세를 외쳤다.71)

4월 18일에는 송학면 면사무소 앞뜰에 70여 명의 주민이 모여 독립만
세를 외쳤는데,72) 이들은 이튿날 오전 1시경 면장 사택으로 몰려가 면장

---

66) 朝特報十號, 1919. 4. 16, 「騷擾事件に關する狀況」(金正明編, 『朝鮮獨立運動』 第 I 卷, 621쪽).
67) 騷密第四三號, 1919. 4. 15, 「極秘 獨立運動に關する 件(第四十八報)」(金正明編, 『朝鮮獨
    立運動』 第 I 卷, 603쪽).
68) 騷密第三四三號, 1919. 4. 17, 「極秘 獨立運動に關する 件(第五十報)」(金正明編, 『朝鮮獨
    立運動』 第 I 卷, 627쪽).
69) 『독립운동사』 제3권, 77~78쪽.
70) 李炳憲, 『三 · 一運動秘史』, 시사시보사, 1959, 889쪽.
71) 『독립운동사자료집』 제5권, 1090~1091쪽의 「李範雨 등 判決文」과 「張用根 등 判決文」.

을 끌어내 독립만세를 외칠 것을 요구하며 시위를 벌이다 긴급 출동한 경
찰에 의해 해산 당하였다.[73]

Ⅲ. 충북지역 3 · 1운동의 성격

충북지역의 3 · 1운동은 발발 시점이나 시위 규모, 전개 양태 등에 있
어 다른 지역보다 빠르다거나 대규모라고 평가하기는 곤란하다. 그러나
그 특징과 의의가 결코 작다고 할 수만은 없다. 충북지역 3 · 1운동의 특
징과 의의를 간단히 정리하면 다음과 같다.

첫째, 시간적으로 후발적이나 지구성을 보이고 있다는 점이다. 즉, 만
세운동의 발발은 3월 19일의 괴산 시위로 본격화하여 전국에서 가장 늦
은 출발을 보이나, 4월 19일의 제천 송학 시위까지 1개월 동안 지속되었
던 것이다. 그 절정기는 4월 초순이었는데, 특히 2일에는 청주 · 진천 · 괴
산 · 음성 · 옥천 · 영동 등 거의 도내 전역에서 만세 함성이 메아리쳤다.
진천에서는 하루에 3개 지역에서 시위가 발생하였으며, 이날 청주 인근
의 산봉우리에는 동시에 봉화가 올랐으며, 괴산에서는 3회 연속하여 장
날에 만세시위가 벌어지기도 하였다.

둘째, 공간적으로 도내 전 지역에서 만세운동이 발발하였다는 점이다.
당시 충북은 10개 군이었는데 한 군데도 빠짐없이 만세운동에 동참하였
다. 『한일관계사료집』과 『한국독립운동지혈사』 등 우리 측 자료에 보은
과 단양이, 일제 측 자료에 단양이 기록에서 누락되었으나, 이는 전문이
나 보고 상의 착오에 의한 것일 뿐이다. 특히 괴산읍 · 괴산 청안 · 영동
서산 · 진천 광혜원 · 옥천 청산 · 음성 장호원 등지는 한 곳에서 2회 이상
의 만세운동이 벌어졌는데, 특히 청안에서는 3월 30일 하루에 3차에 걸

---

72) 『독립운동사자료집』 제5권, 1089쪽의 「崔鍾律 判決文」.
73) 騷密第六一五號, 1919. 4. 21, 「極秘 獨立運動に關する 件(第五十四報)」(金正明編, 『朝鮮
　　獨立運動』 第 Ⅰ 卷, 640쪽).

친 격렬한 시위가 벌어지기도 하였다.

셋째, 시위 양태가 격렬하였다는 점이다. 일제의『조선소요사건경과개람표』에 의하면 충청지역에서 전개된 92회의 만세시위 중 55%인 51회가 폭력화하고 있음을 알 수 있다. 이는 전국 평균치 37%를 훨씬 상회하는 것으로 운동 양상의 격렬성을 보여주는 자료이다. 실제 충북의 경우 시위 군중들은 경찰관서 13, 헌병대 5, 군청과 면사무소 7, 우편소 1개소 등 26개소를 습격·파괴·방화하였다. 이처럼 시위양상이 격렬하였기 때문에 평안·경기지역 다음으로 많은 희생자가 발생하였다.[74] 만세시위가 격렬하게 된 것은 군중이 피체된 동지를 석방시키기 위해 헌병과 경찰주재소를 습격하여 파괴하는 과정에서 일제와 충돌하였기 때문이다. 이에 일제는 군중을 자극하지 않기 위해 현장에서 주도자를 연행하지 않고 얼굴만 확인해 두었다가 나중에 체포하거나, 변장한 헌병과 경찰을 시위 군중에 혼입시킨 다음 색연필로 주도자의 옷에 표시를 하게 하였다가 나중에 연행하는 방법을 사용하기도 하였다.[75] 충북지역 만세시위의 격렬성은 위기의식을 느낀 일본인이 경비 무력이 있는 소재지로 피난하거나 아예 일본으로 귀국하려는 자까지 있었다는 조선헌병대사령부 보고를 통해 그 정황을 잘 알 수 있다.[76]

넷째, 독립운동의 내재적 계승과 맥락을 명확히 보여주고 있다는 점이다. 3·1운동은 한말의 국권회복운동과 1910년대의 비밀결사투쟁을 계승한 것인데, 특히 충북지역은 구한국 군인이나 의병장 출신이 3·1운동을 주도하고 있어 의병으로부터 3·1운동으로 연계되는 독립운동의 내재적 전개를 실증하고 있다. 4월 2일 진천 광혜원 시위를 주도한 尹炳漢은 구한국 육군 참위 출신으로 군대 강제해산 이후 의병항쟁에 참여하였다가 귀향하여 구장으로서 만세운동을 주도한 인물이다.[77] 또한 4월 3일 영동 학산

---

74)『독립운동사자료집』제6권, 930~931쪽.
75)『독립운동사자료집』제6권, 634쪽.
76)『독립운동사자료집』제6권, 796쪽.

서산장터의 만세시위를 주도한 梁鳳植은 이강년 휘하에서 활동한 의병 출신이며,[78] 4월 1일과 2일 청원 내수 세교장터의 만세시위를 주도한 한봉수는 대표적인 후기 의병장 출신으로 사형선고까지 받았던 인물이다.[79] 이들은 독립운동의 내재적 계승과 맥락을 실증하는 구체적 사례라 할 수 있다.

다섯째, 시위방법으로 봉화만세운동이라는 독특한 형태를 사용하였다는 점이다. 봉화만세운동은 50여 일 간 충청지역 18개 군에서 계속된 것인데,[80] 충북에서 이 방법을 최초로 창안한 것은 청주 강내면 태성리에 거주하던 趙東植이었다. 그는 국가에 변란이 있을 때 봉화를 올려 서로 알리는 '烽火告變'의 전통을 참작하여 3월 23일부터 3일 간에 걸쳐 봉화만세운동을 주도하였다.[81] 이곳에서 시작된 봉화만세운동은 즉시 유행하여 4월 초에는 면내와 옥산, 남일을 비롯한 인근 지역은 물론 멀리 충남과 강원까지 파급되었다.[82] 봉화만세운동은 온건한 충북 지역민의 기질에 부합하는 것으로서, 이 운동에는 남녀노소를 막론하고 한 호당 1, 2명이 의무적으로 참가하였으며 "산에 만세 하러 갔다"는 말이 나올 정도였다.[83]

여섯째, 충북은 이른바 민족대표의 산실로서 의의도 크다는 점이다. 민족대표 33인 중 孫秉熙 · 權東鎭 · 申錫九 · 申洪植 · 權秉悳 · 鄭春洙 등 6인이 충북 출신이다. 현재 학계에서 민족대표의 대표성과, 3 · 1운동에서의 역할에 대해 재평가 작업이 이루어지고 있다. 물론 그들이 계몽주의자로서 한계를 지닌 것은 사실이다. 그러나 충북 출신 민족대표들은 법정에서도 당당한 독립논리를 펴며 투쟁하였다. 물론 鄭春洙의 경우처럼

---

77) 『독립운동사자료집』 제5권, 1087~1089쪽의 「尹炳漢 등 判決文」 및 『독립운동사』 제3권, 69쪽.
78) 『독립운동사자료집』 제5권, 1123~1126쪽의 「梁鳳植 判決文」.
79) 박걸순, 「義兵將 韓鳳洙의 抗日鬪爭」, 267~285쪽.
80) 金鎭鳳, 「湖西地方 3 · 1運動의 性格」, 146~148쪽.
81) 『독립운동사자료집』 제5권, 1102~1103쪽의 「趙東植 判決文」. 조동식은 조선족으로서 1998년 인민정치협상회의 제9기 전국위원회에서 군부 대표로 부주석에 선출된 조남기의 조부이다.
82) 『독립운동사자료집』 제6권, 533쪽.
83) 『독립운동사자료집』 제6권, 496쪽.

자치론을 펴고 스스로 일본의 보호국이 되기를 자원하는 등 민족대표로서 3·1운동의 이념을 왜곡하고 후에 변절한 인물에 대해서는 엄정한 민족사적 평가가 내려져야 할 것이다.[84)

일곱째, 일제의 식민지 통치를 배격하고 타격을 가하였다는 점이다. 충북 지역민은 일제가 현실을 고려하지 않고 강제적 산업정책을 강요하는데 강한 불만을 지니고 있었다.[85)] 이에 대한 불만이 표출된 구체적인 사례는 4월 3일 양봉식 등이 주도하여 전개한 영동 학산 서산 시위였다. 이날 300여 명의 시위 군중들은 양봉식의 지휘 아래 면사무소에 심어 놓은 桑苗 2만 8천 그루와 松苗 1만 그루 등 3만 8천 그루의 묘목을 뽑아내 불태워 버렸다. 양봉식은 좁쌀 살 돈도 없고 묘목을 심을 땅도 없는 주민들에게 비싼 묘목을 강매하는 것은 부당하다고 주장하고 군민 대표를 자처하며 시위를 주도하였다. 일제도 서산 시위의 원인을 당국이 식림을 강요하여 토지가 없는 주민들에게까지 묘목을 강매하고 대금을 징수한 때문

---

84) 1919년 5월 3일 경성지방법원에서 판사 永島雄藏의 신문에 대한 鄭春洙의 답변내용은 다음과 같다(李炳憲, 『三·一運動秘史』, 557쪽).
問 : 民族自治란 것은 무엇인가?
答 : 독립이라 하는 것은 일본과 전연 관계를 끊는다는 것이고 민족 자치라고 하는 것은 조선이 주권을 얻어 자치하면서 중요한 안건에 대해서는 일본의 지도를 받는다는 것인데 자못 韓日合倂 전의 統監府 시대와 같은 것이라는 것이다.
問 : 민족 자치를 한다면 어떠한 政體를 구성하려고 생각하였는가?
答 : 그것은 일본 정부에서 자치를 허락한 후 共和政體나 專制政體를 할 것을 결정하면 좋다고 생각한다.
問 : 그러면 피고의 민족 자치라고 하는 것은 독립을 하자는 것이 아닌가?
答 : 나는 保護國이 되는 것이 獨立國이 되는 것보다 좋다고 생각하였다.
85) 일제는 청주군의 예를 들며 "산업 장려에 대한 불만은 민도 상황을 자세히 알지 못하고 일의 성공을 서두른 결과 일률적으로 명령을 내리기 때문에 인민의 고통이 심하다. 토지 없는 자에 뽕나무 묘목을 강제로 분배하고 대금을 받아 내기 때문에 인민은 이를 땔감으로 하여 대금을 지불하며 혹은 죽은 묘목을 분배하고 대금을 독촉하거나 가마니 제조를 강제하여 한 호당 1개월에 몇 매씩 만들어 내라고 엄명하여 독촉하기 때문에 인민 중 자기가 만들지 못하는 자는 부득이 매월 타인으로부터 구입하여 提納하고 있다. 이런 일을 호소해도 관리는 조선인의 말을 흘려듣고 만다"고 구체적 사례를 적시하였다(독립운동사편찬위원회, 『독립운동사자료집』 제6권, 762쪽).

이라고 인정하였다.86) 또한 충북 지역민은 식민지 교육에 대해서도 불만을 지니고 있었는데, 괴산·충주·진천·제천·내수 등지에서는 학생들이 시위를 계획하거나 동참한 바 있다.87) 3·1운동의 여파는 일제 식민지 교육 거부로 연계되어 학교의 신입생 모집이 1/3밖에 되지 않거나 일제의 교육기관을 피해 서당에 들어가는 생도가 증가하는 현상이 벌어지기도 하였다.88) 한편 만세운동이 전개되는 동안 일본인이 경영하는 상점에 대한 불매운동도 벌어져 일본인 상점의 수입이 1/3로 감소하기도 하였다.89) 이에 일제는 친일 관료와 부호 및 일본인 등을 중심으로 이른바 自制會·自制團 등의 어용단체를 조직하여 독립운동을 탄압하거나 향촌질서를 파괴하고자 하였다. 이는 국지적으로 민족의 내부 붕괴를 기도한 것이었다. 일제가 어용조직을 결성하여 독립운동을 탄압한 것은 이미 의병전쟁 때 의병과 민중 간의 유대를 끊기 위해 획책한 바 있다.90) 그런데 이러한 친일 어용조직이 독립운동의 탄압수단으로 본격적으로 악명을 떨친것은 3·1운동 때였다.91) 이러한 어용조직은 지주 중심의 친일기구로서주로 일부 남부지방에서 조직되었으나, 조직 과정에서 민중의 저항을 받기도 하였다.92) 충북에서는 4월 중순에 淸州自制會가 조직되었는데, 이는 조선인 부호와 유력한 일본인 거류민의 연합조직으로서 독립운동을억제하고 향촌 질서를 파괴함은 물론, 양국민의 상호 융화를 표방하여 결

---

86) 『독립운동사자료집』 제6권, 535쪽 및 815~816쪽. 청주에서는 陸地棉 재배를 거부하여
   재배량이 3할이나 감소하였다.
87) 『朝鮮騷擾事件狀況』에는 류자명이 교원으로서 학생들을 선동하여 만세시위를 계획하다
   가 도망하여 免官되었다고 특기하였다(『독립운동사자료집』 제6권, 815쪽).
88) 『독립운동사자료집』 제6권, 815쪽.
89) 『독립운동사자료집』 제6권, 796쪽.
90) 國史編纂委員會, 『韓國獨立運動史』 二, 1966, 300~301쪽.
91) 朴杰淳, 「3·1運動期 國內 秘密結社運動에 대한 試論」, ≪한국독립운동사연구≫ 제2집,
   1988, 194~197쪽.
92) 충북에서도 일부 친일파가 주도한 自衛團 가입을 거부한 인사들이 있었는데, 그들은 일
   제가 자제회나 자위단 등 친일 조직을 강화회의에서 한국인이 병합에 불만을 갖지 않았
   다는 선전 자료로 악용하는 것을 우려하였다(『독립운동사자료집』 제6권, 675쪽).

국 한민족말살과 '내선일체'에 부응하고자 한 것이었다.[93]

여덟째, 충북지역의 3·1운동은 20~30대의 젊은 농민층에 의해 주도되었다는 점이다. 충북의 각 군에서 3·1운동을 주도하다 피체된 자로 연령이나 직업의 확인이 가능한 인원은 139명인데, 이들은 20대가 61명(44%), 30대가 41명(29.5%)으로 전체의 3/4에 달한다. 또한 이들 중 다수인 103명(74%)의 직업이 농업이었다.[94]

마지막으로 3·1운동은 이후 충북지역 독립운동의 원천이 되었다는 점이다. 특히 3·1운동의 경험을 토대로 학생들이 독립운동의 전위로 성장하며 1920~1930년대 동맹휴학 등을 통해 충북지역 민족운동을 선도하였다.[95] 류자명처럼 3·1운동의 참가를 계기로 대표적인 아나키스트로 성장하여 중국에서 전개된 독립운동을 주도하거나, 홍명희처럼 국내 독립운동을 주도한 경우도 있으나, 대부분의 젊은 농민층인 3·1운동 주도자들은 그 경험을 바탕으로 고향에 거주하며 이후 전개된 청년운동, 신간회운동 등을 주도하였다.

IV. 맺음말

본고는 충북지역 3·1운동의 전개 양상과 성격을 살펴본 것이다. 이상을 정리하면 다음과 같다.

충북의 3·1운동은 전래적으로 전통 유교사상에 바탕을 둔 충효정신, 민족의식의 배태와 식민지 통치에 대한 대항의식, 광무황제의 폭붕과 민족자결주의의 제창 등 국내외적 상황 등이 종합적으로 작용하여 일어난 것이었다.

---

93) ≪每日申報≫ 1919년 4월 15일자. 淸州自制會의 發起人은 閔泳殷·安東正·元光漢·韓性敎·廉宣赫·吉原治三郎·松本杉·齋藤金藏 등이었다.

94) 黃富淵, 「忠北地方의 三·一運動」, 18~19쪽.

95) 박걸순, 「日帝下 忠北地方의 學生運動」, ≪한국독립운동사연구≫ 제17집, 2001, 355~386쪽.

3·1운동에 관한 통계로서 임시사료편찬회에서 간행한『한일관계사료집』은 짧은 기간에 해외에서 간접 견문에 의해 정리된 것이기 때문에 제대로 정리될 수 없었다. 또한 이를 저본으로 재정리한 金秉祚의『한국독립운동사략』, 朴殷植의『한국독립운동지혈사』도 불완전하기는 마찬가지이다. 이에 관한 일부 일제 측 자료도 있으나, 의도적 왜곡을 주의하여야 한다. 현재로서 비교적 신뢰할 수 있는 것은 일제의 일차보고인데, 이를 종합하면 충북에서는 3월 19일 괴산 시위를 필두로 4월 19일의 제천 송학 시위까지 만 1개월 동안 38회의 시위가 확인된다. 그러나 여기에도 분명히 누락된 사실이 다수 확인되고 있음을 감안하면 충북에서는 50회 이상의 시위가 발생하였음을 알 수 있는 것이다.

충북지역 3·1운동의 성격은 다음과 같이 요약할 수 있다.

첫째, 시간적으로 후발적이나 지구성을 보이며 도내 전역에서 격렬한 형태의 만세시위가 일어났다는 점이다. 괴산 등지에서는 한 곳에서 2회 이상의 만세운동이 벌어졌는데, 특히 청안에서는 3월 30일 하루에 3차에 걸친 격렬한 시위가 벌어지기도 하였다. 이처럼 시위양상이 격렬하였기 때문에 충북은 평안·경기지역 다음으로 많은 희생자가 발생하였다.

둘째, 독립운동의 내재적 계승과 맥락을 명확히 보여주고 있다는 점이다. 4월 2일 진천 광혜원 시위를 주도한 尹炳漢은 구한국 육군 참위 출신으로 의병항쟁에 참여하였고, 4월 3일 영동 학산 서산장터의 만세시위를 주도한 梁鳳植은 이강년 휘하에서 활동한 의병 출신이다. 또한 4월 1일과 2일 청원 내수 세교장터의 만세시위를 주도한 한봉수는 충북의 대표적인 후기 의병장 출신이다. 이들은 의병에서 3·1운동으로 전승되는 독립운동의 내재적 계승과 맥락을 실증하는 구체적 사례라 할 수 있다.

셋째, 시위방법으로 봉화만세운동이라는 독특한 형태를 사용하였다는 점이다. 봉화만세운동은 50여 일 간 충청지방 18개 군에서 계속된 것인데, 청주 강내면 태성리에 거주하던 趙東植은 '烽火告變'의 전통을 참작하여 3월 23일부터 3일 간에 걸쳐 봉화만세운동을 주도하였다. 이곳에서 시작된 봉화만세운동은 즉시 유행하여 4월 초에는 면내와 옥산, 남일을 비롯한 인근 지역은 물론 멀리 충남과 강원까지 파급되었다.

넷째, 충북은 이른바 민족대표의 산실로서 의의도 크다는 점이다. 민족대표 33인 중 孫秉熙 · 權東鎭 · 申錫九 · 申洪植 · 權秉悳 · 鄭春洙 등 6인이 충북 출신이다. 물론 그들이 계몽주의자로서 한계를 지닌 것은 사실이다. 그러나 대부분의 충북 출신 민족대표들은 법정에서도 당당한 독립논리를 펴며 투쟁하였다.

다섯째, 일제의 식민지 통치를 배격하고 타격을 가하였다는 점이다. 4월 3일 양봉식 등이 주도한 영동 학산 서산 시위는 일제의 비현실적인 강제적 산업정책에 저항한 대표적 사례이다. 3 · 1운동의 여파는 일제 식민지 교육 거부로 연계되어 신입생 모집이 1/3밖에 되지 않거나 일제의 교육기관 입학을 거부하고 서당에 들어가는 생도가 증가하였다. 또한 일본인 경영 상점에 대한 불매운동도 벌어져 그들의 수입이 1/3로 감소하기도 하였다. 이에 일제는 친일 관료와 부호 및 일본인 등을 중심으로 自制會 · 自制團 등의 어용단체를 조직하여 독립운동을 탄압하고 향촌질서를 파괴하고자 하였다.

여섯째, 20~30대의 젊은 농민층에 의해 주도되었다는 점이다. 충북에서 3 · 1운동을 주도하다 피체된 139명의 연령별 통계는 20대가 61명(44%), 30대가 41명(29.5%)으로 전체의 3/4에 달한다. 또한 이들 중 다수인 103명(74%)의 직업이 농업이었다.

마지막으로 3 · 1운동은 이후 충북지역 독립운동의 원천이 되었다는 점이다. 특히 학생들이 독립운동의 전위로 성장하며 1920~1930년대 동맹휴학 등을 통해 충북지방 민족운동을 선도하였다. 류자명처럼 3 · 1운동의 참가를 계기로 대표적인 아나키스트로 성장하여 중국에서 독립운동을 주도하거나, 홍명희처럼 국내 독립운동을 주도한 경우도 있으나, 대부

분의 주도층들은 그 경험을 바탕으로 고향에 거주하며 이후 전개된 민족
운동을 주도하였다.

(≪중원문화논총≫ 제15집, 충북대학교 중원문화연구소, 2010)

일제강점기 충북지역의 학생운동

Ⅰ. 머리말

일제하의 학생운동은 사회운동과 문화운동으로서의 양면성을 지닌다. 우리나라의 학생운동은 1896년 10월 培材學堂의 학생들이 중심이 되어 발족하여 활동한 協成會運動으로부터 시작된다.[1] 물론 학생운동의 구체성을 기준하여 2·8독립선언을 최초의 학생운동으로 보는 견해도 있으나,[2] 비록 협성회가 순수 학생단체가 아니었다는 한계성은 있다 하여도 학생운동의 기점을 協成會로부터 이해하는 것이 타당할 듯하다. 구한말 태동한 학생운동은 1910년대의 형성기를 거쳐 3·1운동 이후 발전기를 맞이하게 된다.[3]

---

1) 鄭世鉉, 『抗日學生民族運動史硏究』, 일지사, 1975, 38~45쪽.
2) 金成植, 『日帝下 韓國學生獨立運動史』, 정음사, 1974, 17~71쪽.
3) 趙東杰, 「1910년대 民族敎育과 그 評價上의 問題」, 『韓國民族主義의 成立과 獨立運動史硏究』, 지식산업사, 1989, 355~356쪽. 한편 金鎬逸은 운동사의 관점에서 개화·애국계

일제를 타도하기 위한 민족운동에서 학생운동이 차지하는 비중은 매우 크다. 일제하 학생운동사는 중앙사는 물론 지방의 근현대사나 독립운동사연구에서도 중요하게 취급되어야 할 분야이다. 그 까닭은 학생운동 자체도 중요한 사실이지만, 학생운동의 주도자나 참여자들이 그 경험을 바탕으로 이후 민족운동의 전위로 등장하여 다방면의 투쟁을 주도하는 역사성과 연속성을 지니고 있기 때문이다.

따라서 그간 학생운동에 대하여는 많은 연구가 진행되어 왔다.[4] 그러나 충북지역의 학생운동에 대한 연구는 전무한 실정이다. 중앙사 차원의 연구는 서울 등 대도시의 학생운동이나 광주학생운동을 중심으로 진행되었다. 때문에 충북지역의 학생운동사는 학교명이나 운동 일자 정도의 서술이 고작이다. 뿐만 아니라 방대한 분량의 지방지에서조차 학생운동은 매우 소략하게 언급하는데 그치고 있다.[5] 물론, 충북지역이 다른 지역에 비해 학교 수, 특히 고등교육기관이 적었고,[6] 학생층의 사회계층으로서의 성장이 늦었기 때문에 학생운동이 미약했던 것은 사실이다. 그렇다고 하여 일제하 충북지역에서 학생운동이 없었던 것은 아니다. 학생들은 3·1운동 때에 주역으로서 참여하였고, 1920년대에는 槐山·淸州·堤川·丹陽 등지의 학교에서 同盟休學 투쟁이 계획되거나 실행되었다. 또한 광주학생운동 때에는 청주 시내의 淸州高普·淸州農業學校·淸州高女 등 학교가 연합시위를 벌였으며, 1930년대에도 일부 학교에서 학생운동이 계속되었다.

몽기(1876~1910), 1910년대, 1920년대, 1930년대 등 4시기로 구분하기도 한다(『일제하 학생운동』, 독립기념관 한국독립운동사연구소, 1991, 182쪽).

4) 학생운동의 연구사는 趙東杰, 「獨立運動史硏究의 回顧와 課題」, ≪精神文化硏究≫ 1985년 여름호, 한국정신문화연구원 참조.

5) 예컨대 『忠淸北道誌』(忠淸北道誌編纂委員會, 1992) 상권은 1,373쪽에 달하는 매우 방대한 분량이나, 학생운동은 397~398쪽에서 간략히 취급하고 있다.

6) 舊韓末 이래 충북지방은 타도에 비해 학교 수가 적은 형편이었다. 1910년 7월 1일 현재의 통계를 보면 전국의 사립학교 수는 2,082개교였으나, 충북은 강원(37), 전남(40)에 이어 2.3%인 47개교에 불과하였다(≪官報≫ 제4756호, 1910. 8. 13, 彙報).

필자는 이 분야를 충북지역 독립운동사연구 과제의 하나로 제시한 바
있다.7) 따라서 본고는 충북지방의 학생운동을 살펴보고자 하는 것이다.
먼저 3·1운동 때 충북지방 학생들의 참여와 활동상을 살펴보고, 1920년
대 동맹휴학 투쟁 양상을 정리하고자 한다. 이어 광주학생운동의 일환으
로 전개된 청주 시내 학교의 연합시위와 이후 1930년대의 학생운동을 검
토할 것이다. 이로써 충북지역 독립운동사연구의 공백을 메울 수 있으며,
이후 독립운동사 연구에도 단서를 제공할 수 있을 것으로 기대한다. 다
만, 선행연구가 전무하고 가용할 자료가 충분치 않기 때문에, 본고에서는
우선 당시 신문의 면밀한 분석을 통해 사실의 실증과 확인에 주력하고자
한다.

II. 학생의 3·1운동 참여

協成會 이후 성장을 거듭한 학생층은 3·1운동을 계기로 사회계층으
로 형성되었다. 일제하 학생운동이 지니는 역사적 의미를 고려한다면, 폭
압적인 무단통치 시기였던 1910년대에 중산층적 지성을 대표하는 학생
단체가 출현하고 성장한 것은 주목하여야 할 것이다.

3·1운동의 계획단계에서 학생들은 독자적인 만세시위를 계획할 만큼
사회계층, 민족운동의 전위로 성장하여 있었다. 비록 학생들은 기독교 측
간사인 朴熙道의 요청으로 독자적인 시위계획을 중단하고 민족대연합전
선에 동참하였지만, 만세운동의 계획과 전국 확산 등의 과정에서 주도적
역할을 담당하였다.8)

3·1운동에 참가했다가 일제에 피체되어 기소된 자는 6,417명이었는
데, 이 중 학생이 634명(9.9%)이었다.9) 또 다른 자료에 의하면 3·1운동

---

7) 朴杰淳, 「忠北地方 獨立運動史의 研究現況과 課題」, ≪한국독립운동사연구≫ 제15집, 독
   립기념관 한국독립운동사연구소, 2000, 355~389쪽.
8) 愼鏞廈, 「3·1獨立運動의 展開過程」, 『韓國近代民族運動史研究』, 일조각, 1988, 225~230쪽.

으로 검거된 학생은 2,037명이었는데, 이 중 1,918명이 처분 당했음을 알 수 있다.[10] 한편 조선총독부 학무국의 기록에는 전국 220개의 각 급 학교에서 12,996명의 학생이 3·1운동에 참여한 것으로 되어 있다.[11] 특히 대구의 彗星團을 비롯하여 京城獨立秘密團, 朝鮮獨立開城會 등의 단체는 3·1운동 때 만세시위를 주도한 대표적인 비밀결사라 할 수 있다.[12]

그런데 충북지역의 경우, 일제 측 자료에는 1919년 3월 19일 槐山公普 학생들의 읍내시위만이 기록되어, 단지 1개교에서 13명만이 참가한 것으로 되어 있다.[13] 또한 3·1운동 때 충북지방에서 피검되어 재판에 회부된 자는 139명인데, 이 가운데 학생은 10명으로 7.2%에 불과한 것으로 정리되기도 하였다.[14] 그러나 이는 피검되어 재판에 회부된 경우의 통계에 불과하다. 따라서 이 같은 통계는 학생들의 만세운동 참여에 대한 결과론적인 참고자료일 뿐 학생들의 참여에 대한 실상을 여실히 반영하는 것으로 볼 수는 없다.

3·1운동 당시 충북지역의 공립학교는 30개교로서 3,565명이 재학하고 있었고, 사립학교는 11개교(일반 7, 종교 4)로서 536명이 재학하고 있었다.[15] 그러나 충북 각지에서 전개된 3·1운동의 양상을 살펴보면 여러 곳에서 학생들의 참여와 활동상이 확인되고, 실제 재판에 회부되어 실형

---

9) 坪江汕二, 『改訂增補 朝鮮民族獨立運動秘史』, 高麗書林, 1986. 附表 「獨立騷擾事件起訴 被告人の職業別表」.
10) 金正明編, 『朝鮮獨立運動』 第Ⅰ卷, 380~382쪽의 「騷擾事件檢擧件數調査表」.
11) 朝鮮總督府 學務局, 『騷擾と學校』, 1921. 1(金正明編, 앞의 책, 856쪽).
12) 朴杰淳, 「3·1運動期 國內 秘密結社運動에 대한 試論」, ≪한국독립운동사연구≫ 제2집, 1988, 185~187쪽.
13) 朝鮮總督府 學務局의 앞의 책;鄭世鉉, 앞의 책, 145~146쪽의 「各道 普通學校의 參與表(3 월 1일~5월 6일)」.
14) 金鎭鳳, 「湖西地方 三·一運動의 性格」, ≪한국독립운동사연구≫ 제1집, 148쪽;黃富淵, 「忠北地方의 三·一運動」, ≪忠北史學≫ 제1집, 1987, 18쪽. 이는 3·1운동 재판 판결문 을 분석한 결과이다.
15) 『朝鮮總督府統計年報』(1919년), 471~488쪽. 충북의 학생 수는 전국 대비 1.5%에 불과 하였다.

을 선고받은 학생도 10명이나 되기 때문에 단지 1개교에서 13명만이 참가하였다는 일제 측 기록은 신빙성이 없다.

청주에서는 이미 3월 2일 독립선언서 286매가 발견되어 일제를 긴장시킨 바 있다.[16] 충북지역 최초의 학생 만세운동 계획은 3월 9일 충북의 유일한 중등 실업학교인 청주공립농업학교 학생들을 중심으로 진행되었다. 그 주역은 前 中央學校의 학생이었던 申榮浩였다. 그는 청원군 가덕면 인차리가 고향으로서, 귀향하는 길에 수원에서 독립사상을 고취하는 '我 2千萬 同胞에게 警告함'이라는 문서를 입수하여 3월 9일 아침, 청주농업학교 기숙사에 도착하여 吳錫永 등에게 건네주고, 경성에서 전개되고 있는 만세운동의 전말을 전하며 청주에서도 만세운동을 전개할 것을 종용하였다. 이에 吳錫永·李壽千·李要晉·徐相庚·楊在成 등의 학생들이 찬동하여 우선 시민들에게 배포할 경고문을 인쇄하기로 하였다. 이들은 이날, 淸水町 소재 金顯九의 집에서 등사판을 이용하여 등사에 착수하였는데, 이 때 동교생인 林昌洙·李喆雨·朴勝夏·申泰東 등도 합세하였다. 이들은 3백여 매의 경고문을 인쇄하였으나, 일제에 발각되어 옥고를 치렀다.[17]

그런데 이튿날인 3월 10일 밤, 청주농업학교 2학년생 31명은 시험 연기원서를 교장에게 제출하였고, 1학년생 15명은 비밀리에 기숙사를 탈출하는 일이 일어났다. 일제는 이 같은 학생들의 집단행동을 경성으로부터 내려 온 선동자에 의한 것으로 보고 경계를 강화하였다.[18]

또한 3월 10일경에는 충주간이농업학교 졸업기념 야유회에 참가하였던 교사 柳興植과 학생 吳彦泳·張千錫·劉錫寶·鄭某 등이 충주 장날인

---

16) 高第5597號, 「極秘獨立運動に關する件(第四報)」, 1919년 3월 3일자(金正明編, 앞의 책, 360~361쪽).
17) 독립운동사편찬위원회, 『독립운동사자료집』 제5집, 1101~1102쪽. 이들 중 申榮浩는 보안법 위반으로 10개월, 나머지 9명은 출판법 위반으로 3~5개월 형을 선고받고 옥고를 치렀다.
18) 高第6705號, 「獨立運動に關する件(第十二報)」, 1919년 3월 11일(金正明編, 앞의 책, 350쪽).

3월 15일을 기하여 간이농업학교와 忠州公普 학생 및 예수교회 신자들이 연합하여 시위를 벌이기로 결의하였다. 그러나 이 계획은 헌병보조원으로 채용되기로 되어 있던 鄭某의 밀고로 실패하고 말았다.[19] 한편 별도로 忠州公普 학생들을 동원하여 만세운동을 일으키려던 계획도 있었다. 기독교 신자였던 金鍾富는 4월 8일, 같은 기독교 신자이자 학생인 張良憲 등과 함께 충주장날을 이용하여 만세운동을 주도하기로 하였다. 이들은 경고문 · 독립가 · 태극기 등을 준비하고 충주공보 여교사인 金連順에게 부탁하여 公普 여학생을 동원하기로 하였으나, 일제에 발각되어 실행하지 못하였다.[20]

3월 19일의 괴산 장날에는 洪命憙의 주도로 만세운동이 일어났다. 이날 괴산 장터에는 수천 명의 시위군중이 독립만세를 외치며 괴산경찰서에 투석을 하는 등 격렬한 시위를 전개하였다. 이날 槐山公普 4학년 급장이던 郭容淳은 35명의 급우들과 함께 학교를 뛰쳐나와 시위군중 대열에 합류하여 태극기를 흔들고 전단을 살포하며 경찰서 쪽으로 행진하다가 일경에 체포당하였다. 이날의 만세운동에는 청주농업학교 학생이던 洪台植도 크게 활약하였다.[21]

4월 2일에는 李相稷의 주도로 진천읍에서 만세운동이 있었다. 이날의 시위는 일본 헌병과 무력충돌을 빚기도 하였는데, 鎭川公普 학생인 柳順福 등 10여 명의 학생도 일제에 피체되어 구타당하기도 하였다.[22]

4월 2일에는 의병장 출신 韓鳳洙의 지휘로 內秀公普 교사와 학생 80여명이 청원군 북일면 세교리 구 장터에서 만세운동을 벌였다.[23] 이날의 시위를 주도한 한봉수는 의병장 출신으로서 사형선고까지 받았던 인물이다. 그러나 그는 3 · 1운동을 다시 주도함으로써 독립운동사에서 의병과

---

19) 독립운동사편찬위원회, 『독립운동사』 제3권, 1969, 75쪽.
20) 『독립운동사자료집』 제5집, 1903~1906쪽.
21) 『독립운동사』 제3권, 55~56쪽.
22) 『독립운동사』 제3권, 67~68쪽.
23) 『독립운동사자료집』 제5집, 1100~1101쪽.

3 · 1운동의 맥락을 실증하는 인물이라 할 수 있다.[24]

한편 4월 17일에는 제천에서 1천여 명이 시위를 벌였는데 일제의 발포로 현장에서 다수의 사상자가 발생하였다.[25] 이날 만세시위의 주도자들은 堤川公普(보명보통학교) 졸업생이나 중퇴자들로서, 이들은 모교 3학년 학생들을 동원하여 시위 군중에게 태극기를 나누어주도록 하였다.

이 같은 학생들의 만세운동과 함께 서당 교사나 학생들의 만세운동 참여도 있었다. 서당교육은 1910년대에 크게 성행하였다. 이는 경술국치와 식민지 교육에 대한 반발의 표시였다. 따라서 서당교육은 민족교육에서 중요하게 논의되어야 할 것이다. 3 · 1운동 직전인 1918년의 경우, 전국의 서당은 24,294개교로서 학동 수는 264,835명에 달하였는데, 당시 보통학교 재학생이 73,157명이었던 것과 대비해 보면 교육에서 차지하는 비중을 알 수 있다. 3 · 1운동 당시 충북지방의 서당은 968개교로서 학생 수는 124,871명에 달하였다.[26]

3월 28일, 음성 장터에는 많은 시위 군중들이 만세시위를 벌였는데, 이때 만세를 부르던 서당 학생 3명을 포함하여 4명이 일경에 피체되었다. 당시 서당은 초선리 鄭騏善의 집이었는데, 3월 27일 金榮翼이란 청년이 찾아와서 서당학생인 鄭玫永 등을 계몽하여 만세운동에 참여하게 하였던 것이다.[27] 또한 4월 1일 중원군 신니면 용원장터에서 벌어진 만세시위에는 龍明書堂 학생인 殷慶玉이 학생들을 동원하려다 교사에게 제지당하기도 하였다.[28]

서당 교사들이 만세시위를 주도한 사례도 확인된다. 4월 1일 괴산군 장

---

24) 朴杰淳, 『舊韓末 義兵將 韓鳳洙의 抗日鬪爭』, 한봉수의병장동상건립추진위원회, 1998, 112~114쪽.

25) 騷密第421號 「獨立運動에 關する 件」, 1919년 4월 18일자;密受第102號 其206(1919년 4월 19일 제7호);密受第102號 其207(1919년 4월 19일 제73호).

26) 『朝鮮總督府統計年報』(1919년), 489쪽. 이는 정규학교 학생의 세 배가 넘는 숫자이다.

27) 『독립운동사』 제3권, 62쪽.

28) 『독립운동사』 제3권, 77쪽.

연면 오가리에서는 주민들이 만세를 외치다가 면사무소를 습격한 시위가 있었다. 이 시위의 주도자의 한사람은 서당교사인 金義玄이었다.[29] 또한 4월 2일에는 식수작업에 동원된 진천군 만승면 광혜원리 주민들이 면사무소와 헌병주재소를 습격하는 등 격렬한 시위를 벌였는데, 서당 교사인 南啓弘도 시위에 참가하였다가 8개월 간 옥고를 치렀다.

이로써 보면 3·1운동 때 충북지역에서는 청주농업학교·충주간이농업학교·충주공보 등의 학생들이 만세시위를 계획하였으며, 괴산공보·진천공보·내수공보·제천공보 등의 학생들과 일부의 서당생도들이 실제 만세시위에 참여하였음을 알 수 있는 것이다. 결국 3·1운동 때 충북지방에서 1개교에 13명의 학생만이 참여하였다는 일제 측 기록은 사실을 축소한 것임에 틀림없다.

III. 1920년대의 학생운동

3·1운동에서 학생은 독립운동의 전위부대로 등장하였다. 이후 6·10만세운동과 광주학생운동에서 알 수 있듯이 이제 학생층은 독립운동의 주체로 성장한 것이다.

1920년대는 '학생의 시대'라 할 만큼 학생들이 민족운동의 전면에 나섰다. 1920년대의 학생운동에서 전국적으로 나타난 투쟁양상의 주류를 이루는 것은 同盟休學(盟休)이었다. 일제는 맹휴투쟁의 원인을 ① 학교설비·교규 규칙·학과 기타에 관한 맹휴, ② 교원배척에 관한 맹휴, ③ 학교 내부의 시설에 관한 맹휴, ④ 생도 간의 사실에 관한 맹휴, ⑤ 지방문제에 관한 맹휴, ⑥ 민족의식 및 좌경사상의 반영에 기인하는 맹휴 등 6개항으로 파악하였다.[30]

---

29)『독립운동사자료집』제5권, 1082~1083쪽.
30) 朝鮮總督府警務局,『朝鮮に於ける同盟休校の考察』, 1929, 19~46쪽.

일제 측 자료에 의하면 1920년대 맹휴투쟁은 전국적으로 총 404회 발생하였는데, 충북지역은 17건이 발생하여 전국 대비 4.2%에 불과하였음을 알 수 있다.[31] 이 또한 충북지방이 학교와 학생 수가 적었고, 고등교육기관이 부재했던 교육환경과 관련이 있을 것이다. 그런데 1920년대 충북지방에서 전개된 학생운동은 그 사실이 밝혀지지 않은 경우가 대부분이다. 심지어 현지에서조차 학생운동은 역사의 기억으로부터 매몰되어 있다. 1920년대 충북지역의 학생운동을 발생 연월일별로 정리하기로 한다.

1920년대 충북지방의 학생운동은 1925년 5월 6일 괴산 淸安公普 학생들의 교원배척운동으로부터 본격화하였다. 즉, 청안공보 6년생 24명은 평소 불성실한 교사 金昌淳을 배척하기 위해 일본인 교장 大崎에게 4개항의 진정서를 제출하고 만일 조건을 수용하지 않으면 전원이 맹휴에 돌입하기로 결의하였다. 이에 당황한 학교 당국은 주도 학생들의 집을 방문하여 무마하고자 하였다.[32] 또한 학교 평의원회에서도 鄭鉉浩, 吳德遠 등이 나서 중재에 나섰다. 그 결과 金昌淳이 사과를 하고, 교장도 김창순을 금번 학기까지 수업을 시켜보고 불만스런 사항이 계속되면 상당한 조치를 취하겠다고 약속함으로서 해결되었다.[33]

또한 이해 10월에는 槐山公普 전교생이 한민족을 모욕하는 폭언을 내뱉는 일본인 교장 兒島를 배척하기 위한 움직임이 있었다. 兒島는 수업시간마다 학생들에게 말끝마다 "조선인은 식충이다", "조선은 약하다. 일본은 강하다"라는 등의 민족 멸시적인 폭언을 상습적으로 하였다. 이에 분개한 학생들이 교장 배척운동을 계획하자 학부모들도 동조하였다. 학부모들은 제3회 정기총회를 열어 교장을 각성시키자고 논의하였으며, 이 같은 교장에게 자제들의 교육을 맡길 수 없다며 대책을 강구하기도 하였다.[34]

---

31) 朝鮮總督府警務局, 앞의 책, 6~9쪽. 이는 慶北(13件), 咸北(15件) 다음으로 적은 경우이다.
32) ≪朝鮮日報≫ 1925년 5월 8일자.
33) ≪朝鮮日報≫ 1925년 5월 9일자.

이해 11월 18일에는 道安公普 2, 3학년생들이 교장 배척을 외치며 맹휴투쟁에 나섰다. 학생들은 교장이자 2, 3학년 담임을 겸하고 있는 岡村國堂이 한 달에 몇 번씩 사적인 일로 결근을 하고, 또한 운동회 준비를 핑계로 청주에 나가 2일 간이나 결근하자, 이같이 불성실한 교장에게서 배울 수 없다며 맹휴를 단행한 것이었다. 도안공보생의 맹휴 때에도 학부형들이 동조하였다.[35]

이로써 보면 1920년대 충북지방의 학생운동은 淸安公普, 槐山公普, 道安公普 등 괴산 내의 公普에 의해 비롯되었음을 알 수 있다. 1926년의 경우, 米院公普의 시험 답안이 커다란 사회문제가 되었고, 堤川公普 학생들의 2차에 걸친 맹휴투쟁이 있었다.

米院公普 시험 답안 사건의 전말은 이러하다. 1926년 3월 1일 미원공보의 교장인 二羽芳夫는 修身 과목의 시험문제를 내며 "지금 조선이 이와 같은 경우에 있은 즉 장래에 어찌하면 잘될 것인가를 각각 말하라"고 하며 '朝鮮 현상에 鑑하여 각자 결심을 말하라'는 문제를 출제하였다. 이에 대하여 5년생인 申亨植이 독립사상에 대하여 서술한 답안을 제출하자, 당황한 교장은 이 시험 답안을 가지고 도청과 경찰관 주재소를 출입하며 대책을 협의한 끝에 신형식을 무기정학에 처했던 것이다.[36]

이 사실이 알려지자 ≪조선일보≫는 기사와 「時評」, 「社說」, 「휘파람」 란 등을 통해 연일 일본인 교장에게 맹공을 퍼부었다. ≪조선일보≫는 '무기정학'이라는 제하의 「시평」에서 이 시험 문제는 公普 학생들에게는 적당치 않은 시사와 정치사상에 관한 문제라고 지적하고, 교장의 행위를 '師而網其徒', '訓導의 警吏眼', '一個 低能兒의 妄動'이라고 공박하였다.[37]

---

34) 朴杰淳, 『槐山地方 抗日獨立運動史』, 槐山文化院, 1996, 197~198쪽;≪東亞日報≫ 1925년 10월 26일자. 일본인 교사의 민족 멸시의 사례는 鄭世鉉, 앞의 책, 208~209쪽 참조.
35) ≪朝鮮日報≫ 1925년 11월 30일자.
36) ≪朝鮮日報≫ 1926년 3월 26일자.
37) ≪朝鮮日報≫ 1926년 3월 21일자(朝刊).

또한 '沒常識한 公普 校長 －淸州 米院公普의 怪常事－'라는 제하의 「사설」에서 다시 미원공보 교장을 비판하며, 이는 단지 미원공보 교장만의 문제가 아니라 전체 일본인 교장의 문제라고 우려하였다.

> … 그와 가튼 문제를 제출하고 그와 가튼 처분을 행한 교장은 우리가 아모리 호의로써 생각할지라도 몰상식한 교장이라고 아니할 수 업다. 우리는 조선 안에 잇는 일본인 公普 교장이 거의 전부가 미원공보 교장과 가튼 종류의 사람들이고 적어도 그와 동일한 심리의 소유자인 것을 생각할 때에 조선 아동을 위하야 萬斛의 눈물을 아니 뿌릴 수 업다. …[38]

1927년 당시 전국 보통학교 1,187개교 가운데에 한국인이 교장으로 재직한 곳은 37개교로 3.1%에 불과하였다. 이에 《중외일보》는 보통학교 교원 전부를 한국인으로 채용할 것을 요구하기도 하였다.[39] 이 같은 미원공보 학생의 시험 답안 사건이 구체적으로 학생운동으로 연계되었는지 여부는 자료의 결핍으로 확인할 수 없다. 그러나 이 사건은 당시 公普의 식민지 교육 현실을 여실히 알려주며, 이 시기 학생운동의 배경을 이해하는 데에는 도움이 될 것으로 생각된다.

1926년 5월과 6월에는 堤川公普 학생들이 2차에 걸친 맹휴투쟁을 벌였다. 당시 언론은 연일 이 사실을 보도하며 깊은 관심을 표하였다. 제천공보 학생 4·5·6학년생 전원은 1926년 5월 14일을 기하여 전교생의 맹휴투쟁을 결의하였다. 거사 전날인 5월 13일 오후 3시경, 학생 대표 30여 명은 邑部里 金演三의 집에 모여서 「同盟休學 理由書」를 등사하였다. 그러나 경찰에 발각되어 서장과 형사가 현장으로 달려와 대문을 걸어 잠그고 학생들을 취조하다가, 이들 중 3명을 경찰서까지 끌고 가서 취조하였다. 일경은 학생들이 등사한 인쇄물을 모두 압수하여 소각해 버렸다. 「동

---

38) 《朝鮮日報》 1926년 3월 27일자(夕刊). 한편 《朝鮮日報》는 1926년 3월 28일자 석간의 「휘파람」란에서 '그 교장을 경찰서 촉탁으로 보냇스면 무방할듯!'이라고 비난하였다.
39) 朝鮮總督府警務局, 앞의 책, 96~99쪽.

맹휴학 이유서」의 내용은 다음과 같다.

　　1. 5학년 담임 金炳龍氏는 학생을 하대하며 기타 훈도로서 모범되지 못한 수개 조건이 잇슴.
　　2. 4학년 담임 金英培氏는 원래 품행상 불미한 일이 만헛슴으로 일반의 비평이 조치 안음에 불구하고 一向 改悛치 아니하고 여학생 집에 자조 놀너 다니며 혹은 주석에서 여생도를 불너 창가를 식히는 등 역시 모범되지 못할 행동이 만타 하야 이와가튼 선생에게는 교수를 밧지 안을 것.[40]

이로써 보면 堤川公普 학생 1차 맹휴의 원인은 교원으로서 모범되지 못하거나 불미스러운 행동을 한 자를 배척하기 위한 것임을 알 수 있다. 그러나 일경에 사전 발각됨으로써 맹휴는 계획대로 결행되지는 못하였다. 맹휴 예정일이었던 5월 14일, 일부 결석자가 있었으나 대부분의 학생들은 등교하였다. 그러나 수업은 정상적으로 진행되지 못하였다.[41]

제천공보 학생들의 1차 맹휴 시도는 조선총독부 학무국장 李軫鎬가 학사 시찰을 위해 제천에 온다는 소식이 있자, 鄭殷澤 등 학부형들이 나서서 도 학무과와 군수, 경찰서장, 학부형 및 학생 등을 상대로 진정서를 제출하거나 사실을 설명하고 이해시키는 선에서 무마되었다.[42]

그러나 제천공보 학생들의 1차 맹휴 계획이 있은 지 1달 만인 6월 14일, 제2차 맹휴가 단행되었다. 6월 14일에는 5, 6학년 학생 120명이 맹휴 투쟁에 참여하였고, 이튿날인 6월 15일에는 전 학년이 참여하였다.

제천공보 학생들의 2차 맹휴는 1차 때와는 성격이 다르다. 즉, 6·10만세운동과 연관성을 지닌 것으로 보인다. 즉, 사건의 발단은 융희황제의

---

40) ≪東亞日報≫ 1926년 5월 16일 및 5월 19일자. 제1항의 '下待'란 표현은 '無差別 待遇'란 표현으로 정정 보도되었다.
41) ≪東亞日報≫ 1926년 5월 18일자.
42) ≪東亞日報≫ 1926년 5월 19일자.

인산 다음날인 6월 11일, 6학년 학생 朴六慶과 辛雲敬이 학생대표로서 조회시간 전에 교장인 大崎謙三郎을 찾아가 수업 여부를 물으면서 비롯되었다. 교장은 상부에서 6월 10일만 휴업하라고 지시하였으니 오늘은 휴업을 할 수 없다고 대답하였다. 그런데 조회시간에 교장은 오늘은 특별히 2시간만 하고 일찍 끝내겠으나, 수업하기 싫은 학생은 집에 가도 좋다고 말하였다. 이에 4, 5, 6학년생 전원은 수업을 받지 말자고 결의하고 귀가하였다. 그러자 교장은 즉시 경찰서로 달려가 이 사실을 알렸다. 경찰은 이튿날인 6월 12일, 5, 6학년생 6명을 경찰서로 끌고 가 장시간 취조 후에 돌려보냈고, 이후에도 형사들이 학생들의 동향을 감시하였다. 이로써 학생들 사이의 분위기가 매우 험악해져 무슨 일이 벌어질지 모를 지경에 이르렀다.[43]

결국 이러한 사태에 대해 학생들의 분노가 폭발하였다. 학생들을 분노케 한 것은 일본인 교장의 간교한 이중적인 태도도 문제였지만, 우리 황제에 대한 불경스러운 언행 때문이었다. 드디어 6월 14일, 5, 6학년 학생 전원이 맹휴를 단행하였다. 이날 오전 8시경 학생대표들은 4개 조항의 「동맹휴학 이유서」를 인쇄하여 시내 전 지역에 살포하였다. 그 내용은 다음과 같다.

　「同盟休學 理由書」
　1. 今般 李王 전하 승하하심에 대하야 교장 선생의 말이 이왕 殿下를 李太王様이라 하니 此는 이왕 전하인지 이태왕 전하인지를 不辯하는 교장 선생이고 기타 다수 불경의 事가 有하며 又 요배식에 예복을 불복하는 건.
　2. 수업료는 의무 봉납함은 물론인 바 불납하는 人에게는 교장 선생이 여러 가지 조혼 수단으로 납부케 하는 방법이 有하거늘 불납한 人에 대하야 도적놈이라는 극도의 몰상식한 어법에 대한 건.

---

43) ≪東亞日報≫ 1926년 6월 16일자.

3. 학교 내의 事를 교장이 一毫 주의식키지 안코 먼저 경찰서에다가
부담식켜 생도 5, 6인을 십여 시간을 취조케 하는 무책임 사항.
4. 학교 생도를 무리로 압박하고 又는 선생이며 생도에게 불측한 행
동과 불친절한 언행 又 무단히 怒하는 폐 기타 다수의 不親한 건.[44]

이로써 보면 제천공보 학생들의 제2차 맹휴투쟁은 융희황제의 승하에
대한 일본인 교장의 불경한 언동과, 제반 학사에 대한 교장의 불합리하고
고압적인 처사, 학내 문제를 경찰에 의뢰한 무책임한 처사 등에 대한 불
만이 복합되어 비롯된 것임을 알 수 있다. 특히 제천공보생의 제2차 맹휴
는 6·10만세운동 이후의 맹휴투쟁이 민족적 성격을 띠며 일제에 대항하
려 했던 전국적 추세와 성격을 같이 하는 것이라 할 수 있다.

학생들의 맹휴가 발생하자 학부형들은 당일 오후 1시 학교에 모여 군
수와 교장 등과 긴급히 대책을 협의하였다. 그러나 학부형들은 교장의 무
성의한 행동과 태도에 크게 분개하였을 뿐 별다른 대책을 만들지 못하였
다. 한편 경찰은 14일 밤 학생 9명을 경찰서로 소환하여 15일 새벽 4시까
지 취조하였다. 일제는 이를 시국 사건, 즉 융희황제의 승하와 6·10만세
운동과 관련된 것이 아닌가하여 촉각을 곤두세웠다. 堤川警察署長은 기
자에게 학생을 소환하여 취조한 것은 맹휴가 시국 문제와 관련되었을 가
능성 때문이나, 조사 결과 시국 문제와는 관련이 없는 것으로 보여 학생
들을 처벌하지는 않겠다고 하였다. 그러나 이후에라도 학생들에게 범법
사실이 있으면 단연코 처분하겠다고 말하였다. 이에 학부형과 학생들은
더욱 분개하였다.

급기야 6월 15일, 맹휴는 전교생으로 확대되었다. 이날 등교한 학생은
전교생 432명 가운데 저학년 학생 33명에 불과하였다. 사태가 확대되자
군수가 직접 나섰다. 제천군수 朴鴻來는 15일 오후 2시에 학부형회 대표
10여 인을 군수실로 불러 수습 대책을 협의하였다. 이 자리에서 대다수의

---

44) ≪東亞日報≫ 1926년 6월 17일자.

학부형들은 교장의 오만 무례한 언행이 사건을 야기 시킨 만큼 먼저 교장의 잘못에 대한 사과가 선행되어야 한다는 강경한 입장을 표명하였다. 결국 대책회의는 군수가 적극 중재에 나서서 다음과 같은 3개항을 결의한 뒤, 이를 다른 학부형들에게 통지하기로 하고 오후 5시경 끝났다. 여기에서 결의된 내용은 다음과 같다.

「결의사항」
1. 생도는 학부형 측에서 무조건으로 명일(十六日)부터 전부 등교케 할 사.
2. 학교 급 군 당국에서는 무조건으로 교수시키고 동맹 주동자의 처분은 불문에 부할 사.
3. 금후에 차등 불상사가 絶無하도록 각기 子姪에게 충분히 주의시킬 일.

이에 따라 학생들은 16일에는 대부분 등교하였고, 17일에는 전원 등교하였다. 학생과 학부형들은 교장의 과오를 충분히 사회에 알렸다고 판단한 것이었다. 그런데 16일 정오경, 충청북도청 내무부장이 제천군수에게 전화를 하여 "금번 사건은 단연코 처분코자 하였던 것이 벌써 등교케 하였다니 그러면 학생과 학부형이 17일 上學 시간 이전에 교장에게 잘못하였다는 陳謝를 하게 하라"는 명령을 하달하였다. 이에 후원회 대표인 李錫祚는 학부형들의 의견수렴에 나섰는데, 절대 다수의 학부형들은 교장의 체면을 위해 교장의 명백한 잘못은 호도한 채 학생과 학부형에게 사과를 하라고 하는 것은 무리한 일이라며 크게 분개하였다. 따라서 해결의 실마리를 찾았던 제천공보의 맹휴사건은 재연될 조짐을 보였고, 당시 언론들도 학부형들이 사과할 일이 아니라고 거들었다.[45]

결국 학부형들은 교장이 사과해야 할 일이지 자신들이 사과해야 할 일이 아니라고 의견의 일치를 보았다. 학부형회 대표 이석조가 다시 군수와의 교섭에 나선 끝에, 학부형들은 교장에게 사죄하지는 않되 학생대표가

---

45) ≪東亞日報≫ 1926년 6월 19일자; ≪時代日報≫ 동일자.

교장에게 사죄하는 자리에 입회하기로 합의하였다. 이에 6월 17일 오전 10시, 학생대표 朴六慶이 군수 및 학부형들이 입회한 자리에서 교장에게 사과하고, 학생들은 이날부터 울분을 삭히느라 눈물을 머금고 전원 등교하였다.[46]

그런데 교장은 약속과는 달리 19일 1, 2차 맹휴를 주도한 학생 3명을 黜學시키고 4명을 무기정학 처분하였다. 즉, 6년생 李範學과 金德奉을 1차 맹휴의 주도자로, 朴六慶을 2차 맹휴의 주도자로 지목하여 黜學시키고, 6년생 金學根과 鄭德壽 및 5년생 金鍾應, 張德相 등 4명의 학생을 무기정학에 처한 것이었다. 당시 교장은 자신을 방문한 기자에게 학생을 처벌한 것은 道 학무과의 명령에 따른 부득이한 처분이었고, 군수는 학생처분과 관계가 없으므로 주도자를 불문에 붙이겠다고 한 군수의 약속은 구속력이 없으며, 朴六慶은 정식 입학 허가를 받은 학생이 아니기 때문에 퇴학이나 정학이 아니라 재학을 인정하지 않은 것뿐이라는 괴변을 늘어놓았다.[47]

이에 대해 학생과 학부형들은 학생들을 무조건 등교시키면 주도자를 처벌하지 않겠다던 군수나 학교 당국의 약속이 기만이었다며 분개하였다. 마침 6월 27일 맹휴사건을 조사하기 위하여 도청의 視學 西尾衡平이 제천에 오자, 학부형회 대표 10여 인은 군수실로 가서 군수와 視學에게 약속을 위배한 사실을 따졌다. 이 자리에서 군수는 자신은 학생처분에 직접 권한이 없다고 책임을 회피하였고, 視學은 교장의 처분은 당연한 조치라며 교장을 옹호하였다. 결국 4, 5시간에 걸친 만남은 논쟁만 하다가 끝나고 말았다.[48] 제천공보 학생의 제2차 맹휴는 학교 당국과 식민지 권력이 연합하여 학생운동을 간교하게 탄압한 전형적인 사례라 할 수 있다.

1927년에는 청주농업학교와 청주고보 학생들이 식민지 교육에 반발하

---

46) ≪東亞日報≫ 1926년 6월 20일자;≪時代日報≫ 동년 6월 21일자.
47) ≪東亞日報≫ 1926년 6월 24일자;≪時代日報≫ 동일자.
48) ≪東亞日報≫ 1926년 7월 1일자.

며 맹휴투쟁에 돌입하였다. 公普에 이어 중등학교 학생들이 맹휴투쟁에 나선 것이다.

1927년 9월 22일부터 청주농업학교 4학년생 35명이 일본인 교장 高山의 무성의한 교육태도를 배척하기 위해 맹휴에 돌입하였다.[49] 당황한 학교 당국은 학생들의 집을 방문하고 다방면으로 학생들을 찾아 나섰으나 찾을 수가 없었다. 학생들은 강서면 신대리에 집결하여 있었는데, 학교 당국자가 현장으로 달려오자 다른 곳으로 이동해 버렸다.[50] 高山 교장은 학생들이 등교한다면 어떠한 처벌도 하지 않겠다고 학부형 대표에게 약속하였다. 이 약속을 믿고 학생들은 맹휴투쟁 5일 만인 9월 27일, 전원이 등교하였다. 학생과 교장은 서로에게 사과를 하는 선에서 맹휴는 마무리 되는 듯하였다. 그러나 高山 교장은 약속을 어기고 학생 1명은 퇴학, 2명은 5일 정학, 3명은 3일 정학에 처하였다. 학부모들은 교장의 식언에 크게 분개하였으나, 어쩔 수가 없었다.[51] 이 역시 간교한 학생운동 탄압의 사례이다.

청주농업학교 학생들의 맹휴에 이어 이해 12월 5일에는 청주고보 학생들이 맹휴투쟁을 전개하였다. 청주고보의 일본인 교장은 기회가 있을 때마다 "조선인은 야만성이 있다"라거나 "야만 인종이었다"는 등의 민족 차별적 발언을 하여 학생들에게 모욕을 주었다. 새로 부임한 朱教諭는 이같은 교장의 만행을 견디지 못하고 3개월 만에 사직하였다. 게다가 일본인 教諭인 關本이 ≪文教の朝鮮≫ 9월호에 한국인을 모욕하는 글을 게재하자 학생들의 감정은 크게 격앙되었다

드디어 12월 5일 2학년생 전원이 5개조로 된 진정서를 도 학무국과 학교에 제출하고 맹휴를 단행하였다. 이어 7일에는 3학년생 전원이, 9일에는 1학년생 전원이 맹휴에 동참하였다.[52] 이에 대하여 학교 당국은 매우

---

49) ≪東亞日報≫ 1927년 9월 25일자.
50) ≪東亞日報≫ 1927년 9월 26일자.
51) ≪東亞日報≫ 1927년 10월 2일자.

강경하게 대처하였다. 학교 당국은 12월 20일 학부모와 2, 3학년생 130여 명을 학교로 나오게 한 후 퇴학 7명을 포함하여 66명에 대한 중징계 처벌내용을 통지하였다. 이로써 淸州高普의 맹휴투쟁은 더 이상 진전 없이 이튿날부터 학생들이 등교함으로써 17일 만에 끝나고 말았다.[53]

충북지방 학생들의 맹휴투쟁은 이후에도 계속되었다. 1928년 3월 10일에는 丹陽公普 5, 6학년 학생 80여 명이 일본인 高橋와 安某 교사를 배척하기 위하여 맹휴를 단행하였다. 이 때 인근지역의 永春公普와 梅浦公普에서도 맹휴설이 있었다.[54]

1929년 5월 29일에는 延豊公普 학생들이 맹휴투쟁을 벌였다. 즉, 5월 28일 연풍공보의 교장인 武野弘法이 자신이 담임을 맡은 3, 4학년 복식 수업시간 때 해군기념일을 질문하였으나 학생들이 대답하지 못하자 학생 전원을 주먹으로 머리를 가격하고, 너희 같은 아이들은 가르칠 수 없으니 학교에 나오지 말라고 폭언을 하는 불상사가 발생하였다. 이에 분개하여 3~6학년생 전원이 맹휴를 단행하였다. 또한 평소 교장의 근신하지 않음에 불만을 품어 왔던 학생들은 도 학무국에 교장의 비행을 고발하는 6개조의 진정서를 제출하였다. 그 내용을 요약하면 ① 출퇴근 시간이 일정치 않고 수업시간임에도 자신이 볼 일이 있으면 수업을 하지 않아 시간을 낭비하게 하는 일, ② 매월 5전씩 운동비를 걷으면서도 운동기구가 파손되면 다시 대가를 물리는 일, ③ 수업료 독촉이 심하여 기일이 지난 학생은 내쫓는 일, ④ 1927년에 학생들이 4, 5개씩 제작한 蠶箱 매각 대금을 착복한 일, ⑤ 官民子弟의 차별이 심한 일, ⑥ 학용품을 특정 일본인 상점에서만 사도록 강요한 일 등이다. 그러나 학교 당국은 등교하지 않는 학생은

---

52) ≪朝鮮日報≫ 1927년 12월 7일, 12월 9일;≪東亞日報≫ 1927년 12월 12일자.
53) ≪朝鮮日報≫ 1927년 12월 23일자. 66명의 처벌내용은 다음과 같다.
　　－ 2학년: 퇴학 3명, 무기정학 1명, 3개월 정학 6명, 1주일 정학 19명, 기타는 무기 근신.
　　－ 3학년: 퇴학 4명, 무기정학 2명, 3개월 정학 5명, 10일 정학 26명, 기타는 무기 근신.
54) ≪朝鮮日報≫ 1928년 3월 20일자.

경관으로 하여금 체포하게 하여 유치장에 가두겠다고 옥박질러 학부모들의 분노를 샀다.[55]

　이상과 같이 1920년대 충북지역 학생운동은 주로 일본인 교장과 교사 배척, 민족차별과 멸시에 대한 반발 등이 원인이 된 맹휴투쟁이 주류를 이루고 있었다. 이는 1920년대 학내 문제로 인한 맹휴투쟁의 전형적인 양상이라 할 수 있다. 물론 제천공보 학생들의 2차 맹휴투쟁은 성격을 달리 하여 6·10만세운동과의 관련성을 부여할 수 있을 것 같으나, 이 또한 직접적인 관련성은 확인되지 않는다. 학생들의 맹휴투쟁은 1920년대 후반부터 식민지 노예교육을 반대하고 조선인본위교육을 주장하고, 학내 문제가 아닌 학외 문제가 쟁점이 되거나 사상성을 지니는 등 새로운 경향이 보이나,[56] 충북지역의 경우 그런 양상은 발견할 수 없다.

　학내문제가 원인이 된 맹휴의 경우, 이를 일률적으로 항일투쟁으로 단정할 수는 없다. 그러나 학생운동의 본질은 항일투쟁의 성격을 내포하고 있다고 보아야 할 것이다. 이는 일제 고등경찰이 학생운동을 '일반적 사회현상을 반영'하고 있으며, '학생 사상의 추이도 항상 일반사상에 수반하고 있다'고 단정한 데에서도 알 수 있는 것이다.[57] 여기에서 말하는 일반적 사회현상과 일반사상이란 곧 항일의식과 투쟁을 지칭한 것이다.

　이 같은 학생들의 맹휴투쟁은 독특한 형태의 독립운동이었다. 특히 어린 公普生들이 결행한 맹휴가 전체의 40%나 차지하는 것은 일제 식민지 지배하의 우리나라가 아니면 찾아 볼 수 없는 특유의 현상으로 평가된다.[58] 그런데 이러한 어린 학생들의 운동에 대해 일제는 학교 당국, 도 학무국, 경찰 등이 총동원되어 가혹하게 탄압하였다. 1920년대 맹휴투쟁으로 처분된 학생은 모두 7,674명인데, 이중 865명이 경찰의 처분을 받았

---

55) ≪朝鮮日報≫ 1929년 6월 7일자.
56) ≪朝鮮日報≫ 1928년 12월 22일자.
57) 朝鮮總督府警務局, ≪高等警察報≫ 第5號, 35쪽.
58) ≪朝鮮日報≫ 1929년 12월 22일자.

고, 6,809명이 학내처분을 당하였다. 학내처분의 경우는 퇴학 1,560명, 정학 4,758명, 근신 485명, 견책 4명, 학교 폐쇄 2건 등으로 매우 가혹하였다.[59] 이 시기에는 맹휴에 참가하였다가 퇴학당한 학생들이 많아 입학하여 졸업하는 학생보다 퇴학하는 학생이 더 많은 형편이었다.[60]

충북지역의 경우, 淸州高普의 맹휴 때에는 처음부터 학교 당국이 강경하고 고압적인 자세로 탄압에 나서 많은 학생들을 중징계하였다. 특히 제천공보 2차 맹휴나, 청주농업학교 맹휴는 교장이나 군수 등이 등교하면 처벌하지 않겠다는 당초의 약속을 어기고 학생들을 중징계에 처한 간교한 사례라 할 수 있다.

그런데 일제 측 자료에는 1920년대에 충북지역에서 17회의 맹휴가 발생하였다고 기록되어 있으나, 언론에 보도되어 본고에서 확인한 것은 9회뿐이다. 이는 아마도 계획 단계에서 발각되어 실행되지 못한 맹휴나, 사회적 문제로까지 부각되지 못한 일부 맹휴가 언론에 보도되지 않았기 때문으로 여겨진다.

IV. 1930년대의 학생운동

1929년 11월 3일 光州에서 촉발되어 전국으로 확산된 광주학생독립운동은 일제강점기 최대의 학생운동이었다. 광주학생운동은 한일 학생 간의 우발적인 충돌이 아니라, 1920년대에 축적된 학생들의 투쟁 역량과, 조직과 발전을 거듭한 학생단체의 활동에 기초한 거대한 식민지 해방투쟁이었다.

광주를 기점으로 일어난 광주학생독립운동은 인근의 목포와 나주 등 전라지역과, 서울에서 2차에 걸친 대규모 학생운동으로 발전하였다. 이 운동은 1930년 1월 중순경에는 전국적으로 확산 파급되어 2월말 경까지 전개되었다.[61] 운동의 형태는 진정서 제출, 격문 살포, 맹휴, 교내시위,

---

59) 朝鮮總督府學務局, 앞의 책, 130~131의 「盟休學生處分調」 참조.
60) 金鎬逸, 앞의 책, 102~105쪽.

가두시위 등 다양한 형태로 나타났다.[62]

광주학생독립운동에는 전국의 194개교(소학교 54, 중학교 136, 전문학교 4)에서 54,000여 명의 학생이 참가하였는데, 이 가운데에 퇴학 582명, 무기정학 2,330명, 피검 1,642명의 희생이 발생하였다.[63] 3·1운동 때에 참여한 학생이 12,996명이란 통계와 비교해 보면 가히 그 규모를 짐작할 수 있는 것이다.

광주학생독립운동의 여파는 청주에도 파급되었다. 일제의 기록에 의하면 1930년 1월 20일경 清州高普 학생들 사이에 운동의 움직임이 있었고, 일경은 '특히 엄밀한 사찰'을 하였음을 알 수 있다.[64] 그러나 1930년 1월 21일 오전 9시 반경, 4학년과 5학년 학생을 제외한 전교생이 일제히 독립만세를 외치며 어깨동무를 하고 교문 밖으로 뛰쳐나갔다. 277명의 청주고보 학생들은 교사와 경찰의 제지를 뚫고 청주농업학교 방면으로 뛰쳐나갔다. 이 때 사전 연락에 의해 청주농업학교에서도 5학년생을 제외한 231명의 학생이 조회를 마치자마자 교문 밖으로 행진하여 청주고보 학생들과 합류하였다.[65]

그러나 긴급 출동한 일본 경찰의 제지로 인해 진로가 막힌 500여 명의 학생 시위대는 무심천 일대에서 일경과 대치하며 독립만세를 외치고 수천여 매의 격문을 살포하였다. 격문의 내용은 '白衣魂 싸고도는 黑雲을 격파하고 광명한 자유로운 길을 밟자', '굳세게 싸워라. 용감히 저항하자',

---

61) 광주학생운동의 전국 파급상황은 광주학생독립운동동지회, 『光州學生獨立運動史』, 1996, 170~178쪽의 「광주학생독립운동의 지역별 상황(1929. 11~1930. 3)」 참조.

62) 韓貞一, 『日帝下 光州學生民族運動史』, 전예원, 1981, 187쪽.

63) 국사편찬위원회, 『韓國獨立運動史』 자료편 5, 261쪽.

64) 『朝鮮總督府警務局極秘文書 光州抗日學生事件資料』, 風媒社, 1979, 177쪽.

65) 그런데 청주학생운동 거사일은 1929년 12월 20일로 잘못 알려져 왔다. 그 까닭은 학생운동 주도자였던 李仁粲 등 생존자 증언의 오류와, 『淸州誌』(1961)·『大韓景行錄』(1969)·『忠淸北道誌』(1971)·『淸州市誌』(1976) 등 지방지에 오류가 전승되며 사실로 오해된 것이다. 뿐만 아니라 현재 청주중학교 교정에는 1971년에 건립되고 1997년에 중건된 '항일학생의거기념비'가 세워져 있는데, 이 또한 오류를 답습하고 있다. 조속한 비문의 수정을 기대한다.

'조선 민족은 자각하여 우리 2천만 동포의 자유를 찾자. 만세 만세' 등이었다. 이날 일본인 학교인 청주고녀에 다니던 조선인 여학생 30여 명도 동맹휴학으로 학생시위에 동참하였고, 상인들은 철시를 단행하여 학생들의 시위에 호응하였다.[66]

청주고보 · 청주농업학교 · 청주고녀 등 청주 시내 세 개 학교 연합 시위의 주도자의 한사람은 李仁粲이었다. 그는 朴遇陽 · 具然幸 · 李範繩 등 같은 학교의 학생 및 청주농업학교 학생 朴魯燮 · 全忠植 등과 만나 兩校가 연합하여 아침 조회시간을 이용하여 시위를 벌일 것을 결의하였다. 이들은 거사 전날 밤, 학교 등사판을 몰래 가지고 나와 박우양의 하숙방에서 이인찬, 이범승 등이 방문을 이불로 가리고 밤을 새워 여러 종류의 전단을 등사하였다. 이 전단은 시위 현장은 물론, 학생들이 일경에 피체되어 압송되는 도중 차창 밖으로 살포되기도 하였다.[67]

이날의 학생시위로 洪性一 · 咸貴奉 · 李仁粲 등 청주고보 학생과 全忠植 · 朴魯燮 등 청주농업학교 학생 등 수십 명이 일제에 검거 당하였다. 일경은 학생들의 집에 전단이 숨겨져 있다는 제보를 받고 시위를 주도한 학생들의 집을 가택 수색하는 한편 나머지 주도 학생과 사회단체 인사들을 검거하였다.[68] 또한 청주고녀 학생 金鳳任 등 10명의 학생들도 1월 24일 일경에 피체되어 장시간 취조를 당하였다.[69]

일제는 만일의 사태에 대비하여 청주경찰서와 각지에서 응원 온 수백 명의 경관으로 하여금 청주고보와 청주농업학교를 포위하게 하고, 시내 요처마다 7, 8명의 경관을 배치하여 삼엄한 경비를 펼쳤다. 이 같은 살벌

---

66) ≪東亞日報≫ 1930년 1월 22일, 1월 25일, 1월 26일, 1월 29일, 1월 30일자;≪朝鮮日報≫ 동일자.
67) 『雲耕李仁粲一生記』, 5~9쪽. 이는 청주학생운동 주도자의 한사람인 이인찬이 自述한 회고록 성격의 자료로서 그가 출생한 1909년부터 1991년까지의 기록이다. 이 기록은 일부 오류도 있으나, 청주 학생운동의 계획과 진행과정을 이해하는 데 도움이 된다.
68) ≪朝鮮日報≫ 1930년 1월 24일자.
69) ≪東亞日報≫ 1930년 1월 26일자.

한 분위기에서 세 학교는 개학을 하였다. 그러나 결석한 학생들이 많자, 학교 측은 단축수업을 하였는데, 학생들은 구속 학우의 석방을 요구하며 맹휴를 단행하기도 하였다.[70]

청주고보는 학생운동에 참여한 학생과 학부모를 소환하여 교장 目黑이 훈계를 하고 서약서를 쓰게 한 뒤 1월 29일부터 학생들을 등교하게 하였다. 그러나 경찰에 구금되었다가 석방된 주도 학생들은 등교하지 못하게 하고 무기한 집에서 학교의 통지를 기다리도록 하였다.[71]

한편 학생들의 등교율이 저하되고 분위기가 흉흉해지자 각 학교는 도 학무국과 수차 협의한 끝에 2월 1일 관계 학생과 학부모를 불러 징계 사실을 통보하였다. 이로써 퇴학 27명을 포함, 74명의 학생들이 가혹한 중징계를 당하였다. 이에 대해 청주고녀에 다니는 일본인 여학생 20여 명은 2월 5일 학교 당국에 연서한 진정서를 제출하였다. 진정서의 내용은 처벌이 온당치 못하다고 하며 퇴학 처분한 학생의 복교를 요청하는 것이었다.[72] 학교별 징계 상황은 다음과 같다.

<청주 학생운동 관련 징계 상황>[73]

학교 \ 징계	퇴학	1년 근신	8개월 근신	2개월 근신	훈계(서약서)	계
청주고보	7	9	12	−	169	197
농업학교	14	5	17	−	62	98
청주고녀	2	−	2	6	5	15
계	23	14	31	6	236	310

피체된 학생 중 17명은 2월 4일에 검사국으로 송치되었다. 이 때 수백

---

70) ≪朝鮮日報≫ 1930년 1월 25일자, 1월 26일자;≪東亞日報≫ 1930년 1월 26일자. 당시 청주고보는 재학생 378명 중 238명이, 농업학교는 재학생 231명 중 40명이, 청주고녀는 재학생 37명 중 1명이 각각 결석하였다.
71) ≪東亞日報≫ 1930년 1월 30일자.
72) ≪東亞日報≫ 1930년 2월 9일자.
73) ≪東亞日報≫ · ≪朝鮮日報≫ 1930년 2월 3일자.

명의 학생들이 검사국으로 달려가 구속 학우의 석방을 요구하며 항의하기도 하였다. 검사국에 송치된 17명의 명단은 다음과 같다.[74]

> ※ 청주고보(6명) : 朴遇陽·咸貴奉·李範繩·洪性一·具然幸·李仁粲(이상 3학년)
> ※ 청주농업학교(11명) : 全忠植·孫明熙·朴魯燮·洪性哲(이상 4학년), 鄭命用·梁炳甲·姜赫善·林東黙(이상 3학년), 李完模·金燦鎬·趙忠植(이상 2학년)

이들은 2월 14일 학생이란 신분이 감안되어 기소유예 처분을 받아 석방되었다.[75] 한편 청주사범학교는 연합시위에는 참여하지 않았지만, 2월 7일 동교 상년생인 전 모 학생이 돌연 퇴학처분을 당한 것은 주목된다. 그가 퇴학처분을 당한 까닭은 1월 23일 고향인 상주군 외서면 예의리에 거주하는 동창생(농잠학교 재학)에게 보낸 편지 내용이 '불온'하다는 이유에서였다.[76] 그 내용은 당시 전국 및 청주에서 전개된 학생운동과 관련이 있을 것으로 짐작된다. 이는 비록 청주사범학교 학생들이 직접 연합시위에 동참하지는 않았지만, 그들의 동향을 알려주는 것으로 생각된다.

광주학생운동의 여파로 청주에서 전개된 3개교의 연합시위는 곧 인근 지역으로 파급되었다. 즉, 괴산에서 槐山公普生과 청년들을 중심으로 한 만세시위 움직임이 있었다. 1930년 1월 27일 아침, 괴산경찰서는 돌연 괴산공보 학생 1명과 청년 2명을 검속하고 이들이 지니고 있던 격문 백여 매를 압수하였다. 이들은 괴산 장날 여러 명의 장꾼 등에게 광주학생운동에 대해 설명하고 괴산에서도 만세시위를 전개할 것을 주장하였다가 발각된 것이었다.[77] 괴산경찰서는 괴산공보 학생들의 시위계획을 탐지하

---

74) ≪朝鮮日報≫·≪東亞日報≫ 1930년 2월 6일자.
75) ≪東亞日報≫ 1930년 2월 17일자.
76) ≪東亞日報≫ 1930년 2월 11일자.
77) ≪朝鮮日報≫ 1930년 1월 29일자.

고 10여 명의 경관이 괴산공보를 포위한 가운데 등교하는 학생들의 몸을 일일이 수색하였다. 이때 5학년생 趙泰瑢이 지니고 있던 붉은 잉크로 쓴 격문 백여 매를 발견하고, 그를 체포하고 격문을 압수하였던 것이다. 일 경은 27일과 28일에 걸쳐 趙泰瑢·申昌範·權漢星·林賢相·慶箕東·申鉉斌·慶正福 등 7명의 학생과 청년을 검속하였다.[78] 이들 중 慶箕東 등 4인은 석방되었으나, 權漢星 등 3인은 괴산경찰서장의 즉결처분으로 구류처분을 당하였다.[79]

한편 괴산의 靑川公普 학생들은 1월 26일이 청천장날임을 이용하여 만세시위를 일으키고자 장터에서 격문 50여 매를 살포하다가, 급보를 받고 출동한 일경에게 45명이 피체되어 괴산경찰서로 압송되어 취조를 당하였다.[80]

이 같은 괴산의 槐山公普와 靑川公普 학생들의 만세시위 움직임은 광주학생운동과 청주학생운동의 연합시위에 영향을 받은 것임에 틀림없다. 더구나 괴산공보 학생과 청년들이 함께 만세운동을 주도하였다는 점은 주목된다. 괴산공보는 이미 3·1운동이나 1920년대 맹휴투쟁의 경험을 통해 이 지역 민족운동의 전위가 되었었다. 또한 괴산에는 1920년 8월 괴산청년회가 조직되었고, 괴산청년동맹으로 발전되었다. 청년 회원들은 신간회 괴산지회의 설립을 주도하고 괴산기자동맹의 주역으로 활동하는 등 다양한 활동을 전개하였다. 특히 1927년 8월 17일에 개최된 괴산청년회 혁신총회에서 결의된 3대 강령은 사회주의 사상을 반영하고 있다.[81] 따라서 당시 압수당한 붉은 잉크로 쓴 격문의 내용과 피체된 청년들의 사상적 기저가 사회주의와의 관련성이 있을 수 있으나, 구체적인 사실은 알 수 없다.

또한 2월 7일 오후 3시 반경에는 충주군 이류면 大召公普 학생 30여 명

---

78) ≪朝鮮日報≫ 1930년 1월 31일자.
79) ≪東亞日報≫ 1930년 2월 2일자.
80) ≪朝鮮日報≫ 1930년 1월 28일자;≪東亞日報≫ 1930년 1월 28일 및 1월 30일자.
81) 朴杰淳, 앞의 책, 204~210쪽;강신욱, 「1920년대 청년운동」, 『증평·괴산 근·현대사』, 푸른 나라, 2001, 146~149쪽.

이 장날을 이용하여 깃발을 휘두르며 만세시위를 벌였다. 급보를 받고 충주경찰서에서 출동한 서장 이하 수명의 일경이 10명의 학생을 체포하여 취조하고 4명을 구류처분 하였다.[82] 일경은 이 지역 청년 5명도 체포하여 취조하고 구류처분을 하였다.[83]

이로써 광주학생운동의 여파는 어느 정도 가라앉았다. 그런데 1931년 6월 14일 청주군 북일면 內秀公普 교정의 나무에 '독립만세'라고 쓴 격문이 부착된 일이 발단이 되어 내수공보 학생들이 맹휴투쟁에 나서는 사태로까지 발전하였다. 격문을 발견한 학교 당국과 경찰은 의심이 가는 교원과 학생을 철야 취조하고 가택 수색을 실시하였다.[84]

조사 결과 이 사건은 동교 4년생인 柳東訓이 무심코 첨부한 것으로 밝혀졌음에도 불구하고, 일제 당국은 배후를 의심하며 사건을 확대하고 평소 항일의식이 있었던 인사들을 탄압하는 구실로 악용하였다. 즉, 일제는 동교 교사로서 요주의 인물로 감시해 오던 洪鳳憙의 집을 가택수색하고 사상 관련 서적을 압수하였으며, 그를 검사국으로 소환하여 취조하였다. 또한 그가 담임을 맡고 있던 5학년 급장 林魯善의 집을 수색하였고, 그와 친분관계가 있던 李宗馥을 청주경찰서로 불러들어 취조하는 등 압박하였다. 결국 홍봉희는 강압을 견디지 못하고 사직서를 제출하는 수밖에 없었다.[85] 한편 일제는 이 사건을 확대하여 괴산청년동맹 회원인 宋容爕 · 楊喜得 · 柳德珪 등의 집도 가택수색 하였을 뿐만 아니라, 경북 문경군 용암면 삼송리에 거주하는 閔忠鉉의 집까지 수색하고 그를 미원주재소로 불러 취조하기도 하였다.[86]

---

82) ≪東亞日報≫ 1930년 2월 12일, 2월 13일자. 일경에 피체된 大召公普 학생은 成樂一 · 林炳學 · 金秉壽(이상 6학년), 黃俊吉 · 趙泰國 · 吳俊學 · 鄭萬亨 · 都先鳳 · 朴雲陽 · 朴基鉉(이상 5학년) 등 10명이다. 이 중 성낙일과 황준길은 20일, 정만형은 15일, 조태국은 10일간 구류처분을 받았다.
83) ≪東亞日報≫ 1930년 2월 14일, 3월 6일자. 일경에 피체된 청년과 구류처분 내용은 柳信德 · 朴義陽 · 林龍根 각 29일, 李相烈 25일, 韓宣坤 20일이었다.
84) ≪朝鮮日報≫ 1931년 6월 22일자.
85) ≪朝鮮日報≫ 1931년 6월 28일자.

6월 27일 오전 10시, 內秀公普 전교생이 모인 가운데에 사직서를 제출한 홍봉희가 퇴임 고별사를 하였다. 이 때 학생들은 방성통곡을 하였고, 그가 담임하였던 5학년생 40여 명은 만일 홍교사를 유임시키지 않으면 수업을 거부하겠다고 하며 교실로 들어가 책보를 들고 달려 나와 교문에서 제지하는 다른 선생을 뿌리치고 퇴교하여 맹휴투쟁에 돌입하였다. 내수주재소에서는 이 사태를 중시하고 인근 주재소로부터 응원까지 받으며 주도 학생들의 체포에 나서 5학년생 5명, 6학년생 1명을 검속하여 취조하였다. 그러나 맹휴가 계속되자, 일제는 검속한 학생을 즉시 석방시키고, 학부형회를 열어 대책을 강구하기도 하였다.[87]

한편 1931년 9월 4일에는 청주농업학교에서 격문 살포와 만세시위가 있었고, 이로 인해 청주 일원의 각계각층을 망라한 대규모 검거 선풍이 일었다. 이날 아침 일찍, 청주 시내에는 제국주의 타도와 무산자 혁명을 외치는 격문이 살포되어 긴장된 분위기가 조성되었다. 오전 8시경에는 농업학교에서 조회가 끝나자마자 어느 3학년생이 붉은 기를 들고 연단에 올라가 시내에 살포된 격문의 내용과 같은 연설을 하고 만세를 선창하자 일부의 학생들이 호응하였다. 교사 중 한명이 붉은 기를 빼앗으려 하다가 손을 다치기도 하였는데, 일부의 학생들은 몽둥이와 철추를 들고 있었다. 이 사건은 농업학교 3학년생이 주도하고 2학년생이 가담한 것인데, 백여 명의 학생들은 수업을 거부하고 거리로 나갔다. 일경은 즉시 趙重晩 등 농업학교 학생 7명과 시민 45명을 체포하였다.[88] 청주경찰서는 도 경찰부와 합력하여 철야로 대대적인 가택수색과 관련자의 체포에 나섰다. 시민으로서 피체된 사람들은 학생·교원·신문기자·운전수·시계상·잡화상·양복상·일반 청년 등 각계각층을 망라하였다.[89]

---

86) ≪朝鮮日報≫ 1931년 7월 2일자.

87) ≪朝鮮日報≫ 1931년 7월 2일, 7월 3일자.

88) ≪東亞日報≫ 1931년 9월 5일자. 일경에 피체된 농업학교 학생은 趙重晩·宋在燦·柳壯烈·李喆淳·金榮基·李壽永·南廷鎭 등이었다.

1930년대의 학생운동은 학내문제보다 사상투쟁과 반파쇼투쟁, 조선일보 주최의 문자보급운동과 동아일보 주최의 브나로드운동 등을 통한 문화계몽운동, 비밀결사투쟁 등을 특징으로 들 수 있다.[90] 바로 청주농업학교 학생들의 격문 살포와 만세운동에서 등장한 붉은 기와 무산자 혁명의 구호는 1930년대 학생운동에서 나타난 사상투쟁의 특징적 현상이 충북지역에서도 나타나는 것을 입증하는 대표적 사례라 할 수 있다.

1930년대의 학생운동에서 나타나는 또 하나의 특징은 수업료 인하와 철폐운동이었다. 이는 1929년 경제공황의 여파로 인한 농촌경제의 파탄 상황을 반영하기도 하지만, 식민지 교육 반대투쟁의 일환이라 할 수 있다.[91] 충북에서 수업료 면제 투쟁이 일어난 대표적인 지역은 槐山이었다. 즉, 수업료 문제가 전국으로 확산될 무렵 靑川公普後援會 총회가 개최되었는데, 총회에서 결정된 중요사항은 수업료 면제운동이었다. 이들은 단지 수업료 면제 청원서를 제출할 것이 아니라, 이에 관한 성명서를 작성하여 괴산군 관내 9개 公普의 평의원회에 모두 배부하기로 하는 등 연대투쟁을 시도하였던 것이다.[92] 이는 비단 학생이 아니라 후원회가 주축이 된 형태였지만, 이 시기 식민지 교육현실과 학생운동의 동향을 알려준다 하겠다.

일제하 충북의 학생운동은 1934년 10월 22일 槐山公立農業實修學校 학생의 맹휴를 마지막으로 종료되었다.[93] 즉, 이날 밤 학생 전원이 광덕리에 활동사진을 보러 간다며 학교를 나간 뒤 그대로 귀가하였던 것이다. 학생들은 학교 당국에 6개조의 요구안을 제시하고 맹휴에 돌입하였다.

89) ≪東亞日報≫ 1931년 9월 7일자.

90) 韓貞一, 앞의 책, 201~205쪽.

91) 金鎬逸, 앞의 책, 170쪽.

92) ≪東亞日報≫ 1931년 3월 4일자.

93) 槐山公立農業實修學校는 公普 졸업생으로서 상급학교에 진학할 수 없는 무산 아동을 위하여 槐山面 大寺里에 건립된 교육기관으로 1934년 6월 14일 우선 공회당을 임시 교사로 하여 개교하였다. 당시 학생 수는 15명이었고 수업연한은 3년으로서 농업 실습을 위주로 하였다(≪東亞日報≫ 1934년 6월 18일자).

학생들의 요구안은 ① 학생복을 정할 것, ② 취사 부인을 둘 것, ③ 운동장을 설치할 것, ④ 운동기구를 준비할 것, ⑤ 선생은 생도를 학대치 말 것, ⑥ 과도한 실습 지양 등으로 모두 교육여건의 개선과 관련된 내용이었다.[94] 그러나 학생들의 맹휴는 학교 당국이 학생들의 요구조건을 모두 수용하기로 하고 10월 25일부터 정상 등교함으로써 끝났다.[95] 이상과 같은 충북지역의 학생운동을 일자별로 간략히 정리하면 다음의 표와 같다.

<충북지역 학생운동 일람표>

운동 일자	운동 및 관련 내용
1925. 5. 6	淸安公普 6년생 24명, 불성실한 교원배척 진정서 제출, 맹휴 계획
1925. 10	槐山公普生, 민족모욕 발언을 한 교장(兒島) 배척 맹휴 계획
1925. 11. 18	道安公普 3년생, 불성실한 교장(岡村國堂) 배척 맹휴
1926. 3. 1	米院公普生, 시험답안이 不穩하다고 하여 무기정학 처분
1926. 5. 14	堤川公普生, 품행에 문제가 있는 교원 배척 맹휴(1차) 계획
1926. 6. 14	堤川公普生, 교장(大崎謙三郎)의 隆熙 皇帝에 대한 불경 언행과 이중적 태도에 분개하여 맹휴(2차)
1927. 9. 22	淸州農業學校生, 교장(高山)의 무성의한 교육태도에 분개하여 맹휴
1927. 12. 5	淸州高普生, 민족 모욕 발언을 일삼는 일본인 교장과 교원(關本)을 배척하기 위해 맹휴
1928. 3. 10 일경	丹陽公普生, 교원배척 맹휴, 인근의 永春公普와 梅浦公普도 맹휴설
1929. 5. 29	延豊公普生, 교장 배척 위해 도 학무국에 진정서를 제출하고 맹휴
1930. 1. 21	光州學生運動의 일환으로 淸州高普·淸州農業學校·淸州高女 학생의 연합시위
1930. 1. 26	靑川公普生, 장날에 격문을 살포하고 만세시위 계획
1930. 1. 27	槐山公普生과 청년들 만세운동 계획
1930. 2. 7	淸州師範學校生, 편지 내용이 불온하다고 퇴학 처분
1930. 2. 7	大召公普生 30명, 장날을 이용하여 만세시위
1931. 3	靑川公普後援會, 수업료 면제운동, 군내 9개 공보 평의원회에 성명 전달

---

94) ≪朝鮮日報≫ 1934년 10월 25일자.
95) ≪東亞日報≫ 1934년 10월 27일자.

1931. 6. 14	內秀公普生, 격문 첨부사건으로 교원이 사직한데 항의 맹휴
1931. 9. 4	청주시내에 격문 살포, 淸州農業學校生 시위
1934. 10. 22	槐山農業實修學校生, 교육여건 개선을 내세우며 맹휴

Ⅴ. 맺음말

본고는 충북지역의 학생운동을 살펴본 것이다. 이상을 요약하면 다음과 같다.

첫째, 일제 측 기록에 의하면 3·1운동 때에 충북지역에서는 단지 1개교에서 13명의 학생만이 참여한 것으로 되어 있다. 그러나 청주농업학교·충주간이농업학교·충주공보 학생들이 만세시위를 계획하였고, 괴산공보·진천공보·내수공보·제천공보 학생들은 실제 만세시위에 참여한 사실을 확인하였다. 또한 서당 생도와 교사들도 만세운동의 주역으로 참여하였음을 알 수 있다.

둘째, 1920년대에는 전국적으로 학생운동이 활발히 전개되었는데, 충북지역에서는 1925년 괴산의 청안공보·괴산공보·도안공보 학생들의 맹휴투쟁으로부터 본격화하였음을 알 수 있다. 이후 1926년에는 미원공보 학생의 시험 답안이 사회문제화 되었고, 제천공보 학생들이 2차에 걸쳐 맹휴투쟁을 벌였다. 1927년에는 청주농업학교와 청주고보 학생들이 맹휴투쟁을 전개하였으며, 1928년에는 단양공보 학생들이 맹휴를 단행하였고, 인근의 영춘공보와 매포공보의 맹휴설도 있었다. 1929년에는 연풍공보 학생들이 맹휴를 결행하였음을 확인하였다.

셋째, 광주학생운동의 여파가 청주에 미치자, 1930년 1월 21일에는 청주고보·청주농업학교·청주고녀 학생 등 500여 명의 연합시위가 있었다. 청주고보와 청주농업학교 학생들은 사전에 연합시위를 계획하였고, 청주고녀의 조선인 여학생들도 맹휴로써 동참하였으며, 시내의 상인들은 철시를 단행하며 호응하였다. 청주 시내 학생들의 연합시위는 인근에도 영향을 미쳐 1월 26일에는 청천공보 학생들이 장터에서 격문을 살포하고 만세시위를 벌였고, 이튿날에는 괴산공보 학생과 청년들의 만세시위 움직임이 있었다. 또한 2월 7일에는 대소공보 학생들이 장날을 이용하여 만세시위를 벌였다. 1931년 6월에는 내수공보 학생들이 맹휴투쟁을 벌였으며, 동년 9월 4일에는 청주농업학교 학생들이 주축이 되어 격문을 살포하고 만세시위를 벌였다. 또한 청천공보후원회를 중심으로 괴산 관내의 9개 공보 후원회가 수업료 면제투쟁에 연대를 꾀하기도 하였다. 충북지방의 학생운동은 1934년 10월 22일 괴산공립농업실수학교 학생들의 맹휴투쟁을 끝으로 종료되었다.

넷째, 충북지역의 학생운동에 대해 일제는 강경하고 간교한 수단을 이용하여 탄압하였다. 1920년대의 맹휴투쟁 가운데 청주고보는 처음부터 학교 당국이 강경하고 고압적으로 탄압하였고, 제천공보의 2차 맹휴와 청주농업학교 맹휴 때에는 일제가 처벌하지 않겠다는 약속을 어기고 처벌한 간교한 사례라 할 수 있다. 1930년 1월 21일의 청주 학생 연합 시위 때에는 3개교에서 23명이 퇴학당하는 등 중징계를 당하였다. 뿐만 아니라 일제는 청주농업학교와 내수공보 맹휴에서 알 수 있는 바와 같이, 이를 평소 항일의식을 지니고 있는 인사들을 탄압하는 구실로 악용하였다.

다섯째, 충북지역의 학생운동은 전국적 추세와 궤를 같이하였음을 알 수 있다. 충북지방의 학생 맹휴는 주로 일본인 교장과 교사 배척, 민족차별과 멸시에 대한 반발 등이 원인이 되어 일어났다. 이는 제천공보의 「동맹휴학 이유서」와 연풍공보 학생들의 진정서, 괴산공립농업실수학교 학생들의 요구안 등에서 알 수 있다. 단, 제천공보 학생들의 2차 맹휴는 6·10만세운동과의 관련성이 추구되어야 할 것이다. 또한 1930년대에 들어 괴산공보와 청주농업학교 맹휴에서와 같이 사회주의 사상의 영향을 받은 경우도 보인다. 그런데 이 같은 충북지방의 학생운동은 그 주체가 단지 학생으로 그친 것이 아니라, 점차 학부모와 청년 및 각계각층이 참여하는 양상으로 발전하였음을 알 수 있다. 따라서 단순히 학생운동이 아니라, 지역민 전체의 항일투쟁이라 할 수 있을 것이다.

이상에서 살펴 본 바와 같이 충북지방의 학생운동은 비록 학교와 학생 수, 특히 중등이상의 교육기관이 적은 등 교육 환경이 열악하였기 때문에 크게 활발하지는 못하였다. 그럼에도 불구하고 학생들은 3 · 1운동과 1920년대 이후 지방의 민족운동을 선도하였던 것으로 평가할 수 있을 것이다. 다만, 본고에서 확인하지 못한 학생운동의 실상과, 학생운동 주체 세력의 향후 추이에 대한 규명 등 미비점에 대하여는 앞으로의 과제로 삼고자 한다.

(≪한국독립운동사연구≫ 제17집,
독립기념관 한국독립운동사연구소, 2001)

충북의 독립운동사 연구 현황과 과제

I. 머리말

역사의 연구 방법론에서 지방사[1]의 연구는 매우 중요한 과정이자 과제이다. 다른 분야도 마찬가지이나, 독립운동사에서도 지방사적 접근이 요구된다. 그 까닭은 특정한 국지적 투쟁은 물론 3·1운동처럼 전국적, 거족적으로 전개된 투쟁도 지방에 따라 전개 양상의 차이를 보이기 때문이다. 독립운동에서 지방별 차이를 보이는 것은 전통적인 향촌 질서와 신분 구

---

[1] 지방사는 향토사, 지역史로 혼용되며 용어상의 논란이 있어 왔다(盧明植, 「地方史 硏究의 歷史와 槪況」, ≪大丘史學≫ 제30집, 1986, 1~3쪽;고석규, 「지방사 연구의 새로운 모색」, ≪지방사와 지방문화≫ 1, 학연문화사, 1998, 15~24쪽 참조). 그런데 충북의 경우는 한 때 '中原文化圈'에 대한 개념 논의가 있었으나(충청북도·충북대학교 호서문화연구소,『中原文化圈의 位相定立과 發展方向』, 중원문화 학술회의 결과보고서, 1995), 1999년 2월 충북개발연구원에 충북학연구소를 부설하며 '忠北學'이라는 용어의 개념화가 진행되고 있다(충북개발연구원 심포지엄 99~01,『충북학, 어떻게 할 것인가?』, 1999 및 충북개발연구원부설 충북학연구소, ≪忠北學≫ 창간호, 1999 참조). 여기에서 이들 용어의 타당성 여부에 대한 논의는 지양하기로 한다.

조, 문화와 사상의 전승 등 역사적 조건, 지방별 상권과 교통망 및 산업구조 등 경제적 기반과 일제의 식민지 지배가 미친 사회경제적 영향 등의 차이에 기인한 것이다.

풀뿌리 민주주의의 기치를 내건 지방자치 제도가 시행된 지 만5년이 경과하며 그 功過에 대한 평가가 분분하다. 지방자치 제도가 여러 문제점을 안고 있는 것은 사실이지만, 지방공동체의 정체성을 확인하려는 노력이 지방사의 규명을 통해 경주된 것은 긍정적으로 평가될 수 있을 것이다. 특히 일부 자치단체나 향토사연구회, 문화원 및 기념사업 관련 단체 등은 지방사 규명에 매우 열심이다. 이 과정에 그 지방 대학 교수 등 전문 학자들이 참여함으로써 종래의 지방사 연구에서 지적되었던 '아마추어 지방사(local history as amateurism)'의 경향이 극복되고 있음은 다행한 일이다. 이러한 노력의 일환으로 1990년대에 들어 지방의 독립운동사에 대한 연구가 활발해지고, 주목할 만한 연구업적이 산출되기 시작하였다.

그러나 독립운동사에서 지방사적 연구는 아직 제대로 정리되지 못한 실정이다. 물론 전라지방의 동학과 의병전쟁, 중국과 접경한 지역의 무장투쟁, 서울과 평양 등 대도시 중심의 사례연구는 독립운동의 전모를 연역적으로 밝히는 귀중한 단서를 제공한 바 있다. 그런데 충북지방의 경우, 의병전쟁이나 3·1운동 등 일부를 제외하고는 현상적이고 나열적인 정리조차 이루어지지 못하였다.[2] 그 주요한 요인으로 운동사적 측면에서 충북이 타 지방에 비해 미약하여 크게 주목받지 못하였고, 연구자가 부재했던 사실 등을 들 수 있을 것이다.

충북지방의 독립운동사는 일제의 경제 침탈이 충북지방의 사회경제에

---

2) 충북지방 독립운동사에 대한 연구사적 검토로는 다음의 논고가 참고 된다.
  朴杰淳, 「獨立運動史에 있어서 湖西地方의 位置」, 『忠淸日報社 주최 광복46주년 기념 학술발표문』, 1991.
  ＿＿＿, 「忠淸地方의 獨立運動과 그 性格」, 『金顯吉敎授定年紀念 鄕土史學論叢』, 修書院, 1997.
  신영우, 「충청지역의 지방사 연구현황과 과제」, 『지방사 연구의 현황과 새로운 방법론의 모색』, 한국사연구회·경기사학회 학술대회 발표문, 1998.

미친 여파, 독립운동 주체 세력의 존재 형태와 역량, 시기별·계열별 독립운동의 구체적인 사례연구 등이 종합되어야 올바르게 정립될 수 있을 것이다. 본고는 이러한 문제의식에서 충북지방 독립운동사의 연구현황과 과제를 검토하려는 것이다. 먼저 충북지방에서 전개된 독립운동을 개관하고, 연구사를 정리한 뒤 과제를 제시함으로써 연구방향을 모색해 보고자 하는 것이다.

II. 충북지역 독립운동의 개관

1. 동학농민운동

지금까지 동학농민운동은 주로 전라지역을 중심으로 논의되어 왔다. 이는 초기 연구경향의 틀을 벗어나지 못하고, 또한 동학이 전라지역에서 처음 봉기하고 가장 큰 세력을 이루며 활동하였기 때문이다. 그러나 정부에서 동학을 토벌하기 위한 임시기구를 만들면서 兩湖都巡撫營이라 명명한 데에서도 충청지방이 전라지방 못지않게 치열하였음을 알 수 있다. 이는 현지답사의 결과로도 확인된다.[3]

충청지역의 동학조직은 1893년 봄 報恩 집회 이후 세력이 확대되었고, 이듬해 봄 전라지역에서 무장봉기하자 이에 동참하게 되었다. 비록 무기의 열세로 충청지역 동학군은 官軍과 日軍, 民堡軍에 의해 참담한 패배를 당하였지만 그 특징과 의미를 다음과 같이 정리할 수 있을 것이다.[4]

첫째, 충청지역 동학조직은 崔時亨과 인맥이 연결되었기 때문에 北接 계열이 단연 많았다는 점이다. 둘째, 투쟁양상이 전라지역과 비교해 볼 때 온건하였다는 점이다. 이는 최시형의 지침에 따른 것이지만, 기포령

---

3) 蔡吉淳,「충청지역 동학혁명의 전개과정 – 현장조사를 중심으로 – 」, ≪湖西文化研究≫ 제12집, 충북대학교 호서문화연구소, 1994, 23~37쪽.
4) 申榮祐,「충청지역 동학농민전쟁의 성격」, ≪湖西文化研究≫ 제12집, 1994, 17~20쪽.

이후에도 과격한 행동은 하지 않았다. 셋째, 전라지역과 같이 군현 단위로 집강소가 설치되어 있었고, 집강이 개혁활동을 주도하였다는 점이다. 이는 관아의 통치불능 상태를 입증하는 것이다. 넷째, 북접 교단도 집강제도 운영에 직접 간여하였다는 점이다. 집강소의 구성은 전라, 경상지역과 유사하였을 것으로 짐작된다. 다섯째, 敎團이 무장활동과 읍내 점거를 금지한 까닭에 관군과 보수 세력의 반격을 쉽게 받았다는 점이다. 동학군의 세력은 강하였으나, 읍내를 점거하지 않아 양반과 향리들이 민보군을 결성할 수 있었던 沃川이 좋은 예이다. 여섯째, 기포령 이후 정부에서는 南接보다도 서울과 가까이 있던 北接을 더욱 위험시하였다는 점이다. 일곱째, 북접 농민군 대부대가 일정기간 동안 충청도 동남방인 영동과 황간에 주둔하였다는 사실이다. 여덟째, 전투가 전개될 시 진압군은 충청지방 동학조직을 먼저 공격하였다는 점이다. 아홉째, 목천 세성산, 문의와 옥천, 홍주·해미·태안 등지에서 일본군과 관군의 진로를 효과적으로 막아 우세한 병기를 지닌 일본군 보병 제19대대의 2개 중대가 우금치전투에 참가하지 못하게 차단하는 전공을 쌓았다는 점이다. 그러나 우금치전투 이후 반일세력을 제거하기 위해 대대적인 살육방침을 정한 일본군과 보은 북실에서 전투를 벌인 결과 충청지역 동학군은 대패하였다. 이로써 충청지역에서는 더 이상 조직적인 활동이 불가능하게 되었다.

한편 동학 거의 이후 참여농민의 동향과 추이를 파악하는 것은 여전히 과제로 남아있다. 그런데 괴산접주와 충청도 수접주를 지낸 李憲表의 행적을 기술한 『李郭抱寃錄』은 동학 참여농민이 보수반동 세력에 탄압 받는 실상을 통해 그들의 동향과 향촌사회내의 대립과 갈등상을 잘 보여주고 있다. 『李郭抱寃錄』에 의하면 동학에 참여했던 충청지방 농민들은 일단 생업에 복귀하였으나, '東學黨餘'로서 반봉건·반외세 성향을 지닌 채 잠재세력화 하고 있음이 주목된다. 이들은 동학의 혁신적·근대적 이념을 실현하고자 하였으나, 전근대성이 엄존했던 향촌사회에서 수령권과 결탁했던 보수 세력의 탄압을 받았다. 그런데 이들은 민족운동사에서 반봉건 근대화운동으로부터 반제 민족해방투쟁으로 전이하는 과정을 보여주고 있기 때문에 같은 시기에 전개된 의병전쟁과의 연계성이 추구되어야 할 것이다.5)

2. 의병전쟁

1) 전기의병

1894년 일본군의 경복궁 犯闕事件(甲午倭亂)을 계기로 이른바 甲午義兵이 거의하였다.6) 갑오의병은 항일독립운동의 기점으로 평가되고 있는데, 이후 의병은 3·1운동 직전까지 투쟁을 전개하였다.7)

1894~1896년 간의 전기의병 때에 충청의병은 전국의 의병전쟁을 주도하는 활발한 양상을 보인다. 당시 충청지방 의병의 擧義 이념은 國讐報復論과 尊華攘夷論, 反開化論, 開化亡國論, 斥邪論에 입각한 對日決戰論 등으로 정리할 수 있는데, 참여 층의 구성에서 민족문제보다 계급문제를 우선한 한계가 지적되기도 한다. 그러나 투쟁의 치열성, 지속성, 성과면에서 한말 민족운동사에서 차지하는 의의는 매우 큰 것으로 평가되고 있다.8)

---

5) 朴杰淳, 「東學農民戰爭 以後 陰城地方 鄕村社會의 動向과 葛藤相 — 李郭抱寃錄의 分析을 중심으로 —」, 《湖西文化硏究》 제12집, 1994, 39~54쪽. 이와 관련하여 충청과 경상지방 의병들이 동학도처럼 주문을 외우고 있었다는 기사(《大韓每日申報》 1905년 10월 18일자)는 시사 하는 바 크다.

6) 金祥起, 「朝鮮末 甲午義兵戰爭의 展開와 性格」, 《한국민족운동사연구》 3, 한국민족운동사연구회, 1989, 35~73쪽(『韓末義兵硏究』, 일조각, 1997 참조).

7) 趙東杰, 「義兵戰爭과 3·1運動의 關係」, 『韓國民族主義의 成立과 獨立運動史硏究』, 지식산업사, 1989, 441~455쪽. 지금까지 의병전쟁은 1915년 7월 5일 蔡應彦 의병장이 平南 成川에서 피체됨으로써 종료되는 것으로 이해되어 왔다. 그러나 趙東杰은 《每日申報》의 기사 내용을 분석한 결과 3·1운동 직전까지 의병항전이 계속됨을 주목, 이를 '末期義兵'으로 구분하였다. 충북에서는 1915년 하반기 이후 도내 각 군에서 국권회복을 위해 '義兵大將'이라 칭하며 활동하던 金在性이 피체되어 살인 및 보안법 위반으로 사형선고를 받았다는 기사가 보도된 바 있다(《每日申報》 1915년 9월 2일자).

8) 金祥起, 「朝鮮末 甲午義兵戰爭의 展開와 性格」, 49~65쪽.

전기의병에서 충주부(제천)와 홍주부(홍성)는 전국에서도 가장 왕성한 활동을 전개한 지역이다. 충주부에서는 1896년 초 柳麟錫과 그 문하생들이 '處變三事'를 논의한 후 유인석을 대장으로 추대하고 제천 長潭에 본영을 두고 원주에서 거의하였다. 전성기 때 의병 수는 1만을 헤아렸고, 한때 충주부를 점령하였으나 우세한 무기를 앞세운 일군 및 관군과 15일 간의 치열한 공방 끝에 제천으로 퇴각하였다. 이때 李康秊 등의 문경진영이 합세하여 水安堡에 주둔하던 일군을 공격하고 새재를 점령하였다가 단양으로 퇴군하였다. 이해 7월경 柳麟錫은 李康秊·徐相烈 등과 함께 진영을 정비하고 北遷하였다. 전기의병에서 충주성·수안보·박달재·제천·단양은 혈전지구로 손꼽힌다.[9]

2) 중기의병

중기 의병전쟁은 이른바 을사오조약의 늑결과 통감통치에 대항하는 구국운동으로 전개되었다. ≪皇城新聞≫, ≪大韓每日申報≫ 등에 의하면 1905년의 을사오조약의 늑결을 전후하여 의병전쟁이 치열하게 전개되었음을 알 수 있다. 당시 언론에 보도된 충북지방의 의병 상황을 정리하면 다음의 <표 1>과 같다.

<표 1> 1905年 충북지역의 의병전쟁 상황 일람

활 동 지	활 동 내 용	언 론 보 도
忠州, 竹山	50명가량의 의병이 各里에서 侵奪錢糧함	≪皇城新聞≫ 5. 10
槐山, 鎭川, 淸安	1천여 의병이 일어나 충주에 군대를 주둔시킴	동 5. 15
鎭川	朴載萬 등 70여 명이 邑에 들어가 재물을 탈취	동 5. 19
靑山	匪類 2백 명이 의병을 칭하며 富民의 재물 탈취	동 5. 22
淸安, 堤川	의병 150명이 기마 조총으로 위협 奪財	동 5. 24

9) 具玩會, 『韓末의 堤川義兵』, 堤川市, 1997 참조.

忠北, 京畿	의병 창궐로 淸州, 水原鎭衛隊 파견	동 5. 27
忠州, 淸州	義匪 3백여 명과 接戰	동 5. 29
報恩	의병 2백 명이 모병하고 총기와 재물을 뺏음	동 6. 8
永春, 丹陽	永春에서 의병이 포군 10명 모병, 단양에서 원용팔 의병 격문이 단양 북면 향약소 도착	≪大韓每日申報≫ 9.8
忠北	의병이 錢穀討索	동 9. 10
忠淸, 慶尙	의병이 東學黨처럼 주문을 외움	동 10. 18
靑山	義兵之類가 인근지역에 在在團結함	동 10. 27
丹陽	의병 창궐로 鎭衛隊 파병 요청	동 10. 29
淸風	의병 50명이 활동	동 10. 31
懷仁	의병 40명이 吏廳에서 留宿	동 11. 7
報恩	김동주 의병 50명과 교전, 俗離山 僧軍 가세	동 11. 11
延豊	의병 2백 명, 原州 鎭衛隊와 교전	동 11. 26

이 시기에는 제천의병이 재봉기 하였는데, 이들은 주로 농민의병으로 여겨진다. 런던 ≪DAILY MAIL≫ 특파원이었던 맥켄지(F.A.Mckenzie)가 1906년 제천 일원을 답사 중, 충주~제천 간 도로변의 촌락과 제천시가가 완전히 방화, 파괴되었음을 증언한 기록은 그 참상을 대변한다.[10]

당시의 접전지역은 괴산 · 청천 · 진천 · 충주 · 청주 · 회인 · 보은 등지 이며, 이밖에 속리산을 거점으로 한 金雲老, 황간의 盧應奎 의진의 활동도 보인다.

3) 후기 의병

1907년 군대해산 이후 해산병의 의병 참여로 의병전쟁은 규모나 전력 면에서 이전과 다른 양상으로 전개된다.[11] 당시 청주진위대[12]의 강제 해

---

10) F. A. Mckenzie, The Tragedy of Korea(『독립운동사자료집』 제3집, 464쪽);李光麟 譯, 『韓國의 獨立運動』, 일조각, 1982(F. A. Mckenzie, Korea's Fight for Freedom), 111~112쪽.

11) 군대해산 이후 의병의 항전을 공립협회의 ≪공립신보≫(1908년 1월 8일자)는 '자유전쟁' 이라 하였으며, '국민전쟁'의 개념으로 파악하기도 한다(趙東杰, 「義兵戰爭의 韓國民族主義 上의 位置(下)」, 『韓國民族主義의 成立과 獨立運動史硏究』, 지식산업사, 1989, 63~65쪽).

12) 청주진위대는 지방 8개 대대 중 제2대대로서 예하에 공주와 홍주분견대가 있었으며, 병 력은 장교 7명, 하사 및 병졸 153명 등 160명이었다(一記者, 「軍隊解散」, ≪新民≫ 第14 號, 1926년 6월호).

산광경의 기록은 그 분통함을 잘 보여준다.[13] 또한 청주진위대 해산군인을 규합하여 봉기한 한봉수 의병장의 활동은 군대해산 이후 의병전쟁이 '자유전쟁', '국민전쟁'[14]으로서 새로운 양상으로 격화됨을 입증하는 사례라 할 수 있다.

韓鳳洙는 해산군인 출신은 아니나,[15] 청주진위대가 해산되자 이해 9월경 해산군인을 모아 의병으로 참전한 이래 1910년 2월까지 2년 6개월여에 걸쳐 충북 일원과 강원, 경북 일대에서 26회의 유격전을 전개하였다. 그는 1910년 피체되어 사형을 언도받고 복역 중 이른바 '合邦大赦令'으로 출옥하였다가 1919년 3·1운동이 발발하자 다시 독립운동의 선봉에 섰다. 따라서 한봉수는 의병투쟁으로부터 3·1운동으로 전승되는 독립운동의 맥락을 실증적으로 예증하는 인물이라 할 수 있다.[16]

의병화한 진위대원의 참전으로 일본인과 친일분자들은 일본군의 무력보호 속에서 겨우 생활을 할 수 있는 정도였다. 8월에는 청산에서 3백 명, 옥천에서 60명의 의병이 활동하였고, 충주에서는 의병이 두 차례에 걸친 혈전 끝에 6백여 명의 일본군을 살상하는 전과를 올리기도 하였다.[17] 이밖에 속리산의 盧炳大, 충주·음성·제천의 朴汝成 등의 활약이 기록에 보인다.

이처럼 의병의 활동이 본격화되자 일군 사령관 하세가와(長谷川)는 충주에 중무장한 대대병력을 급파하여 양민을 학살하고, 보은 일원의 261호, 문의 일원의 1백여 호를 방화하는 등 야만적 보복을 자행하였다.[18]

李康秊의 『雲崗倡義錄』 말미의 「將任錄」에 등재된 현역 의병장 122명 (장임·참모·종사)을 분석해 보면 평민:양반 비가 87:13%로 평민들이 주

---

13) 淸原郡誌編纂委員會,『淸原郡誌』, 1990, 155~156쪽.
14) 趙東杰,「義兵戰爭의 韓國民族主義上의 位置(下)」, 63~65쪽.
15) 종래에 한봉수는 해산군인 상등병 출신으로 알려졌다. 이는 일제 측 자료인『朝鮮暴徒討伐誌』의 '元鎭衛隊 上等兵 出身'이란 기록의 오류 때문인데, 이는 사실과 다르다.
16) 朴杰淳,「義兵將 韓鳳洙의 抗日鬪爭」, ≪한국독립운동사연구≫ 제10집, 1996, 263~290쪽.
17) 앞의 책『淸原郡誌』, 156쪽.
18) 조동걸,『한말 의병전쟁』, 독립기념관 한국독립운동사연구소, 1989, 185~187쪽.

도계층이었음을 알 수 있다. 그러나 재정을 지원한 坐從事 100명은 양반이 61명(61%), 평민이 39명(39%)으로 나타나 다수의 양반계층도 참여하였음을 알 수 있다. 따라서 현역 의병장과 좌종사를 모두 합산하면 양반 77명(35%), 평민 145명(65%)의 비율을 보이고 있다.[19] 한편 여타 자료를 종합하면 1907~1909년 간 의병장 가운데에 평민 의병장 비율이 70~75%에 달하는 새로운 양상을 보인다.[20] 이는 한봉수 의병부대에서도 확인되며,[21] 충북지방은 물론 전국 의병의 성격 변화를 보여주는 중요한 자료이다.

3. 3 · 1운동

3 · 1운동은 일제하 최대의 거족적 항일투쟁이었다. 충북지역 만세운동은 전래적으로 전통 유교사상에 바탕을 둔 충효정신, 종교와 신교육을 통한 민족의식의 배태와 식민지 통치에 대한 대항의식, 그리고 당시의 국내외적 상황 등이 배경이 되었던 것으로 이해된다.[22]

그런데 충북지역의 만세시위는 전국에서 가장 늦은 3월 19일의 괴산읍 시위로부터 본격화되어 4월말까지 지속되었다.[23] 이처럼 만세시위가 늦게 시작된 까닭은 교통의 불편, 종교조직의 미약, 중앙지도체와의 연락 차단, 학생층의 역량 미성숙 등이 요인이 되었던 것으로 보인다. 그러나

---

19) 雲崗李康秊先生紀念事業會,『雲崗李康秊先生倡義錄』, 125~146쪽.
20) 朴成壽,『獨立運動史研究』, 창작과 비평사, 1980, 222~224쪽. 한편 이 자료는 각도 경찰서 보고에 의거하여 내부 경무국이 작성한 暴徒首魁調(1908년 10월)와 한국주차헌병대가 작성한 暴徒首魁名簿(1909년 3월) 및 북부수비관구의 暴徒首魁名簿(1909년)에 의거한 것이다.
21) 朴杰淳,「義兵將 韓鳳洙의 抗日鬪爭」, 269~270쪽.
22) 金鎭鳳,「湖西地方 3 · 1運動의 性格」,≪한국독립운동사연구≫ 제1집, 1987, 130~137쪽.
23) 黃富淵,「忠北地方의 三 · 一運動」,≪忠北史學≫ 제1집, 1987, 1~26쪽. 그런데 ≪獨立新聞≫ 1919년 9월 2일자에는 淸州의 만세시위가 京城과 같이 3월 1일에 발발한 것으로 기록되어 있으나, 이는 사실과 다르다. 한편 청주에서는 3월 9일경부터 학생을 중심으로 만세시위 계획이 있었으나, 일제의 탄압으로 실행되지 못하고 23일부터 시작된 것으로 보인다.

당시 조선군참모부의 비밀문서는 충청지역을 경기지역 다음의 위험지역으로 간주할 정도로 시위는 격렬히 전개되었다.[24]

일제의 『조선소요사건경과개람표』에 의하면 충청지역에서 전개된 92회의 만세시위 중 55%인 51회가 폭력화하고 있음을 알 수 있다. 이는 전국 평균치 37%를 훨씬 상회하는 것으로 운동양상의 격렬성을 보여주는 자료이다. 실제 충북의 경우 시위군중은 경찰관서 13, 헌병대 5, 군청과 면사무소 7, 우편소 1개소 등 26개소를 습격 · 파괴 · 방화하였다. 이처럼 시위양상이 격렬하였기 때문에 평안 · 경기지역 다음으로 많은 희생자가 발생하였다.[25] 충북지역 만세시위를 정리하면 아래의 <표 2>와 같다.

<표 2> 충북지역 만세시위 통계표[26]

府郡名	會集回數	會集人數	死亡人數	被傷人數	被囚人數
槐山	6	6,000			
淸州	7	5,000			20
沃川	7	4,700	40	92	48
永同	2	1,000	25	47	
鎭川	3	900			
堤川	7	2,900	16	25	41
陰城	6	2,000	6	10	
忠州	6	3,250	12	36	48
忠淸北道	44	25,750	99	210	157

충북지역의 만세시위 중 일제의 야만적 발포로 사상자가 발생한 대표적 지역으로는 槐山 淸安과 陰城 蘇伊 등지를 들 수 있다. 일제는 만세시위의 탄압을 위하여 관헌 외에 친일 관료와 부호 및 일본인 등을 중심으로 조직한 이른바 自制會 · 自制團 등의 어용단체를 동원하기도 하였다. 이는

---

24) 朝鮮軍參謀部, 「騷擾事件に關する 狀況」, 朝特報 9號, 大正 8年(1919년) 4月 7日.

25) 朴成壽, 『獨立運動史研究』, 312쪽.

26) 朴殷植, 『韓國獨立運動之血史』, 34~36쪽(『朴殷植全書』 上, 단국대 동양학연구소, 1975, 542~544쪽).

국지적으로 민족의 내부 붕괴를 기도한 악랄한 것이었다. 일제가 어용조직을 결성하여 독립운동을 탄압한 것은 이미 의병전쟁 때 의병과 민중 간의 유대를 끊기 위해 획책한 바 있다.[27] 그런데 이러한 친일 어용조직이 독립운동의 탄압수단으로 본격적으로 악명을 떨친 것은 3·1운동 때였다.[28]

이러한 어용조직은 지주중심의 친일기구로써 주로 일부 남부지방에서 조직되었으나, 조직과정에서 민중의 저항을 받기도 하였다. 충북지역에서는 4월 중순에 청주자제회가 조직되었는데, 이는 조선인 부호와 유력한 일본인 거류민의 연합조직으로써 독립운동 억제 이외에도 양국민의 상호 融化를 표방하였다.[29]

충청지역 3·1운동 주도자의 직업은 농업(73.5%), 상업(6.8%), 학생(6.7%) 층 순이며, 연령은 20대(45.9%), 30대(30.2%), 40대(12.6%) 순으로 주로 젊은 농민층에 의해 주도되었음을 보여준다.[30] 특히 韓鳳洙(청주)·尹炳漢(괴산)처럼 의병출신이 주도한 경우는 의병전쟁의 전통이 3·1운동으로 연결되고 있어 독립운동의 맥락을 살필 수 있는 좋은 예라 할 수 있다.

이와 함께 3월 7일 부여 鴻山에서 시작하여 50여 일 간 충청지역 내 18개 군에서 계속된 봉화만세시위는 충북 만세운동의 특징으로 지적되어야 할 것이다.[31] 그런데 비밀결사가 주체가 되어 만세시위를 전개한 경우가 있어 주목된다. 정확한 실체는 불명하나, 충북 지사 張憲植과 '同道鮮人付倭者'의 背君背父 행위를 비난하며 사퇴를 권고한 大韓國儒林團(3월 13일), ≪自由報≫를 발행하여 항일투쟁의 구체적 방법을 제시한 독립단 충북지회(3월 20일) 등의 명의도 보인다.[32]

---

27) 國史編纂委員會, 『韓國獨立運動史』 2, 300~301쪽.

28) 朴杰淳, 「3·1運動期 國內 秘密結社運動에 대한 試論」, ≪한국독립운동사연구≫ 제2집, 1988, 194~197쪽.

29) ≪每日申報≫ 1919년 4월 15일자. 청주자제회의 발기인은 閔泳殷·安東正·元光漢·韓性敎·廉宣赫·吉原治三郎·松本杉·齋藤金藏 등이었다.

30) 金鎭鳳, 「湖西地方 3·1運動의 性格」, 148~149쪽.

31) 金鎭鳳, 「湖西地方 3·1運動의 性格」, 146~148쪽.

32) 朴成壽, 『獨立運動史研究』, 328~330쪽. 大韓國儒林團이 충북 지사 張憲植에 보낸 사퇴

한편 이른바 민족대표 33인 중 孫秉熙·權東鎭·申錫九·申洪植·權秉悳·鄭春洙 등 다수가 충북지역 출신 인물인 사실도 주목된다. 현재 학계에서 민족대표의 대표성과, 3·1운동에서의 역할에 대해 재평가 작업이 이루어지고 있다. 물론 그들이 계몽주의자로서 한계를 지닌 것은 사실이다. 그러나 충북지방 출신 민족대표들은 법정에서도 당당한 독립논리를 펴며 투쟁하였다. 그러나 鄭春洙의 경우처럼 자치론을 펴고 스스로 일본의 보호국이 되기를 자원하는 등 민족대표로서 3·1운동의 이념을 왜곡하고 후에 변절한 인물들에 대해서는 엄정한 민족사적 평가가 내려져야 할 것이다.[33]

4. 조선민립대학설립운동

이 운동은 1920년대 전반기에 물산장려운동과 함께 실력양성운동의 하나로 추진된 것이다. 일제의 식민지 교육정책의 기조는 한국인의 우민화였다. 따라서 실업교육은 장려할지언정 고등교육의 기회는 근본적으로 박탈하여 대학을 설립하지 않았다.

권고문은 張憲植을 개, 돼지에 비유하는 격렬한 문장으로 되어 있다. 또한 독립단 충북지회가 ≪自由報≫라는 전단을 통해 제시한 항일투쟁 방법론 5개항은 ① 일화 배척, ② 각종 세금을 납입하지 말 것, ③ 조선인 관계의 사건을 소송하지 말 것, ④ 은행거래, 우편저금, 철도 및 우편에 의한 화물을 정지할 것, ⑤ 전차를 타지 말고 담배를 피우지 말 것 등이다.

33) 李炳憲, 『3·1運動秘史』, 1959, 557쪽. 1919년 5월 3일 경성지방법원에서 判事 永島雄藏의 신문에 대한 鄭春洙의 답변내용은 다음과 같다.
問 : 民族自治란 것은 무엇인가?
答 : 독립이라 하는 것은 일본과 전연 관계를 끊는다는 것이고 민족 자치라고 하는 것은 조선이 주권을 얻어 자치하면서 중요한 안건에 대해서는 일본의 지도를 받는다는 것인데 자못 한일 합병 전의 통감부 시대와 같은 것이라는 것이다.
問 : 민족 자치를 한다면 어떠한 政體를 구성하려고 생각하였는가?
答 : 그것은 일본 정부에서 자치를 허락한 후 공화정체나 전제정체를 할 것을 결정하면 좋다고 생각하였다.
問 : 그러면 피고의 민족 자치라고 하는 것은 독립을 하자는 것이 아닌가?
答 : 나는 보호국이 되는 것이 독립국이 되는 것보다 좋다고 생각하였다.

민립대학 설립운동은 일제에 의한 정치·경제적 예속을 당장은 인정할 수밖에 없는 상황이나, '學의 獨立'을 통해 궁극적으로 일제의 기반으로부터 벗어나기 위한 인식하에 추진된 것이었다.[34] 따라서 '민중문화의 선구', '최초의 가장 큰 민중운동', '우리 민족의 생명운동이요 문화운동'으로 인식되었던 것이다.[35] 이 운동은 1922년 말 조직된 민립대학기성회에 의해 추진되었다. 이듬해 3월에 열린 기성회 창립총회에는 전국에서 참여한 1,170명의 발기인이 참여하였고, 여기에서 중앙부 임원을 선정하였다.

한편 1923년 5월 10일, 민립대학 설립을 위해 경성부 발기를 시작으로 각 지방에 230여 개의 지방부가 조직되었다. 충북지역에서도 이 운동에 적극 참여하여 군민대회·면민대회·유지대회 등을 개최하여 기금을 갹출하고 지방부를 조직하였다. 1923년 1월 초에 영동·괴산 등지에서 청년회와 유지 제씨를 중심으로 4, 5명의 발기인을 선정하여 중앙의 기성회에 통보한 이래 이후 10월까지 충북의 청주·보은·음성·충주·진천·제천 등지에서 발기인 선정대회가 열렸고 지방부를 조직하기에 이르렀다.

그러나 이 운동은 일제의 간교한 책동이 있자 쉽게 와해되는 양상을 보이게 되는 것이다. 특히 청주지방부의 조직에 참여한 인물의 성향도 민립대학운동의 성격을 알려주는 좋은 단서가 될 수 있을 것이다. 즉 청주지방부의 발기인으로 참여한 인물 중 閔泳殷과 廉宣赫은 전술한 바와 같이 3·1운동 때 만세시위를 탄압하기 위해 일제의 사주에 의해 조직된 청주자제회의 발기인이었기 때문이다. 즉 독립운동을 탄압하고 일제와 융화를 외친 인물이 참여하였다는 사실은 민립대학운동이 성공할 수 없는 중요한 요인으로 해석된다.[36]

---

34) ≪東亞日報≫ 1922년 2월 3일자.
35) ≪東亞日報≫ 1923년 2월 23일자. 한편 ≪朝鮮日報≫도 사설을 통해 '사람으로서의 가치 표명'을 위해 민립대학을 설립해야 한다고 하며, 일본이 강성하게 된 이유를 慶應大學·무稻田大學 등의 존재에서 찾고 있다(1922년 12월 1일 및 동월 2일자).
36) 盧榮澤, 「民立大學 設立運動 硏究」, ≪國史館論叢≫ 제11집, 1990, 88~94쪽. 여기에서는 민립대학 설립운동이 실패한 원인을 ① 지도자와 간부들의 실천력 부족, ② 운동의 주체

5. 신간회운동

신간회운동은 1927년에 시작되어 1931년에 해소된 독립운동사에서 좌우합작운동, 민족협동전선운동으로 평가되는 독특한 위치를 지니는 것이다.

신간회는 1927년 2월 15일 창립되었다. 창립시의 본부 간부는 기독교·천도교·불교 등 종교계와, 유림계·조선일보계·조선공산당계·학계에서 51명이 참가한 바 충북지방에서도 申采浩(청주)·權東鎭(괴산)·洪命憙(괴산)·洪性憙(괴산) 등이 참여하였다.[37]

이해 4월 24일 정읍에 지회가 설립된 이래 1931년 5월경까지 126개의 지회가 설립되었다. 충북에는 1927년에 3개소가 설립된 이래, 1931년 5월에는 5개소의 지회가 설립되었다. 이 숫자는 타도에 비해 많은 수는 아니다.[38] 이는 농민·노동운동의 진전 상황과 정치경제적 모순의 지역 차이에 기인한 것으로 보인다.

충북의 신간회 지회 설립 상황은 다음과 같다.

　－ 괴산 : 1927년 10월 23일 괴산청년회 집행위원회 주도로 청년회관에서 발기, 동 11월 26일에 설립.[39]
　－ 청주 : 1927년 12월 13일 본부로부터 설립 승인, 동 12월 22일 설립.[40]

와 추진과정에 대한 불신, ③ 한국인의 경제적 빈곤, ④ 지나치게 외형적 조직에만 치중하고 구체적 계획과 실천방안이 마련되지 못함, ⑤ 많은 면장과 군수들의 참여, ⑥ 일제의 탄압과 방해, ⑦ 천재로 인한 헌금 부진, ⑧ 언론기관의 민족의식과 공공정신의 부족 등으로 지적하였다. 그런데 여기에다 청주자제회의 경우처럼 참여자의 부일적 성향도 실패의 중대한 요인으로 지적되어야 할 것이다.

37) 이균영, 『신간회연구』, 역사비평사, 1993, 100~101쪽의 <표 1－2> 창립 시 간부의 신상과 활동상황 참조.
38) 이균영, 『신간회연구』, 234~237쪽의 <별표> 신간회 지회 설립의 연월별 상황 참조. 한편 충청지방 신간회 지회의 부서 및 간부진에 대하여는 앞의 책, 621~626쪽 참조.
39) ≪東亞日報≫ 1927년 10월 30일;12월 2일자, ≪朝鮮日報≫ 동년 12월 1일자.
40) ≪東亞日報≫ 1927년 12월 25일자;≪中外日報≫ 1927년 12월 24일, 동 25일자.

　－ 음성 : 1927년 12월 24일 설립.[41]

　－ 진천 : 1928년 2월 6일 설립.[42]

　－ 충주 : 1928년 2월 9일 설립.[43]

　이들 지회의 설립은 처음부터 일제의 탄압에 직면하였다. 괴산지회의 경우, 창립식 때 본부에서 파견한 李灌鎔의 연설 도중 임석 경관의 주의를 받아 장내가 긴장하였고 축전을 낭독치 못하였다.[44] 충주지회도 간사 李英이 '廣義鬪爭'이란 연제로 강연하다가 불경죄로 공주지법에 송치되었다.[45] 특히 1928년 5월 회원 전원이 가택수색을 당하고 경찰서에 소환되어 장시간 취조를 당하였으며, 지회장 金鏞應 등 10명의 간부가 보안법 위반 혐의로 피체된 '괴산지회 사건'은 일제에 의한 신간회 지회 탄압의 대표적 경우라 할 수 있다.[46]

　괴산지회의 창립 모태가 되었던 것은 괴산청년회 집행위원회였다. 신간회 지회의 설립에 청년회가 주도적으로 역할을 한 예는 타 지역에서도 볼 수 있으나,[47] 충북지방의 경우는 괴산지회가 대표적이다. 1920년 8월에 조직된 괴산청년회는 노동야학을 개설하고, 호서민중운동자대회의 개최를 계획하는 등 활발한 활동을 전개하였다.[48] 이 회의 회장 安喆洙(1905년생, 괴산 출생, 자작농 정도, 제일고보 졸업)[49]는 1929년 6월말 충북의 복대표로 활동하였다.

---

41) ≪朝鮮日報≫ 1927년 12월 20일자에 예보.
42) ≪朝鮮日報≫ 1928년 2월 13일자.
43) ≪朝鮮日報≫ 1928년 2월 15일자.
44) ≪東亞日報≫ 1927년 12월 2일자.
45) ≪東亞日報≫ 1928년 7월 6일자.
46) 신간회 괴산지회에 대하여는 崔東一, 「新幹會 槐山支會 研究」, 충북대학교 교육대학원 석사학위 논문, 1998 참조.
47) 이균영, 『신간회연구』, 251~253쪽.
48) ≪東亞日報≫ 1920년 8월 18일자 및 동 9월 18일자 등.
49) 이균영, 『신간회연구』, 169쪽.

충북지역 신간회 지회의 활동상황은 議案을 통해 알 수 있다. 즉 청주지회는 회원의 증원과 교양, 도내 일반 정세조사 및 각 군 지회설립 촉성, 청년·농민문제, 재만동포옹호문제,[50] 괴산지회는 지회의 유지 및 선전·조직·교양방침, 정치·청년·여성·농민·노동운동 문제, 도로문제에 관한 건 등이 주요 의안이었다.[51]

신간회운동은 1931년부터 해소되기 시작하였다. 충청지방 지회의 해소 원인과 과정은 자료의 결핍으로 자세한 내용은 알 수 없다.

6. 학생·청년운동

학생이 사회계층으로 성장한 것은 1910년대이며, 3·1운동을 계기로 독립운동의 전위대로 부상하여 조직과 활동이 본 궤도에 진입하게 되었다. 충북지역에서도 淸州農業學校, 槐山普通學校, 忠州簡易農業學校 학생들이 만세시위를 주도하며 독립운동의 전위대로 부상하였다.[52]

1920년대에는 제천·음성·영동·보은·괴산 등지의 학생들이 수학지나 고향에서 단체를 결성하여 강연회, 문예회를 개최하고 야학운동 등을 전개하였다.[53] 1920년대 학생운동은 동맹휴학(맹휴) 투쟁이 주류를 이루고 있다. 이는 사회주의 사조의 영향과, 1926년의 6·10만세운동과 신간회의 조선인본위교육운동과 관련되어 더욱 활발한 양상을 보인다. 이때 충북지역에서는 17회의 맹휴 기록이 보이는데, 맹휴는 일인 교장과 교사의 조선인 교사와 학생에 대한 모욕과 차별대우에 대항한 경우가 많았

---

50) ≪東亞日報≫ 1927년 12월 25일자.

51) ≪東亞日報≫ 1928년 1월 11일자. 한편 1월 28일 열린 회의에서는 甘勿面 儉承里의 兩班 自衛團 解體의 件이 논의되는 등 항일투쟁의 성격을 분명히 보여 주고 있다(≪東亞日報≫ 1928년 2월 2일자).

52) 독립운동사편찬위원회, 『독립운동사』 제9권, 1969, 252~258쪽.

53) 예컨대 괴산학생친목회원들이 하계휴가를 이용하여 귀향, 괴산청년회에서 운영하는 普成講習所의 경비 지원을 위해 20명으로 문예단을 구성, 소인극을 공연하고 이익금을 강습소에 지원한 경우도 있다(≪東亞日報≫ 1923년 8월 19일자).

다. 그러나 이는 단순한 불만표출이 아니라, 독립투쟁의 차원에서 이해되어야 할 것이다.[54]

독립운동의 주체로서 역량이 성숙된 학생운동은 1929년 광주학생독립운동이란 큰 역사의 장을 창출하였다. 광주로부터 시작된 학생운동은 충북지방에도 파급되어 1930년 1월 21일 청주농업학교 · 청주고보 · 청주고녀 학생들의 연합시위가 있었고,[55] 괴산에서는 동년 1월 27일 괴산공보 학생들의 만세시위가 계획되었으나 일제의 사전 검속으로 주도자가 피체된 일이 있었고,[56] 이밖에 대소원공립보통학교 학생들도 맹휴투쟁과 시위를 전개하였다.[57] 한편 1920년대 말부터 30년대 초에 걸쳐 ≪조선일보≫의 귀향학생 문자보급운동과, ≪동아일보≫의 브나로드운동에 다수의 충북지방 학생들이 동참하였던 것으로 보인다.[58]

일제 식민통치 말기인 1940년대에도 학생과 교사의 항일투쟁은 계속되었다. 1942년 2월 2일에는 청주사범학교 교유와 학생이, 3월에는 음성 문괴학교 교사가 각각 일제를 비난하다가 '불온언동죄'로 피체되어 옥고를 치렀다.[59] 이로써 볼 때 학생운동은 민족해방투쟁의 중추적 위치에 있었으나, 충북지방의 경우, 타도에 비해 그리 괄목한 것은 못되었다. 이는 학교의 수와 학생들의 역량 등과 관련이 있을 것이다.

한편 3 · 1운동 이후 학생이 독립운동의 중추로 부상함과 동시에, 각성한 청년들도 각 지방별로 청년회를 조직, 민족운동에 동참하였다. 1920년 9월 도지사 회의에서 행한 충청북도 지사의 발언은 일제가 청년단체의 조

---

54) 맹휴투쟁의 원인에 대해 일제는 ① 학교 설비, 교규 규칙, 학과 기타에 관한 맹휴 ② 교원 배척에 관한 맹휴 ③ 학교 내부의 시설에 관한 맹휴 ④ 생도 간의 사실에 관한 맹휴 ⑤ 지방문제에 관한 맹휴 ⑥ 민족의식 및 좌경사상의 반영에 기인하는 맹휴 등으로 파악하였다(朝鮮總督府警務局,『朝鮮に於ける 同盟休校の 考察』, 1929, 20쪽).
55) ≪朝鮮日報≫ 1930년 1월 22일, 1월 24일, 1월 25일자.
56) 朴杰淳,『槐山地方 抗日獨立運動史』, 괴산문화원, 1996, 197~198쪽.
57) 김호일,『일제하 학생운동』, 독립기념관 한국독립운동사연구소, 1991, 153쪽.
58) 독립운동사편찬위원회,『독립운동사』제9권, 698~704쪽.
59) 독립운동사편찬위원회, 앞의 책, 745~749쪽.

직과 활동을 예의 주시하였음을 잘 알려준다.[60]

1920년 7월경에 전국적으로 조직된 청년회는 1백여 개를 넘었다. 충북 지역에서도 1920년 이후 청주 · 제천 · 괴산 등지에서 청년회가 조직되었다.[61] 이 중 기록이 남아있는 「청주청년회취지서」는 청년회 결성의 목적을 잘 보여주고 있으며, 특히 청년의 품성향상 · 지식계발 · 체육장려 · 풍속개량 등 4대 강령은 그 구체적 활동목표를 제시한 것이라 할 수 있다.[62]

1920년 12월, 전국에서 1백여 청년단체가 모여 조선청년연합회를 결성할 때 충청지역에서는 청주청년회(金泰熙 외 1인), 괴산청년회(柳洪珪)에서 각각 대표를 파견하여 동참하였다. 충북지역의 청년회 인사가 연합회에 참여한 인원은 타도에 비해 매우 적은 숫자이나, 이 중 청주청년회의 劉世冕은 議事長에 피임된 바 있다.[63]

청년회의 독립운동단체로서의 성격을 가장 명확히 보여주는 것은 괴산청년회의 경우라 할 수 있다.[64] 괴산청년회는 1920년 8월 5일 柳文珪 등 십여 명의 발기로 창립되었다.[65] 창립 이후 괴산청년회는 노동야학 개설,[66] 普成義塾 경영[67] 등 교육활동과 연극공연[68] 등을 통해 민중계도운동을 전개하였다. 그러나 곧 일제의 주시를 받았고, 신간회 지회 결성을 전후하

---

60) 『道知事會議速記錄』, 1920년 9월(朴慶植, 『日本 帝國主義의 朝鮮 支配』, 청아출판사, 1986, 305쪽 재인용).
61) 독립운동사편찬위원회, 『독립운동사』 제10권, 1969, 958~964쪽.
62) ≪東亞日報≫ 1920년 6월 18일자.
63) 독립운동사편찬위원회, 『독립운동사』 제10권, 982~989쪽. 전국에서 1백여 단체가 모인 연합회에 충북지방에서는 2개 단체만이 참가하였다.
64) 朴杰淳, 『槐山地方 抗日獨立運動史』, 199~210쪽.
65) ≪東亞日報≫ 1920년 8월 18일자. 이날 피선된 괴산청년회의 임원진은 會長 柳洪珪, 總務 金永圭, 德育部長 金思元, 智育部長 柳文珪, 體育部長 金台應 등이었다.
66) ≪東亞日報≫ 1920년 9월 18일자 및 1928년 1월 3일자.
67) ≪東亞日報≫ 1923년 4월 17일자. 그러나 普成義塾은 1928년 일제에 의해 돌연 불허가 처분을 당하였고, 함께 운영하던 女子夜學도 금지처분 당하였다(≪東亞日報≫ 1928년 3월 26일자). 이는 괴산청년회가 新幹會 지회결성을 주도하는 등 민족운동의 前衛로 활동하자 탄압하였음이 분명하다.
68) ≪東亞日報≫ 1921년 8월 19일자.

여 會旗가 태극기와 같은 문양이라는 구실로 會旗와 문서를 압수당하고, 회원이 구금되는 등 탄압을 받았다. 이는 괴산청년회가 민족운동의 전위대로 활동하는 것을 탄압하는 한편 동회가 내건 혁신강령[69]에 사회주의적 요소가 있었기 때문으로 이해된다. 한편 1927년 신간회의 지부 결성시 괴산청년회가 주도하였음은 전술한 바와 같다.[70]

III. 충북지역 독립운동사의 연구 현황

1. 총괄

대개 지방사는 고고학이나 고대사, 또는 인물사 위주의 연구경향을 보여 왔다.[71] 문화재의 지정에 있어서도 근현대 유적지가 소홀히 취급되기는 마찬가지이다.[72] 그렇다 보니 식민지시대의 실상에 대한 객관적이고 실증적인 연구가 부족하여 지방의 사회경제적 특성을 규명하지 못한 실정이다. 독립운동사의 경우도 특정 운동에 치중되거나, 특히 의병장 등 인물 연구는 영웅 전기식의 범주를 넘지 못하는 경우가 많았다.

---

69) ≪東亞日報≫ 1927년 8월 27일자. 동월 17일 개최된 괴산청년회 임시총회에서 통과된 혁신강령은 一, 우리는 史的 法則에 순응하자. 一, 우리는 과학적 이론의 교양에 노력하자. 一, 우리는 기회주의를 일체배척하자 등 다분히 사회주의적 색채를 띠고 있다.

70) 괴산청년회에 대하여는 강신욱, 「1920년대 괴산지역 청년운동」, ≪槐鄕文化≫ 제8집, 2000에서 자료를 중심으로 실증적으로 정리하였다.

71) 예컨대 호서지방의 경우 1980년대 중반까지의 지방사 연구 통계를 보면 422편의 논문 가운데 95% 이상이 고고미술사에 편중되어 있었다(安承周, 「湖西地方 地方史研究의 現況과 課題」, ≪大丘史學≫ 제30집, 1986, 111~130쪽). 이러한 편향적 연구 경향은 1990년대에 들어 근현대사에 대한 관심이 기울여지며 어느 정도 극복되었으나, 여전히 근현대사에 대한 연구는 미진한 실정이다(李玟源, 「충북학과 역사학」, ≪忠北學≫ 창간호, 충북학연구소, 1999, 58~61쪽). 이는 비단 충북지방만의 문제는 아니며, 타 지방의 경우도 크게 다르지 않다(김동수, 「전남 지방사연구의 현황과 과제」, ≪지방사와 지방문화≫ 1, 학연문화사, 1998, 41~58쪽).

72) 장세윤, 「대전·충청지역 독립운동 유적지의 복원과 활용방안」, ≪인문논총≫ 제15집, 배재대학교 인문과학연구소, 1999, 25~41쪽.

　1990년대에 들어 지방사의 연구가 활기를 띠고, 특히 근현대사에 대한 관심이 고조되고 있음은 다행한 일이다. 독립운동사에 대한 인식과 연구도 활발해져서 도나 시·군을 단위로 하는 연구업적이 산출되었다.[73] 더욱 다행스러운 일은 전문 연구자들이 지방사 연구에 관심을 기울이며 참여의 폭을 넓혀 학술성을 제고하고 있다는 사실이다.

　충북지역의 경우도 1980년대 이후 근현대 분야의 연구 성과가 크게 늘어나고 있다.[74] 여기에는 도내 소재 대학의 연구소는 물론, 각 시·군의 향토사연구 단체나 문화원 등의 활성화에 힘입은 바 크다.[75] 그 결과 비록 일부나마 시·군을 단위로 한 독립운동사가 정리되었으며,[76] 충북 100년을 맞이하여 충북의 역사를 정리한 연구물이 출판되기도 하였다.[77] 이와 함께 구한말 일제강점기 관련 자료의 번역 출판도 있었는데, 이는 부족한 이 분야의 연구 자료를 제공하였다는 점에서 평가되어져야 할 것이다.[78] 물론 일제가 편찬한 이들 자료는 기본적으로는 식민지 지배를 위

---

73) 道 단위의 독립운동사 연구업적으로는 『경기도 항일독립운동사』(경기도사편찬위원회, 1995), 『濟州抗日獨立運動史』(제주도, 1996) 등이 있고, 시·군을 단위로 한 연구업적으로는 『論山地域의 獨立運動史』(논산문화원, 1991), 『天安獨立運動史』(천안문화원, 1995), 『利川獨立運動史』(이천시·이천문화원, 1996) 등이 있다. 한편 지방의 특정 운동을 주제로 정리한 업적도 있다. 그 대표적인 업적으로 『光州學生獨立運動史』(광주학생독립운동동지회, 1996), 『國債報償運動史』(대구상공회의소, 1997), 『國債報償運動論文集』(대구광역시, 1999), 『韓國의 近代와 公州사람들』(지수걸, 공주문화원, 1999) 등을 들 수 있다. 특히 김희곤의 『안동의 독립운동사』(안동시, 1999)는 독립운동사의 지방사적 연구좌표와 방법론을 정립한 역저로 평가된다(박걸순, 「서평」, ≪한국독립운동사연구≫ 제14집, 독립기념관 한국독립운동사연구소, 2000 참조).

74) 연구 논저 목록에 대하여는 충북학연구소, 『忠北學文獻目錄集』, 1999 참조. 그런데 여기에 누락되거나 잘못 분류된 부분도 있다.

75) 여기에 대하여는 金顯吉이 「忠淸北道 鄕土史研究 現況」, 『韓國鄕土史研究現況』, 한국향토사연구전국협의회, 1990과 「中原文化와 中原(忠北)人의 氣質」, 『충북학, 어떻게 할 것인가?』, 충북개발연구원 심포지엄 99~01, 1999에서 상세히 정리한 바 있고, 신영우의 앞의 「충청지역의 연구현황과 과제」, 79~92쪽도 참고된다.

76) 朴杰淳, 『槐山地方 抗日獨立運動史』, 괴산문화원, 1996;具玩會, 『韓末의 堤川義兵』, 제천시, 1997 참조.

77) 충청북도, 『충북 100년』, 1997.

78) 정삼철은 『1909年度 韓國忠淸北道一班』과 『1928年度 忠淸北道要覽』(忠淸北道, 1996),

한 침략적 성격을 지닌 것이긴 하지만, 한편으로는 당시 사회경제적 실태를 알려주는 자료로서의 가치도 지닌다.

다음으로 독립운동사의 각 분야별로 연구사적 의의가 있다고 판단되는 학술 논저를 중심으로 검토하면 다음과 같다.

2. 동학농민운동

동학농민운동에 대하여는 35편 정도의 연구가 진행되었는데, 신영우의 일련의 연구가 주목된다. 신영우는 보은 집회와 북실전투, 진천의 동학농민전쟁 등의 개별적 사실에 대한 연구를 진행하였고, 충청도 동학농민전쟁의 전개과정과 특징 등을 밝혔다. 이로써 충청지역 동학 연구의 중요성과 당위성을 인식시켰다.[79]

한편 충북대학교 호서문화연구소는 동학농민운동 발발 100주년을 맞아 학술발표회를 개최한 바 있다. 이 발표회에서 신영우는 충청지역 동학농민운동의 성격을, 채길순은 현장조사를 통한 전개과정을, 박걸순은 『李郭抱寃錄』의 분석을 통해 음성지방 향촌사회의 동향과 갈등상을 검토하였다.[80] 특히 호서문화연구소는 북실전투 관련 유적과 집단 매장지 및 장내리를 조사하여 보고서를 낸 바 있다.[81]

3. 의병전쟁

충북지역 독립운동사 분야 가운데에는 의병 연구가 60여 편으로 압도적이다.[82] 특히 제천의병은 여러 편의 박사학위 논문의 대상이 되었다.

『1923年度 淸州沿革誌』(청주시, 1999) 등을 번역 출판하였다.

79) 申榮祐의 동학 관련 논문 목록은 앞의 『忠北學文獻目錄集』, 407~408쪽 참조.

80) 여기에서 발표된 논문은 충북대학교 호서문화연구소에서 간행하는 ≪湖西文化硏究≫ 제12집, 1994에 게재되었다.

81) 충북대학교 호서문화연구소 · 보은군, 『報恩 鍾谷 東學遺蹟』(1993) 및 『報恩 帳內里 東學遺蹟』(1994).

정제우와 유한철은 의병장 연구를,[83] 구완회 · 이원희 등은 제천 의진을 분석하여 박사 학위를 취득하였다.[84] 한편 제천의병 100주년기념사업회와 세명대학교 인문사회과학연구소는 1996년 제천 을미의병 100주년을 기념하는 학술세미나를 개최하여 제천 을미의병을 종합적으로 조명한 바 있다.[85] 또한 김상기와 최재우의 제천의병에 관한 일련의 논고도 주목되며, 이구영은 호좌창의군 관련 자료를 편역하여 자료로 제공한 바 있다.[86] 현재 제천시는 2001년 완공을 목표로 의병기념관의 건립을 진행 중에 있다.

충북의 의병 연구는 거의가 제천과 을미의병에 집중되어 있으나, 청주와 괴산 일원을 근거지로 하여 크게 활약한 후기 의병장 한봉수에 대한 박걸순의 논저도 있다.[87] 한편 의병 이후 1910년대의 대한광복회 충청도지부의 결성과 활동에 대한 논고도 있으나, 충남의 '홍주문화권'을 중심으로 논의하였다.[88]

4. 3 · 1운동

3 · 1운동은 일제하 최대의 독립운동이었다. 따라서 3 · 1운동에 대하여는 독립운동사의 어느 분야보다도 많은 연구업적이 도출되었다. 그러

---

82) 『忠北學文獻目錄集』, 408~410쪽 참조.
83) 鄭濟愚, 『舊韓末 義兵將 李康秊 研究』, 인하대학교 박사학위논문, 1992.
   柳漢喆, 『柳麟錫 義兵 研究』, 국민대학교 박사학위논문, 1997.
84) 具玩會, 『韓末의 堤川義兵 : 湖左義陣 研究』, 집문당, 1997 및 앞의 『韓末의 堤川義兵』;
   李元熙, 『堤川地域의 乙未義兵 研究』, 국민대학교 박사학위논문, 1997.
85) 제천의병 100주년기념사업회 · 세명대학교 인문사회과학연구소, 『堤川 乙未義兵 100돌 紀念學術論文集』, 1996 참조.
86) 李九榮 編譯, 『湖西義兵事蹟』, 제천문화원, 1994.
87) 朴杰淳, 「義兵將 韓鳳洙의 抗日鬪爭」 및 『舊韓末 義兵將 韓鳳洙의 抗日鬪爭』, 한봉수의병장동상건립추진위원회, 1998 참조.
88) 李成雨, 「대한광복회 충청도지부의 결성과 활동」, ≪한국근현대사연구≫ 제12집, 2000, 58~87쪽.

나 충북의 3·1운동은 김진봉과 황부연의 연구가 있을 뿐이다.

김진봉은 호서지방 3·1운동의 요인과 전개, 성격을 밝혔고,[89] 황부연은 보다 범위를 좁혀 충북지역 3·1운동의 배경과 각 지역별 만세시위, 일제의 탄압, 충북 만세운동의 특징을 검토하였다.[90] 한편 박걸순은 청원과 괴산의 3·1운동을 검토한 바 있고, 의병장 한봉수가 3·1운동을 주도한 사실을 독립운동선상에서 의병과 3·1운동의 맥락이 전승된 것으로 파악하였다.[91]

5. 청년·학생·사회운동

충북의 독립운동사에서 가장 취약한 분야가 이 분야이다. 여기에 대하여는 괴산 지역의 사례연구 정도가 고작이다. 청년운동은 신간회나 농민운동 등의 사회운동과 관련성이 깊기 때문에 유기적으로 파악할 필요가 있다. 괴산청년회는 이를 잘 입증하고 있다. 괴산의 청년운동에 대하여 강신욱은 당시의 언론보도를 중심으로 괴산지역 청년단체의 창립과 조직, 괴산청년동맹의 창립, 활동과 운영, 일제의 탄압, 신간회 괴산지회 및 사회주의와의 관계를 정리하였다.[92]

신간회 괴산지회에 대하여는 괴산지회의 창립과정과 구성원, 활동과정과 일제의 탄압 및 해소과정까지 추구한 최동일의 논문이 유일하다.[93] 특히 현지답사와 증언을 통해 지회 구성원을 분석한 부분은 주목된다.

그러나 학생운동에 대하여는 연구가 전무한 실정이다. 그 까닭은 충북의 학생운동이 미약했던 데에 원인이 있을 것이나, 1930년 1월 21일의 청

---

89) 金鎭鳳,「湖西地方 3·1運動의 性格」, 129~150쪽.
90) 黃富淵,「忠北地方의 三·一運動」, 1~26쪽.
91) 朴杰淳,『槐山地方 抗日獨立運動史』, 96~174쪽;『舊韓末 義兵將 韓鳳洙의 抗日鬪爭』, 110~114쪽.
92) 강신욱,「1920년대 괴산지역 청년운동」, 81~110쪽.
93) 崔東一,「新幹會 槐山支會 硏究」 참조.

주 학생들의 연합운동은 주목하여야 할 주제라고 생각된다.

농민운동과 노동운동에 대한 연구로는 영동지역의 농민운동을 다룬 강호출의 연구가 유일하다. 이 연구는 영동 농민운동의 사회경제적 배경, 1920년대 영동지방 사회운동과의 관계, 1930년대 농민조합운동 등을 살피고 그 성격과 의의를 정리한 바, 농민운동이 청년들에 의해 주도되고 사회주의 사상에 영향을 받았음을 밝혀냈다.[94]

6. 인물

어느 지역, 어느 시대를 막론하고 인물은 지역사 연구의 중요 주제이다.[95] 충북의 경우도 삼국시대 이래 충북 출신이나, 충북을 무대로 활동한 인물들에 대한 연구가 적지 않다.[96] 충북의 근현대 인물로는 유인석·이강년·이상설·손병희·신규식·신채호·한봉수·홍명희 및 3·1운동 때에 민족대표로 참여한 인물들이 주목되었다.

그러나 인물 연구 가운데 상당수는 지방사 차원의 접근이 아니라, 인물사 자체인 경우가 대부분이다. 인물의 연구가 지역사의 의미를 갖기 위해서는 지방사적 특징을 지녀야 한다. 즉, 충북 출신 인물의 경우 중앙사 차원의 활동만을 다룬다면 그것은 지역사라 할 수 없고, 인물의 성장과정이나 사상의 형성과정, 사회경제적 배경 등을 현장조사를 통해 밝힌 연구가 지역사라 할 수 있을 것이다. 그런 점에서 신규식·신채호 등 高靈申氏(山東門中)의 문중 개화 사례를 분석한 任椿洙의 연구는 주목된다.[97]

---

94) 姜浩出, 「植民地時代 忠北永同地域 農民運動研究」, ≪史叢≫ 제39집, 고대사학회, 1991, 69~104쪽.
95) 예컨대 전남 지방사 연구에 있어서 인물 연구는 전체의 1/3이나 차지하고 있는 형편이다 (김동수, 「전남 지방사연구의 현황과 과제」, 47~48쪽).
96) 인물 연구 목록은 『忠北學文獻目錄集』 참조.
97) 임춘수, 「신규식·신채호 등의 山東門中 개화 사례」, 『尹炳奭教授華甲紀念論叢』, 1990 참조.

IV. 맺음말: 충북지역 독립운동사 연구의 문제점과 과제

지금까지 지역사 연구에 대한 수차의 논의를 통하여 문제점과 과제들이 지적되고, 바람직한 연구방향이 제시된 바 있다. 기왕의 연구에서 지적된 지역사 연구의 문제점과 과제는 대략 다음과 같다.

먼저 李樹健은 지역사 연구의 인력 부족과 문제의식의 결여, 관련 자료의 부족과 예산지원의 문제 등을 지적하고, 지역사 관계의 사례연구를 통해 통사와 구별되는 지방지의 편찬을 제안한 바 있다.[98] 또한 고석규는 다양한 정형, 생활사 중심의 합리적 세계관, 郡을 기본으로 하는 단위의 설정, 학제 간의 공동연구를 통한 총체성 규명 등을 제시하였다.[99] 한편 이해준은 기초자료의 확보 문제, 연구방법과 절차의 교육, 전문학자와의 교류, Part(Field)와 Team Work, 조사결과의 종합과 자료교환의 문제 등을 지적하며 4단계의 지방사 연구팀의 연구체계와 절차를 제시한 바 있다.[100]

한편 최근의 한 학술대회에서는 외국의 지역사 연구의 현황과 과제 및 국내 각 지역사 연구 현황과 과제를 검토함으로써 새로운 방법론을 모색하기도 하였다.[101] 충북의 지역사 연구에 대한 문제와 과제를 제시한 안승주[102]와 신영우[103]의 연구도 있었으나, 여타 지역의 경우와 크게 다르지 않다. 한편 충북지역 독립운동사에 대하여는 박걸순이 그 성격을 분석하고 문제점과 과제를 지적한 바 있다.[104]

---

98) 李樹健,「韓國에 있어서 地方史 硏究의 回顧와 現況」, ≪大丘史學≫ 제20 · 21집, 1982 참조.
99) 고석규,「지방사연구의 새로운 모색」 참조.
100) 이해준,「향토사 연구의 현안 과제」, ≪韓國學論集≫ 제12집, 한양대학교 한국학연구소, 1987 및「지역문화 연구의 과제와 자료 활용 방향」, ≪지방사와 지역문화≫ 1, 학연문화사, 1998 참조.
101) 한국사연구회 · 경기사학회,『지방사연구의 현황과 새로운 방법론의 모색』, 1998.
102) 安承周,「湖西地方 地方史 硏究의 現況과 課題」 참조.
103) 신영우,「충청지역의 지방사 연구현황과 과제」 및「충북지역사의 연구과제」 참조.
104) 주 3)의 朴杰淳 논문 참조.

본고에서는 충북지역 독립운동사 연구에 국한하여 문제점과 과제를 지적하고 그의 해결 방안을 모색해 보고자 한다.

1. 연구방법론의 문제

1) 연구의 선행 작업으로 관련 자료의 종합화와 출판이 시급하다.

현재 정부기록보존소와 규장각, 독립기념관 등에는 충북의 독립운동 사를 밝혀 줄 자료들이 다수 소장되어 있다. 그러나 지역별, 유형별로 분류되어 있지 않고, 또한 열람이 용이하지 않아 이용에 어려움이 있다. 따라서 이들 자료를 종합적으로 수집, 분석하여 출판하는 것은 연구에 큰 도움이 될 것이다.

이와 함께 한말~일제강점기에 국내와 일본에서 발행된 각종 신문에 보도된 충북 관련 기사를 발췌하여 출판하는 것도 매우 중요한 작업으로 시급히 착수되어야 할 것이다. 또한 생존 독립유공자나 유족을 비롯한 관련 자들의 증언을 채록하고 자료화하는 것도 더 늦기 전에 진행하여야 할 과제이다. 이 과제는 장기 프로젝트로 설정하여 추진하여 나가야 할 것이다.

2) 지역사 전문 연구자의 양성이 시급하다.

충북은 독립운동사 분야의 전문 연구자가 타도에 비해 매우 부족한 실정이다. 지역사의 연구는 그 지역에서 생장하고 거주하는 연구자에 의해 진행되는 것이 바람직하다. 그것은 지역의 사회경제적 배경과 문화적 전통에 친숙하고, 정서적으로도 애착을 가지고 있기 때문에 지역사다운 지역사가 연구될 수 있기 때문이다.

따라서 충청북도 등 지방자치 단체는 학예사 등의 전문직에 독립운동 사 연구자를 채용하여 양성할 필요가 있으며, 또 이들이 해당 지역 자료의 수집과 분석, 연구에 몰두할 수 있는 여건을 조성해 주어야 한다. 또한 지역의 독립운동사를 편찬할 때에는 지역 출신의 연구자로 연구진을 편성하는 것도 필요하다. 이와 함께 관내 대학의 석·박사 학위 논문을 지역사를 소재로 연구할 수 있도록 계도할 필요도 있다.

3) 전문 연구자와 향토사가 간의 정보교환과 공동연구가 필요하다.

종래에 전문 연구자는 향토사가의 비전문성과 저널적 경향을 냉소적으로 꼬집으며 지역사는 저급한 수준의 역사연구라거나 또는 자신들의 연구 범위가 아니라고 간주하는 풍토가 없지 않았다. 반면, 향토사가는 전문 연구자를 현장성과 애향심이 결여된 상아탑 안의 나약한 서생으로 혹평하여 온 것이 사실이다. 굳이 中原高句麗碑의 경우를 거론하지 않더라도 양자 간의 유대는 지역사 연구에 필수적인 요소이다. 비유하자면 지역사 연구에 있어서 향토사가는 응급처치 요원이고, 전문 연구자는 전문의와 같은 존재이다. 아무리 전문의의 실력이 뛰어나다 하더라도 응급처치가 잘못되면 환자의 생명이 위험할 수 있고, 또한 아무리 응급처치 요원들이 실력이 뛰어나다 하더라도 환자에게는 최종적으로는 전문의의 진단과 수술이 필요한 것이다. 양자 간의 정보 교환과 공동연구의 당위성이 여기에 있는 것이다.

4) 지역 간 공동 연구와 교류도 필요하다.

현재 지역사는 대개 시·군을 단위로 진행되고 있다. 경우에 따라서는 경쟁적 양상도 보인다. 지역사 연구에 있어서 공간적 범위를 설정하는 것은 매우 중요한 일이다. 단순히 현재의 행정구역만을 지역사 연구의 단위로 삼는 것은 바람직하지 않다. 그것은 문화적 전통이 시·공적으로 연계되는 맥락과 다를 수도 있기 때문이다. 예컨대 같은 문화적 전통을 지녀왔고, 과거에 같은 행정단위였던 지자체가 별도로 지역사를 연구·출판하는 것은 사실상 중복되는 것으로 시간과 예산의 낭비일 뿐이다. 따라서 독립운동사의 경우도 운동의 이념과 방법론에 따라 자치단체 간 인식을 공유하고 공동연구를 진행할 필요가 있는 것이다.

5) 자치단체나 연구자들의 독립운동사에 대한 인식의 전환이 필요하다.

지역사 연구에 있어서 문제로 지적되는 것 가운데 하나는 고고미술사 분야에 편중되었고, 근현대사에 대한 연구가 미약하다는 점이다. 지방자치시대를 맞아 지역의 역사를 통해 정체성을 정립하려는 것은 분명히 바람직한 일이다. 그러나 장기연구 계획이 부재한 경우가 허다하다. 지역의 정체성을 밝히는 방법론으로 멀리 고대사로부터 문화와 사상적 연원을 추구할 수도 있으나, 현재와 가장 가까운 독립운동사를 주목하는 것이 더욱 바람직할 것이다. 이미 다른 지자체에서는 시·군은 물론 도 단위의 독립운동사까지 정리한 경우도 있다. 그러나 충북의 경우는 아직 계획조차 없다. 모든 역사는 현대의 역사라는 명제가 있듯이 독립운동사에 대한 인식의 전환이 필요하다.

2. 연구대상(주제)의 문제

1) 일제의 침략상과 사회경제적 상황을 밝히는 작업이 선행되어야 한다.

일제의 식민지 통치의 실상과 그로 인한 한국 사회경제의 변화는 20세기 전반기의 역사일 뿐 아니라 현재와도 연계되는 중요한 부분이다. 또한 독립운동의 배경으로서도 중요한 가치를 지닌다. 그러나 이 분야는 연구가 취약한 대표적 분야의 하나이다. 의병이 어디에서 일본군과 전투를 벌여 몇 명을 죽이는 전과를 거두었다는 식의 전투일지적 연구는 이제는 지양되어야 한다. 당시의 이해를 심화하기 위해서는 일제의 침략상과 사회경제적 상황이 구체적으로 밝혀져야 한다. 예컨대 일제의 토지조사사업으로 인한 농촌사회의 파괴와 농민의 분화 현상 등은 그 좋은 주제일 것이다.

2) 동학과 독립운동과의 맥락이 실증적으로 규명되어야 한다.

이는 단순히 충북의 지역사에만 국한된 문제는 아니다. 그러나 『李郭抱寃錄』에서 보여주는 바와 같이 동학에 참여한 농민들이 민족운동의 잠재적 세력으로 잠복해 있는 상황과, 이들이 이후 민족운동에 참여하는 구체적 양상이 더욱 많은 실증적 사례연구를 통해 밝혀져야 할 것이다. 그래야만 동학이 지니고 있는 민족운동사에서의 위치가 올바르게 정립되고 이후 민족운동과의 연계 파악이 가능할 것이다.

3) 청주진위대의 해산이 충북 의병 활동에 끼친 영향에 대하여 구체적으로 밝혀져야 한다.

청주진위대는 1907년 8월 3일 해산되었다. 이후 청주 일원에서는 의병으로 참전한 진위대원들의 청주습격설이 끊이지 않았고, 실제로 의병 활동은 크게 활기를 띠게 되었다. 한봉수의 투쟁은 그 대표적인 경우이다. 그러나 청주진위대원의 의병 참여에 대한 구체적인 사례연구는 전무한 실정이다. 충북지역 의병의 올바른 조명을 위해 현장답사와 증언 청취를 통해 사례연구가 이루어져야 할 것이다. 아울러 각지의 의병장과 의진에 대한 연구도 중요하다.

4) 1910년대 일제의 침략상과 민족운동사를 규명해야 한다.

충북의 경우 1910년 한봉수 의병장의 피체 이후 1919년 3·1운동이 발발할 때까지 1910년대는 사실상 연구의 공백 상태라 하여도 과언이 아니다. 1910년대를 복원하고 규명하기 위해서는 우선 신문의 보도내용과 조선총독부 등 일제 측 자료를 면밀히 분석하는 작업이 진행되어야 한다. 1910년대 일제의 침략상과 민족 운동사를 밝혀야만 전후 독립운동이 제대로 밝혀질 수 있을 것이다. 예컨대 대한광복회 충청도 지부에 충북에서

는 유독 괴산 출신의 인사(康昌淳 · 申陽春 · 申玉鉉 · 李喜求 · 鄭雲洪)만
이 참여하였던 사실이 학통과 관련이 있는지 여부를 밝히는 것은 매우 중
요하며, 1910년대 충북의 민족운동을 알려줄 수 있는 주제의 하나로 사
료된다.

5) 3 · 1운동의 지역사적 특징이 규명되어야 한다.

3 · 1운동은 일제하 최대의 거국적 · 거족적 독립운동이었다. 그런데
지역에 따라 특징적 양상도 보이며, 충북의 경우도 봉화만세시위가 특징
으로 파악되는 등 일부 규명된 바 있다. 그러나 아직 3 · 1운동 발발에 대
한 사회경제적 배경과, 타도와의 비교사적 연구는 미약한 실정이다. 특히
충북 출신 민족대표에 대한 논의, 손병희가 지방 만세운동에 끼친 영향,
주동세력에 대한 분석 등은 더욱 천착하여야 할 과제의 하나이다.

6) 3 · 1운동 이후 민족운동의 양상이 규명되어야 한다.

3 · 1운동 이후 민족운동은 이념과 방법론상의 다양성을 특징으로 들
수 있다. 그러나 충북지역의 경우, 1920 · 30년대의 노동 · 농민운동 등
사회운동에 관한 연구가 거의 없다. 다만, 일부 지역의 신간회 지회와 청
년운동이 검토된 바 있고, 나머지 분야는 자료정리 조차 이루어지지 못한
실정이다. 이 또한 당시의 신문기사와 조선총독부의 자료 등을 통해 규명
되어야할 것이다.

7) 충북 출신 독립운동가에 대한 인물 평전을 만들어야 한다.

충북 출신의 독립운동가로 훈포장을 받은 인물은 총 310명(2000년 10
월 현재)에 이른다. 이 가운데 유인석 · 이강년 · 한봉수 · 이상설 · 손병
희 · 신규식 · 신채호 · 신팔균 · 황학수 및 권동진 · 권병덕 · 신석구 · 신

홍식 · 정춘수 등의 이른바 민족대표와 같이 독립운동사의 각 분야를 주도한 인물들이 다수 배출되었다. 이들에 대하여는 일부 연구가 진행된 바 있다. 그러나 대부분의 경우는 중앙사 차원의 연구이며, 지역사 차원의 연구는 많지 않다. 이들에 대한 개인, 또는 종합 평전을 계획하여 추진하여야 한다. 다만, 특정 문중의 과열된 숭조사업이나 현창사업 차원의 접근은 배제되어야 하며 실사구시적 평전을 만들어야 할 것이다.

8) 민족통일에 대비한 지방사의 연구가 요구된다.

통일을 지향하는 남북한의 화해와 협력이 급류를 타고 있다. 그러나 정작 분단 상태의 장기화와 이데올로기에 편향된 민족사의 이질화 현상을 극복하려는 노력은 미흡하기 짝이 없다. 우리의 근현대사에서 특히 문제가 되는 부분은 이념에 따른 인물의 평가의 극단화이다. 이는 남북한 간 인식의 괴리가 큼은 물론 지역 내에서조차 평가를 둘러싸고 갈등이 잔존해 있는 실정이다. 홍명희는 그 대표적인 경우이다. 그의 생가에 세운 문학비가 보훈단체에 의해 강제로 철거된 바 있는데, 얼마 전 신문보도에 의하면 비문의 건립과 파괴 주체 간의 타협으로 새로 비문을 만들었다고 한다. 이는 역사의 이념화가 파생한 엄연히 존재하는 갈등의 현주소인 것이다. 이런 현상은 전 지구상에서 유일하게 우리 민족만이 겪고 있는 비극일 것이다. 역사가 이념의 굴레에 빠지면 더 이상 역사가 아니다. 대립과 갈등을 지양하고 민족통일에 대비한 지역사 연구의 필요성을 깊이 인식하여야 할 때이다.

3. 지역사의 활용 문제

1) 독립운동의 유적지를 고증하고, 유적지임을 표시하는 작업이 필요하다.

독립운동은 가시적인 유적을 거의 남기지 않는 경우가 일반적이다. 그러나 의병 전투지나 3·1 만세운동의 시위 현장, 일본 경찰과 헌병의 주재소와 분견소, 신간회 지회 장소, 학생운동의 현장, 독립운동가의 생가 및 관련 유적지 등을 정밀조사를 통하여 고증하는 작업이 진행되어야 한다. 그리고 확인된 유적지에는 표지물과 설명판을 설치하여야 한다.

그러나 이 과정에서 반드시 전문적 학술 검토가 선행되어야 하며, 학술세미나나 공청회 등의 개최도 필요하다. 청주 3·1공원 내에 건립되었던 정춘수 동상의 철거사건과, 청주중학교 교정 내에 세운 학생운동 기념비가 비문의 오류로 준공식이 무기 연기된 일 등은 충분한 학술적 검토와 고증을 생략하고 기념물을 남설 했던 과오가 빚은 일로써, 앞으로 교훈으로 삼아야 할 대표적인 사례이다. 이와 함께 이미 건립되어져 있는 각종 기념물의 문안이나 설명문을 종합적으로 검토하여 과장되거나 역사적 사실과 맞지 않는 부분은 수정하여야 한다.

2) 독립운동 유적지를 현장학습장으로 활용하고, 향토사 교육교재를 개발하여야 한다.

새로 마련된 제7차 교육과정에서는 현장 학습과 향토사 교육이 강조되어 있다. 독립운동 유적지는 현재와 가장 가까운 역사의 현장으로서, 학생들이 가족사와 연계하여 직접 체감할 수 있고 역사학습의 흥미와 동기유발을 할 수 있는 최적지일 것이다. 따라서 학교는 물론 지자체나 관련 단체의 3·1절이나 8·15와 같은 독립운동 관련 기념식은 교정이나 실내에서 박제화 된 행사로 치룰 것이 아니라, 생생한 독립운동의 현장에서 거행함으로써 그 의미를 극대화하여야 한다. 아울러 학생들의 역사적 사고력의 성장발달 단계와, 지방 독립운동의 특성을 감안하여 특화한 향토사 교육교재를 개발하여야 한다. 이로써 향토사에 대한 이해를 바탕으로 민족사에 대한 이해를 증진시킬 수 있음은 물론 향토애와 나라사랑 정신을 함양할 수 있을 것이다.

3) 독립 운동사를 통해 지방의 정체성을 정립하는 한편, 관광 상품으로 개발하려는 노력이 필요하다.

현재 각 지자체별로 문화제가 지역민의 축제로 개최되고, 점차 그 지역의 구체적인 역사를 소재로 특화되고 있음은 바람직한 현상이다. 3·1운동 때의 산상 횃불 만세시위나 의병 전투 장면의 재현 등은 그 좋은 예이나, 다른 시도에 비하면 그리 활발한 편은 못된다. 지역의 축제는 지역민의 집안 잔치일 뿐만 아니라, 최대의 홍보거리이기도 하다. 따라서 자연의 볼거리나 기타 특징적 현상이나 소재가 없다면, 역사 특히 독립운동을 소재로 특화하려는 노력이 필요하다. 또한 축제의 내용도 노래자랑이나 미인선발대회와 같은 천편일률적인 프로그램에서 벗어나야 한다. 그러기 위해서는 우선 타시도의 축제를 면밀히 검토한 뒤 모범 사례를 수집하여 과감하게 변화를 시도하여야 한다.

요즘 문화 유적 답사에 대한 관심이 어느 때보다도 고조되고 있다. 그러나 단순한 유적지 답사가 아니라 주제가 있는 테마기행이 각광을 받고 있다. 테마기행에서 독립운동 유적지는 특히 관광 상품으로 인기가 있다. 충북의 경우, 테마기행의 소재로는 의병 전적지나 손병희·신규식·신채호·이상설·홍명희 등의 인물 관련 유적지를 중심으로 주말코스를 개발할 수 있을 것이다. 물론 자연의 볼거리나, 먹거리와 함께 개발하면 더욱 좋을 것이고, 독립운동 유적지가 많이 소재하고 있는 충남 등 인근 지역과 공동으로 개발하는 것도 좋은 방안의 하나일 것이다.

(≪한국독립운동사연구≫ 제15집,
독립기념관 한국독립운동사연구소, 2000)

제2부

충북인의 독립운동

의병장 韓鳳洙의 항일투쟁

Ⅰ. 머리말

韓鳳洙(1884~1972)는 후기 의병의 대표적 의병장 중 한사람으로 알려진 인물이다. 그는 1907년 일제에 의한 구한국 군대의 강제해산 이후 의병에 참여하여 수많은 유격전을 전개하였다. 그러나 1910년 일제에 피체되어 사형을 선고받고 법정투쟁을 통해 감형되어 옥고를 치르던 중 이른바 '合邦大赦令'으로 출옥하였다. 이후 일제의 심한 탄압과 감시를 받아오던 그는 1919년 3·1운동이 발발하자, 다시 거의하여 향리의 만세시위를 주도하였다. 이러한 그의 투쟁은 후기 의병의 특징적 양상과, 의병전쟁으로부터 3·1운동으로 전승되는 독립운동의 맥락을 구체적으로 보여주는 대표적 사례라 할 수 있다.

한봉수는 당시 일제의 비상한 주목을 받았던 인물이었다. 또한 의병에 관한 기본사료로 평가되는 黃玹의 『梅泉野錄』과,[1] 상해 대한민국임시정부의 기관지 ≪獨立新聞≫에 연재된 뒤바보의 「義兵傳」에도 소개될 만큼 당시에도 널리 알려졌던 인물이었다.[2]

　해방 후 학계에서 의병사가 정리되기 시작한 것은 1950년대 후반이며,[3] 군대해산 이후 해산군인의 의병 참전을 주목한 것은 1960년대 후반이다.[4] 그러나 한봉수는 1970년대에 들어서야 비로소 주목되기 시작하였으나, '33戰 1敗'라는 식의 신화적 존재를 부각시키는 정도였다.[5] 한편 지방사에서도 학술적 정립과정을 생략한 채 그의 의병투쟁 공적의 일부분을 선양하기 위한 기념물의 건립이나, 소설 차원의 접근에 그쳤다.[6] 따라서 그에 대한 개별 연구논문이 없음은 물론, 충청지방 후기 의병사가 거의 정리되지 못한 채 오늘에 이르게 된 것이다.

1) 黃玹, 『梅泉野錄』(국사편찬위원회, 1971). 491쪽, 523쪽. 여기에는 韓鳳瑞라 되어 있는데, 이 시기에 청주에서 활동한 인물로 기록된 韓鳳龍(495쪽)도 韓鳳洙의 異稱인 韓奉用을 음차하여 기록하는 과정에서 오기한 것으로서 역시 韓鳳洙를 지칭한 것으로 볼 수 있다.

2) 뒤바보(桂奉瑀)의 「義兵傳」은 ≪獨立新聞≫ 1920년 4월 27일자부터 5월 27일자까지 10회에 나뉘어 발표되었는데, 200자 원고지로 환산하면 약 135매 정도의 분량이다(尹炳奭, 「義兵傳 註解」, 『義兵戰爭硏究(上)』, 지식산업사, 1990, 73~79쪽). 이는 의병장을 중심으로 의병전쟁의 전모를 정확하고 체계적으로 기술한 것으로 평가되고 있다. ≪獨立新聞≫ 1920년 5월 20일자에 보면 韓鳳洙(여기에도 韓鳳瑞로 됨)는 淸州에서 약 60명의 부하를 이끌고 활동하였음을 알 수 있다.

3) 申奭鎬, 「韓末 義兵의 槪況」, ≪史叢≫ 1, 高麗大史學會, 1955.
　愛國同志援護會編, 『韓國獨立運動史』, 1956.

4) 成大慶, 「韓末의 軍隊解散과 그 蜂起」, ≪成大史林≫ 1, 1965.
　金義煥, 「丁未年 朝鮮軍隊解散과 反日義兵鬪爭」, ≪鄕土서울≫ 26, 1966.
　朴成壽, 「1907~10年間의 義兵戰爭에 대하여」, ≪韓國史硏究≫ 1, 1968.

5) 獨立運動史編纂委員會編, 『獨立運動史』 제1권, 1972, 571쪽.

6) 현재 韓鳳洙를 기리는 기념물로는 청주시 남문로 중앙공원내의 頌功碑, 청원군 북일면 풍정리 묘소 앞의 墓碑, 진천군 문백면 옥성리의 抗日義擧碑, 괴산군 사리면의 모래재義兵激戰遺蹟碑 등 4기의 기념비가 건립되어져 있고, 청주시 상당공원 내에 동상까지 건립되었다. 이로써 볼 때 한봉수 개인에 대한 기념물은 다른 의병장에 비해 결코 적지 않으나, 비문의 내용을 검토하면 연대나 역사적 사실이 부정확한 부분이 산견되어 주의를 요한다. 또한 민선 청주시장을 역임한 문학가 洪元杏이 한봉수의 구술을 토대로 집필하였다는 『소년소설 의병대장 한봉수』(1950. 3)가 전한다. 이는 그의 『淸谷文集』(1984, 靑芝社)에 재수록 되었으며, 1995년 청원군에서 재발간하였다. 그런데 이 소설은 그야말로 '소설적' 요소가 다분하며 실제로 한봉수의 딸 韓貞愛(70)와 손자 韓惠成(56)의 증언에 의하면 한봉수도 생전에 이 소설의 내용을 듣고는 고개를 가로 저었다고 한다.

한봉수에 대한 연구가 거의 전무한 까닭은 그가 의병장 출신으로서 근래까지 생존했던 인물이지만 본인이 기록을 남기지 않았음은 물론 체계적인 증언녹취를 통해 학술적 검토가 진행되지 못하였기 때문이다. 또한 그의 이름이 기록에 따라 다르게 나타난 결과 이를 동일인으로 종합하여 파악하지 못하였고,[7] 후기 의병사 연구에서 충청지방이 크게 주목되지 못한 연구경향도 중요한 이유의 하나라 여겨진다.

그러나 한봉수는 반드시 연구되어야 할 당위성을 지닌 중요한 인물이다. 한봉수 의병장은 매우 뛰어난 유격전을 전개하였고, 연합의진을 구성하여 투쟁하였으며, 장기간 활동하는 등 후기 의병사에서 비중 있게 다루어야 할 인물이다. 한봉수의 연구는 후기 의병사의 전모를 알려줄 수 있을 뿐만 아니라, 전혀 정리되지 못한 충청지방 후기 의병전쟁의 양상을 밝혀줄 관건인 것이다.

뿐만 아니라 한봉수는 의병활동 이후 3·1운동을 주도함으로써 의병에서 3·1운동으로 추이되는 독립운동의 맥락을 구체적이고 실증적으로 제시해 주는 인물이다. 그 과정의 검토를 통하여 근래 학계에서 의병과 3·1운동과의 관계가 논의되고 있는 것에 대한 예증으로 제시할 수 있을 것이다.

본고는 이러한 문제의식을 가지고 출발하였다. 먼저 그의 가계와 생장과정을 검토함으로써 그가 의병과 3·1운동 등 항일투쟁에 나서게 된 배경을 이해하고자 한다. 이어 그가 의병에 참여하게 되는 과정과, 1907년 9월경 의병부대를 결성한 이래 1910년 2월 피체될 때까지 전개한 활발한 유격전의 양상을 정리하고, 활동상의 특징적 양상을 파악해 보고자 한다. 그리고 한봉수 부대의 성격과 특성을 살펴보고, 피체되는 과정을 추적하기로 한다. 또한 3·1운동 때 만세시위의 선봉이 되어 항일투쟁을 전개하는 내용도 살펴보기로 한다.

---

7) 기록에 따라서 韓奉用, 韓奉瑞, 韓奉洙, 韓鳳龍, 韓奉西, 韓鳳洙 등으로 되어 있다.

이로써 독립운동사에서 의병장 한봉수의 위치가 올바로 자리매김 됨은 물론 군대해산 이후 의병투쟁의 구체적 양상이 밝혀질 수 있을 것이다. 또한 지방사연구에도 나름대로의 단서를 제공할 수 있을 것으로 기대된다. 그러나 대부분의 자료가 일정한 한계가 있는 일제 측 자료에 의존할 수밖에 없는 위험부담을 안고 있다. 이는 비단 한봉수의 연구에서만 국한되는 한계는 아니나, 그나마 가용할 일제 측 자료조차 종합적으로 정리되지 못한 현실에서 이를 토대로 한봉수 의병부대, 나아가 충청지방 후기 의병사 연구의 기초자료로서 제공하고자 하는 것이다. 그런데 한봉수는 1972년까지 생존했던 인물로서 6·25때와 그 이후의 일화 등도 전해지나, 본고는 그의 항일투쟁 시기로만 한정하여 논급하기로 한다.

II. 가계와 생장

한봉수는 개화의 파고가 격랑을 치던 1884년 4월 18일, 충북 청원군 북일면 세교리 197번지에서 가난한 농부인 韓進榮과 慶州 李氏 사이의 외아들로 태어났다.[8] 본관은 淸州이며 후에 淸巖이라는 호를 사용하였다. 한봉수는 시조 太尉公 蘭의 31세손으로, 襄節公(確) — 莊簡公(致禮) — 西平君(叔昌)에 系한 중시조 忠毅公(蘊)派의 15세 손이다. 그의 가계를 정리하면 다음과 같다.

1세 蘭(太尉公) — 2세 穎(校尉公) — 3세 尙休(同正公) — 4세 奕(直長公) — 5세 希愈(檢敎公) — 6세 光胤(禮賓卿) — 7세 康(文惠公) — 8세 謝奇(提學公) — 9세 渥(思肅公) — 10세 方信(西原君) — 11세 寧(判書公) —

---

8) 한봉수의 출생년대에 대하여는 1872년설, 1874년설, 1883년설, 1884년설 등이 제기되어 있다. 그러나 1870년대 설은 분명한 오류이다. 그의 「제적등본」에는 開國 492년(明治 16년:1883)으로 되어 있고, 족보에는 甲申年(1884)으로 되어 있으며, 그가 생전에 남을 시켜 대필시킨 그의 이력서에도 1884년으로 되어 있다. 따라서 1884년생으로 봄이 타당할 듯하다.

12세 永矴(西城府院君) - 13세 確(襄節公) - 14세 致禮(莊簡公) - 15세
𥛱(淸城君) - 16세 叔昌(西平君) - 17세 薀(忠毅公) - 18세 景裕(參判
公) - 19세 瑾(直長公) - 20세 尙益 - 21세 世鳴 - 22세 偶 - 23세 德
基 - 24세 澈 - 25세 柱仁 - 26세 明善 - 27세 用得 - 28세 德履 -
29세 建敎 - 30세 榮錫 - 31세 鳳洙9)

그의 선대 중 27대조(5세) 韓希愈는 고려 말 유명한 권문세족이었다.
비록 군졸 출신으로 宰相에 올랐기 때문에 남의 비웃음을 받기도 하였으
나, 判密直三司事, 知僉議府事, 僉議中贊 등을 역임하였다. 특히 왜적과
합단적의 침입 때 뛰어난 전공을 쌓은 인물이다.10) 25대조(7세) 韓康은
1243년(고종 30) 시부로 급제하였고, 충렬왕 때 知密直司事, 判三司事를
역임하였다. 23대조(9세) 韓渥은 忠宣王代에 右代言, 忠肅王代에 知密直
司事를 역임하고 上黨府院君에 봉해졌다. 22대조(10세) 韓方信은 장수의
지략이 있어 恭愍王代에 累遷하여 樞密院直學士를 역임하였고, 홍건적과
여진의 침략 때 큰 무공을 세웠다.11) 19대조(13세) 韓確은 덕종의 외척으
로서 明과의 외교에 크게 공헌하였고, 그 아들 韓致禮는 무과에 급제하여
僉知中樞府事를 역임하였다. 그 또한 왕실의 인척으로서 특히 선대인 韓
確 이래 明과의 긴밀한 관계를 맺음으로써 明으로부터 '韓族'이라 불렸다.
16대조(16세) 韓叔昌은 음보로 진출하여 중종반정에 참여한 공로로 折衝
將軍에 올랐으며 西平君에 봉해졌다. 15대조(17세) 忠毅公 韓薀은 중시조
로서 무과에 급제하여 行長興府使를 지냈으며, 明宗朝의 을묘왜란 때 達
梁津에서 왜적에 맞서 싸우다 순절하였고, 12대조(20세) 尙益은 折衝將軍
僉知中樞府使를 지낸 인물이다.12)

이로써 보면 한봉수의 선대는 고려 말의 권문세족으로 조선 중기까지

9) 「淸州韓氏系世圖」, 『淸州韓氏襄節公派族譜』 卷之一, 1972.
10) 『高麗史』, 卷第一百四, 列傳 卷第十七, 韓希愈條.
11) 『高麗史』, 卷第一百七, 列傳 卷第二十, 韓康條.
12) 『淸州韓氏襄節公派族譜』 卷之一, 40쪽, 339쪽.

누대에 걸쳐 문벌귀족이었음을 알 수 있다. 그의 선조 중에는 문신으로 고관을 역임한 사람도 많았으나, 무신으로 무공을 쌓은 인물이 더욱 많음이 주목된다. 이는 한봉수가 의병전쟁에 참여하게 되는 가문의 전통과 배경으로 이해할 수 있다.

그러나 위의 가계도에서 보이듯이 누대로 관직을 역임하던 그의 가계는 12대조 尙益을 마지막으로, 11대조 世鳴부터는 관직에 오르지 못하고 있다. 즉 17세기 이후 한미한 가문으로 전락하였고, 그의 대에 이르러 사회경제적 처지는 상민이었던 것으로 보인다. 그러나 13대조인 瑾의 묘소가 그의 고향인 세교리에 있던 것으로 미루어 볼 때 상당기간 이곳에 세거하였음을 알 수 있다.

한봉수는 일찍이 부친을 여의고,[13) 가난하고 불우한 유년시절을 보냈다. 8세부터 11세경까지 인근의 북이면 서당리에 있는 서당에서 한학을 수학하였다.[14) 그는 어려서부터 사냥에 재질이 있었다고 전한다.

III. 한봉수의 의병투쟁

1. 후기 의병의 격화

충청지방의 의병전쟁은 전 시기에 걸쳐 치열하게 전개되었다. 특히 1894~1896년 간의 전기 의병 때에는 전국 의병을 주도하는 활발한 양상

---

13) 「제적등본」에 韓進榮으로 된 한봉수의 부친은 족보에는 榮錫으로 되어 있다. 그러나 족보상에 그의 몰년은 기록되어 있지 않다. 다만 후손의 증언 등을 통해 볼 때 한봉수는 아주 어렸을 때 부친을 여윈 것으로 보인다. 「제적등본」에는 한봉수가 호주를 승계한 것이 그의 14세이던 1898년으로 되어 있다.

14) 「韓鳳洙 履歷書」. 이는 한봉수가 1970년 1월 13일 타인을 시켜 대필한 것으로, 그의 딸 韓貞愛가 소장하고 있다. 그런데 이 이력서의 연대와 이력사항 중 사실과 다른 부분이 있다. 예컨대 그의 피체시기와 사형선고를 받았다가 출옥한 일자, 3·1운동으로 옥고를 치른 수형기간 등은 사실과 다르다. 그러나 한봉수가 어려서 서당에 다녔다는 사실은 그 후손 등 여러 사람들의 증언을 통해서도 확인된다.

을 보인다. 당시 충청의병의 거의 이념은 國讐報復論과 尊華攘夷論, 反開化論, 開化亡國論, 斥邪論에 입각한 對日決戰論을 들 수 있으며, 참여층의 구성에서 계급문제가 민족문제보다 우선한 사상적 한계를 노출시키기도 하였으나, 투쟁의 치열성, 지속성, 성과 면에서 한말 민족운동사에서 차지하는 의의가 매우 큰 것으로 평가되고 있다.15)

후기 의병 때에도 초기에 연합의병을 구성하여 서울진격전을 벌였고, 1908년 여름경부터는 소부대 유격작전으로 변천하는 특징적 양상을 보인다.16) 한봉수는 閔肯鎬·李康秊·金秀敏·曹仁煥·李殷瓚·朴汝成·延起羽·池龍起·姜基東 등과 함께 중부 의병을 대표하며, 盧炳大와 함께 충북 의병을 대표하는 인물이라 할 수 있다.

후기 의병의 가장 큰 특징은 해산군인들이 대거 의병에 참여함으로써 전투조직과 전술 면에서 새로운 계기가 되었으며 평민의진으로 확대되어 갔다는 점이다.17) 특히 연합의병부대의 敵都化한 서울탈환작전은 '자유전쟁'이었고,18) '국민전쟁'의 성격을 지니는 것이다.19) 따라서 군대해산 이후를 의병운동의 '고양기 단계'로 평가하기도 한다.20)

지방진위대의 해산은 8월 3일 수원진위대를 필두로 9월 3일 북청진위대의 해산에 이르기까지 1개월에 걸쳐 진행되었다. 청주진위대는 지방 8개 대대 중 제2대대로서 병력은 160명(장교 7명, 하사 및 병졸 153명)이었는데21) 8월 4일 청녕각 앞뜰에서 해산식이 거행되었다. 이에 앞서 청주

---

15) 金祥起, 「忠淸地域 前期義兵의 展開와 性格」, 『吳世昌敎授華甲紀念韓國近現代史論叢』, 1995, 49~65쪽.
16) 조동걸, 『한말 의병전쟁』, 독립기념관 한국독립운동사연구소, 1989, 147쪽.
17) 成大慶은 군대해산이 의병운동에 끼친 영향을 ① 봉기형태의 변화 ② 봉기범위의 확대 ③ 의병대열의 변화 ④ 의병성격의 변화 ⑤ 전투기술의 향상 등 5개를 들었다(「韓末의 軍隊解散과 그 蜂起」, 69~75쪽).
18) ≪共立新報≫ 1908년 1월 8일자 및 동년 2월 5일, 동월 26일자.
19) 趙東杰, 「義兵運動의 韓國民族主義上의 位置(下)」, 『韓國民族主義의 成立과 獨立運動史 硏究』, 지식산업사, 1989, 63~65쪽.
20) 愼鏞廈, 「全國十三道倡義大陣所의 聯合義兵運動」, ≪한국독립운동사연구≫ 제1집, 1987, 3쪽.
21) 一記者, 「隊解散」, ≪新民≫ 第14號, 1926년 6월.

진위대장 參領 柳冀元과 일본인 교관 天神林 대위가 군대해산과 관련된 지시를 받기 위해 서울에 다녀온 뒤, 병사들은 군대해산의 낌새를 눈치 채고 항전의 결의를 다졌다.[22] 그러나 이를 눈치 챈 일제는 7월 26일 대전수비대 보병 15명을 청주로 급파하였다.[23] 또한 해산 전날인 8월 3일 다시 병력을 증파하고, 청주진위대의 탄약을 일본 수비대가 보관조치 하였다.[24] 해산식 때 진위대원들은 비분강개하였으나, 어찌할 수 없는 상황이었다. 결국 진위대원들 중 상당수가 의병으로 참전하여 미원·세교·문의·오근장·두산·괴산 등지에서 활발히 투쟁을 펼쳤다.[25]

청주진위대 해산 직후 진위대원들의 구체적인 활동으로는 1907년 8월 중순 경 하사 출신인 裵昌根과 병졸 출신의 李基石이 진천군 초평면에서 의병 탄압을 위해 출동한 日兵 2명을 유인하여 사살한 일제 측 기록이 확인된다.[26]

일제는 해산군의 동태를 예의주시하였다. 이는 '해산 당시는 폭동을 일으키지 않은 자까지도 해산 후 폭도로 변하여 조선 각지를 휩쓸어 일본인의 피해가 극심하고, 해산병의 폭도화에 따라 수개 년 간 조선의 田舍는 모두 위험지역으로 변했다'[27]는 그들의 위기의식이 작용한 것이다. 군대해산 직후인 8월 16일 東部分遣所가 관내에 거주하는 해산군인 104명의 취업 및 도주, 잠복자를 경시총감에게 보고한 내용을 보면 해산직후 군인들의 동태를 잘 알려준다.[28]

---

22) 청원군지편찬위원회, 『淸原郡誌』, 1990, 155~156쪽.
23) 「朝鮮駐箚軍司令官報告」 參一發 第五號, 1907년 7월 26일(『독립운동사자료집』 별집 1, 967쪽).
24) 「朝鮮駐箚軍司令官報告」 參一發 第三三號, 1907년 8월 4일(『독립운동사자료집』 별집 1, 974쪽).
25) 『淸原郡誌』, 155~156쪽.
26) 『독립운동사자료집』 별집 1, 373~374쪽의 「裵昌根·李基石 判決文」. 한편 배창근은 한봉수의 묘비문에 의하면 한봉수 의병부대와 일정한 연계가 있었음을 짐작할 수 있다.
27) 釋尾春芿, 『韓國倂合史』, 朝鮮及滿洲社, 1926, 385쪽.
28) 秘東發第二十號, 1907년 8월 16일, 編冊 警務局秘密書類, 「解散兵에 關한 件」(국사편찬위원회, 앞의 책, 620~621쪽). 여기에 보고된 해산병 104명의 동태 통계는 농업 53명, 잡상 2명, 야채 판매 11명, 연초 행상 2명, 육상 8명, 화공 3명, 승화공 2명, 석공업 2명, 타면업 1명, 신매업 4명, 미취업 16명, 탈주병 1명, 부상병 4명, 탈병 취포 1명 등이다.

한편 군대해산 직후 의병의 구성에 대한 정확한 통계는 알 수 없다. 그러나 의병장의 신분, 직업별 통계를 작성한 朴成壽,[29] 張錫奎[30]의 논문 및 북한 학계의 연구[31] 등을 통해 전체 의병장 중 해산군인이 차지하는 비율은 약 15~16%였음을 알 수 있다. 해산병 출신의 의병장 87명 중 장교가 22명(25.3%), 사병이 65명(74.7%)이란 통계자료에서[32] 사병 출신이 대다수였음을 알 수 있는데, 이는 장교와는 달리 사병출신들이 처해 있던 사회경제적 처지에서 이해될 수 있다.

충북지방 후기 의병의 봉기 원인에 대하여는 충청북도 관찰사 權鳳洙가 내부대신 宋秉濬에게 조사, 보고한 내용이 주목된다. 여기에는 의병 봉기의 원인을 광무황제의 강제 퇴위에 이어 일어난 정변을 한국의 멸망이라고 보고, 그 원인이 일본의 강박과 관계 대신의 매국행위로 인한 것이기 때문에 일제를 배척하고 새 정부를 전복시켜야 한다는 잘못된 믿음 때문이라고 파악하였다. 그리고 지방을 소요로 몰아넣은 요인은 첫째, ≪大韓每日申報≫가 허구적인 공설을 게재하여 배일열을 고취함, 둘째, 정부의 무질서를 느끼는 경성의 유력배와, 간접적으로 지방 유지파를 선동함, 셋째, 야소교도 등 외국 선교사들이 은연중에 선동을 하여 일본인 배척사상과 신정부에 대한 반항사상을 부채질한 것으로 보았다.

---

29) 朴成壽, 「1907~10年間의 義兵戰爭에 대하여」, 127쪽의 '全國 義兵將 身分.職業別 統計'에 의하면 전체 의병장 조사대상자 430명 중 신분과 직업이 불명한 사람이 176명이며, 나머지 254명의 의병장은 양반 63명, 농업 49명, 해산군인 42명(사병 35명, 장교 7명), 무직·화적 30명, 포군 13명, 광부 12명, 주사·서기 9명, 상인과 군수(면장) 각 6명 등의 순으로 되어 있다. 이로써 볼 때 의병장은 각종 신분과 직업이 망라되어 있고, 전체 의병장에서 해산군인이 차지하는 비율은 약 16.5%였음을 알 수 있다.

30) 張錫奎, 「韓末 義兵運動의 農民的 性格에 관한 硏究」(延世大 大學院), 1981, 60쪽. 여기에서도 전국의 의병장 246명의 신분·직업을 통계한 바, 해산군인은 39명(장교 15명, 병·하사 24명)으로 전체의 15.8%였다.

31) 사회과학원 역사연구소, 『조선근대사』, 1988, 272쪽. 여기에서도 군대해산 후 의병장 255명의 '계급 출신별' 통계를 작성한 바, 양반·유생 63명, 농민 49명, 군인 42명, 농민폭동 지휘자 29명, 포수 13명, 기타 59명으로 되어 있다. 분류방식과 용어는 약간 다르나, 해산군인이 차지하는 비율은 약 16.5%로 앞의 통계와 대략 유사하다.

32) 金義煥, 『義兵運動史』, 박영문고 40, 1974, 123쪽.

이 보고서는 계속하여 지방의 상황이 그러한 '선동에 응할 수 있는 가장 적당한 사정'이라며 4가지 요인을 적시하고 있다. 즉 첫째, 지방 이속 등의 비행이 매일 적발되어 구폐를 없앨 수 없는 점, 둘째, 당시 진위대가 해산된 점, 셋째, 무식하고 무뢰의 도배 및 화적은 이름을 義에 빙자하고 적당한 시기에 폭도의 무리에 가담함, 넷째, 당시 지방의 경찰력은 무력 경찰로서 전연 무능의 경우에 있었으므로 의병으로 하여금 더욱 세력을 뻗게 하였다고 하며 '유력한 일본군대의 힘에 의하지 않고는 진압을 할 수 없는 소란한 천지로 변할 것'이라고 우려하였다.[33)

여기에서 진위대의 해산을 의병이 격화된 요인으로 본 것은 정확한 진단이다. 그러나 의병으로 참전한 해산군인에 대해 '해산병정의 대부분은 무뢰한이었으므로 이름을 義에 빌어 호구지책을 구하려는 수단으로 폭도의 무리에 가담'한 것으로 본 것은 그들의 위국충정을 외면하고 단순한 호구지책으로만 폄하하려는 일제의 악의적 의도를 보여주는 것이라 할 수 있다.[34)

한봉수는 이러한 배경과 상황 하에서 1907년 9월경 의병으로 봉기하였다. 그런데 지금까지 한봉수의 의병 봉기 시 신분은 일제 측 자료인『朝鮮暴徒討伐誌』의 '元(前: 필자) 진위대 상등병 출신'이란 기록[35)에 의거하여 청주진위대 상등병 출신으로 이해하여 왔다.[36) 이는 그의 활동기점이 청주진위대의 해산 직후인 1907년 9월이고, 해산군인 출신인 金奎煥과 함께 봉기하여 활동하는 등 해산군인과의 교분 때문에 별다른 의문이 제기되지 않았다.

그러나 한봉수가 해산군인 출신이었다는 견해는 재고의 여지가 있다. 즉, 일제의 다른 기록에는 그를 一進會員이라고 오해한 경우가 있기 때문

---

33) 忠北警秘收 第58號의 3, 1908년 10월 13일(朝鮮總督府警務局,『暴徒史編輯資料』, 1909, 독립운동사편찬위원회,『독립운동사자료집』제3집, 1983, 534~535쪽).
34)『독립운동사자료집』제3집, 535쪽.
35)『독립운동사자료집』제3집, 798쪽.
36) 趙東杰,「義兵運動의 韓國民族主義上의 位置(下)」, 61쪽 및 각주 4)의 논문 등.

에[37] 하나의 일제 자료만을 전적으로 신봉할 수 없기 때문이다. 또한 한봉수 자신이 1972년까지 생존하며 종종 자신의 의병투쟁에 대하여 밝힌 바 있으나, 자신이 해산군인이었다고 언급한 적이 없었다는 사실이다.[38] 한봉수의 구술을 바탕으로 소설화 한『소년소설 의병대장 한봉수』에는 한봉수가 어려서부터 포수로부터 사격을 배웠다고 되어 있으며,[39] 한봉수를 면담하고 학술적으로 정리한 독립운동사편찬위원회의『독립운동사』제1권에는 '17세부터 총질만 하며 살아온 명포수 의병장'으로 기록되어 있다.[40]

이를 종합하건대, 한봉수가 해산 군인 출신이었다는 견해는 상위한 일제 기록 중 해산군인으로 기록한 자료에만 근거한 결과로 여겨진다. 더구나 한봉수 자신이나 가족에 의해 확인되지 않은 사실이란 점에서 신중한 해석이 요구된다. 결국 한봉수는 해산군인이 아니라 일반 평민이었던 것으로 보는 것이 타당한 것으로 사료된다.

2. 의병부대의 결성과 유격전의 전개

한봉수는 생계를 위해 일시 인근의 괴산군 청안면 장암에 있는 타면공장에서 타면기를 밟는 일에 종사하였던 것으로 보인다. 그러나 1907년 9월경 청주진위대 해산군인 동료인 김규환과 함께 의병을 일으켜 국권회복을 할 것을 결의하고 본격적으로 의병투쟁에 나섰다.[41] 한봉수와 김규환은 1908년 6월경까지 함께 행동하였으며, 이후 한봉수는 이른바 '왜적

---

37) 忠北警秘收 第58號의 3, 1908년 10월 13일, 警秘發 第760號, 1908년 10월 15일(『독립운동사자료집』제3집, 536쪽).
38) 한봉수로부터 그의 의병투쟁에 대하여 전해 들은 가족이나 친지들 모두가 생전에 한봉수가 해산군인이었다고 말한 적이 없다고 증언하였으며, 오히려 이 사실을 의아해 하였다.
39) 홍원길,『소년소설 의병대장 한봉수』, 211쪽.
40)『독립운동사』제1권, 570쪽. 그러나 이 책의 484쪽의「군인출신 일람」에는 다시 그를 청주진위대 상등병 출신으로 기록하고 있다.
41)『독립운동사자료집』별집 1권, 390쪽의「한봉수판결문」.

구축대’를 조직[42]하여 독자적으로 유격전을 전개하였다.

한봉수의 거의를 전후하여 8월 30일에는 3백여 명의 의병이 괴산을 습격하여 일본군의 탄약을 빼앗았으며,[43] 9월 10일에는 청주 동북방 주성에서 2백여 의병이 집결하였고,[44] 9월 15일에는 미원에서 3백여 의병이 청주수비대 하사 이하 11명과 교전하였다.[45]

9월 하순부터 남부수비관구 사령관 依田小將은 경기·충청지역의 의병을 탄압하기 위해 각 수비대를 통일 계획 하에 의병을 포위공격 하도록 하였는데, 오근장종대와 음성종대가 의병을 공격하였다. 이에 의병은 10월 초 일시 청주~청안을 거쳐 미원지방으로 부대를 옮겼다.[46]

1908년에 들어 의병의 활동은 일제의 총력적 탄압으로 인해 새로운 양상을 맞이하였다. 일제는 『朝鮮暴徒討伐誌』에서 1908년 초 의병의 상황을 ‘다소 침정 상태가 되어 그 대부분은 계통 없는 초적의 비류에 지나지 않는다’고 하고 있다. 그러나 그들 스스로가 한봉수의 거점인 세교리에서 1월 27일과 2월 25일, 청안에서 2월 25일, 또한 3월 12일과 28일에 청주 북방 20리 지점과 미원에서 의병과 교전한 사실을 보고하고 있다.[47] 이로써 볼 때 1908년 이래 대소의 의병장이 일제에 피체되는 등 의병활동이 위축되는 추세를 보이나, 오히려 한봉수 의진은 더욱 왕성하게 활동하였음을 알 수 있는 것이다.

1908년 1월 9일 한봉수가 이끄는 의병부대가 청주군 산외일면 세교장

---

42) 국가보훈처, 『독립유공자공훈록』 제6권, 1986, 958~959쪽. 그러나 ‘왜적구축대’란 의진의 명칭이 당시의 호칭인지 여부는 확인되지 않는다.
43) 「朝鮮駐箚軍司令官報告」 參一發 第九十號, 1907년 8월 31일(『독립운동사자료집』 별집 1, 988~990쪽).
44) 「朝鮮駐箚軍司令官報告」 參一發 第一一六號, 1907년 9월 10일(『독립운동사자료집』 별집 1, 999쪽).
45) 『朝鮮暴徒討伐誌』(『독립운동사자료집』 별집 1, 689쪽, 704쪽) 및 「朝鮮駐箚軍司令官報告」 參一發 第一二八號, 1907년 9월 18일(『독립운동사자료집』 별집 1, 1002쪽).
46) 『독립운동사자료집』 별집 1, 705~706쪽.
47) 『독립운동사자료집』 별집 1, 736~737쪽.

을 습격하고, 교자동(현 청원군 북일면 초정리)에서 일진회원 金弘植을 처단한 것과 관련한 청주경찰분서장의 보고는 한봉수 의병진의 모습을 잘 알려준다. 즉 한봉수 의진은 대략 20~30명의 소규모로 구성되어 있으며, 黑 또는 土色의 복장을 하고, 화승총과 곤봉으로 무장하고 있었다는 것이다.48) 후기 의병의 복장은 대개 한봉수 의진처럼 한복을 흑색으로 물들여 입었었는데, 이는 구 한국군 출신을 두려워하는 일본군에 대한 심리 작전이었다. 한봉수는 이런 심리전 외에 헌병 보조원의 복장과 같은 옷을 입고 활동하는 변장술에도 능통했다.49) 또한 당시 의병들의 주력화기는 총기의 제작과 탄약의 조달이 용이했던 화승총이었다.50) 한봉수 의진도 화승총과 곤봉 정도가 고작이었으나, 수차에 걸쳐 뛰어난 유격전으로 일본군으로부터 신식 총기를 노획하여 실전에 사용하였다.

　군대해산 직후 의병의 활동이 격렬해지자 융희황제는 각 지역에 이른바 선유위원을 파견하여 조칙과 포유문을 돌리게 하고 의병의 귀순을 종용하였다. 융희황제는 즉위 즉시 의병들에게 '망동'하지 말 것을 조칙으로 내렸고,51) 의병활동이 치열해지자 8월에는 급히 선유사를 각지로 파견하였으며, 9월 18일 13도 대소신민에게 의병해산을 간곡히 권유하였다.52) 특히 이해 12월 13일 귀순 의병에 대하여는 전죄를 불문하고 免罪文憑을 주어 安堵樂業케 한다는 조칙을 다시 내렸다.53)

　한편 융희황제는 이 조칙에 이어 12월 25일 각 지방별로 선유위원을

---

48) 淸秘發 第6號, 1908년 1월 10일, 「匪賊狀況의 件」, 淸秘發 第6號의 1, 1908년 1월 12일, 「匪賊狀況의 件 其二」, 淸秘發 第11號의 1, 1908년 1월 22일, 「匪賊狀況의 件」(『한국독립운동사』자료 8, 1979, 446쪽, 453쪽, 455~456쪽, 468쪽). 한편 앞의 『朝鮮暴徒討伐誌』에 보고된 한봉수 의진의 규모도 적을 때는 10여 명에서 많을 때라 하여도 60~70명을 넘지 않았던 것으로 보인다. 특히 군자금 모금 등의 투쟁은 10명 이내의 소규모로 전개되었다.
49) ≪大韓每日申報≫ 1910년 2월 6일자.
50) 朴成壽, 「1907~10年間의 義兵戰爭에 대하여」, 120~125쪽.
51) 『純宗實錄』, 1907년 7월 21일.
52) 『純宗實錄』, 1907년 9월 18일.
53) ≪舊韓國官報≫ 1907년 12월 14일 호외.

파견하여 의병의 해산과 귀순을 종용하였다. 이러한 일련의 모든 조치는 일제의 강요에 의한 것이었다. 더욱이 의병의 수습주체는 한국 군인이 존재하지 않는 상태라 일본군이 될 수밖에 없었기 때문에 의도적인 강경책을 사용하게 되었던 것이다.[54]

그런데 1908년 2월 충청북도선유위원 宋綺用이 내각총리 대신 李完用에게 올린 보고서에 "…本郡 山東面에 暴徒 金雲老, 韓奉用 등이 종종 출몰 云이오나 東西閃忽에 往諭키 難하온 故로 詔勅與布諭文을 該附近坊曲에 爲先 揭付知悉케 하옵고…"라 되어 있는 바, 한봉수의 신출귀몰함을 잘 보여주고 있다.[55] 『暴徒史編輯資料』는 1908년경의 한봉수의 활동에 대해 다음과 같이 서술하고 있다.

(韓奉用;韓鳳洙, 필자) 청주군 세교 출생으로서 一進會員이었다. 악한의 소문이 높아지자 소란한 시국에 無賴之輩를 집합하여 의병이라 칭하고, 청주 산동면을 근거 삼아 부하 4백의 首魁로 되어 많은 해독을 끼쳤다. 부하 7, 8명과 함께 교묘하게 잠복하여 체포를 모면하고 있다. 그의 행동은 화적과 같이 민재를 약탈한 것으로써 수비대 및 경찰관과 수차 교전하여 작년 9월 15일 미원에서 교전중 수비대 1명을 부상시켰다.[56]

이 기록은 한봉수를 일진회원으로 오인하고, 그의 의병투쟁을 악의적으로 왜곡한 것이다. 그러나 1908년 그가 일제에게 요주의 인물이었음을 보여주는 것이라 할 수 있다. 또한 여기에서 그의 의병규모를 4백 명이라 한 것도 그의 투쟁이 워낙 활발했기 때문에 일제가 대규모 병력으로 오해한 결과로 보인다.

1909년, 일제는 의병의 행동이 더욱 민첩해지고, 유격전술과 첩보술, 경

---

54) 李求鎔, 「韓末 義兵抗爭에 대한 考察 － 義兵鎭壓의 段階的 收拾對策 －」, ≪國史館論叢≫ 제23집, 1991, 171~202쪽.
55) 隆熙 2년(1908) 2월 11일 충청북도선유위원 宋綺用이 내각총리 대신 李完用에게 올린 보고 제1호, 제2호(『內閣各道來報』, 奎NO. 17982의 4, 내각편 1책).
56) 『한국독립운동사』 자료 8, 536쪽.

계술이 해가 갈수록 교묘해져 자신들의 토벌대를 우롱할 정도라고 하였다.

> …그들의 행동은 연월을 경과함에 따라 더욱 더 교묘함을 극하였다. 또한 그들의 첩보근무 및 경계법 등은 놀랄 만큼 진보되고 그 행동도 더욱 더 민첩하여 때로는 우리 토벌대를 우롱하는 듯한 태도로 나오고 있어, 그 세력에 때로 소장이 있다 하여도 결코 경시할 수 없으니 과연 어느 때 완전 평정되느냐 하는 점에 대하여 우려하게 되었다.[57]

1909년에 있어서 일제는 한봉수를 충청의병의 대표적 인물로 지목하고 있다. 즉 『조선폭도토벌지』에는 충청남북도의 '토벌'에서 한봉수만을 거론하며 다음과 같이 기록하고 있다.

> 本道의 폭도도 강원도 방면과 같아 대개 진정상태가 되었다. 그러나 元鎭衛隊 上等兵으로서 韓鳳瑞라는 자는 다소 기략이 있는 자로서 부하 20~30명을 거느리고 30년식 보기병총과 탄약 약간을 가지고 일찍이 청안군 세교에서 우편물을 탈취하여 1만원을 얻어 부락민에게 산포하여 신용을 얻은 다음 우편물 약탈과 재산가의 습격을 일삼아 왔으나, 교묘하게 토벌망을 벗어나 근근 여명을 보존하고 있으면서 연말경에 경상북도 북부지방으로 침입했다.[58]

실제로 한봉수의 의병활동은 1909년에도 치열하게 전개되었다. 1909년 중반에는 속리산으로 부대를 이동하여 그곳을 거점으로 활동하였고,[59] 이해 말경에는 경북으로 이동하여 계속 활동하였다. 일제의 잔혹한 토벌로 인해 많은 의병장이 피체되고 의병부대가 해산하는 가운데에도 그의 활동은 돋보이는 것이다. 가용할 일제 자료를 종합하여 한봉수의 투쟁일지를 정리하면 다음과 같다.[60]

---

57) 『朝鮮暴徒討伐誌』의 명치 42년에 있어서의 토벌(『독립운동사자료집』 제3집, 792쪽).
58) 『독립운동사자료집』 제3집, 798쪽.
59) 「金明心判決文」, 『독립운동사자료집』 별집 1, 397~398쪽.

<한봉수의 의병투쟁 일지>

A-1 1907. 9. 15 미원에서 일본군 수비대와 교전

A-2　동　10. 28 문의군을 습격하여 군수를 처단하고 분파소 및 郡
　　　衙의 물품 탈취

A-3　동　11. 25 세교장에서 일본인 금광업자를 습격하여 집을 불태
　　　우고 재물 탈취

A-4　동　12.　2 세교장에서 우편물 습격

A-5　동　12. 18 미원에서 경찰대와 교전

B-1 1908. 1.　9 세교장을 습격하고 전 일진회원을 처단

B-2　동　　2. 25 세교에서 우편물 습격

B-3　동　　4.　3 세교에서 김규환 등 20명과 함께 우편물 습격, 현금
　　　3천원을 탈취하여 은화와 동화는 주민에게 분배하고
　　　지폐는 군자금으로 김규환이 收得

B-4　동　3월(음) 일자 미상, 金明心 등 6, 7명과 산내일면 판교리 洪
　　　某의 집에서 군자금 약간 모금

B-5　동　동월 일자미상, 김명심 등과 산외일면 묵방리 李鍾翊의 집
　　　에서 군자금 2백원 모금

B-6　동　　5.　9 김규환, 石聖國과 부하 40명과 함께 초정에서 일본
　　　기병 2명이 우편물 호위 중 매복하여 공격, 1명 사살,
　　　현금 2천원 탈취

B-7　동　　6. 10 김규환 및 부하 6, 7명과 오근에서 진천 10리 지점
　　　에서 일본 헌병 2명 통과 중 보리밭에 매복 습격, 승
　　　마 헌병 1명 사살, 군기 노획

B-8　동　　7. 28 鵲川江(까치내: 필자)에서 우편물 습격

C-1 1909　음력(?) 26 군자금 모금 위해 북강외이면 양지리 金相熙
　　　의 집에서 그 아들 金敎說을 납치, 1천원 요구, 2차에
　　　걸쳐 9백원 수금

C-2　동　음력 4월 일자 미상, 李正九 등과 북강외이면 각동의 김이

---

60) 이는 주로 앞의 「韓鳳洙判決文」과 『暴徒史編輯資料』 및 「李正九判決文」(『독립운동사자료
　집』 별집 1, 385~386쪽), 「金明心判決文」(『독립운동사자료집』 별집 1, 397~398쪽) 등
　한봉수 부하의 판결문 등을 종합하여 정리한 것이다.

경의 집에서 군자금 40원 모금

C-3   동   음력 5, 6월경, 이정구 등과 속리산에 주둔 중 일본수비대와
         교전

C-4   동   6. 25 부하 이정구 외 수명과 북강외일면 柏子洞 거주 方
         仁才(方士連)의 집에 가서 군자금 납부를 약속 받음.
         그러나 방인재가 약속을 어기고 의병을 일경에 밀고,
         부하 2명이 체포된 데 분격하여 부하 韓春三으로 하
         여금 총살, 처단케 함

C-5   동   6. 29 이정구 외 7명과 함께 괴산군 서면 沙峙(모래재:필
         자)에서 우편물을 호위하는 일군 2명이 통과 중 매복
         하여 공격, 1명 사살하고 총기와 탄약, 현금 노획

C-6   동   9. 29 이정구 외 3인과 북이면 화죽리 거주 헌병 밀정 朴
         來舛을 잡아 이정구로 하여금 총살, 처단케 함

C-7   동   10. 1 미원헌병분견소의 추적을 받던 중 이정구 외 2인과
         옥화대에서 척후병으로 추적하던 헌병보조원 鄭泰憲
         을 저격, 부상케 함

C-8   동 음력 8월 경북 상주군 화북면 용화리 조동 南主事의 집에
         서 변절하여 의병의 동향을 일제 관헌에 밀고한 鄭化
         春, 全京模(의병장 趙雲植의 부하)를 처단

C-9   동 음력 8. 5 조운식 등 5백 명과 강원도 영천군의 한 주막에
         서 저녁식사 중 일군과 교전

C-10 동 음력 9. 19 조운식 등 9인과 함께 청산군 서면 석성리 金漢
         基, 金弘基의 집에 가서 군자금을 요구 중 부락민과
         충돌, 2명에 부상을 입힘

C-11 동   9. 30 조운식 등과 군자금을 모금하기 위해 倡義告諭文
         을 휴대하고 청주군 청천면 면장 陳必의 집에 가서
         40원, 동군 산외이면 면장 홍모로부터 13원 모금

C-12 동 음력 10월 부하를 인솔하여 북강외이면 金德甫로부터 20
         원, 동리 李主事로부터 30원 모금

C-13 동 음력 11월 부하를 인솔하여 서강외이면 모실리 尹重九로
         부터 30원, 북강외이면 작천리 朴德眞, 崔正有, 全京

이 일지를 보면 한봉수는 1907년 9월 봉기 이래 1909년 말까지 모두 26회의 활발한 투쟁을 전개하였음을 알 수 있다. 그러나 이 일지는 일제가 파악한 활동에만 국한된 매우 한정적인 것이다. 그는 1910년 2월 초에도 60여 명의 부하를 이끌고 청주 부근에서 활동을 전개하였으나,[61] 이때의 활동상은 파악되지 않은 듯하다. 또한 청주·세교·청안 등지에서 전개된 의병활동 중 의병장이 파악되지 않은 기사가 많은데, 이 중 상당수는 한봉수와 관련이 있었던 것으로 보아도 크게 틀리지는 않을 것이다. 그러나 여기에서는 명백히 그의 활동으로 기록된 것만 대상으로 하였고, 그 부하들의 개별적 활동[62]도 포함하지 않은 것이기 때문에 26회의 투쟁 및 활동회수는 최소한의 통계에 불과한 것이다. 이상과 같은 한봉수 부대의 조직과 활동상의 특징은 후술하기로 한다.

1910년에 들어서서 의병전의 양상은 완연히 달라진다. 이는 일제의 이른바 '南韓暴徒大討伐作戰'으로 인해 의병이 대타격을 받았기 때문이다. 한봉수의 피체를 전후한 시기인 1910년의 4월과 6월에 걸친 충북경찰부장의 보고는 악의적 표현이기는 하나 의병전의 성격이 변화하는 양상을 알려준다.

모든 首魁(의병장;필자)는 봉기 당시에는 국가적 관념에 근거하였었으나 현재의 행동으로 미루어 본다면 화적이나 다름없고 그 부하들에 이르러서는 단지 浮浪無識의 도배들이 생활에 궁하여 폭도에 투신 금품 약탈을 목적으로 함에 불과함.[63]

---

61) ≪大韓每日申報≫ 1910년 2월 6일자. 이 사실은 『梅泉野錄』 1910년 2월 1일 기사에서도 "義兵將韓鳳瑞出沒于淸州蜈蚣市"라 하여 확인된다.
62) 예컨대 이정구의 경우 한봉수 부대를 떠나 1909년 말에서 1910년 초까지 개별적으로 군자금 모금 활동을 한 바 있다(「李正九判決文」).

> 당초에는 어느 정도의 우국충성이라는 관념 하에 首魁가 되어 금일
> 에 이르렀으나, 토벌대의 맹렬한 타격으로 도당들은 사방으로 흩어지
> 고 남은 것은 浮浪의 도적으로서 생활난으로 인하여 양민의 재산을 약
> 탈함을 목적으로 하고 있음.[64)]

즉 의병들이 일제의 대대적 탄압으로 근거지를 상실하고 전투력이 대폭 약화되었음을 알려준다. 그러나 한봉수는 1910년까지 여전히 일제의 경계대상 인물이었다. 이해 초까지 활동하던 한봉수가 5월 15일 피체됨으로써 관내가 평온해졌다는 일제의 보고는 그러한 정황을 여실히 보여준다.

> 금년 관내에 출몰하여 흉악한 행위를 자행한 敵魁 韓奉用은 5월 15일
> 체포됨으로써 동 관내는 평온해짐.[65)]

이로써 볼 때 한봉수는 후기 의병의 전 시기라 할 수 있는 1907년 9월부터 1910년 초반까지 활발한 투쟁을 전개하였음을 알 수 있다. 또한 청주를 근거로 충북 일대는 물론 강원과 경북일원을 무대로 광역에서 활동한 충청지방의 대표적 의병장이라 할 것이다.

3. 한봉수 부대의 성격과 특징

한봉수 부대의 조직과 구성 및 활발한 의병활동의 성격과 특징을 정리하면 다음과 같다.

첫째, 부대의 규모가 소규모였다는 점이다. 기록에 따라서 6, 7명에서 5백 명까지 편차가 심하나, 대개 20~60명 정도였던 것으로 보이며, 수백

---

63) 忠北警秘發 第29號, 1910년 4월 6일, 「暴徒狀況 月報의 件」(『한국독립운동사』 자료 8, 의병편 1, 36~37쪽).
64) 忠北警秘發 第51號, 1910년 6월 20일, 「暴徒狀況 月報」(『한국독립운동사』 자료 8, 334쪽).
65) 위의 忠北警秘發 第51號.

명일 경우는 연합부대를 결성했을 때의 규모였다. 실제로 그 휘하의 병력
은 20~60명 정도로서, 우편행랑의 습격 등 교전이 필요한 경우는 20~
40명 정도가 참여하였다. 그러나 군자금 모금은 6, 7명의 소규모로 활동
하였다. 한봉수 부대의 특징이 유격전인 바, 소규모 부대의 편제가 전투
의 수행에 오히려 효과적이었다.

둘째, 한봉수 의진은 평민으로 구성되었다는 점이다. 한봉수 자신이 평
민 출신이었고, 그가 연합한 김규환 의병장 역시 사병 출신이었으며, 조
운식과 그 휘하도 농민들로 구성되었다. 한봉수 부대의 주요 구성원이었
던 尹順釆는 질그릇 행상이었고,[66] 이정구(일명, 李在天)와[67] 김명심이
농민[68]이었던 데에서 평민의병으로 볼 수 있는 것이다. 이처럼 해산병과
평민의 결합은 후기 의병 구성의 주체와 특징을 잘 보여주는 사례라 할
수 있을 것이다.

셋째, 한봉수 부대는 후기 의병의 전시기에 걸쳐 장기간 지속적으로 격
렬히 투쟁하였다는 점이다. 1908년 이후 대소의 의병장이 피체됨으로써
의병전은 소강상태에 빠졌으나, 앞의 <한봉수의 의병투쟁 일지>에서
알 수 있듯이 오히려 한봉수 의진은 1908년 이후 더욱 활발한 양상을 보
이며 1910년 2월까지 활동이 끊임없이 지속되었다. 후기 의병장 가운데
한봉수처럼 장기간 투쟁한 경우는 매우 드문 사례이다. 이는 한봉수의 신
출귀몰한 전술에 기인한 것이라 할 수 있다.

넷째, 활동영역이 상당히 廣域에 걸쳐 있다는 점이다. 그는 고향인 세
교리에서 거의하여 청주 일원과, 인근의 청원·괴산·보은 등 충북 전역
은 물론, 강원과 경북일원을 왕래하며 투쟁을 전개하였다. 이는 여타 의
병장의 경우에서와 같이 일제에 쫓기는 도피행로가 아니라 연합투쟁을
위한 부대의 이동과정이었고, 실제로 <한봉수의 의병투쟁 일지>에서

---

66) 『독립운동사자료집』 별집 1, 143~145쪽의 「尹順釆判決文」.
67) 『독립운동사자료집』 별집 1, 385~386쪽의 「李正九判決文」.
68) 『독립운동사자료집』 별집 1, 397~398쪽의 「金明心判決文」.

알 수 있듯이 강원과 경북지방에서 활동하며 일제와 격전을 벌였다. 또한 자신이 직접 참여하지는 않았으나, 그의 부하들이 충남 목천 일원에서 군자금 모금활동을 하였음을 확인할 수 있다.[69]

　다섯째, 한봉수 부대는 민중의 적극적 호응을 얻었고, 보호를 받았다는 점이다. 일본군에 쫓기던 중 남의 집에 뛰어 들어 절구질을 하고 있는 처음 보는 새댁이 업고 있는 아이를 일부러 엉덩이를 꼬집어 울린 다음 안방으로 황급히 데리고 들어가, 뒤쫓아 들이 닥친 일본군에게 애기의 아버지처럼 위장하여 위기를 넘긴 일, 일본군과의 교전 시 부상당한 한봉수 부대원을 돕는 한약방이 각처에 있어 부상병을 색시처럼 가마에 태워 일본군 헌병 초소를 유유히 통과하여 치료를 받게 한 일 등은 그가 생전에 회술한 일화이다.[70] 이는 민중적 기반을 갖지 않고서는 도저히 불가능한 일이다. 이렇게 될 수 있었던 것은 한봉수 의진이 민중을 철저히 보호하였기 때문이다. 예컨대 앞의 투쟁일지의 A−4, B−2·3·6·8의 경우와 같이 일제의 우편행랑을 습격, 노획한 현금을 어려운 민중들에게 나누어 준 일은 흡사 의적을 연상케 한다. 그가 주로 향리인 세교리와 청주 일원을 중심으로 활동했던 것도 의병부대의 민중적 기반을 고려한 것으로 보인다. 그러나 향리에서 멀리 떨어진 곳에서 활동할 경우에도 민중의 보호는 그의 대원칙이었다. 그가 보은 일원에서 활동할 당시의 상황을 보도한 언론기사는 그러한 정황을 잘 보여준다.

> 의병대장 韓奉龍(韓鳳洙;필자)씨는 근일에 부하 백여 명을 영솔하고 보은군 속리산하 부근에 留屯하여 인민을 何如撫戡하였던지 人皆感悅하여 錢穀을 自願收納한다더라.[71]

---

69)『독립운동사자료집』별집 1, 385~386쪽의「李正九判決文」.
70)『獨立運動史』제1권, 572~573쪽.
71)《大韓每日申報》1909년 3월 30일.

여섯째, 다양한 투쟁양상을 보이며, 특히 유격전(게릴라전)에 능숙하였다는 점이다. 그의 투쟁유형은 ① 일본인 자산가 및 친일파의 처단, ② 밀정과 변절자의 처단, ③ 일본군과의 직접 교전, ④ 우편행랑의 기습, ⑤ 군자금 모금 등으로 다양하였다. 이를 상술하기로 한다.

① 그는 민중은 철저히 보호하면서도 일본인 자산가와 일진회 및 식민통치 기구에 참여한 친일파를 공격목표로 설정하고 있다. A-3은 세교리에서 일본인 금광업자를 습격하여 그의 집을 불태우고 재물을 탈취한 것으로서 일본인을 직접 공격한 경우이다. B-1은 친일파 일진회원을 처단한 경우이다. 한봉수가 이끄는 의병 30여 명은 1908년 1월 9일 청안군 거주 일진회원 김흥식을 청주군 산외일면 교재동(현 청원군 북일면 초정리)에서 만나 그의 매국행위를 질타하고 총살하였다. 특히 일진회원은 의병들의 주공격 목표가 되었다. 이는 일진회장 李容九가 내각 총리대신 이완용에게 의병을 진압하기 위한 방편으로 각 면 단위로 자위단을 만들 것을 건의하였고, 이완용은 이를 통감 이토 히로부미에게 요청하였기 때문이다. 요컨대 일진회는 자위단을 조직하여 의병을 진압하라는 방안을 친일정권과 통감부에 제시한 단체며, 일진회원들은 자위단원호회를 만들어 자위단 구성원의 주축을 이루는 친일 성격을 지녔다.[72] 이들은 의병의 동향을 수시로 일제에 보고하였다. 실제로 한봉수의 의병활동은 그의 고향 일진회원에 의해 낱낱이 일제에 보고되고 있었으며, 이 사건도 일진회 지회장이 직접 청주경찰서에 출두하여 보고한 것이다.[73] 한봉수가 일진회원을 처단한 시기에 도처의 일진회원은 의병의 주된 공격 목표가 되었다. 1907년 7월부터 이듬해 5월 사이에 의병에 의해 처단된 일진회원의 수는 무려 9,260명에 달하였다.[74]

---

72) 洪英基, 「1907~8년 日帝의 自衛團 조직과 한국인의 대응」, ≪한국근현대사연구≫ 제3집, 1995, 95~138쪽. 여기에서는 자위단원의 수를 2백만 명에서 1천만 명으로 추산하였다.
73) 淸秘發 第1號, 1908년 1월 6일자 및 淸秘發 第6號, 1908년 1월 10일, 「匪徒狀況의 件」(『한국독립운동사』 자료 8, 446쪽, 453쪽).
74) 黃玹, 『梅泉野錄』 1907년 9월조 및 ≪大韓每日申報≫ 1908년 6월 16일자. 그러나 일진

한편 한봉수는 투쟁일지의 A-2의 경우와 같이 군수를 처단한다든가, C-11의 경우처럼 면장을 응징의 대상으로 삼고 있었다. 이들은 자위단 조직의 선봉이 된 자들이었다. 이에 의병들은 자위단 설립을 추진하는 면장들에게 중지할 것을 경고하였으며, 면장이 살해되는 시기도 일진회원들이 처단되는 시기에 집중되고 있다.[75] 실제로 자위단 조직을 위해 1908년 1월 30일 청주에 출장했던 청주군 북강내이면 면장 李泰浩도 그날 의병들에게 집을 습격당하여 집과 가재가 불태워졌다.[76] 또한 1월 9일에는 세교리의 동장과 자위단장의 집을 의병이 습격하여 가옥을 파괴한 일이 있었다.[77] 이 두 사건은 앞의 한봉수의 의병투쟁 일지에는 누락된 것이나, 의병의 규모, 활동시기와 범위, 성격과 정황을 종합할 때 한봉수의 의병활동으로 보아도 큰 무리는 아닐 듯싶다.

② 일제의 밀정이나, 의병활동을 하다 변절하여 의병을 사지로 몰아넣은 자들을 응징하고 있다. 앞의 일지에서 C-2·6·8은 그 대표적 예이다. 즉 한봉수는 1909년 6월 25일, 군자금 납부를 약속했다가 도리어 의병을 일경에 밀고하여 2명의 부하를 피체되게 한 방인재를 처단하였고, 동년 9월 29일에는 헌병 밀정 박래천을 처단하였다. 한편 동년 음력 8월에는 자신과 연합했던 경북 상주의 조운식 의진 의병으로 활동하다가 변절하여 의병의 동향을 일제에 밀고한 정화춘과 전경모를 처단하였다.

③ 일제의 군경과 수차에 걸쳐 직접 교전하였다. 투쟁일지의 A-1·5, C-3·5·7·9의 경우이다. 그러나 이는 의도적인 정면충돌이라기보다는 일제의 추격을 받고 응전한 경우로 보아야 할 것이다. 일제와의 교전을 한 지역은 주로 미원이었는데, 미원은 세교에서 이티봉을 넘어 도보로도 1시간 이내에 있는 가까운 곳이다. 따라서 한봉수는 일제의 추격을 피

회에서 간행한 자료에는 1907년부터 1년 동안 살해당한 회원의 수를 966명이라 하여 앞의 통계와 큰 차이를 보인다(「韓國一進會誌」, 『朝鮮統治史料』 4, 1971, 746쪽).
75) 洪英基, 「1907~8년 日帝의 自衛團 조직과 한국인의 대응」, 131~132쪽.
76) 淸秘發 第1號.
77) 淸秘發 第6號.

해 미원을 수시로 왕래하였던 것이다. 또한 1909년 음력 8월 5일에는 강원도 영천군의 한 주막에서 식사 도중 일본군의 기습을 받고 교전한 것도 그 예이다.

④ 일제의 호위 하에 운송 중인 우편행랑을 기습, 탈취하는 등 수차에 걸쳐 뛰어난 매복, 유격전술을 구사하고 있다. 이는 투쟁일지의 A-4, B-2·3·6·8, C-5 등 6건이 입증하며 모두 승리하였다. 이는 한봉수의 정확한 정보수집 능력과 뛰어난 유격전을 유감없이 보여주는 것이다. 즉 우편행랑의 통과 일시와 지점, 호위병 수를 정확히 파악하였다가 유격하기 좋은 지형을 선택하여 매복, 기습하는 것이다.[78] 더구나 이 활동은 그의 고향인 세교와 인근의 초정 및 괴산 등지에 집중되어 있는데, 누구보다도 이 지형에 밝은 그에게 군자금의 획득과 무기의 노획을 위해 가장 효과적인 방법이었다고 생각된다. 따라서 그의 유격전은 성공할 수밖에 없었다. 특히 B-3에서 알 수 있듯이 한봉수는 노획한 현금을 군자금으로 활용하는 한편, 주민들에 분배함으로써 민중적 기반을 확보하였고, 노획한 무기로 열악한 武備를 보완하는 이중효과를 거둔 것이라 할 수 있다. 이는 정확한 첩보와 신속한 기습전술이 뒤따라야만 가능한 것이었다. 해가 갈수록 의병들의 첩보술과 경계술 등 전술이 일본 토벌대를 우롱할 정도로 강화되고 있다는 『조선폭도토벌지』의 실토는 그러한 실상을 여실히 보여주는 것이다.[79]

⑤ 군자금 모금활동이 많다. 앞의 한봉수 투쟁일지의 B-4·5 및 C-1·2·10·11·12·13 등 상당수가 군자금 모금과 관련된 활동이다. 이는 실제로 군자금 모금 활동이 있었을 것이나, 오히려 그의 '강도'죄를 뒤

---

78) 한봉수는 기습전을 펼 수 있는 협곡 등의 유리한 지형을 선택하여 매복하였다가 우편행랑을 습격하였다. 진천의 문백, 괴산의 모래재, 청원의 초정 등은 모두 그러한 지형이다. 특히 B-3·4의 기습전을 한 지역은 청원군 북일면 초정리에서 괴산군 율리(栗里;밤티)로 넘어가는 경계 지점으로, 지금도 초정리 산기슭에는 한봉수가 매복하였다 하여 '한봉수 바위'로 불리는 커다란 바위가 남아 있다.
79) 『독립운동사자료집』 제3집, 792쪽.

집어씌우려는 일제의 간교한 술책이라 할 수 있다.

일곱째, 한봉수 부대의 활동은 일제의 식민지 통치에 심대한 타격을 주었다는 점이다. 한봉수의 의병활동으로 말미암아 식민통치 기구의 관리들은 무력의 경호 하에서 겨우 출장이나 공무를 수행할 수 있었고,[80] 한봉수를 체포하기 위하여 청주수비대의 일본군이 변장을 하고 그의 고향에 주둔하는 등 통치기능에 장애를 받았다.[81] 일제는 의병활동의 영향으로 일반주민이 납세를 거부함으로써 지방경제가 타격을 받자 그 대책에 부심하였다. 당시 의병들은 징세를 맡은 면장 등을 위협하여 징세를 하지 못하게 하고, 민중들에게도 납세거부를 종용하였다. 全海山 의병장이 세금징세를 담당한 자들에 경고한 「揭示稅務領收者流」는 그 좋은 사례이다.[82] 또한 면장 등이 거출해 놓은 징세금은 의병들의 표적이 되었다. 청주 의병의 경우도 문의군 남면 면장 辛在殷의 집과 동면 면장 申道植의 집을 습격, 징수해 놓은 결세금을 탈취하고, 앞으로 주민으로부터 결세를 징수하지 말 것을 경고하였다. 또한 민중들에게도 결세금 납부를 거부하도록 종용하여, 결세의 징수가 '심히 곤난'한 지경이었다.[83]

여덟째, 인근의 의병장과 연합하여 합동작전을 전개하였다는 점이다. 즉 괴산의 김규환, 보은의 노병대, 상주의 조운식 의병장과 연합작전을 전개하였다. 한봉수의 최초 거의는 1907년 9월 청주진위대 해산병 출신인 김규환과 연합하면서부터이다. 이후 한봉수는 1908년 8월 세교에서 청주수비대와 교전할 때까지 약 1년을 김규환과 함께 활동하였다.[84] 한편 그는 보은 속리산을 거점으로 활동하기도 하였는데, 이때 노병대·金

---

80) 충북경찰부의 경우, '官吏 人民 여행에 대한 경위 보호 회수'를 1910년 3월에는 25회, 4월에는 37회, 5월에는 47회, 6월에는 19회라 보고하였다(『한국독립운동사』 자료 8, 37쪽, 173쪽, 335쪽, 460쪽 등).

81) 淸秘發 第6號의 1, 1908년 1월 12일 및 淸秘發 第11號의 1, 1908년 1월 22일.

82) 『全海山陣中日記』(『독립운동사자료집』 제2집, 378~379쪽).

83) 淸秘發 第11號의 1.

84) 「韓鳳洙判決文」.

雲老 부대와 연합하였던 것으로 보인다.[85] 특히 1909년 음력 8월경부터는 상주를 근거로 활동하고 있던 조운식 부대와 연합하여 일시 5백여 명의 대부대를 형성하기도 하였다.[86]

> 피고 趙雲植은 ⋯ 2천만의 생명을 도탄으로부터 구조함은 의당 신하된 자의 본분이라고 확신하고 일신을 내걸고 의병을 일으킬 것에 뜻을 두어 그 목적을 달성하기 위하여 그 당시 의병의 수령으로서 유명한 韓奉西(韓奉洙) 및 朴漢成의 밑에 달려가서 그 뜻을 밝혔던 바 한봉서, 박한성은 즉시 그 취지를 알리고 부하 5백 명과 洋銃 4백 95정, 탄약 1천 발, 화승총 5정, 탄약 약간으로써 그 부하에 소속할 것을 통지하여 왔으므로 ⋯ 스스로 總大將으로서 文大將이라 칭하고 한봉서 및 박한성이 副將으로서 李仁萬, 金龍泰를 1부의 將으로 할 것을 약속하고 부하 鄭致玉에게 명령하여 의병의 취지를 설명하고 동지를 규합하는 고유문을 작성케 하여 이를 각지에 배포하고 ⋯[87]

즉 조운식이 한봉수에게 연합할 것을 제의하자, 한봉수가 동의하여 연합부대를 결성하고 조운식이 총대장이 되고 한봉수가 副將으로 활동했다는 사실이다. 이는 일지의 C−8 · 9 · 10 · 11의 예에서도 연합 활동을 하였음이 확인된다.

아홉째, 한봉수 부대는 노령 연해주지방의 의병부대와 연계하였다는 점이다. 이는 매우 주목하여야 할 사실로, 조운식의 판결문에 다음과 같이 기록되어 있다.

---

85) 韓鳳洙와 盧炳大, 金雲老 부대의 활동지역은 거의 같았다. 또한 노병대, 김운노 부대는 청주진위대 해산병을 주축으로 결성된 부대였다. 따라서 한봉수가 그들의 거점인 속리산에 들어가 민중의 전폭적 호응 속에서 활동할 수 있었던 것도 이들과의 연합을 알려주는 대목이라 하겠다. 그런데 노병대를 해산병 副尉 출신으로 보는 견해와(『獨立運動史』 제1권, 484쪽의 「군인출신 의병장 일람」), 양반 출신으로 보는 견해가 있어(大警發 第69號, 1908년 8월 17일, 「暴徒首魁 逮捕의 件」, 『韓國獨立運動史』 1, 770~771쪽 및 『騎驢隨筆』, 129~131쪽) 좀 더 검토가 요구된다.
86) 「韓鳳洙判決文」.
87) 「趙雲植判決文」.

　　동월(1909년 음력 10월;필자) 13일에 北韓의 북방 러시아에 있는 의
병대장 李範晉으로부터 부하 崔成春을 使者로 오게 하여 한국 내의 모
든 의병을 러시아에 집중시켜 병비를 정리하고 다음해 3월을 기하여 일
거에 의병의 목적을 달성할 터인 바, 모두 李範晉 있는 곳으로 모이라는
취지의 통지가 왔으므로 피고는 즉시 이에 동의하고 먼저 奉西(韓鳳洙;
필자), 漢成, 仁萬, 龍泰 등 부하 3백 50명과 무기 전부를 휴대하고 李範
晉 소재에 이르게 하고, 피고는 다시 각지의 양반 기타 유력자를 권유하
여 동지를 인솔하고 내년 봄 3월을 기하여 이범진에게 회합할 예정으로
잔류 중 …88)

　　이로써 한봉수와 조운식의 연합부대는 노령 연해주지방의 의병부대와
연계하며 최후에 노령으로 북천할 것까지 계획하였음을 알 수 있다. 19
08년 6월 연해주로 망명한 柳麟錫은 이미 이곳 한인사회를 근거로 의병
활동을 하고 있던 李範允·崔在亨 등과 합류하였다. 그는 1908년 10월
(음)에 '의병규칙(37항)'을 제정하고, 이듬해 9월(음) 전통 향약 조직과 유
사한 '貫一約'의 조직을 통해서 의병봉기 계획을 수립하는 한편 연해주 및
국내의병을 지원하였다. 그러던 중 1909년 10월 安重根 의사의 의거는
의병계획에 새로운 활로를 모색하는 계기가 되었다. 유인석은 국내의 華
西門人인 林炳瓚에게 서신을 보내 연해주로의 망명을 요청하고, 전남 강
진의 金永根과 충북 충주의 尹正學에게 서신을 보내 거의를 촉구하였다.
즉 안중근 의거 이후 유인석은 국내의 황해도·충청도·전라도지역의
의병장 출신 인사와 연계를 시도하였던 것이다.89) 한편 그는 이범윤과도
긴밀히 연락을 취하며 러시아에 교섭할 것을 제안하였고, 淸國의 延吉邊
務督辦 吳祿貞에게도 협조 요청을 하였다. 이범윤은 유인석의 요청에 의
해 연해주 일원은 물론 만주지역의 의병결집을 위해 노력하였다.90) 이 판

---

88) 「趙雲植判決文」.
89) 柳漢喆, 「柳麟錫의 연해주 망명과 국권회복운동의 전개」, ≪한국근현대사연구≫ 제4집,
　　1996, 150~161쪽.
90) 柳漢喆, 「柳麟錫의 연해주 망명과 국권회복운동의 전개」, 151~152쪽.

결문에서 한봉수가 연해주 의진과 연계되었다는 1909년 음력 10월 13일은 안중근 의거 직후로서 연해주 의진이 새로운 전기를 맞아 국내의 의병과 연계하려던 시기였다. 따라서 이는 사실일 가능성이 높다. 그런데 이범진은 연해주지역 의병의 군자금 모금 및 무기수입에 중요한 역할을 하였던 인물로[91] 일제 측 기록에 의하면 이범윤은 이범진이 데리고 있는 자신의 아들을 통해 무기를 구입하였음을 알 수 있다.[92] 이로써 이범윤과 李範晋의 교분관계를 알 수 있으나, 여기에서의 이범진은 이범윤으로 보아야 옳을 것이다.[93] 그러나 한봉수의 연해주 이동계획은 이달 15일 조운식이 영동경찰서에 피체되는 바람에 수포로 돌아갔다. 그럼에도 불구하고 한봉수가 연해주의진과 연계되었다는 사실은 그가 후기 의병사에서 차지하는 위치를 가늠케 할 수 있는 매우 중요한 단서를 제공한다고 볼 수 있다.[94]

4. 피체와 사형 선고, 석방

한봉수의 의병활동은 1910년 2월 피체됨으로써 종료된다. 그는 자신을 체포하기 위해 혈안이 된 일제를 피하여 2월 중순경[95] 처가가 있는 서

---

91) 朴敏泳, 『舊韓末 西北 邊境地域의 義兵 硏究』, 1996, 인하대 박사학위논문, 301쪽.
92) 機密統發 第565號, 1908년 5월 16일(『독립운동사자료집』 별집 1, 1078쪽).
93) 이 시기에 李範晋과 李範允은 모두 노령에서 독립운동을 주도하던 인물이었다. 그런데 이범진도 1908년 연해주에서 의병을 조직할 때 지원금을 보내 지원하였으나, 실제로 의병활동을 주도한 것은 이범윤이었다. 그는 1902년 間島管理使를 지내다가 러일전쟁 때부터 항일을 표방하고 의병항쟁을 전개하였다. 이범윤은 3~4천 명의 의병을 모아 노브키에프스크(煙秋)를 중심으로 활동하였고, 1909년경에는 국내진공전을 자주 감행하였다(尹炳奭, 「1910年代 沿海州地方에서의 韓國獨立運動」, 『國外韓人社會와 民族運動』, 일조각, 1990, 175~176쪽). 따라서 이는 일제가 이범윤을 이범진으로 오인한 것으로 보인다.
94) 그러나 한봉수의 연해주 이동 계획은 조운식의 판결문에만 보이고 한봉수의 판결문에는 보이지 않아 좀 더 검토를 요한다.
95) ≪大韓每日申報≫ 1910년 2월 18일자에 "의병장 韓鳳瑞氏가 상경하여 남문 외에 잠복하였다는 설이 有함으로 모처에서 목하 엄밀 探中이다"라 보도하고 있다. 이로써 볼 때 한봉수는 2월 6일 오송 출현을 마지막으로 2월 중순경 서울로 피신한 것임을 알 수 있다.

울로 잠입하였다.[96] 그는 자신의 의병활동으로 가족이 탄압받는 것을 예방하기 위해 미리 어머니를 서울로 피신시켰던 것으로 보인다. 충청북도 경찰부장이 내부 경무국 보안과장에게 한봉수의 원적지 출입금지를 요청한 다음의 기록이 이를 입증한다.

暴徒首魁 韓奉用의 實母가 이, 삼일전 경성으로부터 청주군 세교리의 친척댁을 방문하였는데, 친척 친구들은 酒肴를 보내며 경의를 표하는 모양으로 더욱이 부근 이민들은 韓이 자수하였는데도 그 죄를 묻지 않고 그가 현재 처를 취하여 아무 일 없던 것 같이 지내고 있는 것은 韓이 실로 위인이라는 찬양의 뜻이 포함되어 있는 말들을 뱉고 있음. 따라서 右 實母에 대하여는 속히 귀경하여 당 지방에는 당분간 출입하지 말도록 타이르는 동시에 한봉수에 대하여도 일단 타일러 두는 것이 可할 것임.[97]

이를 보면 한봉수의 고향민들은 그가 의병활동을 끝내고 피신하고 있는 상황에서도 여전히 그에 대한 존경심을 갖고 있었음을 알 수 있다. 그런데 여기에서 그의 피체와 관련된 매우 중요한 사실이 제기된다. 즉 그가 '自首'하였다는 사실이다. 이는 지금까지 전혀 알려지지 않았던 중대한 문제이다. 어쩌면 그의 의병투쟁 활동에 대한 평가와도 직결될 수 있는 부분이기 때문이다. 한봉수의 자수와 관련하여 공주지방재판소 청주지부 검사 小野篤次郎이 내부 경무국장 松井茂에게 보낸 사실 조회 자료는 주목된다.

충청북도 청주군 산외일면 세교 출신 韓奉用 또는 韓奉瑞 또는 韓奉

---

96) 한봉수의 상경에 대해 그가 상해로 망명하기 위한 것으로 보는 견해도 있다(『獨立運動史』 제1권, 573쪽). 그러나 이는 확인되지 않는다. 오히려 일제의 '대토벌'로 근거지와 부하를 잃은 그가 일제에 피체되는 것을 모면하고 보호받을 수 있는 妻鄕으로 은거한 것으로 해석하는 것이 타당할 듯하다.
97) 忠北警秘發 第399號의 1, 1910년 4월 12일(『한국독립운동사』 자료 8, 38~39쪽).

洙 당 이십팔세. 우자는 금년 이월 중 내란사건시 귀국에 자수하여 관대
한 처분을 요청하였다고 하는 바 이의 사실 여부를 조회한다.
明治 四十三年 五月 二十八日.98)

이 자료는 한봉수가 피체되어 청주경찰서에서 취조를 받고 공주재판
소 청주지부로 송치된 뒤 취조과정에서 2월 중에 자수하였음을 밝히자,
검사가 이 사실의 여부를 내부 경찰국장에게 조회하였음을 알려준다. 이
에 대한 경무국장의 회신내용은 더욱 구체적이다.

지난 5월 28일자 官記 제959호로 조회한 韓奉洙는 경성 중부 거주
黃益周를 통하여 당국 주사 尹秉禧에게 귀순 출원을 의뢰하였음. 그 이
유는 그가 전과를 회개하고 자기의 죄가 큼을 말한 다음 폭도 수괴 文泰
西라는 자가 현재 충청북도를 횡행하고 있는 바 이를 관헌의 지휘에 의
하여 동인을 수색하여 자신이 이를 체포하든가 관헌으로 하여금 체포
의 기회를 갖도록 함으로써 자기의 죄악을 보상하려고 한다는 것이었
음. 그러나 충청북도에서는 본인의 범죄행위 증거가 이미 완비되어 공
범자도 이미 체포되었으므로 경성에서 그를 체포 연행하였음. 右와 같
이 회신함.99)

즉 그가 경성에 잠복 중 사람을 내세워 충북 경찰부에 귀순을 출원하였
다는 것이다. 일련의 일제 측 자료를 볼 때 한봉수가 더 이상의 도주와 은
거가 불가능하다고 판단하고 귀순의사를 표시했던 것은 인정된다. 당시
그는 활동근거지를 철저히 파괴당하였을 뿐만 아니라, 그의 부하들도 대
부분 피체되어 의진이 완전히 와해된 상태였다. 따라서 그의 자수의사 표
시는 당시의 상황을 감안할 때 불가피한 선택일 수밖에 없었을 것이다.
즉 의병장이 선택할 수 있는 최후는, 끝까지 일제에 맞서 투쟁하다가 순

---

98) 官記 第959號, 忠北高秘發 第3886號, 1910년 5월 30일(『한국독립운동사』 자료 8, 176쪽).
99) 高秘發 第886의 1號, 1910년 6월 2일(『한국독립운동사』 자료 8, 331쪽).

국하거나, 아니면 자수하는 것이었다. 일제의 야만적 수색과 탄압 앞에 그들이 안주할 수 있는 공간은 더 이상 없었기 때문이다.

일제가 의병에 대해 이른바 귀순정책을 편 것은 1908년 초부터이다. 일제는 귀순 의병에게 '歸順票'를 발급하고 생업에 종사하도록 권고하였다. 이 정책은 1908년 봄부터 여름에 걸쳐 일시 효과를 거두기도 하였으나, 1909년 이후는 거의 효과를 거두지 못하였다.[100]

그러나 한봉수가 자수나 귀순의사를 타진한 것이 사실이라 하더라도 절대 일제에의 항복이나 굴복으로 이해하여서는 안 된다. 이는 그가 의병 활동으로 사형을 선고받은 9년 뒤인 3·1운동 때 만세시위를 주도하며 독립운동의 선봉으로 재등장한 사실에서 분명해진다. 이로써 볼 때 한봉수는 자수를 하여 일제를 안심시키고, 죄를 경감 받은 다음 독립운동을 계속하기 위해 후일을 도모한 것임이 자명해진다. 실제로 의병이 거짓으로 귀순하여 면죄문빙을 얻어 오히려 이를 이용하는 경우가 있자, 면죄문빙을 폐지하자는 논의[101]가 있었음을 상기할 필요가 있다. 대개 귀순한 의병들은 생활근거지가 있고 일시적인 몰락이나 강제적인 납치에 의해 의병에 참여한 경우가 많았다.[102]

그러나 일제는 한봉수의 귀순의사를 무시하고 황급히 그를 체포하였던 것이다. 중요한 것은 그가 스스로 일제에 출두한 것이 아니라 체포당하였다는 사실이다. 이는 한봉수가 일제를 얼마나 부심케 한 인물인가를 알려주는 대목이라 하겠다.

---

100) 朴成壽, 『獨立運動史硏究』, 창작과 비평사, 1980, 226~229쪽. 여기에서 일제의 의병 귀순정책 실패이유를 첫째, 투항한 의병에게 까다로운 보증인제도와 감시제도가 따랐다는 점, 둘째, 의병전쟁이 장기화됨에 따라 의병 자체가 직업화하는 경향이 있었다는 점, 셋째, 1908년에 이미 건실한 농민층의 대다수는 귀순하여 의병전열에서 탈락했기 때문에 귀순하더라도 생활문제가 어려운 사람들만이 잔류하였던 점 등 3가지로 들고 있다.
101) ≪皇城新聞≫ 1908년 6월 18일.
102) 金度亨, 「韓末 義兵戰爭의 民衆的 性格」, 『義兵戰爭硏究(上)』, 지식산업사, 1990, 176~177쪽.

그런데 여기에서 또 하나의 의문이 제기된다. 즉 한봉수가 귀순을 출원하며 무주지방을 근거로 전북과 충북 일원에서 활동하고 있던 의병장 文泰西의 체포를 조건으로 내걸었다는 것으로 이는 신중한 해석이 요망된다. 여기에서 우리가 주목하여야 할 사실은 文泰西는 한봉수가 피체되어 재판을 받고 옥고를 치르는 동안에도 체포되지 않고 계속 활동하고 있었다는 점이다.103) 이로써 볼 때 한봉수가 문태서의 체포를 자수의 조건으로 제의하였다는 것은 일제의 간교한 이간책이거나, 한봉수의 심리전으로 보는 것이 타당할 듯하다.

서울에 잠입해 있던 한봉수는 1910년 5월 12일 충청북도 경찰부에서 급파한 순사에 의해 5월 15일 체포당하였다. 그의 체포 소식은 즉각 통감(총무장관)·내부대신·내부차관·경시총감·헌병대장·군사령관에 보고되었다.104)

그러나 그는 이미 1908년 11월 20일 공주지방재판소에서 '강도 살인사건'의 피고로서 결석재판을 받은 바 있다.105) 당시는 한봉수가 기록에 나타나는 것으로도 이미 11회의 의병활동을 전개한 뒤였다.

이처럼 일제가 그를 체포하지도 못하였으면서 결석재판에 회부한 것은 이미 그에 대한 신원과 활동 내용의 파악이 완료되었기 때문이다. 특히 그가 1908년 4월 3일 세교리에서 일제의 우편물을 습격하여 현금을 탈취하였고, 5월 9일 초정리에서 역시 우편물을 호위하던 일본 기병을 사살하고 현금을 탈취하였으며, 6월 10일 진천군 문백면 옥성리에서 일본 헌병을 사살하는 등 일제의 식민통치 질서를 크게 교란하자 이에 위기감을 느낀 나머지 취한 조치라 여겨진다. 또한 그가 탈취한 현금을 곤궁한

---

103) 忠北警秘發 第51號, 1910년 6월 20일, 「暴徒狀況 月報」, 忠北警秘發 第2號, 1910년 7월 11일, 「暴徒狀況 月報」(『한국독립운동사』 자료 8, 334~335쪽, 458~460쪽).
104) 第號없음, 1910년 5월 12일, 忠北警秘發 第539號의 1, 1910년 5월 16일, 「暴徒首魁 逮捕의 件」, 高秘發 第360號의 1, 1910년 5월 18일(『한국독립운동사』 자료 8, 174~176쪽).
105) 「韓鳳洙判決文」.

주민들에게 분배하여 엄청난 호응을 얻자, 일반 민중이 한봉수 의진과 연계되는 것을 시급히 차단하려 한 의도도 있었던 것으로 보인다.

결국 한봉수는 이해 6월 29일 공주재판소 청주지부에서 열린 재판에서 무려 27개의 증거를 확보한 일제에 의해 내란죄 首犯으로 絞刑의 판결을 받았다.106) 죽음을 기다리며 옥고를 치르던 그는 이해 8월 29일 경성공소원 형사부에서 이른바 '合邦大赦令'(칙령 제325호)으로 사면, 면소되어 출옥하였다.107)

Ⅳ. 3·1운동의 주도

1. 말기의병과 3·1운동

의병전쟁의 주체와 계기별 전개양상, 이념 등을 종합하여 시기구분이 다각도로 시도되었다. 그간 제시된 구분법으로는 시간의 원근, 봉기의 원인, 참여층의 변화 등을 기준으로 ① 2시기 구분법(1, 2차 의병 또는 전, 후기 의병), ② 3시기 구분법(乙未義兵, 乙巳義兵, 丁未義兵), ③ 4시기 구분법 등이 시도되었다.108) 이 중 4시기 구분법은 姜在彦에 의해 일찍이 시도된 것이다.109) 이후 金義煥, 尹炳奭 등이 그와 비슷한 구분을 시도하였고, 愼鏞廈는 4단계 구분을 하되, 1904년부터 1914년까지를 의병시기로 구분하였다.110) 한편 趙東杰은 의병봉기의 계기를 중심으로 3단계로

---

106)『독립운동사자료집』별집 1, 390~392쪽.

107)『독립운동사자료집』별집 1, 393~394쪽. 그러나 韓鳳洙가 3·1운동으로 피체되어 보안법 위반 혐의로 재판을 받은 판결문에는 그가 1910년 6월 공주지방재판소에서 폭동죄로 인하여 사형선고를 받고 경성공소원에 공소한 끝에 流刑 15년에 처해졌다가 大赦令에 의해 赦免되었다고 하고 있다(『독립운동사자료집』제5집, 1100~1101쪽). 이로써 볼 때 일단 사형선고를 받았다가 流刑 15년으로 감형된 것으로 보인다.

108) 金祥起,「朝鮮末 義兵戰爭 研究의 現況과 問題」,『義兵戰爭研究(上)』, 30~32쪽.

109) 姜在彦,「反日義兵運動の 歷史的展開」,『朝鮮近代史研究』, 日本評論社, 1970, 205쪽 및 329~332쪽.

110) 愼鏞廈,「全國 十三道倡義大陣所의 聯合義兵運動」, 3~4쪽.

구분하였다가, 다시 4시기 8단계 설을 제시하였다.[111] 그러나 조동걸은 《每日申報》 기사의 분석을 통해 1915년 蔡應彦 의병부대의 파괴 이후 3·1운동 직전까지 의병사가 지속되고 있음을 주목, 이를 제5기 말기의 병이란 개념으로 추가 설정하였다. 즉 1919년 7월 이후 1918년까지 산발적 의병항전과 의열투쟁적 저항기를 설정한 것이다.[112]

여기에서 의병전쟁의 시기구분 문제를 거론한 것은 제 학설의 타당성을 논의하고자 함이 아니다. 그것은 첫째, 의병활동이 3·1운동 직전까지 지속됨을 확인하여 독립운동선상에서 의병과 3·1운동의 연속성을 밝힐 수 있기 때문이다. 둘째, 의병장, 또는 의병 참여자가 3·1운동의 주도자로 재등장함을 확인하여 3·1운동이 사상사나 운동사에서 연계되고 있는 독립운동사의 전승임을 밝힐 수 있는 관건이라 여겨지기 때문이다.

실제로 총독부 기관지 《매일신보》에 보도된 기사에 의하면 1915년 하반기부터 1918년 말까지 의병의 활동으로 볼 수 있는 55건의 기사가 보인다.[113] 이로써 볼 때 의병운동사는 3·1운동 직전까지 계속되고 있다고 할 수 있다. 즉 3·1운동은 의병운동에 연속되는 독립운동인 것이다.

---

111) 趙東杰, 「義兵運動의 韓國民族主義上의 位置(下)」, 『韓國民族主義의 成立과 獨立運動史研究』, 48~50쪽. 여기에서의 4시기 8단계 구분은 다음과 같다.
　　제1기(전기) : 일제의 半植民地的 침략과 의병전쟁의 발단
　　　1. 의병운동의 태동(1894~1895)
　　　2. 乙未事變과 척사 의병의 봉기 및 해산(1895~1896)
　　제2기(중기) : 일제의 준식민지적 강요와 의병전쟁의 발전
　　　3. 韓日議定書와 농민의병의 봉기(1904~1907. 7)
　　　4. 을사조약과 유림의진의 재기(1906~1907. 7)
　　제3기(후기) : 丁未條約과 국민전쟁적 의병전
　　　5. 해산병의 참전과 서울탈환작전(1907. 8~1908. 5)
　　　6. 의진의 유격전과 평민의병의 확산(1908. 6~1909. 10)
　　제4기(전환기) : 의병전쟁과 독립군 편성
　　　7. 의병의 산악전과 대한제국의 멸망(1909. 11~1910. 8)
　　　8. 의병의 최후항전과 독립군적 전환(1910. 9~1915. 7)
112) 趙東杰, 「義兵戰爭과 3·1運動의 關係」, 449쪽.
113) 趙東杰, 「義兵戰爭과 3·1運動의 關係」, 442~449쪽.

한편 의병장 또는 의병참여자로서 3·1운동에 주도적으로 참여한 사람이 32명이나 확인된다. 이들의 당시 직업은 술집·엿방·화전민·글방을 하던 자들도 있고, 대부분은 한봉수처럼 농사를 지었던 자들이다. 이는 1910년대에 의병전쟁이 외형적으로는 비록 쇠퇴하고 있었더라도 내면적으로 또는 사상적으로 잠복하며 계승되고 있음을 알려주는 것이다. 즉 잠적상태에 있던 의병들은 사화산이 아니라 휴화산으로서 언제든지 활화산으로 폭발할 잠재력으로 존재하였던 것이고, 그 잠재력은 곧 3·1운동 형성의 기반이 된 것이라 할 수 있다. 또한 의병격전지일수록 만세시위도 격렬히 전개되고, 창원의 경우처럼 시위대에 十人長, 二十人長의 인솔자를 두는 의병식 편제방식은 의병의 만세시위 참여를 입증하는 것으로 주목된다.114)

요컨대 한봉수는 1910년대에 휴화산 상태로 잠복해 있던 의병의 잠재세력으로서 대표적 인물이라 하여도 과언이 아닐 것이다.

2. 청주군 3·1운동의 주도

1910년 8월 29일 일제가 강제병합과 함께 시행한 이른바 대사령으로 출옥한 이후 한봉수는 일제의 삼엄한 감시와 탄압을 받았다. 일제의 고위관료의 행차가 있을 시는 철저히 자택에 연금 되었고, 수시로 가택수색을 당하였다고 한다.115) 이러한 상황에서 그는 투전판에 어울리는 방탕한 생활을 위장하여 일제의 감시를 누그러뜨리곤 하였다고 한다.116)

의병장으로서 국권회복을 달성치 못한 분노의 격정을 억누르고 살던 그에게 절호의 기회가 왔다. 즉 광무황제가 폭붕하고 만세운동이 거족적

---

114) 趙東杰,「義兵戰爭과 3·1運動의 關係」, 450~452쪽.
115) 韓貞愛 증언. 당시 그의 집이 대로변에 위치해 있었기 때문에 고위관료가 행차할 시는 사전에 창문을 폐쇄당하고, 일경이 마루 밑까지 수색하였다고 한다.
116) 韓憲成 증언. 그러나 한봉수의 집이 장터에 위치해 있었기 때문에 장꾼들이 그의 집에 몰려 투전을 한 것이지, 그가 실제로 투전을 한 것은 아니었다고 한다.

으로 전개되었던 것이다. 당시 그가 만세운동을 주도한 것은 광무황제의 인산 배관 차 상경하였다가 고향의 선배로서 3·1운동을 주도하던 孫秉熙를 만났던 것이 계기가 되었던 것으로 보인다.[117] 이에 관해 다음의 기록이 참고 된다.

> 仁山里 洪命憙는 경술국치에 순절한 금산 군수 洪範植의 장남으로서 고종황제의 국장에 조문하고자 하여 전기에 서울로 올라왔다. 마침 淸州人 전일 의병장 韓鳳洙를 만나서 孫秉熙 자택을 동반 방문하였다. 의암은 반갑게 영접한 후 독립선언서를 내놓고 독립운동에 대한 제반사를 설명한 후, 제군도 우리고장 청주와 괴산에 책임지고 이 운동에 협력 활약해 주기를 신신당부하였다. 그 언사에 감격한 洪命憙는 다음날 선언식과 인산에도 참가하고, 곧 고향으로 돌아와서 즉시 각면 유지들을 찾아 의거할 것을 모의하고 … 또한 청주 韓鳳洙와 자주 연락하여 기맥을 상통하였다.[118]

이에 의하면 한봉수는 홍명희와 함께 1919년 2월 27일 손병희의 집을 방문하였음을 알 수 있다. 이 자리에서 손병희의 각별한 부탁을 받은 양인은 인산을 배관한 후 귀향, 수시로 연락을 취하며 고향의 만세시위를 주도한 것이라 할 수 있다.

한봉수는 귀향 직후인 3월 7일 청주시 서문동 우시장에서 장날에 모인 장꾼들에게 독립선언서를 배포하고 만세시위를 주도하였다. 이때 일본 헌병이 제지하자 그는 우리는 독립국가가 되었음을 말하고 물러나라고 요구하였다 한다.[119] 이는 충북 만세운동의 최초의 봉기라 할 수 있다.[120]

---

117) 孫秉熙의 생가인 청원군 북이면 금암리와, 한봉수의 생가인 북일면 세교리는 직선거리로 불과 2km정도 떨어져 있다.

118) 李龍洛, 『三·一運動實錄』, 1969, 482쪽. 한편 이 자료에서는 한봉수가 洪命熹와 함께 3월 19일의 괴산시위를 주도한 것으로 서술되어 있으나(494쪽), 다른 자료에서는 확인되지 않는다.

119) 독립운동사편찬위원회, 『독립운동사』 제3권, 79쪽;李龍洛, 『三·一運動實錄』, 494쪽.

120) ≪獨立新聞≫ 1919년 9월 2일자 보도에 의하면 청주에서도 경성과 같은 날인 3월 1일

당시 충북은 독립선언서의 배포를 담당한 천도교 측의 印宗益이 청주
에서 충주로 가던 도중 피체되며,[121] 중앙과의 연계는 사실상 차단된 셈
이었다. 그러나 한봉수처럼 국장에 참배하였다가 귀향한 인사와 서울로
유학했던 지방학생들이 귀향함으로써 만세운동의 분위기가 고조되어 갔
다.[122] 3월 10일, 청주농업학교 2학년 학생 31명이 시험연기 청원서를 학
교에 제출하였고, 또 1학년생 15명도 이날 밤 비밀리에 기숙사를 나오는
사건이 발생하였는데, 일제는 이를 서울에서 내려온 자와 연락이 닿았기
때문으로 파악하고 있다.[123]

3월 7일의 청주시위를 주도한 한봉수는 4월 1일 고향인 세교리 장터에
서 만세시위를 벌였으며, 2일 정오경에는 여기에 모인 장꾼과, 마침 그곳
을 지나던 내수보통학교생 85명과 교사들을 주도하여 만세시위를 전개
하였다. 또한 미원 등 인근지역의 만세시위 발발에도 영향을 끼쳤던 것으
로 보인다.[124] 결국 일제에 재차 피체된 한봉수는 이해 5월 6일 공주지방
법원 청주지청에서 보안법 위반혐의로 1년형을 선고받고 또 한 차례의
옥고를 치렀다.[125]

한봉수는 구국운동을 주도한 후기 의병의 대표적 의병장으로서, 사형
까지 언도받았음에도 불구하고, 또 다시 3 · 1운동 때 독립운동의 선봉에
섰던 것이다. 비록 그가 주도한 청주와 세교리의 만세시위는 대규모가 아
니었고, 격렬한 시위도 아니었다. 그러나 이러한 외형적 평가는 중요한
기준이 될 수 없다. 오히려 그의 위업은 의병에서 3 · 1운동으로 전승되는

에 만세시위가 전개되었다고 되어 있으나, 이는 사실과 다른 것으로 여겨진다. 충북의
본격적인 만세시위는 3월 19일 괴산 장날 홍명희의 주도로 전개되었다.
121) 高第6922號, 1919년 3월 13일, 「獨立運動ニ關スル件」, 『三 · 一運動日次報告』(朝鮮總
督府警務局).
122) 金鎭鳳, 「湖西地方 三 · 一運動의 性格」, ≪한국독립운동사연구≫ 제1집, 1987, 137쪽.
123) 『독립운동사』 제3권, 79쪽.
124) 예컨대 미원의 만세시위를 주도한 張一煥의 공적조서에 의하면 그는 한봉수의 영향을
받아 미원의 만세시위를 주도한 것으로 되어 있다.
125) 「韓鳳洙判決文」.

독립운동의 맥락을 실증하는 대표적 사례라 할 수 있다. 뿐만 아니라 직접 3 · 1운동의 지도자인 손병희와 면담하고 귀향함으로써 중앙과 연락체계가 빈약했던 충북지방 3 · 1운동의 기폭이 된 선구적 위치였던 데 큰 의미를 부여할 수 있을 것이다.

옥고를 치르고 출옥한 그는 다시 일제의 요시찰 대상이 되어 심한 탄압과 감시를 받았다고 한다. 이후 1930년대에는 현재 세교리에서 서당리(구장터) 일원과 부강, 미원(종암) 등지를 전전하며 금광채굴을 하였다고 한다.126)

V. **맺음말**

본고는 의병장 한봉수의 항일투쟁을 살펴 본 것이다. 이상을 정리하면 다음과 같다.

한봉수는 청주 한씨의 명문가문에서 태어났으나, 쇠락한 가문형편으로 인해 불우하고 가난한 유년기를 보냈다. 그가 의병에 참여한 것은 그의 가문에 무공으로 유명한 무인 출신이 많았다는 가문의 전통과, 당시 그가 처해 있던 사회경제적 처지에서 이해할 수 있다.

그러나 지금까지는 일제 측의 『조선폭도토벌지』 기록에 의거, 한봉수의 의병 봉기 시의 신분을 해산군인 출신으로 이해하여 왔으나, 이는 사실이 아니며 평민 신분으로 이해함이 타당한 것으로 사료된다.

한봉수는 1907년 9월 해산군인 출신인 김규환과 함께 의병으로 봉기하였다. 이후 1910년 2월까지 2년 6개월 동안 활발한 활동을 전개하였다. 그의 활동으로 명백히 명시된 일제 측 자료만 가지고 「한봉수 의병투쟁일지」를 정리한 결과 26회나 되는 많은 투쟁을 전개하였음을 알 수 있다.

---

126) 현재 韓貞愛의 집에는 한봉수가 금광업을 할 때 사용했던 천칭이 보관되어져 있다. 이 천칭에는 '미원금광사무소 미원면 종암리'라는 글자가 각인되어 있다.

1908년, 의병투쟁은 일제의 탄압으로 위축되는 양상을 보이나, 한봉수 부대는 더욱 왕성한 활동을 하며 1910년 2월까지 투쟁하였음이 주목된다. 한봉수 부대의 구성과 활동상의 특성을 정리하면 다음과 같다.

첫째, 부대의 규모는 대개 20~60명의 소규모 부대였는 점이다. 기록에 따라 편차가 있으나, 교전 시는 20~40명 정도, 군자금 모금 시는 6, 7명 정도의 소규모로 활동하였다.

둘째, 평민으로 구성된 부대였다는 점이다. 한봉수 자신이 평민이었음은 물론, 그와 연합하였던 의병장과 휘하의 부하들도 평민이었다. 따라서 후기 의병의 구성 주체가 평민이었다는 일반론을 확인케 해준다.

셋째, 장기간 지속적으로 투쟁하였다는 점이다. 그는 1907년 9월의 봉기 이래 1910년 2월까지 전 시기에 걸쳐 끊임없이 투쟁하였다.

넷째, 활동영역이 광역이었던 점이다. 고향인 세교리를 중심으로 청주, 괴산, 보은 등 충북 일원은 물론 강원, 경북 일대까지 광역에 걸쳐 활동하였다.

다섯째, 다양한 형태의 투쟁을 전개하였으며, 특히 유격전(게릴라전)에 능숙하였다는 점이다. 그의 투쟁양상은 ① 일본인 자산가 및 친일파의 처단, ② 밀정과 변절자의 처단, ③ 일본군과의 직접 교전, ④ 우편행랑의 습격, ⑤ 군자금 모금 등 다양하였다.

여섯째, 일제의 식민지 통치에 심대한 타격을 주었다는 점이다. 그의 활동으로 식민통치의 관리들이 무력의 보호 하에서 겨우 공무를 집행할 수 있었고, 결세금 납부 거부 투쟁으로 일제 식민지 재정에 큰 지장을 초래케 하였다.

일곱째, 다른 의병장과 연합하여 합동작전을 수행하였다는 점이다. 그는 괴산의 金奎煥, 보은의 盧炳大, 상주의 趙雲植 의병부대와 연합하여 부대의 규모와 활동영역을 넓히며 투쟁하였다.

여덟째, 노령 연해주 지방에서 활동하던 李範允 의병부대와 연계, 연해주로의 이동을 계획하였던 점이다. 비록 이 계획이 성사되지는 않았으나, 한봉수 의병부대가 후기 의병사에서 차지하는 위치를 가늠케 해주는 주요 단서로 이해할 수 있다.

일제의 탄압으로 의병 기반을 상실한 한봉수는 1910년 2월 중순 서울로 피신하였으나, 청주경찰서에서 급파한 일경에 의해 피체되었다. 그는 이미 1908년 11월 20일, 공주지방재판소에서 '강도 살인 사건' 피고로 결석재판을 받은 바 있다.

그런데 한봉수가 피체 직전 일제에 귀순의사를 타진하며 의병장 文泰西의 체포를 조건으로 제시하였다는 일제 측 기록이 있다. 그러나 그의 귀순은 독립운동의 후일을 도모하기 위하여 당시로서는 불가피한 선택으로 해석된다. 이는 그가 3 · 1운동 때 다시 독립운동의 선봉으로 선 사실에서 일제에 굴복한 것이 아님이 명확해진다. 또한 文泰西의 체포를 조건으로 제시하였다는 것은 일제의 간교한 의병 이간책이거나, 한봉수의 고도의 심리전으로 해석된다. 이는 文泰西가 한봉수가 피체되어 수형할 때까지 계속 활동하고 있음이 입증한다.

일제는 한봉수의 의사를 무시하고 황급히 그를 체포하였다. 결국 한봉수는 이해 6월 29일 絞刑을 선고받았다가 법정투쟁을 통해 감형되어 옥고를 치르던 중, 이른바 합방대사령으로 출옥하였다.

이후 한봉수는 일제의 심한 감시와 탄압을 받았다. 그러나 그는 이에 굴하지 않고 1919년 광무황제의 인산 참배를 위해 상경하였다가 洪命憙와 함께 孫秉熙를 방문하여 만세시위 계획을 듣고 귀향 즉시 만세시위를 주도하였다. 1919년 3월 7일 청주 우시장에서 주도한 만세시위는 충북 최초의 봉기였다. 그는 계속하여 4월 1일과 2일에 걸쳐 고향 세교리의 만세시위를 주도하다가 피체되어 또 다시 1년의 옥고를 치렀다.

의병장 한봉수의 3 · 1운동 주도는 독립운동선상에서 매우 중요한 의미를 지니는 것이다. 의병장 출신이 3 · 1운동을 주도함으로써 1910년대의 의병전쟁이 비록 외형적으로는 쇠퇴하고 의병세력이 잠복하였으나, 3·1운동은 의병으로부터 내면적으로 연계되는 독립운동의 전승임을 구체적으로 알려주는 사례라 할 수 있다.

결국 한봉수는 후기 의병사에서 뛰어난 유격전을 감행한 대표적 의병장으로서, 또한 의병전쟁으로부터 3·1운동으로 전승되는 독립운동의 맥락을 실증적으로 보여주는 인물이라 평가할 수 있다.

(≪한국독립운동사연구≫ 제10집, 독립기념관 한국독립운동사연구소,
1996 및 『구한말 의병장 한봉수의 항일투쟁』,
한봉수의병장동상건립추진위원회, 1998 수정 수록)

一阮 洪範植의 자결 순국과 그 유훈

Ⅰ. 머리말

홍범식(1871~1910)은 1910년 일제의 강제에 의한 경술국치에 분개하여 자결 순국한 애국열사이다. 일제의 침략과 경술국치에 분개하여 수십 명의 우국지사가 자결 순국하였지만,[1] 홍범식은 고위 관인 신분인 군수로서 가장 먼저 자결을 결행함으로써 모든 명단의 수위에 기록되어 있고, 항일투쟁의 기폭제 역할을 한 인물이다.

자결 순국은 제2차 영일동맹에 항거하여 자결한 駐英公使署理 李漢應의 투쟁으로부터 시작되었는데, 특히 1910년의 경술국치 이후 많은 사람

---

1) 朴殷植, 『韓國痛史』, 大同編譯局, 1915, 171쪽(『白巖朴殷植全集』 제1권, 2002, 동방미디어, 415쪽). 여기에는 29인의 자결 순국자 명단이 기록되어 있는데, 이는 전문에 의한 것이기 때문에 오류가 있다. 즉, 白某, 李某 등 인물을 확인할 수 없는 사람이 있고, 宋道淳처럼 자결하지 않은 인물도 명단에 들어있다. 송도순은 1918년 사망하였다(『恩津宋氏 同春堂文正公派譜』 및 『恩津宋氏文獻錄』 卷五).

들이 飮毒·斷食·自刎·自縊·投水·割腹 등의 방법으로 자결 순국 투쟁을 전개하였다. 이들은 자신의 결연한 의지를 담은 절명시나 유시, 유소 또는 유언과 유서를 남겼다.[2]

한국독립운동사에서 자결 순국 투쟁은 중요한 부분으로 다뤄져 왔다. 따라서 자결 순국한 열사 가운데 黃玹처럼 저명한 저술을 남겼거나 金道鉉이나 李晩燾처럼 의병항쟁 등 민족운동에 참가하였거나, 또는 문중이나 지역에서 현창사업의 대상이 되고 있는 경우는 인물 연구도 활발하게 진행되었다.

홍범식은 순국을 기점으로 일제강점기 항일투쟁의 표상이 되었다. 그처럼 자결 순국의 장엄한 순간이 생생한 기록으로 남은 경우는 거의 없다. 일제강점기 그는 해마다 맞이하는 국치일에 대한민국임시정부를 비롯한 독립운동 단체와 그 기관지, 해외 동포사회에서 발행되던 신문을 통해 기억과 기념의 대상이 되어 왔다. 적어도 그는 1951년 12월, 서울신문이 순국선열 유가족원호사업 대상 134명 중 1인으로 선정할 때까지만 해도 당당히 순국선열로 평가되었다.[3]

그러나 홍범식에 대한 개인 연구는 전무하다. 고작해야 괴산의 항일운동사를 논의하는 글에서 자결 순국을 중심으로 한 간단한 생애 검토와,[4] 그의 아들인 홍명희 연구에서 부수적으로 거론되는 정도이다.[5] 그 까닭은 자료의 부족에도 기인하나, 가장 중요한 원인은 그의 아들 홍명희의 월북과 북한 정권에서 부수상을 역임한 '붉은 꼬리표' 때문이다. 남북 분단 이후 이데올로기의 대립이 경색될수록 그는 아들의 행적으로 말미암

---

2) 권대웅, 『1910년대 국내독립운동』(한국독립운동의 역사 15), 한국독립운동사편찬위원회·독립기념관 한국독립운동사연구소, 2008, 40~51쪽 및 오영섭, 『한말 순국·의열투쟁』(한국독립운동의 역사 14), 한국독립운동사편찬위원회·독립기념관 한국독립운동사연구소, 2009, 273~280쪽.

3) ≪서울신문≫ 1951년 12월 9일자, 「사회부, 순국선열 유가족에게 생활비 지급」.

4) 박걸순, 『槐山地方 抗日獨立運動史』, 괴산문화원, 1996;「경술국치에 분개하여 순절한 금산군수 홍범식」, ≪월간 독립기념관≫ 2000년 8월호.

5) 강영주, 『벽초 홍명희 연구』, 창작과 비평사, 1999;『벽초 홍명희 평전』, 사계절, 2004.

아 학술적 논의에서도 금기의 대상이었다. 그는 이후 50년 간 의도적으로 망각된 인물이었다가, 2000년 8월에 이르러서야 국가보훈처·독립기념관으로부터 '이달의 독립운동가'로 선정되었다. 이로써 그는 아들로 인한 연좌로부터 벗어나 역사적으로 복권된 것이다. 만시지탄이 있으나 다행스런 일이다.

본고는 홍범식의 생애와 자결 순국 과정, 그리고 그의 자결 순국의 유훈과 의의를 살펴보고자 하는 것이다. 특히 그의 자결 순국이 후손이나 다른 독립운동가에 미친 구체적 영향을 밝힘으로써 한국독립운동사에서 자결 순국 투쟁이 개인적 차원의 봉건적, 소극적 투쟁이 아니라 한민족의 각성을 촉구한 적극적, 효율적 투쟁으로 그 위상을 정립하고자 한다.

II. 가계와 성품

홍범식은 1871년(고종 8) 7월 23일, 현재의 충북 괴산군 괴산읍 동부리 450-1번지에서 豊山人 洪承穆과 海平 尹氏[6] 사이에서 장남으로 태어났다. 자는 聖訪, 호는 一阮이라 하였다. 그의 집안은 노론 명문이었는데, 가계를 간단히 정리하면 다음과 같다.

之慶(1세) — 侃(2세) — 侑(3세) — 演(4세) — 龜(5세) — 儆(6세) — 繼宗(7세) — 禹甸(8세) — 脩(9세) — 履祥(10세) — 霙(11세) — 柱元(12세) — 萬衡(13세) — 重模(14세) — 允輔(15세) — 維漢(16세) — 義宅(17세) — 必榮(18세) — 定周(19세) — 祐吉(20세) — 承穆(21세) — 範植(22세) — 命憙(23세) — 起文(24세)[7]

그의 가계는 司正公系(儆, 6세) — 文敬公系(履祥, 10세) — 秋巒公派(霙,

---

6) 홍범식의 외조부는 尹璋烈인데, 다른 자료에는 나오지 않아 관직 등은 알 수 없다(『蔭官世譜』一, http://yoksa.aks.ac.kr/).
7) 豊山洪氏秋巒公宗門會, 『宗門世系圖』, 1987 참조. 밑줄 친 부분은 派祖이다.

11세)로 계파가 속하였는데, 12세인 주원으로부터 계파를 나누기도 한다. 시조는 고려 고종 때 國學 直學을 지낸 洪之慶으로 대대로 顯人이 잇달았으나, 중시조이자 그의 12세조인 慕堂 洪履祥 대에 이르러 조선의 '望族'으로 성장하였다.8) 홍이상은 司馬試, 庭試, 殿試에서 모두 장원급제할 정도로 학문이 뛰어났다. 그러나 그의 벼슬길은 그리 순탄치 않았고, 정치적으로도 영향력이 크지 않았다. 또한 학자로서 본격적인 학문을 펴지는 못하였으나, 훌륭한 시를 많이 남긴 조선 중기 사대부의 전형적 삶의 모습을 보이는 인물로 평가된다.9)

金澤榮이 지은 「洪範植傳」에는 홍이상에 대해 다음과 같이 기술하였다.

> … 12세조인 대사헌 履祥은 선조조의 명신이었는데, 돈후하고 경술을 좋아하였다. 당론이 분쟁하던 시기를 당하여 휩쓸리지 않고 올곧게 자기중심을 지키고 두루 잘 지냈으며 추종하지 않았다. 그 후 자손들은 대대로 그 가르침을 좇아 비록 노론의 명문 가문이라 할지라도 자기 당류에 따르기를 거부하여 다른 당류로부터 질시를 받지 않았다. 그리하여 대부인 우길, 부친인 승목이 모두 과거에 급제하여 가문의 이름을 높이고 더욱 사대부 가문이라는 칭호를 들었다. …10)

추만공파의 시조인 洪曇은 생원시에 급제하여 벼슬길에 올랐다가 다시 정시 문과에 급제하여 공조참판과 동지중추부사 등을 지냈다. 12세 洪柱元은 선조의 딸 貞明公主와 혼인, 부마가 되어 永安尉에 봉해지고 文懿公의 시호를 받았다. 이후 萬衡은 교리, 重模는 군수, 允輔는 목사, 維漢은

---

8) 『日省錄』, 정조 11년(1718) 10월 14일(무신). 홍이상의 가문을 '望族'이라 한 것은 정조가 도승지 沈豐之를 소견하였을 때 한 말이다.

9) 尹浩鎭, 「慕堂 洪履祥의 삶과 詩世界」, ≪漢文學報≫ 제21집, 우리한문학회, 2009 참조. 그를 배향하는 荷江書院이 충북 충주시 금가면 하당리에 있다.

10) 金澤榮, 「洪範植傳」, 『韶濩堂文集』 卷十. "… 其十二世祖大司憲履祥 宣祖時名臣也 敦厚好經術 當黨論分爭之日 特立不隨 周而不比 其後子孫世守其訓 雖爲老論名家 不肯從其類 偏嫉他黨…". 한편 김택영은 『韓史綮』의 홍이상의 죽음 부분에서도 "… 當黨論分爭之日 嚼然無所染"(卷三, 光海主 乙卯年條)이라 하였다.

진사, 義宅은 첨정을 지냈다. 그러나 必榮은 실직이 없이 좌찬성에 증직되었고, 定周는 同敦寧을 지내고 우상에 증직되었다.[11]

홍범식 가문이 다시 명문이 되어 영달의 길에 오른 것은 조부 祐吉이 문과에 급제하여 宦路에 나서면서부터이다. 우길은 1850년(철종 1) 경술 증광시에 갑과 1위로 급제하였다. 당시 그의 나이는 42세의 고령이었으나, 당당히 장원급제한 것이었다. 이후 그는 평안감사·판의금부사·홍문관 제학·사헌부 대사헌·한성부 판윤·공조판서·의정부 좌찬성·함경도관찰사·예문관 제학·예조판서·이조판서 등 요직을 지냈고 죽은 뒤 孝文公이란 시호도 받았다. 그런데『國朝文科榜目』에는 그의 거주지가 청주로 되어 있는데,[12] 그의 대에 이르러서는 풍산 홍씨들이 괴산에 자리한 것을 알 수 있다.

우길의 뒤를 이어 承穆도 1875년(고종 12) 을해 별시에 병과 29위로 급제하였다. 본래 승목의 생부는 16세 維漢의 고손으로 都正을 지내고 제학에 증직된 祐弼이었으나, 조부 우길의 양자로 출계한 것이다. 그는 과거 급제 이후 修撰으로부터 시작하여 대사간·대사성·궁내부 특진관·장례원 소경·봉상시 제조·『文獻備考』교정 당상·이조와 병조 참의 등을 지냈다. 그러나 그는 1906년 11월부터 중추원 찬의(칙임관 2등)를 지냈고, 경술국치 때까지 여러 친일 성향 단체의 임원을 지냈다. 더구나 자신에게 지극하게 효도를 다한 아들 범식이 자결 순국한 직후부터 1921년까지 조선총독부 중추원 찬의를 지내고 일본 정부로부터 훈포장을 받은 것은 명백하게 민족적 과오를 범한 것에는 틀림없다.[13]

---

11) 豊山洪氏秋巒公宗門會,『宗門世系圖』.

12)『國朝文科榜目』(한국학중앙연구원, 한국역대인물종합정보시스템 http://people.aks.ac.kr/index.aks).

13) 홍승목은 지금까지의 친일파 선정 논의에서 조선총독부 찬의를 지낸 경력으로 인하여 예외 없이 친일파로 규정되어 왔고, 2006년 9월 11일 친일반민족행위진상규명위원회로부터도 친일반민족행위자로 결정되었다(친일반민족행위진상규명위원회,『2006년도 조사보고서 II — 친일반민족행위결정이유서』, 2006, 403~409쪽).「결정이유서」는 그가 '일

그의 경력을 '형식적 직함'이라거나, 홍범식 순국 이후 집안이 몰락하였다는 사실을 들어 그의 친일행위 여부를 재고하여야 한다는 견해도 있다.14) 그러나 홍명희가 괴산의 만세운동을 주도한 직후인 1919년 5월 5일 동부리의 고택을 팔고 제월리 묘막으로 이사한 것은 사실이나,15) 홍승목은 1918년 제월리 일대에 방대한 부동산을 매입해 두었음이 확인된다.16) 즉, 홍범식의 순국 이후 그의 집안이 몰락하였다는 것은 사실과 부합하지 않는다.

홍승목의 행적 가운데에는 친일반민족행위진상규명위원회가 밝혀내지 못하였고, 또한 지금까지 전혀 알려지지 않은 사실이 있다. 그것은 그가 중추원 의관으로 재임하던 1907년 '소위 義兵이라고 하는 匪徒들을 진압하기 위해 鎭衛隊를 복설하자는 건의서'를 중추원 의장에게 제출하였다는 사실이다.17) 그의 건의안은 중추원 의장 徐正淳이 심의 가결하여 '仰佈'하였고, 내각총리대신 이완용에게 '査照裁處'하도록 요구되었다.18)

제강점하반민족행위진상규명에관한특별법' 제2조 제9호, 제19호에서 정한 친일반민족행위자(조선총독부 중추원 찬의로 재직, 일본 정부로부터 한국병합의 공로를 인정받아 1921년 한국병합기념장과 1920년 훈4등 서보장을 받은 사실, 대동학회 회장 · 공자교회 부회장 · 제국실업회 회장 등 친일 성향 단체에서의 활동 사실 등)로 규정하였다. 『조선총독부 및 소속관헌 직원록』에 의하면 그는 1910년부터 조선총독부 직할기구인 중추원 찬의에 임명되었고, 1911년부터 연 수당 1,000원을 받았으며, 1914년에는 공훈 등급 정5를 받았다가, 1919년에는 종4로 승훈이 되었고, 1921년에는 종4 훈4의 공훈을 부여받는 등 죽기 직전까지 친일적 행적을 계속하였다.

14) 강영주, 『벽초 홍명희 연구』, 21쪽 및 『벽초 홍명희 평전』, 37쪽.

15) 「除籍簿」(괴산읍사무소).

16) 친일반민족행위자재산조사위원회가 국고로 귀속한 친일반민족행위자 168명의 부동산 목록에는 괴산읍 제월리의 홍승목 소유 임야 157필지, 51만 7천여 ㎡도 들어 있다. 이는 공시지가로는 14억 원이나 시가로는 48억 원을 호가한다고 한다. 이 토지는 홍승목이 1918년에 매입한 것으로 되어 있다. 한편 제월리 365번지 일대에는 1920년 3월 30일자로 홍명희 소유로 된 토지도 아직 남아 있다(『토지대장』, 괴산군). 홍승목 소유의 부동산은 2010년 2월 5일 제33차 친일재산 국고 귀속 결정 회의에서 국고 귀속이 결정되었고, 5월 7일 국고로 귀속되어 국가보훈처가 소유권자로 되었다(http://www.icjcp.go.kr/).

17) 『中樞院來文』(奎 17788) 제9책(1907. 10), 규장각 한국학연구원.

18) 『中樞院來文』(奎 17788) 제9책(1907. 10. 24), 「照會 第七號」, 규장각 한국학연구원.

물론 진위대 해산은 일제의 강제에 의해 시행된 것인 만큼 그의 건의로 복설될 형편은 아니었다.

이는 구한말 의병항쟁으로 대표되는 민족운동에 대한 그의 부정적 인식을 단적으로 보여주는 자료이다. 그가 진위대 복설을 건의한 1907년 10월은 일제의 군대 강제 해산 조치 직후 이에 반발하여 후기 의병이 전국적으로 봉기하여 투쟁이 격화되었던 시기이다. 당시 친일 내각을 이끌던 이완용은 長谷川好道에게 일본 군대를 파병하여 의병을 '토벌'해 줄 것을 수차 요청하였다. 이에 일본은 2개 사단을 증파하려 하였으나, 일본 주재 각국 공사들의 반대로 실행하지 못하였다.[19] 홍승목이 의병을 '匪徒'라 표현하며 부정적으로 인식한 것은 친일 내각의 관변적 시각을 대변하나, 의병을 진압하기 위해 진위대 복설을 주장한 것은 적극적 친일 행위라 할 수 있다. 따라서 이 자료는 그의 행적 평가에서 중요하게 논의되어야 할 것으로 사료된다.

홍범식은 홍승목의 적자이고, 그의 동생 洪用植·洪台植·洪甲植은 계모인 평산 신씨 소생으로 이복동생들이다.[20] 홍범식은 본처 은진 송씨와 사이에 홍명희를 낳았으나, 그녀가 일찍 죽자 趙鍾恒의 딸 趙璟植을 후처로 맞이하였다.[21]

홍범식은 가풍의 영향을 받으며 생장하였다. 그는 평소 겸손하고 부모에 대한 예가 지극하였으며, 본성이 학문을 좋아하여 어려서부터 장성한 후까지 입에서 시가를 외는 소리가 그치지 않았다고 한다.[22]

홍범식의 성품에 대하여는 정인보의 평가가 상세하다. 그가 홍범식에

---

19) 黃玹, 『梅泉野錄』, 國史編纂委員會, 1955, 430~431쪽.

20) 「除籍簿」(괴산읍사무소).

21) 「除籍簿」에는 홍명희의 모친이 漢陽 趙氏로 되어 있는데, 이는 오류이다. 홍명희의 생모 은진 송씨는 군수를 지낸 宋殷老의 딸로서(『蔭官世譜』 一, http://yoksa.aks.ac.kr/) 홍명희가 세 살 때 죽었으며(홍명희, 「자서전」, ≪삼천리≫ 1929년 6월호), 홍범식 묘비에는 '贈淑夫人恩津宋氏祔'라고 되어 있고, 한양 조씨 묘는 앞산 제일봉에 따로 있다. 한양 조씨는 1918년 10월 趙璟植으로 명명하였다.

22) 金澤榮, 「洪範植傳」, 『韶濩堂文集』 卷十.

대해 상세한 기록을 남길 수 있었던 것은 홍명희와의 절친한 인간관계 때문이었다. 그의 문집인 『詹園文錄』에 기술된 「錦山郡守洪公事狀」의 내용은 다음과 같다.

> … 공은 타고 나기를 인자하여 어미가 자식 어루만지듯 하여 아낙네 같았건만, 의롭지 못한 사람은 용납하지 않았고, 의로운 사람에 대해서는 특히 사모하는 마음이 독실하였다. 지극한 효성으로 어버이를 섬겨서 어머니가 돌아가시자(1893년) 죽도록 애통해 하고 사모함이 처음과 끝이 같았다. 첨사공(홍승목:필자)을 곁에서 모실 때 무엇이건 그의 뜻에 순종하며 따르지 않음이 없었다. 간혹 일이 있어 슬그머니 자기의 주장을 펴다가도 공이 들어주지 아니하면 자신은 민망하더라도 아버지의 마음이 상할까 염려하여 물러났다가 다시 들어가 말씀을 드리고자 하다가 그치기를 여러 번하여 첨사공이 가끔 감동하여 그 말에 따르기도 하였다. 그 밖에도 여러 형제 간에 우애가 있고 일가붙이를 구휼하였으며, 벼슬에 있는 동안 기록할 만한 치적이 많으나 그에 있어서는 하찮은 것이라서 모두 다 기록하지 않는다.[23]

홍범식의 성품에 대한 기록은 대개 비슷하다. 박은식은 그를 '孝悌를 두터이 행하고 志節을 지키기에 힘썼다'고 하였으며,[24] 『騎驢隨筆』에는 그가 모친 윤씨가 죽었을 때 '哀毀踰制'하였음과, 그의 충절을 금산과 연고가 있는 야은 길재, 중봉 조헌과 관련하여 설명하였다.[25] 한편 김택영은 그가 '효성이 지극하였고, 사람을 대함에 성품이 두터웠다'고 기술하였다.[26]

---

23) 鄭寅普, 「錦山郡守洪公事狀」, 『詹園文錄』 一 참조.
24) 朴殷植, 『韓國痛史』, 171쪽(『白巖朴殷植全集』 제1권, 415쪽). 박은식은 홍범식의 순절을 서술하는 부분에서 그의 아들 홍명희는 才士로서 자신과도 잘 아는 사이임을 강조하였다.
25) 宋相燾, 『騎驢隨筆』의 洪範植條.
26) 金澤榮, 「洪範植傳」, 『韶濩堂文集』 卷十.

Ⅲ. '전북 제일 군수'의 선정

홍범식은 2살 때인 1872년, 함경도관찰사로 부임[27]한 할아버지를 따라 함산 관아로 갔다가 천연두에 걸려 거의 죽을 뻔했다가 살아난 적이 있었다.[28] 어려서부터 학문을 좋아한 그는 학업에 매진하였다.

그의 나이 18세이던 1888년 3월, 그는 무자 식년시(생원진사시)에 진사 3등 232위로 급제하였다.[29] 금위영에서 치러진 이 시험의 과목은 一詩였으며 합격률은 7.66%였는데, 진사는 324명을 뽑았으니 그는 중하위의 성적으로 급제하였던 것이다.[30] 이해 7월에 장남 명희를 낳았으니 그에게는 경사가 겹친 것이었다.

홍범식은 1902년 내부 주사(판임관 6등)로 관직 생활을 시작하였다.[31] 그는 곧 惠民院 參書官(주임관 6등)으로 승임되었다.[32] 혜민원은 1901년 10월 16일 칙령 제18호 혜민원 관제로서 재가된 빈민구휼 기관이었다.[33] 그러나 1904년 초 의정부의 官院 폐지 조치 때 혁파되어 내부에 속하게 되었는데, 그는 한동안 이 자리에서 계속 있었다.[34]

1906년 1월 19일 德陵·安陵·智陵·淑陵·純陵·定陵·和陵의 비각을 營建하고 表石을 세울 때 監董 이하에게 차등 있게 시상하였는데, 6품이었던 그는 加資되어[35] 이날 자로 정3품으로 승관하였다.[36]

---

27) 홍우길은 1871년 10월 21일 함경도 관찰사에 제수되었는데(『高宗實錄』 8권, 8년 10월 21일), 1873년 8월 陵役이 한창이라 특별히 임기가 연장되었다(『高宗實錄』 10권, 10년 8월 10일).

28) 宋相燾, 『騎驢隨筆』.

29) CD-ROM 『司馬榜目』(韓國精神文化硏究院). 시험은 1888년 2월 19일에 치러졌고, 급제자 발표는 동년 3월 27일에 하였다.

30) 한국학중앙연구원, 한국역대인물종합정보시스템(http://people.aks.ac.kr/index.aks)의 「과거 및 취재」 참조.

31) 『官報』 제2268호, 광무 6년(1902) 8월 2일자.

32) 『日省錄』 1902년 9월 26일자 및 ≪皇城新聞≫ 1902년 11월 1일자.

33) 『고종시대사』 5집, 1901년 10월 9일, 16일.

34) 『고종시대사』 6집, 1904년 1월 11일.

그런데 혜민원 참서관 재직 이후 그가 어떤 관직에 있었는지는 확실하지 않다. 그런데 1905년 8월 괴산군수 閔泳殷이 군청 건물을 수리하여 교실로 만들고 私立 始安學校를 개설하자, 홍범식은 贊成長이자 前 參書 명의로 보조금 백 원을 낸 기록이 확인된다.[37) 즉, 이 때 그가 현직명이 아니라 전직 참서관으로 표현된 것은 관직에서 일시 물러나 있었기 때문이 아닌가 한다.

홍범식은 1907년 8월 19일 주임관 4등의 전라북도 泰仁郡守에 임명되었다.[38) 그런데 당시는 군대해산 직후라 전국적으로 의병이 크게 일어났고, 전라지역은 의병 활동이 더욱 왕성한 곳이었다. 따라서 군수들은 현지 부임을 꺼리는 형편이었는데, 이해 12월에는 전국에 비어 있는 군수 자리가 80여 곳이나 될 정도였다.[39) 그 까닭은 군수가 발령이 나더라도 부임하지 않고 의병의 활동 등 사태를 관망하다가 사세가 부득이하면 辭免을 청원하고 관직을 포기하여 '曠窠', '窠闕' 현상이 나타났기 때문이었다. 이에 내부에서는 이 같은 사정을 우려하여 시급히 군수를 서임하려고 하였고, 한편에서는 이 기회를 틈타 군수를 희망하는 자들의 구관 행위가 있었다. 당시의 상황은 군수 역할의 중요성을 강조하며 내부에 군수 택임에 신중할 것을 요구한 ≪황성신문≫의 논설을 통해서 잘 알 수 있다. 물론 군수의 역할이란 의병을 진압하고 지방을 안정케 하는 '폭도 鎭服'과 '지방의 憂亂을 진무'하는 것이었다.[40) 전라북도 관찰사는 내부에 관내

---

35) 『高宗實錄』 47권, 1906년 1월 19일.

36) 『官報』 號外 2, 광무 10년(1906) 1월 21일자.

37) ≪皇城新聞≫ 1905년 9월 4일, 23일자. 사립시안학교는 속성과와 소학과로 나누었는데, 속성과는 20세 이상, 소학과는 8세 이상을 입학 자격으로 하였으며, 생도가 80~90명에 이르렀다. 그런데 당초 찬성장은 서울에 살고 있던 鄭永澤에게 요청하였으나, 홍범식이 찬성장이 되었다.

38) 『官報』 제3851호, 융희 원년(1907) 8월 22일자.

39) 그가 태인 군수에 임명되었을 당시, 의병 활동으로 말미암아 신임 군수가 부임을 기피함은 물론, 현직 군수로서 관직을 버리고 떠난 자도 수십 인에 달하였는데, 강원도의 경우 군수들이 달아나 비어 있는 군이 19개 군에 달하는 실정이었다(黃玹, 『梅泉野錄』, 428쪽, 436쪽).

군수의 근태 상황을 보고하기도 하였는데, 이 때 홍범식도 상경하였다가 기한 내에 귀임하지 않은 사실이 보고되기도 하였다.[41)]

홍범식이 태인 군수로 임명될 당시는 지방 관리들의 탐학이 성행하여 도탄에 빠진 백성들이 많았다. 뿐만 아니라, 일제의 을사오조약 강제와 군대해산 조치에 분개하여 일어난 의병 항쟁이 계속되었고, 태인은 특히 의병활동이 활발하였다. 그러자 일제는 일본군 수비대를 출동시켜 의병을 공격하게 하고 수많은 사람들을 잡아들였다.

홍범식은 이에 비분강개하여 선비로서 관리가 되어 어려운 때라 하여 회피하는 것은 신하의 도리가 아니라 생각하였다.[42)] 이에 그는 한 필의 말에 올라 동자 1명만을 데리고 촌락을 두루 돌아다니며 일본인 수비대장을 만나 일본군이 함부로 백성을 죽이지 않도록 설득하였다. 이로 인해 태인 사람 가운데 거의 죽을 지경에 이르렀다가 살아난 자가 매우 많았고, 다른 지방 사람으로서 무고하게 붙잡힌 사람들도 많이 구하였다.

그는 평소에 받는 봉급 외에는 단 1전도 백성들에게 거두지 않았으며 荒政이나 수리사업 등 백성들을 이롭게 하는 일에 온갖 정성을 기울였다. 이에 감복한 태인 군민들은 군내 38坊에 木碑를 세워 그의 덕을 칭송하였는데, 근방의 고부와 정읍군 등지에도 그를 기리는 목비를 세운 곳이 있었다. 그러나 그는 사람을 시켜 경내의 목비를 거둬 오게 하여 이를 불태웠다.[43)]

---

40) ≪皇城新聞≫ 1907년 12월 13일자 논설 「郡守 敍任의 說」.

41) 예컨대 1907년 11월 전라북도 관찰사는 관내 4개 군수의 근태를 내부에 보고한 바, 이 때 홍범식은 부모를 뵙기 위해 상경하였다가 기한이 넘도록 귀임하지 않은 것이 보고되어 내부에서 그에게 임지로 귀임할 것을 명령하기도 하였다(≪皇城新聞≫ 1907년 12월 13일자 잡보의 「促送郡守」).

42) 동학혁명 당시 조정에서 청국에 보낸 문서에는 "··· 전라도 관할의 태인, 고부현 등은 백성의 습속이 사나워 본래 다스리기 어려운 곳이라 일컬어졌다 ···(··· 全羅道所轄泰仁古阜等縣 民習凶悍 素稱難治 ···)"고 하여 이전부터 태인이 통치하기 어려운 지역이었음을 알려준다(黃玹, 『梅泉野錄』, 132쪽).

43) 金澤榮, 「洪範植傳」, 『韶濩堂文集』 卷十.

홍범식이 태인 군수로 재임하는 동안 베푼 선정은 이를 칭송하는 군민들이 자발적으로 신문에 낸 광고를 통해 잘 알 수 있다. 그가 부임한지 채 1년도 되지 않은 1908년 6월 20일, 태인군 산외면에 거주하는 李喜鳳·宋象衍·李玟魯 등은 홍범식 군수를 칭송하는 광고를 ≪황성신문≫에 게재하였다. 이 광고의 내용은 김택영의 「洪範植傳」의 내용과 일치한다. 즉, 그들은 먼저 홍범식이 부임한 지 몇 달 되지 않았으나 정령을 공평하게 펴기에 힘써 크고 작은 폐단을 없애고 오로지 밤낮으로 백성을 편안하게 하기 위해 노력하였다고 평가하였다. 이어 태인군의 산내면과 산외면은 험준한 지역이라 1907년 겨울 이래 의병이 크게 일어났는데 홍범식의 군민에 대한 무마와 일본 기병대와의 교섭으로 10여 명의 피해자 생명을 구하고, 수많은 다른 면 백성들의 생명도 구하였다고 칭송하였다. 따라서 '이런 군수는 태인군이 생긴 이래 처음'이라고 극찬하며, 그를 칭송하는 '滿街木碑는 猶屬例事요 立祠繡像은 難忘永世'라며 지구상의 동포들은 이를 잘 알아 달라고 광고하였던 것이다.44)

이로써 보면 그가 적극적으로 의병을 지원한 사실은 확인할 수 없으나, 그는 의병 진압을 위해 출동한 일본군이 무고한 백성들을 의병으로 몰아 함부로 죽이지 않도록 극력 보호하였음을 알 수 있다.45)

이듬해 5월 13일, 태인군 거주 柳鍾奎가 ≪황성신문≫에 낸 광고는 홍범식이 태인 군수를 사임하고 상경하려다가 군민들의 간청으로 포기하였던 적이 있음을 알려준다. 즉, 유종규는 홍범식이 군수로 부임한 지 3년째를 맞아 그의 열성적 노력으로 관내가 편안해졌는데, 무슨 문제가 있는지 홍 군수가 상경하려고 한다고 하였다. 이 때 면장과 군민들은 홍범식에게

---

44) ≪皇城新聞≫ 1908년 6월 20일자.
45) 河東郡守 李承斗가 일본군이 행군하는 앞에 서서 백성들에게 피해 숨도록 하고, 일본군이 민가에 불을 지르려 하면 울면서 그들을 붙들고 말리다가 화가 난 일본군에 맞아 죽은 사례(黃玹, 『梅泉野錄』, 479쪽)에서 알 수 있듯이, 군수가 일본군에 맞서 군민을 보호하려 한 것은 목숨을 내건 행동이었다.

만일 군수가 백성을 버리고 상경하면 면장들도 모두 돌아갈 것이고 군민들은 살만한 곳을 정하지 못할 것이라고 호소하며 만류할 것을 청원하였다. 홍범식은 이 같은 군민들의 소망을 차마 떨치지 못하고 상경하기를 그만두었는데, 유종규는 홍범식에게 '感賀'함을 이기지 못하여 이 사실을 널리 알리는 광고를 냈던 것이다.46) 그가 태인 군수로 재임할 시기의 평가는 '時有全北第一治之頌'이라는 표현이 상징적이다.47)

홍범식은 태인 군수로 약 2년을 재직한 후 1909년 6월 14일 금산 군수로 전임하였다.48) 그는 이곳에서도 태인과 같이 선정을 베풀기에 힘썼다. 금산의 치소 남쪽에는 예로부터 연병장이 있었으나 오래 전에 폐지되어 그곳 사람들이 농사를 지어 수백 두씩 수확하고 또한 매매를 할 수 있었다. 그러나 前政 金宇植이 府訓에 의해 이곳을 모두 국유화 시켜 버렸다. 홍범식이 부임하자 그곳 사람들이 모두 달려와 이 사실을 호소하였다. 홍범식은 사실에 입각하여 상부에 보고하여 모두 돌려주니 모든 사람들이 그의 덕을 칭송하였다.49)

해방 후 1949년에 금산의 지방 유림들이 발의하여 금산읍 중앙지에 세운 홍범식순절비는 현재 태인에 남아 있는 여러 개의 선정비와 함께 그의 선정을 기리는 그곳 사람들의 정서를 잘 보여준다.50)

---

46) ≪皇城新聞≫ 1909년 5월 13일자.

47) 宋相燾,『騎驢隨筆』의 洪範植條.

48)『日省錄』1909년 6월 14일 및 ≪皇城新聞≫ 1909년 6월 17일자.

49) 宋相燾,『騎驢隨筆』의 洪範植條.

50) '郡守洪公範植殉節碑'는 1949년 10월 지방 유림들의 발의로 금산읍 중앙지에 건립된 것이다. 비문은 금산 출신으로 극작가로 활동하던 임희재(任熙宰, 1922~1970)가 지은 것인데, 홍명희의 월북으로 인해 비의 건립을 둘러싸고 찬반 논란이 있었다. 당시 예산군수 박항재는 홍범식의 순절에 대해 왕명이 없이 군수가 자결한 것은 잘못된 행동이었다고 비난하였다고 한다. 이 순절비는 忠節碑라고도 하였는데, 이후 1976년에 남산으로 옮겼다가 2008년 다시 홍범식 공원으로 옮긴 것인데, 금산군 향토유적 제11호로 지정되어 있다. 순절비는 남쪽으로 진악산을 등지고 북쪽으로 신흥산을 바라보고 있는데, 금산읍 전경이 내려다보이고, 자신이 최초로 자결을 시도했던 금산객사(금계관) 자리도 보인다. '郡守洪公範植殉節址' 비석은 1993년 7월 홍범식의 순절한 곳을 기념하기 위해 조종산 자락에 세웠다가 순절비와 함께 '홍범식 공원'으로 이전하였다. '홍범식 공원'에는 그의

Ⅳ. 자결 순국

홍범식은 1905년 을사오조약이 강제 당한 이후 항상 비분강개하여 눈물을 흘리며 민충정공의 순절을 칭송하곤 하였다.[51]

그가 금산 군수로 재임 중이던 1909년 10월, 안중근 의사가 우리나라 침략의 원흉인 이토 히로부미를 하얼빈 역에서 처단한 쾌거가 있었다. 그러나 일제는 이를 계기로 한국 병탄 계획을 가속화하였다. 그는 곧 일제가 일진회를 앞세워 우리나라를 병탄한다는 소식을 듣고는 "안타깝다. 내가 백리의 땅은 지켜냈으나 나라가 망하는 것은 지켜낼 힘이 없구나. 나라가 망한다면 죽는 것이 마땅하다."라며 깊이 탄식하였다.[52]

홍범식의 자결 순국 과정에 대하여는 정인보의 『담원문록』에 상세히 설명되어 있다. 그 내용은 홍명희로부터 전문한 것으로 보이는데, 이를 토대로 그의 자결 순국 과정을 살펴보기로 한다.

그는 장차 국가에 변고가 있을 것을 예상하고 미리 그의 부자와 친우들에게 이별을 고하는 편지를 쓰고, 한편으로는 미뤄뒀던 일들을 처리하였지만 아무도 그의 자결 조짐을 눈치 채지 못하였다.[53]

1910년 8월 29일, 결국 그는 망국의 소식을 듣게 되었다. 이 소식을 접

호를 딴 정자(일완정)가 있다. 한편 그가 태인 군수로 재임하던 시기의 선정을 기리기 위해 세운 비 가운데 현재 3기가 남아 있다. 즉, 전북 정읍시 감곡면 방교리 감곡면사무소 경내의 '洪侯範植恤民善政碑'(1908), 정읍시 산외면 오공리 야정 노인정 앞의 '郡守洪侯範植善政碑'(1909), 정읍시 태인면 태창리 披香亭 경내의 '郡守洪侯範植愛民善政碑'(1910)가 그것이나, 현지에서조차 이 존재를 잘 알지 못하니 안타까운 일이다.

51) 朴殷植, 『韓國痛史』, 171쪽(『白巖朴殷植全集』 제1권, 415쪽).
52) 金澤榮, 「洪範植傳」, 『韶濩堂文集』 卷十. 김택영은 『韓史綮』에서 그가 일제가 합병하기로 기약하였다는 소식을 듣고는 "관직이 封疆이 있으며 적을 능히 방어하지 못하였으니 살아서 무엇 하겠는가?"라고 탄식하였다고 서술하였다.
53) 홍범식 외손가에 전하는 유서(「두 며느리의게」)의 사본에는 작성일이 7월 23일로 되어 있다. 이는 음력일인데, 이로써 보면 홍범식은 이 유서를 자결하기 이틀 전인 8월 27일에 이미 작성해 두었음을 알 수 있다. 이 유서의 사본은 며느리가 베껴 쓴 듯 겉장에 '아바님 유서 벗긴 것'이라 되어 있다. 자료를 제공해 주신 강영주 교수께 감사드린다.

한 그는 한동안 아무런 말도 없이 있다가 자결을 결심한 뒤 날이 어스름해지자 재판소 서기 金祉燮을 불러 함께 저녁을 먹고 나서 유서를 넣어 단단히 싸서 봉한 상자를 그에게 건넸다. 김지섭이 이를 열어 보려 하자 그는 열지 말고 그냥 집으로 가지고 가라고 하였다. 김지섭은 군수의 명령이기 때문에 그냥 품에 넣어 집으로 가지고 갔다.

잠시 후 홍범식은 小室에게 어찌 놀러 나가지도 않느냐고 묻고, 그녀를 데리고 고을의 잘 아는 사람54) 집으로 가서 그녀를 집안으로 들여보내고는 주인에게 관아의 內舍를 수리해야 하기 때문에 소실을 잠시 머물도록 폐를 끼쳐야 하니 잘 돌봐달라고 부탁을 하고는 곧 그 집을 떠났다. 이 때 使令인 殷成55)이 그를 따랐는데, 홍범식이 그 집을 나서서 여느 때 다니지 않던 길로 접어들자 그는 혼잣말로 이 길은 객사로 가는 길인데 왜 군수가 이 길로 갈까라고 하며 이상하게 여겼다.56)

객사에 도착한 홍범식은 은성을 문밖에 있게 한 뒤 안으로 들어가 임금께 북향사배를 올리고 나와 아래채에 이르러 비단으로 목을 매어 자결을 시도하였다. 은성이 몰래 들어가 엿보다가 이 광경을 보고는 놀라 그에게 달려가 얼싸 안으며 울부짖었다. 홍범식은 노하여 은성을 손으로 밀어 제치고 옷자락을 걷어 치며 결연히 나가 버렸다. 이에 은성이 소리쳐 울면서 그의 뒤를 따랐는데, 홍범식은 문밖으로 몇 발자국 나가다가 몸을 돌려 모래를 집어 은성의 얼굴에 뿌렸다. 갑자기 눈에 모래가 들어간 은성이 눈을 뜨지 못하고 눈을 비비는 사이 그는 어둠 속으로 사라져 어디로 갔는지 알 수 없었다. 은성은 관아로 달려갔다. 그는 만나는 사람마다 군수가 목을 매 자결하려는 것을 풀어드렸으나 지금 어디 계신지 모르니 빨리 횃불을 들고 찾아 달라고

---

54) 『騎驢隨筆』에는 면장 金漢根의 집이라 되어 있다.
55) 『騎驢隨筆』에는 金恩成이라 되어 있다.
56) 客舍란 고려시대 이래 각 고을에 설치한 것으로 왕명을 받든 사람이 묵던 곳이므로 館舍 또는 客館이라고도 한다. 자료상으로는 1279년(충렬왕 5) 8월부터 지었다고 하나, 조선 시대에는 이곳에 왕을 상징하는 殿牌를 모셔두고 고을 원님이 매달 초하루와 보름에 대궐을 향해 望闕禮를 올리던 곳이다.

울부짖었다. 이 소식을 들은 아전과 군민 모두가 놀라 군수를 찾아 나섰다.

군수로부터 상자를 받아 가지고 집으로 돌아 온 김지섭은 처음에는 군수가 자기에게 먹을 것을 주면서 자기를 깜짝 놀라게 하기 위해 열어보지 말라고 한 것이라 여겨 의심하지 않았었다. 김지섭이 집에 돌아와 상자를 열어보니 그 안에 그 아들에게 주는 편지가 들어 있었다. 또한 지섭에게 주는 편지도 있었는데, 홍범식은 이 편지에서 지섭에게 나라가 망하였으니 자신은 자결하면 그만이지만 너는 빨리 관직을 떠나 다른 일을 찾아보라고 당부하며, 가족들에게 보내는 편지를 부탁한다고 하였다.

김지섭이 이 편지를 읽어 보고 깜짝 놀라 관아로 달려가니 군수는 이미 없었다. 어떤 사람의 안내로 홍범식이 소실을 맡긴 집을 찾아가 물어보니 곧바로 돌아갔다고 하였다. 지섭이 홀로 한숨을 쉬며 골목을 나서 바라다 보니 불빛이 군청을 밝히고 한창 술렁거리고 있었다. 지섭이 서둘러 달려가니 은성이 아전과 고을 사람들을 모아 군수를 찾아 나서려는 참이었다. 지섭은 그들과 함께 객사로 가서 군수를 찾아 나섰는데, 문 옆의 밭에 수숫대와 옥수숫대가 헤쳐지고 꺾여 마치 사람이 뚫고 들어간 흔적 같아서 모두 의심하며 온 밭을 두루 뒤졌으나 헛일이었다.

이 때 갑자기 뒤쪽에서 원님이 여기 계신다고 외치는 소리가 들렸다. 모두 달려가 홍범식을 찾아냈으나, 그는 객사 후원의 낮은 소나무 가지에 목매 숨이 끊어진 뒤였다. 나무 가지가 연약하여 처져서 그의 몸은 땅에 비스듬히 늘어져 마치 누워 자는 듯한 모습이었다. 홍범식은 평상시에는 서양제 검은 모자를 썼는데, 이 날은 우리 의관으로 갈아입고 있었다. 그는 이날 아침 작년에 남에게 빌려 온 매화 분재를 편지와 함께 30리 길을 달려가 돌려주게 하였는데, 심부름꾼이 돌아왔을 때 그는 이미 세상을 뜬 뒤였다.57)

---

57) 홍범식의 자결 순국일을 김윤식의 『續陰晴史』(1910년 9월 1일자)를 인용하여 9월 1일로 보는 견해(권대웅, 『1910년대 국내독립운동』, 45~46쪽)가 있는데, 이는 명백한 오류이다. 「除籍簿」는 물론 모든 기록에 그의 순국일은 8월 29일 국치일 당일로 일치한다.

금산군에서는 아전과 어른들로부터 비롯하여 아래로는 농군, 등짐장수, 아낙네, 어린애 할 것 없이 모두 앞 다퉈 나와 울고 또 장례 모실 준비에 분주하였다. 아들 명희가 달려왔을 때 이미 모든 장례 준비가 갖춰진 뒤였다. 그의 염을 마친 뒤 남은 수의용 옷감이 십여 필이 되었는데, 모두 울며 변변치 못한 것이나마 백성들의 정성으로 모은 것이니 원님 몸 옆에 함께 넣어 주면 여한이 없겠다고 애원하자 모두 관 속에 넣어주었다.

상여가 떠나려 하자 온 고을 사람들이 몰려와 향을 피우고 술을 따라 올리기를 그치지 않았고, 모두 도로에 나와 곡을 하였다. 상여가 괴산의 선영까지 가려면 3백 리나 되는데도 아전과 백성 1백 명이 상여를 따라가 장례를 마치고야 돌아왔다.

당시 장례는 판사 朴瑢台, 군서기 韓昌錫 등이 예를 갖춰 괴산까지 모신 것인데, 장례를 전후하여 賻錢한 관민이 5천 명에 이르렀으며, 읍의 아낙인 金春仙과 李緣珠도 부전을 하였다.[58]

홍범식은 자결 직전 객사의 벽에 '國破君亡 不死何爲'라는 여덟 자의 유서를 남겼다.[59] 홍범식의 품안에 지니고 있던 유서는 염탐꾼이 뒤져 가져갔지만, 일제는 김지섭에게 부탁한 유서의 존재는 알지 못하고 있었다. 김지섭은 이 유서들을 잘 숨겨두었다가 명희에게 전해 주었다. 유서는 할머니와 부모로부터 부인과 자제, 며느리와 딸에게 이르기까지 십여 통이나 되었는데, 그는 이 유서에서 식구들을 위로하고 격려하였다.[60] 그는 또한 손자 기문은 어렸으나 나중에 성장한 다음에 읽어보라고 하며 그에게도 유서를 남겼다. 그 내용은 손자 기문에게 입신양명하여 자신의 유한을 달래 달라고 부탁하며, 몇 종형제가 되더라도 돌려서 읽어 보라고 명하

---

58) 宋相燾, 『騎驢隨筆』의 洪範植條.
59) 朴殷植, 『韓國痛史』, 171쪽(『白巖朴殷植全集』 제1권, 415쪽).
60) 「두 며느리의게」의 내용은 다음과 같다. "효양 등당ᄒ고 형뎨화락ᄒ야 몸들 무탈ᄒ여라 일문화긔는 부녀에게 잇스니 싱각ᄒ고 죠심ᄒ야 죽는 나의 부탁을 잇지 마라 들은즉 큰 며느리는 퇴즁이라 ᄒ니 더욱 삼가기 밋는다 나는 오날 당ᄒ야 가스를 싱각ᄒ니 통한 흔 곳 엇지 적으랴 되강 긋친다 경술 칠월 이십 습일 싀부".

였다.61) 유서의 글자는 모두 흐려 쓰지 않고 정성을 들여 또박또박 썼다.

일설에 의하면 당시 홍범식의 주머니에는 5통의 유서가 있었는데, 일제가 뒤져 가져간 것을 후에 박용태가 일본인에게 사정하여 가족에게 남긴 유서 1통을 돌려받았다고 한다. 나중에 홍범식의 가족들이 그의 유품 중에서 오래된 상자를 열어보니 멸망한 고려 왕조에 충성과 의리를 다하기 위해 은거한 杜門洞 72賢의 이름과 행적을 기록한 책이 나왔다고 한다. 그의 올곧은 지조를 알 수 있는 일화이다. 그가 아들에게 남긴 유서의 내용은 다음과 같다.

> 기울어진 국운을 바로 잡기에는 내 힘이 무력하기 그지없고 망국노의 수치와 설움을 감추려니 비분을 금할 수 없어 스스로 순국의 길을 택하지 않을 수 없구나. 피치 못해 가는 길이니 내 아들아 너희들은 어떻게 하던지 조선 사람으로 의무와 도리를 다하여 빼앗긴 나라를 기어이 되찾아야 한다. 죽을지언정 친일을 하지 말고 먼 훗날에라도 나를 욕되게 하지 말아라.62)

그의 자결 순국 소식이 알려지자 온 나라 사람이 깜짝 놀라며 홍범식은 나라가 망하자 최초로 순국한 사람이며 앞으로 그의 뒤를 따라 많은 관리와 신민들이 죽을 것이라고 칭송하였다.63) 실제로 그의 뒤를 이어 수십 명의 우국지사들이 자결 순국하였다.

V. 자결 순국의 영향

홍범식이 자결 순국하자 일제는 10일이 지난 9월 8일자 『朝鮮總督府官報』「彙報」의 官吏死去 부분에 '금산 군수 홍범식이 지난달 30일 사거

---

61) 洪起文, 「故園紀行」(『洪起文朝鮮文化論選集』, 현대실학사, 1997, 380쪽).
62) 강영주, 『벽초 홍명희 연구』, 88~89쪽 재인용.
63) 金澤榮, 「洪範植傳」, 『韶濩堂文集』 卷十.

하였다'라고 죽음의 원인을 밝히지 않고 단순하게 보도하였다.[64]

일제는 경술국치에 분개하여 자결한 사람이 생겼다는 소식을 들으면 곧 그 집 사람들을 찾아가 절대 사실을 발설하지 못하도록 협박하였다.[65] 그러나 홍범식의 경우, 일제는 그의 순국이 미칠 파장을 우려하여 그의 자결 원인조차 비열하게 왜곡하였다. 즉, 일제는 그의 순국이 일제의 침략에 분개하여 결행한 것이 아니라 '본래 있던 광증이 발하여' 자살한 것으로 폄하하였던 것이다.[66]

그러나 그의 자결 순국 소식은 순식간에 국내외로 전해지며 엄청난 반향을 일으켰다. ≪新韓民報≫는 그의 자결 순국 사실을 「그래도 하나 있다」라는 제목으로 신속하게 미주 동포사회에 보도하였고, 그 이후에도 몇 차례 더 보도하며 칭송하였다.[67]

그의 순국은 독립운동 단체나 해외 동포사회에서 8월 29일의 국치일을 맞이하여 독립투쟁의 결의를 다지는 기억과 기념의 상징적 소재가 되었다. 상해의 同濟社는 1913년 8월 29일의 국치일을 맞이하여 홍범식 추도회를 개최하였고,[68] ≪신한민보≫ 역시 이날을 맞이하여 「대치욕 합병기사」에서 '홍태수의 강개 순국'이 민족정기가 인멸치 않은 증거라고 그의 순국을 기렸다.[69] 한편 ≪獨立新聞≫은 1922년 8월 29일자 「국치일의 해설」 기사에서 홍범식의 자결 순국을 최초의 순국으로 칭송하였고,[70] 한국국민당 기관지인 ≪韓民≫도 1936년의 국치일에 그를 순국열사의 首位에 두고 설명하였다.[71]

---

64) 『朝鮮總督府官報』, 1910년 9월 8일자. 일제가 그의 순국 일자를 하루 늦춰 발표한 것은 그의 순국이 경술국치와 무관하다는 것을 나타내고자 한 의도적인 것으로 보인다.

65) 朴殷植, 『韓國獨立運動之血史』, 維新社, 1920, 29쪽(『白巖朴殷植全集』 제2권, 109쪽).

66) ≪新韓民報≫ 1910년 10월 12일자.

67) ≪新韓民報≫ 1910년 9월 21일자.

68) 鄭元澤, 『志山外遊日誌』 1913년 7월 28일자(양 8. 29).

69) ≪新韓民報≫ 1913년 8월 29일자.

70) ≪獨立新聞≫ 1922년 8월 29일자 「國恥日의 解說」.

71) ≪韓民≫ 1936년 8월 29일자 「流芳百歲의 殉國 諸烈士」.

무엇보다도 그의 자결 순국은 그의 아들 홍명희에게 '가슴에 큰 못이 박혀'진 것 같은 깊은 충격과 영향을 주어 조선 천하가 모두 倭奴의 수하가 되더라도 홍명희만은 절대로 그럴 수 없었던 것이다.[72] 홍명희는 어려서 자신에게 엄격하였던 홍범식을 무서워하고 꺼려하였다고 회고한 바 있다.[73] 그러나 부친의 죽음은 그에게 하늘이 무너지고 땅이 꺼지는 '天崩地坼'과 같은 일이었다. 그는 당시의 심경을 이렇게 말하였다.

> 합방만도 마음이 약하고 몸이 약한 나에게 견디기 어려운 크나큰 타격인데 약한 마음을 자애로 어루만져주시고 약한 몸을 자애로 휩싸주던 우리 아버지가 합방 통에 돌아가셨다. 나는 온 세상이 별안간 칠통 속으로 들어간 듯 눈앞이 캄캄하였다. 天崩地坼이란 當故한 사람들 흔히 쓰는 문자가 나에게는 문자 그대로 사실인 듯하였다. 나라가 망하고 집이 망하고 또 내 자신이 망하였으니 아버지의 뒤를 따라 죽는 것이 가장 상책일 줄 믿으면서도 생목숨을 끊을 용기가 없었다. 죽지 못하여 살려고 하니 고향이 싫고 고국이 싫었다. 멀리멀리 하늘 끝까지 방랑하다가 아무도 모르는 곳에 가서 아무도 모르게 죽는 것이 소원이었다. 삼년상을 치러야 한다고 삼년을 지내는 동안에 겉으로 생활은 전과 같이 먹을 때 먹고 잘 때 자지만 속으로 감정은 전과 딴판 달라져서 모든 물건이 하치않고 모든 사람이 밉살스럽고 모든 예법이 가소로웠다.[74]

홍명희는 부친의 삼년상을 마치자마자 중국과 남양으로 방랑의 길을 떠나 7년여를 보내다가 귀국하였다. 그는 부친이 유서에서 당부한대로 친일을 하지 않고 부친을 욕되게 하지 않게 살고자 하였고, 가끔은 아들 기문에게도 눈물을 흘리며 할아버지의 생전의 이야기를 들려주었고, 할아버지의 뒤를 이어 자존심을 지키고 인내력이 있어야 한다고 강조하였다.[75] 그는 월북한 후에도 자신의 책상 왼쪽 벽에 부친이 남긴 유서를 액

---

72) 朴學甫, 「洪命憙論」, ≪新世代≫ 1946년 3월호(통권 제1권 제1호), 85∼87쪽.

73) 洪命憙, 「自敍傳」(金東煥 편, 『平和와 自由』, 삼천리사, 1932, 97∼101쪽).

74) 홍명희, 「내가 겪은 합방 당시」, ≪서울신문≫ 1946년 8월 27일자.

75) 洪起文, 「아들로서 본 아버지」, ≪朝光≫ 2권 2호, 1936. 5, 181∼190쪽.

자에 담아 걸어 두었는데, 아침저녁으로 올려다보며 마음을 다잡고 어제를 되돌아보고 내일을 깨끗하게 살려고 노력하였다고 한다.76) 그는 말년의 어느 날 자식들에게 자신은『임꺽정』의 작자도 아니고 학자도 아니라 홍범식의 아들 애국자라는 사실을 강조하였다. 또 자신은 일생 동안 애국자라는 명예를 잃을까봐 그 명예에 티끌조차 묻을세라 마음을 쓰며 살아왔다고 말하였다고 한다.77)

홍명희는 1919년 3월 19일, 충북 최초의 3 · 1운동인 괴산 장터의 만세시위를 주도하였고, 이후에도 신간회를 조직하고 주도하는 민족운동의 길을 걸었다. 그런데 여기에서 기억해야 할 사실은 홍범식의 이복동생인 홍용식이 홍명희와 함께 만세운동을 주도하고, 홍명희의 이복동생인 洪性憙가 형의 뒤를 이어 괴산 장터의 만세운동을 주도하였다는 사실이다.78) 홍용식은 조카인 홍명희보다 7년 연하이나, 그와 함께 3월 18일 동부리 자택에서 3백여 매의 태극기를 등사하고 이튿날 괴산 장터로 나가 만세시위를 주도하다가 피체되어 1년 6개월의 옥고를 치렀다.79) 한편 그 다음 괴산 장날인 3월 24일의 만세시위의 주역은 홍성희였다. 그는 면서기들과 만세시위를 주도하다가 경찰에 피체되었는데, 이에 분개한 군중들이 경찰서로 쇄도하여 격렬히 항의하였다. 그 또한 1년의 옥고를 치렀다.80)

홍범식의 순국 이후 그의 동생인 홍용식과, 그의 아들인 홍명희 · 홍성희가 3 · 1운동을 주도하는 등 민족운동의 길을 걸을 수 있었던 것은 곧 그의 부형의 유훈을 따랐기 때문이다. 홍범식이 자결하며 남긴 유서는 그의 손자 홍기문도 신간회 참여 등 민족운동의 길을 걷게 하였다. 그는 할

---

76) 현승걸, 「통일 염원에 대한 일화」, ≪통일예술≫ 창간호, 광주출판사, 1990, 319쪽.
77) 현승걸, 「통일 염원에 대한 일화」, 318~319쪽.
78) 박걸순, 『槐山地方 抗日獨立運動史』, 109~111쪽.
79) 「홍명희 등 판결문(대정 8년 형 제217호)」, 1919. 4. 17, 공주지방법원 청주지청(『독립운동사자료집』 제5집, 1972, 1079~1080쪽).
80) 「홍성희 등 판결문(대정 8년 형 제236호)」, 1919. 4. 17, 공주지방법원 청주지청(『독립운동사자료집』 제5집, 1081~1082쪽).

아버지의 묘 앞에서 할아버지로부터 물려받은 자기의 핏줄이 성한 그날
까지는 할아버지의 이름을 욕되지 않게 할 것을 맹세하였다.

> … 다시 할아버지 앞에 엎드립니다. 불초한 이 손자가 엎드립니다.
> 입신양명하여 유한을 위로해 달라는 우리 할아버지께 저는 무슨 면목
> 을 들고 대담히 왔습니까? 저같이 약하고 못난 위인이 어째서 그 어른
> 의 손자로 태어났습니까? 나이 벌써 서른 넷, 황송한 말씀이오나 결코
> 적은 나이가 아니올시다. 지난 서른 네 해의 碌碌함을 돌아보아 앞으로
> 서른 네 해도 제 스스로 큰 기대를 가지지 못합니다. 그러나 할아버지시
> 여! 제 몸을 도는 이 피는 어디까지나 할아버지로부터 물려받은 것입니
> 다. 제 핏줄이 성한 그날까지는 어떠한 일이 있더라도 할아버지의 이름
> 을 욕되게 않고자 맹세합니다. 몇 종형제가 되든지 돌려보라고 명하신
> 유서는 제 아우와 또 제 종제들에게 두고두고 읽히겠습니다. 아니 저희
> 대, 손자대까지라도 길이 전하여 가보로 삼겠습니다. …81)

홍범식의 순국으로 인해 민족운동의 길을 걸은 것은 가족뿐만이 아니
었다. 일제는 충북지방 3·1운동 발발 원인의 하나로써, 당시 양반과 유
생층을 중심으로 홍범식의 자결 순국을 찬양하는 풍조를 지적한 바 있다.
즉, 홍범식의 자결 순국이 양반과 유생들의 만세시위에 끼친 영향을 주목
하였던 것이다.82)

그의 자결 순국의 유훈은 후손이라는 혈연적 연고와 충북이라는 공간
적 범주에만 머물지 않았다. 전국의 많은 우국지사들이 그의 뒤를 따라
자결로써 일제의 침략에 항거하였고, 그를 본보기로 하여 민족운동에 투
신하였다.

秋岡 김지섭(1884~1928)은 그 대표적 인물이라 할 수 있다. 1907년 5
월 상주보통학교 교원으로 임명83)되어 교편을 잡고 있던 그는 1908년 11

---

81) 洪起文,「故園紀行」, ≪朝鮮日報≫ 1936년 4월 13일자.
82) 朝鮮憲兵隊司令部. 1919, 『朝鮮騷擾事件狀況』(독립운동사편찬위원회,『독립운동사자료
　　집』제6집, 1973, 472~474쪽).

월 11일 의원면직[84] 하고 상경하였고, 이후 재판소 번역관 시험에 합격하여 1909년 8월 전주구 재판소 번역관보를 거쳐[85] 이 해 11월 금산재판소 서기로 근무하게 되었으며 물품회계 관리 업무를 담당하기도 하였다.[86] 홍범식은 김지섭에게 유서를 맡길 만큼 그를 신뢰하였다. 1913년 김지섭은 공주지방법원 영동지청 서기겸 번역생을 그만두고 중국으로 망명하여 의열단 단원이 되어 1924년 二重橋 투탄의거를 결행하였다. 이로 인해 피체된 그는 공판을 받을 때 일본에게 모욕을 당한 것에 분개하여 독립운동을 하였고, 생명을 희생해도 아깝지 않다고 답변하였다.[87] 결국 김지섭의 독립운동 참여는 홍범식의 자결 순국 과정을 곁에서 지켜보고, 또한 그로부터 유서를 부탁받아 비밀리에 가족에게 전하며 잠자던 민족의식이 각성되고 독립의식이 고양된 것과 관련이 깊은 것으로 평가된다.[88]

홍범식의 영향으로 독립운동에 나선 인물로 미주지역에서 활동한 宋哲(1896~1986)도 주목된다. 당시 전주 신흥중학교에 재학 중이던 송철은 고향이 금산으로 홍범식의 죽음을 직접 목도하며 일본에 대한 적개심에 비분강개하여 살아있는 동안 원수를 갚겠다고 결심하고 학업에 전념하고 이후 망명하여 독립운동에 나섰다고 회고한 바 있다.

> … 급기야 1910년 8월 29일 한일합방을 발표하고 말았던 것이다. 이 비보를 전해들은 금산의 홍 군수는 아무도 모르게 군청 소재지 가까운 언덕에 올라가 소나무에 명주 수건으로 목을 매어 자살하고 말았다. 이 순국의 소식은 삽시간에 많은 사람에게 알려져서 수많은 사람들이 운집하였다. 나도 이 애절한 죽음을 목도하였는데, 비분강개한 마음 금할

---

83) 「김지섭 교원 임명장」(독립기념관 소장자료 1−001697−000).
84) 「김지섭 상주보통학교 전과부훈도 면직사령장」(독립기념관 소장자료 1−001698−002).
85) 「김지섭 임명장」(독립기념관 소장자료 1−001702−008). 이 때 판임관 4품계를 받았다.
86) 「김지섭 8급재판소 번역관 보임장」(독립기념관 소장자료 1−001703−001) 및 「금산구 재판소 물품 회계 관리 임명장」(독립기념관 소장자료 1−001702−004).
87) ≪朝鮮日報≫ 1924년 9월 11일자.
88) 金容達, 「秋岡 金祉燮의 生涯와 獨立運動」, ≪安東史學≫ 제6집, 2001, 135~181쪽.

길이 없었다. 언덕 밑으로 축 늘어진 시신은 어린 나의 가슴에 헤아릴 수 없을 만큼 일본에 대한 적개심을 불러 일으켰다. 내가 살아 있는 동안 원한을 풀어주지 못하면 살아서 무엇 하리! 기필코 살아서 저 원수를 갚으리라는 사무친 결심이 그 어려웠던 학업, 망명, 광복운동의 원동력이 되었던 것이다. 이러한 결심이 있었기에 공부에 공부를 매진했고 그 가난의 고학생활도 불사했던 것이다. … 홍 군수의 죽음은 나에게 적지 않은 충격과 용기를 안겨주었다. …[89]

홍범식의 죽음은 동료 군수들에게도 충격으로 작용하였다. 당시 이천 군수로 재임하던 趙鏞夏(1882~1937)는 대한민국임시정부의 三均主義를 정립한 조소앙의 형이었는데, 그는 같은 군수직에 있던 홍범식의 자결 순국 소식을 듣고는 그렇게 하지 못한 자신을 부끄럽게 여기고 8개월이 지나 군수직을 사직하였다. 이후 그는 다시 麻田郡(현재, 연천군)의 군수에 임명되었으나, 6개월 만에 사직하고 이후 망명하여 중국과 하와이에서 독립운동에 투신하였다.[90] 그는 1933년 3월 경성지방법원에서 진행된 치안유지법위반 피고 심문에서 다음과 같이 분명하게 답변하였다.

> 문 : 그렇게 마전군수에 복직하였으나 그 후 大正 2년 8월 퇴관하였다는데 그러한가?
> 답 : 그렇다.
> 문 : 왜 퇴관하였는가?
> 답 : 내가 이천 군수로 근무하고 있을 무렵 日韓倂合이 되었으나 당시 그것에 분개해서 당시의 전북 금산 군수를 하고 있던 홍범식이 자결하였으므로 그러한 사건에 의하여 자극되어 이천 군수를 그만 둔 상황이었는데, … 당시에는 생활에도 불편을 받고 있는 때이어서 온정에 의지해서 복직하였으나 어쩐지 총독정치에 대해 마음으로부터 승복하는

---

89) 이상수,『송철 회고록』, 키스프린팅, 1985, 29~30쪽.
90)「趙鏞夏 聽取書(第一回)」, 1932년 12월 19일, 神戶地方裁判所 檢事局(『韓民族獨立運動史資料集』42, 국사편찬위원회, 2000, 111쪽).

기분은 되지 않고 조선 민족을 위해서 금산 군수가 自盡한 일을 또 새로
이 생각하고 조금도 군수를 계속하고 있을 기분이 되지 않았으며 …
　　문 : 군수 시절에 상급 관청의 조치 등에 대해서 사무적으로 좋지 않
은 일이라도 있었던 것은 아닌가?
　　답 : 그러한 일은 없었다.
　　문 : 그렇다면 결국 조선은 완전히 독립하지 않으면 안 된다고 하는
것을 그 무렵부터 생각하고 있었는가?
　　답 : 구체적으로는 없었으나 조선의 독립을 희망하고 있었다.[91]

이상으로 볼 때 그의 자결 순국은 동생과, 아들, 손자가 독립운동의 길
에 전념하도록 하였을 뿐만 아니라, 김지섭과 송철의 사례에서 알 수 있
듯이 독립운동가의 본보기가 되었으며, 조용하의 사례에서 관료사회에도
영향을 미쳤음을 확인할 수 있다. 또한 홍범식의 자결 순국은 일제 강점
과 더불어 국내외 동포들에게 항일투쟁의 선구적 존재로서 기폭제가 되
었을 뿐만 아니라, 일제강점기 내내 해마다 경술국치를 기억하고 독립 쟁
취의 결의를 다지는 계기의 대상이 되었음도 확인할 수 있다.

따라서 홍범식의 사례에서 분명히 알 수 있듯이 의열투쟁으로서의 자
결 순국은 단순히 개인적 차원의 봉건적 · 소극적 투쟁이 아닌 것이다. 곧
자결 순국 투쟁은 개인의 극적 희생을 통해 민족적 각성을 촉구하고 민중
의 봉기와 투쟁을 유발한 적극적이고 효율적 투쟁으로 평가하여 마땅하
다. 역사가들이 자결 순국자들을 대서특서하여 立傳케 하여야 한다고 한
박은식의 주장[92]은 지극히 타당한 것이다.

VI. 맺음말

본고는 1910년 경술국치를 당하여 최초로 자결 순국한 금산 군수 홍범

---

91) 「公判調書」 1933년 3월 31일, 京城地方法院(『韓民族獨立運動史資料集』 42, 137쪽).
92) 朴殷植, 『韓國痛史』, 171쪽(『白巖朴殷植全集』 제1권, 415쪽).

식의 생애와 자결 순국 과정, 그의 순국이 한국독립운동에 미친 영향에 대하여 검토한 것이다. 본고를 요약하면 다음과 같다.

그는 노론의 명문가에서 태어나 조부와 부친에 이어 과거에 급제하여 望族의 영예를 이어갔다. 그는 어려서부터 학문을 좋아하였으며 孝悌를 두터이 행하고 志節을 지키기에 힘썼다. 그는 특히 부친 홍승목에게 극진한 효행을 다하였으나, 홍승목이 아들의 자결 순국을 목도하면서도 친일 행각을 벌인 것은 비판받아 마땅하다.

홍범식은 1888년 무자 식년시의 진사시에 급제 후 내부 주사, 혜민원 참서관을 거쳐 1907년 전북 태인 군수에 임명되었다. 당시는 의병이 전국적으로 봉기하였고, 특히 전북의 의병 활동이 왕성하였다. 이에 군수로 서임된 사람들이 임지 부임을 기피하여 지방관이 결원이 된 이른바 '曠窠', '窠闕' 현상이 심각하였다. 그러나 그는 선비로서 나라가 어려울 때 회피하는 것은 도리가 아니라고 생각하였다. 그는 의병을 진압하기 위해 출동한 일본군 수비대장을 찾아가 백성을 함부로 죽이지 않도록 설득하여 많은 생명을 구하였다. 그가 적극적으로 의병을 지원한 근거는 없으나, 군민을 극력 보호하였음은 틀림없다. 또한 그는 荒政이나 수리사업 등 백성을 이롭게 하는 일에 정성을 다하였고, 지방관의 가렴주구와 폐정이 없도록 유의하였다.

그가 태인 군수로 재임하는 동안 군민들은 《황성신문》에 그의 선정을 칭송하는 광고를 자발적으로 게시하였다. 그의 명성은 태인은 물론 인근의 고부와 정읍 등지에도 알려졌다. 당시 그를 전북 제일의 군수라거나, 태인군이 생긴 이래 가장 선정을 펼친 군수라고 칭송한 기록은 그의 선정을 짐작케 하고도 남는다. 그의 선정은 금산에서도 계속되었다. 현재 그가 군수를 지낸 태인과 금산에 남아 있는 각종 선정비 등 기념물은 그에 대한 역사적 기념과 기억의 현재적 증좌이다.

그는 1905년 을사오조약을 강제 당한 이후 늘 일제의 침략에 비분강개한 마음을 지니고 있었다. 1910년의 망국이 가까워질수록 그의 탄식은 깊어갔고, 망국 직전에는 이미 자결 순국을 결심하게 되었다. 그가 유서를 작성한 날짜가 경술국치 이틀 전인 8월 27일이란 사실이 이를 입증한다. 그는 가족에게 남기는 여러 통의 유서를 쓰고, 객사 벽에도 결연한 의지를 밝히는 글을 남긴 뒤 관아 뒤편의 조종산 자락 소나무에 목을 매 자결 순국하였다. 그의 순국 과정은 일제 침략에 분개하여 자결 순국한 열사의 행적 가운데 가장 상세한 기록으로 남아 있다. 그의 장례는 금산 군민들이 정성을 다해 치렀다.

일제는 홍범식의 자결 순국 사실을 감추고 왜곡하기에 급급하였으나, 곧 이 소식은 국내외로 파급되며 커다란 반향을 일으켰다. 그의 자결 순국은 국내외 동포의 항일투쟁의 기폭제가 되었을 뿐만 아니라, 해외 동포 사회와 독립운동 단체가 해마다 국치일을 맞이하여 독립 쟁취의 결의를 다지는 기억과 기념의 상징적 존재가 되었다.

그의 자결 순국 투쟁은 가족은 물론 많은 사람들에게 영향을 주어 독립운동에 나서게 하였다. 그의 동생 홍용식과 아들 홍명희, 홍성희는 물론 손자 홍기문까지 3대가 그의 순국의 영향을 받아 3·1운동과 신간회 주도 등 민족운동에 나섰다. 그들은 홍범식의 유훈을 받들어 친일행위를 하지 않고, 애국자 후예로서의 명예를 지키기에 노력하였다.

그의 유훈을 받들어 민족운동에 나선 것은 가족뿐만이 아니었다. 3·1운동 당시 충북지역민들은 경술국치 때 순절한 홍범식을 찬양하며 만세운동에 나섰다. 또한 그의 유서를 비밀리에 맡았다가 홍명희에게 전한 김지섭은 그 영향으로 망명, 의열단에 가입하여 이중교 투탄의거를 결행하였고, 그의 자결 모습을 직접 목도한 송철은 복수를 맹세하고 망명하여 미주지역의 독립운동을 주도하였다. 당시 같은 군수였던 조용하 역시 그의 자결 순국의 영향을 받아 퇴관을 하고 망명하여 독립투쟁에 나섰다.

요컨대 홍범식의 사례에서 분명히 알 수 있듯이 의열투쟁으로서의 자결 순국은 단순히 개인적 차원의 봉건적 · 소극적 투쟁이 아닌 것이다. 곧 자결 순국 투쟁은 개인의 극적 희생을 통해 민족적 각성을 촉구하고 민중의 봉기와 투쟁을 유발한 적극적이고 효율적 투쟁으로 평가하여 마땅하리라 믿는다.

(≪軍史≫ 제79호, 국방부 군사편찬연구소, 2011)

安潚의 현실인식과 자정 순국

Ⅰ. 머리말

안숙(1863~1910)은 서세동점과 일제 침략의 격변기를 살며 봉건왕조
모순의 척결과 외세의 극복을 고민하다가 끝내 경술국치에 발분하여 자
정 순국한 우국지사이다. 그는 명문가문에서 태어나 1894년 식년시 진사
시에 급제하고 사돈인 李相卨의 천거로 일시 成均館 直講에 천거되었으
나, 이후 이렇다 할 관직을 얻지 못하고 고향인 충북 괴산에 우거한 채 서
울을 왕래하며 자신의 뜻을 펼 기회를 기다렸다.

그는 전통 유학자로서 학문이 깊었는데, 늘 시국을 염려하며 經世論을
강구하였다. 이는 유학자로서의 책무이기도 하였으나, 所用에 대비한 자
기 준비였다. 그는 '自新自强', '自强自大'를 추구하며 다양한 책론을 제기
하였다. 그의 바탕은 전통적 유학이었으나, 거기에 고착되지 않고 실학을
수용하고 개화사상을 추구하고 있었다. 그는 사안에 따라서는 파격적인

東道西器論에 입각한 採西論을 주장하여 당시 어떤 유학자 보다 전향적 모습을 보이기도 한다. 이는 그가 남긴 몇몇 경세서와 책론 및 기타 저술을 통해 확인할 수 있다. 따라서 그는 경술국치에 자정 순국한 지방 유생이 아니었더라도 한말의 지성을 이해하기 위해서는 검토의 대상이 되어야 하는 인물이다. 더구나 을미사변 이후 일제의 침략에 분개하다가 끝내 경술국치에 자정 순국한 열사로서 당연히 역사적 평가가 이루어졌어야 하나, 거의 알려지지 않은 인물이다.

그는 유학자로서는 '湖西의 望士'이자 '마구간 바닥에 엎드려 있는 한 마리 千里馬'로서,[1] 경술국치에 발분해 자결 순국을 결행한 지사로서는 '快男兒'[2]라는 평가가 있다. 그러나 그는 당대 자결 순국 등 의열투쟁에 관한 기록의 寶庫라 할 수 있는『梅泉野錄』과 여타 자료에 기재되지 않아, 그 이후의 역사에서 단절되고 말았다.[3] 그가 남긴 저술이 적지 않음에도 불구하고 그가 거의 알려지지 않은 까닭은 자신의 저술과 가족에 전승되던 자료 외에 공식 기록이나, 다른 사람의 저술에 나타나지 않았기 때문이다. 또한 별다른 관직을 지내지 않았고, 학맥이나 사승관계를 통해 칭송되지도 않았으며, 황현이나 김도현처럼 세간에 회자되는 절명시를 남기지 않았고, 순국 후 문중이나 고향에서 별다른 기념사업이 진행되지 않는 등 여러 요인이 복합되었기 때문으로 사료된다.[4]

---

1) 안숙 지음, 안태식 엮음 · 이충구 옮김,『선비 안숙 日誌』, 김영사, 2010, 68쪽의「非有子問答」의 序에서 李相卨이 한 評이다.
2)『선비 안숙 日誌』, 339쪽의「成均進士安君墓誌銘」. 鄭寅杓의 글이다.
3) 지방 유생들의 항일투쟁에 대해 구체적으로 논의한 金祥起의 연구(「1910년대 지방유생의 항일투쟁」,『대한민국임시정부 수립 80주년 기념 논문집(상)』, 국가보훈처, 1999)는 물론, 근래 의열투쟁을 논의한 권대웅의 연구(『1910년대 국내독립운동』(한국독립운동의 역사 15), 한국독립운동사편찬위원회 · 독립기념관 한국독립운동사연구소, 2008)와, 오영섭의 연구(『한말 순국 · 의열투쟁』(한국독립운동의 역사 14), 한국독립운동사편찬위원회 · 독립기념관 한국독립운동사연구소, 2009)에서도 安潚은 찾아볼 수 없다.
4) 그는 고향에서도 잊혀진 존재였다. 고향인 괴산군 칠성면 율원리 둔율 마을에는 촌로들조차 그의 행적은 물론 존재조차 알지 못하고 있었다. 그러니 둔율 마을 유래비에 이 자랑거리가 기록되지 않음은 당연한 일이다. 그에 관한 공식기록도 망실되어 있다. 칠성면사

그러나 가문에 전해지던 그의 단편적 기록이 『韋堂遺稿』(1975, 유문인쇄사)로 묶여 영인 간행되며 연구의 단초를 제공하였다. 이 자료를 이용하여 그의 「非有子問答」을 국문학적으로 분석한 글이 그에 관한 유일한 연구 논문으로 나와 있다.[5] 그러나 『韋堂遺稿』는 순한문이고, 내용이 어려우며 편집 체제에 문제가 있는 등 활용하기 어려운 측면이 있었다.[6] 그런데 최근 그의 순국 100주년을 맞아 후손의 노력으로 『韋堂遺稿』의 번역본이 출판되어 연구의 새로운 전기를 제공하였다.[7] 이제 만시지탄은 있으나 그에 관한 연구가 본격적으로 진행되어야 할 것으로 믿는다.

본고는 이 같은 문제 인식 하에 안숙의 가계와 생애, 저술과 학문, 현실 인식과 경세론, 자정 순국의 과정을 종합적으로 살펴보고자 하는 것이다. 이로써 한말 격동기로부터 일제 침략으로 인해 망국으로 전락하는 시간적 공간 속에서 한 유생이 고뇌하며 구상했던 세계를 들여다 볼 수 있을 것으로 사료된다. 뿐만 아니라 안숙의 사례를 통해 경술국치 당시 의열투쟁의 역사적 사실이 보완되고, 충북 지역사 연구에서도 디딤돌이 하나 더 해지기 기대해 본다.

II. 가계와 학문

1. 가계와 사회경제적 배경

안숙은 1863년(철종 14) 7월 9일 友良과 沃溝 張氏 사이에서 차남으로

무소가 보관하던 그의 제적부는 6·25때 소실되어, 지금은 그의 아들(台植)의 제적부 등본을 통해 그의 흔적을 확인할 수 있을 뿐이다. 인근의 경술국치 때 자결 순국한 洪範植의 생가가 복원되고 추모비가 건립된 것과 너무도 대비된다.

5) 조상우, 「安瀟의 <非有子問答> 硏究」, ≪古典文學硏究≫ 第21輯, 韓國古典文學會, 2002.

6) 『韋堂遺稿』에는 魝魚를 '俗名 도미'라고 세주로 설명한 부분(157쪽)이 있는데, 유일한 한글이다. 그의 시문은 중국 고사를 종횡무진 인용하고 있어 이에 대한 지식이 전제되지 않고는 이해가 곤란한 부분이 많다. 또한 문집의 편집상 배열과 체제 등의 문제도 있다.

7) 문집의 간행 경과는 『선비 안숙 日誌』, 5~13쪽, 安炳瓚의 「들어가는 말」 참조.

태어났다.8) 그의 본관은 順興, 초명은 泌, 이름은 潚 · 潢, 이명은 鍾崗, 자는 公威 · 公雨 · 允雍, 호는 韋堂 · 東洲 · 錦坡, 인장명으로 述晦齋主를 사용하였으나, 이름으로 潚을, 호로 韋堂을 많이 사용하였다.9)

그는 始祖 子美로부터 25세이며, 파조는 10세인 贊成公 璟이다. 그의 가계를 간단히 정리하면 다음과 같다.10)

子美(始祖, 興威衛保勝別將 神虎衛上護軍 追封) ─ 永儒(2세, 樞密院 副使 上護軍 追封) ─ 孚(3세, 密直副使 版圖判書 역임, 守太師門下侍中 追封) ─ 裕(4세, 文成公) ─ 于器(5세, 文順公, 匡靖大夫檢校僉議贊成事 兼判典儀寺事 封順平君) ─ 牧(6세, 文淑公, 政堂文學進賢館大提學 封順興君) ─ 元崇(7세, 文惠公, 政堂文學藝文館大提學 封順城君) ─ 瑗(8세, 景質公, 工曹典書) ─ 從約(9세, 判書公, 海州牧使, 吏曹判書 追贈) ─ 璟(10세, 贊成公, 嘉善檢校 漢城府尹 左贊成 追贈) ─ 謹厚(11세, 成均館 典籍 直講 弘文館 校理, 司憲府 執義 知製教, 松禾縣監) ─ 珪(12세, 副護軍) ─ 處豪(13세, 副司勇) ─ 忠(14세, 司宰奉事 副護軍) ─ 應瑞(15세, 典設司 別坐) ─ 溫(16세, 壬辰倭亂 때 倡義) ─ 世耆(17세, 豊儲倉直長, 司憲府執義 兼 侍講院 進善 追贈) ─ 燦(18세, 珍山郡守) ─ 時泰(19세) ─ 鎭(20세) ─ 必濟(21세, 備邊卽司僕主簿 司憲府 監察, 平海郡守) ─ 昇彬(22세) ─ 廷斗(23세) ─ 友良(24세) ─ 潚(25세)

---

8) 그의 모친에 대해서는 잘못 알려져 있다. 즉,『선비 안숙 日誌』의「解題」에는 慶州 金氏(15쪽)로, 조상우의「安潚의 <非有子問答> 硏究」에는 慶州 李圭憲의 딸과 沃溝 張景福의 딸로 잘못 설명(162쪽)하고 있는데, 慶州 金氏는 그가 태어나기 훨씬 이전인 1841년에 사망한 것으로 확인(『順興安氏大同譜』追錄 上卷, 44쪽)되기 때문에 沃溝 張氏가 맞다. 한편『順興安氏大同譜』에는 友良의 女로 曺秉均(昌寧人), 金延圭(安東人)로 되어 있으나, 필사본『家譜』에는 金延圭를 庶女라고 기록하고 있다.

9) 韋堂이란 호는 戰國時代에 魏나라 사람 西門豹가 자기의 성급한 마음을 고치기 위하여 항상 무두질한 부드러운 가죽을 차고 다니며 반성을 하였다는 ‘佩韋之意’의 고사에서 유래한 것인데, 기질을 변화시켜 악을 없애고 선을 따르고자 하는 바람에서 취한 호이다(『선비 안숙 日誌』, 298쪽의「韋堂序」).

10) 이하 그의 선대에 대한 논의는『順興安氏族譜』와『順興安氏大同譜』追錄 上卷 및 필사본『家譜』에 의해 정리한 것이다.

그의 가계에는 고려시대 이래 문과 출신자들이 대를 이었으며, 간혹 무과 출신자도 있다. 문성공 裕는 순흥 안씨의 4세이다. 8세인 경질공 瑗은 문과 급제자로서 공민왕 때 공조전서를 지냈는데 한양 천도를 반대하였으며, 조선 태조가 누차 관직을 주었으나 나아가지 않았을 뿐 아니라 한양으로 옮겨 살지도 않았다. 贊成公 派祖인 璟은 嘉善檢校와 漢城府尹을 지내고 좌찬성에 추증된 인물인데, 특히 그의 五子가 모두 登科하여 유명하다.[11]

안숙은 선대에 대한 자부심이 대단하였다. 그는 '醴泉의 發源'을 8세인 瑗으로부터 꼽으며 고려에 충성을 다한 그의 절개를 길재에 비견하였다. 그는 이후 각 선대에 대해 간략한 기술을 통해 그들의 학문과 절의, 효행을 칭송하였다. 그는 12대 조고인 知足公 處豪에 대해서 별도의 기록을 남겼다. 즉, 處豪는 중종 때 永慕堂 貞愍公의 당질로서, 기묘년(1519)에 賢良科에 추천된 것을 사양하고 족형인 참봉 處和와 귀향하여 수양하였는데, 꿈에 신인이 나타나 연밥을 방의 동쪽 연못에 파종한 이래 자손으로서 蓮榜에 오른 자가 9세 15명이나 되었다고 하였다.[12]

그의 부친 友良은 甲戌年(고종 11, 1874) 增廣試에 급제하여 生員이 되었는데,[13] 그는 자신의 부친에 대해 "조상의 아름다움을 이어 과거에 급제하였으니, 실로 문학계의 엄지손가락"이라고 평가하였다. 괴산의 집 이름을 慶蓮亭이라 한 것은 우량이 급제하여 성균관에 입학한 뒤 집의 문

---

11) 長子 重厚는 世宗 戊午(1438) 司馬試, 丁卯(1447) 親試文科校理로서 延安府使를 지냈고, 二子 謹厚는 庚辰(1460) 平壤 別試 文科에 급제하여 成均館 典籍 直講, 홍문관 교리, 사헌부 집의 지제교, 松禾縣監을 지냈다. 그의 부인인 淑夫人 原州元氏는 廬幕三年仍居墓側 사실이 알려져 成宗 辛亥(1491)에 命旌되었고, 영조 대에 다시 命旌되었으며, 그의 아들 珪(副護軍)도 효행이 독실하여 정려문이 세워졌다. 三子 寬厚는 진사 문과에 급제하여 嶺伯을, 四子 敦厚는 생원 문과에 급제하여 司藝를, 五子 仁厚는 무과에 급제하여 兵使를 지냈다. 五子登科의 경우, 어버이가 있으면 해마다 쌀을 내리거나 특별히 벼슬을 올려 주고, 죽었으면 追贈하고 무덤에 제사를 지내 주었다.
12)『선비 안숙 日誌』, 292쪽의「慶蓮亭酬和帖韻幷序」.
13) 그는 增廣試에서 生員 二等 3位로 급제하였다(『CD－ROM 司馬榜目』, 한국학중앙연구원).

위에 편액을 달은 데에서 유래한다.[14] 조부는 廷斗인데, 파주 교하에 세거하던 그의 집이 괴산으로 우거한 것은 이 때부터였다. 고조는 昇彬인데 생부는 得濟로서 系子한 것인데, 효행이 두터워 刲股斷指의 일화가 전한다. 중조는 必濟로 庚子年 武科에 급제하여 사헌부 감찰과 平海郡守를 지냈다.

안숙은 자신의 집이 괴산에 우거하게 된 내력과, 당시 집 주변 환경을 다음과 같이 설명하였다.

> 나의 王考 玉圃府君(필자주:廷斗) 때에 와서 이곳을 살펴보고 시내 뒤쪽의 자갈밭에 잡초가 우거진 데가 있어 마침내 황무지를 개척하며 풀을 베어내고 몇 개 서까래를 얽어서 강론하는 장소로 삼으니 곧 지금의 慶蓮亭의 침실 2칸 청사 1칸이 이것이다. 鶴峰은 날아 춤추듯 왼쪽에서 인사드리고 龍湫는 고이며 흘러서 오른쪽으로 이끈다. 무성한 수풀이 봄에 펼쳐지고 찬 내는 겨울에 따뜻하다. 집 뒤의 돌무더기를 聚星臺라 명명하고 집 앞의 돌 제방을 臥龍岡이라 명명하고 합쳐서 이름하여 마을을 屯栗里라고 하였다.[15]

그가 살던 둔율 마을은 괴산댐에서 발원한 달천강 지류가 휘돌아 내리는 곳에 위치해 있다. 마을의 앞에는 군자산과 비학산이 우뚝 솟아 있다. 이전에는 마을 모양이 배모양을 닮았다하여 '둔배미'라 하였고, 큰물이 모이는 곳이라 하여 '대수계'라 하였으며, 어떤 재난에도 안전한 곳이라 하여 '안우리'라 불린 곳이다. 둔율이란 이름은 백운천 강가에 밤나무를 심었는데, 마치 군사가 대열을 지어 있는 형상이라 하여 지은 이름이다.[16]

---

14) 경련정에 대해서는 趙宇熙가 지은 記가 있으며, 안숙이 급제한 후 趙定熙 · 李軒卿 · 李相嵩 · 趙重弼 · 閔泳迪 · 金演禧 · 安鍾弼 · 趙重鼎 · 韓成敎 · 安鍾翊이 지은 「慶蓮亭酬和帖」이 있다.

15) 『선비 안숙 日誌』, 137~139쪽의 「栗里精舍記」.

16) 「屯栗 마을 유래비」. 행정지명은 충북 괴산군 칠성면 율원리 671번지이며, 자연마을 이름이 둔율이다. 이 마을은 천변이라 땅이 기름져 과수를 비롯한 다양한 작물이 재배되고

그는 괴산이 비록 산골이라 지역이 좁으나 땅이 기름지고 풍속이 고아하며 선비들이 행실을 지키고 백성들은 생업을 즐거워하니 진실로 재상이 나오며 독서할 지역이라고 하였다.[17] 또한 산천의 명승은 오직 '湖左의 槐安'이고 괴안의 명승지는 군의 동쪽지방이라며 율원리의 빼어난 자연경관을 칭송하였다. 또한 이곳은 풍수 지리적으로 五星이 모여 강론하는(五星聚講) 오묘한 자리라고 극찬하였고, 槐江과 延川이 만들어 낸 옥토와 나는 듯한 문명의 기운은 상서로움을 모아 吉地가 되고 군자가 거처하는 곳이 된다고 지리적 特長을 강조하였다.[18]

당시 괴산에서 그의 사회경제적 처지는 비교적 윤택했던 것으로 보인다. 이는 광무양안의 검토를 통해 알 수 있다. 광무양안에서는 安潚, 安公威, 安泌 명의의 전답이 확인되는데, 이를 정리하면 다음과 같다.[19]

『光武量案』에 기재된 安潚의 토지소유관계

時主	地目	田品	尺	結	時作	가옥	초가칸	기와칸	位置	당시 지명
安潚	전	6	513	13	安潚	0	0	0	下院	동상면상2
	전	5	1,196	48	安潚	0	0	0	下院	동상면상2
安公威	답	3	784	55	安公威	0	0	0	陶坪	동상면하1
	답	3	1,419	99	安公威	0	0	0	城山垈二十八戶	동상면하1
	답	3	4,080	286	鄭甫汝	0	0	0	城山垈二十八戶	동상면하1
	전	2	325	28	鄭鎭釗	1	3	0	栗洞垈二戶	동상면하1
	전	2	468	40	李一出	1	3	0	栗洞垈二戶	동상면하1
	전	4	784	43	黃海用	0	0	0	栗洞垈二戶	동상면하1
	답	3	275	19	崔海準	0	0	0	栗洞垈十戶	동상면하1

있고, 특히 올갱이 체험으로 유명해진 곳이다.

17) 『선비 안숙 日誌』, 228쪽의 「敬和雲汀本倅昌烈赴任之作幷序」.

18) 『선비 안숙 日誌』, 137쪽의 「栗里精舍記」. 여기에 게재한 「精舍雜詠 十首」는 고향 집 주변의 풍경과 정취를 잘 보여준다.

19) 괴산의 광무양안 중 지금의 괴산읍·문광읍·사리면·소수면의 일부 지역의 양안은 남아 있지 않다. 그러나 안숙의 소유 토지를 파악하는 데에는 별 관계가 없는 곳이다. 그런데 안숙·안공위·안필이 다른 사람일 가능성을 전연 배제할 수는 없다. 그러나 이들 소유의 전답이 모두 동상면내에 위치하고 있고, 안공위와 안필이 타인이라는 근거도 없어일단 동일인으로 파악하였다(충북대학교 양안연구실 자료 제공).

安公威	답	3	1,144	80	崔赫準	0	0	0	栗洞垈十戶	동상면하1
	전	4	1,694	93	崔海準	0	0	0	倍大坪	동상면하2
	답	3	1,386	97	金聖孫	0	0	0	倍大坪	동상면하2
	답	3	1,870	131	安公威	0	0	0	倍大坪	동상면하2
	답	3	924	65	崔日出	0	0	0	倍大坪	동상면하2
	답	4	1,045	57	沈基澤	0	0	0	倍大坪	동상면하2
	답	3	245	17	安公威	0	0	0	倍大坪	동상면하2
	답	3	1,890	132	梁斗成	0	0	0	倍大坪	동상면하2
	답	3	1,159	81	金聖祿	0	0	0	倍大坪	동상면하2
	전	3	2,002	140	安公威	0	0	0	安宇里垈三十戶	동상면하2
	전	4	2,000	110	權成九	0	0	0	葛田前坪垈二戶	동상면하2
	답	3	1,292	90	安公威	0	0	0	晩坪	동상면하2
	답	3	3,600	252	安公威	0	0	0	晩坪	동상면하2
	답	3	646	45	權大興	0	0	0	晩坪	동상면하2
安泌	답	4	720	40	姜大永	0	0	0	下院	동상면상2
	답	4	1,120	62	權大元	0	0	0	下院	동상면상2
	답	4	4,480	246	全大一	0	0	0	下院洞	동상면상2
계	26		37,061	2,369			2	6		

이 표에 의하면 안숙 명의의 토지는 하원에 2필지 1,709척 61결, 안공의 명의의 토지는 21필지 29,032척 1,960결, 안필 명의의 토지는 3필지 6,320척 348결로서, 둔율 마을 주변으로 총 26필지 37,061척 2,369결(2결 36부 9속, 12,127.26평)이다. 괴산에서 2결 이상의 토지 소유는 상당한 지주에 속하며 칠성에서는 대지주에 해당한다.[20] 이 가운데 논이 1,854결, 밭이 515결인데, 안숙이 時作하고 있는 토지는 논이 990결, 밭이 201결로 전체 소유지의 절반 정도였다. 가옥은 下院의 田地에 초가삼간 2채가 있었는데, 그 아버지는 집의 이름을 경련정이라 하였고, 그는 '淸勁之義'를 취하여 鶴松溪館이라 이름 하였다.[21] 비록 그 자신이 '빈한한 사람

---

20) 괴산의 양안을 보면 時主는 4,220여 명인데, 이 가운데 최대 지주는 제월리 등지에 199필지 17,104결(96,982.08평)을 소유한 洪承穆이었다. 그는 2006년 친일반민족행위자로 결정되었고 그 소유의 토지는 친일반민족행위자재산조사위원회의 국고 귀속 결정에 따라 2010년 5월 7일 국가보훈처로 귀속되었다(박걸순, 「一阮 洪範植의 자결 순국과 그 遺訓」, 《軍史》 제79호, 2011, 317~319쪽). 안숙의 토지 소유 규모는 괴산에서 50위 정도 되는 지주이다.

(余韋布之徒)'이라 한 바 있으나, 10여 년 간 서울과 고향을 왕래하며 관직도 없이 양반의 체모를 유지하고 친구들과 교유할 수 있었던 것도 이 같은 여유 있는 경제적 배경에서 이해할 수 있다.[22]

그는 16세이던 1874년 경주김씨와 혼인하고,[23] 1883년에는 잠시 충주로 가서 처남 金圭憲의 집에서 함께 기거하기도 하였다. 26세이던 1888년에는 장남 斅植[24]이 출생하였으나, 30세이던 1892년 상처하였다.[25]

향리에서 학문에 매진하던 그는 고종 31년(1894) 갑오년 식년시 생원진사시에 3등 899위로 급제하였다.[26] 그의 시문을 통해 이전에도 과거에 응시하였음을 알 수 있으며,[27] 급제 이후에도 과거에 응시하였음을 알려주는 자료가 문집에 남아 있다.[28] 그는 자신의 급제가 임금의 은혜를 입은 것이나, 영광이 아니라 욕이며 노인을 위로하기 위한 것뿐이라 하여 55세의 늦은 나이에 증광시에 급제하였던 아버지에 대한 위로라고 여겼다.[29]

급제 후 그의 관직에 대하여는 기록을 확인할 수 없다. 다만, 그가 자신

---

21) 『선비 안숙 日誌』, 246쪽의 「屬溥齋頓長請鶴松溪館扁序」.

22) 『선비 안숙 日誌』, 143쪽의 「我友六首 幷自序」.

23) 그의 장인은 사헌부 감찰을 지낸 金健熙이다.

24) 斅植은 형인 汪에게로 출계하였다가 1908년에 요절하였다.

25) 그는 죽은 아내를 애도하고 그리워하는 「悼亡擬古十三韻」(209쪽), 「悼亡室」(250쪽), 「四月十六日過旺林亡室山」(260쪽) 등의 작품을 남겼다.

26) 『CD-ROM 司馬榜目』, 한국학중앙연구원. 그런데 여기에는 그의 생년이 1874년으로 잘못 기록되어 있다. 그는 자신이 과거에 급제하고 귀향하는 과정을 다음과 같이 상세히 기록하였다. "나는 갑오년 2월 19일에 제술시험에 응하여 監試 初試에 합격하고, 같은 달 2월 22일에 식년과 會試를 보아 은혜를 입어 진사를 받고, 4월 초 9일에 應榜하고, 10일에 謝恩肅拜하고 15일에 한강을 건넜다"(『선비 안숙 日誌』, 246쪽의 「洞雀口號」).

27) 『선비 안숙 日誌』, 322~326쪽의 「間形」은 壬辰年 會試를 보고 돌아와 지은 것인데, 이때 급제하지는 못하였다. 또한 과거에 낙방하고 고향으로 내려오다 지은 「下第往辭暘谷趙監司丈寅熙 慰余曰古人有云 奏金石以破蟋蟀之聲 子試爲一絶」(191~192쪽)도 있다. 그는 문집의 여러 군데에서 과거제의 폐단을 지적하였으나, 결국 응시하여 급제하였다.

28) 『선비 안숙 日誌』, 116쪽의 「善將兵論」은 1895년 군무대신 魚允中 등의 임석 하에 치러진 科試의 답안이고, 120쪽의 「尙武論」은 12월 19일에 치러진 正科 답안이다. 그는 평소 사관 양성과 尙武 등에 관심을 지니고 있었는데, 이 내용으로 보면 그가 진사 급제 후 다시 무과에 응시했다는 것인데, 사실 여부를 속단할 수는 없다.

29) 『선비 안숙 日誌』, 292쪽의 「慶蓮亭酬和帖韻幷序」.

의 시문에 부기한 내용을 통해 과거급제 후 1896년경 이상설의 추천으로
성균관 직강으로 재임하였음을 확인할 수 있다. 즉, 그는 성균관 대사성
이 된 이상설의 추천으로 竹里에 거주하는 친구 呂祖鉉과 함께 성균관 직
강이 된 것이다.30) 그러나 그가 실제 성균관 직강으로 재임하였는지, 그
렇다면 그 기간은 얼마였는지 알 수 없다.

이후 그의 관직 또는 사회활동은 충주의 지방위원회 위원으로 선정된
기사가 유일하다.31) 지방위원회는 1907년 4월 2일 반포되고,32) 5월 13일
칙령 제31호로 공고된 것이다.33) 이로써 보면 그가 '所轄各府郡의 상당훈
자산이 有ᄒ고 民情에 통달훈 자'로 인정되어 재무에 관한 관민의 의견을
소통하고 정부의 자문에 응하기 위한 명예직으로서, 세무관의 추천으로
탁지부 대신에 의해 충주 위원으로 선정되었음을 알 수 있다. 지방위원회

---

30) 『선비 안숙 日誌』, 93쪽의 「奉謝李溥齋相卨五言古詩」. 그런데 여기에는 1895년 겨울이
라고 되어 있으나, 이상설이 성균관 관장이 된 것은 1896년 1월 25일이다. 그런데 그는
한 달도 되지 않은 2월 22일 성균관 관장을 사임하고 漢城師範學校 교관에 임명되었으므
로(尹炳奭, 『增補 李相卨傳』, 일조각, 1998, 299~300쪽), 안숙이 성균관 직강으로 추천
된 것은 1896년으로 보는 것이 타당하다.
31) ≪皇城新聞≫ 1907년 10월 1일자. 충주의 지방위원회 위원은 그를 비롯하여 품계가 없
는 인사 5인과 9품관 3인 등 8인이 선정되었다.
32) 『日省錄』 1907년 4월 2일.
33) ≪皇城新聞≫ 1907년 5월 18일자. 地方委員會規則의 내용은 다음과 같다.
第1條 稅務官 駐在地에 地方委員會를 置홈이라.
第二條 地方委員會ᄂ 財務에 關ᄒ야 官民의 意見을 疏通ᄒ고 法令의 周知를 圖謀ᄒ야 政
府의 諮問에 應答ᄒ며 又ᄂ 意見이 有홀 時ᄂ 此를 政府에 上申홀 者라 홈이라.
第三條 地方委員은 稅務官이 地方官과 協議ᄒ야 所轄各府郡의 相當훈 資産이 有ᄒ고 民情
에 通達훈 者 五名 乃至十名을 稅務監을 經ᄒ야 推薦ᄒ고 度支部大臣이 此를 依囑홈이라.
第四條 委員은 名譽職이라 홈 但 委員會에 出參홀 境遇에ᄂ 另定훈 바를 依ᄒ야 旅費及
日費를 支給홈이라.
第五條 地方委員會ᄂ 會長의 召集을 依ᄒ야 定時及臨時에 開會홈이라.
第六條 所轄地方官吏ᄂ 地方行政에 關係가 有홀 時ᄂ 地方委員會에서 意見을 陳述홈을
得홈이라.
附則
第七條 地方遠近을 隨ᄒ야 漸次 施行홈이라.
光武十一年 五月 十三日

는 규칙 제7조에 의거, 각 지역별로 경술국치 때까지 계속 임명되고 있다. 그러나 그가 망국으로 치닫는 상황에서 명예직인 지방위원회 위원으로서 얼마나 그 역할에 충실하였는지는 알 수 없다.[34]

그는 사환과 입신양명을 동경하고 있었다. 이는 그의 문학 작품 여러 곳에 은유적으로 표현되어 있다. 물론 그는 자신을 비루하고 속된 선비, 초야의 한낱 진부한 선비, 재주가 성글고 학문이 비루한 선비, 아무 쓸모도 없는 재목, 미천하고 학문이 천박하며 성질이 산만하여 남이 알아주지 않는다고 겸양하였다.[35] 그러면서도 그는 나라를 위해 일하라는 선대의 훈계를 가슴에 담고 각별히 선조를 계승하고자[36] 성인들의 아름답고 훌륭한 정사를 마음으로 경영하지 않은 적이 없으나, 좋은 때를 만나지 못하였다고 생각하였다.[37] 그는 괴산에 묻혀 메마르고 적막하게 살면서 세상을 마치도록 영원히 알려지지 않을 것을 두려워하기도 하였다.[38] 그는 江湖에 은둔하면서도 끊임없이 황제의 부름을 고대하고 있었다.[39] 그러나 때론 사환을 체념한 듯한 모습도 보인다. 그는 아들이 고향에서 조용히 고전을 공부하기를 바랐으나, 고향을 떠나려 하자 유학을 공부하여 벼슬하는 것은 자신이 이미 망쳤으니 어찌 자식을 책망하겠는가라고 자책하는 모습을 보이기도 하였다.[40]

이상설은 그의 학문이 넓고 생각이 원대하여 진실로 마구간 바닥에 엎드려 있는 한 마리 천리마이지만 진가를 알아주는 사람이 없다고 평가한 바 있다. 이 같은 그의 사환에 대한 동경은 각종의 경세론으로 나타났고,

---

34) 『官報』의 '官廳事項'에는 각 지역별 위원 선정 기사가 경술국치 직전인 1910년 8월 15일 자까지 계속 보도되었다.
35) 이 같은 謙辭는 「要算 自敍」, 「問治安」, 「我友六首 幷自序」, 「憑呈族人主事秉瓚詩 幷序」 등 여러 군데에서 보인다.
36) 『선비 안숙 日誌』, 292쪽의 「慶蓮亭酬和帖韻幷序」.
37) 『선비 안숙 日誌』, 46~47쪽의 「問治安」.
38) 『선비 안숙 日誌』, 139쪽의 「栗里精舍記」.
39) 『선비 안숙 日誌』, 132~133쪽의 「韋堂隨艸」.
40) 『선비 안숙 日誌』, 268쪽의 「送兒之西」.

망국에 처하자 자정 순국을 결행하였다. 響山 李晩燾가 을미년과 을사년에 자결하지 않은 것은 '所用의 희망'을 지니고 왕명을 기다렸기 때문인데, 망국으로 인해 그 희망이 끊기자 자결을 결행한 사유와 같은 것으로 이해된다.[41]

2. 저술과 학문

안숙의 저술은 21세 때인 1883년 봄에 저술한 「題閑山書屋」으로부터[42] 1907년의 「詠蝎」에 이르기까지 많은 경세서와 책론을 비롯하여 『韋堂隨艸』, 『鶴坡笑衍集』, 『東洲巾衍集』 등의 시문집, 기타 절구와 율시, 序, 記, 說 등이 있다. 이들 가운데에는 별도의 시문집으로 정리되어 문집에 편집된 것도 있으나, 그렇지 않고 개별적 작품의 형태로 섞여 전하는 것도 많다. 저술 시기가 확인된 것도 있지만, 확인되지 않는 것이 훨씬 많다.[43] 한

---

41) 李晩燾, 『靑邱日記』 8월 14일자.
42) 『선비 안숙 日誌』, 151쪽의 「題閑山書屋」.
43) 그의 저술 가운데 그 스스로가 저술시기를 밝히거나, 필자가 연대를 비정한 것을 정리하면 다음과 같다(괄호는 『선비 안숙 日誌』의 쪽수).
   ○ 1883 봄 「題閑山書屋」(151).
   ○ 1886 「寒食日出東郊」, 「龍仁道中」, 「寒食前一日 同李上舍允相許晶軒倬出東郊」(153).
   ○ 1888 黃華節(9. 9) 「鶴坡笑衍集 敍」(149).
   ○ 1890 「庚寅三月十七日 登南山餞春」(165).
   ○ 1890 「降仙亭舟中」(199).
   ○ 1891 정월 초 6일 「辛卯正月初六日 風忽大吹 門上春帖飛去 命書童四求不得 戲而作此以自解」(248).
   ○ 1891 봄 「詩稧序」(173).
   ○ 1891 「沙院曉發」(205).
   ○ 1891 重陽節(9월 9일) 「栗里精舍記」(137).
   ○ 1892 「擬侍講院賡進睿製」(206).
   ○ 1892 「書來鱗帖後」(248).
   ○ 1892 「問形」(322).
   ○ 1893. 5. 11 「此呈李溥齋相卨謹步明翁贈別羅明村十一韻」(256).
   ○ 1893 여름 「藥雲徐上舍相穆臨帖啓」(320).
   ○ 1894. 2. 8 「擬芸齋閔承旨賡進睿御製什」(212).

편 『韋堂遺稿』 영인 당시의 편집 오류가 그대로 드러난 부분도 보인다.[44]

그는 일찍이 우리나라 사람들의 시문을 모아 『春雪樓記』를 편집하려 할 정도로 문학에 조예가 깊었다.[45] 그의 『韋堂詩集』을 읽고 서문을 지은 沈鍾奭은 그의 문학을 "忠厚하며 애달픈 말과 쇠퇴한 시대 君子의 義가 있으며 간결하고 고풍스럽고 온화하고 윤택한 글과 杜甫의 詩史의 규칙이 모두 들어 있다"고 높이 평가하며, 만일 그가 세상에 쓰이고 시에 힘쓴다면 勸懲의 정치와 歌詠의 작품들을 훗날 볼 수 있을 것이라고 기대하였다.[46]

그런데 그의 저술 가운데에 주목하여야 할 것은 과거 급제를 전후한 시

○ 1894 늦봄 「書禮書輯要後」(262).
○ 1894 「銅雀口號」(214).
○ 1894 冬至 「要算」(39).
○ 1895 「非有子問答」(67).
○ 1895 소춘(음력 10월) 「正氣論」(89).
○ 1895 겨울 「奉謝李溥齋相卨五言古詩」(93).
○ 1896 「溥齋序」(317).
○ 1896 「夜訪雲汀時 金安東斗明金主事人碩在座 共話立春詩 試步其韻」(99).
○ 1905. 2 「謹步海石沈丈鍾奭周卿六十一壽韻 竝書」(269).
○ 1902 「韋堂隨艸」(132).
○ 1902. 7. 16 「水齋軒記」(302).
○ 1904 天中節(端午) 「我友六首 幷自序」(143).
○ 1905 「祭告桂庭閔忠貞公泳煥文」(277).
○ 1906 「丙午五月十四日聞桂庭閔忠貞公宅竹生 感而賦此」(285).
○ 1906 「憑呈族人主事秉瓚詩 幷序」(280).
○ 1906 「聞溥齋李參判相卨入燕」(290).
○ 1907 「詠蝎」(273).

44) 예컨대 『要算』에 편집되어 있는 「問治安」은 이와는 무관한 별개의 저술로 보이며, 『要算』은 바로 뒤에 별도로 편집되어 있는 『制民要算』의 서문으로 판단된다. 또한 「韋堂隨艸」는 1902년에 정리된 것인데, 여기에 1891년에 저술한 「栗里精舍記」와 1904년경에 저술한 것으로 보이는 「我友六首 幷自序」가 함께 묶여있는 것도 어색하다. 뿐만 아니라, 「敬次明翁贈別羅明村韻 屬溥齋」(211쪽과 256쪽), 「示朴聖源」(216쪽과 265쪽) 등 같은 작품이 중복되어 게재된 것도 있다.
45) 『선비 안숙 日誌』, 140쪽의 「精舍雜詠 十首」.
46) 『선비 안숙 日誌』, 344쪽의 「韋堂詩集序」.

기의 것들이다. 그는 30세이던 1892년 「問形」을 저술하였다. 그는 이 글에서 자신이 공자의 정통을 흠모하고 주자의 훈계를 아름다워 한다고 하여 정통 주자학자로서의 자신을 확인하였다. 특히 그는 여기에서 魯仲連의 원대한 뜻과 屈原의 離騷의 遺音을 잇겠다는 결의를 밝혔다.[47] 그가 급제하던 해에 저술한 『要算』은 編伍制를 중심으로 한 自新自强策을 논의한 것이다. 이는 그의 경세론의 중심을 이루는 방법론이다.

1895년에 저술한 「非有子問答」은 한말의 혼란한 시기를 살았던 유학자의 의식지향을 잘 보여주는 문답체 우언으로 주목되는 작품이다.[48] 그는 이 글의 범례에서 이 篇은 손님과 주인이 문답하는 예를 사용하여 체재에 구애되지 않고 붓 가는대로 정리한 것임을 밝혔다. 문답체 형식의 글쓰기 전통은 오랜 것이나, 성호 이익의 「東湖問答」을 비롯하여 특히 그가 영향을 받은 실학자들의 문답체를 계승한 것이라 할 수 있다. 문답체 방식은 박은식의 「夢拜金太祖」처럼 몽유록과 결합한 문답체의 형식으로 저자가 자신의 현실인식과 시대적 과제의 해결 방안을 제시하는 효과적 수단이기도 하다.

「非有子問答」은 사람을 얻는 것(得人), 백성을 화합하게 하는 것(和民), 집정하는 요령(執政要領), 입법·행정·사법의 삼대권리 등을 논한 것이다. 이를 통해 그의 사상이 실학으로부터 배태되고 개화로 나아가고 있음을 보여준다. 특히 그는 미국과 프랑스 등 서양의 사관 양성과 군대 운용의 정예로움을 본받아야 한다고 하면서도 오가작통법을 강조함으로써 이른바 동도서기론을 주장하고 있다. 특히 여론이 위에서 통하고 公議가 아래에서 시행되어 民議가 시행되는 君民共和를 강조한 것은 민주주의에 대한 이해에 접근하고 있는 것으로 평가된다.[49]

---

47) 『선비 안숙 日誌』, 140쪽의 「問形」.
48) 조상우, 「安瀟의 <非有子問答> 研究」 참조. 이 작품은 이상설의 서문이 쓰인 시점이
    1895년 동짓날이므로 이 해에 정리된 것으로 판단된다.
49) 『선비 안숙 日誌』, 69~88쪽의 「非有子問答」.

한편 이 해의 명성황후 시해사건을 듣고 토로한 작품은 우국지사로서 안숙의 모습을 잘 보여준다. 그는 서울에서 내려온 宗人 安漢規로부터 이 소식을 전해 듣고 비통한 마음에 '韋堂狂夫'를 칭하며 지은 「正氣論」50)과 만사 5수를 지었는데 비통한 마음과 울분을 잘 표현하고 있다.51)

그의 문학 작품 가운데에 눈길을 끄는 것은 이상설과 酬酌한 13편의 작품과 이상설에 대해 언급하고 있는 부분이다. 이상설은 안숙보다는 7년이나 연하이나, 안숙을 관직으로 천거한 인물로서 서로 벗을 칭하고 있었다. 이상설은 안숙을 사돈으로, 안숙은 이상설을 외척으로 표현하였다. 그런데 양자의 관계는 안숙의 문학작품에서 상세히 설명되고 있다. 그는 중국 고사를 인용하며 자신의 선조인 문성공이 이상설의 선조인 동암자[李塡]을 천거한 이래 양가가 혼인관계로 남다른 정의를 맺은 관계임을 강조하였다.52) 또한 이상설 가문과의 여러 정리는 선대부터 있었고, 도의적 교제는 세속에 꺼리는 것이 없다고 자부하였다.53) 그의 이상설을 그리는 작품은 양인의 깊은 우정을 보여주는 것이기도 하지만, 그의 사환에 대한 동경의 표현으로도 이해된다. 또한 그가 「非有子問答」, 「要算」 등의 책론에서 得人, 특히 '초야의 독실하고 박학한 시골 선비'를 강조한 것도 사환에 대한 자기변백으로 이해된다.

안숙의 사승관계는 잘 알 수 없으나 그 자신의 회술이 참고 된다.

> … 나는 일찍이 가정의 가르침에 승복하여 文墨에 종사했으나, 재주가 적고 국량이 얕아 스스로 특이하게 되지 못하였다. 겨우 관례를 할 나이에 서울에 들어가 怡庭 趙令公(趙宇熙) 선생에게 가서 인사드리고 과거의 학업을 받아서 문장 짓는 비결을 꽤 엿볼 수 있었다. 그러나 과

---

50) 『선비 안숙 日誌』, 89~92쪽의 「正氣論」. 그가 자칭한 '미친 사내(狂夫)'란 박은식이 太白狂奴와 無恥生을 칭한 것과 같은 개념이다.
51) 『선비 안숙 日誌』, 104~107쪽의 「擬大行王后輓詞五頁」.
52) 『선비 안숙 日誌』, 93~97쪽의 「奉謝李溥齋相卨五言古詩」.
53) 『선비 안숙 日誌』, 211쪽의 「敬次明翁贈別羅明村韻 屬溥齋」.

거장에 출몰하여 조급한 승진에 열중하는 것은 진실로 俗儒의 일이다. 방향을 돌려서 친척인 보재 李學士(李相卨)를 따라 종유하였는데 그가 실학에 의향이 있고 같은 뜻을 가진 사람을 힘써 구할 뜻이 있음을 알았다. 그러나 나는 끝내 확립하여 성취하지 못하니 유유히 한결같은 옛적 대로의 이 사람이다. …54)

이로써 보면 그는 어려서 가정에서 한학을 수학하다가 冠禮를 치를 나이에 상경하여 홍문관 수찬과 사헌부 장령을 지낸 趙宇熙에게서 수학하였음을 알 수 있다.55) 그리고 연하인 이상설을 종유한 사실을 기록하고 있다. 한편 그는 자신이 閔泳煥의 문하에 10여 년을 드나들었고, 그가 문하에 거둬주고 아껴주었다고 하였으나 사승관계라고까지 할 수는 없을 듯하다.56) 그 외에 그의 사승관계를 알 수 있는 자료는 없다.

그는 1880년대 후반부터 급제를 한 직후까지 수시로 서울을 왕래하였는데, 이 때 많은 선비들과 교유한 것으로 보인다.57) 특히 그는 충청도와 서울을 오가며 10년 동안 사귄 '친절하고 막역한' 6인의 친구를 거명하였는데, 李相卨 · 趙重鼎 · 金敎憲 · 閔泳迪 · 李埈鎔 · 崔亨來가 그들이다.58) 또한 그의 진사시 급제를 축하하는 시를 보내「慶蓮亭酬和帖」에 수록된 趙定熙 · 李軒卿 · 李相卨 · 趙重弼 · 閔泳迪 · 金演禧 · 安鍾弼 · 趙重鼎 ·

---

54)『선비 안숙 日誌』, 301쪽의「水齋軒記」.
55) 趙宇熙는 안숙의 조부인 廷斗의 誌를 찬술하였는데, 할아버지와의 친교로 그에게 수학한 것으로 보인다. 그는 조우희의 시운에 따라 작시한 작품을 남기기도 하였다(『선비 안숙 日誌』, 208쪽의「謹步怡庭趙承旨丈宇熙詠雪韻」).
56)『선비 안숙 日誌』, 277~279쪽의「祭古桂庭閔忠貞公泳煥文」.
57)『선비 안숙 日誌』, 100~103쪽의「柳午山成麟別號序」.
58)『선비 안숙 日誌』, 143쪽의「我友六首 幷自序」. 그는 각각의 시문 밑에 설명을 부기하였는데, 이상설은 외척이자 당시 참판으로 재주와 행실이 南下 第一이라 하였고, 조중정은 조상 때부터 우호가 있으며 진사시에 급제하여 내부주사로 있으며, 김교헌은 죽은 아내의 오빠이자 자신과 10년 동창으로 진사시에 급제하여 社稷令을 지내고 있으며, 민영적은 진사와 문과에 급제하여 秘書院丞을 지내다 지난해에 죽었으며, 이준용은 을미년에 일본으로 건너갔으며, 최형래는 김교헌과 함께 10년 동문으로 할아버지 산소 십리 거리에 살고 있는 친구라고 설명하였다. 그는 이 뿐만 아니라 이들에 관한 많은 시문을 남겼다.

韓成教·安鍾翊 등 10명도 그의 교유관계를 알려주는 자료이다.[59]

한편 그가 자정 순국한 후 傳·說·詩·墓誌銘 등을 남긴 사람들의 면면을 보면 그의 교유 성향을 알 수 있다. 난곡 李建芳은 「金安傳」을 남겨 그의 자정 순국을 칭송하였다. 묘지명과 그의 순국을 노래한 시를 지은 학산 鄭寅杓는 안숙보다 8년 연상이나 37세인 1892년에 급제하여 홍문관·사간원·사헌부·경연청 등의 문관 요직과 친군 장위영 군사마와 병조정랑을 거친 인물이다. 그는 이후 초평 진천 영구리에 머물며 위당 정인보를 가르치기도 하였는데, 정인보가 후에 강화에 가서 이건방을 스승으로 모시게 된 것도 정인표·홍승헌·정원하 등 소론계 관인 양명학자의 학맥과 관련이 깊다.[60] 안숙은 이들과도 교유하였다. 즉, 그는 진천에서 열린 梅花詩會에 참가하여 정인표·홍승헌·이종형 등 소론계 양명학자들과 교유하였으니, 그의 학풍도 이와 일정한 연관이 있는 것으로 이해된다.[61] 진천의 양명학자인 이상설과의 인척관계인 점이나 교우관계를 고려하면 더욱 그러하다. 說을 남긴 洪承瀗은 그의 가까운 친구였다.[62]

Ⅲ. 현실인식과 경세론

1. 현실인식

전술한 바와 같이 안숙은 공자의 정통을 흠모하고 주자의 훈계를 아름다워 한 정통 유학자였다. 그는 공자를 영원한 선생으로 추앙하였고, 고

---

59) 『선비 안숙 日誌』, 294~297쪽의 「慶蓮亭酬和帖」. 이 가운데 이상설·조중정·민영적은 「我友六首 幷自序」에 나온 인물과 중복되며, 나머지 인물은 중앙에서 관직을 하는 인물이나 척족, 급제 동기생 등이다.
60) 신영우, 「한말 일제하 충북 진천의 유교지식인 연구」, 『광무양안과 진천의 사회변동』, 혜안, 2007, 198~201쪽.
61) 『선비 안숙 日誌』, 132~133쪽의 「敬此洪友承弼鎭川梅花詩會韻 二首」.
62) 『선비 안숙 日誌』, 270~271쪽의 「送洪友承瀗之京 二首」.

금에 걸쳐 바뀌지 않는 것이 공자의 道이고 천지가 다하도록 떨어지지 않는 것이 공자의 도라고 확신하였다.63) 따라서 그는 당시 선비들이 문명 중화를 존중하고 야만 이적을 배척하는 것을 훌륭하다고 여겼으니,64) 존화양이 사고의 인식적 한계를 벗어났다고 말하기는 어려울 듯하다.

그러나 그는 시세에 부응하지 못하는 고루한 선비들의 구태적 현상과 시국인식을 신랄히 비판하였다. 그는 眞儒가 나오지 않고 세상의 도리가 무너져 孔孟을 운위하는 사람들이 刑名學을 하는 申不害나 韓非子에 미치지 못하고, 예법과 음악을 말하는 사람의 마음 속 생각이 禽獸만도 못하다고 비판하였다.65) 또 선비들이 존화양이를 추구하나 콩과 보리도 구분하지 못하고, 시대의 변화를 대하여는 옛 것에 막혀 지금에 어두워 겨울에 털옷 입고 여름에 葛布 입는 적절함을 알지 못하며, 사고가 경직되어 불통하는 현실을 지적하며 한탄하였다.66)

이 같은 그의 유학관은 실학과 개화를 지향하게 하였다. 그의 '自新自強策'의 사상적 기저는 실학으로부터 비롯되었다. 그의 경세론의 요체는 編伍制라 할 수 있는데, 그는 그 연원을 유형원과 이익으로부터 구하였고, 『星湖僿說』과 『磻溪隧錄』의 「田制後錄」을 인용하며 이를 설명하였다. 그는 자신이 주장하는 향약이 전통시대의 향약이 아니라 향약을 통해 실학에 힘쓰고자 하는 것이라고 하였다.67)

그는 실학사상에 바탕을 두고 개화를 지향하였다. 그는 구습에 얽매어 스스로 개명하지 않는 자는 신법이나 신령을 보더라도 놀랍고 두려워서 위태롭게 여기며 의심한다고 지적하였다. 그는 신법이 이용후생의 계책이나, '迂闊한 儒者와 어리석은 백성'이 이를 이해하지 못하고 있다고 진단하며, 백성들에게 개화의 실체를 알리고 유신으로 다스려야 한다고 주

---

63) 『선비 안숙 日誌』, 85쪽의 「非有子問答」.
64) 『선비 안숙 日誌』, 313~314쪽의 「希堂序」.
65) 『선비 안숙 日誌』, 85쪽의 「非有子問答」.
66) 『선비 안숙 日誌』, 314쪽의 「希堂序」.
67) 『선비 안숙 日誌』, 54~66쪽의 「制民要算」.

장하였다.[68] 전통적 유학자로서 실학사상으로부터 개화사상을 도출해 내고, 다시 이를 독립사상으로 발전시킨 대표적 인물은 李鍾一인데,[69] 그는 이와 같은 사상의 전이를 보여주고 있는 것이다.

한편 그는 「要民要算」에서 다음과 같은 시국인식을 보여주고 있다.

> … 해마다 풍속이 날로 흐트러지고 법망이 느슨해져서 상하가 훔치며 탐내어 교화가 분명치 않아졌다. 심지어 張角과 赤眉와 같은 도적 무리가 어리석은 백성들에게 난을 부추겨도 벼슬아치는 수수방관만 하고, 葛榮과 黃巢 같은 역적 무리가 마을을 약탈하여 연이어서 여러 성들이 함락되니 어찌 한심하지 않은가? …[70]

즉, 그는 동학에 대해 매우 부정적으로 인식하고 있었던 것이다. 그는 괴산에 동학도가 들이닥쳐 고을을 불 지르는 등의 행위를 '東徒之燹'이라 표현하였다.[71] 그는 동학 농민군을 '不穩의 義를 빙자해 휘파람 신호로 모인 도당'이라고 부정적으로 표현하였다. 그가 동학을 부정적으로 인식한 것은 대부분의 전통 유학자들, 특히 이건창 등 양명학을 강론하던 강화학파들과 같다.[72] 그러나 그는 이를 백성들의 오해에서 비롯된 것이라는 당시 위정자들의 동학 발발에 대한 인식을 비판하며, 백성을 다스림 (制民)이 잘못되었기 때문이라고 동학 봉기의 역사적 정당성을 인정하였다.[73] 즉, 황현이 동학농민운동 자체는 부정적으로 인식하되, 그 동인이

---

68) 『선비 안숙 日誌』, 73~75쪽의 「非有子問答」.
69) 박걸순, 「沃坡 李鍾一의 思想과 民族運動」, ≪한국독립운동사연구≫ 제9집, 1995 참조.
70) 『선비 안숙 日誌』, 54~55쪽의 「要民要算」. 그는 「制民」의 「議書」에서도 "갈영과 황소와 같은 역적 무리가 마을에서 팔을 혼들며 시위하는데도 長史(고급관리)와 守臣(수령)이 속수무책으로 앉아서 쳐다보기만 하고 진압하거나 조치할 방도를 두고는 단지 상부를 우러러 탓하니 화약연기와 칼날 속에 이 우매한 백성들이 나왔다가 사라지게 한다."고 개탄한 바 있다(『선비 안숙 日誌』, 41~42쪽).
71) 『선비 안숙 日誌』, 228쪽의 「敬和雲汀本倅昌烈赴任之作幷序」.
72) 민영규, 『강화학 최후의 광경 — 西餘文存 其一 —』, 우반, 1994, 35~36쪽.

나 동학의 평등사상, 운동 전개의 규율성 등을 긍정적으로 평가한 것과
유사한 사유라 할 수 있다.[74]

그는 일제의 침략을 매우 신랄하게 비판하였다. 명성황후 시해사건은
그가 자신을 '狂夫'라고 표현할 정도로 격분한 감정을 일으키기에 충분하
였다. 그는 임금은 백성의 부모이고 臣民은 임금의 赤子라고 하며 국모인
명성황후의 죽음을 폄훼하는 일부의 의론을 '無父無君의 主見'이라고 반
박하고, 이를 '가난하고 비천한 백성 집안의 부자지간의 일'로 비유하였
다. 이어 다음과 같은 심경을 피력하였다.

> … 무릇 이른바 불공대천의 원수와 같은 나라에 거주하고 같은 조정
> 에 서 있으면서 의복을 태연자약하게 입고 음식을 태연자약하게 먹으
> 며 복수할 방도를 도모하지 않는다면 이웃 마을과 동료가 장차 무엇이
> 라 하겠으며 또한 사람의 부류에 끼일 것인가 짐승으로 귀결될 것인가?
> 그 이웃 마을과 동료에게 용납되지 못할 뿐만이 아니라 또한 홀로 자괴
> 하여 마음이 부끄럽지 않겠는가? …[75]

그는 일제의 국모 시해에 발분하여 복수를 주장하였다.[76] 이는 전국적
으로 발생한 의병봉기의 사상적 기저를 이루는 국수보복론과 같은 것이
다. 그의 다른 글에 의병에 대한 인식이나 평가가 보이지는 않지만, 그가
척사의병적 인식을 지녔음을 보여주는 대목이다.

1905년의 을사늑약은 그에게 또 한 차례 충격을 주었다. 그는 1904년
경의 정국을 '금수가 나라 안을 날뛰는' 상황으로 인식하였고,[77] 을사늑

---

73) 『선비 안숙 日誌』, 41~42쪽의 「制民」, 「議書」.
74) 朴孟洙, 「매천 황현의 동학농민군과 일본군에 대한 인식」, ≪한국근현대사연구≫ 제55
   집, 2010, 37~52쪽.
75) 『선비 안숙 日誌』, 89~92쪽의 「正氣論」. 한편 그는 명성황후를 추모하는 輓詞 五頁을 지
   었다(『선비 안숙 日誌』, 104~107쪽).
76) 그는 劉邦이 義帝를 위해 發喪을 한 고사를 인용하며, 흰 상복을 입고 적을 토벌하여 원수
   를 갚은 뒤에 반드시 사실대로 역사에 기록할 것을 주장하였다.
77) 『선비 안숙 日誌』, 147쪽의 「腫症轉甚 伏枕謾吟」.

약을 강요당한 뒤에는 귀향하여 『張良傳』을 읽으며 '博浪沙中의 저격하던 손을 빌어 늙고 교활한 자의 머리를 깨버릴' 생각을 하였다.[78] 곧 이토 히로부미 대한 복수를 강구하였던 것이다. 그러나 그는 을미사변이나 을사늑약을 당하여 복수에 절치부심하였고, 군사에도 상당한 조예가 있었지만, 의병을 도모하거나 참여 계획은 물론, 의병에 대해 전혀 기록을 남기지는 않았다.

한편 그는 을사늑약에 분개하여 자결한 민영환을 추모하는 제문을 남겼다. 그는 이 제문에서 그의 자결을 다음과 같이 칭송하였다.

> 오호라! 참으로 위대합니다. 공의 忠義로 인한 분노와 격렬한 기상은 곧바로 해와 달과 그 빛을 다툴 지경이니, 이는 마땅히 죽어야 할 데서 죽음으로써 옛 사람에게 부끄럽지 않은 것이며, 저 생을 탐내는 비루한 자들에게 부끄럽게 하여 이마에 진땀이 나게 하는 것이고, 또한 천하 후세 사람들에게 우리 조정에도 이와 같은 사람이 있음을 알게 하여 그 아름다운 이름을 영원히 전하게 할 수 있을 것입니다. …[79]

또한 그는 민영환의 순국 이후 그의 집에서 대나무가 자랐다는 말을 듣고 감동하여 시를 짓기도 하였다.[80] 민영환의 순국을 추모하다가 그 뒤를 따른 것은 안숙만이 아니라 동향의 홍범식도 마찬가지였다.[81] 뿐만 아니라 그는 족인 안병찬이 을사늑약 반대 상소 투쟁을 벌이다가 유배당한 충의를 칭송하는 시와 서문을 지었다.[82] 또한 이상설이 간도로 망명하였다는 소식을 듣고는 그가 을사오조약 반대 상소 투쟁을 벌인 사실을 회고하고, 그의 망명을 진시황을 살해하기 위해 자객을 보낸 燕나라 太子 丹의 고사에 비유하며 항일투쟁의 성공을 기망하였다.[83] 1907년 여름에 지은

---

78) 『선비 안숙 日誌』, 291쪽의 「六月四日歸槐讀張良傳」.
79) 『선비 안숙 日誌』, 277~279쪽의 「祭古桂庭閔忠貞公泳煥文」.
80) 『선비 안숙 日誌』, 285쪽의 「丙午五月十四日聞桂庭閔忠貞公宅竹生 感而賦此」.
81) 박걸순, 「一阮 洪範植의 자결 순국과 그 遺訓」, 325쪽.
82) 『선비 안숙 日誌』, 280쪽의 「憑呈族人主事秉瓚詩 幷序」.

「詠蝎」은 서울의 귀인들을 좀 벌레에 빗대 신랄히 비판한 작품이다. 그는 1894년부터 서울 귀인들의 집에 갑자기 '가증스럽고 가련한' 좀 벌레가 극성을 부린다고 지적하며, 이를 '벌레 속의 못된 종류'라고 질타하였다.84) 즉, 갑오년 이래 1907년 당시까지 일제의 침략에 부화뇌동한 권세가들을 나라를 갉아 먹는 좀 벌레에 빗대어 꼬집은 것이다.

한편 그는 서양에 대해 비교적 긍정적인 시각을 지니고 있었다. 그는 후술하는 바와 같이 서양의 제도를 수용할 것을 주장하였으며, 태양력을 사용하고 建陽 연호를 사용한 것을 시문 사이에 별도로 기재하기도 하였다.85) 특히 그의 천주학에 대한 옹호는 다분히 파격적이라 할 수 있다.

> … 그러므로 평일의 얽매인 버릇으로 지금 개화의 법을 보고 배척하여 말하기를 천주학이라 한다. 무릇 이 말을 하는 사람은 천주가 진실로 믿고 배척할만한 것으로 아는가? 저 敎를 미워하고 배척해야 할 이치를 알지 못하고서 이와 같이 말을 하는 이는 또 평일에 유교의 실상을 모르고 聲敎를 받으며 服色을 입고 스스로 큰 소리를 치는 자와 어찌 다르겠는가? 만약 속된 선비가 종교가 진실로 미워할 만하다는 것을 연구하여 얻는다면, 그가 좋아하게 될 경우 평일 미워했던 것보다 더욱 심하게 될 것이다. …86)

이는 그가 개화를 강조하기 위해 설명한 대목이지만, 서양 각국의 신법과 신제도를 수용할 것을 주장하고, 심지어 천주학을 유교와 비견하며 설명한 것은 당시로서는 상상조차 어려운 일이었다. 황현이 서양에 대해 부정적 인식을 지니고 천주학을 괴상하고 황탄한 邪說이라고 하고 극단적으로 천주교도를 '망나니와 짝을 이루는 칭호'로 여긴 것과 비교된다.87)

---

83) 『선비 안숙 日誌』, 290쪽의 「聞溥齋李參判相卨入燕」.
84) 『선비 안숙 日誌』, 273쪽의 「詠蝎」. 이는 怡堂 趙上庠에게 준 것이다.
85) 『선비 안숙 日誌』, 99쪽의 「夜訪雲汀時 金安東斗明金主事人碩在座 共話立春詩 試步其韻」.
86) 『선비 안숙 日誌』, 85~86쪽의 「非有子問答」.
87) 박걸순, 「매천 황현의 당대사 인식을 둘러싼 논의」, ≪한국근현대사연구≫ 제55집, 2010,

이는 그의 서양에 대한 긍정적 인식과 세계관의 구조를 잘 보여준다.

2. 經世論

안숙은 많은 시문과 함께 경세론을 논의한 저술도 남겼다. 이는 문집에 수록된 「要算」·「制民要算」·「非有子問答」·「兵制論」 등이 대표적이다.[88] 이는 東道西器論에 입각한 富國强兵論이고, 그 방법론은 編伍制이라 할 수 있다.

그의 경세론을 종합적으로 설명하고 있는 저술은 「非有子問答」이다. 안숙은 범례에서 『鶡冠子』를 인용하며 자신이 論辨한 내용 중에 時諱에 관련된 내용도 피하지 않았으니 읽는 사람들이 이해해 달라고 요구하였다.[89] 그가 時諱라고 말한 것은 知言子가 논평한 바와 같이 당시와 부합되지 않는 부분, 즉 개화론을 비롯하여 위정자들이 불편해 할 개혁안을 지칭한 것이라 할 수 있다.

그가 「非有子問答」에서 논의하고 한 첫째는 사람을 얻는 것(得人)이고, 둘째는 백성을 화합케 하는 것(和民)이며, 셋째는 執政要領이며, 넷째는 입법과 행정 권리에 대한 내용이었다. 그는 당시 최고 급선무는 선비를 선발하여 능력자를 임용함으로써 인재가 정치를 담당하게 하는 것임을 강조하였다. 그러나 그는 천거된 선비들이 청탁이나 친분관계에 의한 경우라서 기예가 서툴고 소견이 막힌 선비에 불과하여, 관직에 임용되더라도 구차하고 관습을 따르는 데서 벗어나지 못해 모두 녹봉이나 구하고 이익을 탐하는 무리일 뿐이라고 혹평하였다. 그는 당시 매관매직의 현실을 비판하며 得人의 중요성을 강조하였다.

80~81쪽.

88) 이 문집의 편집상의 문제는 전술한 바와 같은데, 「兵制論」이란 것도 원문에는 없는 것을 붙인 것이다.

89) 鶡冠子는 楚나라 때의 저작인데, 조상우는 이를 「非有子問答」의 평자로 잘못 이해하였다 (「安潚의 <非有子問答> 硏究」, 166쪽).

… 오호라! 현인을 임명하고 능력자를 부리는 것은 치세의 관건이요,
매관매직은 망국의 전철이다. 시정 무뢰배들은 관직을 지푸라기 줍듯
이 얻지만 독서하여 정진하는 선비는 마침내 초야에서 고갈하니, 이는
나라를 다스릴 마땅한 인재를 도리어 모리배들만 못하게 보기 때문이
다. 백성을 고갈시키는 官府가 과연 부국을 이룰 수 있겠는가? … 진실
로 편안한 다스림을 구한다면 반드시 먼저 마음을 바르게 가져야 한다.
마음을 바르게 하는 요체는 초야의 독실하고 박학한 선비를 맞아들여
순서를 뛰어넘는 지위로 대우하는 데 있다. 그를 측근에 두어 마음을 열
어서 돕도록 하고 誠意와 正心이 있는 선현의 학문을 講筵의 수련 대상
으로 삼도록 하고 정밀하고 한결같은 과거 성인의 마음으로 조정의 치
적을 내는 體를 확보하도록 해야 한다. …90)

그는 賢人을 구하는 방법으로 소원하다고 해서 의심하지 말고, 친밀하
다고 해서 사사로이 대하지 말고, 더럽고 천하다고 해서 폐하지 말며, 辯
說에 귀가 가려짐이 없게 하고 명성에 휘둘리지 말아야 한다고 주장하며,
이를 중국 고사를 인용하며 입증하였다. 또한 그는 백성을 다스리기 위해
각 지방을 시찰하여 지도와 장부를 작성하는 것이 중요한데, 이를 위해서
도 정찰을 담당할 인재 선발의 중요성을 강조하였다.91)

그는 입법과 행정을 시행하는데 있어서 공정한 신상필벌을 강조하며,
삼권을 위해 財用이 급무라고 여겼다. 그는 재정의 중요성에 대해 다음과
같이 말하였다.

… 만약 정부에서 적절함을 그르치면 民議의 권력으로 大臣을 축출
하며, 민의가 방자하면 군부의 병력으로 民黨을 제어한다. 이에 상하를
유지하여 국가의 형세가 반석의 편안함을 이룬다. 그러므로 각국이 모
두 회의권을 가지고 輿論이 위에서 통하고 公議가 아래에서 시행되어

---

90) 『선비 안숙 日誌』, 50~53쪽의 「要算」. 그는 여러 차례 體要 터득의 중요성과, 用을 앞세
워 體를 놓치며, 근본책을 버리고 말단책을 좇는 것을 경계하였다.
91) 『선비 안숙 日誌』, 71~76쪽의 「非有子問答」.

조금도 사사로움을 용납하지 않는다. … 정부가 실하고 병권이 중하게
된 뒤에야 민의를 세울 수 있으니 이른바 君民共和라는 것이다. 만일 정
부에 인물이 없고 병권이 중하지 않은 데에 민권이 있게 되면 국가에 근
심을 끼치는 것은 이루 다 말할 수 없다. 정부의 견실은 군사의 강력함
에 달렸고 강력한 군사의 근본은 재정에 달려있다. …92)

이는 전후 내용이 모순되는 듯한 부분이다. 즉, 앞에서는 민의의 중요
함을 강조한 반면, 뒤에서는 민의에 앞서 정부가 실하고 병권이 중하게
되어야 할 것을 강조하였기 때문이다. 그의 논의는 전제 군주주의에 토대
를 두고 있으나, 그보다는 훨씬 앞서 민주주의를 지향하고 있으며, 특히
1895년에 이 같은 논의를 하였다는 자체가 획기적이고 선구적이라 할 수
있다. 그는 재물을 만드는 방법(生財之道)으로 매우 구체적인 13가지 방
법을 제시하였다. 이를 간략히 정리하면 다음과 같다.

1. 訓農 : 각 면, 각 촌에 農社長 1인을 두어 외국의 농업과 잠업을 농
민에게 가르친다.
2. 務材 : 토질에 맞는 수목과 많은 재료를 재배하여 제조에 공급한다.
3. 通商 : 근일 商會 朝令이 내려졌으나 편의한 방도를 얻지 못해 제
대로 시행되지 못하고 있다.
4. 惠工 : 장인을 대우하는 것은 평소 조정의 계책이나 시행할 겨를이
없었다.
5. 改量田畓 : 전답을 재측량하여 結總을 널리 헤아려 국가에 내는 세
금이 바르게 하고 백성들에게 실제 혜택이 가도록 해야 한다.
6. 成册 : 각 부, 각 군의 대소 백성이 차지하고 있는 園林 및 完文이
있는 곳을 대상으로 마땅한 세금을 정한다.
7. 洑水之稅 : 봇물의 크고 작음과 관개 마지기 수에 따라 적절한 세
금을 정해야 한다.
8. 家屋稅 : 칸수의 다과에 따라 세금을 정하되, 마을 집터에 結이 있

---

92) 『선비 안숙 日誌』, 78쪽의 「非有子問答」.

는 경우에는 더 부과함이 마땅하지 않다.

　9. 場市坐廛稅 : 도읍에서 외방 읍까지 시장 점포에 적절한 세금을 거
둔다.

　10. 各 海口 浦口 進出稅

　11. 酒稅, 煙草稅, 糖稅

　12. 不毛稅 : 담장에 뽕나무를 심지 않고 밭에 과실나무를 심지 않는
民戶를 대상으로 한다.

　13. 遊食稅 : 놀면서 입고 먹는 자에게 세금을 거둔다.

　그는 이처럼 하여 재물이 넉넉해지면 養兵의 방법을 모색할 수 있다고
하였다. 그는 서양의 강병술을 본받아 사관을 양성하면 장차 러시아처럼
강병이 되고 영국을 끌어 잡을 수 있으니 다행이 아니냐고 반문하였다.
또 그는 각 府에 서양의 법을 본받아 鎭과 臺를 나누어 설치하되 農兵制를
시행할 것을 제안하였다. 즉, 각 군의 驛畓, 屯田, 宮結을 조사하여 鎭軍에
서 並作하게 하거나 賭地를 주게 하며, 지방민을 군에 편입시켜 땅을 부
치게 하거나, 군대에 편입되지 않더라도 부쳐 먹게 하는 방법을 제시하였
다. 그는 미국 워싱턴 대통령의 護國軍과 국민군 제도가 농민에게 의탁한
것임을 강조하고 군대 운용의 정예로움은 프랑스를 준칙으로 삼아야 한
다고 강조하였다.[93]

　안숙은 「非有子問答」 외에 별도로 병제에 대해 구체적으로 논의하였
다. 그는 군무협판 백성기의 擬問에 대한 답으로 사관 양성법과 용병의
방도에 대해 정리한 바 있다. 그는 사관을 양성하는 것은 무비를 강구하
고 뜻밖의 일에 대비하는 것이라 하면서, 사관들로 하여금 정부 각 부서
의 직책을 맡게 함은 물론 내정과 사법권까지 담당하게 하면 효율적이라
고 강조하였다.[94] 그는 군대 운용의 방도로서 용력과 기기의 중요성을 인
정하면서도 용병의 요점은 기회라고 주장하였다. 그는 아무리 용력이 대

---

93)『선비 안숙 日誌』, 82~83쪽의 「非有子問答」.
94)『선비 안숙 日誌』, 111~114쪽의 「對養成士官者何」.

단하고 기기가 훌륭하다 하더라도 기회에 맞는 계책을 결정하지 않으면
안 되니 곧 기회는 兵家의 密符라 한 것이다.[95]

그는 병제에도 상당한 관심과 식견을 지니고 있었는데, 로마의 군제 편
성부터 근세 프랑스와 독일의 병제를 소개하며 우리도 이를 본받아야 한
다고 하였다. 그는 병사들을 잘 인솔하는 것이 중요하다고 지적하며 각
단위별 효율적 부대 편제까지 상세히 논의하였다.[96]

이 같은 그의 병제론은 尙武論에서 비롯된 것이고, 상무론은 당시의 국
제정세에 대한 인식으로부터 형성된 것이다. 그는 예전의 治平之世 때에
는 무예를 억누르고 문예를 숭상하였지만, 지금의 천하대세는 매우 달라
져 만국이 무예를 숭상하여 위엄을 빛내고자 한다고 진단하였다. 또한 동
서양이 가까이 교섭하고 있으나 우리나라만이 한 모서리에 고립되어 러
시아와 청나라가 넘보고 있는 것이라고 주장하며 상무를 하여 '自强自大'
하지 않으면 안 된다고 역설하였다. 상무의 방법으로는 학교를 세워 사관
을 양성할 것을 제시했는데, 사관학교의 교육과정과 교수내용 등도 독일
이나 프랑스의 것을 참용하여야 한다고 하였다.[97] 그의 상무론의 요체는
'自强自大'인데, 그가 각종 책론을 통해 성취하고자 한 '自新自强'과 함께
그의 사상의 양대 축을 이루는 것으로 이해된다.

상무론과 함께 그는 民議와 公共을 위해 외국의 상원과 하원 선거법을
수용하여 시행하여야 한다고 주장하였다. 그 다음으로 교육의 중요성을
강조하였는데, 교육을 武備와 民議 다음으로 강조한 것에 대해 시대의 형
세상 불가피하다고 변론하였다. 즉, 그는 무비를 가장 상위에 두고, 다음
에 민의와 교육을 중요하게 여겼음을 보여주는 것이다. 교육의 방법으로
는 학교를 세워 六經·諸子·歷史를 가르쳐 근원을 굳게 하고 외국지리
와 역대 기록과 교류하게 하여 支流에 도달하게 하고 외국의 언어와 미술

---

95)『선비 안숙 日誌』, 114~116쪽의「問用兵之道何先」.
96)『선비 안숙 日誌』, 114~116쪽의「問用兵之道何先」.
97)『선비 안숙 日誌』, 114~116쪽의「尙武論」.

로 윤색케 하며 여러 나라에 유학을 시켜 이목을 새롭게 하여야 한다고 주장하였다. 즉, 그는 전통 유학을 교육의 기본으로 하되 세계 각국의 역사와 지리·언어·문화 예술 등을 두루 교육시켜 명실을 갖춰야 한다고 한 것이니, 전향적이고 근대적 교육관이라 할 수 있다.[98]

유교와 서양 종교와의 관계에 대한 설명에서도 이 같은 입장은 견지되었다. 그는 세계가 유교가 아니라 종교로 귀결함이 9분의 8이나 되기 때문에 학교를 세워 교육하고자 하는 내용이 종교일 경우 孔孟의 學이 단절되어 천하가 자리를 바꾸게 되고, 유교일 경우 化氣의 이치가 사라져 부강을 이루기 어렵지 않겠는가라는 비유자의 질문에 대해 단호한 답을 하고 있다. 전술한 바와 같이 그는 공자의 가르침을 기본으로 하되, 천주학을 중심으로 한 서양의 종교에 대해서도 과감하게 수용하는 사상의 유연성과 포용성을 보여 준 것이다.[99]

그는 법률과 재판에 대해서도 외국의 사법 사례를 따를 것을 주장하였다. 그 한 예로 원고와 피고가 송사를 할 때에 반드시 약간 명의 배심원을 세워야 한다고 하였다. 또한 미결수를 오래 가둬두지 말고, 재판이 끝난 사람은 囹圄에 체류하지 않도록 해야 하는데 그렇지 못한 것은 재판 업무를 집행하는 관리들이 明文律만 외워 행하고 無文律의 편의에 따라 판단함을 알지 못하기 때문이라고 지적하였다.[100]

「非有子問答」의 말미는 결론에 해당하는 부분으로서 그가 제기한 부국강병책 즉, '自新自强', '自强自大' 방안 운용의 중요성을 설명하고 있다.

> … 지금 泰西의 정치를 천하가 잘못 본받아 경쟁적으로 서로 견제하지 않는 자가 없어서 혹은 자유를 위하여 獨立하는 자가 있고 혹은 무너

---

98) 『선비 안숙 日誌』, 83~84쪽의 「非有子問答」.
99) 『선비 안숙 日誌』, 84~86쪽의 「非有子問答」.
100) 『선비 안숙 日誌』, 86~87쪽의 「非有子問答」. 그는 북송의 趙淸獻이 靑州목사로 재임시 감옥 죄수의 다소 여부로 法吏의 현명 여부를 따졌더니 1년 만에 감옥에 허망하게 수감되는 사람이 한 사람도 없게 된 고사를 들어 法吏의 중요성을 지적하였다.

져서 附庸이 되는 자도 있으니, 바로 莊子가 말한바 '손이 갈라지지 않
는 기술을 배운 것은 매일반이로되, 그 기술로 어떤 이는 솜을 세탁하는
데에 사용하였으며 어떤 이는 제후의 패자가 되는데 사용했다'는 것이
니 어째서인가? 명분과 실상의 분수가 어긋나며 득실의 형세가 달라서
가 아닌가? …101)

이는 사회진화론적 냉혹한 국제질서를 지적한 부분이니, 결국 방도나
제도의 유무가 문제가 아니라 운용의 중요성을 지적한 것이다. 곧 그는
고금에 중요한 방도가 많았지만 운용을 어찌하는지에 달렸을 뿐이라고
하며, '시무의 급한 것은 사람을 얻는데 있고, 실효를 거두는 것 또한 신의
를 세우는 데에 달렸다'고 결론지었다.
이상설의 「非有子問答」 서문은 안숙의 경세론에 대한 평가를 집약적으
로 설명해준다. 이상설은 서문에서 당시 治者의 병폐로서 습속에 얽매어
시세의 발전을 헤아리지 못해 고루한 소견을 바꾸지 못하는 경우와, 또
하나는 개화에 급급하여 바탕을 굳게 갖지 못한 채 자기 것만 옳다고 하
며 남을 책망하는 두 가지 경우를 지적하였다. 그는 이 같은 상황에서 나
온 안숙의 「非有子問答」은 옛날의 煩雜과 凡冗에 가까워 실용에 적합지
않은 것 같지만, 자세히 보면 名實이 꼭 짜이고 대강과 조목이 잘 얽혀져
執法者에게 도움이 될 것이라고 평하였다. 이상설은 구체적으로 「非有子
問答」에서 논의한 내용에 대해 다음과 같이 평하였다.

　… 그 내용은 信賞必罰을 말하고, 인물 찾기를 말하고, 兵士를 농사에
부치는 일을 말하니 곧 經史에 근본하여 고금에 바뀌지 않는 중요한 방
도이므로 과거 先聖의 훈계에 어긋남이 없는 것이다. 농사를 가르치고
재목을 기른다, 상업을 융통하고 공인을 우대한다, 재물을 늘리고 교양
을 진작한다는 등의 논설은 시무와 각국 公好의 新法에 달하여 三權分
立에 黙約하는 바이다. …102)

---

101) 『선비 안숙 日誌』, 87~88쪽의 「非有子問答」.

즉, 이상설은 안숙이 「非有子問答」에서 논의하고 제시한 내용을 경사에 근본을 둔 동양의 전통적 방도에 부합하는 것이고, 시무와 서양의 신법에도 통달한 것이라고 평가한 것이다. 또한 知言子는 여기에서 논의하는 내용이 지금의 것이 아니면서 옛것인 듯하며, 옛것인 듯 하면서 지금의 것이라고 하면서도 '둥근 구멍에 네모난 자루를 끼우 듯 맞지 않는 부분'이 있을 것을 염려하였다.[103)

그런데 그가 특히 강조한 것은 編伍制였다. 五家作統制는 行政村的 隣保編制로서 『經國大典』에 법제화 된 것으로, 구한말까지 조선왕조의 최하부 조직으로서 명맥만 유지되어 왔다. 그 기능은 호적의 보조, 도적과 유민의 방지, 치안 유지, 풍속 교화, 구휼 및 隣保, 천주교인 색출 및 탄압 등으로서 조선 초 이래 시대적 상황에 따라 기능과 역할이 다소 차이가 있었다. 그 세부조항은 숙종 때 윤휴의 주장으로 비변사에서 제정한 21개 조의 五家作統事目이 있고, 철종 조에 마련된 五家作統節目 등도 있다. 오가작통법은 연좌제의 기능도 있었지만, 풍속 교정과 구휼 및 인보자치 역할은 향약과 유사하다.[104)

안숙이 오가작통법을 주장한 것은 동학농민운동이 전개된 시대적 상황과 관계가 깊다. 즉, 그는 동학이 전국적으로 일어난 상황을 '천하의 혼란'으로 인식하고 '도적을 없애고 부강을 이룰 법도와 방책'으로서, 또한 '시체를 살리기 위한 신비한 丹藥과 오묘한 藥劑'로서 오가작통과 향약 시행을 골자로 하는 「二綱 十九條」를 마련한 것이다.[105) 그는 오가작통의 목적과 효용에 대해 다음과 같이 말하였다.

　　… 내가 살펴보면 나라를 다스리는 근본은 백성의 수를 두루 아는 데

---

102) 『선비 안숙 日誌』, 68쪽의 「非有子問答」.
103) 『선비 안숙 日誌』, 67~70쪽의 「非有子問答」.
104) 申正熙, 「五家作統法 小考」, ≪大丘史學≫ 제12 · 13집, 1977, 165~193쪽.
105) 『선비 안숙 日誌』, 54~55쪽의 「制民要算」.

에 있다. 백성의 수를 두루 알지 않으면 일이 균일하게 되지 않고, 일이 균일하지 않으면 비록 치적을 일으키려 해도 이룰 수 없다. 이 때문에 향리나 도시나 시골의 법이 이미 周나라 때에 시행되었고 역대 연혁에 각기 같고 다름이 있으나 그 요점은 伍法에 벗어나지 않는다. 비록 지극히 어리석은 사람도 어찌 단지 다섯 사람을 다스리지 못하겠는가? 이는 옛날에 管子, 筍吳 및 우리나라 柳磻溪, 李星湖가 이미 강구한 것이다. 鄕黨은 編伍制가 이루어진 연후에 兵制를 확립할 수 있고, 田政을 바로 잡을 수 있고, 도적을 그치게 할 수 있고, 가족부양을 이룰 수 있고, 敎
슈을 행할 수 있고, 풍속을 같게 할 수 있는 것이다. …106)

안숙이 주장한 「二綱 十九條」의 내용을 간략히 정리하면 다음과 같다.

○ 一綱. 五家作統의 규정을 엄히 하여 農兵을 기르고 盜賊을 없앤다.
　－ 그 편제는 5家 1統(統首, 단지 5家), 5統 1社(社正, 25家), 5社 1里(里監, 125家), 5里 1間(閭長, 625家), 4間 1鄕(鄕師, 2,500家), 2鄕 1郡(郡守, 5,000家)으로 한다.
　－ 伍를 편성하는 程式으로 某面 某里,107) 某官 姓名108)을 상세히 기술하는 내용.
○ 二綱. 향약과 교양의 절도를 행하여 실학에 힘쓰고 풍속을 돈독히 한다(4大 條目).
○ 十九條

---

106) 『선비 안숙 日誌』, 46쪽의 「要算」.
107) 某面 某里에 수록될 내용은 읍으로부터 길이 몇 리, 서울로부터 길이 몇 리, 東으로 어느 지방과 거리 몇 리, 西로 어느 지방과 거리 몇 리, 南으로 어느 지방과 몇 리, 北으로 어느 지방과 몇 리, 山勢(어느 지역에서 시작되어 어떤 지역으로 굽어 이어지고 어떤 마을 어떤 洞이 되며 高低는 어떠하며 주인이 있는지 여부를 일컬어둔다), 水勢(어떤 지역에서 발원해서 어떤 지역으로 흘러가 어떤 강과 내가 되는지 일컬어둔다), 土宜, 土産, 戶布, 還穀, 結總, 灌漑, 鹽路, 市場, 浦口, 橋梁, 學塾, 砲를 익힌 사람 수 등이다.
108) 某官 姓名에 수록될 내용은 나이, 본관, 모양, 신장, 이력, 직업, 성품의 완급, 주량, 문장, 글씨, 산술, 智謀, 幹局, 장점, 단점, 팔의 힘으로 드는 무게, 砲 연습, 步法, 노름, 처의 나이와 본관, 아들 수, 딸 수, 손자 수, 여자 종 수, 남자 종 수, 하인 수, 집의 칸 수와 기와집, 초가집 여부, 소, 말, 밭, 논, 결총, 환곡, 호포, 가마솥, 서책, 銃槍, 공사 도구, 挾戶, 鄕師 이름, 閭長 이름, 里監 이름, 社正 이름 등이다.

제1조 군수 지방관.

제2조 統首 이상은 덕망이 있고 幹局이 있는 사람으로 추대.

제3조 鄕約所의 副憲과 直月은 左右鄕師가 겸함.

제4조 編伍하여 기록하되, 성명·나이·모양·직업·식구를 호적에 따른다. 빠진 집은 도적의 법으로 단죄함.

제5조 인륜을 멸시하여 기강을 범한 자, 먹고 노는 자, 부랑자, 윗사람에게 거만하고 아랫사람에게 잔혹하게 대하는 자, 도적질 한 자, 간음한 자, 그 외에 법을 범한 자는 해당 伍에서 고발함. 고발하지 않았다가 발각될 경우, 간사한 것을 옹호하여 고발하지 않은 자를 다스리는 법으로 다스리고 伍家가 함께 죄를 받음.

제6조 모든 관청 명령은 향사로부터 차례로 전파하여 화급히 달려가 알림. 만약 지체하는 자가 있을 경우 해당 관리를 형률로 다스림.

제7조 관청 명령은 鄕師 － 閭長 － 里監 － 社長 － 統首의 순으로 전하며 統首는 伍家에 전함.

제8조 모든 민간에 속하는 사무는 伍 － 統首 － 社長 － 里監 － 閭長 － 鄕師 － 郡守의 순으로 보고함.

제9조 모든 민간에 속하는 사무는 鄕師 이하에서 단단히 타일러 경계하고 경망하게 월권을 하여 관직을 논하여 법을 어지럽히면 안 됨.

제10조 모든 시행 명령에 속하는 것은 당해 주관자 앞에서 들어야 함. 들어서 안 경우, 전한 자나 들은 자를 모두 관직을 논하고 법을 어지럽힌 형률로 처벌하며, 신중치 않은 주관자에게 그 책임이 돌아가게 할 것임.

제11조 백성으로부터 걷는 세금은 田稅와 戶布 뿐이며, 한 푼이라도 더 걷으면 정부에서 논변함.

제12조 세금과 호포는 伍 － 統首 － 社長 － 里監 － 閭長 － 鄕師 － 郡守의 순으로 바침.

제13조 統首가 착복하면 同伍가 함께 징계하고, 社正이 착복하면 同社가 함께 징계하고, 里監이 착복하면 同里가 함께 징계하고, 閭長이 착복하면 同閭가 함께 징계하고, 鄕社가 착복하면 同鄕이 함께 징계하여 착복한 자를 징역에 처함.

제14조 수상한 자취가 있는 사람이나 조금이라도 간특한 염탐을 하면 반드시 고하게 하고 출입에 있어서 당해 관할의 공문을 받게 하

고 공문이 없는 자는 법을 해친 것으로 단죄함.

제15조 어떤 지방에 수상한 자취에 의심스러운 사람이 있으면 먼저 본 사람이 통수에게 고하고 이후 차례대로 고함. 관청에서는 향사에게 지휘하여 차례대로 살피면 수상한 사람의 종적은 동서로 도망하더라도 모두 그물에 걸려 빠져 나올 수 없음.

제16조 향사는 쌀, 베, 소금, 철, 어물, 잡화, 시장 세금의 각 항의 재물을 관리하는 등의 절차를 제어하고 당해 사정이 거둬 올림. 만약 조금이라도 숨기는 사특함이 있으면 동사와 동리가 일체로 죄를 논할 것이고 착복한 자는 징역에 처함.

제17조 각 면마다 순찰하는 관서를 두어 주야로 살피고 향사로부터 이하 대소 백성에 이르기까지 법을 범하면 관청에 고하고 간사함을 비호하여 고하지 않으면 형률을 시행하며 贖錢 약간을 당해 巡檢에게 지급함. 순검이 誣告하면 反坐律을 시행하고 무고당한 사람에게 贖錢 약간을 줌.

제18조 당해 社正은 모든 속전은 관가에 들이지 말고 보관해 두었다가 봄가을 講信日에 상으로 주는데, 가을에는 한 洞에서 농사에 부지런하여 실질에 힘쓴 사람을 뽑아 송아지 한 마리와 술 한 상을 주고, 봄에는 한 洞에서 부모를 잘 모신 사람을 뽑아 부모의 옷 한 벌과 술 한 상을 줌.

제19조 매년 정월에 책을 만들어서 정부에 올려 圖籍으로 삼게 함.

이상과 같은 「二綱 十九條」는 기존에 시행했던 것을 변화시키거나 보완한 것이지만, 매우 구체적이다. 그는 오가작통의 효용에 대해 확신하였고, 시행에 대해 강한 의지를 지니고 있었다. 그는 향촌의 행정조직으로서 뿐만 아니라, 周公의 農兵制度를 예시하며 병제에서도 적용할 것을 주장하였고,[109] 심지어는 문학 작품 속에서도 편오제의 효용성을 노래할 정도였다.[110] 그는 「制民要算」을 작성한 후 여러 지인 군수에게 보내 긍정적 반응을 얻기도 하였다.[111]

---

109) 『선비 안숙 日誌』, 82~83쪽의 「非有子問答」.
110) 『선비 안숙 日誌』, 217~221쪽의 「柬尹聖涵滋兢五古三十七韻得農字」.

그의 오가작통 「二綱 十九條」는 동학농민운동 발발 직후의 그의 현실
인식과 경세론을 반영하는 것이다. 즉, 동학에 대한 부정적 인식을 바탕
으로 중앙 왕조 중심의 국가통제책을 제시한 것이었다. 따라서 전근대성
을 보이고 있는데, 이는 이후 그의 인식과 대비시켜 보아야 할 것이다.

이상과 같은 그의 경세론은 바탕은 전통사회에 두면서도 새로운 사회
를 지향하고 있는 것으로서, 당시로서는 혁신적인 개혁안도 포함하고 있
다. 그는 전통 유학자로서 보수적 체질을 완전히 극복하지는 못하였으나,
그에 몰각되지는 않았다. 그는 당대가 안고 있는 문제점을 나름대로 예리
하게 진단한 뒤 다양한 개혁안을 강구하고, 이를 경세론으로 정리해 둔
것이다. 물론 그의 경세론은 그의 처지에서 볼 때 현실에 반영시킬 수 없
는 근본적 한계를 지닌 것이었다. 그러나 실학자들의 개혁안이 그러했듯
이 그의 경세론은 한 유생의 시대적 산물로 이해함이 타당할 듯하다.

IV. 자정 순국

안숙은 과거 급제 이후 사환을 간절히 동경하였으나, 直講 이후 기회를
얻지 못하였다. 그는 자기변호를 하듯 초야의 독실하고 박학한 시골 선비
를 得人할 것을 주장하였고, 그에 대비한 책략과 혼란한 시세를 구할 방
도를 모색하였다. 그러나 점차 사환에 대해 체념하고 기울어가는 국운을
걱정하였는데, 특히 일제의 침략을 당하면서 그의 시름은 더욱 깊어갔다.

그런데 누구도 그의 진면목을 알아주지 않았다. 李相卨은 안숙의 학문
이 넓고 생각이 원대하여 마치 '마구간 바닥에 엎드려 있는 한 마리 천리마'
같은 존재였지만, 진가를 알아주는 사람이 없어 관직을 얻지 못하고 바깥

---

111) 『선비 안숙 日誌』, 40쪽의 「要算」. 이 책을 받아 본 군수들은 "닭 잡는 데 소 잡는 칼을
사용하는 격이로구나! 몇 달 지나지 않는 동안에 도적이 없어져 마을 문을 밤에도 열어
놓고 고관이 수레 타고 조용한 낮에 찾아오게 되어 벼슬의 붉은 인끈이 모르는 사이에
얽혀 들어오듯이 되겠다."고 평하였다.

세상을 떠도는 것을 안타까워하였다.112) 鄭寅杓도 현실을 구제하고자 해결책을 제시한 안숙의 생각을 알아주는 사람이 없음을 개탄하였다.113)

그는 학문을 좋아하여 경사에 통달하였고, 총명하고 지혜로웠다. 그는 늘 마음을 바르게 하고 뜻을 정성스럽게 세워 仁義로써 행하고, 善을 택하여 굳게 지키니 天理의 공변된 것이 인욕의 사사로움을 이기게 하였다.114) 그의 성품은 강직하고 고집이 강하였다. 반면 성격은 메마르고 고상하여 경망하게 사람을 사귀지 않았다. 이에 서울에 오래 있으면서도 어울리는 사람이 많지 않았고, 특히 권세가 있는 사람들을 좋아하지 않았고 부호한 자들을 가장 싫어하였다. 따라서 고향에서조차 그를 좋아하는 사람이 많지 않았다고 한다.115)

안숙이 자정 순국의 결의를 내비친 것은 「問形」에서이다. 그는 여기에서 다음과 같이 말하였다.

> 내 그림자를 돌아보며 육신에 묻노니 어찌하여 홀로 노고하여 애쓰는가? 荊軻는 燕市에서 노름을 하면서 자신을 숨겼고, 顔淵은 누추한 마을에서 한바가지 마실 물과 한 그릇 밥으로도 오히려 즐거워 할 수 있었다. 아! 묵묵히 말을 질서 있게 하며 싱긋 웃으니 그 속에 절실히 스스로 즐기는 바가 있는 것이다. 강포한 秦나라에 맞섰던 魯仲連이 바다에 빠져 죽겠다는 원대한 뜻과 屈原이 離騷로 남긴 遺音을 잇고자 한다. …116)

그런데 「問形」이 작성된 시기는 1892년으로, 그가 荊軻·顔淵·魯仲連·屈原의 절의를 칭송하며 자정 순국을 결의하여야 할 만한 특별한 역사적 계기가 있었던 것은 아니다. 또한 그는 친구인 홍승준에게 자신이 저술한 「非有子問答」을 보이며 구차하게 살지 않겠다는 의사를 내비쳤다고 한

---

112)『선비 안숙 日誌』, 68쪽의 「非有子問答」.
113)『선비 안숙 日誌』, 337쪽의 「成均進士安君墓誌銘」.
114)『선비 안숙 日誌』, 298~299쪽의 「韋堂序」. 剛軒 曹秉遠의 글이다.
115)『선비 안숙 日誌』, 331쪽의 「金安傳」과 337쪽의 「成均進士安君墓誌銘」.
116)『선비 안숙 日誌』, 322쪽의 「問形」.

다.117)「非有子問答」을 저술한 1895년의 을미사변으로 유생들이 격분한 것은 틀림없지만 자결한 사례는 없다.118) 따라서 이 같은 안숙의 자정 순국 결의는 당시 격정적인 양반 유생이 지녔던 시국관의 과장된 표현으로 이해하는 것이 옳을 것 같다.

안숙이 구체적으로 자결 순국을 결의한 계기는 경술국치였다. 경술국치는 유생들에게 엄청난 충격을 던졌다. 李相龍처럼 순국의 의리를 따져보다가 '속수무책의 희망 없는 귀신'이 되기보다는 백절불굴의 태도로 독립투쟁을 결심한 인사가 있는가 하면,119) 그 충격과 울분을 이기지 못한 많은 우국지사들이 飮毒·斷食·自刎·自縊·投水·割腹 등의 방법으로 분연히 자결 순국하였다. 1910년대의 자결 순국자는 64명에 달하는데, 이 가운데 경술국치에 분개하여 자결한 분은 최초로 자결을 결행한 洪範植을 위시하여 39명(61%)이며, 1911~1921년 간에 결행한 분이 8명이나 되니 경술국치와 자결 순국과의 관계를 잘 알 수 있다. 부모 등의 만류로 순국을 결행하지 못한 유생들은 自靖 守義, 또는 일제의 정책을 거부하는 태도를 견지하기도 하였다. 순국자들은 자신의 결연한 의지를 담은 절명시나 유시, 유소 또는 유언과 유서를 남겼는데, 황현과 김도현의 「절명시」와 이만도의 「유시」는 그 대표적이다.120) 순국 투쟁을 결행한 대부

---

117) 『선비 안숙 日誌』, 345쪽의 「說」. 그런데 洪承瀂은 당시 「非有子問答」의 내용 중에 "… 국사는 날로 잘못되어 가고 이윽고 강대한 이웃 나라가 호시탐탐 우리나라를 엿보게 되는 지경에까지 이른 것이다. 이것은 孔子順이 말한 바 '아궁이 구들장에서 불길이 솟아오르는 데에도 제비와 참새는 그 집에 살고 있다'는 것인데, 불행히도 우리는 그 꼴을 보게 되었다."는 글이 있었다고 회술하였는데, 문집에 수록된 「非有子問答」에는 그런 내용이 없다.

118) 李康秊처럼 1894년 6월 '東匪'와 '倭變'이 잇달아 일어나 온 나라가 소란스럽자 이에 분개하여 殉國의 뜻을 지녔던 지사도 있었다(朴貞洙, 「倡義事實記」, 『雲岡集』, 奈堤文化研究會, 2007, 114쪽). 또한 響山 李晩燾도 「遺疏」에서 을미사변 때 죽지 못한 것을 한탄한 바 있으나(박민영, 『거룩한 순국지사 향산 이만도』, 지식산업사, 2010, 96~143쪽), 실제 순국한 사람은 없다.

119) 李相龍, 「西徙錄」, 『국역 石洲遺稿』 하, 경인문화사, 2008, 14~15쪽.

120) 권대웅, 『1910년대 국내독립운동』, 40~51쪽 및 오영섭, 『한말 순국·의열투쟁』, 273~280쪽.

분의 인물들은 지방의 한미한 유생들로서, 전라 · 경상 · 충청의 하삼도 사람들이 대부분인 것은 학문적 성향과 관련이 깊다.[121]

그는 투강 자결의 방법을 택하였다. 자결의 방법은 단식과 自縊의 방법이 일반적이나, 蹈海나 投江의 경우도 있었다. 영양의 의병장 金道鉉과 의흥 출신 朴能一이 동해로 도해하였고, 안숙과 중추원 의관을 지낸 여산 출신 宋宙勉이 투강 순국하였다. 그가 자결 순국의 방법으로 투강을 택한 것은 자신이 秦나라에 맞서 바다에 빠져 죽겠다고 하여 절의를 높인 魯仲連과 汨羅水에 투신 자결한 屈原의 뒤를 따르겠다는 약속을 실천한 것이었다.[122] 그의 순국을 魯仲連과 비견하며 높이 평가하는 이유가 여기에 있는 것이다.[123]

안숙은 순국을 결행하며 절명시 등 별도의 기록을 남기지는 않았다. 그러나 그의 자결 순국에 대한 인식과 평가는 그가 지은 민영환 제문을 통해 잘 알 수 있다. 안숙은 민영환의 제문에서 그의 순국을 다음과 같이 칭송하였다.

> … 오호라! 사람이 태어남에는 반드시 죽음이 있는데 그 죽음이 마땅히 죽어야 할 자리에서 죽을 수 있다면 그 죽음은 도리어 사는 것보다 현명할 것이니 이것은 옛 사람이 대사에 당하고 대의에 임하여 서슬이 시퍼런 칼날을 밟고서도 자신의 목숨을 돌아보지 않은 까닭입니다. … 오호라! 참으로 위대합니다. 공의 忠義로 인한 분노와 격렬한 기상은 곧바로 해와 달과 그 빛을 다툴 지경이니, 이는 마땅히 죽어야 할 데에 죽음으로써 옛 사람에게 부끄럽지 않은 것이고, 저 생을 탐내는 비루한 자

---

121) 金祥起, 「1910년대 지방유생의 항일투쟁」, 62~71쪽.
122) 『선비 안숙 日誌』, 322쪽의 「問形」. 안숙이 蹈海한 魯仲連의 절의를 깊이 흠모하였음은 족인 안병찬의 을사늑약 반대 상소투쟁을 노래하며 그를 노중련의 풍모에 비견한 데에서도 잘 알 수 있다(『선비 안숙 日誌』, 282쪽의 「憑呈族人主事秉瓚詩 幷序」).
123) 洪承瀆은 안숙의 죽음을 魯仲連에 비견하면서도, 노중련의 경우는 높은 지위를 지니고 말한 것이라서 말을 하면 곧 실행하여야 했던 것이나, 안숙은 한미한 신분으로 실행한 것이니 행하기가 더욱 어려웠다고 높이 평가하였다(『선비 안숙 日誌』, 341쪽의 「說」).

들에게 부끄럽게 하여 이마에 진땀이 나게 하는 것이고, 또한 천하 후세 사람들에게 우리 조정에도 이와 같은 사람이 있음을 알게 하여 그 아름 다운 이름을 영원히 전하게 할 수 있는 것입니다. …124)

그가 자신의 순국에 처하여 기록을 남기지 않은 사유는 친구와의 대화를 통해 잘 알 수 있다. 그는 구차하게 살지 않겠다는 자신의 말에 대해 친구들이 "그대는 나라를 지켜야 할 책임이 없는데 어찌하여 죽겠다고 하는가? 또한 죽으려면 마땅히 이름을 남겨야 한다."고 말하자, 그는 이를 개탄하며 다음과 같이 답변하였다.

> … 이른바 義를 행하는 것은 어찌 나라를 맡은 관리에게만 있겠는가? 선비에게도 있는 것이다. 그렇지 않는다면 국가가 절의를 표창하고 선비를 면려하는 뜻이 어디에 있겠는가? 또한 살아서 무엇 하리? 죽으면 그 뿐이니 어찌 반드시 흔적을 남길 것인가? 후에 반드시 나의 말을 생각하게 될 것이다. …125)

즉, 그는 비록 자신이 망국을 책임져야 할 위치에 있지는 않지만 선비의 의리상 죽어야 한다고 여긴 것이다. 또한 죽음에 흔적을 남길 필요는 없더라도 나중에 자신의 죽음이 역사적으로 평가될 것이라고 확신한 것이다. 이는 황현이 「遺子弟書」에서 말한 바와 같이 자신이 반드시 죽어 義를 지켜야 할 까닭이 없음에도 자결한 것은 '識字人'의 의무를 다하고자 한 것이라고 인식한 것과 마찬가지이다.126)

---

124) 『선비 안숙 日誌』, 277~279쪽의 「祭告桂庭閔忠貞公泳煥文」.
125) 鄭寅杓, 「成均進士安君墓誌銘」, 『선비 안숙 日誌』, 335쪽.
126) 박걸순, 「매천 황현의 당대사 인식을 둘러싼 논의」, 82쪽. 황현은 李建昌의 조부 李是遠이 병인양요 때 강화도가 점령당하자 동생 李止遠과 독약을 마시고 순국한 사실에 대해 당시 사람들이 '傷勇'이라고 헐뜯자, 죽지 않아도 될 처지에서 죽은 것은 배운 바를 저버리지 않은 것이라고 극찬한 중국 侍郎 黃鈺의 말을 적실한 기록(實錄)이라고 평가하였다.

안숙의 자결 순국의 모습은 李建芳의 「金安傳」과, 鄭寅杓의 「成均進士 安君墓誌銘」을 통해 전해진다. 이건방이 저술한 「金安傳」이란 김도현과 안숙의 자정 순국을 기린 것인데, 두 사람의 자정 순국의 충절이 높았고 蹈海의 방법론이 같았기 때문에 양인을 함께 기술한 것으로 여겨진다.[127] 정인표는 생전의 안숙과 교유한 인연으로 묘지명과 시를 남겼다. 그런데 두 자료는 내용의 구성이 너무 흡사하다. 그 까닭은 진천에서 정인표의 가 르침을 받았던 鄭寅普가 강화에 가서 이건방을 스승으로 모시는 등 정인 표와 이건방이 江華學의 학맥으로 연계되었기 때문에 향리에서 그의 죽 음을 상세히 전해들은 정인표가 이건방에게 자료를 제공했을 개연성이 있 기 때문이다.

두 자료를 통해 안숙의 순국과정을 살펴보면 다음과 같다. 안숙은 경술 국치 소식을 듣고는 분개하여 눈물만 흘리며 식음을 전폐하고 잠도 자지 않으며 허둥지둥 대는 모습이 마치 무엇인가를 잃어버린 사람과 같았다 고 한다. 때로는 허망한 말을 하여 주위 사람들은 그가 병이 들어 미쳤다 고 하며 꽤 의아하게 여겼다. 그는 선조의 묘소를 두루 돌아보고 집으로 돌아와 틈만 나면 구차하게 사느니 죽는 것이 낫다고 말하였다.

10월 4일 아침, 14세 된 둘째 아들 台植이 그의 앞에 나아가서 읽은 책 의 내용을 읽었다. 그는 태식에게 마음이 심란하여 책의 내용에 대해 가 르쳐 줄 수 없다고 말하고 일어나 아내에게로 가서 자신은 이미 끝났으니 태식은 친척 조카 아무개에게, 5세인 삼남 衡植은 자신의 친구 아무개에 게 부탁하라고 당부하였다. 이에 놀란 아내가 무엇 때문에 그런 소리를 하느냐고 되물었으나, 그는 아무 대답도 하지 않고 비틀거리고 문밖을 나 서면서 눈물을 흘리며 나약한 아내와 어린 아이들이 걱정된다는 말을 하 였다고 한다. 막내 敏植을 낳은 지는 불과 6개월 밖에 되지 않은 때였다.

---

127) 김도현은 부친 때문에 순국을 미루다가 부친의 장례를 마친 1914년 11월 7일, 안숙과 마찬가지로 魯仲連을 추앙하는 遺詩를 남기고 영해의 대진에서 바다 속으로 걸어 들어 가 순국하였다(김희곤 외, 『영양의 독립운동사』, 영양문화원, 2006, 124~128쪽).

그는 세수를 한다고 말하고는 집을 나서면 바로 당도하는 강가로 나갔다. 그가 오래도록 돌아오지 않자 집안사람들이 그를 찾아 나섰다. 강에 이르러 보니 그가 벗어 놓은 신발이 강둑에 있었고, 그는 강물 깊은 곳에 반듯한 모습으로 누워 숨져 있었는데, 그의 수염과 눈썹이 마치 살아있는 것과 같았다고 한다. 사람들은 그의 시신을 수습하여 선영인 下院 鶴壟 언덕에 장례를 모셨다.128)

李建芳은 그의 죽음을 다음과 같이 찬양하였다.

> 안숙이 죽자 사람들 중에는
> 혹 병으로 미쳐 죽었다고 의심하기도 하였네.
> 선조의 묘소에 결별하고 처자식에게 훈계하고
> 또한 친구들에게도 이별을 고하였으니
> 병으로 미친 사람이 이렇게 할 수 있겠는가?
> 오호라! 나라망해 미친 사람들은 죽고
> 미치지 않은 사람들은 죽지 않았으니
> 안숙과 같은 사람은 능히 미쳤다고 해야 할 것이다.
> 미치지 않은 사람이 어찌 그것을 알겠는가?

鄭寅杓는 안숙의 뛰어난 절의가 혹 사람들의 의혹 속에 사라지지 않을까 염려하여 그의 죽음을 굴원에 빗대어 묘지명과 시를 남겼다.

> 道를 곧게 하여 나아가고
> 멈출 바에 용감하였네.
> 한걸음 만에 도리어 생각한다면
> 치욕이 되고 만다네.
> 큰 바다가 갑자기 뒤집혀서
> 탁류가 사방을 휩쓸었네.

---

128) 안숙은 1996년 건국훈장 애국장이 추서되었으며, 이 해 10월 10일 국립대전현충원으로 이장, 영면하였다(애지 제2−600).

오직 저 五浪江[129]만이
만고에 맑음을 떠낼 만하구나.
湘水에 빠져 죽은 혼을 불러내어
때로 그와 더불어 노닐리라
몸을 남겨 묻은 곳
지나가는 이들이 슬퍼하네.

V. 맺음말

본고는 한말과 일제 침략의 격변기를 살면서 봉건왕조 말기의 모순과 외세를 극복할 방책을 강구하다가 경술국치를 당해 끝내 자결 순국한 安瀟에 대해 그의 문집인 『韋堂遺稿』를 중심으로 검토한 글이다. 이상을 정리하면 다음과 같다.

안숙은 과거 급제자를 많이 배출한 명문가문 출신으로 조부인 廷斗 때부터 忠北 槐山 屯栗로 이거하여 살았다. 그는 둔율 마을을 중심으로 총 26필지 37,061척 2,369결(2결 36부 9속, 12,127.26평)을 소유한 지주로서, 이를 배경으로 양반으로서의 사회경제적 생활을 영위할 수 있었다. 그는 1894년 생원진사시에 급제하여 일시 이상설의 추천으로 성균관 직강이 되었다. 이후 그는 '마구간에 엎드려 있는 천리마' 같은 존재로서 사환을 동경하였으나 이후 별다른 관직을 얻지 못한 채 말년에 명예직인 지방위원회 충주 지방위원으로 천거되기도 하였다.

그는 詩文과 經世書 등 적지 않은 저술을 남겼다. 그 가운데 과거 급제

---

129) 五浪江이란 이름은 정인표의 「成均進士安君墓誌銘」과 홍승준의 「說」에 나온다. 현재 이 강은 달천강, 달래강, 둔율강으로 불리고 있으며, 촌로들 가운데에서 오랑강이란 명칭을 아는 사람이 한 명도 없었다. 또한 『韓國地名總覽』(한글학회, 1970)이나 『地名誌』(충청북도, 1987) 등에서도 오랑강은 확인되지 않는다. 다만, 율원리 남쪽에 붙어 있는 沙隱里에 五郎 벼슬을 지낸 史氏가 살았다 하여 사오랑이라 불리는 마을이 있어, 외사리와 내사리 및 기타 마을과 국사봉 등 산을 설명하는 기준점이 되고 있어 혹시 이와 관련이 있는 것은 아닌가 한다.

를 전후하여 저술한 「問形」·「非有子問答」·「要山」·「制民要算」 등은 그의 경세의 책론을 잘 보여준다. 특히「非有子問答」은 문답체의 우언 형식으로 그의 경세론 전반을 잘 보여주는 저술이다. 여기에서 그는 인재선발(得人)의 중요성을 강조하고, 백성을 화합하게 하는 방법(和民), 정치를 집행하는 요령(執政要領), 입법·사법·행정의 3대 권리를 의론하였다. 그의 시문 가운데에는 특히 이상설과 酬酌한 작품이 주목된다.

그의 사승관계는 명확치 않다. 그 자신이 趙宇熙와 李相卨을 언급하고 있고, 閔泳煥을 언급하고 있으나 사승관계라고까지 말하기는 어렵다. 그는 자신이 특별히 언급한 6명의 친구(李相卨·趙重鼎·金敎憲·閔泳迪·李埈鎔·崔亨來)를 비롯하여 많은 사람들과 교유하였다. 특히 이건방과 이상설, 정인표 등과의 친교를 감안하면 그는 학맥상 강화학파와 진천의 양명학과 관련이 있는 것으로 보인다.

안숙은 정통 유학자이나 실학사상에 바탕을 두고 개화를 지향하였다. 동학에 대해서는 부정적이고 비판적이었으나, 그 동인이나 동학의 평등사상은 긍정적으로 평가하였다. 그는 명성황후 시해사건과 을사늑약 등 일제의 침략을 신랄히 비판하며 복수를 다짐하였으나, 의병으로 봉기하는 행동으로 옮기지는 않았다. 반면 서양에 대해서는 다른 유학자들과는 달리 긍정적으로 인식하였다.

그의 경세론의 요체는 부국강병으로서, 이를 '自新自强', '自强自大'라 표현하였다. 그는 '정부의 實과 병권의 重'함을 강조하였고, 전제 군주주의적 사고방식을 지니고 있었지만, 이미 1895년을 전후하여 삼권의 분립과 民議·民黨·輿論·公議를 통한 민주주의를 부르짖은 것은 매우 획기적이고 선구적 견해라 할 수 있다. 이를 위해 財用의 중요성을 강조하고, 이를 조달할 구체적 방도를 제시하기도 하였다. 그는 兵制에도 상당한 식견을 지니고 있었는데, 尙武論을 중심으로 하여 서양의 병제를 참용하여 강병을 이룰 것을 주장하였다. 또한 교육에서도 전통 유학을 기본으로 하되 세계의 언어와 역사를 교육시키고 여러 나라에 유학을 시켜야 한다는 전향적이고 근대적 교육관을 지니고 있었다. 유교와 서양종교와의 관계에 대한 설명, 특히 천주학에 대한 인식은 그의 사상의 유연성과 포용성을 보여주는 한편 파격성을 보여주는 것이기도 하다.

그는 동학농민운동이 전개되는 시대적 상황에서 編伍制를 강조하여, 이를 부국강병을 실천하는 방법론으로 확신하고 있었다. 그는 효율적인 편오제의 운용을 위해 「二綱 十九條」를 제시하였다.

곧 그의 경세론은 바탕을 전통사회에 두면서도 새로운 사회를 지향하고 있는 것으로서, 혁신적인 개혁안을 포함하고 있다. 이른바 동도서기론적 인식을 지니고 있었던 것이다. 그는 전통 유학자로서 보수적 체질을 완전히 극복하지는 못하였으나, 그에 몰각되지는 않았다. 안숙은 당대가 안고 있는 문제점을 나름대로 예리하게 진단한 뒤 다양한 개혁안을 강구하고, 이를 경세론으로 정리해 둔 것이다. 물론 그의 경세론은 시대적 상황에 맞지 않는 것도 있고, 또 그의 처지상 현실에 반영시킬 수 없는 근본적 한계를 지닌 것이었다. 그러나 실학자들의 개혁안이 그러했듯이 그의 경세론은 한 유생의 시대적 산물로 나름대로 의미가 있다.

그는 경술국치를 맞아 투강 순국을 결행하였다. 일찍이 魯仲連과 屈原의 절의를 숭모해 온 그는 그들처럼 蹈海의 방법으로 절의를 지키고자 하였던 것이다. 그는 자신이 망국을 책임져야 할 위치는 아니었지만, 망국의 책임은 관리에게만 있는 것이 아니라 선비에게도 있는 것이라 의리상 죽어야 한다고 생각하였다. 마땅히 죽어야 할 자리에서 죽는 것이 사는 것보다 현명한 일이고 옛 선현에 부끄럽지 않은 일이며 생을 탐내는 비루한 자들에게 경고하는 것이라 믿었던 것이다. 안숙은 죽음에 임하며 나중에 반드시 자신의 말을 생각하게 될 것이라고 확신하였다.

(≪한국근현대사연구≫ 제61집, 한국근현대사학회, 2012. 이 학술지에는 형편상 축약하여 수록하였으나, 본서에서는 원문 게재)

李相卨의 민족운동과 후인 논찬

Ⅰ. 머리말

溥齋 李相卨(1870~1917)은 한국근대사에서 매우 커다랗고 뚜렷한 족적을 남긴 인물이다. 그는 1904년 일본의 황무지 개간권 요구에 반대하는 상소를 올린 것을 시작으로 민족운동에 투신한 이래 연해주 니콜리스크에서 사거할 때까지 남·북만주와 연해주는 물론, 유럽과 미주 일대에 미치는 광역을 무대로 하여 폭넓은 활동을 펼쳤다. 그의 민족운동은 1906년 망명 이후에 본격화하였으니, 실제 그가 민족운동에 헌신한 것은 10년 남짓에 불과하지만 서전서숙 건립과 북간도 민족교육, 헤이그 사행과 구미 순방 외교, 독립운동기지건설, 13도의군·성명회·권업회·대한광복군정부·신한혁명단 등 한국독립운동사에서 매우 중요한 분야와 단체에 참여하거나 주도하였다. 더구나 초기 남·북만주와 연해주지역의 독립운동은 이상설을 제외하고는 그 시원과 정황을 말할 수 없는 실정이다.

따라서 이상설에 대한 후인 논찬은 그 어떤 인물 못지않게 많다. 후인 논찬의 공통점은 학자로서, 인간으로서, 독립운동가로서 분야를 막론하고 최상의 평가를 하고 있다는 점이다. 이는 그의 한국독립운동사선상에서의 위상을 대변하는 것이다. 구체적으로는 안중근·박은식·정인보·장석영·조성환·조완구·황현 등 저명한 독립운동가와, 李範世·李重夏·李建昇·李建芳·李喜鍾·安潚·李明祥·管雪齋 및 베델·헐버트 등 외국인들을 포함하여 많은 인물들이 그에 대한 논찬을 남겼다.

1975년 5월 충북 진천군 진천읍 남산골에 그의 숭모사인 숭렬사가 건립되고,[1] 동년 9월 외솔회가 ≪나라사랑≫ 제20집을 이상설 특집호로 구성하며 그는 사회와 학계에서 본격적인 관심과 연구의 대상이 되었다.[2] 이상설에 대하여는 윤병석의 일련의 연구가 독보적이다.[3] 그럼에도 불구하고 이상설의 민족운동에 관한 연구와 역사적 평가는 제대로 이루어지지 못한 실정이다. 그 까닭은 첫째, 망명 이후 국내로 돌아오지 않아 기록이 단절되어 망명 이전의 상소문 등 일부 자료만 전해지는 점, 둘째, 그가 임종을 앞두고 유물과 유문을 소각하도록 유언함으로써 스스로의 기록과 행적을 삭제하였고, 그나마 일부 남아있던 자료마저도 분실한 점, 셋째, 그 자신이 주도적으로 참가한 민족운동에서 주역의 자리와 공명을 남에게 양보하거나 헤이그 특사의 경우처럼 이준이 부각된 경우 등의 요인 때문이다.[4]

본고는 이 같은 문제점과 한계를 인식하고 이상설의 민족운동과 후인 논찬을 살펴보고자 하는 것이다. 먼저 그의 민족운동을 제1기 망명 이전의 국권회복운동, 제2기 헤이그 사행과 구미 순방 외교, 제3기 연해주 망

---

1) 崇烈祠는 1997년 3월 2일 생가인 진천군 덕산면 산척리 산직마을로 옮겨 중건하였다.
2) 외솔회, ≪나라사랑≫ 제20집, 1975.
3) 尹炳奭, 『李相卨傳』, 일조각, 1984. 1998년에는 이상설의 遺文으로 海牙日記 초록인 『李相卨日記抄』 등의 자료를 추가하고 전기 부분에서 「李相卨의 遺文과 李儁烈士」(제15장)를 보완하여 『增補 李相卨傳』을 발행하였다.
4) 尹炳奭, 『增補李相卨傳』, 2~3쪽.

명과 독립운동으로 나누어 살펴보고자 한다.5) 이어서 이상설에 대한 후인 논찬을 인품에 대한 평가, 학자로서의 평가, 독립운동가로서의 평가 등으로 나누어 정리하고자 한다. 이상설과 함께 활동하였던 후인의 논찬은 부족한 이상설 연구의 귀중한 방증자료로 활용될 수 있을 것이다.

II. 이상설의 민족운동

1. 망명 이전의 국권회복운동

1) 일본의 황무지개척권 요구 반대 상소투쟁

이상설은 1894년 조선왕조 최후의 과거인 甲午 丙科에 급제하였고, 翰林學士와 世子試讀官으로 관로에 발을 내딛었다. 이후 그는 1905년 11월 의정부 참찬에 임명되기까지 左秘書院郎 · 성균관 관장 · 한성사범학교 교관 · 탁지부 재무관 · 궁내부 특진관 · 학부협판 · 법부협판 등의 벼슬을 거쳤다. 그런데 그는 그 때마다 實職에 출사하지는 않은 것 같고, 또 1개월 이내에 사임하는 경우도 많았다.6) 이는 동학혁명, 청일전쟁, 삼국간섭, 을미사변, 아관파천, 갑오경장 등 극도의 국내 정정의 불안과 외세의 침투 등이 그로 하여금 적극적인 출사의 길을 접게 한 것으로 추측된다.

1904년 6월 6일 일본 정부는 주한일본공사 林權助를 통해 한국 정부에

---

5) 지금까지 이상설의 민족운동에 대한 연구는 편년순의 개조식 서술 위주였다. 그런데 후손으로서 그의 자료를 모은 李完熙는 「傳記草稿」(溥齋 李相卨先生傳記抄)에서 그의 민족운동을 "… 선생의 독립운동은 세 단계로 노나 볼 수가 있다. 그 첫 단계는 亡國 勒約을 恨死코 저지하고자 벌였든 국내 구국항쟁이요, 둘째로는 방향을 국외로 돌려 국권을 회복하려든 밀사 결행과 열강 순방이며, 끝 단계로는 露領으로 망명하여 露滿國境을 거점으로 본국과 해외에 산재한 교포를 규합하여 교포의 자활책과 교육산업 양병 등 독립 세력의 태반을 구축하기에 불절의 경륜과 심혈을 다한 빛나는 그 행적을 아는 사람은 지극히 드물다. …"고 하여 세 단계로 구분한 바 있다(尹炳奭, 『增補李相卨傳』, 188쪽). 본고는 이상설의 민족운동을 3기로 나누어 서술하기로 한다.
6) 그는 左秘書院郎 · 성균관 관장 · 한성사범학교 교관은 1개월 만에 사임하였고, 탁지부 재무관도 2개월 만에 사임하였다.

'荒蕪地開拓權要求契約案'을 제시하였다. 이상설은 이에 분연히 반대하여 6월 22일 正二品通政大夫 朴勝鳳과 연명으로 상소를 올렸다.

이상설은 이 상소문에서 토지는 국가의 근본이고 재물은 민생의 근본이라고 전제하고, 우리는 국가가 본래 빈약하여 재원과 토지가 부족하니 외국에 양여하지 않은 것은 지킬 방도를 생각하고, 이미 양여한 것은 되돌려 받아야 할 것이라고 강조하였다. 그는 일본을 위시한 서구 열강들의 이권 요구는 나라가 없어지도록 계속될 것이고, 우리는 국가를 없애면서까지 그들의 요구에 응해야 하느냐고 반문하였다. 특히 그는 조정에서 일본의 요구에 대하여 '하나도 해로울 것이 없고 오히려 두 가지 이익이 있다'고 주장하는 무리들의 행위를 '賣國'이라고 규정하고 자국 백성은 파리하게 만들면서 외국인은 살찌게 하고 본국을 팔아서 외국인을 살찌게 하는 것은 국민에 대한 죄인이자 조종과 임금에 대한 죄인이라고 단언하였다.7) 그는 비판에만 머물지 않고 실업학교를 세우고 낭비를 절약하며 기계를 도입하여야 한다는 등의 국가 발전을 위해 당면한 대안을 제시하기도 하였다.8)

이 같은 이상설의 상소는 일본의 황무지 개간권 요구에 대한 가장 논리정연하고 단호하며 대안까지 제시된 것으로서, 이후 조야의 반대 상소를 선도하였다. 그리고 輔安會(保安會) 가 소집되어 연일 일제 침략에 대한 규탄대회가 열리게 하는 등 반대 여론을 선도하였다.9) 결국 광무황제는 이상설의 상소를 嘉納하여 '光武嘉之'란 말까지 전하기에 이르렀다.

보안회는 일제의 압력으로 해산되었다. 그러나 새로운 비밀결사체의 존재를 갈구하는 보안회 세력은 大韓協同會를 조직하기에 이르렀다. 이

---

7) 尹炳奭, 『增補李相卨傳』, 27~29쪽.
8) 그는 국가산업의 진흥을 위한 방책으로 "… 爲今日之計 只在上下勵圖亟廣實業學校 用究其種藝開瞻力購器之策其他便民利國之政 綱擧日張 唯日孜孜 務收實效 …"라고 제시하였다.
9) 尹炳奭, 「日本人의 荒蕪地開拓權 要求에 대하여」, ≪歷史學報≫ 제22집, 1964, 231~243쪽.

상설은 대한협동회의 회장으로 추대되었다. 당시 대한협동회의 부회장은 李儁, 총무는 鄭雲復, 평의장은 李商在, 서무부장은 李東輝, 편집부장은 李承晚, 지방부장은 梁起鐸, 재무부장은 許蔿로 구성되었다.[10] 대한협동회의 조직과 활동에 대한 구체적 실상 등에 대하여는 좀 더 검토가 필요하나, 당시 국권회복운동과 이후 독립운동을 주도한 세력들이 망라되었다는 점을 주목하여야 할 것이다. 이상설이 이 같은 대한협동회의 회장으로 추대되었다는 사실은 국권회복운동기에 그의 위상을 잘 알려준다.

결국 이상설은 일본의 황무지개척권 요구에 대한 반대 상소투쟁을 전개하며 국권회복운동의 전면에 나섰고, 대한협동회의 회장에 추대되며 일찍이 독립운동계의 지도자로 부상하였다고 할 수 있는 것이다.

2) 을사늑약 반대 상소투쟁

한국 침략을 위한 치밀한 계략 아래 일제는 1905년 11월 17일 대신회의를 강요하고 이른바 을사늑약을 강제하였다. 이상설은 을사늑약 강제 보름 전인 11월 1일 36세의 젊은 나이로 의정부 참찬에 발탁되었다. 따라서 그는 대신회의의 실무 담당 관리로서 당연히 이날의 대신회의에 참가하여야 했으나, 일제의 제지로 참가하지 못하였다.

이상설은 감금당하였다 풀려나온 참정대신 한규설을 만나 손을 잡고 망국의 사태를 목 놓아 슬피 울었다고 한다. 그는 한규설이 최후까지 '否字'만 쓸 뿐 자결로서 막아내지 못한 것과, 과감한 민영환이 이 회의에 참석하지 못한 것을 '二大恨'으로 여겼다.[11]

을사늑약의 강제에 실망한 이상설은 곧 사직서를 내고 집으로 돌아와 슬퍼하며 自靖을 도모하였다. 그러나 황제의 인준 절차가 남아 있음을 안 이상설은 아직 길이 남아 있음을 다행으로 여기고 곧 이 늑약의 파기를

---

10) 柳子厚, 『李儁先生傳』, 동방문화사, 1947.
11) 李相稷, 『韓末雜報』, 第4章 '各疏之聲討賣國'.

위한 상소를 올렸다. 다음의 구절은 이 상소문의 내용과 이상설의 의지를 집약적으로 보여준다.

> … 대저 그 조약이란 인준을 해도 또한 나라가 망하는 것이고 인준을 하지 않아도 또한 나라가 망하는 것입니다. 이래저래 나라가 망할 바에는 차라리 殉社의 뜻을 결정하여 단연코 거부하여 列祖列宗의 폐하께 付畀하신 重任을 저버리지 않는 것이 나을 것입니다. … 臣은 비록 만 번 죽는다 하더라도 매국적들과 함께 조정에 서기를 원하지 않습니다. 폐하께옵서 만일 臣의 말이 그르다 하옵시거든 곧 臣을 베어서 諸賊에 謝하시고 臣의 말이 옳다 하옵시거든 곧 諸賊을 베어서 국민들에게 謝하시옵소서. 신이 드릴 말씀은 이 말 뿐이요 더 말할 바를 모르겠나이다.[12]

이 상소의 핵심은 을사늑약은 인준을 해도 나라가 망하고 인준을 하지 않아도 나라가 망할 것이라고 하며, 황제에게 이왕 망할 것이면 단연코 인준을 거부하고 차라리 종묘사직을 위해 殉社하라는 충언은 이상설의 단호하며 명확한 사태 판단력을 보여준다.[13] 이 상소는 '자고로 국가의 난세를 당하여 임금께 직언을 아뢴 경우는 많이 있었지만 사직을 위해 순사하라는 뜻으로 임금께 아뢴 이는 오직 이상설 뿐'이라는 칭송을 받았다.[14]

이상설의 상소는 11월 18일에 이어 19일 · 22일 · 24일, 12월 8일 등 5차에 걸쳐 계속되었다. 그리고 그는 관직을 버리고 본격적인 조약 파기운동을 전개하였던 것이다.[15] 그는 조야의 백관과 유생들과 연명하여 상소를 올렸다. 먼저 그는 조병세를 疏頭로 하여 상소를 올렸고, 그가 자결 순국한 이후에는 민영환을 소두로 하여 복합 상소를 주도하였다. 그는 만국평화회의에 제출한 「控告詞」에서 을사늑약 반대상소와 서울 등지에서

---

12) 尹炳奭, 『增補李相卨傳』, 208쪽.
13) 손보기, 「보재 이상설 선생의 독립정신」, ≪나라사랑≫ 제20집, 72쪽.
14) ≪大韓每日申報≫ 1905년 11월 24일자의 「讀李參贊疏」.
15) 후임으로 李商在가 임명되었다(≪大韓帝國官報≫, 第3320號(1905. 12. 11), 第3323號 (1905. 12. 14)).

전개된 반대투쟁을 상술함으로써 늑약의 불법 부당성과, 폐기의 정당성을 강조한 바 있다. 이는 을사늑약 강제와 관련된 여러 문서 가운데에서 그 상황을 가장 정확하고 객관적으로 파악하고 냉철하게 판단할 수 있었던 이상설의 목격담을 기초로 한 기록이라는 점에서 자료적 가치를 평가할 수 있는 것이다.

그러나 대세를 돌리기에는 역부족이었다. 결국 조병세에 이어 민영환마저 자결 순국하였다는 소식을 들은 그는 11월 30일 아침에 평리원의 복합 상소를 마치고 종로 거리로 뛰쳐나가 민중에게 통곡을 하며 다음과 같이 연설하였다.

> … 현금 시대는 국가가 자립치 못ᄒᆞ고 타국 보호하에 歸ᄒᆞ면 국가가 전복ᄒᆞᆯ 뿐 弗啻라 전국 인종이 擧皆滅亡ᄒᆞ나니 嗟我國同胞人民은 此를 심사ᄒᆞ라 수閔輔國의 自盡之日이 卽 我 전국 인종의 盡滅之日이니 余는 閔輔國 一人의 死흠을 爲ᄒᆞ야 悲吊흠이 아니라 我 전국 인민의 진멸ᄒᆞᆯ 情境을 위ᄒᆞ야 悲吊ᄒᆞ노라 ᄒᆞ고 痛哭而歸ᄒᆞ얏더라 …16)

이 연설을 마친 후 그는 머리를 땅에 찧어서 피를 흘리며 정신을 잃었다. 이상설이 민영환의 뒤를 따라 자결하였다는 소문도 나돌았다.17) 동지들에 의해 집으로 옮겨진 그는 조상을 대할 면목이 없다며 음식을 끊고 실성한 사람이 되어 두문불출 한 채 수개월을 지냈다고 한다.18)

이상설의 처절한 을사늑약 파기투쟁은 전국 유생의 상소를 선도하였고, 급기야 의병의 봉기를 촉발하였다. 한편 비밀결사가 속출하고 민중대회가 열려 민중 항일투쟁의 새로운 국면이 펼쳐지게 되었다. 일제 측 자

---

16) 《大韓每日申報》 1905년 12월 1일자와, 박은식의 『韓國痛史』에서도 유사한 내용이 기술되어 있다.
17) 당시의 정황은 趙琬九의 『李相卨, 溥齋小傳』에 자세하게 기록되어 있고, 『梅泉野錄』에도 기술되어 있다. 또한 조약 파기상소를 위해 상경하였던 金九도 이 정황을 목도하고 『白凡逸志』에 기술하였다.
18) 강상원, 「보재 이상설 선생의 유업」, 《나라사랑》 제20집, 78~79쪽.

료에 의하면 '排日派에 속하는 한인들이 危激한 격문을 붙이고 가두에서 반대 연설을 함으로써 민심을 선동하려고 노력하였고, 이들 중 관직에 있는 자는 도당을 이끌고 대궐에 엎드려 상소를 하고 일시 민심을 격앙시켜 폭민이 각지에서 봉기하여 新約의 파기를 절규하고 … 경성에서 배일음모단을 조직하여 13도에 향하여 일본 세력의 구축을 위해 노력한 결과 이후 5년 간에 걸쳐 조선 각지에서 여러 차례의 변란이 발생하여 …'라고 운운하여 이상설을 위시한 을사조약 파기투쟁이 반일정서를 고양하고 의병투쟁을 촉발하여 결국 일제 통감정치에 심대한 타격을 가하였음을 알 수 있다.[19]

이로써 보면 이상설은 일제의 황무지개척권 요구 반대 상소투쟁을 통해 일제의 침략적 본질을 간파하였고, 을사늑약 반대 및 파기투쟁을 통해 민족운동의 선도적 지도자로 부상하였다고 할 수 있다.

을사늑약 반대 상소 및 파기투쟁 직후 이상설은 이회영·이동녕·장유순·이시영 등과 의논하며 국외 망명과 독립운동의 새로운 방략을 모색하였던 것으로 보인다. 결국 이상설은 1906년 4월 18일(음) 양부 李龍雨의 기제를 마치고 이동녕과 함께 망명길에 올라 상해를 거쳐 노령 블라디보스토크로 갔다. 그는 망명에 앞서 苧洞의 자택을 처분하였다. 이는 그의 망명이 조국 광복을 이루기 전에는 결코 돌아오지 않겠다는 결심에서 결행된 것임을 짐작케 해준다.[20]

2. 헤이그 사행과 구미 순방 외교

1) 瑞甸書塾의 설립과 민족교육

블라디보스토크로 망명한 이상설은 북간도에서도 가장 많은 한인이 거주하던 연길현 용정으로 왔다. 그는 그곳에서 가장 큰 집을 매입하여 학

---

19) 金正柱 編,『韓國統治史料』수록 朝鮮總督府,『朝鮮獨立運動問題』참조.
20) 李觀植,『友堂李會榮先生實記』참조.

교 건물로 개수하고 瑞甸書塾이라 불렀다. 숙장은 그가 맡았고 이동녕과 정순만이 운영을 맡았는데, 경비는 전적으로 그가 부담하여 무상교육을 실시하였다.[21] 서숙의 건물 규모는 70평 정도였고, 처음에 인근의 한인 청소년 22명을 모아 개숙하였다.[22] 계봉우는 서전서숙을 '墾北敎育의 기원'이라고 평가하며,[23] '태평천국 망명객'이 뿌린 씨가 결국 효력을 발하여 만주족에게 빼앗겼던 강토를 다시 회복하는 열매가 되었다고 찬양하였다.[24] 즉, 서전서숙을 북간도 민족교육의 요람으로 본 것이다.

서전서숙은 처음에 학생들을 갑 · 을반으로 나누었는데, 갑반은 고등반이고 을반은 초등반이며 갑반에는 20세 전후의 생도들이 있었다고 한다.

이상설은 갑반의 산술을,[25] 황달영은 역사와 지리, 김우용은 산술, 여준은 한문 · 정치학 · 법학 등을 가르쳤다. 그런데 중점을 둔 교육과목은 신학문과 함께 당연히 철두철미한 민족교육이었다. 곧 서전서숙은 이름은 서숙이었지만 실상은 독립군양성소나 다름없었다.[26]

서전서숙의 운영 실태는 1907년 8월 통감부 간도파출소를 개설하고 서전서숙을 '시국상 의심할 점이 있어 취조'한 결과를 한국통감대리 長谷川好道를 통해 외무대신에게 보고한 日軍中佐 齋藤季治郎의 조사 보고가 상세하다.

이 보고는 서전서숙이 폐교하기 1~2개월 전에 시행된 것으로서, 설립 · 취지 · 중요한 직원과 경력 · 資生 · 교과목과 생도수 · 시국에 대한 직원의 태도 · 서숙의 장래 등에 대해 서전서숙에서 밝힌 내용을 중심으로 구

---

21) 玄圭煥, 『韓國流移民史(上)』, 465~466쪽.
22) 金成俊, 「3 · 1運動以前 北間島의 民族敎育」, 『3 · 1운동 50주년기념논집』, 동아일보사 참조.
23) 四方子, 「北墾島, 그 過去와 現在」, ≪獨立新聞≫ 1920. 1. 1~1. 13.
24) 桂奉瑀, 『꿈속의 꿈』(독립기념관 한국독립운동사연구소, 『한국독립운동사 자료총서』 제12집, 1998, 171~173쪽).
25) 이상설은 수학의 제1인자로 칭송되었으며, 학계에 수학을 가장 먼저 수용한 인물로 평가된다. 특히 그는 1909년 『中等數學敎科書』를 저술하는 등 고등수학의 독보적 존재였다고 한다(『騎驢隨筆』, 국사편찬위원회, 1950의 「李相卨 · (溥齋小傳)」 참조).
26) 윤병석, 『간도역사의 연구』, 국학자료원, 2003, 35~36쪽.

체적으로 정리되어 있다. 그들은 서전서숙은 1906년 12월, 李相卨 · 李亮(李東寧) · 田共達(黃達永) · 洪昌燮 · 王昌東(鄭淳萬) · 金東煥 등 6인이 설립한 것으로 파악하고 주창자를 이상설로 보았다. 또한 설립 취지는 간도의 문화가 다른 지역에 비해 뒤짐을 근심하여 이의 개발을 주지로 한다고 보았다. 중요 직원으로는 이상설 · 이량 · 김동환만을 언급하고 이들에 대해 간략히 소개하였다. 資生은 이상설이 전담한다는 견해와, 분담하여 충당(이상설 5천원, 전공달 · 왕창동 5백 원, 김동환 3백 원, 홍창섭 1백원)하였다는 정보를 함께 보고하였다. 그리고 김동환의 진술을 인용하여 자금은 결코 타의 지원을 받지 않았음을 강조하였다. 교과는 산술 · 습자 · 독서 · 지리 · 법률 등 중학과정으로서, 생도는 용정과 인근 각 촌락으로부터 내집해 와서 숙내 등에 기숙시켰는데 한 때 70여 명에 달할 때도 있었으나, 이상설이 떠난 후 점차 쇠미해져 현재는 20명 정도라고 하였다. 시국에 대한 직원의 태도에서는 황제의 강제퇴위 소식을 듣고 교직원과 나이든 생도는 모두 비분하였고, 그 중 왕창동은 의관을 찢어 땅에던지며 강개하였다고 특기하였다. 서숙의 장래는 이상설이 떠나 생도가점차 감소되고 자금도 부족하고 또한 시국의 변천에 따라 장래 유지하기가 어렵다고 판단하여 머지않아 폐교하기로 하고 숙사의 매각을 바라고있다고 보았다. 이 보고서는 말미에 설립 목적과 자금 출처 등에 있어 서숙 측에서 발표한 내용에 의심이 있다고 하였다. 또한 이상설이 浦鹽에있는 전 군부대신 이용익과 상해에 있는 前京城駐箚露國公使 파바로프를왕복한 형적이 있는 설이 있다고 추기하였다. 또한 파출소가 설치되자 곧자금 결핍을 명목으로 폐교하고 교직원들이 각자 귀향하려고 하는 상태로서 다소의 의미를 지닌다고 평가하였다.[27]

이로써 보면 망명길에 오른 이상설이 최초로 착수한 민족운동은 민족교육이었으며, 이는 곧 독립군을 양성하여 궁극적으로 일제와 무장 항쟁

---

27) 『日本外務省文書』135, 「間島版圖에 關한 淸韓兩國紛議一件(5)」(1907. 9. 16, 統監府派出所長 齋藤季治郎 統派發第五號報告).

을 전개하기 위한 포석으로 이해된다.

2) 헤이그 사행

1907년 6월 15일 러시아 황제 니콜라이 2세의 주창으로 네덜란드 헤이그에서 제2회 만국평화회의가 개최되었다. 이 때 이상설은 수석격인 정사로서 이준과 이위종을 부사로 하여 헤이그로 특파되었다.[28]

광무황제의 헤이그 특사 파견 목적은 위임장에 잘 나타나 있다. 여기에서 황제는 '일본이 公法을 위배하며 비리를 자행하여 立約을 脅勒하고 우리의 外交大權을 강탈하여 우리의 列邦友誼를 단절케 하였다'고 지적하고, 특사들에게 外交大權을 用復하고 열방우의를 復修케 하라고 명하였다.[29]

이상설은 4월 21일 한국을 출발하여 용정으로 온 이준과 합류하여 6월 중순 경 러시아 페테르스부르크로 가서 이범진의 도움으로 니콜라이 2세를 만나 러시아 측의 지원을 약속받기도 하였다.[30] 이곳에서 이위종과 합류하여 진용을 갖춘 특사단은 6월 24, 25일경 헤이그에 도착하였다. 한국 독립운동의 은인으로 평가되는 헐버트도 3인의 특사들과 동행하지는 않았으나 광무황제의 친서를 휴대하고 비슷한 날짜에 헤이그에 도착하여 사절단의 일원으로서 활동하였다.

특사들은 당당하고 공개적으로 활동을 전개하였다. 우선 그들은 공식 대표 자격을 인정받기 위해 평화회의 의장인 러시아 대표 넬리도프 백작과, 주최국인 네덜란드 외무대신 후온데스를 방문하여 지원을 요청하였다. 그러나 이들은 우리 대표단에 동정을 표하면서도 본회의 참석은 완곡

---

28) 이상설의 헤이그 사행과 관련하여 그가 망명 당시 이미 황제로부터 밀명을 받았다는 견해와, 망명지에서 밀명을 받고 합류한 것이라는 견해가 있다(이 논의에 대하여는 尹炳奭, 『增補李相卨傳』, 61쪽의 註 7 참조). 그런데 ≪大韓每日申報≫(1907년 7월 9일자)에 이상설이 출발 전에 황제께 特使印綏를 받았다는 기록은 전자일 가능성을 더해준다.
29) 이 위임장은 한문과 영문으로 작성되었다.
30) 권오돈, 「보재 선생과 독립운동」, ≪나라사랑≫ 제20집, 89~90쪽.

하게 거절하였다. 특사들은 미국·프랑스·중국·독일 등 열국 대표단에게도 지원을 요청하였으나 소득을 거두지 못하였다.[31]

본 회의 참석이 어렵다고 판단한 특사들은 비공식 경로를 통하여 일본의 불법 부당한 침략상을 드러내고 한국의 요구를 정확히 전달하기 위하여 6월 27일 「控告詞」를 작성, 3인의 특사가 연명하여 평화회의 의장과 각국 대표단에게 보내고 신문에도 공표하였다. 「공고사」는 우리의 입장과 요구를 잘 정리한 한말 외교의 역사적 문서로서 한국 독립운동에 관한 국제정치적 의미를 부여한 계기가 된 것으로 평가된다.[32]

「공고사」는 부속문서[33]로서 을사늑약의 강요과정과 이후 일제의 각종 침략상을 조리 있고 생생하게 장문으로 정리하였는데, 이 문건은 을사늑약과 일제 침략에 대하여 대한제국 정부가 당사자를 내세워 공식 입장을 표명한 최초의 외교 문건으로 평가할 수 있을 것이다. 「공고사」는 우선 을사늑약의 강제 과정이 국제법을 위배하였으며, 외국과 우호적 외교관계를 단절케 강요하였다는 사실을 의정부 참찬으로서 현장을 목도한 이상설을 증인으로 내세우며 일본을 규탄하는 세 가지 이유를 들었다.[34]

특사들과 헐버트는 현지 언론인을 만나 「공고사」를 전하고 신문에 게재해 줄 것을 요청하였다. 그들의 노력으로 ≪평화회의보≫에 「공고사」 전문이 게재되었다.[35] 그리고 스테디의 협조로 『런던 타임스』나 ≪뉴욕 헤럴드≫ 등 유명 언론에도 보도될 수 있었다. 결국 특사들의 본 회의 참

---

31) 尹炳奭, 『增補李相卨傳』, 66~67쪽.

32) 尹炳奭, 『增補李相卨傳』, 67~85쪽.

33) 「控告詞」에서는 부속 문서를 '일본인들이 행사한 모든 방법과 범죄행위의 개요문서'라고 그 성격을 설명하였다.

34) 일본 규탄의 세 가지 이유는 ① 황제 폐하의 재가없이 조약을 체결하였다. ② 목적 달성을 위해 한국 정부에 무력을 행사하였다. ③ 일본인들은 대한제국의 법률과 전통을 무시하고 행동하였다는 것이었다.

35) Courrier de la Conference는 영국 언론인 윌리암 티 스테드(William T. Stead)가 편집자였는데, 「무슨 理由로 韓國을 제외시켰는가. 海牙 韓國 代表의 抗議」를 필두로 이준의 장례를 보도한 「韓國人의 葬禮」 등 특사들의 활동상과 주장을 비중 있고 상세하게 다루었다.

석은 일제의 방해와 열국의 외교적 외면으로 성사되지는 못하였으나, 구미 언론에서 우리의 입장을 보도하게 함으로써 나름대로 결실을 거두었던 것이다. 특사들의 활동은 7월 9일에 열린 각국 신문기자단의 국제협회에서도 빛이 났다. 이 자리에서 이위종은 유창한 프랑스어로「韓國의 呼訴(A Plea for Korea)」를 발표하였는데, 이는 영문으로 번역되어 미국 언론에 보도되었다.[36]

그러나 7월 14일 돌연히 이준이 순국하였다. 그의 사인은 한 때 자결순국설이 있었으나, 자결이 아닌 '憤死'로 정리되었다.[37] 7월 17일 이상설은 깊은 슬픔에 잠겨 이준의 유해를 헤이그 아이큰다우 공동묘지에 가매장하였다.[38] 현지 언론은 이준의 죽음을 '슬픈 종말'이라고 하였다.[39] 결국 이상설은 특사의 소임을 완수하지 못한 상태에서 동지를 잃고 다음 임무 수행을 위해 구미 열강 순방길에 오를 수밖에 없었다.

3) 구미 순방 외교

1907년 7월 19일 경 이상설은 李瑋鍾 · 尹炳球 · 宋憲澍 등을 대동하고 영국 방문을 시작으로 구미 순방길에 나섰다. 이상설은 순방길에 나서기에 앞서 헤이그에서 기자회견을 하였는데, 자신들은 황제의 특명으로 한국이 결코 일본에게 獨立權을 빼앗기지 않을 것이며, 일본의 보호를 받지 않을 것이란 사실을 구미 각국에 알릴 것이라고 하며 사절의 임무가 실패

---

36) *The Independent* LXⅢ, 1907년 8월호, pp.423~426.
37) 당시 현지 언론은 이준의 사인을 뺨의 膿瘡 수술 후유증으로, 이동녕으로부터 사인을 들은 이시영은 丹毒으로 증언하였다. 1960년대 그의 사인을 조사한 문교부와 국사편찬위원회도 결론을 유보하였으나, 자결설을 확인하지는 않았다.
38) 國史編纂委員會,『韓國獨立運動史』1, 185쪽. 이상설은 당시의 슬픔을 다음과 같이 읊었다.
　고고한 忠骨은 하늘을 푸르게 갈아내는데
　居然히 큰 禍가 눈앞에 떨어져
　나랏일은 아직 이루지 못하고 그대 먼저 죽으니
　이 사람 혼자 남아 흐르는 눈물이 배 안을 가득 채우는구나.
39) *Haagsche Courant*, 1907년 7월 17일자.

로 끝나지 않았다고 자평하였다.40) 이상설 일행의 구미 순방 외교는 대한
제국의 마지막 외교권 행사였다. 또한 순방 외교는 헤이그 사행과 함께
한국 독립에 대한 국제적 문제를 제기한 것이라 할 수 있다.

이상설 일행은 영국을 거쳐 미국 뉴욕에 도착하였으며 루즈벨트 대통
령을 만나기 위해 워싱턴에 머물렀다.41) 9월 초 이상설은 이준의 정식 장
례를 치르기 위해 다시 헤이그로 돌아왔다. 이후 일행은 프랑스 파리와
독일의 베를린을 방문하고 이탈리아 로마를 거쳐 러시아 수도 페테르스
부르크로 가서 러시아의 지원을 호소한 뒤 다시 런던으로 가는 매우 바쁜
일정을 보냈다

이상설은 각국의 원수나 정치 실력자, 언론인 등을 만나 일제의 한국
침략의 잔혹상과 불법성을 설파하고 한국의 독립수호를 위한 국제 협력
을 요청하였다. 또한 그들은 극동지역의 질서를 유지하고 평화가 유지되
기 위하여 한국이 네덜란드·스위스·벨기에와 같이 永世中立國이 되어
야 한다고 주장하며 미국과 구미 열강이 지원해 주기를 요청하기도 하였
다.42) 헐버트는 ≪뉴욕 헤럴드≫와 회견을 하여 큰 반향을 불러일으키기
도 하였다.43)

이 같은 특사의 구미 순방 외교에 대하여 구미 열강국은 공식적으로는
자국의 이해와 일본과의 외교적 관계 등을 고려하여 그들의 주장과 요구
를 수용하지 않고 외면하였다. 그렇다고 하여 소득이 전혀 없었던 것은
아니다. 즉, 특사의 활동은 구미 열강국이 일제의 한국 침략의 실상을 여
실히 알게 하고, 한국의 독립과 극동의 평화가 직결되는 것이란 사실을
깨닫게 하는 계기가 되었다고 할 수 있다.

---

40) ≪大韓每日申報≫ 1907년 8월 27일자.
41) 이상설이 미국 대통령에게 면회를 요청하였을 때 미국은 ‘公禮’가 아니라 ‘私見禮’의 형식
　　으로 만나겠다고 하였다는데, 면담이 실현되지는 않은 것 같다(≪大韓每日申報≫ 1907
　　년 8월 27일자).
42) ≪大韓每日申報≫ 1907년 7월 27일자 및 8월 27일자.
43) *New York Herald*, 1907년 7월 22일자.

이상설이 구미 외교활동을 벌이는 기간에 국내에서는 엄청난 변화가 초래되었다. 일제는 헤이그 특사를 구실로 광무황제를 강제로 퇴위시켰으며, 내정간섭을 위해 이른바 丁未七條約을 강요하고, 대한제국의 마지막 명맥인 군대를 강제 해산시켰다. 이상설 자신은 헤이그 사행이 죄목이 되어 8월 9일 궐석재판에서 사형이 언도되기도 하였다.[44]

1908년 2월, 이상설은 미국으로 건너가 1년 남짓 체류하며 한인사회의 독립운동에 대한 전기를 만드는 한편, 미국 조야를 상대로 독립 지원을 호소하는 외교활동을 계속하였다. 이상설의 활동은 표면에 드러나지는 않았으나 미주 한인사회가 조국독립운동의 새 전기를 맞이하게 한 인물로 평가된다.[45]

미주 한인사회에서는 헤이그 특사의 활동과 이준의 순국 이후 애국심이 분발되어 독립운동을 위한 단체들이 생겨나기 시작하였다.[46] 이상설은 미주지역 독립운동 단체의 조직과 정비의 산파역을 하였다. 그의 미국 활동에서 맺은 결실로서 특기하여야할 사실이 두 가지 있다. 하나는 1908년 7월 11일에서 15일까지 콜로라도 주 덴버 시에서 열린 애국동지대표회였다. 이 사실은 ≪해조신문≫에도 보도되어 연해주 동포사회에도 영향을 끼쳤음을 알려준다.[47]

애국동지대표회의 발기인으로 박용만 · 이승만 · 이관용 등 미주 한인사회의 지도자들이 표면에 나섰다. 이 대회의 주요 의제는 미국 내 각 지방의 여러 단체의 통합과 조국 독립운동에 대한 방략을 토의하는 것이었다. 이 대회는 그 뒤 미주 한인사회 통합운동의 계기를 마련하고 적극적으로 독립운동을 전개하는 국면을 만들었다. 그 방안으로 내세운 근대산업의 진흥과 군대양성 문제는 이상설이 노령에서 전개한 독립운동기지

---

44) ≪官報≫ 1907년 8월 12일자.
45) 尹炳奭, 『增補李相卨傳』, 109~110쪽.
46) 김원용, 『재미한인오십년사』, 혜안, 2004, 84~85쪽.
47) ≪海朝朝聞≫ 1908년 4월 16일자.

개척 문제와 동질의 것으로서 이상설의 영향을 입증한다.

또한 이상설은 미주 독립운동의 중추적 기구인 國民會 결성에도 일정한 영향을 끼쳤던 것으로 보인다. 물론 그 구체적 근거는 없으나, 이상설이 1909년 2월 미국 본토와 하와이 지방총회의 공동 결의로 국민회 총회장으로 당선된 정재관과 함께 극동지역 특파원으로 파견된 것은 이 사실을 시사한다.[48] 또한 이상설이 블라디보스토크로 돌아간 뒤 국민회에서 그에게 독립운동 자금을 지원해 준 것은 군대양성과 독립운동기지건설과 관련이 있는 것이었다. 그런 점에서 이상설 등 특사의 구미 순방 외교는 매우 중요한 의의를 지니며, 나름대로 결실을 거둔 것으로 평가되어야 할 것이다.

그의 구미 순방 외교에 대해 정인보는 다음과 같이 노래하였다.

> … 두루 다녀 여러 강국을 살펴보니 보고 느낀 뜻이 더욱 높이 우뚝하네. 영국 런던에는 신사의 풍도가 정연하고 불란서 파리는 시민들의 기상이 늠름하구나. 골수에는 정미한 것 다 갖추고 皮毛에는 鎖尾를 남겼도다. 슬쩍 伊太利 羅馬를 지나 씩씩하게 독일을 예방했지. 미국은 나라선지 얼마 되지 않았건만 그 규모 시설은 저렇게 웅장할고. 이는 이목 밖에 일이로다. 아마도 그 정성과 노력이 스스로 알뜰했겠지. 여러 나라의 輅輶을 취하여 내 나라의 터전을 굳히려는 도움이 될 터이다. 해 저문 날에 황망히 바라보니 우리 임금은 멀고 먼 저 물에 막혀있구나. …[49]

3. 연해주 망명과 독립운동

1) 독립운동기지건설

이상설은 망명 당시부터 독립운동기지건설을 목표로 하였다. 독립운

---

48) 김원용, 『재미한인오십년사』, 103쪽. 이 때 이상설에게는 블라디보스토크로 가서 공립협회 대표인 김성무와 전명운을 동반하고 俄領을 순회하라고 결의하였다.
49) 鄭寅普, 『舊園文錄』(尹炳奭, 『增補李相卨傳』, 277쪽).

동기지건설은 초기 독립운동계에서 가장 중요한 과제였다. 그리고 이 과제의 실천에 처음 착수한 인물은 이상설이었으며, 용정이 그 기지였다.

블라디보스토크로 돌아 온 이상설은 우선 韓民會長인 金學萬, ≪해조신문≫ 주간 정순만 등 지역의 한인 지도자들을 규합하는 한편, 용정에 이어 중국과 러시아 접경지대의 興凱湖(항카호) 주변의 密山府 蜂蜜山 일대를 독립운동 기지로서 주목하였다. 여기에는 미주 국민회의 자금 지원이 큰 힘이 되었다. 그는 李承熙와 함께 이 사업을 추진하였다.[50] 이해 겨울 이승희는 봉밀산 부근 기름진 땅 45方을 매입하고 1백여 한인 가구를 이주시켜 이른바 '韓興洞'을 개척하였고, 韓民學校도 세워 민족교육을 전개하였다.[51] 이승희는 이곳에서 4년을 머무르며 기반을 수립하는데 힘썼다. 이상설은 당시 블라디보스토크에 있었지만 수시로 한흥동을 왕래하며 그 경영을 보살피는 한편 국내외 유지들에게 사람을 보내 자금 지원을 요청하였다.

이상설의 밀산부 독립운동기지건설은 그가 궁극적으로 추구하는 광복군 양성을 목표로 한 것이었다. 따라서 최후의 목적은 그곳에서 한인 청소년을 모아 근대적인 문무겸전의 민족주의교육을 실시하여 광복군으로 양성하자는 것이었다. 이곳이 1920년 서북간도를 비롯한 남북만주의 독립군들이 봉오동전투와 청산리대첩을 거둔 뒤 재기를 다짐하며 북상할 때 대한독립군단을 편성하는 총결집지가 된 것도 결코 우연은 아닌 것이다. 다만, 이 같은 이상설의 독립운동기지건설운동은 신민회의 독립운동

---

50) 李承熙는 성주 출신 유생으로 을미사변 이래 일제 침략을 규탄하여 왔는데, 1908년 5월 국망이 예견되자 倭의 노예로 살 수 없다며 망명하였다. 그는 70여 권에 달하는 방대한 문집(『韓溪遺稿』)이 알려주듯이 곽종석과 함께 영남의 학맥을 대표하는 유림으로 평가된다.

51) 일제는 이 사실을 주목하였다. 즉, 間島總領事 永瀧久吉은 이 일대에 淸人 이주자는 증가하지 않으나 수천의 韓人이 이주하여 개척하고 있다고 하고 부근 상세도까지 첨부하여 외무대신에게 보고하였다(『日本外務省記錄』, 「明治四十二年十二月 同明治四十四年十二月 朝鮮人海外移住並二移住者ノ狀態取調ノ件」 참조).

방략과 거의 일치하기 때문에 양자 간의 연관성 또는 이상설 영향설이 제기되어 있는 실정이다.[52]

이로써 볼 때 이상설이 추구한 독립운동기지건설은 국망을 예견하여 항일무장투쟁을 계획한 것이라 할 수 있다. 따라서 그의 민족교육과 독립군 양성, 독립운동기지개척과 한인사회의 결속 등은 항일무장투쟁이라는 커다란 구도 하에 진행된 민족운동이었던 것이다.

2) 독립투쟁의 주도

독립운동기지건설을 이룬 이상설은 본격적인 항일투쟁을 주도하였다. 그가 주도한 독립투쟁으로는 十三道義軍의 편성과 聲明會 결성, 대한광복군정부의 조직, 신한혁명단의 주도 등을 들 수 있다.

1910년 6월 21일 이상설은 이범윤, 이남기 등과 함께 노령 안에 있는 의병은 물론 국내의 의병까지 포함하는 통합군단의 편성을 위해 십삼도의군을 편성하였다. 도총재에는 유인석을 추대하였고, 彰義總裁(이범윤)·壯義總裁(이남기)·都總所參謀(우병열) 등의 직책을 두고 同義員으로 홍범도·이진룡·안창호·이갑 등을 추대하고 자신은 外交大員이 되었다.[53]

이로써 연해주 안의 의병이 통합된 것이다. 십삼도의군은 국내까지 조직을 시도하였다. 고을마다 總裁·總領·參謀·總務·召募·糾察·通信 등의 직책을 두고 이를 道의 총재가 거느리고, 道의 총재는 다시 都總裁의 지휘를 받도록 되었다.[54]

십삼도의군 편성에 참여한 이상설은 7월 28일자로 도총재 유인석과 연명하여 광무황제에게 상소문을 올렸다. 상소의 내용은 십삼도의군의 군

---

52) 尹炳奭,『增補李相卨傳』, 124~126쪽.
53) 柳麟錫,『毅菴集』, 毅菴 年譜, 行狀.
54) 柳麟錫,『毅菴集』, 立義案, 立任案, 立軍案.

비를 위한 군자금을 내탕금에서 지원해 달라는 것과, 고종이 러시아로 망명할 것을 요청하였던 것이다. 즉, 이상설은 상소문에서 고종이 러시아령으로 파천한다면 세계만방의 공론을 제창할 수 있고, 우리나라의 민심도 鼓動시킬 수 있어 결국 독립을 이루어낼 수 있을 것이라고 하였다. 이 같은 이상설의 계획은 국내외의 정세와 고종의 성품으로 보아 처음부터 실현 가능성은 희박한 것이었다.55) 그럼에도 불구하고 이상설이 망명정부의 수립을 지속적으로 추진하고 있다는 점에서 또 다른 이상설의 독립운동 방법론으로 평가할 수 있을 것이다.

1910년 8월 들어 이상설은 외신을 통해 강제병합의 소식을 듣고 본격적인 독립운동의 의지를 불태웠다. 8월 23일 이상설이 블라디보스토크 신한촌의 한인학교에서 한인대회를 열고 성명회를 조직한 것은 강제병합에 대한 구체적 대응이었다.

聲明會는 '대한의 국민된 사람은 대한의 광복을 죽기를 맹세하고 성취한다.'는 목적 하에 '일본의 죄를 성토하고 우리의 원한을 밝힌다(聲彼之罪 明我之寃)'라는 뜻에서 이름을 취하였다.56) 성명회는 취지문에서 결코 왜의 노예가 될 수 없음을 천명하고 열국 중 우리와 친교동맹을 체결한 바 있는 나라에 공명정대한 여론을 구하는 것이 제일 급무라고 하며 동포들의 협력을 촉구하였다. 이 성명회 선언서의 말미에는 회원 8,624명의 서명록이 첨부되어 있는데, 이상설은 유인석 · 이범윤 · 김학만에 이어 네 번째로 서명하였다.57)

성명회는 일본 정부에 '국제공약에의 배신'을 책망하는 공한을 보내고, 각국 정부에는 합병무효를 선언하는 성명서를 보내기로 하였다. 이상설

---

55) 尹炳奭, 『增補李相卨傳』, 129~131쪽.
56) 회명으로 '聲彼之罪 鳴我之寃'의 뜻을 따서 聲鳴會를 사용하기도 하였으며 韓國國民議會라 칭하기도 하였다.
57) 이 서명록은 1매에 77명씩 서명하여 총 112매에 달하는 일제강점기 국내외에서 발표된 宣言文 중 最長의 문서라 할 수 있다.

은 각국 정부에 보내는 선언문을 직접 작성하였다. 청국 정부에 보낸 문서는 이상설이 초고를 작성(所草)하고 유인석이 가필이나 윤문(略加修潤)을 하는 정도였다.58) 그 내용은 열강들에게 한국 독립의 정당성을 이해시키고 일본의 침략상을 생생하게 고발하는 것이었다. 그리고 열강들이 이같은 특수사정을 국제법에 의해 판단하고 정의와 휴머니티의 원칙에 의해 행동하며 일본의 한국합병을 반대해 줄 것을 요구하였다. 또한 한민족의 결연한 항일투쟁 의지를 천명하기도 하였다.

> … 우리는 세계 속에서 대한국의 이름을 간직하고 한국민은 大韓民人이라는 지위를 결코 잃지 않고 간직하기로 결정하였습니다. 우리의 과업이 아무리 어려운 것이라 할지라도 우리는 광복과 국권의 회복에 기필코 도달할 때까지 손에 무기를 들고 일본과 투쟁하기로 결정하였습니다. 장차 어떠한 일이 일어나더라도 진정한 한국민은 자신의 자유와 나라의 광복을 획득하기 위하여 죽을 각오가 되어 있습니다. …59)

그러나 9월 11일 성명회 활동은 중단되고 말았다. 그 까닭은 일본의 강력한 항의 제기와 주동인물들의 체포와 인도 요구에 러시아정부가 굴복하였기 때문이다. 러시아정부는 이상설, 이범윤 등 성명회와 십삼도의군 대표 20여 명을 체포 투옥하였다가 이상설 등을 니콜리스크로 추방하였다. 이는 일본과의 외교적 마찰을 우려한 러시아정부의 조치로 인한 결과였으나, 그들은 이상설의 위인을 잘 알고 있었기 때문에 이듬해에 곧 석방하였다.60)

이상설은 1914년 블라디보스토크에서 망국 이후 최초의 망명정부라 할 수 있는 大韓光復軍政府를 수립하였다. 이상설은 망명과 더불어 광복군 양성 계획을 세웠고, 이미 고종의 망명을 요청하는 상소를 올린 바 있

---

58) 이상설이 기초한 성명회의 각종 문서는 尹炳奭, 『增補李相卨傳』, 134~144쪽 참조.
59) 尹炳奭, 『增補李相卨傳』, 232~233쪽.
60) 金昌順·金俊燁, 『韓國共産主義運動史』, 고려대학교 아세아문제연구소, 1976, 79쪽.

기 때문에 대한광복군정부의 수립은 그의 노력이 결실을 맺은 것이라 할 수 있다.[61]

대한광복군정부는 한인의 시베리아 이민 50주년을 맞추어 수립되었다. 그동안 어려운 여건에서 투쟁해 온 시베리아 韓僑는 이를 기념할 대행사를 계획하고 있었다. 주최 측은 이 기회에 한민족이라는 관념을 강조하고, 자제들에게 교육과 사고의 확대를 통해 러시아인과 평등한 국민이라는 인식을 심어주고 다른 민족의 사례를 참고삼아 향후 50년 간의 활동 방향을 설정하고자 하였다.[62] 특히 이 시기를 이용하여 민족의식을 높이고 광복군 군자금도 마련하고자 기획하였다.

그러나 제1차 세계대전이 발발하자 실리에 밝았던 러시아는 곧 일본과 동맹국으로 제휴하였다. 이에 따라 러시아정부는 한인의 독립운동을 탄압하기에 이르렀다. 결국 대한광복군정부는 매우 중요한 역사적 의미를 지니는 독립운동 단체였으나, 이렇다 할 표면적 활동을 하지는 못하고 말았다.

이상설의 독립운동의 무대는 러시아령에만 국한되지 않았다. 大韓光復軍政府의 조직 이후 그는 1915년 3월경 상해에서 여러 독립운동 세력들과 연합하여 新韓革命團을 조직하였다.[63] 그 대표적인 인물들은 박은식·신규식·조성환·유동열 등으로, 이들은 국내외를 연결하여 광복군의 무장과 독립전쟁 추진의 방략을 협의하였다.[64] 신한혁명단의 조직은 중국 관내 독립운동 발전의 기초를 닦은 것으로 평가된다.[65]

신한혁명단의 규칙과 취지서는 박은식이 작성하고 군자금은 중국혁명단의 예에 따라 국내외에서 모든 방법을 동원하여 모금하기로 하였다. 본

---

61) 大韓光復軍政府는 망명 정부가 아니라, 명칭 그대로 軍政府의 성격으로 이해하는 견해도 있다(趙東杰, 『韓國民族主義의 成立과 獨立運動史硏究』, 지식산업사, 1989, 245쪽).
62) ≪대한인정교보≫, 러시아 치타 대한인정교보사, 1914년 5월 1일.
63) 당시 이상설이 상해에 갔는지 여부는 확인되지 않는다.
64) 日本陸海軍省文書, 「大正 5年 6月 30日調 朝鮮人槪況」, 18~22쪽.
65) 趙東杰, 『韓國近現代史의 理解와 論理』, 지식산업사, 1998, 104쪽.

부는 북경에 두었는데 이상설이 본부장에 추대되었다. 이 단의 본부장으로 이상설이 추대되었다는 사실은 해외독립운동 세력에서 그가 차지하는 위상을 알려준다. 부서는 재무·교통·외교로 나누었는데, 중국과 국내에 지부를 설치하였다.

신한혁명단은 고종을 당수로 추대하고자 하였다. 이를 위해 외교부장 성낙형을 국내로 밀파하였다. 성낙형은 고종을 당수로 받들고 고종으로부터 중국 정부와 '中韓誼邦條約'을 체결하기 위한 신임장을 받아 오는 임무를 띠고 국내로 들어갔다. 이 조약은 중국과 한국의 망명정부는 물론 독일 황제의 인준을 거치도록 계획되었다. 그들이 이처럼 고종을 받든 까닭은 袁世凱가 세력을 회복하여 帝位에 오를 형세이고, 독일이 帝政이기 때문에 이들의 후원을 끌어내는 데는 공화정체보다 제정이 유리하다고 보았기 때문이다.66) 이 같은 정치 외교적 계산 외에도 고종과 이상설의 관계와 이미 고종의 망명을 추진한 바 있던 이상설의 독립운동 방략을 감안하면 충분히 상정해 볼 수 있는 일이다.

성낙형은 고종과 왕자 李堈과 연락을 취하며 활동하였으나, 일제에 발각되어 피체되고 말았다. 이로써 이른바 1915년 '보안법위반사건'이 터진 것이었다. 그런데 신한혁명단의 성격을 대한광복군정부와 연결하여 해석하는 견해가 있어 주목된다. 즉, 당시 압수된 신한혁명단 문서를 토대로 대한광복군정부를 대외적으로 신한혁명단으로 불렀던 것이나, 단원들이 일제의 심문에 끝내 비밀을 지켰기 때문에 알려지지 않은 것이라는 것이다.67)

이상설의 일련의 독립운동 단체의 조직과 주도는 그의 불굴의 독립의지를 알려주기에 충분하다. 또한 십삼도의군, 성명회, 대한광복군정부, 신한혁명단으로 연결되는 그의 독립운동은 국제정세를 날카롭게 분석하

---

66) 尹炳奭, 『增補李相卨傳』, 164~166쪽.
67) 尹炳奭, 『增補李相卨傳』, 168쪽. 그러나 여기에서도 해명자료의 보완이 필요하다고 한 바와 같이 검토의 여지가 있는 견해이다.

여 열강의 지원을 끌어내어 끝내 독립을 戰取한다는 일맥하는 고리로 연결되어 있다고 평가할 수 있을 것이다.

3) 한인 단체의 조직과 주도

이상설은 니콜리스크로 유배되었다 풀려나 블라디보스토크로 돌아와서 1911년 12월 19일 勸業會를 조직하고 기관지로 ≪권업신문≫을 발행하는 사업을 주도하였다. 권업회의 성격은 표면상으로는 韓僑의 산업을 권장하고 교민의 직업과 일터를 알선하며 교포의 교육을 보급하는 등 한인사회를 위한 경제 단체라 할 수 있다. 이는 대외적인 활동의 편의상 붙인 이름이지, 사실상은 항일투쟁의 중심기관의 성격을 지니며 시베리아 한인 개척과 항일투쟁사에서 가장 커다란 업적을 남긴 기관이라 하겠다.[68]

이상설은 권업회의 창립총회에서 의장에 피선되었다. 그리고 이날 주요부서의 임원이 선임되었다.[69] 이후 그는 권업회의 창립총회에서 중요 직책인 의사부 의장에 선임되었을 뿐 아니라, 회무를 집행하는 회장을 직접 맡았으며 때로는 金道汝나 최재형에게 넘기기도 하였다.[70] 이에 동참한 신채호는 창립총회에서 선전부장에 피선되었으며 ≪권업신문≫의 발행을 맡기도 하였다.

권업회는 경제적으로는 한인사회의 이익을 증진시키는 권업 문제와, 정치적으로는 조국 독립의 대업을 달성하는 항일투쟁의 노선을 함께 수행하였다. 따라서 권업회는 기관지를 통해 이 사실을 계몽시키는 한편 한인 거주지마다 지회와 분사무소를 설치하여 한인사회를 조직화하는데 노력하였다.

---

68) 尹炳奭, 『增補李相卨傳』, 148쪽.
69) ≪勸業新聞≫ 1911년 12월 19일자.
70) 이상설은 이후 감사원(1912년 4월 4일 제1회 총회), 의장(1912년 8월 12일 하반기 정기총회), 고본단총무(1912년 12월 30일 본회 임원 선거), 권업신문 사장 겸 주필(1913년 10월 6일 특별총회) 등 권업회의 주요 직임을 계속하여 맡았다(≪勸業新聞≫ 1912년 12월 19일자, 1913년 1월 19일자, 1913년 10월 26일자 등).

그런데 주요 간부들의 지역별 면면을 보면 서울파 · 평양파 · 함경도파들이 섞여 있었는데, 이로써 보면 권업회는 곧 계파 간 연합조직이라 할 수 있는 것이다.[71] 그러나 내부적으로는 인물별, 출신지역별, 단체별로 갈등이 존재하였던 것으로 보인다.[72] 권업회가 창립된 지 얼마 되지 않아 이종호가 이상설과 정재관을 이용한다고 하여 이들의 사이가 나빠지게 되었다. 특히 이상설은 주도적 인물의 한 사람이었던 이종호와 관계가 좋지 않았으며, 이에 정재관은 1912년 5월 다른 곳으로 이동하고자 하였다. 또한 1912년 9월에는 평안도파인 김치관과 박영갑 등을 일본 밀정으로 공격하여 평안도파와 갈등을 겪게 되었다. 1913년 1월에는 이종호 계열이 회를 장악하여 서울파를 몰아내고자 하였다.

한편 이상설은 신채호의 뒤를 이어 ≪권업신문≫의 주필 겸 사장을 맡았다. 일찍이 '창희즈'라는 필명으로 ≪신한민보≫ 등에 글을 게재해 왔는데, 1913년 국치일을 맞이한 특집호에 게재한 「이날을」이라는 기사는 그의 대표작이라 할 수 있다.[73]

이 같은 지방색 등의 대립 속에서 이상설은 1913년 말에 일제의 밀정으로 몰리게 되었다. 이 때 그는 아무 변명도 없이 모든 공직을 내놓고 하바롭스크로 이동하였다. 이 무렵 그가 남긴 비장한 시는 그의 심경을 잘 알려준다.[74] 이상설은 북도인 이든 남도인 이든 가리지 않고 대인답게 권업회를 이끌어 모든 이에게 존경을 받았다고 전한다.

그러나 권업회의 표면적 활동은 1914년 8월 창설된 지 3년 만에 제1차 세계대전이 발발함으로써 중지되고 말았다. 그 까닭은 러시아 당국이 전시정책을 써서 일체의 정치활동과 사회활동을 엄단했기 때문이다. 일제

---

71) 박 환, 『러시아한인민족운동사』, 탐구당, 1995, 126쪽.
72) ≪勸業新聞≫ 1913년 11월 9일자. 여기에서는 여러 단체들이 "… 각기 입을 빗죽거리며 눈을 흘겨보니 알지 못거라."라고 표현하였다.
73) ≪勸業新聞≫ 1913년 8월 29일자.
74) 姜相遠의 『李相卨先生略歷』에 의하면 그는 "泣國泣家又泣己"라는 시를 남겼다고 한다.

는 러시아 당국에 권업회와 ≪권업신문≫을 폐지해 줄 것을 요구하였고, 일본과의 관계가 돈독해 진 러시아 당국은 이에 응하였을 뿐만 아니라 이종호를 추방하는 조치를 취하였다. 그러나 권업회는 니콜리스크 우수리스크 등 연해주 각지에서 활동을 계속하였다.[75]

Ⅲ. 후인 논찬에 나타난 평가

1. 인품에 대한 평가

이상설의 인품에 대하여는 유족인 李完熙의 「傳記草稿」에 가장 잘 정리되어 있다. 그는 이상설의 천성을 '정열적이고 다정다감'하다고 하고 生養父母에게 차별 없이 효성을 다하였다고 하였다. 특히 그가 14세의 소년시절 모친상을 당하였을 때의 호천애곡하는 정경은 옆에서 차마 볼 수 없었다고 하였다. 또한 그는 형재애가 놀라웠으며, 朋友之交의 신의가 각별함은 물론 사제 간에는 정의와 예절이 보는 이의 감탄을 자아내게 하였다고 하였다. 곧 그는 이상설의 인품을 '至誠의 人格'이라고 하였다. 다음은 그의 인품을 집약적으로 잘 묘사하고 있다.

> … 선생의 일면 완벽할 정도로 깨끗했고 仙師와도 같이 단정하였으나 내면으로는 闊達自在하여 술을 즐겨 마시며 벗들과 담론하기를 즐겨했고 재조 있는 성격이 뛰어나서 모든 고난에도 용기 백출하여 후배를 격려하며 새로운 계획이 기다리고 있듯이 궁할 줄을 모른다. 그의 이 같은 禪脫한 사상과 到奧한 이념은 모든 일에 남을 앞세우고 공을 남에게 미루므로 동지와 侍從者의 경모를 받으며 그 숭고한 인품의 진면목이 많은 인물을 추종케 하였다. …[76]

---

75) 박　환, 『러시아한인민족운동사』, 178~179쪽.
76) 「溥齋 李相卨先生傳記抄」라고도 하는 이 자료의 원문은 尹炳奭, 『增補李相卨傳』, 187~189쪽 참조.

정인보도 그의 인물됨을 칭송하였다. 그는 이상설이 교민사회에서 스스로 중책을 맡아 신틀을 매고 다녔으나, 높은 벼슬과 녹은 물리치고 이웃의 구휼에 노력하였다고 하였다. 또한 조완구는 이상설의 인품을 '天賦篤厚'라고 하였다.77) 이로써 볼 때 그의 인품은 才勝薄德이 아니라 儒理에 깊은 탐구와 禪典의 두터운 窮理를 다한 才德兼全의 인물이라 할 수 있을 것이다.78)

그러나 그가 독립운동 시기 '기호파 수령'으로의 행적을 그의 평생 역사로 보아 결점이라고 지적한 계봉우의 견해가 있다. 즉, 그가 '기호파 수령'으로서 기호 출신 인사들을 많이 배치했던 것은 주의나 정견이 달랐기 때문이 아니라 봉건적 영웅들에게서 흔히 보게 되는 수령 다툼이라는 것이다. 계봉우는 이상설의 그러한 구체적 사례로 그가 ≪권업신문≫과 대한광복군정부의 일을 맡았다가 곧 사직한 사실을 들었다. 그러면서도 계봉우는 이에 대하여 이상설만의 과실이 아니라 서북사람들에게도 과실이 있다고 양비론적인 입장에서 평가를 내리고 있다.79)

사실 독립운동사에 있어서 지역 분파가 심했음은 반성할 점으로 지적되고 있다.80) 그러나 이는 공명과 이익을 취하려는 인격적 결함에서 나온 것이 아니라는 사실은 그가 다른 사람을 민족운동의 전면에 내세우고 그 공도 그들에게 돌리는 여타의 민족운동의 사례에서 명확히 알 수 있는 것이다. 즉, 이는 파당과 분파주의에 극성이었던 세력에 대한 자기방어와 민족운동 추진을 위한 불가피한 사실로서 이해하는 것이 타당할 듯하다.

2. 학자로서의 평가

일찍이 이상설은 율곡 이이를 祖述할 사람으로 지목되었다. 李建昌은

---

77) 鄭寅普, 『舊園文錄』(尹炳奭, 『增補李相卨傳』, 277쪽).
78) 李完熙, 「溥齋 李相卨先生傳記抄」(尹炳奭, 『增補李相卨傳』, 188~189쪽).
79) 桂奉瑀, 『꿈속의 꿈』, 171~173쪽.
80) 趙東杰, 『韓國近現代史의 理解와 論理』, 35~36쪽.

殿試에 급제한 이상설을 축하하고 격려하는 글에서 다음과 같이 칭송하
였다.

> 진실로 이상설은 뒷날 대성하고 창무할 것을 막지 않는다면 이는 곧
> 율곡 이이의 道가 행해짐이요, 그것은 곧 나라의 부강이 될 것이요, 백
> 성의 복지가 될 것이요, 선비의 영화가 될 것이다. 어찌 작게 이상설 혼
> 자만의 幸이라 하리오.[81]

박은식은 그의 학문에 대하여 "博於漢學 兼通西文 才望冠一時"라고 하
였다.[82] 특히 이상설과 함께 밀산부에서 독립운동 기지로써 한흥동을 건
설했던 영남의 거유 李承熙는 그의 높은 학문을 다음과 같이 기록하였다.

> 公은 옛 것에 넓고 오늘 것에 능통한 세상의 재목이다. 어려서 新學
> 을 배워 이미 만국의 일에 통달하였는데 舊學에 있어서도 博洽하고 通
> 透하여 九經百家를 말하듯이 記誦하여 선생을 대할 때 항상 性理學을
> 講說하였고 그 類가 대개 부합하였으므로 더불어 토론하여 旅苦를 잊기
> 에 이르렀다.[83]

이상설과 죽마고우로서 신구학문을 함께 수학하고 관직생활도 함께
한 李範世는 그가 동서양의 학문에 능통하여 학식이 풍부하여 친구이자
스승이었다고 하였다.[84] 다음의 정인보의 평가는 종합적이다.

> … 뛰어난 재주는 아예 거룩한지라. 일찍 젊어서 博爲達識으로 드날
> 렸지. 文章은 고내와 鯨鯢를 거꾸러뜨릴 만하고 성리학은 그 根屈을 뚫
> 었네. 깊은 생각은 曆學과 算學을 窮達하고 醫學은 無不通이요 역사와

---

81) 李建昌, 「與李殿試相卨書」(尹炳奭, 『增補李相卨傳』, 283~284쪽).
82) 朴殷植, 『韓國痛史』, 제3편 제46장.
83) 李承熙, 『韓溪草稿』 7(국사편찬위원회, 1980, 549쪽).
84) 李範世, 「哀溥齋」(尹炳奭, 『增補李相卨傳』, 190~191쪽).

지리는 더욱 연구가 깊었네. 통역 정도는 오히려 얕은데 속한지라 스승 없이 영어를 능통하도다. 朝廷에선 그를 물에 뜬 돛대로 생각했고 선비들은 柱石으로 의지했도다. 그를 發憤하여 쌓이고 쌓인 弱勢를 돌이키고 그는 다 끊어져가는 이 나라를 구하려고 하였구나. …85)

이상설의 학문에 대한 칭송은 외국인도 예외는 아니었다. 중국인 管雪齋는 그가 신구학문에 모두 능통하였고 특히 수학과 법률에 조예가 깊었다고 하였다.86) 베델은 이상설의 학문이 '大韓學問學의 第一流'로서 동서 학문에 능통하고 밝아서 性理文章과 정치, 법률, 산술학에 특히 학식이 풍부하였다고 하였다.87)

이로써 보면 이상설에 대한 후인 논찬은 국내외를 막론하고 모두 그의 학문을 높이 평가하고 있음을 알 수 있다.

3. 독립운동가로서의 평가

독립운동가로서의 이상설을 평한 후인 논찬 가운데에는 여타 인물과 비교하거나, 그가 해외 한인사회의 지도자로서 한인들을 규합하고 화합하여 독립운동을 주도하였음을 높이 평가하고 있다. 후손인 이완희는 정치가로서의 이상설을 다음과 같이 설명하였다.

> … 정치가로서의 선생은 본시 물욕이나 영달에 뜻이 없었던 만큼 행정에 있어서도 불의를 남달리 미워하여 그 행적은 공평무사하였고 열렬한 애국심은 오히려 명리를 초개시한 것으로 미루어 만일 평화시였다면 그의 경륜을 펴고 賢相으로서 후세의 공덕을 많이 남겼을 것을 의심치 않는다. …88)

---

85) 鄭寅普, 『舊園文錄』(尹炳奭, 『增補李相卨傳』, 277쪽).
86) 管雪齋, 「韓國志士小傳 李相卨」(尹炳奭, 『增補李相卨傳』, 287쪽).
87) Ernest T. Bethell, 「讀李參贊疏」(尹炳奭, 『增補李相卨傳』, 293쪽).
88) 李完熙, 「溥齋 李相卨先生傳記抄」(尹炳奭, 『增補李相卨傳』, 188쪽).

한편 타인과의 비교를 통해 그의 민족운동선상에서의 위상을 부각하고자 하는 논찬도 있다. 이런 종류의 논찬은 타인을 폄하하려는 것이 아니라, 한인사회 중심적 지도자로서의 이상설을 부각시키고자 한 것이었다.

> … 石吾 李東寧 선생도 友堂 李會榮 선생도 의지로나 智謀로나 당당한 지도자이시지만 그 두 분은 처음부터 합심이 되지 않았다. 그 두 분은 오직 溥齋 선생이 생존해 계시어야 그 두 팔과 같은 활동을 하실 수 있던 것이다. 만일 溥齋 선생이라는 뇌두가 없다면 그 두 팔은 제대로 움직이지 못할 것이다. 실로 머나먼 북쪽나라 하바옵스크에 수많은 동지덜이 모여든 것은 오직 溥齋 선생이 계심으로 하여서 선생의 지도로 광복의 대업을 성취시켜 볼가 함이었는데 이제 선생이 영원히 가시었으니 다시 누구를 바라고 이 거대한 대업을 이룩할 것이냐. …89)

특히 이상설을 존경하였던 안중근의 논찬은 극찬으로 일관하고 있어 주목된다. 안중근은 1909년 11월 29일 뤼순감옥에서 일본 경시의 제3회 심문 시에 "李範允과 같은 인물 萬人을 모아도 이상설 한 분에 못 미칠 것이다"라는 진술을 한 바,90) 이는 이상설에 대한 절대적 존경심의 발로라 할 수 있다. 즉, 안중근은 러시아 한인사회의 거물급 인사인 이범윤을 잘 알고 있었으면서도 이같이 평가한 것은 이상설에 대한 절대적 존경심을 잘 보여주는 것이라 하겠다.

안중근의 이상설에 대한 절대적 평가의 기준은 그의 지론인 東洋平和論과 관련이 있는 것으로 보인다. 그는 이미 이상설과 같은 동양평화주의를 지닌 인물이 희귀하다고 평가한 바 있으나, 1909년 12월 2일에는 다음과 같은 옥중 논찬을 남겼다.

> … 이상설은 재사로서 법률에 밝고 산술에 통달하고 英佛日語에 통

---

89) 權五惇, 「溥齋小考」(尹炳奭, 『增補李相卨傳』, 186쪽).
90) 「安重根獄中評」(尹炳奭, 『增補李相卨傳』, 189쪽).

한다. 사람은 지위에 따라 심지를 달리하는 것이지만 崔益鉉과 許蔿 등
에 비하여 용맹한 기상은 혹 적을지 모르나 지위를 달리 함으로 할 수
없는 것이다. 세계대세에 통하고 애국심이 강하고 교육발달을 도모하
여 국가 백년대계를 세우는 사람은 동인일 것이다. 또한 동양평화주의
를 갖는데 있어서는 동인과 같이 친절한 마음이 있는 사람은 드물다.[91]

IV. 맺음말

본고는 이상설의 민족운동과 그에 대한 후인의 논찬을 정리한 것이다.
이상을 요약하면 다음과 같다.

이상설의 민족운동은 그가 활동한 시기와 지역, 활동 내용 등을 종합하
여 제1기; 망명 이전의 국권회복운동, 제2기; 헤이그 사행과 구미 순방 외
교, 제3기; 연해주 망명과 독립운동으로 구분할 수 있다.

이상설은 1904년 일제의 황무지 개간권 요구에 반대하는 상소를 시작
으로 국권회복운동에 나섰다. 그는 토지는 국가의 근본이고 재물은 민생
의 근본이므로 우리의 이권을 일본에 양여하는 것은 곧 매국이며 망국의
길이라고 정확히 인식하였다. 그의 일본 제국주의 본질에 대한 날카로운
인식을 보여주는 것이다.

1905년 일제의 을사늑약 강제가 있을 때에도 그는 가장 논리정연하고
강렬한 어조로 을사늑약 반대 및 파기투쟁을 전개하였다. 「皇室非滅國之
利器」라고 몰아붙이고 황제에게 殉社할 것을 권한 것도 그가 유일하였
다. 그의 투쟁은 유생의 투쟁을 선도하였을 뿐만 아니라, 전국적인 의병
봉기를 촉발하였다. 당시 그가 보안회를 계승한 대한협동회의 회장으로
추대되었다는 사실은 구한말 국권회복운동 시기에 그의 위상을 잘 알려
주는 것이다.

망국을 예견한 그는 본격적인 민족운동을 위해 1906년 4월 망명하여

---

91) 「安重根獄中評」(尹炳奭, 『增補李相卨傳』, 292쪽).

북간도 용정에 정착하였다. 이곳에서 그는 먼저 서전서숙을 건립하여 민족교육을 실시하였다. 이는 장차 광복군을 양성하여 항일투쟁을 전개하고자 한 것이었다.

1907년 6월, 그는 정사로서 이준, 이위종과 함께 헤이그 사행을 하였다. 그는 다른 특사들과 함께 열강에 협조를 요청하였으나, 본회의에 입장조차 하지 못하였다. 그러나 그가 발표한 「控告詞」가 구미 언론에 발표되어 일제의 침략상을 만천하에 폭로하고 한국의 독립 지원을 요구한 것은 나름대로 거둔 소득이었다. 이준의 순국과 회의 종료로 말미암아 헤이그를 떠난 그는 영국·프랑스·독일·러시아·미국 등지를 순회하며 외교활동을 펼쳤다. 특히 그의 활동은 미주 한인사회가 독립운동을 위한 체제로 구축되어 국민회를 결성하는 계기가 되었다. 곧 헤이그 사행과 연이은 구미 외교 순방은 그가 주축이 되어 전개한 대한제국의 마지막 외교권 행사로서 나름대로 성과를 거둔 것이라고 평가할 수 있다.

1909년 블라디보스토크로 돌아온 이상설은 본격적인 독립운동기지건설운동에 착수하였다. 그는 이승희와 함께 밀산부에 한흥동을 일궜다. 신민회의 운동방략과 일치하는 독립운동기지건설은 1910년대 최대의 과제였는데, 이상설이 최초로 착수하였고 결실을 거둔 것이었다. 이를 토대로 그가 주도한 십삼도의군 편성과 성명회 결성, 대한광복군정부의 조직, 신한혁명단의 주도 등은 1910년대의 독립운동 방략과 실체를 대표하는 것이라 할 수 있다.

이상설이 주도한 민족운동은 때로는 커다란 시련에 봉착하기도 하였다. 가장 큰 시련은 국제관계와 정세의 변동에 따른 러일관계의 변화로 말미암아 러시아정부로부터 탄압을 받는 일이었다. 1910년 그가 니콜리스크로 추방된 것은 좋은 예이다. 또 하나는 한인사회 내의 계파 간 대립과 갈등이었다. 1913년 그가 일제의 밀정으로 몰려 하바롭스크로 떠날 수밖에 없었던 것도 그 때문이었다. 그러나 그는 한인사회의 화합을 위해 애썼다. 따라서 그를 '기호파 수령'으로 비판하는 것은 타당하지 않다.

이처럼 이상설이 민족운동에서 큰 역할을 한 만큼 그에 대한 후인들의 논찬은 매우 풍성하다. 안중근·박은식·정인보·장석영·조성환·조완구·황현 등 저명한 독립운동가와, 李範世·李重夏·李建昇·李建芳·李喜鍾·安灝·李明祥·管雪齋 및 베델·헐버트 등 외국인의 논찬까지 많은 인물들이 그에 대한 논찬을 남겼다. 논찬들은 대부분 이상설의 인품이나, 학자로서 또는 독립운동가로서 최대, 최상의 평가를 내리는 공통점을 보여준다.

이상설은 시간적으로는 한말의 국권회복운동과 1910년대의 해외독립운동을 주도하였으며, 공간적으로는 국내는 물론 유럽과 미주, 남북만주와 연해주 일원의 광역을 무대로 하였고, 방략상으로는 계몽운동과 무장투쟁을 병행한 인물이었다. 따라서 그는 국권피탈과정과 식민지 치하에서 민족과 조국을 위해 고뇌하고 투쟁한 대표적인 실천적 지성으로 평가하여 마땅할 것이다.

(≪중원문화논총≫ 제10집, 충북대학교 중원문화연구소, 2006)

鄭淳萬의 생애와 국내 민족운동

Ⅰ. 머리말

정순만(1876~1911)은 당시 독립운동계에서 박용만·이승만과 함께 '삼만'으로 불렸던 인물이다.[1] 그 또한 자신과 이승만·박용만을 일컬어 '삼만' 또는 '삼형제'라고 일컬으며 자랑하였다.[2] 삼만의 이후 역정은 각각 달랐으나, 최후는 모두 그리 평범하지는 않았다.

그는 고향에서 한학을 수학하다가 일시 을미의병에 참가하고 근대학교를 설립하여 신교육을 실시하는 등 국권회복을 꾀하였다. 상경한 이후에는 독립협회에 참여하고 尙洞靑年會를 주도하며 적십자사 설립운동,

---

1) 『방사겸평생일기』, 독립기념관 한국독립운동사연구소, 2006, 35쪽;≪우라키≫ 제4호, 1930, 79쪽 등.

2) 이정식·김학준, 『혁명가들의 항일회상』, 민음사, 1988, 197쪽. 이는 장건상의 회술인데, 그가 정순만의 소개로 당시 블라디보스토크에서 가장 영향력이 있던 유인석과, 민단장인 양성춘을 만났다는 사실로 미루어 정순만의 연해주 동포사회에서의 위상을 가늠해 볼 수 있다.

보안회의 황무지 개간권 이양 반대운동, 멕시코 이민 반대투쟁, 을사늑약 반대 및 폐기 투쟁 등을 전개하였다.

국내에서의 민족운동에 한계를 느낀 그는 1906년 이상설, 이동녕 등과 북간도로 망명하여 서전서숙의 설립과 운영에 참여하였다. 이후 블라디보스토크로 옮겨 헤이그특사 파견 지원, ≪海朝新聞≫과 ≪大東共報≫의 주필과 운영을 통한 언론계몽운동, 同義會 참여와 안중근 의거 계획 등 망국을 전후한 시기까지 민족운동사의 중요한 순간, 중요한 위치에 있었다. 일제는 망국을 전후한 시기, 연해주 한인사회에서 정순만을 '鄭淳萬派'를 보유하고 있는 유력한 인물로 파악하였다.[3] 이 같은 그의 활동은 이상설과의 관계 속에서 가능했다.[4] 심지어 안중근 의거 직후 중국 언론은 정순만을 그 배후로 지목하며 '안중근은 정순만과 생사를 같이 하는 사이'라고 파악할 정도였다.[5]

따라서 이 시기의 국내는 물론 만주와 연해주의 독립운동을 이해하기 위해서 그에 대한 연구는 불가결한 중요 주제이다. 그러나 그에 대한 연구는 매우 부족한 실정이다.[6] 그 까닭은 자료 부족의 한계도 있으나, 무

---

3) 機密韓第六二號, 1910. 10. 8, 「排日朝鮮人名簿進達ノ件」, 『不逞團關係雜件－朝鮮人ノ部－在西比利亞(三)』(국사편찬위원회, 『CD－ROM 한국독립운동사』 36). 당시 일제는 연해주 한인사회를 이범윤파·이갑파·최봉준파·정순만파·어디에도 속하지 않는 파 등 5개의 부류로 구분하여 파악하였다.
4) 朝憲機 第1451號, 1911. 7. 12, 「六月二七日以降浦潮地方鮮人ノ動靜」, 『不逞團關係雜件－朝鮮人ノ部－在西比利亞(三)』.
5) ≪神州日報≫ 1909년 11월 12일자 및 ≪東方雜誌≫ 1909년 11월 제6권 제11기(독립기념관 한국독립운동사연구소, 『중국신문 안중근의거 기사집』, 2010, 109·404쪽).
6) 정순만에 대하여는 다음의 논고가 참고 된다.
　　尹炳奭, 『國外韓人社會와 民族運動』, 일조각, 1990.
　　______, 『增補 李相卨傳』, 일조각, 1998.
　　韓圭茂, 「상동청년회에 대한 연구, 1897~1914」, ≪歷史學報≫ 126, 1990.
　　______, 「鄭淳萬論」, ≪韓國基督敎史硏究≫ 22, 1998.
　　박　환, 『러시아한인민족운동사』, 탐구당, 1995.
　　申世羅, 「鄭淳萬의 생애와 민족운동」, ≪한국근현대사연구≫ 25, 한국근현대사학회, 2003.
　　박걸순, 「沿海州 韓人社會의 갈등과 鄭淳萬의 피살」, ≪한국독립운동사연구≫ 34, 독립기념관 한국독립운동사연구소, 2009.

엇보다도 그의 죽음을 둘러싼 오해에 기인하는 바 크다. 필자는 선행 연구를 통해 그에 대한 편린적 기록의 오류를 바로 잡고, 북간도와 연해주에서 그의 민족운동을 규명한 바 있다. 특히 '양성춘 사건'의 실상을 러시아와 일제 측 자료를 통해 구체적으로 추적하였으며, 이 사건과 그의 죽음을 연해주 한인사회의 파쟁의 결과로 해석하였다.

본고는 후속 연구로서 그의 국내 민족운동에 대하여도 좀 더 구체적으로 검토할 필요가 있다는 문제의식에서 비롯되었다. 먼저 그의 가계와 생애를 정리한 뒤, 독립협회 활동 이후 상동청년회 총무로서 주도한 다양한 민족운동을 살펴보고자 한다. 이를 통해 그에 대한 전인적 이해를 제고할 수 있을 것으로 기대한다.

II. 가계와 생애

1. 가계

정순만은 1876년 忠淸北道 淸原郡 玉山面 德村里 盤谷마을에서 鄭錫鍾과 밀양 박씨 사이에 외아들로 태어났다. 그의 본관은 河東, 호는 儉隱이며, 해외로 망명하여 민족운동을 하는 기간에는 鄭順萬 · 王昌東(道) · 王一初 · 王韓 · 王成道 등의 이명으로 불리기도 하였다.

그의 선대는 膚을 시조로 하며 그는 24세손이다. 중시조는 廣州留守를 지내고 資憲大夫 議政府 參贊에 증직된 穆인데, 그의 둘째아들 光業이 덕촌리로 이거한 이래 세거하여 왔다. 이후 13대에서 청주파(良) · 덕촌파(儉) · 보은파(得)로 나뉘었는데, 그의 선대를 정리하면 다음과 같다.[7]

---

7) 鄭世模(1921년생, 덕촌 2리 거주)의 증언(2008. 7. 8. 자택)에 의하면 덕촌리(1, 2리 포함)는 220호 250세대인데 이 중 절반 정도가 河東 鄭氏이며, 타성도 처가나 외가 등 인척 관계에 있는 경우가 많다고 한다.

脣(1) － 晟(2) － 繁(3) － 承慶(4) － 台輔(5) － 熙(6) － 提(7) － 守忠(8) －
穆(9, 留守公 － 光業(10) － 珪(11) － 好智(12) － 儉(13) － 承吉(14) － 裕
(15) － 道漢(16) － 必觀(17) － 匡周(18) － 鉉(19) － 儀達(20)(欽의 아들
로 出系) － 啓黙(21) － 志夏(22) － 錫鍾(23) － 淳萬(24, 海哲이 入系) －
興模(25) － 顯天(26)[8]

그의 선대 중 光業(10대)은 蔭副司直忠義衛, 珪(11대)은 奉事, 好智(12
대)는 음직으로 司果를 지내다가 무과에 급제한 후 문과로 발탁되어 從仕
를 지냈다. 그 이후 儉(13대)은 蔭仕로 軍資監正을, 承吉(14대)은 忠義衛를
지냈다. 이로써 보면 그의 선대는 음직으로 출사하거나 무인직이 많았음
을 알 수 있는데, 15대 裕 이하는 관직에 오르지 못하였다. 따라서 정순만
이 출생할 무렵 그의 집안은 향반으로서 집성촌을 이루고 있었던 것으로
보인다.[9]

정순만과 관련된 가승으로서 『河東鄭氏政丞公後留守公派世譜』가 있
으나, 오류가 많다.[10] 또한 마을에 건립되어 있는 「덕촌리자랑비」나 「河
東鄭氏副司直公派世阡碑」 등의 내용에도 오류가 있다.[11] 특히 의아한 것

---

8) 河東鄭氏留守公派譜所, 「河東鄭氏政丞公後留守公淸州派世系圖」, 『河東鄭氏政丞公後留守
公派世譜』, 1983. 정순만 사거 이후 문중에서는 정순만이 장손이라 海哲로 入系하도록 하
였는데, 海哲의 3子인 興模가 淳萬의 양자로 입적(신고일: 1986년 2월 8일)되었는데(청원
군 강내면장 발행 「입양관계증명서」), 정순만은 이 해에 건국훈장 독립장에 추서되었다.
9) 德村里의 河東 鄭氏는 일제 말기에도 충청북도의 저명한 동족마을의 하나로 파악되었는
데, 대표적 인물로 贈嘉善大夫戶曹參判 鄭必武를 들고 있다(善生永助, 『朝鮮の姓氏と同
族部落』, 刀江書院, 1943, 273쪽).
10) 「河東鄭氏政丞公後留守公淸州派世系圖」, 145쪽에는 정순만의 생몰년도 기재하지 않은
채 '한일합병시 김구 등과 을사늑약을 반대하였다'라는 등 역사적 사실조차 잘못 기록되
었으며, 그가 미국에 유학할 때 재미유학생 지도자였다고 되어 있다. 이는 그의 아들 良
弼과 혼동한 결과이다. 또한 14쪽에는 '入美國不在故海哲入系'라고 하였다.
11) 여기에는 정순만이 이승만, 박용만과 배재학당에서 함께 수학하였다거나, 미주에서 활동
하였다거나, 1928년에 사망하였다는 등 사실과 다른 부분이 많다. 또한 '儉隱鄭淳萬先生
紀念事業會'에서 정리하였다는 「儉隱(鄭淳萬)先生의 獨立闘爭史」(『德村信協四十年』, 2008,
58~62쪽)도 정순만이 1902년 하와이로 망명하여 구국운동을 했다느니, 연해주에서 십삼
도의군·성명회·권업회에 참가하였다고 하는 등 오류가 적지 않다.

은 문중 기록 중 그의 아들 충모(1893~1974, 1909년 양필로 개명)에 관한 내용이 전무하며, 심지어 부자관계조차 혼동하고 있다는 점이다. 물론 정부의 기록조차 그러하였으니 문중 기록을 탓할 수만은 없으나, 재미 한인사회에서 크게 성공한 사업가로서 1995년 독립유공자로까지 포상된 그의 아들과 문중이 단절된 것은 안타까운 일이다.[12]

정양필은 아버지를 따라 일찍이 고향을 떠났고 1905년 박용만의 손에 이끌려 미국으로 건너갔다. 그는 1914년 고학으로 커니 군사고등학교 (Kearney Military Academy)를 졸업(영어 전공)하였으며, 이어 1918년 네브래스카 주립대학(University of Nebraska)에서 농학을 전공하여 학사 학위를 취득하였다.[13] 당시 ≪新韓民報≫는 정한경, 한시호와 함께 그의 졸업소식을 다음과 같이 보도하였다.

> … 정양필씨는 우리나라 유신당 중의 하나 되는 정순만씨의 영랑으로 일찍이 유학차로 미국에 건너와 네브래스카 커리 무관중학교에서 중학과를 필하고 1913년 가을에 그도 관립대학에 입학하여 자유생활로 비상한 곤란을 견뎌가며 고학한 결과로 동 27일에 농학 득업사의 학위를 얻었으며 …(밑줄: 필자)[14]

정양필은 1919년 4월 한성정부의 평정관에 선임된 바 있고, 여러 차례 독립운동 자금을 지원하였다.[15] 그는 1920년 뉴욕에서 파리강화회의의 참

---

12) 鄭準來(1917年生, 정순만과 9촌 간, 덕촌 1리 거주)의 증언(2008. 7. 8. 자택)에 의하면 정양필은 돌림자를 써서 정감래라 불렀다 하며, 그는 생전에 고향 방문을 거부하였다고 한다. 그런데 20여 년 전 미국으로부터 양필의 딸이 덕촌리를 잠시 방문한 적이 있었는데, 영어만 사용하여 통역이 필요하였고 돈을 많이 벌었다고 하며 남편은 중국인이었다고 말하였다고 한다. 이는 정양필이 鄭安株式會社를 운영하였던 것과 관련이 있는 것으로 보인다. 한편 정양필은 딸이 세 명 있었다고 한다(김현구, 「儉隱遺傳」 및 Dae-Sook Suh, *The Writings of Henry Cu Kim*, University of Hawaii, 1987, p.285).
13) 안형주, 『박용만과 한인소년병학교』, 지식산업사, 2007, 334~336쪽.
14) ≪新韓民報≫ 1918년 5월 30일자의 「네부라스카 관립대학에 한인 졸업생 三人」.
15) 국가보훈처, 『獨立有功者功勳錄』 제13권, 512쪽. 정양필이 박은식, 신채호, 손정도 등과

가 차 파견되었던 김규식을 지원한 이화전문 1회 졸업생 李華淑과 결혼하여 재미 한인의 선망의 대상이 되기도 하였다.16) 한때는 柳一韓의 요청에 의해 '라초이' 주식회사에서 그와 동업을 하기도 하였으나, 1922년 安載昌, 曺五興과 함께 디트로이트에서 자기의 姓을 내세운 '鄭安株式會社'라는 중국 음식 배달과 도매회사를 세워 포드 자동차회사, 허드슨 백화점과 호텔, 학교 등을 상대로 대규모 납품업을 하였다. 이 회사는 날로 성장하여 1930년에는 별도의 지상 1층 지하 1층의 독립 건물을 신축 운영하여 '디트로이트에서는 삼척동자도 아는 유명한 회사'로 발전하였다.17)

정순만은 3대가 함께 망명하였다고 하는데,18) 실제 족보에는 정순만의 부친 석종에 대하여 '외국에서 죽어서 卒日과 묘소의 위치를 모른다'고 되어 있다. 이로써 보면 정순만은 아버지와 함께 망명하였고 석종은 망명지에서 죽은 것으로 해석되나, 가승에 어머니 밀양 박씨의 묘소에 대해 '墓金溏배터峴右邊甲坐'라 기록되어 있어 어머니는 동행하지 않았던 것으로 짐작된다.19)

2. 생애

정순만은 어려서 향리에서 한학을 수학하였는데, 艮齋 田愚의 문하로서 학식과 지조 있는 행동으로 학자로서의 명성이 일찍이 널리 알려졌다

함께 한성정부의 평정관에 피선된 사실은 이미 그가 미주지역 한인의 대표성을 지니는 인물로 성장하였음을 의미한다.
16) 안형주,『박용만과 한인소년병학교』, 372~373쪽. 이화숙도 정양필과 함께 1995년 건국훈장 애족장이 추서되었다.
17) 柳基元,「北美洲同胞實業界覇王 鄭安株式會社」,≪우라키≫ 제4호, 1930, 79쪽.
18) 鄭準來의 증언. 또한 정순만이 연해주에서 가족과 함께 기거하고 있다는 일제 측 기록도 있다(朝憲機 第一四七號,「境警視의 訊問에 對한 安應七의 供述」,『한국독립운동사자료』7).
19) 앞의「河東鄭氏政丞公後留守公淸州派世系圖」, 145쪽. 그런데 밀양박씨의 卒年은 기록되어 있지 않고 2월 2일이라고만 되어 있다. 밀양박씨 묘소는 興模가 양자로 입적됨에 따라 1991년 청원군 오창면 두릉리 산 14-2호인 지방도 510호 두릉사거리 옆 야산으로 이장되었다. 이 때 정순만의 조부 志夏 내외의 묘소도 함께 이장되었다.

고 한다.[20] 그런데 그는 애국충정에서 조국과 민족을 곤경으로부터 구해야 한다고 생각하고 1896년 柳寅爀의 휘하로 들어가 충청북도·경상북도·강원도 등지를 오가며 비밀 역할을 수행하였고, 이를 통해 많은 동지를 규합하였다고 한다.[21]

이 기록은 정순만이 전기 의병에 참가하였을 가능성을 시사한다. 이 기록은 계속하여 그가 고종의 밀명을 받고 李範錫, 柳寅爀과 함께 국내외에서 군사를 모으고 게릴라전에 대비하였다고 하였다.[22] 여기에 등장하는 李範錫은 李範允을, 柳寅爀은 柳麟錫을 오기했을 가능성이 있다. 또한 정순만이 고종의 밀명을 받았다는 것도 전기 의병의 역사적 사실과 합치하지 않는다. 그런데 이승만이 의병으로 참가한 정순만의 행위를 못마땅해하였고, 심지어 의병을 '殺人黨'으로 지목하였다는 구체적인 기록[23]으로 보아 그의 의병 참여 가능성은 크다. 특히 그가 연해주에서 의병적 성격을 지니고 있는 同義會에 참여하였고, 살해되기 직전인 1911년에도 의병을 계획한 데에서 그 가능성은 더욱 커진다.

그러나 田艮齋나 다른 제자들이 의병에 소극적이었던 것과 대비하여 그를 적극적인 현실 참여파로 평가하거나, 나아가 을미의병이 발발하자 전우의 문하에 머물지 않고 그곳에서 나와 의병에 참여하였다고 단정하는 견해[24]는 성급한 해석으로 판단된다. 나아가 그가 연해주 의병인 十三道義軍

---

20) 그의 사승관계에 대해 자세히 알 수는 없으나, 金鉉九의 「儉隱遺傳」과 ≪大東共報≫ 1909년 5월 5일자의 「鄭淳萬씨의 歷史」에 간재 전우 문하에서 수학한 사실이 확인된다.
21) 金鉉九, 「儉隱遺傳」. 그런데 Dae–Sook Suh, *The Writings of Henry Cu Kim*, p.279에는 柳寅爀을 Yi In–hyok으로 잘못 번역하였으나, 같은 면에서는 Yu In–hyok으로 표기하였다.
22) Dae–Sook Suh, *The Writings of Henry Cu Kim*, p.279.
23) 이와 관련, 「儉隱遺傳」에는 정순만과 이승만의 관계를 알려주는 기술이 있어 주목된다. 즉, 이승만은 자기의 식구는 물론 한인사회 전체에 절대적 복종을 요구하였으며, 그의 사전에는 우정·진실·이유 등의 단어가 없으나, 정순만은 그와의 結誼를 굳게 지켰으며 이승만에 대해 한마디의 비판도 하지 않았다는 기술이 그것이다. 이는 정순만이 헤이그 특사를 지원하기 위해 이승만과 박용만에게 지원을 요청했을 때 이승만이 거절했다는 사실과 함께 양인의 관계를 시사해준다.
24) 박 환, 『러시아한인민족운동사』, 38쪽 및 申世羅, 「鄭淳萬의 생애와 민족운동」, 230쪽.

에 참여하였다고 보는 견해[25])도 있으나, 十三道義軍 편성 때(1910. 6) 그는 '양성춘 사건'으로 투옥되어 있을 시기이므로 참여할 형편이 아니었다.

그렇다고 하여 정순만을 교육과 언론 사업에만 치중하여 의병 노선과 괴리된 인물이라고 파악하는 견해[26])도 타당하지 않다. 이는 그가 ≪海朝新聞≫의 운영과 관련, 의병 기사를 둘러싸고 장지연과 의견 대립을 하였다는 사실에서 더 분명해진다. 정순만은 국내 의병에 대해 긍정적으로 인식하고 이를 ≪해조신문≫에 비중있게 게재하였다. 그러나 후에 ≪해조신문≫에 초빙된 장지연은 정순만 등이 연해주 의병의 국내 진공을 위해 추진한 군자금 모금 활동을 '정의를 빙자하여 토색을 자행'한다고 비난하는 기사를 게재하여 양인의 불화가 심화되었던 것이다.[27]) 이로써 보면 정순만은 국내 의병 참여 가능성이 크며, 연해주 의병과 일정한 연계를 지닌 인물로 파악하는 것이 타당하다.

한편 그는 시기는 불명하나 향리에 德新學校(현, 옥산초등학교의 전신)를 세워 문중과 인근지역 자제의 근대교육을 위해 노력하였다고 한다. 그는 종재와 사재를 들여 덕신학교를 세우고 학생들에게 단발을 실시하는 등 신학문의 수용과 문중의 근대 개명을 위해 애썼다.[28]) 한 때는 덕신학교에서 배출된 많은 졸업생들이 지역 내 각계로 진출하여 덕촌리 하동 정씨의 위상이 높아졌다고 한다. 얼마 전까지만 해도 이 학교 졸업생들이

---

25) 趙東杰, 「安重根義士 裁判記錄上의 人物 金斗星考」, ≪春川敎大論文集≫ 7, 1969, 39쪽; 『독립군의 길 따라 대륙을 가다』, 지식산업사, 1995, 115쪽.

26) 朴敏泳, 『大韓帝國期 義兵研究』, 한울 아카데미, 1998, 295쪽.

27) 박걸순, 「沿海州 韓人社會의 갈등과 鄭淳萬의 피살」, 250~252쪽. 장지연은 남경에서 피습 당했을 당시 이를 자신이 ≪海朝新聞≫에 의병관계 기사를 부정적으로 썼기 때문이라고 말한 바 있다.

28) 德新學校에 관한 기록은 남아 있지 않으나, 「덕촌리자랑비」나 「河東鄭氏副司直公派世阡碑」에는 이 내용이 기재되어 있으며, 문중에서도 확신하고 있다. 다만, 이들 비문에는 덕신학교의 설립시기를 1903년이라고 하였으나, 이때는 그가 서울에서 활동할 때이므로 잘못된 것인지, 아니면 활동 도중 귀향하여 설립한 것인지 알 수 없다. 덕신학교 터는 덕촌리 새터 33-6번지인데, 현재 정헌모가 거주하고 있으며 당시 교사의 주춧돌이 남아 있다.

생존하여 당시를 회고하였다고 하나, 수업 연한이나 교과과정, 교재 등에 대하여는 전혀 확인할 수 없다.[29]

그런데 정순만이 덕신학교를 설립하여 신교육을 실시하였을 때에 문중의 반대도 있었던 것으로 보인다. 특히 단발 시행 등은 유림적 전통을 지닌 문중으로부터 반발을 초래하였다.[30] 정순만은 독립운동 기간 내내 교육의 중요성을 강조하였다. 이는 후술하는 바와 같이 이상설 등과 함께 북간도 민족운동의 요람인 서전서숙을 설립 운영한 사실과, 연해주에서 ≪해조신문≫ 주필 재임시 교육의 중요성을 강조한 논설을 집필한 데에서 확인된다.

그가 의병에 참여한 이후 근대학교의 설립과 신교육의 실시를 통한 계몽운동으로 전환한 것이 사실이라면, 안동의 柳寅植처럼 을미의병에 참여하였다가 협동학교를 건립함으로써 척사사상으로부터 계몽사상으로 전회한 경우로 이해할 수 있을 것이다.[31]

정순만은 상경한 이후 독립협회와 상동청년회 간부를 역임하며 활발한 자강과 국권회복운동을 펼쳤다. 이후 1906년 그는 가족을 데리고 국내 활동을 통해 동지가 된 이상설, 이동휘 등과 함께 망명길에 나서 한인이 다수 거주하는 연길현 용정촌에 도착하였다.[32] 그가 망명을 결심한 것은 국내 활동의 한계를 절감한 때문이었으나, 을사오적인 李根澤을 찌르고 도주한 것이라는 일제 측 기록도 있다.[33] 이곳에서 서전서숙을 설립하여 운영하던 그는 1년만인 1907년 4월 헤이그 특사 사행 지원을 위해 블라디보스토크로 옮겨갔다.

---

29) 鄭世模 증언.

30) 정길회(1940년생, 하동정씨유수공청주파종친회장) 증언(2008. 7. 4 필자 연구실).

31) 朴杰淳, 「東山 柳寅植의 歷史認識」, ≪韓國史學史學報≫ 2, 2000, 64~65쪽;『시대의 선각자 혁신유림 류인식』, 지식산업사, 2010, 65~76쪽.

32) 그의 망명 시기에 대해 The Writings of Henry Cu Kim에는 1905년이라 되어 있으나, 1906년이 옳다.

33) 「大垣丈夫가 佐竹 秘書官에게 보내는 書信」, 1909. 10. 29 및 警秘第290號, 「伊藤博文 被擊事件 眞相調査 및 嫌疑者 搜査에 關한 件」, 1909. 10. 30(『한국독립운동사자료』 7, 안중근편 II 참조).

헤이그 특사 사행을 성공케 한 그는 블라디보스토크에 머물며 ≪해조신문≫과 ≪대동공보≫ 등 신문을 창간하여 주필로 활동하였고, 同義會에 참여하여 안중근의 이토 히로부미 처단 의거를 계획하고 그 후속처리를 주도하였다. 한편 이상설, 이승희 등과 북만주 독립운동기지 개척에도 참여하였다.

그는 점차 연해주 한인사회에서 지도적 인물로 부상하였다. 당시 연해주 한인사회는 분파가 있었는데, 그는 경성파 또는 기호파의 대표적 인물로 분류되었고, 일제는 그를 이른바 '鄭淳萬派'의 수장으로 주목하기에 이르렀다.

독립운동 시기에 지역 분파가 있었고, 공명의 다툼이 있었으며, 독립운동의 격정이 동족 간에 연장되어 비극을 초래한 것은 반성해야 할 일이다.[34] 정순만은 독립운동계의 지역 분파와 격정으로 인한 가해자요 희생자였다. 1910년 1월 23일 발생한 '양성춘 사건'은 불행한 일이었다. 이 사건의 발발 원인에 대하여도 연해주와 미주의 한인 사회는 각자의 입장에 따라 고의적 살해로 보는 입장과 우발적 사고로 보는 관점이 대립되었었다. 이듬해 2월 옥고를 치르고 나온 정순만은 이상설의 보호를 받고 있다가 활동을 재개할 무렵 1911년 6월 21일 보복을 당하여 비참한 최후를 맞이하고 말았다.[35]

III. 국내 민족운동

1. 독립협회 활동

정순만은 상경하여 독립협회에 가입하여 활동하였으나, 정확한 가입 시기는 알 수 없다. 독립협회는 서구시민사상을 수용한 자, 개신 유학자, 위정척사파 등 이른바 '紳士 組織'의 집합체였다.[36] 따라서 그가 독립협

---

34) 趙東杰, 『韓國近現代史의 理解와 論理』, 지식산업사, 1998, 35~39쪽.
35) 박걸순, 「沿海州 韓人社會의 갈등과 鄭淳萬의 피살」 참조.

회에 참여하게 된 배경은 알 수 없으나, 이동휘 등 개화파 무관이 있었듯이 이미 의병 참여를 경험한 그로서는 또 다른 방법론을 통해 국권회복을 모색한 것이라 할 수 있다.

그의 독립협회에서의 활동내용 또한 자료의 결핍으로 상세한 내용은 알 수 없다. 그러나 그는 서재필·윤치호·우범선·이희간·이승만·이동녕·박용만과 함께 독립협회의 발의자로 지목되었으며,[37] 이승만·박용만·이상재와 함께 '혁명 신진',[38] '주요 주도회원'[39] 등으로 평가되기도 하였다. 그의 독립협회에서의 위상은 그가 劉猛·玄采·羅喆·梁起鐸 등과 함께 都總務部長이나 總務長 또는 副總務로 재임하였다는 기록과, 독립협회가 탄압을 받아 400여 명의 중견간부들이 피체되었을 때 주요 인물로 거명되고 있음에서도 알 수 있다.[40] 이로써 보면 '3만'은 이미 독립협회 당시부터 회동하였고 의기투합하였음을 알 수 있다.

이와 함께 그는 이른바 維新黨 활동에도 참여하였다.[41] 그의 유신당 활동은 삼만 동지의 영향에 의한 것이었다.[42] 유신당사건은 박영효를 중심으로 고종을 폐위시키고 의화군을 황제로 옹립하고자 한 쿠데타로서, 그는 이승만·박용만·전덕기 등과 참여하였다가 피체되어 옥고를 치렀다. 그의 1900년경 투옥 사실은 이승만의 기록에서 확인된다.[43]

---

36) 朴殷植, 『韓國痛史』(『白巖朴殷植全集』 제1권, 동방미디어, 2002, 246쪽).

37) 「朝鮮獨立運動の根源」, 『齋藤實文書』 9, 민족운동편(一), 高麗書林, 1990, 352쪽. 여기에서는 그를 '충북 조치원 사람'으로 부기하였다.

38) 독립운동사편찬위원회, 『독립운동사자료집』 별집 2, 1976, 394쪽.

39) 愼鏞廈, 『獨立協會硏究』, 일조각, 1976, 103~104쪽.

40) 「獨立協會沿歷略」(≪創作과 批評≫, 1970년 봄호, 119쪽).

41) ≪新韓民報≫ 1918년 5월 30일자 및 徐廷杜, 『李承晩博士傳』, 三八社, 1949, 178~179쪽.

42) 申世羅, 「鄭淳萬의 생애와 민족운동」, 234쪽.

43) 이승만은 「청일견긔」에서 "… 수년 전 해삼위에서 별세한 애국지사 정순만씨가 우리의 동지로 감옥서에 갇혔을 때에 틈틈이 서역에 힘써 도와 필역한 것이다. …"고 하였다(『雩南李承晚文書』 2, 연세대학교 현대한국학연구소, 234쪽).

2. 상동청년회 참여

상동청년회(1897~1914)는 1900년대와 그 이후에 전개된 국권회복운동의 요람이자 구심체였다. 정순만이 상동청년회에 참여한 것은 늦어도 유신당사건 때부터로 보인다. 그의 상동청년회 참여는 충청도 출신 회원이 많았던 인적 구성에서 단서를 찾을 수 있다.[44] 특히 그의 상동청년회 참여와 이후의 활동은 이상설과의 관련을 떠나서는 이해하기 곤란할 정도이다.[45]

그가 상동청년회의 간부로 활동한 것은 1904년경부터이며, 1905년 8월에는 통신국장(서기)이었음이 확인된다.[46]

그가 언제부터 기독교를 신앙하였는지는 알 수 없으나, 한성감옥에 투옥되었을 당시 구체적으로 관심을 보였던 것으로 보인다. 1880년대의 온건개화파들은 1900년대에 들어 동도서기론에 입각하여 유교와 기독교를 조화시키려 하였는데,[47] 정순만은 그런 경우로 보아 무방할 듯하다. 그가 옥중에서 기독교 신앙에 관심을 지니고 있었던 사실은 그가 대출해 읽은 도서에서도 확인된다. 그는 옥중에 있던 1903~1904년 간 『地球一百名人傳』, 『天下五洲各大國志要』, 『公法便覽』, 『百年一覽』과 『新約全書』와 ≪그리스도신문≫을 대출하여 읽었다. 대출 도서를 통해 그의 시선이 세계를 응시하고 있었고, 기독교 신앙에 관심을 보였음을 알려준다. 특히 그는 다른 도서와는 달리 성경책은 3개월 이상 대출하여 읽었는데, 이는 정치범들이 많이 애독하던 것이었다.[48]

---

44) 한규무, 「상동청년회에 대한 연구, 1897~1914」, 83쪽.

45) 이상설은 정순만보다 6년 연상이었는데, 일제는 이상설이 자신의 심복인 정순만을 수령으로 내세우고 있다고 파악하였다(朝憲機 第1451號, 1911. 7. 12, 「六月二七日以降浦潮地方鮮人ノ動靜」, 『不逞團關係雜件-朝鮮人ノ部-在西比利亞(三)』(국사편찬위원회, 『CD-ROM 한국독립운동사』 36). 이상설도 정순만과 형제를 칭하였다(機密鮮第四三號, 1911. 6. 27, 「鄭淳萬殺害ニ關スル報告」, 『不逞團關係雜件-朝鮮人ノ部-在西比利亞(三)』).

46) ≪皇城新聞≫ 1905년 8월 7일자.

47) 李光麟, 「舊韓末 獄中에서의 基督敎 信仰」, ≪東方學志≫ 46~48합집, 1985, 489~499쪽.

상동청년회에는 독립협회 출신들이 많이 참가하였다. 상동청년회에
대해 '獨立協會가 耶蘇敎의 가면을 쓰고 대두한 것'이라는 일제 측 보고
나, 독립협회의 해산 이후 상동청년회가 업무를 인수하여 계속한 것이라
는 禹德淳의 증언은 시사하는 바 크다.[49] 정순만이 민족운동 수단으로서
뿐 아니라 신앙으로서 기독교를 수용한 것은 분명하다. 특히 그가 을사오
조약 반대 상소 투쟁 기도를 인도하였다는『백범일지』의 기록은 이를 입
증한다.

> … 其時 상동에 회집된 인물로 말하면 全德基 · 鄭淳萬 · 李儁 · 李石
> (東寧) … 金龜 등이 회의한 결과 상소하기로 하고 疏文은 이준이 작하
> 고 제1회 疏首는 최재학이고 외 4인을 가하여 5인이 신민 대표의 명의
> 로 서명한 것은 1회, 2회로 계속할 작정이라. 鄭淳萬의 인도로 회당에서
> 盟禱하고 大韓門前에 齊進하여 서명한 5인만 궐문 외에서 형식상으로
> 개회하고 상소 의결하였으나 …[50]

그런데 그의 기독교 신앙은 1904~1905년 간의 활동과 연결될 뿐, 이후
행적에서는 확인할 수 없다. 이후에도 그가 기독교를 신앙하였을 가능성
이 있고,[51] 천주교도라는 기록도 있으나,[52] 망명 이후 민족운동의 내용과
기독교 신앙과는 무관하기 때문에 본고에서 굳이 더 논의할 필요는 없을
것이다. 오히려 이후 그는 기독교인의 범주에서 민족운동을 전개하였다
기보다는 민족운동의 격정으로 말미암아 비기독교적인 면모마저 보이고
있다.[53] 따라서 그에 있어 상위적 가치는 민족의 독립이었고, 그 달성을 위

---

48) 이는 신세라 논문 237쪽의 <표 1> 정순만의 도서대출목록 참조.
49)「禹德淳先生의 回顧談」,『獨立運動家 安重根先生 公判記』, 1946, 195쪽.
50) 윤병석 직해,『백범일지』, 집문당, 1995, 144~145쪽.
51) 그가 ≪海朝新聞≫에 쓴 논설「긔회를 일치 마시오」(1908. 3. 1)에는 '지극히 어질고 지극
　　히 밝으신 하늘님', '만인 지옥에 영멸' 등의 기독교적 표현이 있다.
52)「境 警視의 訊問에 대한 安應七의 供述」(『한국독립운동사자료』7, 안중근편 II 참조).
53) 예컨대 블라디보스토크와 중국에서의 장지연 살해 위협과 자살 기도 및 양성춘 살해 등
　　이 그러하다.

해 종교적 범주에만 고착되어 있지는 않았다고 보는 것이 타당할 듯하다.

그의 상동청년회 활동은 그의 국내외 민족운동에서 지대한 영향을 끼쳤다. 특히 헤이그 특사 지원은 상동청년회 출신의 노력에 힘입은 바 크다.[54] 최남선이 "상동교회 뒷방은 이준 열사의 헤이그 밀사 사건의 온상"[55]이라고 말한 것도 과언은 아니다. 따라서 그는 신민회 조직 이전에 망명하여 가입이나 구체적 연계 활동은 확인할 수 없으나, 상동청년회와 신민회와의 관련에서 북간도와 연해주지역의 독립운동을 주도했음은 의심할 바 없다.

3. 적십자사 설립운동

정순만은 1904년 상동청년회에서 만난 이준, 이현석과 함께 적십자사 설립운동에 나섰다. 이는 러일전쟁으로 부상당한 일본군을 치료해주고 일본적십자사에 恤兵金을 보내기 위한 것이었다. 러일전쟁이 개전하자 주일 독일공사가 일본인 구호비로 1천원을 기부하였고, 스페인 적십자사가 상당한 보조를 약속하였으며, 그 밖에 많은 나라에서 구호원 되기를 청원하는 등의 상황이 국내 언론을 통해 보도되었다.[56] 이에 자극을 받은 정순만은 李儁·李玄錫·柳鍾益 등과 함께 백인종들도 일본을 돕는데 같은 황인종인 우리 국민들이 아무런 행동을 취하지 않는다고 하며 적십자사를 설립하여 일본을 돕자고 주장하였다. 이들은 이 같은 내용의 「同志勸告文」을 발표하였다.[57] 이들의 적십자사 설립 취지와 일본관은 다음의 취지문에서 잘 나타난다.

··· 維我大韓帝國의 獨立은 甲午年에 日本이 淸國과 戰爭흔 後에 獨立

---

54) 한규무, 「상동청년회에 대한 연구, 1897~1914」, 99쪽.
55) 전택부, 『한국기독교청년회운동사』, 243쪽.
56) ≪獨立新聞≫ 1904년 2월 26일자.
57) ≪官報≫ 第二千八百號, 1904년 4월 14일자.

이 頒布되어 尙今不振하다가 甲辰年에 至하야 日本이 쏘 俄國과 戰爭을
始하야 韓淸兩國의 獨立을 尊重홀 事로 大義를 聲明하여 列國에 公布하
고 巨款과 大軍을 發하야 懸軍萬里에 生命을 不惜하고 肝腦塗地하야 激
戰勝捷하난 時를 當ᄒ야 凡我韓人民은 엇지 晏然黙然하야 越視秦瘠하
난 것과 갓치 하리오 玆이 同志勸告文을 發하야 一般 國民의 獨立을 愛
하고 誠하ᄂ 力으로 日本國에 對ᄒ야 感情을 表諾ᄒ기 益安홈이라.[58]

그런데 이들의 행위는 당시 전시 중립을 표방한 정부의 입장과 배치된
것이었다. 따라서 이들은 3월 25일 '勸告義助事' 죄목으로 피체되어 평리
원에서 「大明律 雜犯編 不應爲條」를 적용받아 笞八十의 선고를 받았다.
검사의 공소 심리에 대한 정순만의 공술 내용에 의하면, 그는 '각 국의 인
민들이 군사를 자원하거나 또는 의연금을 내거나 혹은 간호부가 되어 부
상당한 일본군을 돕고 있으니, 우리나라 사람들도 또한 의연을 하여 의리
의 감정을 표하고 우리나라의 독립의 뜻을 공고히 하기 위해 권고하였다'
고 말하였다.[59] 이들이 평리원의 판결에 강경 불복하자 부득이 선고를 유
보하고 재심 공판하기로 하였다.[60] 또한 법부는 이들이 공술한 내용 중
'적십자회를 설립하여 외국군을 구호함으로써 국민의 의무를 표한다'라
고 한 부분을 문제 삼아 재조사를 지시하기도 하였다.[61] 이 같은 법정공
방은 이준이 전에 한성재판소 검사시보로 재임하였던 전력과 관련이 있
어 보인다.[62] 그러나 결국 이들은 '外托義助 聚集人衆 發文廣告 煽動人心'

---

58) ≪皇城新聞≫ 1904년 3월 23일자 「義捐設所」.

59) 『各司謄錄』 근대편, 1904년 4월 5일자 및 ≪官報≫ 第二千八百號, 1904년 4월 14일자.
　 "… 被告 鄭淳萬供稱 對今番開戰 各國則關係與我過殊 然其國人民 或爲自願兵 或出義捐金
　 或爲看護婦 救療日本傷夷之兵 則爲我韓民 亦出義捐 以表義理之感情 鞏固我韓獨立之意
　 發此勸告云 則被告等 外托義助 聚集人衆 發文廣告 煽動人心之責 難以全恕之 其事實證 被
　 告等陳供自服明白 被告 李儁 李玄錫 鄭淳萬 照大明律雜犯編不應爲條 凡不應得爲而爲之
　 事理重者律 處笞八十 玆報告 査照爲望".

60) ≪皇城新聞≫ 1904년 4월 6일자.

61) 『各司謄錄』 근대편, 1904년 4월 7일자.

62) 이들에 대한 체포 보고시 이준의 전력이 특기되고 있다(『各司謄錄』 근대편, 1904년 4월
　 5일자 및 ≪官報≫ 第二千八百號, 1904년 4월 14일자).

죄목으로 笞八十 처분을 받았다.[63]

　이들의 적십자사 설립과 러일전쟁시 일본군 지원 운동은 당시 조선의
지성들이 지녔던 일본관이나 '아시아연대론' 등과 크게 다르지 않은 것이
었다. 즉, 그들이 청일전쟁을 일본이 우리의 독립을 위해 일으킨 것이라
든가, 러일전쟁을 일본이 우리와 청의 독립을 존중하여 일으킨 것이기 때
문에 일본을 지원하는 것이 우리의 독립을 위한 행위라고 한 것 등은 일
본인식의 취약성을 그대로 드러내고 있는 것이다. 따라서 이 활동은 그가
연해주에서 민족운동을 주도할 때 반대파에게 친일 논란의 빌미가 되기
도 하였다. 다음은 그 정황을 잘 알려준다.

　　근일 어떤 이는 본사 주필로 있던 정순만씨를 일진회니 일당이니 하
　는 무근지설로 사사 혐의를 갚고자 하니 가석하도다. 정씨는 막론하고
　물론 어떤 사람이던지 확심한 증거가 없이 의심한다던지 시비한다던지
　경솔히 거론하는 것이 실로 우매하거늘 하물며 정씨는 우리나라의 유
　명한 애국지사로 여러 해 동안에 사회상에 열심한 행적은 오늘 우리나
　라를 먹고자 하는 일본 사람이라도 정씨의 혈성은 탄복한 바어늘 어떤
　사람이 이 같은 와언을 지어 내어 대한사람으로는 차마 생각지도 못할
　험무한 말을 내어 전국에 역사가 분명한 중량을 모해하니 어찌 가석치
　아니하리오. 고로 이에 정씨의 전후 역사를 들어 여러 동포의 상고할 바
　가 되게 하노라. 정순만씨는 원래 충청도 청주사람이오 산림 전간재의
　제자로 러일전쟁 시에 우리나라 만고 충신 리준씨와 리현석 제씨 등으
　로 더불어 적십자 회사를 발기하여 일본이 우리 대한에 대하여 독립과
　강토를 공고한다 세계에 성명한 구절을 방비코자 하다가 필경 그 뜻이
　현발되야 여러 날을 옥에 갇혔다가 장 팔십에 선고함에 유혈이 낭자한
　경위에 이르렀으니 만일 그 때에 일본사람을 도와 주려하였을 지경이
　면 재물과 벼슬로 상급을 얼마만큼 얻었을지라. 어찌 이와 같이 유혈이
　낭자하도록 매를 맞았으리오. 오늘 이 일로 정씨를 모함코자하면 마음
　속에 요량은 없는 일이며 … [64]

---

63) 『日省錄』 1904년 5월 4일자.
64) ≪大東公報≫ 1909년 5월 5일자, 「鄭淳萬氏의 歷史」.

연해주 한인사회에서 정순만을 一進會나 日黨으로 몰아붙인 것은 파쟁으로 인한 것이다. 이 기사는 자사 주필을 지낸 정순만의 행적을 석명하기 위한 것으로서, 특히 적십자사 설립과 러일전쟁시 일군 지원 활동을 두둔하고 있다. 그러나 그가 주도한 적십자사 설립과 일본군 지원 운동은 비난받을 소지를 지니고 있음도 분명하다. 결국 다소 낭만적이고 그들의 침략적 본질을 제대로 간파하지 못한 정순만의 일본관은 이후 보안회 활동과 을사늑약 반대투쟁을 주도하며 올바로 정립되어 간 것으로 보아야 할 것이다.

4. 보안회 활동

정순만이 보안회에 참여하였다는 사실은 그의 전기류에서 확인된다. 즉, 전술한 「鄭淳萬氏의 歷史」에 그가 보안회를 조직하여 황무지 개간권 요구를 극력 반대하다가 일병이 무력으로 강제 해산하려 하자 옷을 벗고 총구 앞으로 달려들었다는 기록이 그것이다.[65] 또 다른 기록에는 정순만이 보안회에 가입하여 활동하다가 보안회가 해체될 때 피체 투옥되었으나, 고종의 특별한 배려로 곧 석방되고 내부주사와 죽산군수에 서임되었으나 고사하고 나아가지 않았다고 한다.[66]

일본은 이미 러일전쟁 직전인 1904년 1월, 長森藤吉郎을 한국에 파견하여 미간지 점탈을 획책한 바 있다. 그들은 러일전쟁 개전 직후 한일의정서를 강요하여 대한제국의 주권을 크게 침해하였고, 러일전쟁 종료 이전 일본이 한반도에서 군사 활동을 하는 동안 한국의 미간지 개간 점유권

---

65) 여기에는 "…또 그 후에 일인 장삼이 우리나라 산림천택을 청할 때에 보안회를 일으켜 극력 반대하다가 필경 일병이 총으로 보안회를 해산시킬 때에 정씨가 정신 대호왈 정순만이 재차하니 한 치만한 땅이라도 가져가지 못하리라 하고 옷을 벗고 일병의 총을 받고자 한즉 일병도 그 충량을 사랑하여 감히 하수치 못하였고 …"라고 기술되어 있다. 한편 ≪皇城新聞≫ 1904년 7월 23일자에는 당시 이 같은 행동을 한 사람을 정순만이라고 명시하지는 않았으나, '一個 靑春 少年'이라고 하였다.

66) Dae-Sook Suh, *The Writings of Henry Cu Kim*, p.279.

을 획득하기로 결정하고 주한일본공사가 대한제국 정부에 그 허가권을 강요하기에 이른 것이다.[67] 보안회는 이 같은 일본의 미간지 침탈을 저지하기 위해 1904년 7월 13일 宋秀萬 등의 주도로 창립된 단체이다. 보안회는 종로 白木廛 등에서 집회를 열었는데, 그 규모는 보안회의 집회로 말미암아 종가가 철시하고 전차가 통행할 수 없었다는 기사를 통해 짐작할 수 있다.[68] 따라서 보안회의 활동은 독립협회의 만민공동회를 방불케 하는 민중구국운동으로서 최대의 것이라 평가할 수 있는 것이다.[69]

일제 정보자료는 보안회의 구성 세력을 開化自强派 縉紳, 市民, 負商, 기독교 교인의 전국 연합으로 파악하였다.[70] 그런데 전기류 외에서 정순만의 보안회 참여와 활동은 확인되지 않으나, 그가 보안회 활동으로 말미암아 투옥되었던 것은 틀림없는 것 같다. 왜냐하면 그가 이 때 옥중에서 투옥 중인 이승만과 재회하고 그가 집필하던 『독립정신』의 원고를 교열해 주었다는 박용만의 기록이 이를 입증하기 때문이다.[71]

5. 멕시코 이민 참상 규탄

보안회 활동을 통해 일제 침략의 본질을 간파한 정순만은 멕시코 이민의 참상을 접하며 민족과 동포 문제를 인식하게 되었다. 한인의 멕시코 이민은 영국인 메이어스(John G. Meyers)가 멕시코 농장주들과 동양인 이민을 계약하고 중국과 일본에서 이민자를 모집하던 중 노예 노동의 악독함이 드러나 실패한 후, 한국으로 눈을 돌려 한국에서 大陸殖産會社를 경영하고 있던 일본인 大庭貫一과 함께 모집하는 데서 비롯되었다.[72]

---

67) 愼鏞廈, 「한말 보안회의 창립과 민족운동」, 『韓末愛國啓蒙運動의 社會史』, 나남출판, 2004, 13~36쪽.
68) ≪皇城新聞≫ 1904년 7월 26일자.
69) 尹炳奭, 「日本人의 荒蕪地開拓權 要求에 대하여」, ≪歷史學報≫ 제22집, 1964, 236쪽.
70) 『駐韓日本公使館記錄』 제20책, 국사편찬위원회, 495쪽.
71) 이승만, 『독립정신』, 대동신서관, 1910, 4쪽의 박용만의 「서문」 참조.
72) 尹炳奭, 『國外 韓人社會와 民族運動』, 245쪽.

그들은 경성·인천·개성·평양·진남포·수원 등 6곳에 대리점을 두고 1904년 12월부터 이듬해 1월까지 ≪황성신문≫을 통해 수차「農夫募集廣告」를 냈다. 이를 통해 멕시코를 文明富强國, 水土極佳, 氣候溫暖, 富多貧小 등으로 과장하고, 한인이 단신이나 率眷하더라도 가기만 하면 必得厚利하고 양국 간에 통상조약이 맺어지지 않았더라도 최혜국 대우를 하여 임의 왕래시 아무런 장애도 없을 것이라는 등 현혹하였다.[73]

이 광고를 보고 주로 대도시와 항구에 거주하던 임금노동자 등 1,033명이 이민을 희망하였다. 이들은 4월 2일경 인천을 출발하여 도중에 몇 명이 목숨을 잃는 악조건의 항해 끝에 5월 15일 멕시코에 도착하였고 최종 목적지인 메리다에 도착하였다.[74] 그러나 이곳은 ≪황성신문≫의 광고와 같은 낙원이 아니라, '天時酷熱하여 廣煙毒霧가 令人受病하고 蝮蛇猛獸가 與人雜處하는 中 該土生番이 嗜殺人命'하여 멕시코 토인들조차 畏途로 여기는 '세계상 지옥'이었다.[75]

멕시코 이민 한인들의 참상이 국내로 알려진 것은 메리다에 살고 있던 淸人 河惠가 미국 샌프란시스코에서 유학중이던 상동청년회 회원 申泰圭·黃溶性·安鼎洙·方和中에게 長函 1통과 청나라에서 간행하던 ≪文興日報≫를 보내오면서부터이다. 이들은 河惠가 보낸 것과, 자신들의 長書를 서울의 상동청년회에 보냈고(6. 30), 상동청년회에서는 이를 받고(7. 23) 곧 서기 정순만으로 하여금 ≪황성신문≫에 기서(7. 27)하게 함으로써 그 참상이 세상에 공표(7. 29)된 것이다.[76]

정순만 명의의 기서는 河惠의 장함을 인용한 것으로, 멕시코 이민의 유

---

73) ≪皇城新聞≫ 1904년 12월 17·20·22·24·28일 및 1905년 1월 9·13일자 광고.

74) 尹炳奭, 『國外 韓人社會와 民族運動』, 248~251쪽. 정순만은 미국으로부터의 편지를 근거로 멕시코 이민자가 1,014명이라 하였다.

75) ≪皇城新聞≫ 1905년 7월 31일자.

76) ≪皇城新聞≫ 1905년 7월 29일자 寄書의「國民이 盡爲奴婢어늘 誰能救乎아」와 雜報의「墨國移住民의 慘狀」, 7월 31일자 논설의「墨西哥 移民의 情況을 慘不忍聞」, 8월 7일자 雜報 등 참조.

래와 상황 및 한인들의 참상이 잘 나타나 있는데, 이날 자 ≪황성신문≫
은 잡보란을 통해 河惠가 보내 온 내용을 요약하여 다시 게재하는 등 중
요한 문제로 취급하였다.

> … 西曆 五月 十五日에 輪船으로 朝鮮人 一千十四名을 搭載渡來하였
> 는데 男丁은 自二十歲로 至五十歲者가 爲六百餘人이오 自幼兒로 至十五
> 勢者가 爲二百餘人이오 婦人은 自十八歲로 至五十勢者가 爲二百餘人이
> 오 女兒는 自二三勢로 至十餘歲者가 爲百餘人이오 年已及算者가 亦多
> 한지라 原來 本處 土人이 合成公司를 設立한지 이미 兩年之久에 專혀 淸
> 國方面으로 誘人貿來하더니 及其淸國內地에서 其消息이 不佳함을 覺知
> 하고 更無應募者어늘 於時에 又朝鮮을 轉向하야 奴隷買收의 手段을 用
> 할 때 該公司의 各園主가 十五股金으로써 韓人 老幼와 婦女를 轉買하니
> 每股에 男女가 共六十餘人이오 每股金이 一萬八千元이오 每一韓人에
> 消費銀이 約三百元이니 本處現時猪肉은 時價가 八十仙銀인데 韓人의
> 雇價는 約三十仙하니 猪肉에 比較하면 其價值가 尤賤하고 又一日之久
> 에 轉賣又轉賣하니 各人이 片片壞爛한 衣를 穿하고 破綻한 草鞋를 着하
> 였으매 本處土人男女가 偵知往觀하고 誹笑之言은 難以入耳라 連日大雨
> 에 韓人이 各處麻園으로 分去할 때 婦人은 子女를 或手携或背負하고 街
> 上排行하는 貌樣이 實로 牛馬狗畜에 甚하여 見者가 莫不流涕라 此處土
> 人이 地球上 五六等의 奴隷라 稱하는데 韓人은 其下七等의 奴隷가 되어
> 永遠히 牛馬와 如하고 及其麻園에 入하여 操作苦工을 不能善作하면 卽
> 令跪地하고 用力毆打하여 皮開肉裂에 血肉이 橫亂하니 觀此情形에 痛
> 歎痛歎이라 하였더라.[77]

여기에 나타난 바와 같이 멕시코 이민 한인들의 雇價가 현지의 돼지고
기 값만 하지 못하다는 것은 그들의 처우를 상징적으로 보여주는 것이다.
또한 그들은 전매에 전매를 거듭하며 현지 토인보다도 하등의 노예적 처
지에 있음을 알려준다. 정순만은 우리 동포들이 처한 현실을 개탄하며,

---

77) ≪皇城新聞≫ 1905년 7월 29일자 雜報의 「墨國移住民의 慘狀」.

그 원인이 국민을 노예로 여기고 國計民生보다 自家의 이해를 꾀하는데
급급한 정부 관인의 賣國賣家 행위 때문이라고 질타하였다.

> … 乃玆에 日人과 聯絡하여 我韓各處에 事務所를 私設하고 韓人을 많
> 이 誘導하여 墨西哥 公司에 到着한후 韓人의 口子를 모두 剪去하고 其
> 股主들이 互相買賣하며 互相轉賣하는데 每一韓人의 價額이 本處現市猪
> 肉보다 十羨이 오히려 歇한지라 各其買歸하여 奴隸의 賤役을 시키는데
> 牛馬와 駛狗等類에 比하면 虐情이 尤甚하니 苟有人之心腸者아 … 其根
> 因則現我政府官人이 視民을 如奴隸故로 外人이 從以苦是也라 所謂 居官
> 者 ― 若視民爲國家之本 즉 設有外人이 蔑視我同胞의 無識無學하고 苟
> 使誘引以綱利라도 爲官人者 ― 當訓飭于各府郡市場與港口하여 毋或人
> 民之見欺爲賣하고 亦使無兩國政府之契約而擅設殖民會社之弊하여 必以
> 公法으로 聲討其國하여 嚴辭談辨하여 懲其賠罰則安有如是痛天號地之
> 怨恨哉아 噫라 所謂政府官人은 都無關於國計民生而但圖自家之利害故
> 로 五百年宗社는 殆成邱墟而無慷慨死節之心하고 二千萬人口는 擧作外
> 人之奴隸而無痛憤擧義之事하고 只今日에 爭今日之權하고 明日에 奪明
> 日之利하여 賣國賣家에 至死營營者는 權利而已라 …78)

멕시코 이민의 불법성과 이주민의 참상에 대한 정순만의 寄書는 비록
그가 상동청년회의 서기로서 회무를 수행한 것이었다고 하더라도, 그는
이를 통해 민족과 동포 문제에 대해 인식을 심화하는 계기가 되었을 것이
다. 결국 정순만은 보안회 활동을 통해 일본의 침략적 본질을 각성하게
되고, 멕시코 이민의 참상을 통해 민족과 동포 문제를 시대적 과제로 인
식하게 된 것이라 할 수 있다.

6. 을사늑약 반대투쟁

을사늑약 반대투쟁은 정순만이 본격적으로 민족운동에 투신하게 되는

---

78) ≪皇城新聞≫ 1905년 7월 29일자 寄書의 「國民이 盡爲奴婢어늘 誰能救乎아」.

계기가 되었다. 정순만은 주한대리공사로서 일제의 보호국으로 전락하는 조국의 운명에 통분하여 자결한 李漢應을 추도하는 글을 기고한 바 있다. 그는 이 글에서 이한응의 순국을 기리고, 우리 민족이 독립의 노래를 부르고 영원한 태평의 복을 누릴 것을 피눈물을 흘리며 기원(灑血淚而望)하였다. 그 글의 일부를 인용하면 다음과 같다.

> … 嗟我同胞여 一生一死는 天遺之尙也라. 若壽百年이라도 必死오 能壽萬年이라도 必死乃已어늘 人皆之此而不能決然赴義하고 棄君背親與兄弟而但圖自己之利하여 苟苟欲保當日目前之計하니 그 鄙悖之行이 □於禽獸에 反不亦甚乎아 然而苟保之計거든 何可長也리오 必剝肉鎖□에 自盡於苦□之杖下矣리니 …79)

일제에 의한 을사늑약 강제는 한민족의 거대한 항쟁에 부딪쳤다. 한편에서는 의병이 전국적으로 봉기하였고, 상소를 통한 반대투쟁이 일어나기도 하였다. 정순만은 상동청년회를 중심으로 반대 기도회와 상소투쟁을 주도하였다. 이에 대하여는 『백범일지』 기록이 상세하다.

각지의 청년회에서는 대표를 상동교회로 파견하여 교회 일을 표방하고 을사늑약 반대투쟁을 논의하였다. 김구는 산림학자들을 중심으로 기의한 의병의 사상이 구사상이라면, 예수교인들을 중심한 상소투쟁은 신사상에 기인한 것이라고 평가하였다.80) 그들은 상소투쟁을 벌이기로 하되, 상소한 자들은 모두 사형당할 것이라고 판단하고 5인씩 계속하기로 하고 5인만 궐문에 엎드려 상소하도록 하였다. 이 때 무장한 일본 경찰이 출동하여 탄압을 가하자 5인은 徒手戰을 감행하였고, 호위하던 청년회원들은 소리를 질러 이들을 응원하였다. 결국 5인은 경무청으로 잡혀갔다.

그러나 사형시킬 것이라는 그들의 예상과 달리 5인이 曉喩 放送될 것

---

79) ≪皇城新聞≫ 1905년 8월 10일자 寄書의 「李漢應行狀과 追悼會實情」.
80) 윤병석 직해, 『백범일지』, 144쪽.

같자, 그들은 상소투쟁을 그만두고 종로에서 공개 연설회를 개최하다가 일본 순사가 금단하려 하면 대대적인 육박전을 전개하기로 하였다.[81] 이들이 종로에서 연설을 시작하자 일본 순사가 칼을 빼들고 달려왔는데, 이때 연설하던 청년이 발로 차서 순사를 쓰러뜨리자 일경들은 발포를 시작하였다. 군중들은 마침 인근에 산적해 있던 기왓장을 집어 던지며 대항하였다. 그러자 일본군 보병 중대가 출동하여 포위 공격을 감행함으로써 군중들은 해산되고 수십 명이 피체되었다.

한편 이들과는 다른 계열에서 조병세·민영환·이상설 등이 을사늑약 파기 상소 투쟁을 전개하였다. 그러나 뜻을 이루지 못하자 조병세가 자결 순국하고 민영환이 뒤를 따랐으며, 이상설도 자결 순국을 기도하였다.[82] 이 소식을 들은 청년회원들은 민영환의 집으로 가서 조문하였고, 가장 강경한 상소투쟁을 전개하다가 '國事日非' 함에 의분을 참지 못하고 자결을 시도, 피투성이인 채로 인력거에 실려 가는 이상설을 목격하였다.[83]

결국 정순만과 상동청년회의 을사늑약 반대투쟁은 실패로 끝났다. 그들은 그 원인을 민중들의 박약한 애국사상 때문이라고 분석하고, 애국사상을 고취하기 위해서는 신교육의 실시가 최선책이라고 인식하게 되었다.

> … 아무리 급박하여도 국가흥망에 대한 절실한 각오가 적은 민중으로 더불어 무슨 일이나 실효 있이 할 수 없다. 환언하면 애국사상의 박약함이라. 七年病艾 三年艾格으로 늦었으나마 인민의 애국사상을 고취하여 인민으로 하여금 국가가 즉 자기 집인 줄을 깨닫고 왜놈이 곧 자기 생명 재산을 빼앗고 자기 자손을 노예 대할 줄을 분명히 깨닫도록 하는 외에 최선책이 없다고 생각하고 그 때 모였던 동지들이 사방으로 헤어져서 애국사상을 고취하고 신교육을 실시하기로 하고 나는 다시 황해도로 돌아와 교육에 종사하였다. … [84]

---

81) 윤병석 직해, 『백범일지』, 145쪽.
82) 박걸순, 「李相卨의 民族運動과 後人 論贊」, ≪中原文化論叢≫ 10집, 충북대학교 중원문화연구소, 2006, 5~6쪽.
83) 윤병석 직해, 『백범일지』, 145~146쪽.

위의 김구 회술에 의하면 상동청년회에 모여 을사늑약 반대투쟁을 벌였던 각지의 기독교 청년회 대표들은 각자 고향으로 돌아가 신교육을 실시할 것을 결의하고 실행하였음을 알 수 있다. 정순만이 이상설과 망명하여 처음으로 착수한 사업이 북간도 서전서숙의 설립과 운영이었으며, 그가 연해주에서 민족운동을 주도할 때에 교육의 중요성을 강조한 것은 이같은 경험에서 비롯된 것이라 할 수 있다.

한편 정순만이 乙巳五賊을 처단하려 했다는 자료도 있다. 즉, 그는 전덕기와 함께 평안도 敎友 壯士 수십 인을 모집하여 박제순 등을 주살하려 하였으나, 일본군의 방호가 엄밀하여 뜻을 이루지 못하였다는 것이다.[85] 이 사실은 더 이상의 구체적 내용을 확인할 수는 없으나, 그 개연성은 충분하다고 여겨진다.

그러나 국내에서 더 이상의 활동이 불가하다고 여긴 그는, 1906년 봄에 이상설, 이동녕 등 동지와 함께 망명의 길을 떠나기에 이르렀다.

Ⅳ. 맺음말

본고는 정순만의 생애와 국내 민족운동을 검토한 논고이다. 그의 36년 생애는 가히 격정적이었다. 그는 구한말 이래 망국에 이르는 시기에 국내는 물론 북간도와 연해주에서 전개된 민족운동의 중요한 순간에 중요한 위치에 있었다. 특히 망명 이후 그는 북간도 민족운동의 요람인 서전서숙을 건립하여 운영하였고, 헤이그 특사 파견을 지원하였으며, 이상설, 이승희 등과 북만주 독립운동기지 개척에 참여하였다. 연해주로 건너간 이후에는 ≪해조신문≫과 ≪대동공보≫ 등 신문을 창간하여 주필로 활동하였다. 또한 同義會에 참여하여 안중근의 이토 히로부미 처단 의거를 계

---

84) 윤병석 직해, 『백범일지』, 146쪽.
85) 鄭喬, 『大韓季年史(下)』, 국사편찬위원회, 1971, 191쪽.

획하고 그 후속처리를 주도하였으며, 공립협회에도 참여하였다.

이같이 활발한 그의 국외 민족운동은 국내 민족운동의 배경과, 그 연장선 위에서 전개된 것이었다. 본고를 요약 정리하면 다음과 같다.

정순만은 贘의 24세손으로서 그가 태어날 당시 하동정씨 유수공파는 덕촌리에 집성촌을 이루고 세거하고 있었으며, 사회경제적 처지는 향반 정도였다. 그는 간재의 문하로서 일찍이 을미의병을 경험하고 계몽운동으로 전회하여 향리에서 덕신학교를 설립, 문중과 향리 자제의 근대교육을 주도하였다. 이 같은 의병투쟁과 계몽운동의 경험은 그가 망명 후 무장투쟁과 언론계몽운동을 병행하는 독립운동 방법론을 지니는 계기가 되었다. 그의 아들 정양필은 1905년 미국으로 건너가 대학을 졸업하고 사업가로서 성공하였으며, 독립운동을 지원하였다.

그의 국내 민족운동의 첫발은 독립협회 참여였다. 그는 독립협회의 주요 회원, 혁명 신진으로서 현채·나철·양기탁 등과 도총무부장이나 총무장, 부총무로 활동하고 있어 그 위상을 가늠케 해준다. 특히 독립협회의 참여를 통해 이승만·박용만과 3만이 의기투합하였으며, 이를 바탕으로 유신당 활동에도 참여하였다.

이후 그의 민족운동은 상동청년회와의 관련에서 전개되었다. 정통 유학자였던 그가 언제부터 기독교를 신앙하였는지는 알 수 없으나, 종교적 범주에만 고착되어 있지는 않았던 듯하다. 그는 이상설과의 관련 하에서 유신당 활동 무렵 상동청년회에 참여하여 1904년경에는 간부로 활동하였다. 그의 상동청년회 참여와 주도는 국내는 물론 헤이그 특사 지원에도 결정적 영향을 끼쳤다.

그는 1904년 러일전쟁이 발발하자 이준·이현석 등과 적십자사 설립운동에 나섰다. 이는 일본의 침략적 본질을 간과하고 러일전쟁을 인종 대립으로 파악한 한계가 있으며, 후일 그의 행적이 의심받는 빌미가 되기도 하였다. 이 같은 그의 취약한 일본 인식은 보안회 활동과 을사늑약 반대

투쟁을 통해 극복되어 갔다. 그는 일제의 황무지 개간권 요구를 주권 침
해로 간주하고 극렬한 반대투쟁을 주도하였다. 또한 상동청년회 서기로
서 멕시코 이민의 참상을 지적하고 정부를 규탄하는 언론 기고를 통해 민
족의 모순도 간파하며 이를 시대적 과제로 인식하게 되었다. 그러나 끝내
을사늑약이 강제되자, 이를 반대하는 투쟁을 주도하였고 을사오적을 처
단하고자 계획하였다.

그러나 더 이상 국내 활동의 한계를 느낀 그는 1906년 봄, 이상설·이
동녕 등 동지와 망명길에 올라 국외에서의 민족운동을 모색하게 되었던
것이다. 곧 그는 을사늑약 직후까지 국내에서 민족운동을 주도한 대표적
인물의 한 사람으로 평가되어야 할 것이며, 망명 이후의 민족운동은 이
같은 배경에서 이해할 수 있는 것이다.

(≪백범과 민족운동≫ 제9집, 백범학술원, 2012)

연해주 한인사회의 갈등과 鄭淳萬의 피살

I. 머리말

정순만(1876~1911)은 한말 이승만·박용만과 의형제를 맺어 활동한 인물로서 스스로를 '삼만'·'삼형제'라고 자랑하였고,[1] 당시 독립운동계에서도 그렇게 불렸던 인물이다.[2] 그는 불과 36년의 짧은 삶을 살았지만 국내외에서 민족운동을 주도하며 커다란 영향을 끼쳤고, 비극적 최후를 맞이함으로써 독립운동계에 큰 파문을 일으킨 인물이었다.

국내에서 국권회복운동을 벌이던 그는 1906년 북간도로 망명하였다. 이후 그는 서전서숙의 설립과 운영에 참여하였고, 블라디보스토크로 옮긴 후에는 헤이그 특사 파견 지원, ≪海朝新聞≫과 ≪大東共報≫의 창간과 주필과 운영, 同義會 참여와 안중근 의거 계획 등 망국을 전후한 시기

---

[1] 이정식·김학준,『혁명가들의 항일회상』, 민음사, 1988, 197쪽.
[2] 『방사겸평생일기』, 독립기념관 한국독립운동사연구소, 2006, 35쪽 및 ≪우라키≫ 제4호, 1930, 79쪽 등.

까지 민족운동사의 중요한 순간에 중요한 위치에 있었다. 따라서 그에 관한 기록은 단편적이기는 하나, 일제의 정보 문서 등에서 산견된다.

그러나 그에 대한 연구는 이승만이나 박용만과는 비교가 되지 않아 '삼만'이 무색할 정도이다.[3] 그는 연해주의 민족운동을 논의하거나, 이상설이나 안중근·이동휘 등 같이 활동한 주요 인물을 논의할 때 부수적으로 논급되는 정도이다.[4] 그 까닭은 그가 일찍이 망명하여 요절한 점, 이승만이나 박용만과는 달리 자신의 기록을 거의 남기지 않은 점, 설령 그에 대한 간단한 기록이 있다고 하나 거목에 가려져 드러나지 못한 점, 특히 연해주지역 독립운동계의 파쟁과 그의 말년 행적과 관련한 오해 등으로 인한 연구의 부진 등의 요인이 작용한 것으로 이해된다.

그러다 보니 그에 관한 영성한 서술에서조차 각종 오류가 산견된다. 정부의 공식 기록에는 그가 1928년에 사망하였고, 그가 평생 한 번도 가본 적이 없는 미국에서 활동한 것처럼 잘못 설명하고 있다. 심지어는 아들인 鄭良弼을 그의 이명으로 혼동하기도 하였다.[5] 이 같은 오류는 전문 연구에서도 마찬가지이다.[6]

---

3) 국사편찬위원회의 한국사연구휘보에 의하면 이승만 연구는 584건, 박용만 연구는 28건이 있으나, 정순만 연구는 단 1건에 불과하다(2009. 10월 현재).

4) 정순만에 대하여는 다음의 논고가 참고 된다.

韓圭茂, 「상동청년회에 대한 연구, 1897~1914」, ≪歷史學報≫ 126, 1990;「鄭淳萬論」, ≪韓國基督教史研究≫ 22, 1998.

尹炳奭, 『國外韓人社會와 民族運動』, 일조각, 1990;『增補 李相卨傳』, 일조각, 1998.

박 환, 『러시아한인민족운동사』, 탐구당, 1995.

申世羅, 「鄭淳萬의 생애와 민족운동」, ≪한국근현대사연구≫ 25, 한국근현대사학회, 2003.

박걸순, 「儉隱 鄭淳萬의 民族運動 연구」, 『충북의 역사문화인물 학술세미나 발표문』, 충북학연구소, 2008.

5) http://e-gonghun.mpva.go.kr/. 國家報勳處, 『大韓民國獨立有功人物錄』, 1992, 394쪽. 이는 1995년 정양필이 독립유공자로 포상되며 수정되었다. 한편 그의 몰년에 대하여는 한국학중앙연구원의 한국역대인물종합정보시스템에도 1928년으로 잘못 기재되어 있다.

6) 韓圭茂, 「상동청년회에 대한 연구, 1897~1914」, 84~85쪽의 <표 3>에는 정순만의 몰년을 1910년이라 하고 그가 명동학교 설립에 참여하였으며, 심지어 상해 임시정부에 참여한 것으로 기록하고 있다.

일제는 정순만을 '이상설의 심복'이라 하고, 이상설이 정순만을 수령으로 내세우고 있다고 파악하였다.[7] 이상설도 정순만과 형제 간이라고 칭할 정도였다.[8] 이는 정순만의 활동 지역과 운동의 범위 및 위상을 상징적으로 알려주는 것이다. 한편 일제는 정순만이 옥중에 있던 1910년 10월에도 그가 이범윤파·이갑파·최봉준파와 함께 '정순만파'를 형성하고 있다고 보고할 정도로 그는 연해주 독립운동계의 유력한 인사였다.[9] 그러나 그는 연해주 한인사회 갈등의 희생자로서 살인을 범하고 자신도 비참한 최후를 맞이하였다.

본고는 이 같은 정순만의 망명 이후 연해주에서의 민족운동을 살펴보고, 의혹이 제기되어 있는 '양성춘 사건'과 그의 최후를 연해주 한인사회의 파쟁과 연계하여 검토함으로써 기존 연구에서 간과한 부분을 보완하고 오류를 바로잡고자 하는 것이다. 이를 계기로 정순만에 대한 전인적 연구가 진전되기를 기대해 본다.

II. 정순만의 민족운동

1. 헤이그 특사 지원

1906년 봄,[10] 정순만은 이상설·이동녕 등과 망명길에 올라 블라디보스토크와 연추를 거쳐 이해 10월경 북간도 용정으로 와서 이상설과 함께 서전서숙을 설립하였다. 그러던 1907년 헤이그 특사가 계획되자 정순만

---

7) 朝憲機 第1451號, 1911. 7. 12, 「六月二七日以降浦潮地方鮮人ノ動靜」, 『不逞團關係雜件－朝鮮人ノ部－在西比利亞(三)』(국사편찬위원회, 『CD－ROM 한국독립운동사』 36).

8) 機密鮮第四三號, 1911. 6. 27, 「鄭淳萬殺害ニ關スル報告」, 『不逞團關係雜件－朝鮮人ノ部－在西比利亞(三)』.

9) 機密韓第六二號, 1910. 10. 8, 「排日朝鮮人名簿進達ノ件」, 『不逞團關係雜件－朝鮮人ノ部－在西比利亞(三)』.

10) 宋相燾, 『騎驢隨筆』, 116쪽.

은 이상설을 지원하기 위해 이동녕과 함께 블라디보스토크로 갔다. 그는
이곳에서 다방면으로 특사의 사행 지원을 위해 노력하였다. 우선 그는 의
형제를 맺은 이승만과 박용만에게 영어를 잘하는 인물의 천거 등 지원을
부탁하였다. 怯弱한 이승만은 학업에 바쁘다는 핑계로 거절하였으나, 박
용만은 尹炳球와 宋憲周를 천거하여 지원하였다.[11]

그러나 헤이그 사행을 앞두고 당면한 시급한 과제는 자금 조달이었다.
이에 그는 연해주 한인사회를 상대로 특사 지원을 위한 자금 모금에 나섰
다. 그러나 당시 연해주 한인사회의 지역분파와 파쟁으로 말미암아 모금
은 난관에 처하였다. 연해주 한인의 다수를 차지하던 서도파들이 헤이그
특사 지원에 비협조적이었던 표면적인 이유는 다음의 세 가지였다.

1. 포오츠머드에서 열렸던 러·일 평화 회담에 특사들이 참석하지
못하였던 사례를 들어 만일 특사들이 헤이그에 도착한다 하더라도 평
화 회담에는 참석할 수 없을 것이라는 점.
2. 왕가와 가족들, 그리고 동료들이 충분한 자금을 가지고 있기 때문
에 해외의 동포들이 지원할 필요가 없다는 점.
3. 이위종이 아무리 미국 본토에서 자랐다고 하더라도 영어 실력이
외교적 수준에까지 이르지는 못하였으며, 이상설과 이준의 영어 실력
은 그보다도 못하다는 점.[12]

그러나 서도파들이 헤이그 특사 자금 지원에 협조하지 않은 근본적인
이유는 기호파인 이상설과 이위종이 특사로 선임되었기 때문이다.[13] 헤
이그 특사의 자금 지원에 관하여는 고종이 내탕금에서 20만원을 內臟院
卿을 지낸 李容翊을 통해 지급하도록 하였으나, 이용익이 죽은 뒤 그의
자손들이 전달하지 않았다는 설도 있다. 특사들이 자금 압박을 받은 것은

---

11) Dae－Sook Suh, *The Writings of Henry Cu Kim*, University of Hawaii, 1987, p.282.
12) Dae－Sook Suh, *The Writings of Henry Cu Kim*, p.283.
13) Dae－Sook Suh, *The Writings of Henry Cu Kim*, p.282.

사실로 보이는데, 정순만이 블라디보스토크 韓民長 金學萬과 노력하여
韓僑로부터 1만 8천 원을 모금한 것이 사행에 큰 도움이 되었다.[14]

　이상설과 이준은 5월 21일, 블라디보스토크 역을 출발하여 수도 페테
르스부르크로 향하였다. 이 때 정순만은 李東寧·尹逸炳·金顯土 등과
이들을 전송하였다. 헤이그 특사가 무사히 떠나자 정순만은 다시 서전서
숙으로 돌아가 교육 사업을 계속하고자 하였다. 그러나 일제가 그를 체포
하려 하자 다시 블라디보스토크로 돌아왔다.[15]

2. 언론계몽운동

　블라디보스토크로 돌아 온 정순만은 이곳 최대 부호인 崔鳳俊의 장조
카인 崔禮簿와 민회장 양성춘과 의형제를 맺고, 민회의 총무 겸 서기로서
활동하는 등[16] 한인 사회의 주요 인물로 부상하였다. 정순만은 블라디보
스토크 한인 사회에 신문 간행의 필요성을 절감하고 이를 적극 추진하였
는데,[17] ≪해조신문≫의 창간은 정순만의 노력에 의한 결실이었다.[18]

　≪해조신문≫은 1908년 2월 26일에 창간되었다. ≪해조신문≫의 창간
은 국내외에 널리 알려졌다.[19] 정순만은 창간호에서 이 신문의 발행 목적
을 다음과 같이 말하였다.

　　… 어쩐 연고로 사회라 조직하며 신문이라 간행하여 고심열성으로

---

14) 尹炳奭,『增補 李相卨傳』, 64쪽. 姜相遠의『李溥齋先生略史草案』에도 '海蔘威에서 露都
　　페데르그라드까지 출발하시는 준비 기간 중 각 방면으로 가장 盡力하신 분은 鄭淳萬·金
　　學萬氏'라고 되어 있다.
15) ≪大東共報≫ 1909년 5월 5일자 「鄭淳萬氏의 歷史」.
16) Dae−Sook Suh, *The Writings of Henry Cu Kim*, p.280.
17) 박　환,『러시아한인민족운동사』, 24쪽.
18) Dae−Sook Suh, *The Writings of Henry Cu Kim*, p.281.
19) 이는 「창간 취지서」를 통해 알려졌는데, ≪皇城新聞≫은 3월 3일자 별보에, ≪大韓每日申
　　報≫는 3월 10일과 12일자 기서에, ≪共立新報≫는 3월 13일자 별보에 각각 게재되었다.

대성질호하기를 즐겨하리오. 오늘날은 결단코 전날과 같이 편안한 방편을 취하고 수구하는 규모를 고집하다가는 필경 대한국이라 대한인이라는 명자를 부지할 도리가 없으니 우리 무리가 어찌 동포형제를 대하여 피를 토하고 정성을 다하여 충정의 있는 말을 뱉지 아니하리오. … 우리가 이 지방에 온지 거의 오십년에 가까오되 하나도 경영한 일이 없고 하나도 얻은 것이 없어 이르는 곳마다 망국종이라 지목을 받고 야만이라 배척을 받아 이 세계에 용납할 곳이 없으니 우러러 보고 굽어봄에 천지가 부끄럽고 죽거나 살거나 주접할 땅이 어디인고, 문을 닫고 가만히 생각하면 도시 우리의 자작지얼이라 누구를 원망하며 누구를 허물하리오. … 우리가 이왕의 부패한 생각을 덜어버리고 장래의 확실한 목적을 굳건히 세워 쓰다하여 뱉지 말고 험하다하여 물러오지 말어 하늘이 주신 자유와 권리를 보전하고 국권 회복하기와 동포구제하기로 힘을 다하며 마음을 같이하되 먼저 우리의 지식을 발달하고 문견을 넓히는 것은 신문을 구람하는 밖에 다른 방법이 없는지라. … 20)

정순만은 ≪해조신문≫의 창간 때부터 주도적으로 참여하여 주간·주필·총무의 1인 3역을 담당하였다.21) 그는 장지연이 주필로 초빙되어 논설 등을 집필하기 시작한 3월 3일자 이전의 5호까지 주간을 맡다가, 제6호부터는 주간을 장지연에게 넘기고 편집을 담당하였다.22) 그러나 폐간호에 '사무원 왕창동' 명의로 글을 게재하는 등 폐간 시까지 중요한 역할을 계속 수행하였음을 알 수 있다.23)

정순만은 논설을 통하여 교육의 중요성을 역설하였다. 그는 당시의 세

---

20) ≪海朝新聞≫ 1908년 2월 26일자 「우리동포의게 경고흠」.
21) 정순만이 ≪海朝新聞≫의 「창간 취지서」를 작성하였을 가능성과, '자오싱'의 필명을 사용한 것도 정순만일 가능성이 있다(박환, 『러시아한인민족운동사』, 38쪽). 정순만이 '자오싱'을 필명으로 사용한 다른 예는 없으나, 그가 주간을 맡았던 2월 26일자부터 3월 1일자까지 5호의 논설 필명이 '자오싱'이었고, 논조도 그의 사상과 합치하는 것으로 보아 여기에서는 '자오싱'을 정순만의 필명으로 간주하고 논의하기로 한다.
22) 張志淵, 『海港日記』, 1908년 3월 2일자(金泳鎬編, 『抗日獨立運動家의 日記』, 瑞文堂, 1975, 157쪽).
23) ≪海朝新聞≫ 1908년 5월 26일자.

계 질서를 '생존경쟁은 천연이요 우승열패는 공례'라는 사회진화론의 관점에서 이해하였다.[24] 그리고 이처럼 냉엄한 사회진화론적 국제사회에서 생존하기 위해서는 교육이 중요하다고 주장하였다. 그는 세력은 지혜에서 나오고 지혜는 학문에서 나오는 것이기 때문에 학교를 세워서 자녀들의 교육에 힘써야 한다고 역설하였다.

> … 일언이폐지하고 이 시대를 당하여 교육을 힘쓰지 아니하면 생존함을 잇지 못하리니 우리 형제는 서로 분발하고 서로 권면하여 열심히 자녀를 교육하되 이미 설립한 학교는 영구히 유지할 방침을 강구하고 아직 학교가 없는 지방에는 빨리 설립하기를 강구할지니 그 설립 규모와 교육하는 방법은 곧 우리 무리의 책임이라. 이에 심혈을 토하여서 구습을 고치지 아니하는 형제에게 경고하며 두 손을 들어서 각 지방의 청년을 교육하기로 열심하시는 유지군자의 찬하 하노니 경계하고 힘쓸지어다.[25]

정순만은 특히 여자교육의 중요성을 역설하였다. 그는 남녀평등이란 인식의 전제 하에, '교육의 초보는 家庭之學'이기 때문에 어린아이들의 가정교육을 위하여 여자교육의 필요성을 주장하였다. 나아가 그는 그 사회의 성쇠는 여자교육의 유무와 관계있는 것이라고까지 말하였다.[26]

이 무렵 국내로부터 많은 사람들이 유학이나 망명에 뜻을 품고 러시아나 중국 또는 미국으로 건너가기 위해 블라디보스토크로 왔다. 이 때 정순만은 그들에게 여행의 안내나 도움을 주기 위해 헌신하였다.[27] 1908년 봄, 장건상이 미국으로 가기 위해 블라디보스토크에 들렀을 당시 정순만은 그에게 당지의 총대장격인 유인석과 민회장 양성춘을 소개해 주었

---

24) ≪海朝新聞≫ 1908년 2월 27일자 「교육이 업스면 이 시딕에 싱존홈을 엇지못홈」. 그는 3월 1일자 논설 「긔회를 일치 마시오」에서도 당시를 '강한 자가 약한 자의 고기를 먹고, 우한 자가 이기고 천한 자가 태하는 시대'라고 평가하였다.
25) ≪海朝新聞≫ 1908년 2월 27일자 「교육이 업스면 이 시딕에 싱존홈을 엇지못홈」.
26) ≪海朝新聞≫ 1908년 2월 28일자 「녀자교육」.
27) Dae-Sook Suh, *The Writings of Henry Cu Kim*, p.284.

다.28) 즉, 그는 국내와 연해주 한인사회를 연결하는 가교적 역할을 하였던 인물이었다.

그런데 장지연이 ≪해조신문≫의 주필로 초빙되고 난 이후, 정순만은 그와 대립적 양상을 보인다. 장지연의 초빙은 이범진의 제안에 따른 것으로, 최봉준이 교섭에 나서 이종호, 박은식을 통하여 원산에서 직접 장지연을 만나 계약을 하기에 이른 것이다.29) 장지연은 1월 28일 블라디보스토크에 도착하여 곧 해조신문사로 가서 최봉준·정순만 등과 면담하였다. 이후 3월 중순경까지 정순만과 장지연의 관계는 함께 놀이를 다니고 음주를 하는 등 원만하였던 것 같다. 그런데 장지연의 3월 25일자 일기에는 다음과 같은 내용이 있다.

> 비로소 一初(정순만;필자)와 뜻이 맞지 않아 은연히 嫌猜하는 기색이 보이니 한탄할 일이다.30)

이후 두 사람의 관계는 극도로 악화되었다.31) 심지어는 정순만이 장지연과 다투다가 칼로 그를 찌르려 하다가 양성춘의 만류로 그친 적도 있었다. 장지연은 일기에서 정순만을 '악마'로 표현하기도 하였다. 또한 본국으로 돌아가겠다는 심정을 수차 피력하였으며, 술로 시름을 달래는 시간이 많았다고 기술하였다. 심지어 그가 남경에서 괴한의 피습을 받아 중상을 입자, 이를 정순만과 함동철이 보낸 자객의 소행이라고 단정할 정도였다.32)

그렇다면 정순만이 장지연과 대립하고 갈등을 빚은 이유는 무엇일까? 이에 대하여 블라디보스토크 한인사회의 지역 간 대립과, 위상 문제로 인

---

28) 이정식·김학준,『혁명가들의 항일 회상』, 196쪽.
29) 박　환,『러시아한인민족운동사』, 30~31쪽.
30) 張志淵,『海港日記』, 1908년 3월 25일자(金泳鎬編,『抗日獨立運動家의 日記』, 160쪽).
31) 張志淵,『海港日記』, 1908년 4월 2·9·19·26·29·30일자, 5월 1·3·11·17·22·26일자 등.
32) 張志淵,『海港日記』, 1908년 7월 5일자(金泳鎬編,『抗日獨立運動家의 日記』, 246쪽).

한 갈등 관계의 조성으로 보는 견해가 있다.[33] 이 견해는 정순만이 「시일야방성대곡」으로 저명한 장지연의 來港에 따라 주필에서 밀려나고, 장지연이 일기에서 '정순만이 은연히 嫌猜'한다고 한탄한 기록 등을 보면 일견 타당성이 있다. 그러나 기호인인 정순만이 서북인과의 대립은 있었을지언정 영남인인 장지연과 굳이 대립할 까닭은 없었다. 따라서 갈등의 원인을 기호와 영남의 지역적 대립으로 보는 것은 타당하지 않다.[34]

정순만과 장지연의 불화와 갈등은 해조신문사 운영의 주도권과 관계가 있었다. 즉, 장지연이 일기에서 '신문에 관한 일'로 정순만과 크게 다투었다거나,[35] 정순만이 광고 요금이라 하여 10원을 제하자 자신이 이를 반대하였다고 한 기록[36] 등은 신문사 운영을 둘러싼 불화를 알려주는 일화이다.

그러나 이들의 대립을 가져온 근본적인 원인은 민족운동의 방법론을 둘러싼 것으로 보인다. 즉, 의병에 관한 인식의 대립에 기인한 것으로 보인다. 전술한 바와 같이 정순만은 을미의병의 경험을 지니고 민족운동에 투신하였고, ≪해조신문≫에 국내의 의병기사가 비중 있게 실린 것도 그와 관련이 있을 것이다.[37] 그런데 장지연은 교육과 식산에 의한 점진적 국권회복운동을 주장하였다. 따라서 그는 의병투쟁을 통한 국권회복운동에 대하여는 부정적 인식을 지니고 있었음을 알 수 있다.[38] 한편 당시 블라디보스토크에서는 의병의 국내진공을 위한 군자금 모금이 진행되고 있었는데, 장지연은 이를 정순만 등이 '정의를 빙자하여 토색'[39]하는 것으로

---

33) 박   환, 『러시아한인민족운동사』, 42쪽.
34) 장지연이 서북인의 지원을 받았기 때문에 정순만과 갈등을 빚었을 가능성을 전연 배제할 수는 없으나, 구체적 증거는 없다.
35) 張志淵, 『海港日記』, 1908년 4월 29일자(金泳鎬編, 『抗日獨立運動家의 日記』, 167쪽).
36) 張志淵, 『海港日記』, 1908년 5월 3일자(金泳鎬編, 『抗日獨立運動家의 日記』, 168쪽).
37) 정순만을 교육과 언론 사업에만 치중하여 의병 노선과 괴리된 인물로 분류하는 견해(朴敏泳, 『大韓帝國期 義兵研究』, 한울 아카데미, 1998, 295쪽)가 있으나, 정순만은 망명 이후에도 의병을 높이 평가하였고, 동의회에 참여하고 의병을 모아 국내진공을 계획하는 등 의병적 방법론을 계속 견지하고 있었다.
38) 李薰玉, 「張志淵의 변혁사상의 형성배경과 전개」, 『韋庵 張志淵의 思想과 活動』, 민음사, 1993, 234~235쪽.

판단하고 이를 비난하는 기사를 게재하였고, 이것이 불화를 심화시켰던 것으로 해석된다.[40)

이와 함께 정순만이 愛國歌 문제로 장지연을 힐난하고, 이에 분노를 참지 못한 장지연이 신문사를 그만두겠다며 다퉜다는 사실도 시사하는 바 크다.[41) 장지연이 지은 애국가는 폐간호에 게재되었는데, 그 내용은 다음과 같다.

> 一. 성자신손 오백 년은 우리 황실이요
>   산고수려 동반도는 우리 본국일세
> 二. 충군하는 열성 의기 북악같이 높고
>   애국하는 일편단심 동해같이 깊어
> 三. 천만 인의 오직 한 맘 나라 사랑하여
>   사농공상 귀천 없이 직분만 다하세
> 四. 우리나라 우리 황실 항천이 도우사
>   만민공락 만만세에 태평독립하세
> (후렴) 무궁화 삼천리 화려강산
>   대한 사람 대한으로 길이 보전하세[42)

이 가사를 보면 황실과 충군을 강조하여 입헌군주제적 인식에 바탕하고 있음을 알 수 있다. 만일 정순만이 상동청년회 활동과 해외에 일찍 나와 공화주의적 인식을 갖고 있었다는 추론이 가능하다면,[43) 이는 정순만

---

39) 張志淵, 『海港日記』, 1908년 4월 29일자(金泳鎬編, 『抗日獨立運動家의 日記』, 167쪽).
40) 장지연은 남경에서 피습을 당해 부상을 당하고 일본인 병원 太田醫院에서 치료를 받던 중, 자신을 해치려는 姜漢朝 등이 일본어로 의사에게 해삼위 해조신문 주필이니, 항일 의병이니 하는 말을 듣고 일본 의사에게 명함의 뒷면을 이용하여 필담으로 구조 요청을 하였다. 이때 그는 "某가 과연 해조신문 기자로 있으면서 그 때 창의를 빙자하여 토색을 자행하는 자에 대해 반대하는 기사를 쓴 적이 있는데 저들이 이로 인하여 혐오하고 지나인을 일부로 보내서 이러한 惡言을 퍼뜨리는 것이다"라고 하였다(『海港日記』, 1908년 6월 24일자, 金泳鎬編, 『抗日獨立運動家의 日記』, 229~230쪽). 즉, 자신이 ≪해조신문≫에 의병에 대해 쓴 기사로 인해 살해 위협을 받고 있다고 밝힌 것이다.
41) 張志淵, 『海港日記』, 1908년 5월 11일자(金泳鎬編, 『抗日獨立運動家의 日記』, 168쪽).
42) ≪海朝新聞≫ 1908년 5월 26일자 「애국가」.

과 장지연의 政體論의 대립으로도 볼 수 있는 것이다.

한편 양인이 반목한 원인과 관련하여 블라디보스토크 한인들이 장지연을 일본의 묵시적 혜택을 받고 있는 친일파로 여겼기 때문에 열렬한 항일투사인 정순만과의 불화는 어느 정도 이해될 수 있다는 견해가 있다.[44] 그러나 이범진과 최봉준 등 한인 사회의 대표격인 이들이 장지연의 필명을 경모하여 그를 초빙하였고, 그가 블라디보스토크에 머무는 동안 민회장 양성춘과 절친한 친교 관계를 유지했던 사실 등으로 미루어 볼 때 그 가능성은 크지 않다고 사료된다. 오히려 그런 점에서 보면 정순만이 이미 자신이 구축해 두었던 연해주의 기반이 후에 이곳으로 온 장지연에게 잠식당한 데 대한 불안감이 반목을 형성하고, 독립운동 노선의 차이가 갈등을 심화시킨 것으로 이해된다.

당시 경성에서 잠입해 들어온 자들이 사주 최봉준에게 장지연을 誣讒하여 죽일 것을 청하였고, 장지연이 밤중에 ‘亂類輩’들에게 두들겨 맞고 사외로 쫓겨나 여관에 감금당한 일이 발생한 바 있다. 그런데 이는 정순만과의 불화에서 비롯된 것이 아니라, 장지연이 황성신문 재직시 논설에서 이용익을 ‘北鄙’라 폄하한 기사로 인한 것이었다.[45] 따라서 이 사건은 양자의 불화관계와는 무관한 것이다.

결국 ≪해조신문≫은 창간한 지 3개월만인 5월 26일 폐간되었다. 그러나 폐간호에서 정순만은 동서양의 사례를 열거하며 어려움에 굴하지 말고 인내력을 가지고 목적지에 도달하도록 노력하자고 역설하였다.[46] 이는 정순만이 연해주 한인사회에 불굴의 민족운동과, 새로운 신문의 간행을 촉구한 것이라 할 수 있다.

1908년 11월 18일 블라디보스토크에서 새로운 한인 기관지 ≪대동공

---

43) 박　환, 『러시아한인민족운동사』, 51쪽.
44) 韓圭茂, 「鄭淳萬論」, 25쪽.
45) 趙東杰, 「白農의 『海港日記』」, ≪韓國學論叢≫ 제15집, 국민대학교 한국학연구소, 1992, 51쪽.
46) ≪海朝新聞≫ 1908년 5월 26일자 「본사 사무원」.

보≫가 창간되었다. 이 때 정순만은 윤필봉, 미하일로프 등과 함께 주필
을 맡았다.[47] 일제 측 자료에는 그를 ≪대동공보≫의 탐방원,[48] 또는 발
행인으로 기록하기도 하였다.[49] 그런데 정순만과 ≪대동공보≫와의 관
계는 정순만이 이해 11월 15일 공립협회에 가입하고,[50] 이듬해 1월 7일
블라디보스토크 지방회 부회장으로 피선[51]된 사실과 관련이 있다. ≪대
동공보≫가 샌프란시스코에서 간행되던 ≪신한민보≫와 밀접한 관련을
맺고 있었던 것은 그 전신인 ≪공립신보≫에서 중심적 역할을 한 이강,
정재관 등과 관련이 있는데,[52] 정순만이 공립협회 회원으로서 ≪대동공
보≫에 참여한 것은 당연한 일이었을 것이다.

≪대동공보≫에 관여할 당시 정순만은 연해주 한인사회의 격화된 파
벌 사이의 대립으로 인해 심지어 일진회나 친일파로 오해 받을 정도였다.
그가 ≪대동공보≫에서 행한 구체적 활동은 알 수 없으나, 일제는 그를
매우 중요한 인물로 파악하였다.[53] 적어도 이듬해 5월 5일자에서 ≪대동
공보≫가 정순만을 옹호하는 글을 게재한 것으로 미루어 볼 때, 그와 ≪대
동공보≫ 발행 세력들과의 관계가 악화되지는 않았던 것 같다.

그런데 정순만이 양성춘을 사살한 사건이 ≪대동공보≫ 사원인 정순
만이 대동공보사의 유지와 안전을 위하여 대동공보사를 지원하지 않거나
방해하는 세력인 양성춘과 차석보 등 재력가를 제거하기 위한 것으로 파
악한 일제 측 기록이 있어 주목된다.

… 崔鳳俊 蔡碩甫 高尙俊 全德池 등 4명의 자 또 王成道(舊名 鄭順萬)

---

47) ≪大東共報≫ 1909년 5월 5일자 「鄭淳萬氏의 歷史」에는 대리 주필이라 되어 있다.
48) 諸機密三七號, 1909. 12. 10, 「排日的韓人に關する調査の件」(『한국독립운동사자료』 7).
49) 憲機第二四一八號, 1910. 12. 6, 「十一月九日以降浦潮斯德地方排日朝鮮人に關する情報」,
　　『CD-ROM 한국독립운동사』 36.
50) ≪共立新報≫ 1908년 11월 18일자.
51) ≪新韓民報≫ 1909년 2월 17일자.
52) 박　환, 『러시아한인민족운동사』, 86쪽.
53) 電報第二０六號, 1909. 12. 24(『한국독립운동사자료』 7).

에게 살해당한 梁成春이 극단한 배일자인데 이러한 원인에 의하여 王成
道는 梁成春을 살해한 것인가 하였는데 王成道는 대동공보 사원으로 彼
는 兇行 전 8명의 도당을 모집 浦鹽의 일본 요리점에서 회합 협의의 결
과 살해한 것으로 요컨대 그 원인은 梁成春 이하 浦鹽 煙秋 부근의 金滿
家와 유지자 등은 대동공보에 대하여 근래 동정을 寄하지 아니할 뿐만
아니라 도리어 此를 방해코자 하는 경향이 있으므로 彼等은 梁成春 기
타의 유력가를 쓰러뜨리지 않으면 同社의 유지가 위험하고 同社의 안전
을 도모하기 위해서는 彼等을 살해하지 않을 수 없다 하고 兹에 意를 決
하여 機에 乘하여 우선 梁成春을 살해한 것이라고 한다. 梁成春은 排日
者가 아니다. 따라서 폭도 등에게 하등 干係를 갖지 않은 것 같다. … 54)

이 자료는 '양성춘 사건'이 ≪대동공보≫의 운영과 관련되어 발발하였
을 가능성을 제기하고 있으나, 후술하는 바와 같이 '양성춘 사건'은 단순
히 ≪대동공보≫ 운영을 둘러싼 대립은 아니었다.

3. 同義會 참여와 안중근 의거 지원

1908년 5월경, 煙秋에서 최재형을 총장, 이범윤을 부총장, 이위종을 회
장, 엄인섭을 부회장으로 하는 동의회가 결성되었다.55) 이 단체는 연해주
한인의 禍難相救를 표방하였으나, 사실은 항일 의병을 추진하기 위한 결
사로서 회명 자체가 의병 결사를 의미하는 것이었다.56)

동의회는 연추에 본부를 두고 블라디보스토크에 지회를 두었는데, 이
범윤과도 일정하게 연계한 것으로 보인다. 일제는 동의회의 중요 인물로
서 정순만을 비롯하여 咸東哲 · 田明雲 · 李鴻基 · 金龍煥 · 韓景鉉 · 金起
龍 등 20~30명을 주목하였는데, 회원은 2~3천명이나 되었다고 한다.57)

---

54) 「咸鏡北道警察部長 警視 陣軍吉이 內部警務局長 松井茂에게 報告한 左記」, 1910. 3. 17(『한
국독립운동사자료』 17 참조).
55) ≪海朝新聞≫ 1908년 5월 10일자 「同義會趣旨書」. 한편 다른 자료에는 최재형이 회장,
이위종이 부회장, 안응칠과 엄인섭이 평의원으로 되어 있다.
56) 朴敏泳, 『大韓帝國期 義兵硏究』, 292~293쪽.

일제는 동의회를 共義會의 이명으로 파악하기도 하였다.[58]

동의회의 건립 목적은 다음의 취지서를 통해 잘 알 수 있다.

> … 그러하면 우리는 어찌 하여야 우리 조국을 붙들고 동포를 건지겠는가? 금일 시대에 첫째 교육을 받아 조국 정신을 배양하고 지식을 밝히며 실력을 길러 단체를 맺고 일심동맹 하는 것이 제일 방침이라 한지라. 그런고로 우리는 한 단체를 조직하고 동의회라 이름을 발기하노니 … 우리도 개개히 그와 같이 철환을 피치 말고 앞으로 나아가서 붉은 피로 독립기를 크게 쓰고 동심동력하여 성명을 동맹하기로 청천백일에 증명하노니 슬프다. 동지제군이여 … [59]

이로써 보면 동의회는 교육을 통한 계몽운동과 의병투쟁의 병행을 표방한 비밀결사라 할 수 있다. 그의 동의회 참여는 국내에서 先驗한 의병투쟁론을 계속 견지하고 있었음을 알려주는 것이라 할 수 있다.

일제는 안중근의 이토 히로부미 처단 의거의 조직을 동의회로, 그 요람을 대동공보사로, 의거 논의 주체를 안중근 · 정순만 등 8인 회합으로 파악하였다.

> 작년 십월 십일 블라디보스톡 대동공보사 사무소에서 사장 미하일로프, 발행인 兪鎭律, 主筆 鄭在寬, 尹煜이란 尹一炳, 李剛이란 李政來, 王昌東이란 鄭順萬 등이 집무 중 禹德淳(정보에는 曹道先도 동행한 것으로 되어 있으나 曹는 1개월 반전부터 哈爾賓에 있었던 실증이 있으므로 생략한다)을 동행하여 8명이 일단이 되어 국사를 담론한 일이 있다 … 8명이 회합 시 좌중의 한 사람이 伊藤公이 哈爾賓에 내도한다는 보도가 있었다고 알리자 어떤 한 사람은 그가 한국을 삼켜버리고 지금 또 哈爾

---

57) 警秘第二九0號, 「伊藤博文 被殺事件 眞相調査 및 嫌疑者 搜査에 關한 件」(『한국독립운동사자료』 7).

58) 諸機密三七號, 1909. 12. 10, 「排日的韓人に關する調査の件」(『한국독립운동사자료』 7).

59) ≪海朝新聞≫ 1908년 5월 10일자 「同義會趣旨書」.

賓에 온다고 하니 과연 그렇다면 헤아리기 어려운 간계를 품고 올 것이
라고 매도하고 또 다른 한 사람은 그를 암살함에는 대단히 좋은 기회라
고 할지나 … 60)

실제 안중근은 의거 직전「丈夫歌」를 짓는 한편, 대동공보사에 편지를
보내 자신의 의거를 알리고자 하였다고 밝힌 바 있다. 이는 안중근 의거
와 ≪대동공보≫와의 연계를 시사 하는 것이라 할 수 있다.61) 또한 주필
인 이강은 안중근과 의형제라는 말이 있을 정도였으며, 우덕순과 조도선
등 의거 동참자들도 ≪대동공보≫와 관련 있는 인물들이었다. ≪대동공
보≫가 안중근 의거 이틀 후인 10월 28일자부터 수차에 걸쳐 특필 보도
함으로써 이를 국내외에 널리 알린 것도 그 연관성을 말해준다.62)

일제는 정순만과 전명운을 안중근과 가까운 인물로 특기하였다.63) 특
히 안중근과 정순만은 늘 대동공보사 근처에 있는 이치권의 집에 출입하
는 가까운 사이로서 의거에 틀림없이 연관이 있다고 확신하였다. 따라서
안중근 의거 직후 일제는 정순만을 지목하고 松井 헌병 대위를 파견하여
첩자로 하여금 그의 동향을 예의 주시하였다.

> … 대동공보 사원으로 탐방원인 鄭淳萬은 十一月 二十二日 타인에게
> 다음과 같이 말했다. 安은 당시 露國 大藏大臣의 지나친 말참견만 없었
> 어도 결코 일본 관헌에 넘기는 것이 아니었다. 실로 유감된 일을 하였다
> 운운. 그 語氣는 安의 신체는 露國 관헌의 손에 保留되는 것으로 확신한
> 것 같고 … 鄭淳萬은 本官의 첩자에 대해 11월 21일 밤 다음 사항을 말
> 하였다. 1) 安을 위해 변호사 備入의 돈을 마련 중인 것, 2) 安은 일본의

---

60) 憲機第一四七號,「境警視의 訊問에 對한 安應七의 供述」(『한국독립운동사자료』7). 일제
   가 파악한 정순만의 정보에는 그가 신문사에 출입한 일이 없다는 등 일부 오류가 보인다.
61) 「安應七 歷史」 참조.
62) 박 환, 『러시아한인민족운동사』, 95~98쪽.
63) 「伊藤博文 被擊事件 眞相調查 및 嫌疑者 捜査에 關한 件」(大垣丈夫가 佐竹 秘書官에게 보
   내는 書信), 1909. 10. 29 및 警秘第290號,「伊藤博文 被擊事件 眞相調查 및 嫌疑者 捜査
   에 關한 件」, 1909. 10. 30(『한국독립운동사자료』7, 안중근편 II 참조).

수괴를 죽였으므로 장래 우리의 일은 용역하게 되었다(이 의미는 불명
이나 살피건대 국권회복의 일을 말하는 것일까). 그리고 최후에 安昌浩
가 과연 체포되었느냐고 물어 첩자가 모른다고 대답하니 鄭은 매우 안
창호의 신체를 걱정하고 있는 모양이 있었다. 이로써 생각건대 鄭淳萬
과 安應七은 본디 같은 신문사에 출입하는 동류이므로 安應七 · 安昌浩
를 불문하고 무엇인가 관계가 있는 자임이 상상된다. … 64)

정순만은 아편 피는 자를 공박하는 연설을 하다가 구타를 당한 일이 있
었다. 이 때 김진성이라는 자는 대동공보사를 부수겠다고 협박하기도 하
였다.65) 이 연설은 그의 개인적 활동이 아니라 국민회 지회 활동의 일환
으로서, 그가 안중근 등과 一心會라는 아편금지회를 조직하여 동지를 맺
은 사실과 관련하여 이해하여야 할 것이다.66)

이로써 보면 정순만은 동의회는 물론 다른 단체에서 안중근과 동지로
활동하였고, 안중근 의거 단계에 중요한 인물로 참여하였음을 알 수 있
다. 또한 그는 안중근 의거 후 안중근이 일제 사법부로 이관되는 것을 막
고, 변호사를 선임하는 등 그의 변론에도 힘썼음을 알 수 있다. 이는 그가
신문 발행 등 계몽운동을 펴면서도 의병투쟁 이래 무장투쟁론을 견지하
고 있었음을 입증해 주는 것이라 할 수 있다.

III. 연해주 한인사회의 갈등과 피살

1. 연해주 한인사회의 파쟁

연해주 한인사회는 일찍이 출신 지역에 따라 파벌이 형성되어 갈등과
파쟁이 있었다. 그 원인으로서 기호파의 이상설과 평안도 출신인 정재관

---

64) 機密統發第一一一號(憲機第一四七號), 1910. 1. 17, 「伊藤博文 被殺事件 眞相調査 및 嫌疑
　者 搜査에 關한 件」(『한국독립운동사자료』 7).
65) ≪新韓民報≫ 1909년 6월 9일자.
66) 憲機第二六三四號, 「旅順方面에 事件 調査員 派遣」(『한국독립운동사자료』 7).

이 미주에서 블라디보스토크로 오는 도중 의견 대립이 발생하였고, 이상
설이 연해주에 도착하자마자 정순만을 중심으로 세력을 규합하여 기호파
를 형성하여 서도파와 대립하였다고 보는 견해가 있다.[67] 그러나 이미
1906년 기호 출신 김현토가 페테르스부르크에 망명 중이던 친러파의 거
두이자 함경도 출신인 이용익을 암살하려던 사건이 발생한 바 있어 그 연
원은 더 소급된다. 이 같은 한인사회의 파쟁은 러시아 당국의 탄압과, 일
제의 고도의 첩보공작에 이용되면서 지방 파쟁의 차원을 뛰어 넘어 민족
운동 역량의 약화라는 심각한 사태를 초래하였다.[68] 미주 동포 사회도 연
해주 한인들의 분쟁을 우려하였으며, 안창호 등이 도래하여 해결책을 강
구하기도 하였다.[69]

정순만은 이상설의 막하에서 활동하였다. 그런데 일제는 정순만이 '양
성춘 사건'으로 수감 중이던 1910년 9월 조사한 「浦潮斯德地方在住排日
朝鮮人名簿」에서 한인 사회를 5개의 파로 구분하였는데, 이 자료에 정순
만을 이범윤 · 이갑 · 최봉준과 '유력한 파의 수장'으로 파악하고 있어 주
목된다. 특히 이 자료는 정순만을 '無學으로서 하나의 破落戶'라고 잘못
파악하였으나, '鄭淳萬派'에 속하는 자는 특히 주의해야 한다고 강조하고
있다. 일제가 파악한 5개의 파는 다음과 같다.

    1. 李範允派 : 李範允, 洪範道, 柳麟錫, 禹錫用, 李範仁, 張博, 金圭敏,
許(이범윤의 부관), 金英昌, 金炳喆, 李範錫, 金聖伯, 兪鎭律, 李圭豊, 金
鎭順, 尹明㥯(이상 16명)

    2. 李甲派 : 李甲, 李鍾浩, 李鍾萬, 鄭在寬, 李剛, 安定根, 金洛勳, 金喜善,
金成武, 金地簡, 吳周赫, 金奎燮, 柳東悅 安昌浩, 金商憲, 金龍斗, 金大連, 金
盆龍, 車錫甫, 金起龍, 崔曠, 咸東喆, 申采浩, 黃共道, 金致寶, 高尙俊, 洪丙

---

67) 리인섭, 「최고려 자서전을 연구하다가 나의 소감 − 다만 참고재료로써 −」, 『韓國獨立運
　　動史資料集−洪範圖篇』, 韓國精神文化硏究院, 1995, 317쪽.
68) 반병률, 『성재 이동휘 일대기』, 범우사, 1998, 98~99쪽.
69) ≪新韓民報≫ 1910년 10월 19일자.

日, 徐相琦, 崔鳳學, 李東暉, 金晚植, 白元甫, 金泓允, 尹孝植(이상 35명)

　3. 崔鳳俊派 : 崔才亨, 嚴仁燮, 姜昌東, 朴昌淳, 金秉學, 文昌範, 김그레고리, 崔鳳俊, 趙璋元, 姜順琦(이상 10명)

　4. 鄭淳萬派 : 鄭淳萬, 金顯兎(土), 李鍾益, 權有相, 李基(起), 李民福, 安漢周, 李致權(이상 8명, 김현토만 제외하고 모두 入獄 중)

　5. 어느 파에도 속하지 않는 자 : 金學滿, 李相卨, 尹旭, 咸應權, 韓永權, 姜昌道, 李伍守, 申秉根, 金大同, 李尙雲(이상 10명)[70]

한편 일제는 정순만이 살해되고 난 후인 1911년 7월 밀정을 통하여 시행한 조사에서 경성파(서울파)·서파(평안도파)·북파(함경도파)의 3개 파벌로 파악하였다. 그 내용은 다음과 같다.

　1. 京城派(19명) : 首領 李相卨(開拓里), 柳麟錫, 金顯土(東洋學院 教師), 具德成(要塞司令部 偵吏), 尹逸柄(憲兵隊日本新聞反譯 근무), 李奎榮(市役所 書記), 安基璇(露國輸入東洋語文書檢閱官 雇員), 李敏馥(무직, 개척리), 金夑定(要塞司令部 探偵이라 함), 李範錫(개척리), 洪範道(煙秋), 李宗翊(학교 교사), 洪建杓(다수의 교과서를 경성으로부터 가져와서 책방을 시작하였다고 함), 太完善(水上警察 雇吏), 徐相琦(元 聲明會員), 金學萬(元 民長, 개척리), 朴昌淳(露國密偵, 煙秋), 安玉道(元 副民長, 開拓里), 李範允(이르크츠크)

　2. 西(平安道)派(14명) : 首領 車錫甫(船內人夫頭), 金致寶(藥屋), 咸東喆(藥屋), 高尙俊(宿屋), 安昌浩(寧古塔), 李剛(슬리비얀카), 鄭在寬(煙秋), 安定根(寧古塔), 黃公道(니꼴리스크), 崔寬屹(寧古塔), 許良勝(개척리), 申采浩(신문 주필), 白元甫(同通信係), 金聖武(蜂蜜山), 金起龍

　3. 北(咸鏡道)派(23명) : 首領 崔才亨(生牛 請負), 崔鳳俊(生牛, 船舶業), 崔萬學(봉준의 지배인), 兪鎭律(신문 발행인), 李尙雲(副民長), 김그레고리, 金奎涉(청년파 30인파의 수령), 金イ?, 崔イ?, 嚴仁燮, 李鐘浩, 金益鎔(이종호와 함께 來浦. 경성모법률학교 졸업생), 趙璋元(民會, 勸業會 書記), 李春植(元 新聞社員, 現 勸業會員), 田義根(美國으로부터 來浦한

<hr>

70) 機密韓第六二號, 1910. 10. 8, 「排日朝鮮人名簿進達ノ件」, 『CD-ROM 한국독립운동사』36.

자), 韓馨權(市役所 稅金係 雇吏), 李相憲(前憲兵隊 探偵), 오와실리(希敎

傳道師), 金秉學(民長), 田표토르(梁의 寡婦의 弟), 崔와실리[71]

이 같은 연해주 한인 사회의 분파는 출신 지역을 기반으로 하고 있지만 반드시 일치하지 않는 복잡한 양상을 지닌다. 일제는 이를 단순한 지역 파쟁이 아니라 독립운동의 방법론을 둘러싼 대립으로 파악하기도 하였다.[72] 그런데 이를 조선 왕조 말기에 수구파 양반 자제인 러시아 유학생들의 친일성이나, 한인 사이의 계급적 대립으로 보며 '계급성과 지방성'을 혼동하지 말 것을 강조하는 견해가 있어 주목된다.[73]

한편 이광수의 자서전에 정순만이 미주 동포사회에서 사용하던 '新韓'이란 용어를 大韓을 배반한 것이라고 비판하였다는 부분을 근거로, 분파

---

71) 機密鮮 第四八號, 1911. 7. 31, 「朝鮮人ノ動靜ニ關スル密偵ノ情報送付」, 『CD−ROM 한국독립운동사』 36.

72) 憲機第二四一八號, 1910. 12. 6, 「十一月九日以降浦潮斯德地方排日朝鮮人に關する情報」, 『CD−ROM 한국독립운동사』 36, 2001.

73) 김규면, 『誠齋略傳에 관한 回想記』(1963. 6. 20), 誠齋 先生의 90주년 紀念에 際하여 金白秋의 草筆(독립기념관 원문자료). 그 내용은 다음과 같다.

"당시 러시아 원동 바이칼 이남은 총독정치였다. 치따부터 블라디보스토크까지 정치기관 군사부분 기밀 정탐부에는 조선 사람을 사용하였다. 이것은 러시아 입적자 고려인이 아니라, 서울 양반 귀족의 자제들이다. 이조 말년에 수구파 정당들이 자기 자제들을 국비생으로 러시아 황성에 파견하여 다수 군관학교, 기타 각 학교로 공부시켰다. 1904, 5년 러일전쟁 당시에 그 유학생 사오십 명은 전부 동원되어 만주와 조선에 출동하는 러시아 군대에 종군하는데 사관 학생들은 직접 군관으로 사단, 여단, 연대, 대대 참모부 정탐국에 종사하였고, 기타 유학생들은 통신, 정보, 번역, 정탐원으로 각 부대 기밀부에 종군하였다. 러일강화 후에 군대와 함께 연해주 원동에 퇴각하였다. 이 유학생들의 부형 친척들은 조선 망국 정부의 각원들이다. 그래서 러시아 당국에서는 그 유학생 그룹을 이용하여 계획적으로 원동 정치기관, 군사기관에 종사케 하였다. 그 그룹의 후견자는 이상설, 이동녕 등이었다. 나자거위 사관학교 비밀 고발도 그 그룹의 소위라고 한다. 그 전날의 블라디보스토크 신한촌에서 양성춘, 정순만, 한길명 등 피살 사건이라든지 동양대학에서 김현토가 단총을 안고 이용익을 살해하려고 피득보에 따라 갔다가 온 일이라든지 모든 총살 암살 사건들이 이 그룹을 배경삼고 된 일이라고 한다. 그때부터 기호파(서울파)라는 말이 있었다. 물론 지방별로가 아니라 계급별로 보아서 : 귀족별이나, 양반별은 골육상쟁하던 유전성이나, 서민을 착취, 압박, 멸시하던 교만성은 시기적으로 청산될 수 있지, 시간적으론 불능한 것이다. 그러니 계급성과 지방성은 혼동하지 말 것이다. 그 유학생 그룹은 백당의 말 일까지 그리하다가 제 길대로 자기 부형들과 마치 한 가지로 일본 정치에 귀화했다."

의 원인을 군주제와 공화제간 정치 이념과 정체론의 차이로 이해하는 견해도 있다.[74] 즉, 정순만과 기호파들의 고종에 대한 충성심이 서도세력보다 강하여 군주제 사상을 지니고 있다고 본 것이다. 그러나 정순만은 공립협회에 가입하였고, 국민회 지회의 간부를 역임하였으며 《대동공보》에서 활동하는 등 군주제 이념에 머물지 않고 공화제 이념을 수용하고 있었던 인물이다. 따라서 정순만이 '新韓'을 비판한 것은 정체론의 차이 때문이 아니라, 자신과 반대 세력이던 안창호와 정재관의 권력욕을 의심하며 이를 비판하고자 한 것으로 보는 것이 타당하리라 믿는다.

한편 러시아 한인의 국학 연구를 대표하는 桂奉瑀는 기호파와 북도파 분파의 원인으로 정순만의 양성춘 살해, 김현토의 이용익 암살 기도사건으로 보면서도, 그 근본 원인은 주의나 정견의 차이가 아니라 기호사람들이 이전의 '사색당쟁에서 얻은 선천적 수단으로 해외사업의 영도권을 잡으려는 것'이라거나, '봉건적 영웅들에게서 흔히 보게 되는 수령 다툼'으로 해석하였다.[75] 이는 함경도 출신으로 기호인과 일정한 거리가 있었고, 또한 러시아에 거주하며 국학을 연구한 계봉우의 관점이 반영된 것이라 사료된다.

2. '양성춘 사건'의 발발과 경과

1910년 1월 23일 정순만이 민회장 양성춘을 권총으로 쏘아 죽이는 '양성춘 사건'이 발발하였다. 이 사건은 연해주 한인사회는 물론 미주 동포 사회에까지 커다란 파문을 일으킨 불상사였다.

이 사건의 발발 원인에 대하여는 정순만이 의도적으로 양성춘을 죽였다는 고의설, 일제의 사주설, 과실에 의한 오발 사고설 등이 있다. 고의설은 당시 《대동공보》와 이를 다시 게재한 《신한민보》의 보도로 일반

---

74) 申世羅, 「鄭淳萬의 생애와 민족운동」, 50쪽.
75) 桂奉瑀, 『꿈속의 꿈』(『北愚 桂奉瑀資料集(1)』, 독립기념관 한국독립운동사연구소, 1996, 171쪽).

화되었다. 이에 의하면 기호파와 서북파의 알력이 있어 사건 이전에 정순
만이 민회에 평화 중재 요청을 하여 민회에서 '평화위원'까지 선정하여
화해의 자리를 만들었으나 오히려 정순만은 평화와 관련된 발언은 하지
않고 윤일병, 김현토 등과 함께 서북파를 공박하였다고 한다. 이 때 정순
만 등이 공박한 내용은 서북파인 김성무가 미국에서 대동공보사에 지원
하는 돈을 착복하였다는 것과, 정재관이 미주 태동실업회사의 재정을 착
복하였다는 등 미주 동포사회의 지원금 운용과 관련된 것이었다.[76]

그러던 1910년 1월 23일 블라디보스토크 한인 거류민회가 열렸다. 이
자리에서는 임원 선출이 있었는데, 서도파가 다수를 차지하자 정순만이
주도하는 기호파의 입지가 더욱 좁아졌다. 당초 이 회의는 중대 문제가
된 미주 동포사회 지원금 유용 문제를 논의하고, 양 파의 화해 중재를 모
색하고자 개최한 것이었다. 그런데 이 자리에서 정순만은 다시 공금 유용
문제를 제기하며 집행부와 서도파의 책임을 강력히 추궁하였다. 이에 회
장인 양성춘이 나서 공금 유용은 사실무근이라며 정순만의 발언을 제지
하고, 모두 일치단결하여 모국을 위해 힘쓰자고 호소하였다. 그러나 이날
회의는 아무런 결정도 하지 못한 채 산회하고 말았다.[77]

≪대동공보≫에 의하면 정순만은 이날 밤 양성춘의 집으로 찾아가 "내
가 오늘 일이 분하다. 너를 죽이러 왔다"고 하며 양성춘의 복부에 권총을
발사하여 죽인 것이라 하였는데, 다음은 정순만과 양성춘에 대한 편파적
인식의 일단을 보여준다.

> … 양성춘씨는 원래 평화를 극력 주장하던 이라 … 양씨는 원래 마음
> 이 공평정대하여 동포사회에 공익을 극력 도모하던 씨라 아라사 신문 옥

---

76) ≪大東共報≫ 1910년 4월 24일자 「양씨피살상보」 및 ≪新韓民報≫ 동년 6월 1일자 「양
성춘씨피살흔던말」.
77) 憲機第二四一八號, 1910. 12. 6, 「十一月九日以降浦潮斯德地方排日朝鮮人に關する情報」,
『CD-ROM 한국독립운동사』 36. ≪大東共報≫의 기사에 의하면 이 때 정순만이 진노한
會衆에 의해 밖으로 쫓겨났다고 한다.

> 계안스기 베스트니크에 크게 게재된 바 양씨가 공동회 재정을 주관하다
> 가 의연한 정씨가 재정 출납의 반포 아니하는 이유를 힐난하다가 양씨
> 를 죽였다함은 다선한 사람을 음해하는 자의 거짓 공포한 말로 아노라.
> 정씨는 의연 1전이 없고 양씨는 공동회에는 1호도 참섭이 없었느니라.[78]

정순만이 양성춘을 고의로 죽였다는 설과 관련하여 주목되는 것은 정순만이 權有相·安漢周·姜順琦 등 기호파들로 결성하였다는 이른바 '決死隊'이다. ≪대동공보≫와 ≪신한민보≫는 정순만이 "내가 6도 사람을 위해서도 사람들에게 피 흘리기를 작정하고 결사대를 맹약하였다"고 하였다며 이 설을 뒷받침하는 근거로 제시하고 있다. 그런데 결사대와 관련하여 정순만은 법정에서 자신이 원래 決死同盟의 1인이나, 이는 오직 자기를 희생함으로써 조선의 독립과 동포를 구출할 목적을 이루고자 하는 것이지 결코 남을 죽이고자 하는 것이 아니라고 말하였다. 이에 대해 변호사 미하일로프가 정순만의 위인 됨이 사람을 죽이지 못하는 성격이며, 그가 양성춘과 가장 가까운 사이였음을 강조하였다. 또한 조선어통역이자 참고인인 동양학원 조선어 교수 뽀또스타우도 '決死'라는 용어가 고래로 조선·중국·일본에서는 늘 관용적으로 사용하는 것으로, 이는 자신을 죽이는 것을 말하는 것으로 남을 죽일 경우는 '殺'을 쓴다고 하고, 정순만이 양성춘에게 "나는 너를 죽이겠다"고 했다는 말도 서울과 평양의 언어가 달라서 너를 죽이겠다는 말과 나를 죽이겠다는 말은 자주 혼동하기 쉬운 말이라고 변론하였다.[79]

고의설이 미주 동포사회에서 확산되었던 것은 관련자들이 ≪신한민보≫에 기고하였기 때문이다. 즉, 당사자 중의 1인인 김성무는 국민회 중앙총회 대표원으로서 사건 발생 직후인 1월 30일 ≪신한민보≫에 편지를

---

78) ≪大東共報≫ 1910년 4월 24일자 「양씨피살상보」 및 ≪新韓民報≫ 동년 6월 1일자 「양성츈씨피살흔 던말」.
79) 憲機第二四一八號, 1910. 12. 6, 「十一月九日以降浦潮斯德地方排日朝鮮人に關する情報」, 『CD-ROM 한국독립운동사』 36.

보내 정순만을 비난하고 미주 동포의 찬조를 부탁하였는데, 이 편지가 보도됨으로써 고의설을 확산시키는 계기가 되었다.[80] ≪신한민보≫가 정순만을 '완명 무뢰한 무리'라고 비난하고 양성춘을 추도하는 기사를 게재한 것도 그런 경향을 반영하는 것이라 할 수 있다.[81] 한편 일제의 정보문서 가운데 정순만이 대동공보 운영을 위해 이를 지원하지 않거나 방해하는 양성춘을 제거한 것이라는 자료도 이 설을 뒷받침한다.[82]

그러나 고의설은 서북파를 중심으로 생성되고 확산된 것으로서 여러 모로 볼 때 신빙성이 약하다. 오히려 여기에서 주목해 두어야 할 것은 연해주 한인사회의 파벌이 있었으나, 꾸준히 화해와 통합을 시도하였다는 점이다. 정순만이 양성춘에게 기호파와 서북파의 화해 주선을 요청하였음은 전술한 바와 같다. 또한 일제 측 자료에 의하면 '양성춘 사건'이 발발한 이후인 1910년 11월 6일 정오, 안창호와 이갑 등이 이상설과 만나 양파의 알력을 떨치고 상호 협력하여 조국의 독립회복을 위해 진력할 것을 약속하였음을 알 수 있다.[83] 그리고 이듬해 1월 16일 밤에는 김학만이 각파 간의 내홍을 중재하기 위해 이상설 · 안창호 · 차석보 · 고상준 · 김규섭 · 유진률 · 김치보 · 신채호 등을 초청하여 연회를 베풀고, 모국의 독립만세 삼창을 한 일도 있었다.[84]

---

80) ≪新韓民報≫ 1910년 3월 22일자. 블라디보스토크에서 정순만의 도움을 받았던 장건상도 정순만을 부정적으로 평가하였다(앞의 책『혁명가들의 항일회상』, 197쪽). 물론 이 회상기도 전문에 의한 것이므로 사실관계 등에 오류가 있다.

81) ≪新韓民報≫ 1910년 3월 16일자, 「용어사투」. 이 기사의 내용은 다음과 같다. "최근 닉디신문을 거흔즉 근일에 히삼위에 잇는 한인들은 소위 서울파니 서북파니 흐고 징론이 니러난 결과로 서울파 뎡순만 등이 평양인 양성춘을 총살흐얏슴에 뎡순만 등은 즉시 포착이 되얏스나 분경이 아직도 쉬히지 아니흐얏는딕 양성츈씨는 즁왕에 히삼위 거류민당으로 명망과 풍력이 잇든 터이며 국가에 딕흐야 열심셕력이 과인흐더니 완명무뢰흔 무리에게 비명횡수를 당흐얏다고 그곳 동포들이 일층 분기흔 듕이더라".

82) 「咸鏡北道警察部長 警視 陣軍吉이 內部警務局長 松井茂에게 報告한 左記」, 1910. 3. 17(『한국독립운동사자료』 17 참조).

83) 憲機第二四一八號, 1910. 12. 6, 「十一月九日以降浦潮斯德地方排日朝鮮人に關する情報」, 『CD-ROM 한국독립운동사』 36.

84) 機密鮮第二號, 1911. 1. 21, 「朝鮮人近況報告ノ件」, 『CD-ROM 한국독립운동사』 36.

정순만이 일제의 사주에 의해 양성춘을 살해하였다는 것은 블라디보스토크에서 발행되던 ≪아께안스키 우에스또니크≫라는 현지 신문의 보도에 의한 것이다. 즉, 한인 거주지에 일제의 밀정으로 활동하는 한인이 다수 있는데, 일제가 밀정들에게 양성춘의 살해를 위해 5천원을 지출하였고, 이 밀정의 사주에 의해 양성춘이 살해되었다는 풍설이 있어 한인들이 크게 동요하고 있다는 것이다.85) 그러나 정순만이 일제의 사주를 받았다는 것은 이미 그가 친일파로 오해받은 바 있으며, 그를 부정적으로 평가하고자 하는 세력이 생성한 풍설로 보이며, 일제도 더 이상 주목하지 않은 낭설에 불과한 것이다.

정순만이 양성춘을 사살한 것은 오발에 의한 사고로 보는 것이 타당하다고 여겨진다. 이는 법정에서 명백히 밝혀진 사실이고, 양성춘의 유언을 통해서도 확인된다. 이를 종합하면, 민회가 끝난 저녁 양성춘의 집을 찾아간 정순만은 양성춘에게 자신은 諸君의 동정을 잃었다고 하며, 국가를 위해 온 힘을 다하고자 하는 뜻이 수포로 돌아갔으니 이 탁세에 살아야 할 희망이 없어 자살해 버리겠다고 하며 권총을 꺼내 자신의 가슴에 겨눴다. 이에 놀란 양성춘이 이를 제지하고자 정순만과 몸싸움을 벌였다. 이 과정에서 권총이 오발되어 양성춘의 복부에 명중하였다. 양성춘은 급히 시립병원으로 후송되었으나 3일 만에 숨을 거두고 말았다.

양성춘은 병상에서 친족 등을 불러 이 사건이 사고로 인한 것임을 설명하고, 자신의 사후에 절대로 정순만에게 복수하지 말 것을 당부하였다. 또 정순만 자신도 실수로 양성춘을 죽였으니 자신도 살 면목이 없다고 하며 자살하겠다는 말을 여러 차례 하였다.86) 다만, 정순만이 한일합방 소식을 듣고 의분을 참지 못해 양성춘의 생일날 연설을 하고 자결하려는 것

---

85) 機密韓第一六號, 1919. 4. 20, 「密偵ニ關スル當地新聞記事送付ノ件」, 『CD−ROM 한국독립운동사』 36.
86) 憲機第二四一八號, 1910. 12. 6, 「十一月九日以降浦潮斯德地方排日朝鮮人に關する情報」, 『CD−ROM 한국독립운동사』 36.

을 양성춘이 말리려 하다가 사고가 난 것이라는 견해[87]도 오발에 의한 사고사임은 맞으나, 한일합방 운운한 것은 사실과 다른 오류이다.

결국 '양성춘 사건'은 정순만의 격정이 초래한 실수에 의한 우발적인 것이었다. 그 격정은 정순만이 법정에서 자신이 연해주 한인사회 지도자들로부터 동정을 잃었고, 국가를 위해 온 힘을 다하였으나 수포로 돌아갔다고 한 말에서 단서를 찾을 수 있을 것 같다. 즉, 이 사건은 정순만과 장지연의 대립에서도 본 바와 마찬가지로, 그 자신이 연해주 한인사회에서 신망을 잃었다고 판단하고 자신과 절친한 민회장 양성춘을 찾아가 격정을 토로하다가 발생한 사건이라고 할 수 있다.

그러나 당시는 서도파가 ≪대동공보≫를 장악하고 있었고, 정순만과 기호파 등은 사건 직후 피체됨으로써 고의 살해설이 확대 유포된 것이었다. 특히 정순만의 대부격인 이상설이 聲明會 선언(1910. 9. 11) 이후 일제의 강력한 항의 제기에 굴복한 러시아 당국에 피체되어 니콜리스크로 추방당하였다가 이듬해 초에 돌아오는 등[88] 정순만이 수감되어 재판을 받고 출옥할 때까지 도움을 줄 수 없었던 상황도 그에게는 매우 불리한 조건이었다. 이해 6월 22일 연해주 한인들이 양성춘 추도회를 열고 기념비 건립을 위한 의연금 모금을 추진하거나,[89] 그의 墳墓를 수축한 기사[90] 등도 당시 연해주 한인사회의 정서를 잘 알려준다.

정순만은 사건 직후 러시아 관헌에 피체되어 수감되었다가 11월 8일 공판에 회부되었다. '양성춘 사건'의 전말과 공판 과정 등은 러시아 신문 ≪달레카이야 오크라이나≫지 11월 11일자와 12일자에 상세히 보도되었고, 일제는 이를 일어로 번역하여 보고하였다.[91] 러시아 신문의 보도

---

87) Dae-Sook Suh, *The Writings of Henry Cu Kim*, p.284.
88) 박걸순, 「李相卨의 民族運動과 後人 論贊」, ≪中原文化論叢≫ 제12집, 충북대학교 중원문화연구소, 2007, 15쪽.
89) ≪新韓民報≫ 1910년 6월 22일자 「遠東消息」.
90) ≪勸業新聞≫ 1914년 7월 26일자.
91) 憲機第二四一八號, 1910. 12. 6, 「十一月九日以降浦潮斯德地方排日朝鮮人に關する情報」,

내용은 객관적으로 사실을 보도한 것으로 평가된다. 수많은 개척리 한인들이 참집한 가운데 열린 공판에서 양측 변호사와 중인 사이에 공방이 있었으나,[92] 결국 정순만에게는 과실살상죄가 적용되어 3개월 禁獄과 사원에서의 참회 명령이 내려졌다. 판결이 내려지자 양성춘의 미망인은 분하여 통곡하였고, 서북파도 불만을 금치 못하였다.[93]

이듬해 1월, 옥중에 있던 정순만이 金秉喆에게 칼에 찔려 부상을 입는 일이 발생하였다.[94] 김병철은 살인 혐의로 재러 한인 지도자 김학만이 러시아 관헌에 인도한 인물인데, 김학만은 정순만과 친교가 있던 자이다. 김병철은 정순만에게 김학만이 법정에 출두하지 않게 해달라고 부탁하였으나 정순만이 응하지 않은데 앙심을 품고 찌른 것이다.[95] 이 사건의 정확한 배경은 알 수 없으나, 일제는 이를 西・京 양파의 알력으로 파악하며 정순만이 출옥하면 어떠한 사변이라도 일어날 것이라고 보고하였다.[96] 이는 정순만의 출옥과 더불어 곧 보복사건이 예견되는 상황을 잘 보여주는 것이다.

『CD-ROM 한국독립운동사』36.

92) 원고 측 중인 차석보가 양성춘과 인척이라는 점에서 중인 자격을 두고 공방이 있었으며, 원고 측 변호인은 정순만이 외견상 열렬한 애국자이나 또한 자못 잔혹한 면이 있는 사람이므로 자살을 하기 위해 양성춘의 집으로 왔다는 사실은 수긍하기 어렵다고 반박하였다.

93) 憲機第二四一八號, 1910. 12. 6, 「十一月九日以降浦潮斯德地方排日朝鮮人に關する情報」, 『CD-ROM 한국독립운동사』36.

94) 정순만의 옥중 피습 사건이 일어난 날짜에 대하여 한 자료는 1월 13, 14일경이라고 하였고(機密鮮第二號, 1911. 1. 21, 「朝鮮人近況報告ノ件」, 『CD-ROM 한국독립운동사』36), 또 다른 자료는 1월 11일자 러시아 신문 기사를 인용하여 보고(憲機第一四八號, 1911. 1. 20, 「四十四年一月六日以降浦潮斯德地方朝鮮人動靜」, 『CD-ROM 한국독립운동사』36) 하고 있기 때문에 1월 11일 이전으로 보는 것이 타당할 것 같다. 다만 이 자료에는 정순만에 가해한 인물도 金秉喆, 金眞任으로 다르게 기록되어 있다. 어느 한 자료가 오류인지 아니면 동명이인인지 여부도 알 수 없다.

95) 機密鮮第二號, 1911. 1. 21, 「朝鮮人近況報告ノ件」, 『CD-ROM 한국독립운동사』36.

96) 憲機第一四八號, 1911. 1. 20, 「四十四年一月六日以降浦潮斯德地方朝鮮人動靜」, 『CD-ROM 한국독립운동사』36.

3. 정순만의 피살

정순만은 3개월의 금옥을 포함하여 1년여의 옥고를 치르고 1911년 2월 8일 출옥하였다. 그러나 당시 한인 사회에는 양성춘의 형 楊德春[97]과 兪鎭律, 崔學滿 및 崔才亨의 아들 등 '北韓派'가 정순만을 살해할 것이라는 풍설이 자자하였다. 따라서 그는 출옥 후 이상설의 집에 숨어 지내는 수밖에 없었다.[98] 그는 살해당하기 직전까지 이상설과 함께 살거나 따로 살더라도 그의 주변을 벗어나지 못하였고, 의병장 출신 李鎭龍과 함께 기거한 것[99]은 위험에 처해 있던 처지를 잘 반영한다. 그가 출옥한 사실과, 매우 곤궁한 정형에 처해 있다는 사실은 ≪신한민보≫를 통해 미주 동포 사회에도 알려졌다.[100]

그러나 정순만의 출옥 후의 행적에 대하여는 다른 기록도 있다. 즉, 정순만이 출옥 후 양성춘을 살해한 것에 대해 悔悛하거나, 양성춘의 가족에 사죄하지 않고 도리어 그 가족을 욕한다거나,[101] 자신이 6道를 위하여 양성춘을 주륙한 것이라고 큰소리 치고 다녀 양성춘의 친척이나 친구들은 물론 북한파들이 그에게 악감정을 지니고 있었다는 것이다. 그러나 그가 양성춘을 과실로 죽인 데 대한 죄책감으로 자살하겠다는 말을 자주했고,

---

97) 자료에 따라서는 양성춘의 동생 楊景春, 楊得春, 또는 양만춘이라고도 되어 있으나, 양성춘의 형 楊德春이 옳다. 楊德春은 人夫頭 또는 小請負 사업 등으로 돈을 벌은 자산자로, 그의 장녀는 러시아 육군 중위인 洪日炳의 조카와 혼인을 하는 등 인척 관계도 좋았던 것으로 보인다(朝憲機第一三九0號, 1911. 7. 5, 「六月二十一日以降木藤通譯官カ嚴仁燮ヨリ得タル情報」, 『CD-ROM 한국독립운동사』 36).

98) 機密鮮第十四號, 1911. 2. 23, 「朝鮮人ノ動靜ニ關スル情報進達ノ件」 및 憲機第四三二號, 1911. 2. 24, 「二月十日以降浦潮斯德地方朝鮮人ノ動靜」, 『CD-ROM 한국독립운동사』 36.

99) 憲機第一二四八號, 1911. 6. 22, 「六月九日木藤通譯官カ嚴仁燮ヨリ得タル情報」, 『CD-ROM 한국독립운동사』 36. 일제는 이진룡이 정순만의 살해 소식을 듣고 매우 혼미하였다고 보고하였다(朝憲機第一四五一號, 1911. 7. 12, 「六月二十七日以降浦潮地方鮮人ノ動靜」, 『CD-ROM 한국독립운동사』 36).

100) ≪新韓民報≫ 1911년 3월 15일 및 5월 15일자.

101) 機密鮮第十四號, 1911. 2. 23, 「朝鮮人ノ動靜ニ關スル情報進達ノ件」, 『CD-ROM 한국독립운동사』 36.

살해당하기 직전 양성춘 형의 요청대로 순순히 그의 집안으로 따라 들어 갔고, 미망인의 요구대로 그녀 앞에 무릎 꿇고 사죄하는 등의 정황으로 볼 때 이는 사실과 다른 것으로 보인다.102)

정순만은 살해 위협 속에서도 조심스럽게 활동 재개를 모색하였다. 그는 5월 24일 福泰樓에서 열린 '폭도파'의 모임에 참가하였다. 이 자리에는 그를 비롯하여 嚴仁燮·尹日炳·李範錫·李한진·高永喜·兪吉俊·姜明浩·洪範道 등 '폭도의 두목' 들이 모였다. 이들은 의병부대를 결성하여 국내 진공을 하기로 논의하고 往路를 답사하기 위하여 김병철 등 3명을 각지로 파견하였다.103) 이는 그의 활동 재개를 모색한 자리이기도 하나, 그의 독립운동론인 의병투쟁을 실현하고자 하는 의지의 표현으로 볼 수 있다. 그러나 이 모임은 망국 후 그의 최초이자 최후의 공개적 활동이 되고 말았다.

정순만은 1911년 6월 21일 처참하게 살해당하였다. 이날 오전 8시 경, 그는 양성춘의 형 양덕춘과 미망인(崔鳳俊의 妻妹)에 의해 도끼로 피살되었다.104) 그의 살해 직후 양성춘의 미망인이 관헌에 자수하려 하였으나, 양덕춘이 그녀를 제지하고 자신이 범인이라고 第四區 警察分署에 자수하여 자신만이 살인범으로 구속되었다.105)

정순만의 피살 소식을 듣고 곧 사방에서 한인들이 모여들었다. 현장에 달려 온 이상설은 러시아 경찰에게 정순만과 형제라고 하며 사체를 보게

---

102) 朝憲機第一三九0號, 1911. 7. 5, 「六月二十一日以降木藤通譯官力嚴仁燮ヨリ得タル情報」, 『CD-ROM 한국독립운동사』 36.

103) 憲機第一〇八五號, 1911. 6. 6, 「五月二十三日以降浦潮斯德地方排日朝鮮人動靜ノ件」, 『CD-ROM 한국독립운동사』 36. 이 자료는 嚴仁燮의 말을 빌려 정순만이 양성춘 살해사건으로 인해 北派인 엄인섭을 매우 두려워하고 있다고 기록하였다.

104) 정순만이 살해당한 일자에 대하여 6월 21일과 27일이라는 일제 측의 상이한 기록이 있는데, 6월 27일자 블라디보스토크 총영사 대리의 보고문에 21일로 되어 있고(機密鮮第四三號, 1911. 6. 27, 「鄭淳萬殺害ニ關スル報告」, 『CD-ROM 한국독립운동사』 36), ≪新韓民報≫(1911. 7. 26, 8. 9)에도 6월 21일로 되어 있어 21일이 맞는 것으로 보아야 할 것이다.

105) 機密鮮第四三號, 1911. 6. 27, 「鄭淳萬殺害ニ關スル報告」, 『CD-ROM 한국독립운동사』 36.

해달라고 요청하여 허락을 받은 뒤 사실임을 확인하고 크게 낙담하였다. 이때 서파인 黃公道가 도착하여 이상설과 조우하여 악수를 청하였으나 이상설은 모르는 체 외면하였다.[106] 이는 정순만 피살 직후 양파의 적대적 관계를 여실히 보여주는 것이다.

그의 장례는 7월 1일 거행되었다. 그의 장례를 둘러싸고 한인 사이에 紛議가 있었으나, 이상설, 具德成, 윤일병 등이 장례비를 모금하여 50여 명이 참가한 가운데에 무사히 치렀다. 그러나 경성파와 서북파의 반목이 심해질 것이라는 소문이 돌았다.[107] 그의 장례 직후 桑港에 있던 아들이 이상설에게 블라디보스토크로 오겠다고 전보를 보냈는데, 일제는 이로 인해 京北 양파 간에 대분쟁이 일어날 것이라고 주목하였다.[108]

정순만의 피살은 경성파에게는 충격적 사건이었다. 정순만을 매우 따르던 金致三이란 젊은이가 그의 피살 소식을 듣고 정신이상이 되어 黑龍灣에 투신자살하는 일이 일어나기도 하였다.[109] 결국 경성파는 크게 위축되어 惶惶奔忙하여 '北派 우세시대'가 되었고,[110] 서북 양파는 의기양양하였는데, 경성파를 없애기 위해 비밀리에 타살대를 조직하였다는 소문이 돌 정도였다.[111]

정순만의 피살 소식은 《신한민보》나 서신을 통해 미주사회에 알려

---

106) 機密鮮第四三號, 1911. 6. 27, 「鄭淳萬殺害ニ關スル報告」 및 朝憲機第一三九0號, 1911. 7. 5, 「六月二十一日以降木藤通譯官 力嚴仁變ヨリ得タル情報」, 『CD-ROM 한국독립운동사』 36.
107) 朝憲機第一四五一號, 1911. 7. 12, 「六月二十七日以降浦潮地方鮮人ノ動靜」, 『CD-ROM 한국독립운동사』 36.
108) 機密鮮第四八號, 1911. 7. 31, 「朝鮮人ノ動靜ニ關スル密偵情報送付」, 『CD-ROM 한국독립운동사』 36. 여기에는 정순만의 아들을 鄭基斗라 하고 있으나, 鄭良弼(초명 정충모)이 맞다(안형주, 『박용만과 한인소년병학교』, 지식산업사, 2007, 62쪽). 그런데 그가 실제 블라디보스토크에 왔는지 여부는 확인되지 않는다.
109) 鮮發第一三號, 1911. 7. 28, 「朝鮮人ニ關スル記事譯報」, 『CD-ROM 한국독립운동사』 36.
110) 朝憲機第一五五七號, 1911. 7. 25, 「七月十一日以降浦鹽地方朝鮮人ノ動靜」, 『CD-ROM 한국독립운동사』 36.
111) 朝憲機第一三八九號, 1911. 7. 5, 「六月二十日以降浦潮斯德地方鮮人ノ動靜」, 『CD-ROM 한국독립운동사』 36.

졌다. ≪신한민보≫는 이 사건은 시비를 떠나 동족상잔의 악폐가 심히 통탄할 일이라고 개탄하는 기사를 실었으며, 피살 전말을 보도하기도 하였다.112) 또한 이 소식은 재러 한인 지도자들이 안창호에게 보낸 서신을 통해서도 알려졌다. 白元甫는 안창호와 이갑에게 보낸 서신(1911. 6. 17, 러시아력)에서, 劉敬緝은 안창호에게 보낸 서신(1911. 8. 7)에서 정순만의 피살 소식을 알렸다.113)

이상설은 러시아 관헌에 안창호·정재관·이강·김성무 등 4인이 양덕춘과 양성춘의 미망인을 교사하여 정순만을 죽인 것이라고 고소하였다. 이에 러시아 관헌이 이들에게 구인장을 발부하기에 이르렀다. 정재관과 이강 등은 이 사실을 알고 미리 도피하였다. 이는 이강과 정재관이 안창호에게 보낸 편지에서 잘 알 수 있다.114) 이들과 함께 백원보도 헌병 사령관의 명으로 체포되어 경무청 감옥에 갇혔다가 풀려나오기도 하였다. 그의 죄목은 '游衣游食하는 不好人'이었다.115)

이상설이 정순만 피살 사건을 기호파 세력 만회의 계기로 활용하려 하였는지는 알 수 없다.116) 그러나 정순만의 피살은 서파들이 '우둔한' 양덕춘에게 형제애를 충동질한 지역적 파쟁 의식이 어느 정도 영향을 끼친 것이기는 하나,117) 亡夫와 동생의 원수를 갚고자 한 '단순한 復仇'적 성격이 강하다고 판단된다.118) 더구나 위의 서신에서 이 사건의 교사자로 지목된 당사자들이 '秋水明月과 如하야 一毫도 嫌疑處가 無'하다고 밝힌 점에

---

112) ≪新韓民報≫ 1911년 7월 26일 및 8월 9일자.

113) 島山安昌浩先生紀念事業會, 『島山安昌浩全集』 제2권, 2000, 131~135쪽, 289~290쪽.

114) 「李剛·鄭在寬이 安昌浩에게 보낸 편지」, 1911. 8. 7, 『島山安昌浩全集』 제2권, 411~413쪽.

115) 「白元普가 安昌浩, 李甲에게 보낸 편지」, 1911. 8. 7, 『島山安昌浩全集』 제2권, 131~135쪽.

116) 이 때 이상설은 10여 명의 기호 출신 인사들을 러시아 헌병사령부에 '偵探輩'로 배치하였다(반병률, 『성재 이동휘 일대기』, 100쪽). 아마도 이는 그가 러시아 관원의 세력에 힘입어 상대 세력을 견제하고 기호파의 세력을 확장하고자 했던 것으로 보인다. 桂奉瑀는 이 사실을 이상설 평생 역사에서 결점이라고 지적하였다(桂奉瑀, 『꿈속의 꿈』(『北愚 桂奉瑀資料集(1)』, 172쪽).

117) Dae-Sook Suh, *The Writings of Henry Cu Kim*, p.284.

118) 機密鮮第四三號, 1911. 6. 27, 「鄭淳萬殺害ニ關スル報告」, 『CD-ROM 한국독립운동사』 36.

서도 단순한 개인적 報讎事件으로 보는 것이 타당할 듯하다. 특히 이상설이 정순만 피살 교사자로 고소하였던 치타 거주 정재관에게 편지를 보내 신해혁명에 자극을 받아 한인사회가 단합하여야 하니 속히 돌아와서 合席議事하자고 제안[119]한 것은 당시 연해주 한인 사회에 평화적 풍조가 크게 일어난 정황을 반영하는 것이기도 하나, 정순만 피살과 관련한 오해가 풀렸기 때문에 가능한 일이었을 것이다.

그런데 정순만의 피살 이전인 1911년 6월 1일 권업회가 발기되어 靑年勤業會와 합동한 후 기관지 ≪大洋報≫의 주도권을 둘러싸고 서도파와 북도파 간의 대립이 일어났다. 위의 이강과 정재관이 안창호에게 보낸 편지에서도 언급한 바와 같이 북도파의 대표격인 이종호가 서도파 인사들의 권업회 참가를 저지하기 위하여 이들을 구타하고 위협하는 사건이 발생하였던 것이다. 그리고 이상설이 러시아 헌병사령부에 정탐을 배치한 것이 이종호를 모해하기 위한 것이라는 의구심이 퍼지면서 기호파와 북도파간의 이른바 남북 충돌이 일어나는 등 각파 간의 분쟁은 격심해졌다.[120]

그러나 1911년 12월 19일, 재러 한인들은 조국 독립이라는 명세를 달성하기 위하여 서북파·북도파·남도파 등이 단합하여 총결집체로서 러시아 당국의 절대적 지지 하에 권업회를 창립하기에 이르렀다.[121] 이상설은 권업회 창립총회 때 의장과 의사부 의장에 선임되었을 뿐만 아니라 회무를 총괄하는 회장, ≪권업신보≫의 주필 및 사장을 맡는 등 권업회를 주도하였다.[122] 이후 그는 1913년 말 일제의 밀정으로 몰려 하바로프스크로 떠날 때까지 '큰 인물로서 북도인이든 남도인이든 新來舊來의 모든 계층으로부터 숭앙'을 받았다.[123]

---

119)「李剛이 安昌浩에게 보낸 편지」, 1912. 2. 12,『島山安昌浩全集』제2권, 411~413쪽.
120) 반병률,『성재 이동휘 일대기』, 99~100쪽.
121) 尹炳奭,『國外韓人社會와 民族運動』, 180~186쪽 및 박환,『러시아한인민족운동사』, 120~127쪽.
122) 박걸순,「李相卨의 民族運動과 後人 論贊」, 17~18쪽.

　정순만의 피살은 朴容萬·金佐鎭·金圭植·玄益哲의 피살과 마찬가지로 독립운동 세력 내 개인의 격정을 집단의 관용으로 포용하지 못해 초래한 불행한 사건이었다. 그러나 정순만의 피살은 일시적으로는 독립운동 세력 간 극단적 대립관계를 형성하기도 하였으나, 결국은 세력 간의 통합을 이루고 권업회가 창립되는 계기를 만들었다고 할 수 있다. 따라서 그의 피살은 독립운동계의 밀알이 된 희생으로서 평가해도 과언은 아닐 듯하다.

IV. 맺음말

　정순만의 36년 생애는 격랑의 시기였고, 그는 이를 온 몸으로 부딪히며 격정적으로 항쟁한 민족운동가였다. 한말부터 망국에 이르기까지 국내는 물론 연해주에서 전개된 국권회복운동의 중요한 순간에 그가 있었다. 본고는 정순만의 망명 이후 연해주를 무대로 한 민족운동과, 연해주 한인사회의 갈등과 파쟁으로 비참한 최후를 맞이하는 과정을 살펴본 것이다. 이를 요약하면 다음과 같다.

　1906년 그는 이상설, 이동녕 등과 함께 망명하여 북간도에서 민족교육의 요람인 서전서숙을 건립하여 운영하다가, 헤이그 특사 파견 지원을 위해 블라디보스토크로 온 이래 사거할 때까지 연해주의 독립운동을 주도하였다. 그는 자금 모금을 통해 헤이그 특사 사행을 지원하였고, ≪해조신문≫을 창간하여 주간·주필·총무의 역할을 수행하였다. 그는 논설을 통해 냉혹한 사회진화론적 국제질서를 이겨나가기 위해 교육의 중요성을 역설하였다. 그러나 국내에서 초빙해 온 장지연과 극심한 불화 관계가 조성된 것은 안타까운 일이었다. 그는 공립협회에 참여하고 국민회 지회장에 피선되는 등 미주 동포 사회와 연계를 맺으며 민족운동을 전개하였으며, 뒤이어 창간된 ≪대동공보≫에도 주필로 참여하였다. 당시 정순

---

123) 尹炳奭, 『增補 李相卨傳』, 153쪽.

만은 동의회 등의 비밀결사에 안중근과 함께 참여하였는데, 이를 배경으로 안중근 의거를 계획하고, 의거 후 안중근 지원에 힘을 쏟았다. 이는 그가 민족운동을 위해서는 대립되는 계몽운동과 무장투쟁을 병행할 수 있다는 독립운동 이념의 포용성을 보여주는 것이라 할 수 있다.

그러나 연해주 한인사회의 분파와 파쟁은 조국 독립을 위한 그의 꿈을 접게 만들고 말았다. 그는 연해주에서 '정순만파'나 기호파(경성파)의 수장으로 성장하였으나, 자신이 연해주 한인사회로부터 신망을 잃었다고 여긴데다 민회에서 서북파에게 밀린 나머지 격정을 이기지 못하고 1910년 1월 23일 양성춘을 사살하는 '양성춘 사건'을 일으켰다. 이 사건은 우발적 상황에서 오발에 의해 발생한 사고였으나, 이를 둘러싸고 제기된 각종의 설은 복잡다기한 한인 사회의 상황을 반영하는 것이었다. 그러나 그 여파는 양성춘의 형 양덕춘과 미망인의 개인적 복수 참극을 일으켰고, 결국 출옥 후 의병투쟁 등 재기를 도모하던 정순만은 1911년 6월 21일 처참한 최후를 맞이하고 말았다.

정순만의 36년 일생은 민족운동 시기의 양면성을 극명하게 보여준다. 즉, 국권회복을 다방면으로 모색한 모범적 측면과 아울러, 지역적 파쟁과 개인의 격정을 관용하지 못한 편협성은 반성하여 마땅한 것이다. 그는 민족운동 시기의 지역적 분파와 파쟁이 가져 온 가해자요 피해자였다. 그러나 그의 죽음은 결국 연해주 한인사회의 반성과 단합을 촉구하여 권업회를 창립하는 계기가 되었다는 점에서 의의가 적지 않다.

(≪한국독립운동사연구≫ 제34집,
독립기념관 한국독립운동사연구소, 2009)

申八均의 생애와 민족운동

Ⅰ. 머리말

申八均(1882~1924)은 전통적인 무반 가문에서 태어나 그 자신도 대한
제국 육군무관학교를 졸업하고 1902년 장교로 임관하였으며, 중국으로
망명한 뒤에는 항일무장투쟁을 주도한 인물이다. 그는 김경천, 이청천과
함께 '南滿洲 三天', '軍人界의 三天'이라 칭해질 만큼 남만주 일대의 무장
투쟁에서 뛰어난 활약을 하였다.[1] 그가 참여하거나 주도하였던 서로군정
서, 신흥무관학교, 대한통의부 등은 남만주 지역 무장투쟁의 대표적 단체
였다. 뿐만 아니라 지금까지 전혀 알려지지 않았으나, 그는 일제가 1920
년대 전반기까지 북경에 거주하는 주요 '不逞鮮人'으로 파악하고 주시할
만큼 북경에서의 활약도 컸다. 또한 그는 1923년 박용만 등과 함께 국민
대표회의에서 창조파를 이끌어 나갔다. 1924년 대한통의부가 내분으로

---

1) ≪東亞日報≫ 1924년 7월 30일자.

혼란에 빠졌을 때 북경에 있던 그를 초치하여 군사위원장 겸 의용군사령관에 임명한 것은 그의 무장투쟁사에서의 위상을 잘 보여주는 것이라 할 수 있다.

따라서 신팔균은 독립운동사, 특히 만주지역 무장투쟁사에서 중요한 인물이라 할 수 있다. 그러나 그에 대한 종합적 연구는 전혀 없으며, 그에 대한 단편적이고 산발적인 기록들도 부정확하거나 틀린 것들이 적지 않다.[2] 그 까닭은 자료의 결핍 때문이다. 현재로서 그가 망명한 이후 일제의 기록에 최초로 나타나는 것은 1922년 10월이다.[3] 따라서 그에 대한 일제 측 기록은 전사하는 시기까지 불과 2년도 되지 않는 시기의 몇 건이 고작이며, 우리 측에서는 그의 전사 후 신문 보도가 전부라 해도 과언이 아닐 정도이다.

본고는 이 같은 자료의 한계를 인지하면서도 신팔균의 생애와 민족운동을 살펴보려 하는 것이다. 먼저 그의 가계와 무관생활을 살펴보고 국내에서 전개한 계몽운동에 대해 검토하기로 한다. 이어 망명 이후의 활동을 서간도와 북경에서의 활동과, 대한통의부 참여로 양분하여 살펴보기로 한다. 특히 지금까지 자료에 근거하지 않고 논의되는 사실에 대해 섬중을 하고, 기존 서술에서 간과되어 온 그의 북경에서의 활동과 창조파로서의 활동 등을 처음으로 밝히게 될 것이다. 이를 발판으로 삼아 신팔균에 대한 연구가 진전되기를 기대해 본다.

II. 가계와 무관 생활

신팔균은 1882년 5월 19일 서울 정동에서 출생하였다. 본관은 平山이

---

2) 본고를 탈고할 무렵 신팔균을 주제로 다룬 논문이 발표되었다(김주용, 「東川 申八均의 독립운동 연구」, ≪한국민족운동사연구≫ 60, 2009, 45~76쪽). 본고와 분석 자료 등은 유사하나, 각론에서 적지 않은 차이가 있다.
3) 高警第3194號, 1922. 10. 9, 「不逞鮮人ノ組織セル教育會ニ關スル件」, 『不逞團關係雜件－朝鮮人の部－在支那各地(2)』.

며, 그의 관원이력서에는 그의 거주지가 忠北 鎭川郡 梨谷面 老谷里(現, 鎭川郡 梨月面 老院里)로 되어 있다.

「莊肅公櫶墓表」와 『平山申氏系譜』에 의하면 그의 시조는 高麗太師 壯節公 申崇謙이며 그는 그로부터 32세에 해당한다. 그의 선대에는 병조판서를 지내는 등 무관 벼슬을 하였던 사람들이 훨씬 많다. 특히 그의 직계인 文僖公派에는 무과에 급제하여 무관을 지낸 사람들이 압도적으로 많다.4)

그의 고조부 鴻周(1752~1829)는 4형제인데, 그는 무과에 급제하여 순조 대에 훈련대장을 지냈고 그의 형 鳳周와 應周도 모두 무과에 급제하여 府使와 捕盜大將을 지냈다. 증조부 義直(1789~1825)도 무과에 급제하여 부사를 지냈으나 일찍이 세상을 떠났다. 그의 조부는 申櫶으로 18세에 무과에 급제한 이후 주요 무관직을 역임하였다. 그는 무반이라는 한계를 안고 관료 조직 속에 편입되어 있었지만 개혁적 관료 또는 초기 개화파 인사로서 특히 국방 문제 등에 있어서는 자기 의견을 적극적으로 개진하였다.5) 그는 무관이었으나 어느 문인 학자 못지않은 경세가로서 글씨와 문장에 능통한 '儒將'으로서 유명하였다.6)

신헌은 4남을 두었는데, 이 중 正熙 · 奭熙 · 樂熙도 무과에 급제하여 무관의 주요직임을 역임하였다. 정희는 형조판서, 어영대장, 통위관 등을 지냈는데, 그가 금위대장이 되었을 때 '父子 將臣' 논의가 일어나기도 하였다.7) 석희는 신팔균의 부친으로서 한성부 판윤을 거쳐 경무사, 중추원 일등의관을 역임하였다.

신팔균은 동생으로 可均과 必均이 있었는데, 가균은 그와 함께 무관학

---

4) 그의 가계에 대하여는 朴贊植, 「申櫶의 國防論」, ≪歷史學報≫ 117, 1988, 43~44쪽의 <표 1> 참조.
5) 최진욱, 「申櫶(1811~1884)의 內修禦洋論 硏究」, ≪韓國史學報≫ 제25호, 고려대사학회, 2006, 249~254쪽.
6) 黃玹, 『梅泉野錄』, 國史編纂委員會, 1955, 10쪽.
7) 黃玹, 『梅泉野錄』, 24, 45쪽.

교를 졸업하고 군인의 길을 걸었다. 가균은 육군무관학교를 졸업하고[8] 민영환의 부관으로 근무하다가,[9] 군대해산 직후인 9월 3일자로 해직되었다.[10]

이 같은 무인적 배경에서 자라난 그가 무관의 길을 걷는 것은 자연스런 일이었다. 그는 1900년 10월 14일 대한제국 육군무관학교에 입학하여 제2기생으로서 1903년 9월 20일 步兵科를 졸업하였다.[11] 육군무관학교에 입학하기 위해서는 軍部 將領尉官이나 各部院廳 勅任官의 추천을 받아야 하고, 무관학교 입학 請稟狀에 관찰사의 날인을 받아야 하는 까다로운 규정을 적용하였기 때문에 입학자는 정부 유력자의 친족이거나 양반 지배계층의 자제들이 대부분이었다. 이들의 경쟁률도 높아 1898년에는 8.5:1, 1906년에는 14:1을 기록할 정도였다. 입학자 중에는 신교육을 받았거나 관료생활을 하다가 들어온 자도 있을 만큼 무관학교 입교는 선망의 대상이었다.[12] 그의 이력서에 '被選武官學校'라고 표현한 것도 입학의 어려움을 말해주는 것으로 생각된다.

그러나 초창기 육군무관학교 학도의 수학연한은 군부대신과 원수부 검사국장이 정하는 바에 따르다가 1904년 9월 24일 조칙 15호로 만 3년으로 확정하였다. 물론 이때에도 幼年學校 졸업 학도 외에는 6년으로 하였다. 따라서 시기에 따라서는 임관과 졸업이 2년 또는 3년으로 달랐다. 그런데 임관을 먼저 하고 후에 졸업을 하는 것은 보편적 현상이었으며,

---

8) ≪皇城新聞≫ 1902년 7월 14일자. 신가균의 참위 임관일은 신팔균과 같은 7월 6일자였다. 이 사실은 『日省錄』(6월 2일자)에서도 확인된다.

9) ≪東亞日報≫ 1958년 11월 30일자.

10) ≪皇城新聞≫ 1902년 9월 24일자. 可均은 해방 이후 조선독립운동사편찬 발기인(≪매일신보≫ 1945년 10월 18일자), 민주국민당 감찰위원회 부위원장(≪朝鮮日報≫ 1949년 2월 15일자), 舊韓國將校團 부회장(≪東亞日報≫ 1952년 2월 2일자) 등을 역임하였다.

11) 『大韓帝國官員履歷書』 14책, 360쪽에는 그가 1902년 졸업한 것으로 되어 있으나, 육군무관학교장 李學均이 발급한 1903년 9월 20일자 「卒業證書」(독립기념관 자료번호 2-00008-000)가 남아 있기 때문에 졸업은 1903년으로 보는 것이 타당할 듯하다.

12) 林在讚, 『舊韓末 陸軍武官學校 研究』, 제일문화사, 1992, 32~37쪽.

신팔균처럼 1900년 입학자의 경우는 상당수가 1902년에 임관을 먼저 하고 1903년에 졸업하는 양상을 보인다.[13] 따라서 정식으로 졸업하기 이전이라도 먼저 임관을 하고 장교 견습을 하였던 것이다.[14]

신팔균은 재학 중인 1902년 7월 6일 육군 참위로 임관하였다.[15] 그리고 이듬해 3월 25일 시위대 제1연대 3대대에 견습을 거쳐 1906년 7월 20일 정식으로 이곳에 배속되었다.[16] 1907년 3월 12일에는 6품으로 승진하였고, 4월 30일에는 보병 副尉로 승진하고 이날자로 鎭衛 步兵 제7대대 부관에 보임되었다. 이어 이해 8월 26일 近衛 步兵대대 중대로 배속되었다.[17]

그런데 그는 육군대신 李秉武로부터 1907년 10월 25일에 개최 예정인 獎忠壇 致醉행사에 접대위원에 위임하는 訓令을 받았다.[18] 이는 이해 7월 구한국 군대가 일제에 강제해산 당하고 난 뒤의 일이다. 1907년 7월 24일 이완용과 이토 히로부미 사이에 정미칠조약이 강제되고, 부수 각서를 교환할 때 재정의 곤란과 후일 징병법을 실시할 때까지 잠정적 조치로 군대를 해산하기로 하였다. 이 때 군대해산 관련 조치를 보면 '육군 1개 대대를 존치하여 황궁 수위를 담당케 하고 그 외의 군대는 해산할 것과, 교육받은 士官은 한국 군대에 유임시킬 필요성이 있는 자를 제하고 나머지는 일본 군대에 부속케 하여 실지 연습을 시키며, 일본에서는 한국 사관 양성을 위하여 상당한 설비를 할 것'이 규정되었다.[19]

이에 따라 7월 31일 군대해산 조서가 내려졌고, 대부분의 장교는 해임

---

13) 林在讚, 『舊韓末 陸軍武官學校 研究』, 145~171쪽의 「陸軍武官學校官制」와 「大韓帝國官員履歷書에 나타난 육군무관학교 출신자 현황」 참조.

14) 신팔균이 이력서에 '受卒業證書'라 기록한 것은 졸업 자체에 그리 의미를 두지는 않았기 때문으로 보인다.

15) ≪皇城新聞≫ 1902년 7월 12일자.

16) ≪皇城新聞≫ 1906년 7월 28일자.

17) ≪皇城新聞≫ 1906년 8월 31일자.

18) 독립기념관 소장자료(2-000083-000).

19) 鄭喬, 『大韓季年史』下卷, 光武 11년 7월 24일, 278쪽.

되고 병졸들도 귀가조치 되었다.[20] 군대해산 이후 군부 관제도 개편되어 대신과 차관 밑에 2국 8과를 두었으나, 군대가 해산되었으므로 단지 황실의 의장과 수위를 맡은 1개 대대 근위보병대(정원 634명)와, 1개 중대의 근위기병대(정원 99명) 등 733명의 근위대만 남았다.[21] 군대해산 직전 병력이 약 9,500명이었던 것에 비하면 사실상 완전 해산이나 다름없는 상황이었다.

그런데 신팔균은 군대해산에도 불구하고 곧바로 해임되지 않았음이 분명하다. 이는 전술한 바와 같이 군대해산 이후 장충단 致祭 행사에 접대위원에 위임한 훈령뿐만 아니라 1909년 두 차례에 걸쳐 육군 부위 자격으로 仁政殿 오찬에 초청되고 있기 때문이다. 그는 궁내부 대신 閔丙奭 명의로 1909년 1월 6일의 인정전 신년 오찬회와, 3월 26일의 오찬에 초청되었다.[22] 게다가 그는 1909년 7월 30일 보병 正尉로 승진한 사실이 확인된다.[23] 이는 그가 군대해산 이후 최소한 2년간 부위로서 현직에 있었을 뿐만 아니라, 정위로 승진까지 하였음을 알려주는 증거인 것이다.

이로써 보면 신팔균이 경쟁이 극심한 무관의 길을 들어서서, 시위대와 근위대 등 요직에 근무하며 군대해산 이후에도 계속 근무할 수 있었던 것은 가문의 배경이 크게 작용한 것으로 보아야 할 것이다. 또한 그 경험은 그가 이후 만주로 망명하여 무장투쟁을 주도할 수 있었던 소중한 자산이 된 것으로 이해된다.

---

20) 예컨대 1907년 9월 3일 일괄 해임 당한 26명의 무관학교 출신자 가운데에는 곧 9월에 장례원, 시종원, 탁지부 등으로 복직된 자가 4명 있었고, 12월에 군부로 복직된 자가 6명 있었으나, 나머지 16명의 복직은 확인되지 않는다(林在讚, 『舊韓末 陸軍武官學校 硏究』, 46쪽 <표 10>「軍隊解散 時 解任된 武官學校 出身者 現況」).

21) 車俊會, 「韓末 軍制改編에 대하여」, ≪歷史學報≫ 제22집, 1964, 85쪽. 군사국 휘하에 인사보상과·마정과·병기과·교육과·군법과·위생과가, 경리국 휘하에 제1과와 제2과 등 2국 8과가 있었다.

22) 독립기념관 소장자료(2-000085-002, 2-000085-000).

23) ≪皇城新聞≫ 1909년 8월 8일자. 한편 독립기념관에 그의 正尉 임용장이 보관되어 있다(5-001124-000).

Ⅲ. 낙향과 계몽운동의 전개

지금까지 신팔균은 군대해산과 더불어 진천으로 낙향한 것으로 논의되어 왔다.[24] 그런데 앞의 자료에 의하면 그는 1909년 8월 이후 낙향한 것이 분명하다. 따라서 그가 고향에 사립 普明學校를 세워 교육구국운동을 펼친 것이 군대해산 직후라거나 1907년이란 견해[25]는 수정되어야 할 것이다.

낙향 후 그는 구국운동의 일환으로 교육 사업에 매진하였다. 이는 그와 비슷한 처지에 있었던 신규식이 무관학교 재학을 전후하여 향리에서 교육구국활동을 벌인 것과 같은 사유로 이해된다.[26]

그런데 신팔균이 설립하여 운영하였다고 하는 보명학교의 설립 주체와 시기도 재고할 필요가 있다. 즉, 그가 낙향하기 이전인 1908년 11월, 그의 동생인 신필균이 일가인 신재균과 함께 고향인 이곡면 노곡에서 학교를 설립하고 학생들을 많이 모집하여 열심히 교수하였다는 보도가 있기 때문이다.[27] 또 한 자료에는 申梛이 1897년 노곡에 사립학교를 세운 것을 그 후 신필균이 자택으로 옮기고 보명학교로 개칭한 것이라고 되어 있다.[28] 따라서 보명학교는 신팔균이 설립한 것이 아니라, 1897년에 설립된 사립학교를 동생 필균이 1908년 문중적 기반을 바탕으로 인수하여 운영하던 것으로, 그는 낙향 이후 망명할 때까지 운영에 참여한 것으로 보는 것이 타당할 듯하다.

보명학교에서는 한문, 국어, 지리, 역사 등을 교수하며 민족사상을 고

---

24) 金厚卿, 『大韓民國獨立運動功勳史』, 광복출판사, 1983, 644쪽 및 국가보훈처 독립유공자 사이트 등.

25) 鎭川常山古蹟會, 『100년 전 우리 진천에는 어떤 일이 있었나?』, 2006, 103쪽.

26) 姜英心, 「申圭植의 생애와 독립운동」, ≪한국독립운동사연구≫ 제1집, 1987, 228~230쪽.

27) ≪大韓每日申報≫ 1908년 11월 21일자 「신씨 열심」.

28) 『常山誌』, 59쪽. 보명학교는 1910년 사립 보통학교로 인가되고, 1922년 공립으로 인가되었으며 長楊里에 교사를 신축하였다.

취하였다. 교사로는 신팔균과 동생인 가균, 필균 및 조카인 이조영 등이
활동하였다고 한다.29) 당시 신팔균은 신헌 고택에 머물며 강당 고개에 있
는 학교를 왕래하기도 하였으나, 학교 내에 작은 부속 건물을 짓고 여기
에 머물기도 하였다고 한다.30)

그런데 보명학교는 학부의 인가를 받지 못한 것으로 보인다. 왜냐하면
1909년 9월 현재 진천에서 학부의 인가를 받은 사립학교는 李相稷이 진
천군 府下에 설립한 文明學校와 鄭雲稷이 만승면 광혜원에 세운 光明學
校 뿐이기 때문이다.31) 보명학교가 인가되지 않은 까닭은 알 수 없으나,
재정 곤란 등으로 그리 성황을 이루지는 못하였던 것으로 판단된다.

이 시기 그의 계몽운동을 보여주는 또 하나의 사례는 大東靑年黨(團)
관련 활동이다. 대동청년당은 1909년 보성중학교 교장 朴重華를 중심으
로 南亨祐의 집에서 조직되었는데, 신민회 청년들이 신민회의 이념에 따
라 국권회복을 모색하고자 조직한 비밀결사로서 회원이 120여 명에 이르
렀다. 현재 大東靑年黨(團)의 회원으로서 기록에 남아있는 인물은 다음과
같다.

朴重華 · 南亨祐 · 安熙濟 · 尹顯振 · 尹世復 · 金東三 · 金三 · 徐世忠 ·
申伯雨 · 申八均 · 申性模 · 徐相日 · 尹炳浩 · 金泰熙 · 李浩然 · 李邃榮 ·
金思容 · 李學洙 · 郭在驥 · 閔檀 · 朴洸 · 林玄 · 金基洙 · 張建相 · 金鴻
亮 · 崔仁煥 · 徐超 · 高柄南 · 金奎煥 · 南百祐 · 吳祥根 · 裵天澤 · 申相
泰 · 金弘權 · 李範英 · 李炳立 · 金觀濟 · 崔浣 · 崔允東 · 宋銓道 · 李元
植 · 朴永模 · 高順欽 · 白光欽 · 金枓熙 · 金枓奉32)

신팔균은 이들 동지들은 물론 근대교육을 받은 애국 청년들과 함께 힘

---

29) 정상훈, 「신팔균장군」, ≪상산문화≫ 4, 진천상산고적회, 1998, 255쪽.
30) 申應鉉 증언(진천군 이월면 노원리 거주, 2008년 7월 인터뷰 당시 78세).
31) 정삼철 편역, 『100년 전 충북의 옛 모습 – 진천군편 –』, 2004, 충북학연구소, 66쪽.
32) 愼鏞廈, 「朝鮮勞動共濟會의 창립과 노동운동」, ≪사회와 역사≫ 제3권, 한국사회사학회,
    1986, 79~80쪽.

을 합쳐 구국의 신사상과 방략을 교류한 후 각기 그들이 처한 곳에서 이를 전파하여 구국의 힘을 결집하고자 하였다. 즉, 그는 대동청년당 동지들과 연계를 통해 체득한 구국의 사상과 방략을 보명학교 교육을 통해 전파시켜 나가고자 하였던 것이다.[33] 대동청년당 구성원은 대부분 대종교와 관련이 있다. 따라서 신팔균의 대동청년당 활동과 만주의 활동을 볼 때 대종교와의 관련 가능성을 배제할 수는 없다.[34]

대동청년당의 조직과 활동 등의 구체적 사실은 자료의 결핍으로 알 수 없다. 그러나 신팔균이 남긴 서한을 보면 그가 낙향 이후 교육 등 계몽활동을 폈던 정황과 대동청년당과 관련된 내용을 짐작할 수 있다. 즉, 신팔균이 낙향 이후 독립운동에 뜻이 있는 사람에게 보낸 편지가 남아 있는데, 여기에는 보명학교의 재정적 어려움을 호소하는 한편, 대동청년당의 결성을 촉구하면서 동지들의 단결을 강조하는 내용을 담고 있다.[35] 또 하나의 서한은 그가 충북 음성에 거주하는 宋達容에게 보낸 것으로서, 그 내용은 대동청년당에 관한 것과 계몽운동의 어려움을 피력하고 있으며, 나라를 걱정하는 마음을 담고 있다.[36]

이로써 보면 신팔균이 낙향 이후 만주로 망명하기 이전까지 동생들과 함께 보명학교의 운영에 참여하였으며, 대동청년당에도 관여하였음을 알 수 있으나, 상세한 내용은 자료의 결핍으로 알 수 없다.

IV. 망명과 서간도, 북경에서의 활동

1. 망명과 서간도에서의 활동

신팔균의 정확한 중국 망명 시기는 알 수 없다. 그의 망명 시기는 대개

---

33) 채영국, 「동천 신팔균 장군」, ≪월간 독립기념관≫ 1994년 5월호 참조.
34) 박명진, 「대종교독립운동사」, ≪국학연구≫ 8, 국학연구소, 2003, 419쪽.
35) 독립기념관 소장자료(5−001121−000).
36) 독립기념관 소장자료(2−000079−000).

경술국치 이후로 알려져 있으나, 기록에 따라서는 '辛亥年'(1911)[37] 또는 '3·1운동의 뜨거운 물결을 타고'[38]라고 되어 있다. 그런데 그가 두 번째 부인인 林壽命을 만난 시기가 1912년이고, 혼인한 시기가 1914년임을 감안하면, 그의 망명은 적어도 경술국치 직후나 1911년 보다는 이후의 사실로 판단된다. 또한 그가 일제 측 자료에 최초로 등장하는 것이 1922년 10월이란 사실도 그의 망명이 그보다는 늦은 시기였음을 추론케 한다. 그가 만주와 국내를 오가면서 독립운동을 하였다는 주장도 있으나,[39] 이 또한 근거가 없다.

그런데 그의 망명 시기를 알려주는 중요한 단서가 있다. 즉, 韓溪 李承熙의 기록에 그가 등장하는 것이다. 이승희는 1914년 1월 5일 아들 基元과 芮大僖 등과 함께 북경으로 가서 西河沿 東昇棧에 머물렀다. 북경에서 그는 孔敎會의 韓人支會 설치를 위해 노력하였는데, 1월 17일에는 북경 본부로부터 東三省韓人孔敎會支會 설치를 승인받고 착수에 들어가, 龍潭厚의 요청으로 「孔敎敎科論」을 저술하는 등 분주하였다.[40]

이 때 신팔균이 그에게 신년 인사를 온 것이었다. 이승희는 신헌의 손자인 그를 맞이하여 환담한 사실을 자신의 문집에 기록해 두었다.[41] 그런데 이 기록에는 신팔균이 이전에는 안동현에 있었다고 기록되어 있다.[42] 곧 이에 의하면 신팔균은 1914년 이전에는 중국으로 망명하였음이 확실하며 안동현에서 머물다 1914년에는 북경으로 옮겨 살았음을 알 수 있는 것이다.

---

37) 「大韓統義府 義勇軍司令長 軍事委員長 東天申八均將軍事蹟碑」(1993년 충북 진천군 이월 초등학교 교정 내 건립, 碑文撰 國史編纂委員長 朴永錫) 및 『평산 신씨 족보』 317쪽.
38) 大倧敎總本司, 『大倧敎重光六十年史』, 1971, 382쪽.
39) 김주용, 「東天 申八均의 독립운동연구」, 6쪽.
40) 琴章泰, 「韓溪 李承熙의 生涯와 思想(Ⅰ)」, ≪大東文化硏究≫ 제19집, 성균관대학교 대동문화연구원, 1985, 18~19쪽.
41) 李承熙, 『韓溪遺稿』七, 554쪽에 "申正尉八均來謁 韓人大將橞孫"이라 기록하고 있다.
42) 『韓溪遺稿』七에는 "前於安東縣有舊", 『韓溪遺稿』一에는 "曾在安東縣有舊"라 하여 그가 북경에 오기 전에 안동현에 거주하였음을 밝히고 있다.

지금까지 신팔균의 서간도 활동으로 거론되는 것은 중광단 참여, 대한
독립선언서 발표 참여, 서로군정서와 신흥무관학교 교관 역임 등이다. 그
의 활동에 관한 자료는 蔡根植의 기록이 유일하며, 이 밖에 다른 자료에
서는 확인할 수 없다.

1919년 2월 길림에서 각지의 독립운동가들을 망라한 대한독립선언서
가 발표되었다. 이 때 신팔균이 '동삼성 혁명 거두'의 한 사람으로 여기에
서명하였다고 한다.[43] 그러나 서명자 39인 명단에 신팔균은 없다. 그럼에
도 불구하고 신팔균이 대한독립선언서에 참여하였다고 운위되는 까닭은
그가 신헌의 손자이자 신석희의 아들이라는 가문의 배경과, 그 자신이 대
한제국의 정위 출신이란 이력 등의 威名이 작용한 때문으로 보인다. 대한
독립선언서 서명자의 활동지역을 보면 만주지역 24명, 중국 본토 6명, 러
시아 4명, 미주 4명, 국내 1명인데,[44] 신팔균과 친분이 있거나 후에 같이
활동을 한 사람들이 다수 있는 것은 사실이다. 그러나 그가 대한독립선언
서에 참여했다는 사실은 채근식의 기록 이후 대부분의 독립운동사 관련
기술이 이를 근거로 한 것이기 때문에 사실로서 단정하기는 곤란하다.[45]

신팔균의 서간도 활동과 관련하여 또 하나 논의되는 것이 서로군정서
와 신흥무관학교 교관 역임 사실이다. 3·1운동 이후 한족회가 서로군
정서로 개편되었다. 서로군정서에는 만주지역 독립운동계의 '거물급과
군사전략가'가 총망라되었는데, 신팔균은 이청천, 김경천과 함께 교관으
로 임명되었다고 한다.[46] 또한 신흥강습소가 신흥무관학교로 개편되었을
때에 신팔균은 吳光鮮·李範奭·金光瑞(金擎天)·成駿用·元秉常·朴章
燮·金成魯·桂龍輔 등과 교관으로 활동하였다는 것이다. 신흥무관학교

---

43) 蔡根植, 『武裝獨立運動秘史』, 1946, 大韓民國公報處, 78쪽.
44) 朴永錫, 「大韓獨立宣言書 研究」, ≪汕耘史學≫ 제3집, 산운학술문화재단, 1989, 15쪽.
45) 국가보훈처의 신팔균 공적조서에도 그가 대한독립선언서에 서명하였다고 되어 있다.
46) 朴永錫, 「日帝下 西間島地域 共和的 民族主義系의 民族獨立運動」, 『日帝下 獨立運動史研
    究』, 일조각, 1984, 17쪽.

출신인 元秉常의 기록에서 신팔균은 확인되지 않으나,[47] 대부분의 독립
운동사 기술에는 그가 신흥무관학교의 교관으로 활동하였다고 되어 있
다.[48] 신팔균을 이청천, 김경천과 함께 '남만주 삼천'이라 지칭한 것은 여
기에서 유래한 것으로 보이며, 신흥무관학교에 참여했을 개연성은 크다
고 보인다.

　여기에서 더 논의할 사실이 있다. 그것은 그와 대종교와의 관련 문제이
다. 그와 함께 독립운동을 한 인사 가운데에는 대종교도가 많다. 그러나
그가 대종교도였다는 사실은 확인할 수 없다. 대종교 측 기록도 그의 신
흥무관학교 교관 재임 사실은 기술하면서도 그를 교도로 명시적으로 기
술하지는 않았다.[49] 그런데 그가 중광단에 참여하여 활동한 것을 근거로
대종교도로 보는 견해가 있으나,[50] 중광단 참여 자체를 확인할 수 없기
때문에 이를 근거로 확정하기는 어려울 것으로 생각한다. 그러나 전술한
바와 같이 그가 대동청년당에 가입하여 활동한 사실은 그가 대종교와 밀
접한 관련을 맺고 있었음을 알려주는 것으로 이해된다. 따라서 그는 망명
이전부터 대종교도였을 가능성은 크다고 판단된다.

2. 북경에서의 활동

　신팔균은 망명 이후 북경과 서간도를 왕래하며 독립운동을 펼쳤다. 북
경 거주시기 그는 北京高麗共産黨에 가입하여 활동하였을 뿐만 아니라,
軍人俱樂部, 韓僑敎育會, 北京韓人俱樂部, 中韓互助社 등의 단체를 주도
적으로 조직하여 활동하였다. 또한 국민대표대회 때에는 창조파의 주요

---

47) 元秉常,「신흥무관학교」,『독립운동사자료집』제10집, 29쪽.

48) 박　환,『滿洲韓人民族運動史硏究』, 일조각, 1991, 332쪽;한국독립유공자협회,『中國東
　　北地域 韓國獨立運動史硏究』, 집문당, 1997, 239쪽;서중석,『신흥무관학교와 망명자들』,
　　역사비평사, 2001, 178쪽.

49) 大倧敎總本司,『大倧敎重光六十年史』, 382~383쪽.

50) 김주용,「東天 申八均의 독립운동연구」, 5쪽.

인물로 활동하였다. 이는 지금까지의 연구에서 거의 논의되지 않은 사실이다.

신팔균은 1920년경에는 북경고려공산당에 가입하여 활동하였다.[51] 또한 1922년에는 대구 출신의 崔振과 金世晙 등과 군인구락부를 조직하였는데, 이 단체는 명칭 그대로 무장투쟁론자들의 모임으로 보이나, 오래지 않아 해산하였다.[52]

한교교육회는 1922년 8월 30일 이세영 등이 일제의 간도학살 때 발생한 한인 고아를 교육시키기 위해 조직한 단체였다. 일제는 이를 군사통일회 당시 만주로부터 참집한 군인 중 이세영이 회장이 되어 조직한 기호파에 속하는 단체로 파악하였다.[53]

한교교육회의 조직은 다음과 같다.

　　　○ 會長 : 李世榮
　　　○ 副會長 : 金成煥
　　　○ 會員 : 李光, 曹成煥, 韓世良, 趙東隱, 申八均, 黃鶴秀, 李世榮, 崔泰尤, 成駿用, 金元植, 金承煥, 李社隱, 文秉武, 趙澗松[54]

한교교육회는 조직 직후인 9월 8일, 교육회 선언서와 중국인에 대한 기부권유서를 인쇄하여 성준용으로 하여금 山西지방으로 출장하게 하였

---

51) 關機高收 第160162號, 1923. 11. 1, 「北京ニ於ケル鮮人團體ノ組織ニ關スル狀況」, 『不逞團關係雜件－朝鮮人の部－鮮人ト過激派(5)』. 북경고려공산당은 1920년경 창립된 것으로, 임원은 部長 李成, 副長 李信哲, 總務 蔡成龍, 幹事長 金啓執, 會計 韓圭先, 幹事 朴承晚 등이었고 회원은 신팔균 등 20명이었다.

52) 公第123號, 1925. 3. 20, 「北京天津附近在住朝鮮人ノ狀況報告書進達ノ件」, 『朝鮮人에 대한 施政關係雜件 一般의 部(3)』.

53) 公第92號, 1924. 3. 6, 「北京在住朝鮮人ノ最近狀況報告ノ件」, 『朝鮮人에 대한 施政關係雜件 一般의 部(2)』.

54) 高警第3194號, 1922. 10. 9, 「不逞鮮人ノ組織セル教育會ニ關スル狀況」, 『不逞團關係雜件－朝鮮人の部－在支那各地(2)』. 다른 자료에는 회원으로 李成鐘, 洪明學 등의 명단이 보이는데, 회원은 22명 정도였다(關機高收 第160162號, 1923. 11. 1, 「北京ニ於ケル鮮人團體ノ組織ニ關スル狀況」, 『不逞團關係雜件－朝鮮人の部－鮮人ト過激派(5)』).

다.55) 이는 한교교육회를 홍보하고 자금을 확보하기 위한 것이었다. 또한 이들은 ≪不得已≫라는 신문을 발행하고 18개 조항으로 된 「韓僑敎育會簡章」을 마련하고 활동에 노력하였다. 이에 의하면 회의 본부는 북경에 두되, 필요로 할 때에는 중요한 지방에 지회를 분설할 수 있도록 하였다. 회의 목적은 '교민의 자녀를 배양'하는 데 종지를 두었으며, 회원은 '大韓民族'으로서 품행단정하고 상당한 지식이 있는 자로 한정하였다. 회의 운영은 8인으로 구성된 이사회 중심으로 하되, 이사장은 이사들이 호선하도록 하였다.56)

실제로 한교교육회는 일제의 간도학살 때 고아가 된 아이들과 일반 한인 자제들을 西山 부근의 香山에 모아 執義學校를 세워 교육을 하였다. 그러나 이 학교는 경비의 부족으로 1923년 여름경에 해산하고 말았다.57)

신팔균은 이미 자신이 낙향하여 고향에서 보명학교를 운영한 데에서 교육에 관심이 있었음을 알 수 있다. 또한 그는 망명하고 난 뒤 일제에게 부모가 학살된 동포 자녀의 참상을 목도하며 이들을 교육시키는 것이 무장투쟁 못지않게 중요한 독립운동의 일환이라고 여겼던 것으로 보인다.

그는 1923년 9월 경 朴容萬·朴健秉·金大池·韓震山·崔東旿·李震山·李民昌·金世晙 등과 함께 북경한인구락부를 조직하는 데에도 참여하였다.58) 이 회는 한교의 교육·오락·구제사업 등 북경 한인을 대상으로 사회사업을 수행하였는데, 후에 북경한인동지회로 개칭하였다가 다시 1924년 7월경 원세훈, 신숙 등이 합세하여 북경한교동지회로 개칭하였

---

55) 일제는 韓僑敎育會의 기금 모금을 교육회의 미명을 빙자하여 호구를 충당하려는 것으로 파악하였다.
56) 高警第3194號, 1922. 10. 9, 「不逞鮮人ノ組織セル敎育會ニ關スル狀況」, 『不逞團關係 雜件─朝鮮人の部─在支那各地(2)』.
57) 公第92號, 1924. 3. 6, 「北京在住朝鮮人ノ最近狀況報告ノ件」, 『朝鮮人에 대한 施政關係 雜件 一般의 部(2)』.
58) 국사편찬위원회, 『韓國獨立運動史 資料』 37, 2001, 122쪽.

다.[59] 그러나 신팔균은 1924년 4월 서간도로 이동하여 대한통의부에서 활동하기 때문에 실질적으로 이 단체에서의 활동 기간은 그리 길지 않았다. 한편 그는 중한호조사에서도 활동하였는데, 그 구체적인 상황은 확실하게 드러나지 않는다.[60]

따라서 신팔균은 북경에 머무는 동안 한인의 친교와 교육은 물론 중국과의 협력 등을 모색하며 폭넓은 활동을 하였음을 알 수 있다. 일제의 보고와 마찬가지로 신팔균은 북경 한인사회를 이끈 중요한 인물의 한 사람이었던 것이 틀림없다.[61]

신팔균의 북경 재주 중 그의 독립운동계에서의 위상을 잘 보여주는 것은 창조파 활동이었다. 1923년 1월 3일 우여곡절 끝에 62명의 대표가 참여한 가운데 국민대표회의가 열려, 이후 6월 7일까지 임시회의·정식회의·비밀회의 등 총 74회의 회의가 개최되었다. 그러나 민족해방투쟁전선의 통합과 활동 방안을 모색하기 위한 국민대표회의는 이른바 개조파와 창조파의 대립으로 인해 실패하고 말았다.

이 때 신팔균은 창조파의 주요 인물로 활동하였다. 당시 서로군정서 대표로서 국민대표회의에 참가한 김동삼은 북경군사통일회에 '제2정부'를 설립하지 말 것과 임정 안의 위임통치 청원자를 퇴거시킬 것을 제의하였다. 그러나 이 주장이 받아들여지지 않자 그는 임정 탈퇴를 선언하면서 국민대표회의를 통한 임정 개조를 주장하였다. 이로써 보면 만주지역 무장투쟁론자들은 임정을 무장투쟁노선에 입각한 민족해방투쟁의 지도기관으로 개조하자는 입장을 지녔었음을 알 수 있다.[62] 그런데 신팔균은 북

---

59) 公第123號, 1925. 3. 20, 「北京天津附近在住朝鮮人ノ狀況報告書進達ノ件」, 『朝鮮人에 대한 施政關係雜件 一般의 部(3)』.

60) 「北京在住朝鮮人ノ最近狀況報告ノ件」, 『朝鮮人ニ對スル施政關係雜件－一般ノ部(2)』(公第92호, 1924. 3. 6).

61) 일제는 신팔균이 북경을 떠나기 직전인 1924년 3월의 조사 보고에서 그를 북경에 재주하는 중요 조선인 55인 중 한명으로 파악하였다(公第92號, 1924. 3. 6, 「北京在住朝鮮人ノ最近狀況報告ノ件」, 『朝鮮人에 대한 施政關係雜件 一般의 部(2)』).

경군사통일회의의 입장과 마찬가지로 임정의 외교론과 실력양성노선을 비판하면서 무장단체를 중심으로 새로운 중심기관을 설립하려는 창조론을 지니고 있었던 것이다.

1923년 6월 7일, 창조파들은 개조파가 탈퇴한 가운데 회의를 열어 18조로 이루어진 임시 헌법을 새로 제정하고 국민위원회를 조직한 후 국민위원 33인, 국무위원 5인 중 4인, 고문 30인을 선출하고 국민대표회의를 폐회하였다.[63] 이 때 창조파가 발표한 헌법과 국민위원회의 내용을 보면 신정부를 지향하고 있음이 분명하다. 특히 국민위원회의 활동은 내무 · 외무 · 재무 · 군무 · 경제 등 임정과는 다른 신정부였다.[64]

신팔균은 국민위원회 위원으로 선임되었다. 국민위원회는 대개 고려공산당 이르크츠크파 중 국민의회 관계자와 북경군사통일회 관계자를 중심으로 구성되었는데,[65] 위원제 정부건설론은 북경군사통일회의 주장이었으므로 군사통일회가 보다 주도적 세력이었음을 알 수 있다. 여기에 신팔균이 참가하였다는 것은 그가 북경군사통일회와 지향점이 같았음을 확인시켜 주는 것이라 할 수 있다.

국민위원회는 위원 오창환을 노령에 파견하여 코민테른과 협의케 한 결과 적극 원조하겠다는 통지를 받고 1923년 8월, 국민위원을 비롯한 50여 명이 블라디보스토크에 도착하였다. 블라디보스토크 공산당 고려부 중앙집행위원은 러시아 극동혁명위원회의 양해를 얻어 '鮮人의 정치적 최고기관'인 한인위원회를 조직하였다. 그리고 동년 10월 중순 국민위원회는 노농정부와 제3국제공산당과 교섭한 결과 그들의 동의를 얻어 고려공산당 중앙집행부에 합병하고, 국무집행위원장에 박용만을, 군무위원장

---

62) 조철행, 「국민대표회(1921~1923) 연구」, ≪史叢≫ 제44집, 고대사학회, 1995, 163~164쪽.
63) ≪獨立新聞≫ 1923년 6월 13일자.
64) ≪獨立新聞≫ 1923년 4월 4일자.
65) 박윤재, 「1920年代初 民族統一戰線運動과 國民代表會議」, ≪學林≫ 제17집, 연세대학교 사학연구회, 1996, 178쪽.

에 신팔균을 선출하고 행정구와 군관구를 두었다. 신팔균이 관할하였던
5개 군구의 내용은 다음과 같다.66)

신팔균 관할 군구표

軍區	司令官	區域	附屬 士官養成所 所在地
第1軍區	金擎天	露領 沿海縣	露領 水靑, 이만
第2軍區	崔振東	東支鐵道 沿線	東寧縣 南溝嶺
第3軍區	金 鼎	琿春, 汪淸縣	汪淸縣 羅子溝
第4軍區	安 武	額穆, 敦化, 延吉, 和龍, 安圖縣	額穆縣 黑石河, 安圖縣 三道河子
第5軍區	金虎翼	撫松, 長白縣	撫松縣 頭道江

신팔균은 부하들에게 屯田制에 입각한 군사교육을 실시하였다. 이 외
에 별동대도 있었는데, 제1별동대장은 林炳極, 제2별동대장은 崔俊衡이
맡았다. 별동대의 구역은 전반에 걸쳐 넓게 있었으며 국세의 징수와 파
괴, 암살 등의 활동을 하였다.67) 각 군관 사령관은 만주의 무장독립운동
계를 대표하는 인물이었다. 신팔균이 이들을 통할하는 군무위원장으로
피선된 것은 당시 그가 만주와 노령의 무장독립운동계에서 차지하고 있
던 위상과 창조파에서의 위상을 가늠해 볼 수 있는 것이다.

그의 창조파에서의 구체적인 활동상은 알 수 없다. 그는 국민대표회의
에도 참가하지는 않은 것 같다. 일제 측 자료에 의하면 1923년 12월 20일
박용만이 북경을 출발하여 상해로 가고 난 뒤 블라디보스토크에서 黃旭
과 李某 양인이 상해로 와서 국민위원인 姜九禹 · 金世俊 · 朴健秉과 신팔
균에게 1인당 銀 75불을 여비로 주고 박용만을 따라 상해로 가도록 하였

---

66) 關機高收第18622號1, 1923. 12. 7, 高警第3172號, 1923. 9. 29, 「露領方面ニ於ケル鮮人情況」,
　　『不逞團關係雜件－朝鮮人ノ部－鮮人ト過激派(5)』. 일설에는 국무집행위원장에 文昌範이
　　선임되었다고도 알려졌다.
67) 高警第3172號, 1923. 9. 29, 「極東鮮人統一機關組織ニ關スル件」, 『不逞團關係雜件－朝
　　鮮人ノ部－鮮人ト過激派(4)』.

음을 알 수 있다. 이 중 강구우와 박건병은 곧 상해로 출발하였으나, 신팔균은 여비를 써버려 출발을 단념하였다고 한다.[68]

국민위원회는 1924년 신년회를 니콜리스크에 있는 문창범의 집에서 가졌고, 2월 19일부터 블라디보스토크에서 회의를 열어 한국독립당 조직 안을 의결하고 임시헌법을 고쳤는데, 위원제 정부의 성격이 크게 후퇴하였다. 그런데 「국민위원회 제1회 회의 기사록」(1924. 2. 19~2. 23)을 확인해 보니 그는 이 회에도 참가하지 않았다.[69] 「국민위원회 공보 제1호」(1924. 7. 10)는 위원소식란에 그가 7월 2일 적과 교전 중 전사하였다고 보도하였다.[70]

이로써 보면 신팔균은 국민대표회의 때 창조파의 주요 인물로서 국민위원에 피임되어 만주와 노령의 무장부대를 총지휘하는 중요한 역할을 하였음을 확인할 수 있다. 다만, 그는 상해나 노령에서 개최된 회의에는 적극적으로 참가하지는 않았다.

V. 大韓統義府의 참여와 순국

1. 대한통의부의 내분과 참여 요청

대한통의부는 1920년대 서간도 일대의 통합 무장투쟁 조직으로서 한국독립운동사상 매우 중요한 위치를 차지하는 단체라 할 수 있다. 그런데 대한통의부의 조직과 활동은 통합과 이탈과정에 따라 5시기로 나누어 살펴볼 수 있다.[71]

---

68) 北第號, 1924. 1. 25, 「朴容萬及其同志ノ行動幷二創造派ノ行動二關スル件」, 『不逞團關係雜件－朝鮮人ノ部－在西比利亞(15)』. 따라서 신팔균이 상해를 왕래하며 독립운동을 하였다는 일부 기록(≪東亞日報≫ 1924년 7월 30일자, 1924년 8월 10일자)은 확인되지 않는다.

69) 北第號, 1924. 1. 25, 「朴容萬及其同志ノ行動幷二創造派ノ行動二關スル件」, 『不逞團關係雜件－朝鮮人ノ部－在西比利亞(15)』.

70) 機密第395號, 1924. 8. 29, 「國民委員會公報第一號送付ノ件」, 『不逞團關係雜件－朝鮮人ノ部－上海假政府(5)』.

대한통의부는 1922년의 이른바 '서간도 사변'을 계기로 복벽적 민족주의 계열이 이탈하여 義軍府를 분립하였고,[72] 양자의 대화와 재결합의 노

---

71) 박걸순, 「大韓統義府 硏究」, ≪한국독립운동사연구≫ 제4집, 독립기념관 한국독립운동사연구소, 1990, 221~254쪽. 대한통의부의 5시기 구분 내용은 다음과 같다.

1) 제1기(태동기): 대한통의부의 전신인 大韓統軍府 시기로서 그 조직시기에 대하여 여러 학설이 있으나 자료와 당시의 상황을 종합할 때 1922년 1월 연합 결성된 것으로 파악하는 것이 타당하다. 대한통군부는 일부 무장투쟁을 전개하기도 하였으나, 통합 후 한인 호적 · 재정 · 교육 등의 업무에 더욱 주력하였던 것으로 보인다.

2) 제2기(성립기): 대한통군부가 1922년 6월 3일의 중앙직원회에서 문호의 개방을 천명하여 대한통의부로 확대 발전된 시기이다. 대한통의부는 서로군정서 · 광복군총영 등 이른바 8단 9회의 회의 결과 확대 통합된 단체로서 본격적인 무장투쟁과 함께 한교자치활동을 강화하여 준정부적 성격을 지니고 있다.

3) 제3기(분열 및 재정비기): 무조건적 통합으로 말미암아 이념상의 대립과 갈등을 초래하여 1922년 10월 14일의 이른바 '서간도 사변'을 계기로 복벽적 민족주의 계열이 이탈하여 義軍府를 분립, 활동하는 시기를 말한다. 그런데 의군부의 조직도 종래의 1923년 2월 설보다 상향될 수 있으리라는 가능성을 제기하였다. 뿐만 아니라 통의부와 의군부의 관계를 지나치게 대립과 반목의 연속으로만 서술할 것이 아니라 그 내면에서 꾸준히 전개된 재통합의 노력을 중시하여야 할 것이다.

4) 제4기(위축기): 내분의 와중에서도 관망적 태도를 보이던 의용군 제1 · 2 · 3중대와 유격대, 독립소대 및 제5중대가 분립, 임시정부 군무부 직할의 참의부를 조직하고 활동한 시기인데, 이후에도 대한통의부는 계속적으로 대화와 재통합의 노력을 기울였다.

5) 제5기(해체기): 1924년 11월 정의부가 조직되며 대한통의부의 지도부는 이에 흡수되었는데, 하부조직인 의용군은 정의부에 참여하지 않은 채 三府의 통합 시까지 독자적으로 활동한 시기를 말한다.

72) 이 사건은 1922년 10월 14일 관전현에 있던 梁起鐸 일행을 全德元 계열의 군인이 습격, 金昌義(통의부 선전국장)를 사살하고 梁起鐸 · 高豁信 · 玄正卿 등 주요 간부를 포박, 구타한 것을 말한다. 이는 세력 간 이념의 대립과 보직에 대한 불만에서 비롯된 것인데, 1922년 1월의 대한통군부 결성시 총장(채상덕), 군사부장(이웅해), 경무관(전덕원) 등의 요직에 복벽계 인물이 중용되며 복벽적 성향을 띠게 되었다. 그러나 이해 8월 대한통의부로 확대 개편 시 전덕원 등 紀元獨立團 계열이 배제되고, 총장도 김동삼으로 체임되며 중앙부서의 간부에 韓族會, 西路軍政署 등 共和的 민족주의 계열의 인물이 대부분 임명되었다. 이에 政體 理念과 권력 분배를 둘러싸고 불협화음이 발생하게 되었고, 청년층의 지지를 받고 있던 양기탁과 의병계열의 추앙을 받고 있던 전덕원 간의 불화로 표출되었다. 이 사건의 발단은 전덕원이 요직에서 배제된 데 대한 복벽계 군인들의 불만에서 비롯된 것이었으나, 지도층 상층부는 공화적 민족주의 계열이 주도하고 직접 독립전쟁을 수행할 의용군 중대장급 지휘관들은 복벽적 사상을 지니고 있는 인물로 구성된 지도층 상하부간의 구조적 모순이 초래한 결과였다. 사건 발생 직후 당사자인 전덕원과 양기탁이 원만한 해결에 노력하였고, 상해의 박은식 · 안창호 · 이동녕 등 40여 명의 인사가 조문

력도 성과를 거두지는 못하였다.[73] 1924년 들어 더욱 심각한 난관에 봉착하였다. 1924년 8월 4일 조선군참모부의 보고는 대한통의부가 의용군의 이탈, 간부의 내홍, 재정난 등으로 처해 있던 어려운 상황을 잘 보여준다. 그 일부를 인용하면 다음과 같다.

　　三. 북만독립단과의 연락
　　중앙총부에서는 먼저 의용군 제1, 2, 3중대의 분립, 간부의 내홍에 이어 금회 의용군 제5중대의 脫隊 선언이 있어 장래 통일의 가망이 없는 상황에 있으므로 차제 北滿獨立團과 제휴하여 이들의 원조 하에 세력을 만회하려고 행정위원장 玄正卿은 6월 18일부터 吉林城裡에서 개최된 남만주통일회의에 출석한 이래 그곳에 체재 중이며 세력 만회책에 대하여 분주 중이다.
　　四. 자금 조달책
　　통의부에서는 자금 궁핍으로 먼저 소액 지폐를 발행하였으나 이주

단과 진상조사단을 파견하는 한편 양측에 忠告南滿東志書란 편지와 전보를 통해 화해를 권유하였다. 이 때 전덕원계인 제1중대장 朴日楚가 중대를 대표하여 양기탁 등 9인에 대한 '범죄사실 심판요구 28개항'을 총장대리 채상덕에게 제출하였다. 당시 전덕원 지지 세력들 중 일부는 대한통의부 의용군에 편성되었으나, 일부는 편성되지 않은 채 사태가 이에 이르자 독자노선을 천명하고 의군부를 別立하여 이탈한 것이었다(박걸순, 「大韓統義府 研究」, 230~231쪽). 전덕원이 이 같은 행위를 촉발한 것은 鄭伊衡이 회고한 것처럼 '감투'로 인한 것이었다(國家報勳處, 『雙公 鄭伊衡 回顧錄』, 1996, 65~75쪽).
73) 일제는 의용군이 대한통의부를 이탈한 이후에도 이들의 타협과 결합을 예의 주시하였다. 조선군참모부의 보고 중 "… 義勇軍 제1, 2, 3중대가 分立한 이래 중앙 간부는 오로지 이의 타협에 분주하나 하등 奏效하지 못하고 더욱더 양자 간에 알력이 생겨 서로 적대하려는 기운으로 향하고 있는 것 같다. 그리고 分立派의 首領은 李雄海를 필두로 하여 全德元 白狂雲이 있으며 이들의 주장은 자기가 중앙총부의 重職이 되려는 야심에서 現 중앙총부 간부의 대경질을 부르짖고 있으며 현 간부는 어디까지나 그 요구를 들어주지 않는다. 특히 吳振東과 같은 사람은 자기의 세력을 방패로 이를 固持하여 결국은 李雄海派 대 吳東振派의 당파적 세력다툼이며 중립태도를 假裝하는 玄正卿 金東三 등은 장래 統義府의 不統一을 자각하고 南滿統一을 주장하며 統義府 대표자 명의로 吉林으로 가서 목하 체재 중이다. 요컨대 李對吳 양파의 암투는 금후 적극적인 행동을 취하여 오로지 자기세력을 발양하려 하고 있으므로 양파의 통일은 장래 예상하기 어렵고 금후는 종래와 같이 공동동작을 취할 것이라 함은 誤聞이 아닐까 한다"는 부분은 이를 잘 보여준다(朝特報 第82號, 「大韓統義府の現況」, 『朝鮮軍參謀部發 朝特報에 관한 綴(2)』).

한인의 비난을 받고 부득이 이의 통용을 중지하였다. 그러나 자금조달
의 일환으로 아편 제조를 계획하고 이미 통의부 명령으로 寬東總官 鄭
錫臺 寬西總管 朴元俊 외 20여 명은 3월 중순 寬甸縣 滴水砬子에 집합
협의한 후 이주 한인 중 아편제조에 경험을 가진 자 40명을 모집하여
寬甸縣 化皮甸子 산중의 중국인 소유지 1만 2천여 평을 5백 원에 빌려
罌粟을 재배하고 목하 아편을 채취 중이다.

五. 所屬軍隊의 新編成

목하 통의부 중앙총부 측에 속하는 군대는 의용군 제4중대와 제1, 2,
4유격대(제3유격대는 의용군 제1, 2, 3중대 분립 당시 탈대하여 행동을
같이 하고 있다 한다)와 보위대원 약 3백 명이며 이들로 의용군 3개 중
대를 편성할 계획으로 이의 정원(1個 중대 150명이라 함) 보충을 위해
목하 이주 한인으로부터 군인을 모집 중이다. …74)

대한통의부는 무장투쟁 단체였던 만큼 의군부의 분립과 의용군의 이
탈은 매우 심각한 문제였다. 대한통의부의 1차 분열과 이탈 세력이 의군
부를 조직한 것이라면, 제2차 분열과 이탈 세력이 참의부를 조직한 것이
었다. 그런데 의군부의 별립이 이념과 노선 및 인선의 대립과 불만으로
복벽계가 이탈한 것이라면, 참의부의 별립은 중도계 또는 복벽적 성향의
군인들이 상쟁에 회의를 느끼고 공화계로 전환한 것으로 해석된다. 이는
이들의 탈퇴성명서에서 "… 국부적 사회의 지휘 하에서 활동함을 초월하
여 전민족의 최고기관이요 세계 열방이 묵인하는 임시정부 기치 하로 모
이려 한다. … 임시정부에 대한 인물의 평과 제도론이 有하지만 이것이
불완전함도 우리의 책임이며 이것을 완전케 함도 우리의 당연한 의무다.
어찌 이것으로만 구실을 삼아 당당한 임시정부를 總히 반대함이 일시적
오해가 아니라 하리오 …"75)라는 부분에서 분명히 알 수 있다.

참의부 분립 후 대한통의부는 대거 이탈한 의용군을 잔여병력으로 재

---

74) 朝特報 第82號,「大韓統義府の現況」,『朝鮮軍參謀部發 朝特報에 관한 綴(2)』.
75) ≪獨立新聞≫ 1924년 5월 31일.

정비하는 한편 참의부와 대립하는 양상을 보인다. 즉 1925년 6월 26일 참의부가 발표한 성명서 중 "통의부 간부들은 참의부를 질시하여 남만 군대가 임시정부에 종속됨이 치욕스럽다는 성토문을 발표했다."[76]는 내용이나, "… 참의부는 원래 통의부에서 유래되어 따로 설립된 것인 고로 兩府는 늘 不睦하고 무력 충돌하여 무수한 희생이 있었다."는 기록[77] 등은 그 대립상을 보여준다.

의용군이 분립하자 당시 군사부장이던 이천민은 의용군을 출동시켜 의군부를 토벌하도록 하여 동족상잔의 상황이 벌어졌다. 이 때 우세한 무력을 지녔던 통의부 군은 의군부를 공파하여 전덕원 등 간부를 체포하였다.[78] 그러나 지휘부는 이를 반성하고 수습책의 일환으로 전덕원을 방면하고 이천민을 군사부장에서 면직시켰다.[79] 따라서 대한통의부 초기부터 주도적으로 참여하였던 이천민은 1924년 1월 북경으로 돌아갈 수밖에 없었다.[80]

이 같은 상황에서 대한통의부 지휘부는 1924년 1월 8일 개최된 중앙의회에서 위원장 제도로 개편하고,[81] '북경 군사학의 태두로서 일찍이 그들 사이에 경모를 받고 있던' 신팔균에게 사람을 보내 위원장에 취임해 줄 것을 요청하였다. 신팔균은 대한통의부의 요청을 수락하고 1924년 4월 20일 왕청문에 도착하였다. 그의 도착과 더불어 대한통의부는 중앙부와 군인파 간의 내홍이 일변하여 원만히 해결될 것으로 기대하였다.[82]

---

76) 『朝鮮民族運動年鑑』, 201쪽.

77) 金學奎, 「三十年來韓國革命運動在中國東北(續)」, ≪光復≫ 第1卷 第3期, 1941, 25쪽.

78) 1924년 현재 대한통의부와 의군부의 武勢를 비교하면 총인원은 900:120명(13.3%), 무장병력은 450:40명(8.9%), 무기수는 550:60(10.9%)로 의군부가 절대적 열세였다(朝鮮軍司令部, 『不逞鮮人ニ關スル基礎的研究』, 1924, 51쪽의 「不逞團實力判斷表」).

79) 독립운동사편찬위원회, 『독립운동사』 제5권, 436쪽.

80) 公第92號, 1924. 3. 6, 「北京在住朝鮮人ノ最近狀況報告ノ件」, 『朝鮮人에 대한 施政關係雜件 一般의 部(2)』.

81) ≪獨立新聞≫ 1924년 3월 1일.

82) 機密受 第486號, 1924. 5. 19, 「大韓統義府ノ近況」, 『不逞團關係雜件－朝鮮人の部－在滿洲の部(39)』. 일제는 이 보고에서 신팔균에 대하여 군사학에 능통할 뿐만 아니라 문장

2. 군사위원장 겸 의용군사령장 취임

신팔균은 대한통의부의 조직 초기부터 참여한 것은 아니었으나, 어려운 시기에 군사위원장에 취임함으로써 중요한 역할을 맡았다.[83] 이천민이 북경으로 돌아가고 난 뒤 일시적으로 군사부위원장은 행정위원장인 金東三이 겸임하였고, 사령장은 金昌煥이, 부사령장은 金氣海가 맡고 있었다. 그가 군사위원장에 취임하기 직전 대한통의부의 조직은 다음과 같다.[84]

> ○ 행정위원장 : 金東三
> ○ 행정위원회 위원 : 金東三 · 金履大 · 玄正卿 · 李鍾乾 · 金筱廈 · 金東石 · 李雄海 · 康濟河 · 吳東振 · 金秉祚
> ○ 비서부(비서장 겸) : 玄正卿
> ○ 민사부위원장 : 李雄海
> ○ 재무부위원장 : 吳東振
> ○ 생계부위원장 : 玄正卿
> ○ 선전부위원장 : 康濟河
> ○ 학무부위원장 : 李雄海
> ○ 군사부위원장(겸) : 金東三
> ○ 법무부위원장 : 李鍾乾
> ○ 회계검사위원장(겸) : 李鍾乾

신팔균이 왕청문에 도착하고 난 뒤 그를 군사위원장으로 하는 대한통의부의 조직 개편이 있었다.[85] 당시 일제는 대한통의부를 남만주 거주 한

가로서 의열단의 조선혁명선언을 기초하고 조선사를 저술하여 조선인 사이에 유명한 인물이라 하여 신채호와 일부 혼동하고 있다.

83) 독립운동사편찬위원회, 『독립운동사』 제6권, 690쪽에는 신팔균이 의용군 사령관에 취임한 시기를 1월이라고 하였는데, 이는 명백한 오류이다.

84) 高警第1297號, 1924. 4. 18, 「大韓統義府ニ關スル件」.

85) 당시의 간부는 학무위원장 김동삼, 재무위원장 오동진, 행정위원장 현정경, 선전위원장 강제하, 생계위원장 이종건, 비서장 김이대, 중앙의회부의장 孟喆浩, 군사위원장 신팔균으

인의 대부분을 지배하는 독립단으로 평가하며, 그 무력이 1천 명 이상이라고 하며 매우 주의하였다.

대한통의부는 신팔균의 부임 이후 잔류한 제4중대와 유격대 등 잔여병력으로 조직을 재정비하는 한편 대대적인 모병으로 5개 중대로 재편하였다. 재편된 의용대의 사령관은 신팔균, 부관 金昌憲, 李泰亨, 제4중대장 洪基柱, 제5중대장 安鴻, 제6중대장 文學彬, 제7중대장 李奎星, 제8중대장 金昌龍, 헌병대 車用勳, 김창헌, 중앙호위대 安相奉, 孟賢九로 구성되었다. 각 중대의 인원은 3~40명 정도였으나, 중앙호위대는 2隊로 나누어 각 100명씩 200명으로 편제되었다. 이는 대한통의부가 일제와 중국 관헌 및 반통의부 세력으로부터 중앙본부와 간부의 호위에 주력했음을 보여주는 것으로 당시 통의부가 처해 있던 실상을 잘 보여주는 편제라 할 수 있다.[86]

일제는 대한통의부 소속 군인들을 대다수 하등의 교육도 받지 못하였고, 제대로 사회 상태도 알지 못하며 단지 생활을 위해 가입한 자들로서 '대부분 何等의 主義 方針도 없는 이른바 朝鮮 馬賊으로서 살육과 강도 등을 저질러 지방 거주 鮮人에 미치는 해독은 실로 심대'하다고 판단하였다.[87]

이는 다소 악의적 평가이나, 신팔균으로서는 제대로 무위를 갖추기 어

로서 그가 군사위원장에 취임하여 일부 변동이 있음을 알려준다(機密受第204號, 1924. 6. 7,「大韓統義府ノ狀況報告ノ件」,『不逞團關係雜件－朝鮮人の部－在滿洲の部(39)』).

86) 박걸순,「大韓統義府 硏究」, 242쪽.

87) 機密受第204號, 1924. 6. 7,「大韓統義府ノ狀況報告ノ件」,『不逞團關係雜件－朝鮮人の部－在滿洲の部(39)』). 당시 일제가 파악한 대한통의부의 군사 현황은 다음과 같았다. 물론 이는 이탈한 부대까지 포함된 것이라 실상과는 다른 것이다.

部隊名	所在地	中隊長	인원(명)	비고
제1중대	寬甸	白狂雲	100	
제2중대	桓仁, 輯安	崔錫淳	120	
제3중대	柳河	崔志豊	120	
제4중대	通化	洪基柱	60	
제5중대	興京 等 各 縣	金鳴鳳	100	
유격대	興京 等 各 縣	文學彬	50	

려운 군사를 훈련시키는 일이 가장 시급한 과제였을 것이다. 1924년 6월 21일 개최된 대한통의부의 '行政委員 非常會議'는 군사위원장 신팔균이 임시예산을 신청하여 추인을 받고, 의용군사령장까지 兼攝하였음을 알려준다. 이는 대한통의부의 모든 군사적 권한이 그에게 집중되었음을 반증하는 것이다. 이날의 행정위원 비상회의에서는 행정위원 공동 명의로 13개 조항이 의결되었는데, 그 내용은 다음과 같다.

<대한통의부 행정위원 비상회의 의결사항>
1. 유격대 명의를 취소하고 중대를 본위로 하여 개칭함
2. 의용군 3개 중대를 增置함
3. 6월 14일 비상회의의 결의안인 사령부 사무 임시 정지의 건은 이를 취소함
4. 금후 상훈제도를 실시하기 위해 서훈 장정 기초위원 2인을 선정할 것
5. 군사위원장 보고에 첨부된 장교회의 결의안은 군사부에서 채택 실시할 것
6. 전만통일회 대표 선거 규정 및 의안은 별표와 같음(별표 생략)
7. 작년과 금년 양년도 모범학교 교육비는 학무부에서 직접 징수하고 조속히 중학교를 설립할 것
8. 재무부에서 징납한 구휼비는 민사부에서 직접 그 미수액을 조사하여 구휼을 실시함
9. 접객위원 金東三이 신청한 임시비 소양 52원 40전과 군사위원장 신팔균이 신청한 임시비 소양 24원은 모두 이를 추인함
10. 관전총관소 검무원 1인 증치의 경비는 임시비에서 지불함
11. 군사위원장 신팔균으로 의용군사령장의 직무를 겸섭케 함[88]
12. 의용군 소대장 문학빈, 이규성, 김창룡을 모두 의용군 중대장에 승임함

---

88) 『不逞團關係雜件―朝鮮人ノ部―在滿洲ノ部(39)』, 「大韓統義府 行政委員 非常會議 開催」(機密受 제763호, 1924년 7월 8일). 대한통의부 행정위원회의 의결에 따라 대한통의부 군사위원장인 신팔균이 의용군 사령장도 겸임하게 되었다. 그는 이로부터 불과 10여 일 만에 순국한 것이다.

13. 행정위원 이웅해는 행정위원 회규 제56조에 의거 해직함

大韓統義府 行政委員(吳東振, 金東三, 玄正卿, 金履大, 申八均, 李鐘乾, 康濟河, 金昌煥, 白南俊, 李奎星, 金昌龍, 李雄海)[89]

그런데 여기에서 주목하여야 할 것은 제5조의 장교 회의와 관련된 사항이다. 이 회의는 6월 16일 홍기주·문학빈·金錫夏·金保國·車用陸·玄日天·김창룡·이규성·김창헌·申浩永·金國柱 등 의용군 장교 11명이 모여 개최한 것인데, 이튿날 이들이 연명으로 발표한 서약문과 결의록에는 그 내용이 잘 나타나 있다. 이들 장교들은 '오등은 절대적 독립정신으로써 3만호 인민의 의사를 근거로 하여 本府의 神聖을 보장하고 진행의 방침은 대한민국 6년 6월 16일 임시장교회의의 결의에 基因하여 통일운동에 의하여 오인의 광복사업을 완성하고자 이에 서약함'이라는 서약문을 발표하였다. 이는 의용군 장교들이 일부 의용군의 이탈로 흐트러진 군사 기강을 바로 잡고 대한통의부에 충성을 다하겠다는 결의였다. 신팔균이 대한통의부에 참여하고 군사위원장에 취임한 직후 의용군 장교들의 회의와 결의는 신팔균에 대한 신뢰와 충성의 의미를 담고 있다고 보아도 좋을 것이다.

장교 회의에서 결의된 11개 항 중 신망 있는 인물을 사령장으로 선임해 달라는 그들의 요구는 이를 의미하는 것으로 보인다.[90] 그렇기 때문에 행

---

89) 臨時報第763號, 1924. 7. 8, 「大韓統義府行政委員非常會議開催」, 『不逞團關係雜件－朝鮮人の部－在滿洲の部(39)』.

90) 대한통의부의용군 장교 임시회의 결의록의 내용은 다음과 같다(公第266號, 1924. 7. 8, 「大韓統義府金東三ノ書面並不穩文書寫送付ノ件」, 『不逞團關係雜件－朝鮮人の部－在滿洲の部(39)』).
1. 군인과 무기 혼성은 各 隊가 금월 30일 이내로 군적과 무기대장 일체를 정리하여 군사부에 납입하도록 하고 일반 회원은 그 때 참관하도록 함.
2. 各 隊 현존 금액은 무기와 군적 납부와 동시에 군사부에 취합하고 이 금액은 무기 구입비로 충당하고 무기위원 2인을 선정하여 군사부 지휘 하에 두고 무기구입에 관한 專責을 담당하도록 함.
3. 무기위원은 鄭伊衡, 玄日天을 선정하고 위원의 유고 시에는 차점의 표를 얻은 김석하

정위원 비상회의는 장교회의의 결의안을 신팔균에게 알아서 처결하도록 하고 그로 하여금 의용군사령장의 직책까지 맡긴 것이라 할 수 있는 것이다.

당시 대한통의부가 처한 당면 과제는 재정난을 타개하고 흐트러진 군대 기강을 바로 잡아 무위를 갖춰 항일투쟁의 역량을 정비하는 일이었다. 대한통의부는 1923년 1월 17일 「財政處理條例」(府令 제5호)를 공표, 시행하여 왔는데, 1924년 4월 3일 제4회 통상회의에서 개정안을 만들고 5월 20일 행정위원 7인 명의로 「改正大韓統義府財政條例」(府令 제164호)를 공표하고 이전의 조례를 폐지하였다.[91] 개정된 재정 조례는 3장(總則 · 財政處理 · 財政簿記) 36조에 달하는 매우 상세하고 구체적인 것이었다. 즉, 대한통의부는 실력자인 오동진을 재무위원장으로 선임하고, 관련 조례를 대대적으로 정비하여 재정난을 타개하고자 하였음을 알 수 있는 것이다.

신팔균이 6월 21일 개최된 행정위원 비상회의에서 신청한 임시비는 이에 근거한 것으로서, 군사훈련과 관련된 것으로 보인다. 그는 대한통의부에 참여하여 군사위원장에 취임하자마자 각지에 주둔하던 중대원 중 '학술과가 부족한 군인'을 선별하여 무관학교와 같이 사관 자격을 갖춘 군인을 양성하기 위한 '사관 학원'을 운영하여 큰 성과를 거두었다.[92] 신팔균

를 후보자로 하여 그 임무를 맡도록 함.

4. 군대 편제는 탈퇴한 군대를 제외하고 다시 혼합하여 새로 편제함.

5. 각 대는 이전 부대의 이름을 취소하고 중대를 본위로 하여 4개 중대로 개편함.

6. 司令部의 事務를 조속히 계속 視務하도록 하고, 司令長은 신망이 있는 인물을 선거하도록 요구함.

7. 군인 募捐은 해당 금액을 모두 군사부에 直納하도록 함.

8. 表勳賞功은 금후 이를 실행하도록 군사부에 요구함.

9. 5중대와 駐臨(?)소대는 장교 중에서 특파원을 선정할 것. 駐臨隊에는 安鴻을 5중대에는 김국주, 김보국을 특파함.

10. 중대 사무실은 중앙소재지에서 50리 이내 떨어진 곳에 설치함.

11. 장교회의는 매월 (음) 15일에 통상 개최함.

91) 關機高收 第13646號, 1924. 6. 28, 「改正大韓統義府財政條例」, 『不逞團關係雜件－朝鮮人の部－在滿洲の部(39)』. 당시 행정위원은 현정경 · 김이대 · 신팔균 · 김동삼 · 오동진 · 이종건 · 강제하 등 7인이었다.

의 참여로 대한통의부의 실력이 강대해져 '독립단 중 제1위'가 되었다는
평가는 이 같은 정황을 잘 알려준다.[93]

3. 순국

1924년 7월 2일[94] 이른 아침부터 신팔균은 홍경현 이도구의 산악지대
에서 부하들의 훈련을 지휘하고 있었다. 그런데 이날 오후 1시경, 대한통
의부 군대는 중국군의 공격을 받아 약 3시간 동안 응전하였으나 탄환의
부족으로 신팔균과 유창열이 전사하고 2명의 부상자가 발생하였으며, 중
국군도 8명이 사상하는 '홍경사변' · '이도구 사변'이 발생하였다.[95]

그런데 대한통의부군을 공격하여 신팔균을 전사케 한 중국군의 실체
와 공격 사유에 대하여는 여전히 미진한 점이 많다. 자료에 따라서는 중
국군을 '支那降隊兵(歸順 馬賊)',[96] '支那 巡警',[97] '中國 地方兵',[98] '中國
土匪',[99] '中國 土軍',[100] '馬賊'[101] 등으로 지칭하고 있다.

대한통의부는 조직 초기부터 선전부와 교섭부를 내세워 중국 측과의

---

92) ≪東亞日報≫ 1924년 8월 10일. 여기에는 그가 4~5개월 동안 군사훈련을 시켰다고 되
   어 있어 그가 대한통의부 참여와 동시에 군사훈련에 착수하였음을 알려준다.
93) 機密受第324號, 1924. 8. 19, 「義成團長片康烈陳述書送付ノ件」, 『不逞團關係雜件—朝鮮
   人ノ部—在滿洲ノ部(39)』.
94) 신팔균이 전사한 이른바 '이도구 사변'은 1924년 7월 2일 발생하였다. 그런데 蔡根植은
   이를 1922년이라 기술하였고(『武裝獨立運動秘史』, 130쪽), 이를 근거로 신팔균의 전
   사년도를 1922년이라 잘못 기술한 논저도 있다(朴永錫, 「正義府硏究」, 『日帝下 獨立運
   動史硏究』, 65쪽).
95) ≪獨立新聞≫ 1924년 7월 24일자, ≪東亞日報≫ 1924년 7월 30일자, 1924년 8월 10일
   자 등.
96) 機密受 第827號, 1924. 7. 28, 「大韓統義府ノ近況」, 『不逞團關係雜件—朝鮮人ノ部—在
   滿洲ノ部(39)』.
97) 機密第32號, 1924. 8. 23, 「歸順鮮人ノ陳述書送付ノ件」, 『不逞團關係雜件—朝鮮人ノ部—
   在滿洲ノ部(40)』.
98) ≪獨立新聞≫ 1924년 7월 24일자.
99) ≪東亞日報≫ 1924년 7월 30일자.
100) ≪東亞日報≫ 1924년 8월 10일자.
101) 蔡根植, 『武裝獨立運動秘史』, 130쪽.

교섭에 유의하였다. 통의부는 중국 지방 관헌을 초치하여 연회를 베풀거나, 의용군은 부대별로 중국 교섭원을 따로 두거나 중국 순경을 초치하여 우호적 관계를 유지하고자 하였다. 특히 중국인들의 침해와 토비들의 우란을 방지하기 위해 상비군을 배치하거나 중앙기관에서 교섭처를 별도로 배치할 것이 검토되기도 하였다. 따라서 대개의 중국 지방 관헌들은 대한통의부의 활동을 묵인하였다.[102]

반면, 중국 관헌 중에는 대한통의부에 금품을 요구하여 불응하면 군대를 출동시켜 공격하는 경우도 있었다.[103] 중국 관군인 山林隊는 수차 수백 명이 의용군을 공격하여 중대장 이하 다수의 의용군을 살상하였으며, 保甲隊도 여러 차례 의용군을 공격하였다. 중국군의 대한통의부군 공격은 일제의 사주에 의한 경우도 있었으나, 대개는 금품과 무기 탈취가 목적이었다.[104]

한편 마적과의 충돌로 인한 희생도 컸다. 일제의 마적 이용정책은 이미 훈춘사건으로 극명하게 드러났다. 그런데 신팔균을 습격한 중국군 부대가 일제의 사주를 받은 마적이라는 견해가 있어 주목된다. 당시 사건을 보도한 ≪동아일보≫는 중국군의 습격이 '자동인지 피동인지' 알 수 없다며 일제의 사주 가능성을 제기하였다.

> … 7월 2일 이른 아침부터 군사위원장 신팔균씨 지휘로서 산 공간에서 야외 연습을 하였는데 독립군과 중국 군대와는 적대시 한 일이 없고 간혹 개인이 언어불통으로 충돌된 일이 있었던 바 그날 오후에 토군 300여 명이 자동인지 피동인지 알 수 없으나 사관학원의 야외 연습하

---

102) 박걸순, 「大韓統義府 硏究」, 239~240쪽.
103) 朝鮮軍司令部, 『不逞鮮人ニ關スル基礎的硏究』, 34~35쪽.
104) 중국 산림대의 경우 의용군을 습격하여 무기와 금전을 탈취하였음은 물론 시체로부터 시계와 양말까지도 벗겨갔다(≪獨立新聞≫ 1923년 1월 10일자). 한편 通化縣 岡山頭道溝 保甲長 周岐山은 의용군에게 탄환을 사주겠다고 속여 돈을 착복하고, 또 다시 돈을 요구하다가 의용군이 응하지 않자 발포하여 6명을 사살한 바 있다(≪獨立新聞≫ 1924년 2월 2일자).

는 산곡을 포위하고 사격을 함으로 신팔균씨는 적의 형세가 흉함을 관찰하였으나 졸지에 준비도 없이 당한지라 사세부득이 응포 교전하여 학원의 선두에서 지휘하여 오후 4시 후까지 약 3시간을 교전하다가 학원의 휴대한 탄환이 다하므로 퇴각을 명하고 신씨는 탄우 중에 전사하였다. 학원 편에서는 2명이 전사하고 2명은 중경상을 당하였으며 토군 편으로는 8명의 사상자가 있었다드라.[105]

한편 당시 사살된 마적의 시체를 검색한 결과 자국의 밀명을 받은 일본인이 3명 있었고, 그들의 주머니에서 중국 통일운동 방해 지시서와 조선혁명운동 단체 궤멸지시서가 발견되었기 때문에 일제의 마적 사주로 벌어진 참극이라는 주장도 있다.[106] 이 주장은 근래의 연구에까지 영향을 미치고 있는데,[107] 만일 이것이 사실이라면 일제의 마적 사주에 의한 독립군 공격이 명백하지만, 다른 기록에서 확인되지 않기 때문에 신중한 판단을 요한다.

오히려 중국군이 통의부 군대를 공격하기 전후 사정을 고려하면 그들의 무기 약탈 과정에서 벌어진 충돌일 가능성도 배제할 수 없다.

… 간도에서 독립운동에 힘쓰는 통의부에서는 금년부터 여러 가지 일을 진행하던 터이므로 그의 본부를 홍경현 모처에 두고 직원들이 모여서 사무를 집행하였었는데 중국의 토비로 관군에게 항복하야 다시 관군으로 편성된 중국 군대 얼마가 그 근처를 지나다 통의부에 총이 많이 있다는 것을 듣고서 그 전에 행하던 토비의 마음이 또다시 나서 통의부 직원에게 향하여 총을 모두 자기들에게 달라고 요구를 하고 태도가 점점 무리하게 강경하여지므로 총을 생명과 같이 하는 독립군들은 마주 나서서 대항하기를 시작하여 총을 서로 놓은 결과로 동포 세 사람이

---

105) ≪東亞日報≫ 1924년 8월 10일자.
106) 蔡根植, 『武裝獨立運動秘史』, 130쪽.
107) 김병기, 「대한통의부 의용군의 조직과 활동」, ≪史學志≫ 제37집, 단국대학교 사학회, 2005, 386쪽.

죽고 두 사람이 상하였고 중국사람 네 사람이 죽고 네 사람이 상하였는
데 독립군으로 죽은 사람으로는 통의부 군사위원장으로 있던 신팔균씨
도 있다는 바 …108)

또한 중국군이 7월 3일에 다시 그곳을 습격하여 민가를 약탈하고 7월
8일 통의부 유격대와 재차 충돌하여 인명 피해는 없었으나, 무기 10여정
을 피탈 당하였다는 사실과, 중국군이 통의부가 발행한 어음을 가지고 다
니면서 한인들에게 강제로 현금으로 환전하는 등의 행악을 저질렀다는
기사109)를 보면 단순한 약탈 과정에서 벌어진 충돌일 가능성이 크다고
여겨진다. 홍경현 지사가 이 사건이 '귀순 마적'의 소행으로 벌어진 것이
므로 대한통의부에 동정을 표하고 원만한 해결에 나섰다는 기록은 중요
한 사실을 시사한다. 즉, 일제는 대한통의부를 습격한 주체는 마적이었다
가 중국군에 편입된 군대라고 판단한 것이었다.

> … 7月 4日 대한통의부의 보위대원과 중국병(귀순 마적)과의 충돌사
> 건으로 간부는 종래의 근거지인 興京縣 旺淸門 二道溝를 떠나 興京縣
> 興端으로 피난하여 임시사무소를 개설 중에 있으며 목하 간부는 오로
> 지 충돌사건의 해결에 부심하여 홍경현 지사와 교섭 중인데 동 지사도
> 상대가 귀순 마적인 관계로 통의부 측에 많은 동정의 뜻을 표하고 이의
> 원만한 조정에 힘쓰고 있으므로 조만간 상호 양해 하에 왕청문으로 복
> 귀하게 될 것이다. …110)

이상을 종합하면 신팔균의 전사는 무기를 탈취하고자 하는 귀순 마적
으로 구성된 중국 지방군의 습격을 받아 항전하는 과정에서 발생한 비극
이라 할 것이다.111) 신팔균의 전사는 충격적 사건이었다. 사건 직후 대한

---

108) ≪東亞日報≫ 1924년 7월 30일자.
109) ≪獨立新聞≫ 1924년 7월 24일자.
110) 朝特報 第82號, 「大韓統義府の現況」, 『朝鮮軍參謀部發 朝特報에 관한 綴(2)』.
111) 물론 일제가 자신들의 행위를 은폐하기 위해 대한통의부를 공격한 부대를 귀순 마적으

통의부 본부는 이도구 왕청문을 떠나 興端으로 피난하여 임시사무소를 차리지 않으면 안 될 정도로 존립의 근간을 위협 당하였다. 곧 대한통의부는 이 난관을 극복하기 위해 오동진을 군사위원장 겸 의용군사령장으로 임명하였으며, 김동삼이 학무와 재무위원장을 겸임하는 등 일부 간부의 이동을 단행하였다. 그리고 부진을 만회하기 위해 의열단 폭탄사건과 같은 강력한 국내 투쟁을 계획하기도 하였다. 그의 장례는 대한통의부장으로 치러졌으며, 北京 天道敎宗理院에서는 신팔균 등 희생자에 대한 추도회가 개최되기도 하였다.[112]

그의 죽음은 독립운동계의 큰 손실이기도 하였으나 가족사에서도 비참한 결과를 가져왔다.

> … 씨의 가정에는 칠순이나 되는 모친이 있고 부인과 아들 4형제와 7, 8개월 된 유복자가 있으며 두 아우가 있는데 씨의 흉변이 있은 후로는 가정도 매우 비참하여졌으며 …[113]

그의 부인 임수명은 남편의 전사를 모르는 채 주변의 강권에 의해 귀국하였다. 그러나 남편의 죽음을 안 그녀는 남편이 죽은 지 꼭 4개월이 지난 11월 2일 유복녀인 季英과 함께 음독 자결하였다.[114]

VI. 맺음말

본고는 신팔균의 생애와 민족운동을 살펴 본 것이다. 그의 개인 연구로

로 구성된 중국 지방군으로 강변하였을 가능성도 있으나, 현재로서는 일단 이를 신뢰하는 수밖에 없을 것 같다.

112) 北情第97號, 1924. 9. 8, 「北京地方在住鮮人一般狀況」, 『不逞團關係雜件－朝鮮人の部－在支那各地(3)』.

113) ≪東亞日報≫ 1924년 8월 10일자.

114) ≪開闢≫ 第54號, 1924. 12, 「千態萬象」 및 ≪東亞日報≫ 1924년 11월 4일자.

는 처음 시도되는 것으로서 논란이 되는 사실을 검증하거나 새로운 사실을 규명하는 데 주력하고자 하였다. 본고의 미비한 점은 추후 보완하기로 하며 이상을 요약하면 다음과 같다.

신팔균은 전통적인 무반 가문의 후예로 태어나 그 영향을 받아 입학이 어려운 육군무관학교를 졸업하고 장교의 길을 걸었으며, 선대의 후광으로 시위대나 근위대의 요직에서 근무하였다. 특히 1907년 8월 군대의 강제해산 때에도 해임 당하지 않고 부위로서 근위대에서 근무하였고, 1909년 7월말 정위로 승진하는 등 계속 군에 머물 수 있었던 것으로 보인다. 그의 대한제국 장교 경험은 후일 남만주에서 항일무장투쟁을 주도하는 자산이 되었다.

그는 1909년 8월 이후 낙향하여 이미 동생 필균 등이 문중적 기반을 배경으로 인수하여 운영하고 있던 보명학교에 참여하여 구국교육운동을 펼쳤다. 이 시기에 참여한 대동청년당 활동은 그의 계몽운동의 일환으로서 그와 대종교와의 관련성을 짐작케 해준다.

신팔균의 중국 망명 시기는 정확치는 않으나 1914년 이전에 망명하여 안동현에서 살다가 이때에는 북경에 거주하였다. 망명 후 그가 중광단에 참여하거나 대한독립선언서 발표에 참여하였다는 기존의 견해는 그와 선대의 위명에 따른 오류로 보인다. 그러나 그는 서로군정서와 신흥무관학교 활동을 통해 ‘남만주 삼천’, 또는 ‘군인계의 삼천’이라는 별호를 얻었던 것으로 보인다.

망명 이후 신팔균은 북경과 서간도를 왕래하며 활동하였다. 북경에 거주하던 1922년 그는 일제의 간도 한인 학살 때 발생한 고아 교육을 위해 조직된 한교교육회에 가입하여 활동하였는데, 이는 보명학교 운영 경험을 통해 교육을 중요한 민족운동의 한 분야로 인식한 때문이었다. 이밖에도 그는 북경고려공산당, 북경한교구락부, 중한호조사 등에 참여하였음이 확인된다. 특히 그는 1923년 초에 국민대표회의 때 창조파로서 활동하였고, 창조파로 구성된 국민위원회의 국민위원으로 피선되었다. 1923년 10월경 국민위원회는 고려공산당 중앙집행부에 합병되었는데, 이 때 그는 군무위원장에 피선되어 김경천·최진동·김정·안무·김호익 등 쟁쟁한 무장들을 휘하로 하여 만주와 노령의 5개 관구를 총지휘하였다. 이러한 그가 일제에 의해 북경 재주 '불령선인'으로서 요시찰인으로 지목된 것은 당연한 일이었다.

1924년 초, 남만주의 통합 무장투쟁 단체였던 대한통의부는 의용군의 분립과 상호 무력 충돌과 재정난 등으로 매우 어려움을 겪고 있었다. 이에 대한통의부는 이해 1월 8일 개최된 중앙의회에서 위원장 제도로 개편하고 북경으로 사람을 보내 신팔균에게 군사위원장을 맡아줄 것을 요청하였다. 신팔균은 이를 수락하고 1924년 4월 20일 왕청문에 도착하였다. 그의 도착 직후 대한통의부는 그를 군사위원장으로 하는 조직 개편을 단행하는 한편, 잔여 병력과 모병 인원으로써 의용대를 5개 중대로 재편하였다. 신팔균은 6월 16일에 개최된 의용군 장교회의에서 11명의 장교들로부터 충성을 서약 받았고, 6월 21일 개최된 '행정위원 비상회의' 결의에 따라 의용군사령장을 겸섭하게 되었다. 이로써 신팔균은 대한통의부의 가장 중요한 군사 활동에 관한 총책을 맡게 된 것이었다.

대한통의부 참여 이후 신팔균은 곧 바로 군사 훈련에 착수하였다. 그는 각 중대별로 인원을 선별하여 사관 양성소와 같은 '사관 학원'을 개설하고 직접 훈련을 지휘하였다. 그러나 신팔균은 뜻하지 않게 7월 2일, 무기를 탈취하고자 하는 귀순 마적으로 구성된 중국 지방군의 습격을 받아 항전하는 과정에서 전사하고 말았다. 이는 그가 대한통의부에 참여한 지 2개월만의 일이고, 의용군 사령장을 겸섭한 지 불과 10여 일만의 일이었다. 그의 전사는 독립운동계의 큰 손실이었으며, 가족사에서도 비참한 결과를 가져왔다.

요컨대, 그는 대한제국의 육군 장교로서 망국 후 북경과 남만주 일원에

서 항일무장투쟁을 주도함으로써 비록 대한제국의 군대는 해산되고 국가
라는 외형은 망하였으나, 그 정신은 망하지 않았다는 사실을 실증하는 인
물이라 할 수 있다. 즉, 그는 대한제국의 군대와 만주 독립군을 연계하는
가교적 인물인 것이다.

(≪역사와 담론≫ 제57집, 호서사학회, 2010)

3·1운동 공판기록을 통해 본 충북 출신 '민족대표'의 독립사상

Ⅰ. 머리말

충북지방은 3·1운동의 초기 계획 단계를 주도한 이른바 '민족대표' 33인 중 6인을 배출한 고장이다. 그들은 민족대표의 수장이었던 손병희를 비롯하여 권동진·권병덕 등 천도교계 3인과, 신석구·신홍식 및 정춘수 등 기독교계 3인이다. 더구나 이들은 권동진을 제외하고는 당시 청주군 출신으로서, 일개 군에서 5인의 민족대표를 배출한 것은 전국적으로도 최다이며 자랑할 만한 일이다.

3·1운동사에서 민족대표의 대표성과 역할 등에 대해서는 상반된 견해가 제기되어 있다. 이는 3·1운동을 영웅사관으로 볼 것인가 아니면 민중사관으로 볼 것인가라는 관점의 차이, 분단과 독재 등 이데올로기와 정치적 상황의 차이 등 복잡한 인식이 개재되어 있다. 대개 1980년대 전반기까지는 민족대표의 대표성과 역할에 대한 긍정론이 통설이었다. 그러

나 1980년대 후반 이후 이른바 민주화운동의 분위기에서 부정론이 지배적이 되었다. 부정론은 그들이 외세 의존적이고 타협적이었으며, 반민중성을 지니는 등 부르주아적 민족운동의 한계를 집약적으로 보여주었다고 비판하였다. 이와 함께 초기 조직 단계와 민중운동 단계를 구분하고, 초기 조직 단계의 역할을 긍정하여 3·1운동의 기폭제 역할을 인정해야 한다는 제한적 긍정론이 대두되기도 하였다.[1]

민족대표에 대한 논의는 3·1운동사 연구의 부진과 함께 한동안 중단되었다. 그런데 근래 개인 연구를 통해 서울과 그들과 연고가 있는 지방의 시위가 연계되고 있음을 근거로 들어 민중사관적 비판론을 반박하며 민족대표들이 역사변혁을 이끈 창조적 소수자로서의 역할을 인정해야 한다는 견해가 제기되기도 하였다.[2]

이처럼 민족대표의 역사적 평가를 둘러싼 논의가 계속되는 것은 3·1운동 당시의 역할 외에 그들이 이후 이른바 민족대표라는 이름의 가치를 지켜 냈느냐 하는 행적과 관련된 것으로 생각된다. 즉, 그들 가운데에는 민족운동선상에서 이탈하여 3·1정신을 훼절한 자가 적지 않기 때문이다.

본고는 충북 출신 민족대표의 공판기록을 통해 그들의 독립사상을 검출해 보고자 하는 것이다. 개인의 독립사상을 표출한 것으로는 사실심리를 위주로 한 공판기록이 가장 중요한 자료라 할 수 있다. 囹圄의 처지에서 자신에게 가해질 극형의 불안에도 불구하고 그들이 일제 경찰과 검사 및 판사를 상대로 육성으로 토로한 취조서나 신문조서는 그들의 독립사

---

1) 민족대표에 대한 논의로는 愼鏞廈, 「三·一獨立運動의 社會史(下)」, ≪韓國學報≫ 31, 일지사, 1983;강만길, 「남북한 역사인식의 같은 점과 다른 점」, ≪창작과 비평≫ 63, 1989; 정연태, 「3·1운동의 전개양상과 참여계층」, 『3·1민족해방운동연구』, 한국역사연구회 역사문제연구소편, 청년사, 1989;김성보, 「3·1운동에서 33인은 '민족대표'가 아니다」, ≪역사비평≫ 7호, 1989;역사문제연구소 민족해방운동사반, 「3·1운동」, 『쟁점과 과제 민족해방운동사』, 역사비평사, 1990;이정은, 「3·1운동 민족대표론」, ≪한국민족운동사연구≫ 32, 2002 등 참조.
2) 허동현, 「3·1운동에 미친 민족대표의 역할 재조명」, ≪한국민족운동사연구≫ 46, 2006.

상을 집약적으로 보여준다. 그러나 지금까지 3·1운동에 대해 많은 연구가 진행되었으나, 이들의 공판기록을 면밀히 검토한 것은 별로 없으며, 그나마도 충북 출신 인물들에 대한 경우는 전무한 실정이다.[3] 이들을 개별적으로 검토한 논고가 없지는 않으나, 대부분 중앙사 차원의 것으로서 지역적 배경이나 연고가 전제 되지 않은 것들이다. 따라서 이들의 공판기록을 분석하는 것은 이들의 독립사상의 분석을 통해 3·1운동사의 귀납적 해석을 시도함은 물론, 이들을 지방의 인물로서 재조명하고 자리매김하자는 의미도 있는 것이다.

II. 일제 식민지 지배의 부정과 독립의 확신

대부분의 민족대표들은 일제의 강제 병합과 식민지 지배를 근본적으로 부정하였다. 손병희는 한일병합에 대한 감상을 묻는 일본인 판사의 신문에 대해 자신은 중립의 위치에 있었다고 하였다. 나아가 그는 동학혁명 때 인민의 행복을 얻기 위해 정부를 전복시키고자 하였으나 실패하였는데, 언젠가는 정부가 전복될 것이라고 생각하였기 때문에 특별한 감상이 없다고 말하였다. 또한 그는 러일전쟁 때 자신이 군자금 1만 원을 일제에 헌납하고 경부선과 경의선을 부설할 때 천도교에서 지원한 것은 일본이 깨어지면 동양이 파멸될 것으로 여겼기 때문이라고 말하기도 하였다.[4] 이 부분은 손병희의 정세 인식과 행적에 대한 평가에서 논란이 될 수 있는 부분이다.

그러나 손병희는 한민족이 절대 일제에 동화될 수 없음을 강조하였고,

---

3) 민족대표의 재판기록을 분석한 논고로는 李炫熙의 「三·一運動 裁判記錄을 通해서 본 天道敎代表들의 態度分析」(≪韓國思想叢書≫ 4, 한국사상연구회, 1980)이 있고, 충북 출신 민족대표에 대해 검토한 글은 박걸순의 「청원의 3·1운동과 청원 출신의 민족대표」(≪淸原文化≫ 제8호, 청원문화원, 1999)가 있는 정도이다.
4) 「孫秉熙 신문조서(제1회)」, 1919. 4. 10, 경성지방법원(『한민족독립운동사자료집(3·1운동 Ⅰ)』 11, 국사편찬위원회, 1990, 62쪽).

일제도 세계 대세에 따라 한민족을 독립시켜야 한다고 주장하였다. 그는 자신은 국가 관념은 없고 민족 관념만 있을 뿐인데, 일제가 병합 후 각종 압박과 차별 대우를 하고 있기 때문에 한민족을 절대 동화시킬 수 없을 것이라고 확신하였다. 이는 박은식이 주장한 혼백론이나, 민족주의사가들이 주장한 관념론적 역사인식과 일치하는 사유이다. 또한 그는 독립선언이 오히려 일본의 정책과 합치하는 것이라고 하였는데, 이는 조선을 독립시키면 중국의 감정을 완화시킬 수 있으므로 장래 일본이 동양의 맹주가 될 수 있을 것이기 때문에 일본에게도 유리한 일이라는 논리를 폈다.[5]

일제는 손병희가 동학혁명 당시 교주로서 정부를 전복시키고 스스로 정치를 하고자 하였던 것으로 의심하였다. 이는 3·1운동을 천도교에 의한 정변으로 규정하고자 한 의도를 지닌 것으로서, 실제 그가 3·1운동 직후 조선민국임시정부나 대한민간정부 등에 본인의 의사와 무관하게 수반격인 대통령에 추대되었기 때문으로 보인다. 물론 그는 이에 대해 부정하였다. 경무총감부에서 일인 검사가 손병희에게 천도교도 전체가 구한국의 국권회복의 뜻을 가지고 있는지 여부를 추궁하거나,[6] 판사가 권동진에게 손병희 이하 천도교 신도가 정치적 기관으로 되는 것을 기도하고 있다는 것을 추궁한 것은 천도교가 정치적 비밀결사이고 이번 사건이 손병희의 정치적 야욕에서 나온 것임을 밝히고자 한 것이다.[7]

일제가 취조와 재판과정에서 손병희가 천도교의 실질적 실권자라는 사실을 밝히기에 부심했던 것도 이 때문이었다. 일제는 경무총감부의 신문 때는 물론 예심에서도 그가 실질적인 천도교 교주라는 사실을 집요하게 따졌다. 특히 일제는 그가 교주를 그만둔 뒤에도 천도교 자금으로 운동자

---

5) 「孫秉熙 신문조서(제1회)」, 1919. 4. 10, 경성지방법원(『한민족독립운동사자료집(3·1운동 Ⅰ)』11, 64~65쪽).

6) 「孫秉熙 피고인 신문조서」, 1919. 3. 7, 경무총감부(이병헌,『三一運動秘史』, 시사시보사, 1959, 80쪽).

7) 「權東鎭 신문조서(제2회)」, 1919. 7. 18, 경성지방법원(『한민족독립운동사자료집(3·1운동 Ⅰ)』11, 151쪽).

금을 충당한 것 등을 예로 들며, 비록 교주를 사임하였다 하더라도 신도들에게 '선생'으로 불리며 사실상 천도교를 지휘하고 있다고 보았다. 손병희도 그 사실을 부인하지는 않았다. 그는 자신이 교주는 사임하였으나 천도교에 40년 동안 관계하였으므로 돕고 있다고 말하였다.[8] 또한 그는 독립운동을 위해 교도들에게 자금 모금을 지시했느냐는 신문에 대해, 자신이 돈을 모금하려면 얼마든지 할 수 있다고 답변하였다.[9] 일제는 권동진에게도 비록 천도교의 표면상 대표는 박인호이지만 실권은 손병희가 잡고 있는 것 아니냐고 따졌고, 권동진은 이를 인정하였다.[10] 또한 권동진은 박인호를 민족대표로 가입시키지 않은 이유에 대해 박인호가 정치적 관심도 없었지만, 손병희만 가입해 있으면 독립운동에 지장이 없다고 판단하였기 때문에 가입시킬 필요가 없어 권유하지도 않았다고 말하였다.[11]

당시 천도교의 교주는 박인호였으나 실권자는 손병희였다는 사실은 박인호의 신문에서 더욱 분명히 알 수 있다.

> 문 : 그대는 천도교에서 제일 두목이 아닌가?
> 답 : 그렇다. 가장 윗자리이다.

---

8) 「孫秉熙 신문조서(제1회)」, 1919. 4. 10, 경성지방법원(『한민족독립운동사자료집(3·1운동 Ⅰ)』 11, 60쪽). 한편 그는 고등법원에서도 이 사실을 신문 당하였고, 당당히 인정하였다(「孫秉熙 신문조서」, 1919. 8. 21, 고등법원, 『한민족독립운동사자료집(3·1운동 Ⅰ)』 12, 16쪽).
   문 : 피고는 지금 천도교에서 어떠한 직에 있는가?
   답 : 전술한 바와 같이 교도, 그 밖의 사람에게서 선생이라고 불리고 있으나, 직제상의 교무에는 맡은 것이 없다. 단순히 실제에 있어서 상의가 있을 때 그 지시를 하고 있을 정도이다.
   문 : 그러면 피고는 천도교에 있어서 실권을 다 장악하고 있는 것이 아닌가?
   답 : 그렇다.
   문 : 그리고 천도교도 1백만 명의 숭배의 표적으로 되어 있는 것인가?
   답 : 그렇다.
9) 「孫秉熙 신문조서(제3회)」, 1919. 7. 14, 경성지방법원(『한민족독립운동사자료집(3·1운동 Ⅰ)』 11, 127쪽).
10) 「權東鎭 신문조서」, 1919. 8. 20, 고등법원(『한민족독립운동사자료집(3·1운동 Ⅰ)』 12, 40쪽).
11) 「權東鎭 신문조서(제1회)」, 1919. 4. 8, 경성지방법원(『한민족독립운동사자료집(3·1운동 Ⅰ)』 11, 46쪽).

　　문 : 그러면 천도교의 소지금을 출입하는 일은 그대에게 전권이 있는
것이 아닌가?

　　답 : 형식상에서는 내가 가장 위에 있으므로 그런 식으로 되어 있지
만 실제에 있어서는 孫秉熙의 명령이 없으면 일체 출입을 할 수 없게 되
어 있으니 5천 원은커녕 단 5원의 돈이라도 내가 마음대로 지출할 수는
없는 것이다.

　　문 : 그렇다면 천도교의 사실상 제일 두목은 孫秉熙인데 그대는 간판
이 되어 있을 뿐인가?

　　답 : 전적으로 그렇다.[12]

　　일제가 손병희를 상대로 정교분리에 대해 따지고, 천도교를 독립운동
을 위한 비밀결사로 몰아붙인 것도 이와 무관하지 않다. 손병희는 자신은
종교적 목적을 달성하기 위해 조선의 독립을 기도한 것이며, 종교가 만족
스럽지 못했기 때문에 정치에 관여한 것이지, 정치적 야심이 전혀 없다고
응수하였다.[13]

---

12) 「朴寅浩 신문조서」, 1919. 8. 29, 고등법원(『한민족독립운동사자료집(3 · 1운동 Ⅰ)』 12,
　　117~118쪽).
13) 「孫秉熙 신문조서(제3회)」, 1919. 7. 14, 경성지방법원(『한민족독립운동사자료집(3 · 1운
　　동 Ⅰ)』 11, 129쪽). 손병희와 예심 판사 永島雄藏과의 정교분리 논쟁 내용은 다음과 같다.
　　문 : 피고는 천도교를 생명으로 한다는 것이고, 사람을 훈화해야 할 지위에 있으면서 정
　　치의 와중으로 뛰어 들어 조선의 독립을 기도한다는 것은 피고의 사상에 위반하는 것으
　　로 생각되는데 어떤가?
　　답 : 그것은 종교가 만족스럽게 행해지도록 하기 위하여 조선의 독립을 도모했는데, 종교
　　가 만족스럽게 행해지지 못하는 동안은 아무래도 종교가가 정치에 관계하게 된다고 생각
　　한다.
　　문 : 그러나 역사상 순정한 종교는 정치와 혼효되지 않도록 되어 있는 것이 명백한데, 천
　　도교는 정치에 대한 비밀결사였기 때문에 이번 조선독립을 기도한 것으로 생각되는데 어
　　떤가.
　　답 : 국가가 종교를 도와주면 정치에 관계하지 않고 자립할 수 있는데 그렇지 않는 한에
　　는 종교는 정치에 붙어가서 그 목적을 달성하도록 하지 않으면 안 된다고 생각하며, 종교
　　의 목적을 달성하기 위해서 조선의 독립을 기도한 것이다. 나는 조선이 독립국이 되더라
　　도 벼슬길에 나아갈 생각은 없는 것이다. 만약 내가 독립 후에 벼슬길에 나아간다고 한다
　　면 정치상의 야심이 있었다고 하더라도 할 수가 없지만, 나에게는 종교의 목적을 달성한
　　다는 일 이외에는 아무것도 없다.

손병희는 권동진·오세창·최린이 자신의 집으로 와서 만세운동을 논의하는 과정에서 기독교 측에서도 이 같은 일이 추진되고 있다는 사실을 보고 받고는, '지극히 좋은 일'이니 그들과 함께 독립운동을 추진하도록 지시하였다.[14) 이는 그가 3·1운동은 종교의 문제가 아니라 국가적 문제이니 종교를 떠나 연합하여야 한다고 판단하였던 것이다.[15) 손병희의 연합 지침은 초기 계획 단계를 주도했던 최린 등에 의해 실행되었는데, 최린은 독립운동은 '민족 전체에 관한 대사업'이므로 민족 과업을 이루기 위해서는 종교와 당파의 구별이 있을 수 없으니 독립에 대한 민족적 통일을 이루기 위해 절대 합동하여야 한다고 여기고 타 종단과 연합을 추진하였던 것이다.[16) 손병희가 운동자금을 전담하면서까지 종교가 다른 기독교와 연합하도록 한 것은 3·1운동이 그의 개인적 야욕을 위한 것이 아니라 민족적 과제를 해결하고자 한 것임을 알려주는 것이다.

손병희의 承禮(接待係)인 권병덕은 손병희의 뜻에 따라 3·1운동에 참가하였다. 권병덕은 손병희가 권병덕과의 관계를 묻는 신문에 '내 육신과 같이 지내는 사람'이라고 말할 정도였다.[17) 따라서 그는 손병희가 하는 일이라면 어떤 일이라도 뜻과 행동을 같이 하고자 하였고, 손병희가 하는 일이면 누구든지 따를 것이라고 믿었다. 그는 합병 당시에는 시천교도였기 때문에 합병을 반대하지 않았으나 천도교도가 된 후에는 반대하였다고 밝히고, 일제의 민족 차별을 지적하면서 한국의 독립이 일본에게도 도움이 되는 것이라고 주장하며 독립론을 펼쳤다.[18)

권동진 또한 일제의 병합에 분명히 반대하며, 절대 일본과는 동화할 수

---

14) 「孫秉熙 피고인 신문조서」, 1919. 3. 7, 경무총감부(『三一運動秘史』, 77쪽).

15) 「孫秉熙 신문조서(제2회)」, 1919. 4. 11, 경성지방법원(『한민족독립운동사자료집(3·1운동 Ⅰ)』 11, 68쪽).

16) 崔麟, 『自敍傳』(≪韓國思想≫ 제4집, 1962, 165쪽).

17) 「孫秉熙 신문조서(제2회)」, 1919. 4. 11, 경성지방법원(『한민족독립운동사자료집(3·1운동 Ⅰ)』 11, 67쪽).

18) 「權秉悳 경찰신문조서」, 1919. 3. 1, 경무총감부(『三一運動秘史』, 217쪽).

없음을 강조하였다. 그는 표면상으로는 병합 조약이 주권자 사이에서 원만히 체결된 듯하나, 이는 다수 조선 인민의 의사가 아니고 시대사조에도 맞지 않는 일이라고 지적하였다.[19)]

민족차별을 지적하며 동화불가론을 주장한 것은 정춘수도 마찬가지였다. 그는 자신이 병합 이래 정치와 교육 및 일반시책에 있어 민족차별에 불만을 지녀왔고 양 민족이 동화할 수 없음을 알기 때문에 항상 독립운동을 하여야 하겠다고 마음먹게 되었다고 말하였다.[20)]

신홍식도 비록 소극적 형태이지만 병합에 반대 의사를 밝혔다. 그는 합병 이래 심중에 불만을 품고 있었으나, 천의라고 생각되어 참고 있었다고 전제한 뒤 강화회의가 개최되고 민족자결이 주창되는 좋은 기회에 독립운동을 하면 독립이 될 것으로 믿었다고 말하였다.[21)] 따라서 그의 소극적 병합 반대론은 3 · 1운동의 당위론을 내세우기 위한 전략적 답변으로 이해하여야 할 것이다.

신석구는 병합 반대의 이유로서 4천년 역사를 지닌 민족임을 표방하며 예심판사와 법정 논쟁을 벌였다. 특히 이른바 문화와 문명발전론과 시혜론 등 식민지근대화론을 둘러싼 논쟁은 민족대표 중 가장 구체적이고 치열하게 논쟁을 벌인 것으로 주목된다.

> 문 : 피고는 한일합병에 반대하는가?
> 답 : 그렇다. 조선은 4천년의 역사를 가진 나라로서 타국에 병합되는 것은 누구든지 싫어한다. 나는 한일합병에 반대한다.
> 문 : 한일합병 전의 조선은 대단한 악정으로서 인민은 노예와 같이 대우를 받고 있었으나, 합병한 후부터 자유와 행복을 누렸다고 하는 것을 알지 못하는가?

---

19) 「權東鎭 신문조서(제1회)」, 1919. 4. 8, 경성지방법원(『한민족독립운동사자료집(3 · 1운동 I)』 11, 40쪽).
20) 「鄭春洙 피고인 신문조서」, 1919. 3. 7, 경무총감부(『三一運動秘史』, 546~547쪽).
21) 「申洪植 피고인 신문조서」, 1919. 3. 12, 경무총감부(『三一運動秘史』, 479~480쪽).

답 : 그런 것도 있다. 하지만 독립국이 된다면 善政을 할 때가 필연코 올 것이다.

문 : 병합하여 영원히 선정을 하여 인민이 행복하면 좋지 않은가?

답 : 병합한 후 조선은 식민지로 되어 조선 사람은 열등한 대우를 받고 있는데 조선 인민에게 행복이 올 리가 없다.

문 : 조선은 문화의 발전이 되지 않고 인민의 생활 정도가 일본보다 낮으므로 그 정도에 응하여 교육제도의 시설을 하여야 하지 않는가? 그리고 조선인에 대한 대우를 말한다 하더라도 인민의 행복과 자유가 점차 커가고 있지 않는가?

답 : 조선 사람으로서는 동등한 대우를 받는다 하더라도 그런 것을 희망하지 않는다. 그것은 조선 사람으로 하여금 조선 정신을 잃어버리게 하는 일이기 때문이다. 교육에서도 정도가 낮을 뿐 아니라 일본 정신의 주입식 교육을 실시하므로 병합에 반대하고 있다. 가령 종처가 있다면 치료할 수 있지 않는가?

문 : 그 치료를 하기 위하여 합병한 것이 아닌가?

답 : 그렇지 않다. 조선 사람으로서는 그러한 치료를 원하지 않는다.

문 : 그러면 피고는 조선의 국민성을 잃지 않고 있다가 기회만 있으면 조선 독립을 계획하려고 생각하고 있는가?

답 : 항상 그런 생각을 하고 있다.[22]

일제의 식민지 지배를 전면 부정한 만큼 충북 출신 민족대표들은 독립을 확신하며 결연한 투쟁 의지를 밝혔다. 대부분의 민족대표들이 그러하였으나, 특히 충북 출신 민족대표들의 답변이 돋보인다.

손병희는 경찰 신문에 대해 조선 민족 대표자는 일본 정부와 협의하여 평화롭게 목적을 수행하려 하나, 만일 불행하게 일본 정부가 용납하지 않는다면 어디까지든 계속 운동 목적을 수행할 것이라고 답하였다. 그리고 검사의 신문에 대해서도 힘만 있으면 언제든지 독립할 생각을 이전부터 가지고 있었으며, 독립이 될 것으로 확신하기 때문에 기회만 있으면 독립운

---

22)「申錫九 신문조서」, 1919. 5. 5, 경성지방법원(『三一運動秘史』, 497~498쪽).

동을 하려는 의사를 관철시키겠다고 하였다.23) 천도교도인 권동진과 권병덕도 손병희처럼 기회만 있다면 독립을 이룰 때까지 계속 독립운동을 할 것이라고 답하였다.24) 또한 법정에서 법률적 제재니 처벌이니 하며 겁박하는 일인 판사에게 각오가 되어 있다고 당당히 답하였다.25)

기독교도인 신석구와 신홍식은 조선의 독립은 하느님의 뜻이라며 독립을 확신하였다. 기독교인으로서 타 종단과 함께 정치 행위에 참가하는 것에 대한 번민을 가장 잘 보여주는 인물은 신석구이다. 그는 서울 수표교 교회에서 목사로 있던 1919년 2월 12일경, 오화영으로부터 기독교계가 천도교계와 연합하여 독립운동을 한다는 소식을 전해 들었다. 이때 신석구는 교역자가 정치운동에 참가하는 것과, 이질적인 천도교와 합작하는 것이 하느님의 뜻에 합당한가에 대해 번민하게 되었다. 그는 새벽마다 이 일을 위하여 기도하던 중 2월 27일경 '4천년 전해 내려오던 강토를 너의 代에 와서 잃어버린 것이 죄인데 찾을 기회에 찾아보려고 힘쓰지 아니하면 더욱 죄가 아니냐'는 하느님의 말씀을 듣고 곧 참가를 결정하였다고 한다.26) 따라서 그는 '上帝'께 맡긴 몸으로서 조선의 원수인 일본을 미워하지는 않지만 '신의 마음'으로 독립이 될 것으로 확신하였고, 한일합병에 반대했으므로 독립이 될 때까지 독립운동을 할 것이라고 주장하였다.27) 이는 성경(마 5:44)에 근거하여 행동하되 독립의지만은 분명히 천명한 것이었다.28)

신홍식 역시 기독교인으로서 '하느님의 의사'로 조선이 독립될 것으로

---

23) 「孫秉熙 경찰신문조서」, 1919. 3. 1, 경무총감부 및 「孫秉熙 피고인 신문조서」(『三一運動秘史』, 73~81쪽).
24) 「權東鎭 피의자 신문조서」, 1919. 3. 10, 경무총감부;「權秉悳 피의자 신문조서」, 1919. 3. 20, 서대문감옥(『三一運動秘史』, 185, 221쪽).
25) 「權東鎭 신문조서(제1회)」, 1919. 4. 8, 경성지방법원 및 「權秉悳 신문조서(제1회)」, 1919. 4. 11, 경성지방법원(『한민족독립운동사자료집(3·1운동 Ⅰ)』11, 49, 81쪽).
26) 한국감리교회사학회편, 『신석구목사자서전』, 1990, 83~84쪽.
27) 「申錫九 경찰신문조서」, 1919. 3. 1, 경무총감부(『三一運動秘史』, 491~494쪽).
28) 이덕주, 『신석구 연구』, 기독교대한감리회 홍보출판국, 2000, 114쪽.

믿고 있었다. 그러나 향후 독립운동의 지속 여부를 묻는 신문에는 최초의 운명이 막혔으니 말할 수 없다고 유보적 입장을 밝히면서도 비록 몸은 갇혀 있지만 총독이 선언서를 인정할 것이므로 독립운동의 목적은 달성된 것이라고 주장하였다.[29] 신홍식은 옥고를 치르는 동안 '육적 재판'만 받은 것이 아니라 '영적 재판'을 받았다고 한다.[30] 이 영적 체험은 향후 그가 민족운동을 계속하도록 한 계기가 된 것으로 평가된다.[31]

그러나 정춘수는 모호한 사유로 태화관의 독립선언식에도 불참하였고, 신문과정에서도 다른 민족대표들과는 차이를 보인다. 대부분의 민족대표들이 끝까지 독립투쟁을 하겠다고 한 반면, 그는 자치 청원을 바라는 것이지 독립을 주장한 것은 아니었다며 자기변호를 하다가 결국 최초 목적을 달성하지 못하였으므로 독립운동을 그만두고 종교 사업이나 하겠다고 말하였다.[32] 이는 1937년 이후 그가 민족운동선상에서 이탈하는 것을 예시한 것이나 다름없다.

Ⅲ. 국제 정세와 민족자결주의에 대한 인식

3·1운동은 종교 지도자들이 세계 개조의 국제 정세를 민족운동으로 활용한 결과였다. 당시 군국주의 국가의 패전과 연합국 측의 민족자결주의 제창으로 세계는 바야흐로 해방, 자유와 평등, 민주주의가 풍미하는 세상이 되었다.[33]

---

29)「申洪植 경찰신문조서」, 1919. 3. 1, 경무총감부 및「申洪植 피의자 신문조서」, 1919. 3. 12, 경무총감부(『三一運動秘史』, 478~482쪽).

30) 신홍식은 이때의 체험을「영적재판」이라는 제목으로 ≪기독신보≫ 1925년 1월 28일부터 4월 22일 사이에 8회 연재하였다.

31) 김권정,「일제하 신홍식의 기독교 민족운동과 사회사상」, ≪韓國敎會史學會誌≫ 제18집, 한국교회사학회, 2006, 14~15쪽.

32)「鄭春洙 피고인 신문조서」, 1919. 3. 21, 서대문감옥(『三一運動秘史』, 542~553쪽).

33) 이만열,「민족운동과 민족자결주의」, ≪한민족독립운동사연구≫ 11, 국사편찬위원회, 1992, 265~266쪽.

천도교 측에서는 제1차 세계 대전의 개전과 경과를 예의 주시하였다. 이때를 전후하여 천도교 측에서 민족문화수호운동본부와 천도구국단이 란 비밀결사를 조직한 것은 세계정세의 변화에 대비한 것이었다. 특히 손 병회가 이종일에게 천도구국단이 독립국가 건설의 수임기구로서의 역할 을 할 수 있도록 지시하였다는 사실은 일찍부터 손병회를 비롯한 천도교 측 지도부가 독립운동을 준비하였다는 사실을 입증하는 것으로 시사하는 바 크다.34)

손병회는 3·1운동 이전부터 '힘만 있으면 언제든지 독립할 생각'을 지 니고 세계정세의 변화를 예의 주시하고 있었다. 그는 여러 개의 신문을 구독하고 있었는데, 1919년 1월경 영국이 화란을 독립시켰다거나, 민족 자결주의가 제창되었다는 기사를 보게 되었다.35) 그는 민족자결주의가 세계 대세를 이루고 있는 '이번 기회'를 '천재일우의 호기'로 인식하고 동 지와 교도들을 독려하였다.36)

민족대표들이 지녔던 국제 정세 인식은 손병회와 권동진 등 천도교 대 표들이 수립한 기본 지침이 반영된 독립선언서에 잘 나타나 있다. 이 중 에 "신천지가 안전에 전개되도다. 위력의 시대가 去하고 도의의 시대가 來하도다"라는 구절은 이를 잘 보여준다. 또한 3·1운동 직후 민족대표 들의 독립사상을 집약적으로 보여주는 한용운의 「조선독립에 대한 감상 의 개요」에는 20세기 초두부터 인류는 사상이 점점 새로운 빛을 띠어 미 래의 대세는 침략주의의 멸망, 자존적 평화주의의 승리가 될 것이라고 확 신하였다.37)

---

34) 박걸순, 「옥파 이종일의 사상과 민족운동」, ≪한국독립운동사연구≫ 제9집, 독립기념관 한국독립운동사연구소, 1995 참조. 天道救國團은 名譽總裁 孫秉熙, 團長 李鍾一, 副團長 金弘奎, 總務 張孝根, 涉外 申永求, 行動隊長 朴永信으로 조직되었다(『默菴備忘錄』, 1914 년 8월 23일 및 8월 31일, 1916년 3월 31일자).
35) 「孫秉熙 신문조서(제1회)」, 1919. 4. 10, 경성지방법원(『한민족독립운동사자료집(3·1운동 I)』 11, 64쪽). 당시 그는 ≪경성일보≫, ≪매일신보≫ 및 大阪에서 발행되는 신문을 거 의 구독하고 있었다.
36) 崔麟, 『自敍傳』(≪韓國思想≫ 제4집, 164쪽).

손병희 등이 크게 기대한 것은 강화회의와 민족자결주의였다. 손병희는 민족자결주의 제창 소식은 독립운동을 주도하던 이들의 '피를 끓게' 하는 것이라고 하였고, 이로 말미암아 세계는 개조될 것이라고 여겼다.

> … 미국 대통령이 주창한 민족자결은 우리들의 피를 끓게 하는 주장이며 2천만의 생명을 상실한 이번 유럽전쟁 그리고 민족자결의 제의에 의하여 세계가 새롭게 될 것이라고 생각되어 일본인의 사상도 변할 것으로 생각되고, 조선을 독립시키면 중국의 감정을 완화시킬 수가 있으며 장래 일본이 동양의 맹주로 갈 수 있을 것으로 생각했기 때문이다.[38]

손병희는 강화회의에 일본이 5대국의 일원으로 열석하고 있고, 이 회의가 민족 평화 등의 권리를 의제로 하고 있기 때문에 일본이 당연히 조선의 안녕 질서를 지키기 위하여 조선의 독립을 승인할 것이라 믿었다. 또한 신문지상에 영국이 애란을 독립시킨 기사를 보고 일본도 조선을 독립시키는 것이 옳은 일이라고 생각하였다.[39]

조선의 독립이 일본에게도 유리하다는 논리로 일제를 설득하려 한 것은 권동진이나 신석구의 답변에서도 확인된다. 특히 권동진은 조선이 일본에 동화되지 않을 것이므로 만일 일본이 다른 나라와 싸울 경우 조선이 일본에 화근이 될 것은 명약관화하다고 하여 투쟁의 의지를 밝히기도 하였다.[40]

그런데 손병희의 민족자결주의에 대한 답변 가운데에는 과연 그가 민족자결주의의 본질을 명료하게 이해하고 있었는가의 여부와 관련하여 논란의 소지가 될 부분이 있다.

---

37) 박걸순, 『한용운의 생애와 독립투쟁』, 독립기념관 한국독립운동사연구소, 1992, 91~102쪽.
38) 「孫秉熙 신문조서(제1회)」, 1919. 4. 10, 경성지방법원(『한민족독립운동사자료집(3·1운동Ⅰ)』 11, 64쪽).
39) 「孫秉熙 피고인 신문조서」, 1919. 3. 7, 경무총감부(『三一運動秘史』, 80쪽).
40) 「權東鎭 신문조서(제1회)」, 1919. 4. 8, 경성지방법원(『한민족독립운동사자료집(3·1운동Ⅰ)』 11, 49쪽).

　… 선언서를 발표한 것은 조선민족에 대하여 민족자결주의를 선언
서에 의하여 알리기 위한 것이다. 강화회의에 청원서를 낸 것은 원래 민
족자결이란 것이 이 강화회의에서 나온 것이고 그것은 단순히 유럽에
만 한정된 효력을 가지는 것이 아니고, 조선과 같은 곳에서도 다 그 민
족자결이란 것에 의하여 독립할 수 있는 것이라고 생각하여 우리들 조
선인도 강화회의에 청원하면 그 효과를 받을 수 있는 것으로 생각하여
한 일이다. 그리고 강화회의에 그것을 내면 반드시 그것이 토의에 오르
고, 토의에 오르면 자연히 그 일에 대하여 일본과 교섭이 시작된다. 그
러면 독립이 될 것이다. 그러나 강화회의의 교섭이 있는 것만으로는 그
것이 반드시 성공될는지 어떨는지는 기약할 수 없으니, 또 일본정부에
청원서를 제출함과 동시에 귀족원, 중의원 양의원에도 마찬가지로 청
원서를 제출했던 것이다. 또 윌슨에게 청원서를 보낸 것은 민족자결이
란 말이 그 사람 입에서 나왔으므로 그 사람에게 청원하면 꼭 동정이 있
을 것이 틀림없다. 그러면 자연히 조선의 독립은 될 수 있을 것이라고
생각하여 그러한 절차를 밟았던 것이다. … 선언서를 발표한 것은 그러
한 병합에 반대라든지 어떻다든지 하는 것이 아니고, 다만 현재의 세계
대세가 이러한 사조이니 민족자결주의에 의하여 조선도 독립할 수 있
다는 것으로 선언서를 발표한 것이다.[41]

　즉, 손병희는 민족자결주의가 유럽에만 한정된 것이 아니라 조선도 적
용을 받는다고 생각하고 있었고, 강화회의 청원만으로 독립이 어려울 수
있으니 일본 정부와 귀족원, 중의원은 물론 윌슨 대통령에게도 청원을 하
는 전 방위적인 방법을 동원하였다고 하였다. 다른 민족대표들의 경우도
손병희와 비슷한 판단을 하였던 것으로 보인다.

　권동진은 1918년 11월경 민족자결주의가 제창되어 강화회의에서 논의
되고 있다는 ≪大阪每日新聞≫ 기사를 보고 조선도 이 범위에 들어가야
한다고 생각하고 독립운동을 결심하였다. 그는 같은 생각을 하고 있던 오

---

41) 「孫秉熙 신문조서」, 1919. 8. 21, 고등법원(『한민족독립운동사자료집(3 · 1운동 Ⅰ)』 12,
　　16～17쪽).

세창, 최린과 함께 손병희를 찾아가 계획을 보고하고 승낙을 얻었다. 특히 그는 목적 달성을 위해 기독교 등 타 종단과도 기꺼이 연합함으로써 종교 이념을 초월한 3 · 1운동과 한국민족주의의 특질을 잘 보여주고 있다.[42)]

그러나 그는 민족자결주의가 제창되고 강화회의가 열리는 국제 정세를 독립운동에 활용하려 한 것은 분명하나, 그의 적용 범위 등에 대한 이해가 철저하지는 못하였던 것으로 보인다.

> … 나는 작년 11월 중에 대판매일신문지상에서 미국 대통령 윌슨이 평화회의에 제출한 의제 14개조 중에서 민족자결의 한 조항을 보고 조선도 이 문제의 범위에 들어가야 한다고 생각했고, 이어서 조선, 아일랜드, 폴란드 등 다른 나라도 그 범위에 들어간 13개국 국민 중 미국 주재자가 윌슨이 제창한 자결문제에 대하여 연맹대회를 열고, 13개국에 관한 문제에 대해서는 자기들에게 알려달라는 취지를 전보로 발송했다는 기사를 보고, 그 뒤 위의 결의가 미국정부에 접수되어 상원 외교조사부에 회부되었다는 것이 모두 일본 신문에 나 있는 것을 보았으므로 나는 민족자결 문제를 해결하기 위하여 운동하지 않으면 안 된다고 뜻을 세우고, 우선 동지를 모아야 한다고 생각하여 …[43)]

권동진의 다음의 문답 내용은 그가 민족자결주의의 범위를 잘못 이해하고 있음을 여실히 보여준다.

> 문 : 피고가 독립선언에 대하여 생각한 것은 작년 11월 이래 신문지상에 강화회의에서 민족자결이란 것이 제창되고, 외국에 있는 조선인이 독립운동을 하고 있다는 것을 읽은 후부터라고 했는데 미국 대통령이 제창한 민족자결이란 것이 일본과 조선과 같은 관계에도 적용된다고 해석하고 있는가?

---

42) 장석흥, 「권동진의 생애와 민족운동」, ≪한국학논총≫ 30, 국민대학교 한국학연구소, 2008, 651쪽.

43) 「權東鎭 신문조서(제1회)」, 1919. 4. 8, 경성지방법원(『한민족독립운동사자료집(3 · 1운동 Ⅰ)』 11, 41~42쪽).

답 : 나는 그때 독립을 선언하면 평화회의에서 문제가 되고, 혹은 독
립국으로서 인정될지도 모른다는 생각이었고, 미국 대통령이 제창하고
있는 민족자결은 전란에 관계없는 지역에 있는 조선과 같은 나라도 그
범위에 속하는 것으로 해석하고 있었다. 그래서 나는 조선독립운동을
기도하게 된 것이다.

오히려 권동진은 조선의 독립이 강화회의 등 국제적 합의로 달성될 것
으로 바라고 있었다. 이는 강화회의의 본질도 제대로 간파하지 못한 것이
었다. 강화회의에서는 새로운 민주주의 이념이 제시되는 가운데 국제관
계의 민주주의 원칙이 제시되었다. 그러나 실제로는 열강의 제국주의적
거래의 장에 불과한 것이었다. 따라서 강화회의 결과 민주주의적 원칙과
제국주의적 요구와의 타협의 산물로 전승국에 의한 새로운 제국주의적
지배 체제가 재편되었을 뿐이다.[44] 권동진의 강화회의 기대 관련 답변 내
용은 다음과 같다.

　　… 선언서를 배포하고 총독부 및 일본의 귀족원과 중의원 양원에 청
원서를 제출하고, 또 파리의 강화회의에도 진정서를 제출하면, 그것이
국제연맹회에서 문제가 되고, 아울러 강화회의 쪽에도 문제로 오를 것
이라고 생각했다. … 그리고 국제연맹의 문제가 되면 조선과 일본 사이
에서 언젠가는 독립이 될 것이라고 생각했다. 그것은 지금도 굳게 믿고
있다. …[45]

그런데 기존의 연구에서 신문조서를 오독한 결과 민족대표들의 민족
자결주의 인식 문제의 해석상 중대한 오류를 범하였음을 발견할 수 있다.
물론 이는 이병헌의 『三一運動秘史』에 수록된 신문조서의 번역상의 오
류에 기인한 것이다. 그것은 손병희가 윌슨의 민족자결주의가 구라파주

---

44) 이만열, 「민족운동과 민족자결주의」, 269쪽.
45) 「權東鎭 신문조서」, 1919. 8. 20, 고등법원(『한민족독립운동사자료집(3 · 1운동 Ⅰ)』 12, 12쪽).

에만 적용하는 것이지만 이것은 조선에도 적용되어야 한다고 주장하였다거나,[46] 권동진이 민족자결주의의 적용범위에 대해 검토한 결과 민족자결주의에 따라 평화회의에서 독립 문제가 실현되기는 어려우나 그 취지 자체는 조선의 독립운동에 활용할 수 있을 것이라고 해석했다는 견해 등이 그것이다.[47]

이 견해들은 민족대표들이 민족자결주의의 적용 범위에 대해 우리는 대상이 되지 않는다고 명확히 인식하고 있었으나, 이를 적극적이고 주체적으로 이용하려 한 것이라는 주장의 중요한 논거가 되어 왔다. 즉, 민족대표들이 민족자결주의의 한계성을 알고 있으면서도 능동적으로 활용하려 한 것이라고 하는 주장의 근거가 된 것이었다. 그러나 사실은 그들이 민족자결주의의 한계를 올바로 인식하고 있었다고 말하기는 곤란하다.

3·1운동 주도 인물 가운데에는 오세창이나 최남선처럼 민족자결주의의 적용범위와 한계에 대해 명확하게 이해하고 있던 사람이 있었던 것도 사실이다.[48] 그러나 대부분의 민족대표는 물론 민중들에게 민족자결주의가 커다란 희망이 되었던 것은 사실이나, 그것은 세계 사조에 대한 기대로서, 이를 과장하거나 확대 해석한 것으로 보는 것이 타당할 것이다. 민족자결주의에 대해 가장 명료하게 이해하고 있었던 것은 2·8독립선

---

46) 愼鏞廈, 「三·一獨立運動의 社會史(上)」, ≪韓國學報≫ 30, 12쪽. 이는 손병희가 민족자결주의가 단순히 유럽에만 한정된 효력을 가지는 것이 아니고 조선과 같은 곳에서도 적용되는 것이라고 답변한 사실을 오역함으로 인한 중대한 오류이다.
47) 이만열, 「민족운동과 민족자결주의」, 278쪽. 이는 윌슨이 평화회의에 제출한 의제 14개조 중에서 민족자결 조항을 보고, 조선도 이 문제의 범주에 들어야 된다고 생각하였다고 답변한 사실을 오역한 결과이다.
48) 오세창은 민족자결주의의 적용 범위를 묻는 질문에 "전란에 관계된 나라에 있어서는 실행되고 그 밖의 나라에 있어서는 곤란한 것이라고 생각하고 있었다"고 대답하였고(「吳世昌 신문조서」, 1919. 4. 9, 경성지방법원, 『한민족독립운동사자료집(3·1운동 Ⅰ)』 12, 52쪽), 최남선은 "… 나는 민족자결은 물론 환영하는 바이나 민족자결이란 것이 어떠한 지역에 적용되는 것인지 불분명하므로 생각해 보아야 한다고 하였으며 민족자결이라고 해서 이것을 몽상하는 것은 지극히 어리석다고 말했다. …"(「崔南善 피고인 신문조서」, 1919. 3. 7, 경무총감부, 『三一運動秘史』, 658쪽)고 하여 그 적용 범위와 한계에 대해 알고 있음을 보여준다.

언을 주도한 동경 유학생들이었다. 2·8독립선언문 결의문 제3항에 "본 단(조선독립청년단; 필자)은 만국평화회의에 민족자결주의를 吾族에게 적용하기를 청구함"이라 되어 있다. 이는 민족자결주의가 패전국이 보유 한 식민지 외에 우리처럼 승전국의 식민지에도 적용되어야 한다는 것을 적극적으로 요청하였던 것이다.

민족자결주의에 대해 희망적 기대를 걸었던 것은 여타 충북 출신 민족 대표들의 경우도 대개 비슷한 인식 양태를 보인다. 신석구는 이와 관련하 여 다음과 같이 답하였다.

> 문 : 민족자결이란 것은 구주 전란에 직접 관계가 있는 지역의 일부
> 민족에 관한 것이지 전란에 관계없는 세계 전체의 민족에 대한 문제는
> 아니라고 하는 것을 알지 못하는가?
> 답 : 나는 세계의 전 민족에 관계된 문제라고 생각한다.[49]

신홍식 역시 민족자결주의가 우리에게도 적용이 된다고 믿고 있었다.

> … 나는 경성서 발행하는 매일신보에서 약소민족의 자결이라고 한
> 기사를 보았으므로 조선도 그 문제의 범위에 들어가는 것이 아닌가 생
> 각하고 있었는데 그 후 또 매일신보에 조선에서는 그 운동을 하여서는
> 안 된다고 하는 기사가 났으므로 조선도 문제가 되기 때문이라고 생각
> 하였다. …

일제는 처음에는 민족자결주의란 용어의 사용을 기피하였다. 그럼에 도 불구하고 1918년 후반에 들어 민족자결주의가 국내 지식인 사회에 광 범위하게 전파되자, 일제는 기존의 입장을 바꿔 이를 적극적으로 보도하 여 민족운동으로 연결되는 것을 차단하기에 부심하였다. 그러나 일제는 민족자결주의가 엄청난 민심의 동요를 일으키자 결국 이듬해 1월 17일

---

49) 「申錫九 신문조서」, 1919. 5. 5, 경성지방법원(『三一運動秘史』, 502쪽).

≪매일신보≫ 등에 보도통제를 실시하였다.50) 상기 신홍식의 답변은 일제가 기관지 ≪매일신보≫를 통해 적극적으로 민족자결주의를 부정, 비판한 것이 오히려 조선이 대상이 되기 때문이라고 의심하였음을 보여주는 것이다.

정춘수 또한 1919년 1월경 ≪대판매일신문≫에 민족자결이 제창되어 각 민족이 평화적으로 자결을 희망하고 있다는 보도를 보고, 조선도 민족자결을 하는 것이 좋다고 생각하였다.51)

이로써 보면 손병희와 권동진은 세계정세의 변화를 예의 주시하던 중 민족자결주의가 제창되고 강화회의가 개최되는 등 우리의 독립운동에 유리한 조건과 상황이 조성되자 이를 적극 수용하고 활용하여 3·1운동을 주도적으로 추진하였음을 알 수 있다. 그러나 이들은 물론 나머지 충북 출신 민족대표들의 민족자결주의에 대한 인식은 철저하거나 정확했다고 말하기는 곤란하다. 오히려 이들의 민족자결주의에 대한 인식은 다분히 낭만적 기대와 환상을 크게 넘지는 못하였던 것으로 보인다. 따라서 이들이 그 적용 범위와 한계를 정확히 파악하고 있으면서 이를 적극적 기회로 활용하려 한 것이라는 기존의 견해는 재고되어야 할 것이다.

IV. 東洋平和論과 先朝鮮獨立論의 주장

손병희 등 충북 출신 민족대표들은 조선의 독립이 일본에도 유리하며 동양평화를 위해서도 긴요한 일이라고 주장하였다. 이는 안중근이 이토

---

50) 일제는 민족자결주의에 대한 보도통제를 3월 6일자로 해제하였다. 그 까닭은 '유언비어가 난무하여 과대한 풍설이 유전되어 오히려 민심을 미혹할 우려가 있으므로 반대로 사실을 보도함과 동시에 해당 부처에서도 정확한 사실을 발표, 게재하는 것이 유리하다'고 판단하였기 때문이다(姜德相, 『現代史資料』 25, みすず書房, 1972, 123~124쪽). 이는 일제가 3·1운동 발발 직후, 그 원인이 민족자결주의에 대한 기대에서 비롯되었다고 판단하고 이를 적극적으로 차단하려 한 것이라 여겨진다.
51) 「鄭春洙 신문조서」, 1919. 5. 3, 경성지방법원(『三一運動秘史』, 554쪽).

히로부미를 처단하고 그의 15개 죄상 중 하나로 '동양평화를 교란시킨 일'을 지적한 바 있듯이 독립운동의 정당성을 강조하려는 것이었다.52) 뿐만 아니라 과거 일본이 주장한 동양평화론의 원론적 구조를 상기시키고 현재 일본의 국제적 위상을 거론하며 조선을 독립시키도록 추동하겠다는 전략적 논리였다.

손병희는 1919년 1월 20일경, 자신의 집을 방문한 권동진·오세창·최린에게 독립선언서의 文意는 감정에 흐르지 말고 온건하게 하고, 동양평화를 위해 조선이 독립하는 것이 옳다는 내용이 되어야 한다고 지시하였다. 또한 그는 세계 개조의 시기를 맞아 독립선언서를 일본 정부에 보내면 그들이 동양평화를 위하여 조선을 독립시킬 것으로 기대하였다.53) 이는 실현가능성이 전혀 없는 비현실적인 판단이라 하겠다. 그러나 그는 동양평화론을 동양 3국간의 관계 및 동양과 서양의 대립이란 구도 속에서 논의하며 조선의 독립을 주장하였음을 알 수 있는 것이다.

> … 조선을 독립시키면 중국의 감정을 완화시킬 수가 있으며 장래 일본이 동양의 맹주로 갈 수 있을 것으로 생각했기 때문이다. … 또 나는 우리 동양에 수많은 국가를 세워 두는 것보다 동양 전체를 일단으로 가장 덕망이 높은 사람을 주권자로 하여 서양 세력에 맞서지 않으면 안 되는데, 일본 한 나라를 가지고서는 서양 세력에 대항할 수 없다고 생각하며, 더 나아가서는 세계를 일단으로 하여 침략이란 것을 끊어 없게 한다면 각 민족이 서로 친화하여 행복한 세계로 갈 수 있다고 생각한다. 또 조선은 일본과는 국정이 서로 틀리지만 중국과는 서로 닮아 있으므로 조선이 독립되면 중국의 여론에 호소하여 동양을 일단으로 하는 것이 좋으리라고 생각한 일도 있다.54)

---

52) 국사편찬위원회, 『韓國獨立運動史』資料 6, 3~4쪽.

53) 「孫秉熙 신문조서(제3회)」, 1919. 7. 14, 경성지방법원(『한민족독립운동사자료집(3·1운동 Ⅰ)』 11, 128쪽).

54) 「孫秉熙 신문조서(제1회)」, 1919. 4. 10, 경성지방법원(『한민족독립운동사자료집(3·1운동 Ⅰ)』 11, 64~65쪽).

여기에서 동양평화론에 대해 좀 더 논의할 필요가 있다고 생각한다. 동양평화론은 삼국제휴론, 삼국공영론, 동양주의 등 다르게 부르는 용어가 있는데, 문제는 사용 주체에 따라 그 의미가 크게 다르다는 사실이다.[55] 이토 히로부미와 안중근이 서로 다른 동양평화론을 주장하였듯이 일본과 조선이 사유한 동양평화론은 그 구조가 달랐다. 일본인의 동양평화론은 대륙침략론으로서 아시아연대론을 의미하지만, 한국에서의 동양평화론은 친일파와 애국계몽언론이 사용한 용어의 의미가 각각 달랐고, 그 결과도 강제병합과 독립운동으로 다르게 나타났다. 따라서 전혀 다른 의미의 동양평화론은 상충할 수밖에 없었고, 침략적 동양평화론자인 이토 히로부미를 진정한 동양평화론자인 안중근이 처단하는 것은 당연한 일이었다. 안중근의 동양평화론은 '동양 민족에 대한 신앙적 사랑'으로 보아야 한다거나,[56] 천주교의 영향과 안중근의 독창적 견해로 보는 것을 반박하며 1900년대 후반 국가주의와 민족주의가 중시되는 한국 지식인의 현실 인식이란 측면에서 접근해야 한다는 주장[57] 등이 있다. 그런데 안중근의 동양평화론의 구조는 조선의 독립 → 동양 삼국의 동맹으로 동양평화 실현 → 서양 세력 침략 방어 및 세계 평화 노력으로 이어지는 것으로서, 결국은 先朝鮮獨立論의 국권회복과 독립전쟁 방략이라 할 수 있는 것이다.

손병희의 답변 중 '장래 일본이 동양의 맹주' 운운하여 일본맹주론을 긍정하는 것은 삼국제휴론이나, 일본이 주장한 아시아연대론의 논리로 오해할 소지를 다분히 내포하고 있다. 그러나 손병희는 先朝鮮獨立을 주장하고 일본의 한국이나 중국 지배를 인정하지 않았다는 점에서 그들과 차별적이며 안중근의 동양평화론 체계와 유사하다고 볼 수 있다.

---

55) 현광호, 「안중근의 동양평화론과 그 성격」, ≪아세아연구≫ 통권 113호, 고려대학교 아세아문제연구소, 2003, 155∼157쪽.
56) 洪淳鎬, 「安重根의 『東洋平和論』」, ≪교회사연구≫ 제9집, 한국교회사연구소, 1994, 58쪽.
57) 崔起榮, 「安重根의 『東洋平和論』에 대한 논평」, ≪교회사연구≫ 제9집, 1994, 64쪽.

　… 일본은 동양에서 이미 고립되어 한국민으로부터 독립전쟁의 공
격을 받기 시작했으며, 청국 관민들로부터 공격의 표적이 되어 가고 있
을 뿐만 아니라, 전 세계로부터 경계의 대상이 되어 가고 있다. 만일 일
본이 계속하여 이웃나라를 침략하고 핍박한다면 이것은 일본 자체에
파멸을 자초할 것이다. 동양평화를 실현하고 일본이 자존하는 길은 우
선 한국의 주권을 돌려주고 만주와 청국에 대한 침략 야욕을 버리는 것
이다. 그 후로 서로 독립한 청·한·일 삼국이 동맹하여 일심협력해서
서양 세력의 침략을 방어하며, 나아가서 한·일·청이 동맹하여 평화
를 부르짖고 서로 화합하여 개화의 域으로 진보해서 유럽과 세계 각국
과 더불어 평화를 위해 진력하는 것이다. 이렇게 하면 동양평화는 실현
되고 유지될 수 있을 것이다.[58]

　권동진은 더 나아가 동양평화론을 백인종과 황인종의 인종 대결과, 동
양과 서양의 지역적 대립으로 이해하고 있었다.

　… 일본은 동양에서의 선진국으로 동양 전체를 지도해야 할 지위에
있고, 평화회의에서는 5대 국의 하나가 되어 있는데도 일본이 제출한
인종 차별 금지 문제는 채택되지 않을 모양이고, 백인종은 여전히 동양
인종을 압박하고 있는 상태인데, 도리어 일본과 중국이 평화회의 안에
서 다투고 있는 형국이다. 그것은 일본이 중국과 제휴하여 인종 문제를
제출하지 않았고, 일본이 馬關조약을 무시하고 조선을 병합했으니 나
아가서 만주, 몽고도 침략하려는 야심이 있다고 생각하고 있어서 감정
을 상하게 하고 있으므로 일본과 중국은 제휴할 수 없는데, 그것은 결국
조선이라는 장애물이 있기 때문이다. …[59]

　이 같은 인종 대결 인식은 곧 러시아의 침략을 막기 위한 논리로서, 러

---

58) 安重根, 「東洋平和論」(윤병석 편역, 『안중근문집』, 독립기념관 한국독립운동사연구소,
　　2011) 참조.
59) 「權東鎭 신문조서(제1회)」, 1919. 4. 8, 경성지방법원(『한민족독립운동사자료집(3·1운
　　동 Ⅰ)』 11, 48쪽).

일전쟁을 인종전쟁으로 보았던 것이다. 이 인식은 러시아가 만주를 장악하면 한 · 청 · 일이 위기에 처하고 황인종이 멸망할 것이라고 보고 삼국의 동맹을 주창하였던 것이다.[60) 결국 삼국제휴론은 '동양 삼국이 연합해야 동아 문명과 황인종 보호가 가능하다'는 인종주의적 세계인식에 기초한 것으로서, 당시 ≪황성신문≫의 논조는 물론 장지연이나 윤치호 등 지식인 계층의 보편적 사고 체계였다.[61]

권동진은 이 논리에 바탕을 두고, 일본이 황인종인 동양 삼국을 연합케하여 백인종에 대결할 생각을 갖지 않았음을 비판하였다. 나아가 일본이 오히려 조선을 병합하고 중국을 침략한 것은 잘못이라고 지적하고, 현재 일본과 중국이 제휴하기 어려운 장애물이 조선이니, 조선을 먼저 독립시키는 것이 곧 인종 대립에서 승리하고 동양평화를 구축할 수 있는 일본의 역할이라고 추켜세웠던 것이다. 따라서 일본을 '동양에서의 선진국' 운운하며 부추겨 先朝鮮獨立論을 주장한 것은 손병희나 권동진이 같은 인식을 지녔음을 보여주는 것이라고 할 수 있다. 신홍식 역시 일본이 동양 평화를 역설하고 있으나 진정으로 일본이 동양 평화를 보장하려면 조선의 독립이 필요한 것이라며 先朝鮮獨立論을 주장하였다.[62]

이로써 보면 충북 출신 민족대표들은 조선 독립의 논리로서 일본이 주장하는 동양평화론을 제기하고 일본의 역할을 부추기며 先朝鮮獨立論을 펼쳤음을 알 수 있다.

V. 상반된 政體論의 주장

민족대표 가운데에는 연방제를 주장하거나[63] 특별히 정체를 고려하지

---

60) ≪皇城新聞≫ 1904년 10월 1일 및 1904년 2월 12일자 논설.
61) 현광호, 「안중근의 동양평화론과 그 성격」, 172~173쪽.
62) 「申洪植 피고인 신문조서」, 1919. 3. 12, 경무총감부(『三一運動秘史』, 482쪽).
63) 「李鍾一 피고인 신문조서」, 1919. 3. 10, 경무총감부(『三一運動秘史』, 394쪽).

않았다고 대답한 경우가 많다. 그러나 충북 출신 민족대표들은 대부분 군주제를 부정하고 공화정을 추구하였다. 손병희는 광무황제의 흉거에 대한 감상을 묻는 일본인 판사의 신문에 대해 "별로 어떤 감상은 없다. 나이 많으면 죽는 것은 당연한 일이라고 생각한다"고 답변하였다.[64] 나아가 그는 독립 이후 어떤 정체의 나라를 세울 것이었느냐는 신문에 대해 민주정체를 추구한다고 명료하게 대답하였다. 또한 민주정체를 희망한 것은 자신 뿐 아니라 당시의 보편적 사상이었음도 지적하였다.

> 민주정체로 할 생각이었다. 그것은 나 뿐 아니라 일반적으로 그런 생각인 것으로 생각한다. 그리고 나는 유럽전쟁이 한창일 때 교도들과 牛耳洞에 갔을 때, 전쟁이 끝나면 세계의 상태가 일변하여 세계에 임금이란 것이 없어지게 된다는 말을 한 일이 있다.[65]

권동진도 손병희와 마찬가지로 광무황제의 흉거에 대한 감상을 묻는 일본인 판사의 신문에 대해 "별로 하등의 감상도 없다"고 답하였고,[66] 또한 순사가 광무황제의 장례에 拜別할 생각을 하지 않고 만세운동을 추진한 것에 대해 추궁하자, 자신들은 일경이나 관청에 탐지되는 것을 늘 염두에 두었는데, 준비가 되지 않아 실행하지 못하다가 학생들이 3월 3일에 한다 하여 급히 서둘러 실행한 것뿐이라고 답변하였다.[67] 이는 3·1운동과 광무황제의 拜別은 무관하다는 것으로, 더 이상 군주의 존재를 인정하지 않는다는 표현으로 여겨진다. 더구나 그는 광무황제의 국장에 참배하기 위해 상경한 많은 사람들이 涕泣慟哭하는 것은 군신의 정으로서 통곡하는 것보다, 만일 그가 살아 있었다면 민족자결주의에 따라 이전처럼 독

---

64) 「孫秉熙 피고인 신문조서」, 1919. 3. 7, 경무총감부(『三一運動秘史』, 81쪽).
65) 「孫秉熙 신문조서(제3회)」, 1919. 7. 14, 경성지방법원(『한민족독립운동사자료집(3·1운동 Ⅰ)』 11, 128~129쪽).
66) 「權東鎭 피의자 신문조서」, 1919. 3. 10, 경무총감부(『三一運動秘史』, 184쪽).
67) 「權東鎭 경찰 신문조서」, 1919. 3. 1, 경무총감부(『三一運動秘史』, 179~180쪽).

립국으로 하여 줄 가능성이 있었을 텐데 그 꿈이 깨어진 때문이라고 말하였다.

> … 이태왕 전하의 홍거 때에도 국장을 참배하기 위하여 서울에 모인 많은 조선인이 체읍통곡 했는데 조선에는 임금이 신하를 초개와 같이 본다면 신하도 임금을 적으로 본다(君而視臣草芥臣亦視君如敵)는 격언이 있을 정도로 임금과 신하의 정이 소원했는데 이번 국장 때에 본 바와 같은 상황은 李태왕의 죽음을 슬퍼하는 것이 아니고, 현재 민족자결의 문제가 제창되고 있으므로 李태왕이 생존해 있으면 혹은 이전과 같이 독립국으로 될 수도 있다는 희망이 홍거에 의하여 비로소 꿈에서 깨어나듯 살아나 병합 당시의 일을 상기하고 망국이 된 것을 한탄하고 있는 것이다. …(68)

신홍식도 정체론에 대해 신문을 당하였는데, 그는 이 문제에 대해 이전에 깊이 생각하지 않아 무엇이라고 말할 수 없으나 독립이 되면 민의에 따를 것이라고 대답하였다.[69] 그런데 정춘수는 국권을 회복한 뒤 자신들이 국가의 정치를 하려고 하였다고 답변하였다.[70] 손병희가 독립 이후 자신은 전혀 벼슬길에 나갈 생각은 없고 종교적 목적만 달성하면 된다고 답변한 것과 상반되는 것이다.

손병희와 정춘수의 상반성은 정체론에서 극명히 대비된다. 정춘수는 2월 중순 서울 영신학교에서 오화영·이승훈·박희도·신홍식을 만나 만세운동을 협의하는 자리에서 천도교와의 합동을 반대하고 시종일관 독립이 아니라 자치를 청원할 것을 주장하였다.

> … 나는 그 때 민족자치가 마땅한가 조선독립이 마땅한가라고 물었

---

68) 「權東鎭 신문조서(제1회)」, 1919. 4. 8, 경성지방법원(『한민족독립운동사자료집(3·1운동 I)』11, 49쪽).
69) 「申洪植 경찰신문조서」, 1919. 3. 1, 경무총감부(『三一運動秘史』, 477쪽).
70) 「鄭春洙 경찰신문조서」, 1919. 3. 7, 경무총감부(『三一運動秘史』, 548쪽).

다. 그 때 다른 사람들은 독립이든지 자치든지 좋은 방법을 말하라고 하
므로 나는 독립은 아직 되지 않을 것이라고 말하였다. 그것은 독립을 하
려면 다른 데 간섭 없이 조선 사람만으로는 아니 될 것이기 때문이다.
그러므로 자결이란 것을 이해하며 민족자치에 찬성하는 사람들이 일본
정부와 조선총독부에 조선 민족 자치의 청원서를 제출하고 기타 조선
내의 각 사회단체 또는 각국 영사관에게도 그 일을 통지하자고 하였더
니 다른 사람들이 말하기를 일본 정부나 조선총독부에서 청원을 들어
주지 않으면 어떻게 하겠는가 하였다. 나는 그런 경우에는 언제까지든
지 뜻을 이룰 때까지 몇 번이고 청원하자고 하였다. … 나는 민족자치의
청원서에 명의를 내는 것은 승인하였어도 독립선언서에 명의를 내는
일은 승인한 일이 없다. …71)

또한 그는 민족자치의 형태를 묻는 질문에 대해 조선은 조선 사람이 다
스리며 일본의 원조에 의하여 정치를 하고 그 정체는 그 때의 여론에 좇
아서 할 것이라고 답하였다. 그런데 그는 자치의 의미를 되묻자 자치는
독립을 하는 것이 아니라 일본의 원조를 받는 것이라고 강조하였다.

일제강점기 자치론은 일본이라는 국가 권력과 식민지 실체를 인정하
고 그 안에서 조선인의 정치력 행사를 목적으로 하는 것으로서 독립의 전
단계로 여겨지기도 하였다. 그러나 신채호는 내정 독립론, 참정권이나 자
치운동론을 일제가 친일파를 앞세운 '狂論'이라고 일갈하고 이에 부화하는
자들을 맹인이 아니면 奸賊이라고 질타하였다.72) 자치론자들은 3·1운동
이후 식민지 의회 설립운동을 벌였고, 일본 내 제1야당인 헌정회가 조선
자치론을 주장하였으나, 하세가와 총독이나 조선군참모부 등 군부는 자
치론조차 반대하였다.73)

---

71) 「鄭春洙 신문조서」, 1919. 3. 21, 서대문감옥(『三一運動秘史』, 550~552쪽).
72) 申采浩, 「朝鮮革命宣言」(『단재신채호전집』 제8권, 독립기념관 한국독립운동사연구소,
   2008, 893쪽).
73) 임경석, 「3·1운동기 친일의 논리와 심리」, ≪역사와 현실≫ 69, 한국역사연구회, 2008,
   66~70쪽.

정춘수는 민족대표는 물론 3·1운동을 전후한 시기에 자치론을 주장
한 대표적인 인물이었다. 그 나름대로는 일본의 기반을 벗어나되 독립 보
다는 우선 실현 가능성이 있다고 판단한 자치를 주장한 것으로 해석할 수
있다. 그러나 이는 다수의 민족대표나 민중의 의사와는 괴리된 논리였다.
다음의 문답은 그의 자치론의 허상을 여실히 보여준다.

문 : 피고는 이 선언서에 기재된 취지와 같이 조선 독립을 허하여 달
라고 청원한 데 찬성하였는가?
답 : 나는 자치권을 달라는 것을 청원할 생각으로 명의를 내는데 찬
성하였지 독립을 선언하는 것은 나의 의사가 아니다.
문 : 피고는 독립선언서가 온당하다고 생각하는가?
답 : 잘된 것도 있고 잘 안된 것도 있으나 나는 독립 청원할 의사가 없
고 그 선언을 하는 것도 나의 의사가 아니므로 3월 1일에 오지 않았다.
문 : 민족자치란 것은 무엇인가?
답 : 독립이라 하는 것은 일본과 전연 관계를 끊는다는 것이고 민족
자치라고 하는 것은 조선이 주권을 얻어 자치하면서 중요한 안건에 대
해서는 일본의 지도를 받는다는 것인데 자못 한일합병 전의 통감부 시
대와 같은 것이라는 것이다.
문 : 민족 자치를 한다면 어떠한 정체를 구성하려고 생각하였는가?
답 : 그것은 일본 정부에서 자치를 허락한 후 공화정체나 전제정체를
할 것을 결정하면 좋다고 생각한다.
문 : 그러면 피고의 민족 자치라고 하는 것은 독립을 하자는 것이 아
닌가?
답 : 나는 보호국이 되는 것이 독립국이 되는 것보다 좋다고 생각하
였다.

3·1운동으로 피체된 민족대표는 물론 일반인 가운데에서도 한일합병
전의 통감부 시대와 같은 상태에서 일본의 지도를 받으며 자치를 하거나,
더욱이 보호국이 되는 것이 독립국이 되는 것보다 좋다고 생각한다고 답

변한 것은 정춘수가 유일한 사례라 할 수 있다.

정춘수는 독립과 자치를 엄밀히 구분함은 물론 선언과 청원의 의미도 구분하여 사용하고 있다. 이는 신석구와의 대비에서 청원이라는 의미가 어떻게 다르게 받아들여질 수 있는가를 명확히 알 수 있다. 즉, 신석구는 청원이란 것을 완전 독립을 승인하기 위한 것으로서 문서의 형식상 청원이라 한 것이라며 크게 의미부여를 하지 않는 듯한 답변을 하였다.

> 문 : 그대들이 기도한 독립운동의 방법은 무엇인가?
> 답 : 일본 정부에 조선민족이 독립하니 승인하라고 쓴 것을 보내는 것이다.
> 문 : 그것은 독립의 승인을 원한다는 취지가 아닌가?
> 답 : 원한다는 것과는 조금 의미가 다르다. 조선민족은 정신적으로 독립해 있지마는 사실상으로는 아직 독립해 있지 못하고 있으므로 완전하게 독립했다는 것을 승인해 받기 위하여 쓴 것을 보내는 것이다. 그러나 그 쓴 것의 형식이 청원이란 것으로 되어있으니 굳이 청원이라고 한다면 청원이라고도 할 수 있으므로 그냥 청원서를 낸다는 것이 된다.

이로써 보면 손병희, 권동진, 신석구, 신홍식 등 충북 출신 민족대표들은 모두 군주제를 부정하였고 민주공화 정체를 추구하였음을 알 수 있다. 그러나 정춘수만은 독립 선언을 반대하고 청원과 민족 자치를 주장하였고, 통감부 시대의 보호국으로 회귀하고자 하는 답변을 한 것은 3·1운동과 그 정신에 전혀 합치되지 않는 것이다.

그런데 정춘수의 답변은 자수 직후와 얼마간 시간이 흐른 다음의 내용이 차이를 보이고 있어 주목된다. 그는 3월 7일 경무총감부에서 일본인 순사의 신문에 대하여는 분명히 '조선의 독립을 계획하기 위해 선언서를 인쇄하여 발표하였다', '조선 독립을 할 목적으로', '양 민족은 동화할 수 없다는 것을 알기 때문에 독립하여야 되겠다는 것을 항상 마음먹게 되었다'라는 등의 답변을 하였다. 자치라는 말은 어디에서도 찾아 볼 수 없고,

다른 민족대표와 차이점도 발견할 수 없다. 그런데 3월 21일의 서대문감옥 신문 때에는 조선도 민족자결에 의하여 독립하는 것이 좋다는 생각을 가지고 있었다고 하였으나, 본격적으로 자치론을 펴고, 독립운동을 포기하고 종교 사업이나 하겠다고 하는 등 심경의 변화를 보이고 있다. 이는 자기보호라는 본능적 행위일 수 있으나, 이후의 행적과 연계되어 평가할 부분이라 사료된다.

VI. 播種論의 피력

대부분의 민족대표들은 독립을 확신하고는 있었으나, 만세시위를 한다고 하여 당장 독립이 이루어질 것으로 믿지는 않았다. 이는 손병희 등 충북 출신 민족대표들이 피력한 이른바 파종론에서 명확히 알 수 있다.

손병희는 3·1운동 발발 직전 교도들에게 다음과 같이 말하였다.

> 우리가 만세를 부른다고 당장 독립이 되는 건 아니오. 그러나 거레의 가슴에 독립정신을 일깨워 주어야 하기 때문에 이번 기회에 만세를 불러야 하겠소.[74]

충북 출신 민족대표의 파종론은 권동진과 신석구의 답변에서 명쾌하게 전개되고 있다. 권동진은 3월 10일 경무총감부에서 검사 下村靜永의 심문에 대해 "지금 독립이 안 된다 하더라도 우리는 지금의 뜻을 가지고 씨를 심어 놓으면 장래 기필코 열매가 열게 되리라고 생각한다"고 파종론을 전개하였으며,[75] 고등법원에서는 南常藏과 이에 대해 다음과 같은 신문을 주고받았는데, 이는 민족대표 중 가장 적극적인 파종론을 벌인 것이라 할 수 있다.

---

74) 李東洛, 「孫秉熙教主의 密命을 받고」, ≪新東亞≫ 1969년 3월호, 343쪽.
75) 「權東鎭 피의자 신문조서」, 1919. 3. 10, 경무총감부(『三一運動秘史』, 185쪽).

　문 : 피고가 위와 같은 일을 한 취지는 강화회의에서 일본으로 하여
금 조선의 독립을 어쩔 수 없이 받아들이도록 하는 것이 목적이지, 그렇
게 될지 어떨지 모른다고 하는 식의 우활한 것은 아니었다고 생각되는
데 어떤가?

　답 : 나로서는 그와 같은 깊은 목적은 없었다. 다만 우리들 쪽에서는
그렇게 해서 씨를 뿌려 두면 언젠가는 싹이 트고, 누군가가 독립이 잘
되도록 해 줄 것이라고 생각했을 뿐으로 곧 바로 그 결과까지 보려는 생
각은 없었던 것이다.

　문 : 그와 같이 씨를 뿌리는 것만으로 수확을 하지 않는다면 아무것
도 안 되는 것이 아닌가? 그렇지 않고 꼭 어떻게라도 해서 그 결과를 볼
계획이었던 것이 아닌가?

　답 : 아니다. 그렇지 않다. 앞에서 말한 그대로이다.

　문 : 피고 등은 선언서를 발표하여 조선 안에서 독립의 소리를 높게
하는 동시에 한편으로 강화회의에서 문제가 되게 한다면 반드시 조선
의 독립은 획득할 수 있다고 믿고서 한 일이 아닌가?

　답 : 즉시 독립을 획득하리라고는 생각하지 않으나, 하여간 문제에
오르리라고는 생각했었다.

　문 : 그렇게 하면 반드시 독립이 되리라고도 생각하지 않고, 또 되지
않으리라고도 생각하지 않고, 하여간 강화회의에서 문제가 될 것이 틀
림없다, 그래서 독립이 될지도 모른다고 해서 만일을 위하여 요행을 바
랐다는 것인가?

　답 : 그렇지도 않으나, 그렇게 해서 씨를 뿌려 두면 수년 뒤에는 반드
시 그 결과로서 독립이 될 것으로 생각했다.[76]

　신석구도 적극적인 파종론을 전개하였다. 그는 독립선언서 첫머리의
‘조선의 독립국임을 선언하였다’는 부분을 문제 삼는 예심판사 永島雄藏
의 신문에 대해 “완전히 독립이 되었다는 것은 아니나, 우리가 독립선언
을 함으로써 독립이 될 것이라고 생각하고 독립선언을 한 것이다”라고 답

---

76) 「權東鎭 신문조서」, 1919. 8. 20, 고등법원(『한민족독립운동사자료집(3 · 1운동 Ⅰ)』 12,
　　12~13쪽).

변하였다. 이어 다음과 같은 신문을 주고받았다.

> 문 : 피고는 독립국이 꼭 되려고 선언하였는가 그렇지 않으면 선언을
> 하는 데만 그치려고 한 것인가? 정부가 조직되지 않고 실력도 없이 독
> 립청원을 하고 있으므로 독립국이 된다고 믿지는 않았던 것이 아닌가?
> 답 : 형식상 금일 조선 독립은 성립되지 않고 있으나 씨를 심을 때에
> 는 추수가 있을 것을 판단하는 것과 같이 청원한다고 하는 것은 실은 청
> 원이 아니고 독립한다는 것을 통지한 것이다. 우리가 대표자로서 명의
> 를 낸 것은 조선인 전체가 이 의견이라고 생각한 것이며 세계 각 국이
> 민족자결을 제창하고 있으므로 우리는 독립이 되리라고 믿고 또 그 일
> 을 일반에 통지한 것이다. 우리는 이미 일본의 쇠사슬을 벗어나려고 생
> 각하고 있다.[77]

신석구는 자서전에서도 한 알의 밀알이 되어 땅에 떨어져 죽음으로써 열매를 맺기를 희망하였고, '독립을 거두려는 것이 아니라 독립을 심는 심정'으로 민족대표에 참가하였음을 강조하였다.

> … 그러나 곧 독립이 되리라고는 믿지 아니하였다. 예수 말씀하시기
> 를 밀알 하나가 땅에 떨어져 죽지 아니하면 그냥 한 알대로 있고 죽으
> 면 열매가 많이 맺힐 터이라 하셨으니 만일 내가 국가 독립을 위하여
> 죽으면 나의 친구들 수천, 혹 수백의 마음속에 민족정신을 심을 것이
> 다. … 그 때 어느 형제가 나에게 말하기를 어떤 선생님께서 말한 즉 그
> 선생님 말씀이 시기상조라 합디다. 하기에 내가 대답하기를 나도 이른
> 줄 안다. 그러므로 나는 지금 독립을 거두려 함이 아니오 독립을 심으려
> 들어가노라 하였다 …[78]

이로써 보면 충북 출신 민족대표들은 자신이 한 알의 밀알이 되어 독립

---

77) 「申錫九 신문조서」, 1919. 5. 5, 경성지방법원(『三一運動秘史』, 500~501쪽).
78) 한국감리교회사학회편, 『신석구목사자서전』, 84쪽.

을 쟁취하고자 하였음을 알 수 있다. 이들이 자신을 희생하며 파종한 자주독립정신은 이후 대한민국임시정부로 발아하였고 1920년대 이후 다양한 독립운동으로 만개하였던 것이다.

VII. 종교 계몽주의자의 한계

민족대표들은 종교계의 대표자이자 계몽주의자들로서 부르주아 민족운동의 한계를 노정하고 있는 것도 사실이다. 전술한 바와 같이 손병희는 천도교 교주로서 러일전쟁 때 자신이 군자금 1만 원을 일제에 헌납하고 경부선과 경의선을 부설할 때 천도교에서 지원한 것은 일본이 깨어지면 동양이 파멸될 것으로 여겼기 때문이라고 말한 바 있다. 이는 그의 일본관의 한계를 여실히 드러낸 것이라고 할 수 있다.

그러나 이는 그만의 한계가 아니라, 한말 지식인의 공통적인 시대인식이었다. 예컨대 상동청년회의 주요 멤버였던 鄭淳萬·李儁·李玄錫·柳鍾益 등이 1904년 적십자사 설립운동을 전개하며 그 이유로서 "백인종들도 일본을 돕는데 같은 황인종인 우리 국민들이 아무런 행동을 취하지 않는다"며「동지권고문」을 발표79)한 것은 당시 지성의 취약한 일본관을 보여주는 대표적 사례라 할 수 있다.

한말의 적십자사 설립과 러일전쟁 시 일본군 지원 운동은 당시 조선의 지성들이 지녔던 일본관과 크게 다르지 않은 것이었다. 즉, 그들이 청일전쟁이 일본이 우리의 독립을 위해 일으킨 것이라든가, 러일전쟁이 일본이 우리와 청의 독립을 존중하여 일으킨 것이기 때문에 일본을 지원하는 것이 우리의 독립을 위한 행위라고 여긴 것 등은 일본인식의 취약성을 그대로 드러내고 있는 것이다. 안중근 역시 러일전쟁을 이른바 동양주의에 의해 백인종과 황인종의 대결로 인식하고, 이를 동양 평화와 한국의 독립

---

79) ≪官報≫ 第二千八百號, 1904년 4월 14일자.

을 유지하기 위한 전쟁으로 인식하였던 것도 전술한 바와 같다.

그런데 손병희는 천도교와 나라의 관계에 대해 다분히 오해의 소지가 있는 발언을 하였다. 그는 전술한 정교분리 논쟁에서도 "종교의 목적을 달성하기 위하여 조선의 독립을 기도한 것"이라고 답변한 바 있다. 이는 그가 추구한 최고의 가치가 천도교였기 때문에 최우선 사업으로 독립운동을 선택하였다는 말이 될 수도 있다. 다음의 답변은 천도교와 나라의 관계에 대한 그의 인식을 분명히 보여준다.

> 문 : 피고는 평소 지방의 천도교 도사 중에서 신용하고 있는 사람에게 자기의 한 몸 및 천도교를 희생하더라도 조선의 독립 사업에 진력하지 않으면 안 된다고 해 왔다는 데 어떤가?
> 답 : 그런 일은 없다. 가령 내가 마음에 그렇게 생각하고 있었다 하더라도 그런 말을 입 밖에 내지는 않는다. 또 천도교 단체를 만드는데 60만 명쯤의 생명을 잃었고 많은 고심을 했으므로, 나는 나라보다 천도교 쪽을 귀중하게 생각하고 있으며, 나라를 위하여 천도교를 희생하려는 것과 같은 생각은 없다.[80]

한말 초기 의병들은 민족이나 국가를 전제하지 않고, 성리학적 가치를 지키기 위해 봉기하였기 때문에 민족운동보다 도권운동이나 유림운동의 성격을 지녔다고 지적된 바 있다. 그러나 점차 의병들은 민중성을 강화하며 민족운동의 주류를 이루어 나갔다. 그런데 3·1운동을 주도한 천도교 수장인 손병희가 이 같이 종교계몽론에 경도된 답변을 하였다는 사실은 향후 계속 논의되어야 할 것이다.

한편 손병희 등은 계몽론자로서 민중을 신뢰하지 못하는 경향을 보이고 있다. 이를 '반민중성'이라고 표현하는 견해도 있으나,[81] 이는 너무 과

---

80) 「孫秉熙 신문조서(제3회)」, 1919. 7. 14, 경성지방법원(『한민족독립운동사자료집(3·1운동 Ⅰ)』 11, 128쪽).
81) 김성보, 「3·1운동에서 33인은 '민족대표'가 아니다」, 166쪽.

도한 표현이며 국가는 문명창출 주체로서 인식하되 민중은 몽매한 존재로 인식[82]했던 한말 계몽론자들의 인식과 사고의 틀에서 벗어나지 못한 것으로 보는 것이 타당할 것이다.

손병희는 학생들이 주축이 되어 국권회복 의견서를 총독부에 제출하려는 움직임에 대해 부정적으로 인식하였다. 그는 학생 신분으로 함부로 일으켜서는 될 일도 아니고, 오히려 세간의 안녕 질서를 어지럽힐 수 있다고 우려하였다. 또한 그는 파고다 공원에 모인 민중들을 '思意 淺薄한 학생과 군중'이라고 표현하였다.[83] 그래서 권동진의 제안에 따라 독립 선언의 장소를 변경한 것이었다. 권동진은 학생들과의 연합을 '유해무익'한 일로 보고 장소 변경을 주장하였던 것이다.

> … 李甲成이 내일 파고다공원에서 우리들이 독립선언을 발표한다는 것을 학생들이 알고 공사립학교 학생 전부가 응원하기로 되어 있다고 말하였으므로 나는 그것은 큰 일로 현재 국장 때문에 지방 사람들이 다수 서울로 오고 있으므로 소동을 일으키게 된다고 말하고, 선언서는 낭독하지 않더라도 배포하면 지장이 없으므로 장소를 변경해야 되지 않겠느냐 하였더니, 요리점이 좋겠다고 하여 명월관 지점을 장소로 선정하고 … 2월 28일에 孫秉熙의 집에서 회합했을 때 李甲成이 학생과 연락하여 독립운동을 한다는 것 같은 말을 흘려 우리들은 그것은 유해무익한 일로 선언서를 발표하는데 그런 원조를 구할 필요는 없다고 크게 반대했으며, … 우리들은 학생과 일을 함께 하는 것을 피하고 있었던 것이다. …[84]

---

82) 鄭昌烈, 「開化思想의 歷史認識」, 『開港前後와 韓末의 歷史認識』, 국사편찬위원회 제10회 한국사학술회의, 1987, 17~22쪽.

83) 「孫秉熙 경찰신문조서」, 1919. 3. 1, 경무총감부 및 「孫秉熙 피고인 신문조서」(『三一運動秘史』, 74, 77쪽). 박희도는 독립선언 장소를 바꾼 이유를 "무식한 자가 불온한 일을 할지 알지 못하여"라고 답하였다.

84) 「權東鎭 신문조서(제1회)」, 1919. 4. 8, 경성지방법원(『한민족독립운동사자료집(3 · 1운동 Ⅰ)』 11, 44쪽).

정춘수도 민중을 '유치'한 존재로 인식하고, 이들이 독립선언서가 배포되면 까닭도 모르고 돌아다니며 소요를 일으켜 질서를 어지럽힐 것으로 염려하였다.

> … 인민의 정도가 유치하므로 독립선언서를 배포하면 조선이 독립된 것으로 생각하고 규율이 없이 소란할지도 모르니, 그것이 걱정이라고 했더니 郭明理는 그렇다면 자기가 경찰에, 李可順이 부청에 그 선언서를 가지고 가서 잘 설명하기로 하자고 하므로, 그렇게 해 달라고 했으며, 또 李可順과도 만났는데 동인은 관청에 가서 설명하는 이외에 도매상이나 회사에는 선언서를 몇 장씩 봉해서 보내는 것이 좋겠다고 하므로 나는 서울로 가니, 이곳의 일은 두 사람이 처리해 달라고 했는데, 그러나 인민이 시내에서 소요하는 것은 좋지 않다고 하므로, 나는 선언서를 배포하면 인민이 까닭도 모르고 소요하여 돌아다니며 질서를 어지럽게 하는 일이 있을 것으로 생각했던 것이다.[85]

손병희의 민중 불신론은 3·1운동 직전 그가 대도주 박인호에게 보낸 '諭示文'에서도 재확인된다. 손병희는 박인호에게 천도교의 관리와, 자기가 피체되고 난 뒤 교도들이 소동을 일으키지 못하도록 단속해 달라는 내용의 유시문을 내렸다. 이를 문서의 형태로 보낸 것은 다른 사람에게 자신의 명령임을 알리기 위한 것으로서, 그의 권위를 상징하는 것이었다.

> 문 : 그리고 피고는 천도교의 대도주인 朴寅浩에게 금년 2월 28일 오전 11시경에 독립운동의 계획을 말했다는데 어떤가?
> 답 : 날짜는 기억하지 못하나, 朴寅浩에게 그대는 천도교를 주관하고 있는 사람으로 우리 교의 일은 모두 그대에게 맡겨져 있어 안심하고 있는데, 조상은 4천년 이래로 이 조선을 분묘의 땅으로 하고 있으니 이제 가만히 침묵하고 있을 수 없어서 나라를 위하여 진력하기로 하는 바 그

---

85) 「鄭春洙 신문조서(제2회)」, 1919. 7. 19, 경성지방법원(『한민족독립운동사자료집(3·1운동 Ⅰ)』 11, 156쪽).

대는 어디까지나 종교를 위하여 진력해 달라고 하고, 또 다수의 사람이 자기를 따라 소동을 일으켜서는 안 되니 그때에는 교도를 감독하여 단속해 달라고 하는 그런 내용을 서면으로 써서 주었던 것이다.

　　문 : 왜 서면에 적어서 주었는가?

　　답 : 그것은 딴 사람에게 보일 때 필요하다고 생각하여 서면으로 써 주었던 것이다.[86]

　그런데 일제는 위의 손병희의 발언 중 천도교도들이 소동을 일으키지 말도록 주의하라고 한 대목을 문제 삼아 폭동을 선동한 것으로 몰아가고자 하였다.

　　문 : 이 유시문에 망동을 일으키지 말라고 되어 있는데, 교도 중에서 망동을 일으킬 사람이 있을지도 모른다는 생각이 있었으므로 이것을 쓴 것이 아닌가?

　　답 : 그렇다. 내가 그런 몸이 되면 교도 중에 망동을 일으킬 사람이 있을지 모른다고 생각했으므로 그런 일이 없도록 경계한 것이다.[87]

　손병희의 諭示文 내용은 박인호의 신문조서에서도 동일한 내용으로 확인된다. 그는 고등법원에서 훈유서의 내용을 묻는 신문에 대해 "자기(손병희)는 시국을 위하여 일어선다. 너는 천도교 쪽의 일을 잘 맡아서 경거폭동을 하지 않도록 명심하라. 포교의 일에 힘쓰라는 등의 것이 씌어 있었다"고 답하였다.[88]

　이로써 보면 손병희는 자기가 3·1운동을 주도할 경우, 천도교에 화가 미칠 것을 염려하여 박인호에게 특별히 천도교를 잘 관리하고 포교에 힘

---

86)「孫秉熙 신문조서(제2회)」, 1919. 4. 11, 경성지방법원(『한민족독립운동사자료집(3·1운동 Ⅰ)』 11, 67~68쪽).

87)「孫秉熙 신문조서(제3회)」, 1919. 7. 14, 경성지방법원(『한민족독립운동사자료집(3·1운동 Ⅰ)』 11, 129쪽).

88)「朴寅浩 신문조서」, 1919. 8. 29, 고등법원(『한민족독립운동사자료집(3·1운동 Ⅰ)』 12, 118쪽).

쓰고 교도들이 자신의 피체에 격분하여 경거폭동하지 말 것을 유시문으로 명령하였음을 알 수 있다. 그가 천도교가 국가보다 중요하다고 한 답변은 천도교에 대한 그의 애정을 과도하게 표현한 것으로 여겨지나, 학생이나 민중을 역사변혁의 주체로까지 인식하지는 않았던 듯하다. 이는 계획 초기 단계에 그들 스스로 수립한 3대 원칙 중 대중화의 원칙을 위배한 모순된 인식이다.

그러나 민족대표의 대표성과 역할을 부정하는 논리로서 이들이 계획 초기 단계부터 스스로 민중과 차단한 것으로 보는 견해는 신중을 요한다. 왜냐하면 지방에 거주하고 있던 민족대표들은 중앙과 지방을 연결하거나, 지방의 만세시위를 준비하고 지도하는 등 직접 주도한 사실이 확인되기 때문이다. 그 구체적인 사례는 오화영과 유여대의 경우에서 입증되었다.[89] 충북 출신 정춘수도 자신이 시무하던 원산의 만세시위를 장로교회 장로 李可順과 전도사 郭明理에게 독립선언서의 배부 등을 지시하여 원산의 만세시위에 중요한 역할을 하였다.[90]

그런데 손병희도 지역적 연고를 바탕으로 충북의 만세운동과 연결되고 있어 주목된다. 이는 손병희가 일제의 신문에 대한 답변과 실제의 행동이 달랐다는 것을 입증하는 중요한 사실이라 할 수 있다. 즉, 손병희는 3·1운동 직전 광무황제의 인산에 배관하기 위해 상경한 고향 후배 洪命熹와 韓鳳洙를 자택에서 만났다. 이는 다음의 자료에서 확인된다.

> 仁山里 洪命熹는 경술국치에 순절한 금산 군수 洪範植의 장남으로서 고종황제의 국장에 조문하고자 하여 전기에 서울로 올라왔다. 마침 淸州人 전일 의병장 韓鳳洙를 만나서 孫秉熙 자택을 동반 방문하였다. 의암은 반갑게 영접한 후 독립선언서를 내놓고 독립운동에 대한 제반사

---

89) 허동현, 「3·1운동에 미친 민족대표의 역할 재조명」 참조.
90) 「鄭春洙 신문조서(제2회)」, 1919. 7. 19, 경성지방법원(『한민족독립운동사자료집(3·1운동 Ⅰ)』11, 155~156쪽).

를 설명한 후, 제군도 우리고장 청주와 괴산에 책임지고 이 운동에 협력
활약해 주기를 신신당부하였다. 그 언사에 감격한 洪命憙는 다음날 선
언식과 인산에도 참가하고, 곧 고향으로 돌아와서 즉시 각 면 유지들을
찾아 의거할 것을 모의하고 … 또한 청주 韓鳳洙와 자주 연락하여 기맥
을 상통하였다.[91]

한봉수는 귀향 직후인 3월 7일의 청주 장날, 서문동 우시장에서 장꾼들
에게 독립선언서를 배포하고 만세시위를 주도하였다고 하는데, 만일 이
것이 사실이라면 충북 최초의 만세운동인 셈이다.[92] 만세운동의 기회를
노리던 한봉수는 4월 1일 밤, 고향인 세교리 장터에서 만세시위를 벌였으
며, 2일 정오경에는 여기에 모인 장꾼과, 마침 그곳을 지나던 內秀普通學
校生 85명과 교사들을 주도하여 만세시위를 전개하였다.[93] 사형선고를
받았던 의병장 출신이 만세운동을 주도한 것은 의병에서 3·1운동의 맥
락을 실증하는 것이자, 의병장 출신이 어린 학생을 주도하여 만세운동을
주도한 것은 국내에서 유일한 사례로서 3·1운동의 거족성을 입증하는
사례로 평가된다.[94]

홍명희는 3월 19일 괴산 장날의 만세시위를 주도하였다. 그는 이날 미
리 준비한 독립선언서를 장꾼들에게 나누어 주고 그들의 선두에서 만세
시위를 주도하였다.[95] 이날 6백여 명의 시위대는 경찰서로 몰려가 동지
의 석방을 요구하며 투석전을 벌여 경찰서를 파괴하는 등 이튿날 새벽까
지 격렬히 투쟁하였다. 이날 저녁 괴산공보 학생들은 장터에 모였던 군중
들과 연합하여 장터를 행진하였는데, 사태의 위급함을 느낀 일제는 헌병
경찰과 보병 장교 등을 급파하여 엄중히 경계하였다.[96] 그러나 다음 장날

---

91) 李龍洛, 『三·一運動實錄』, 삼일동지회, 1969, 482쪽.
92) 독립운동사편찬위원회, 『독립운동사』 제3권, 79쪽;李龍洛, 『三·一運動實錄』, 494쪽. 그
러나 일제 측 기록에서 확인되지 않기 때문에 확증할 수는 없다.
93) 「韓鳳洙判決文」(『독립운동사자료집』 5, 독립운동사편찬위원회, 1972, 1100~1101쪽).
94) 박걸순, 「義兵將 韓鳳洙의 抗日鬪爭」, ≪한국독립운동사연구≫ 10, 1996, 269쪽.
95) 「洪命憙判決文」(『독립운동사자료집』 5, 독립운동사편찬위원회, 1972, 1079~1080쪽).

인 3월 24일에는 홍명희의 동생 洪性憙의 주도로 만세시위가 전개되었고 29일의 장날에도 연속하여 만세시위가 벌어졌다.[97]

이로써 보면 손병희를 만났던 한봉수와 홍명희는 실제 고향의 만세운동을 주도하였음을 알 수 있다. 따라서 그들이 폭동을 염려하여 독립 선언의 장소를 변경하고, 민중을 역사 변혁의 원동력으로 인정하지 않는 등 계몽주의적 한계를 노정한 것은 명백한 사실이나, 민족대표와 민중이 완전히 절연한 것으로 보아서는 안 될 것이다. 이는 손병희나 정춘수 등 충북 출신 민족대표와 오화영, 유여대 등 여타 민족대표의 경우에서 지역적 연고를 배경으로 고향과 연계하거나 직접 시위를 계획하고 지도한 사실이 확인되기 때문이다. 다만, 이들의 모순된 인식과 행동을 어떻게 해석할 것인가에 대하여는 좀 더 논의하여야 할 것이다.

Ⅷ. 맺음말

본고는 3·1운동을 주도하고 피체된 충북 출신 민족대표들의 경무총감부, 서대문감옥, 경성지방법원, 고등법원 등지에서 일본 경찰, 검사, 판사의 신문에 대한 답변에 나타난 독립사상을 검토한 것이다. 이상을 정리하면 다음과 같다.

충북은 3·1운동의 초기 단계를 주도한 민족대표 중 6명을 배출하였다. 이 중 손병희는 운동자금을 지원하고 3대 원칙을 수립하는 등 만세운동을 총괄 지휘하였다. 권동진은 오세창, 최린과 함께 만세시위의 초기 단계에서 중요한 역할을 한 3인 중의 한사람으로서, 손병희가 만세시위를 결심하도록 추동하고 타 종단과 연합을 추진하는 등 매우 중요한 역할을 하였다. 권병덕은 손병희의 승례로서 주저 없이 참가하였고, 신석구·

---

96) 高第七九五七號, 1919. 3. 20, 「獨立運動に關する件(第二一報)」(姜德相, 『現代史資料』 25, 320쪽).
97) 朴杰淳, 『槐山地方 抗日獨立運動史』, 괴산문화원, 1996, 109~111쪽.

신홍식·정춘수는 기독교 목사로서 우리의 독립을 하느님의 뜻으로 여기고 참가하였다.

충북 출신 민족대표들은 일제의 식민지 지배를 부정하고 독립을 확신하였다. 이들은 우리 민족은 절대로 일제에 동화될 수 없다고 믿고 있었으며, 식민지 시혜론과 근대화론을 펴는 판사와 치열한 논쟁을 벌이기도 하였다.

이들은 민족자결주의가 제창되고 세계 개조의 신기운이 팽배한 국제 정세를 예의 주시하며 독립운동의 기회를 노렸다. 천도교 측은 이미 1910년대 초부터 천도구국단이나 민족문화수호운동본부 등을 통해 독립운동을 모색해 오던 중, 강화회의와 민족자결주의 제창 소식을 듣고 구체적인 준비를 진행하였던 것이다. 이들은 우리의 독립이 일본에게도 유리한 것이라는 논리로 일제를 설득하였다. 그러나 기존의 견해와는 달리 손병희와 권동진은 물론 대부분의 민족대표들은 민족자결주의의 적용 범위나 한계 등에 대해 다분히 낭만적 기대와 환상을 넘는 정도의 인식은 하지 못한 것으로 여겨진다.

민족대표들은 동양평화론의 원론적 구조를 상기시키고, 일본의 국제적 위상을 거론하며 일제가 조선을 독립시키도록 추동하는 전략을 구사하였다. 그들이 말한 동양평화론은 안중근의 그것과 유사한 것으로서, 이토 히로부미의 그것과는 근본적으로 다른 것이었다. 다만, 이들이 지녔던 동양평화론은 동양과 서양의 대립이나, 황인종과 백인종의 대립으로 보는 동양주의적 한계를 드러내기도 하였으나, 이는 先朝鮮獨立論을 주장하기 위한 방편으로 이해함이 옳을 듯하다.

손병희 등은 민주공화정체를 추구하였다. 따라서 이들에게 광무황제의 훙거는 단순한 개인의 죽음 이상의 의미를 갖지 않는 것이었고, 오직 비밀리에 독립선언과 만세시위를 추진하는 것만을 최대의 과제로 여겼다. 그러나 정춘수는 민주공화정체와는 전혀 다른 정체론을 폈다. 그는 통감부 시대와 같이 일제의 지원을 받는 민족 자치를 희망하였다. 심지어 그는 보호국이 되는 것이 독립국이 되는 것보다 낫다는 괴변을 펴며 다른 민족대표나 민중들이 지녔던 정체론과는 완전히 괴리된 답변을 함으로써 스스로 민족운동 대열에서의 이탈을 예시하였다.

그들은 당장 독립을 달성할 수 있다고 믿지는 않았다. 오히려 그들은 자신들이 한 알의 밀알이 되어 독립을 추수하는 것이 아니라 독립을 심는 심경으로 파종론을 전개하였다. 이들이 자신을 희생하며 파종한 자주독립정신은 이후 대한민국 임시정부로 발아하였고 1920년대 이후 다양한 독립운동으로 만개하였던 것이다.

그러나 손병희 등 민족대표들은 종교 계몽주의자로서의 한계를 노정하기도 하였다. 그들은 일본이 우리를 지켜 줄 것이라고 믿었다. 물론 이는 한말 이래 지성이 지녔던 일본관의 한계와 맥락을 같이 하는 것이나, 일제의 침략적 본질에 대한 이해가 부족하였음을 드러내는 것이다. 또한 민족이나 국가보다는 종교를 우선하는 한계를 여실히 드러내기도 하였다. 뿐만 아니라 그들은 민중을 역사 변혁의 주체로까지 인식하지 못하는 민중불신론을 보인다. 손병희 등이 학생 등의 소동을 우려하여 독립선언 장소를 변경하고, 諭示文을 통해 경거폭동을 금지케 한 것 등도 종교 계몽주의자의 한계로 지적할 수 있다.

그러나 그들이 민중과 완전히 절연하였다는 견해는 수정되어야 한다. 왜냐하면 지방에 시무하고 있던 일부 민족대표들이 지방의 만세시위를 준비하거나 지도하는 경우가 확인되기 때문이다. 특히 손병희가 한봉수와 홍명희를 통해 고향인 충북의 만세운동을 지시하여 실제로 만세시위로 연결되었다는 사실은 이들이 지닌 종교 계몽주의자로서의 한계와는 별도로 평가되어야 할 것이다.

(≪중원문화논총≫ 제13집, 충북대학교 중원문화연구소, 2009)

제3부

신채호의 독립운동과 역사인식

『단재 신채호 전집』 편찬의 의의와 과제
-「역사편」을 중심으로 -

Ⅰ. 머리말

『改訂版丹齋申采浩全集』(단재신채호선생기념사업회, 1977)이 출간된 지 30년 만에 새로운『단재 신채호 전집』(독립기념관 한국독립운동사연구소, 2007~2008) 전 9권이 편찬되었다. 새 전집은 2007년 8월「역사편」4권이 우선 출판되고, 2008년 4월 나머지 각 분야별 5권의 출판이 완료되었다. 새 전집은 기간된 전집과 달리 원전을 제시하였다는 점에서 단재 연구의 새로운 초석이 될 것이며,[1] '민족의 수난과 혈투 속의 자존'으로 상징되는 한국근대사를 올바로 체계화하고 민족정기를 바로 세우는데 기여할 것으로 기대된다.[2]

그간 학계는 물론 일반에서도 새로운 단재 전집 편찬의 필요성을 지속

---

1) ≪연합뉴스≫ 2007년 8월 16일자;≪경향신문≫ 2007년 8월 20일자 등.
2) 윤병석, 「간행사」, 『단재신채호전집』 제1권, 독립기념관, 2007.

적으로 제기하여 왔다. 그것은 기간된 전집에 수록된 단재의 무기명 논설에 대한 저자 확정 등의 문제와, 일부 다른 사람의 저술 등재의 오류 및 원전 미제시로 인한 전집으로서의 한계 때문이다. 또한 기간된 전집이 출간된 지 30년을 경과한 바, 그간 연구자들의 노력으로 새로운 단재 자료가 많이 발굴되었고 중국과의 수교 이후 자료가 새롭게 확인되어 이의 추록이 필요하였다. 특히 북한이 소장하고 있는 미공개 단재 자료의 일부가 북한과 중국학자에 의해 공개되었고, 최근 새 전집의 편찬을 위한 북한과의 자료수집 협의 과정에서 다수의 미공개 자료의 소장 사실이 확인되며, 단재 연구의 새로운 전기를 마련하기 위해서도 새 전집의 간행이 요청되었던 것이다.

새 전집은 우선 각 자료의 원전 제시에 충실하고자 하였다. 따라서 모든 역사 저술은 단재의 친필 원고와, 신문이나 기타 지면에 최초로 활자화된 자료, 또한 최초로 단행본으로 간행된 자료 등을 모두 제시하였으며, 마지막에 가장 원전에 가까운 자료를 저본으로 한글본을 만들어 함께 제시하였고, 한글본으로 색인을 만듦으로써 독자들의 열람과 이용에 편의를 제공하였다.

필자는 단재 전집 편찬위원으로서 「역사편」 제2권 『朝鮮史研究草』의 편찬을 주무하고 해제를 정리하였으며, 특히 북한 소장 단재 자료 수집 업무의 실무 책임을 담당한 바 있다. 본고는 이 같은 편찬 업무 수행의 경험을 토대로 편찬 과정을 살펴보고 「역사편」(제1권~제4권)의 구성과 내용 등을 정리하고자 한 것이다. 이로써 이번에 간행된 새 단재 전집의 편찬을 회고하고 검토함으로써 후속 사업이나 기념사업 등의 귀감으로 삼고자 하는 것이다. 특히 본고에서는 북한 소장 단재 자료의 수집 과정과 자료 목록 등을 상세히 소개하고자 한다. 이를 통해 북한 측의 성의 있는 협조를 촉구하고, 단재의 자료가 조속히 공개되어 단재 연구가 한 단계 진전되기를 희망한다. 나아가 남북이 추앙하는 단재를 통해 분단시대 인

식의 간극이 벌어진 민족사의 공감대를 회복하고 민족통일의 디딤돌을
놓는 계기가 된다면 더 바랄 나위가 없겠다.

II. 새 단재 전집 편찬의 당위성

1. 기간 전집의 오류

1942년 한용운·박광·신백우·최범술 등은 단재의 유고 간행을 추
진하였으나, 일제의 감시로 실현하지 못하였다. 1945년에는 중국 상해에
서 申采浩學社가 설립되어 다시 단재 유고의 간행이 추진되었다. 여기에
는 중국인으로 世界社 대표 李石曾과 中國學典舘 대표 楊衆駱, 상해생물
학연구소 대표 朱設이, 한국인으로 鄭華岩과 柳子明이 참가하여 조선의
학술과 문화, 특히 단재의 유고를 모아 중문과 영문으로 출판하여 세계에
그의 학문을 과시하고자 하였다.[3] 이석증과 류자명의 존재로 보아 이 조
직의 가능성은 인정할 수 있으나, 이 또한 결실을 맺지는 못하였던 것으
로 보인다. 이후 1955년 '단재유고출판회'(회장 변영로) 명의로 『을지문
덕』이 한글로 출판되었던 바도 있으나, 구체적인 전집 편찬의 움직임은
1970년 李瑄根을 대표로 하는 '단재신채호전집편찬위원회'가 결성되면
서부터이다.

그 첫 결실은 1972년 『단재 신채호 전집』 상·하권의 간행이었는데, 이
는 신채호 연구가 활성화되는 계기가 되었다. 해방 전후부터 단재 전집
편찬이 추진되었으나, 자료 수집과 출판 자금 염출 때문에 어려움을 겪다
가 '박 대통령의 물심양면에 걸친 배려'와, '이선근 박사 외 여러분들의 정
성'으로 이때에 간행하기에 이른 것이다.[4] 이어 1975년에 보유편 1권이

---

3) 외솔회 편, 『단재 신채호』, 단재교육원, 1989, 146쪽. 1959년 4월 단재의 사당이 있는 청
　원군 낭성에서 단재 서거 23주기 추도식을 주최한 단체의 명의가 丹齋學社로 되어 있으나,
　상해에서 조직된 단재학사와의 관련성이나 구체적인 조직이나 활동상 등은 알 수 없다.

4) 申範植, 「初版 序」, 『改訂版丹齋申采浩全集』 上, 丹齋申采浩先生紀念事業會, 1972, 7쪽(이하

추가되었다. 보유편에 수록된 자료는 한용운과 신백우 등이 유고집 발간
을 위해 모아 둔 '자료 보따리'에서 찾은 자료와 여기에서 나온 저작 목록
을 가지고 찾은 자료라고 한다. 또한 단재의 장남 신수범이 이사할 때 발
견한 윤세복이 정리해 둔 미간 유고를 저본으로 하였다고 한다.5)

　그러나 이 전집에 오탈자 등의 문제가 제기되자 '정세한 고증'을 가하
여 1977년 상·중·하 3권으로 다시 간행하기에 이르렀다. 간행위원장이
던 이은상은 다음과 같이 말하였다.

　　우리가 단재사학을 통하여 민족의 사통을 바로잡으려고 단재 선생
　의 유고들을 수집하여 전집 상하권을 발간한 것은 진작 1972년도의 일
　이었고, 그 뒤 補遺의 一册을 더한 것은 1975년도의 일이었습니다. 그
　러나 일이란 매양 처음부터 圓滿할 수가 없는 것이어서 旣刊本에 誤字
　와 字句의 顚倒·漏落 등이 있어 민망한 생각을 금할 길이 없었습니다.
　물론 선생의 저작들을 수집하여 전집을 간행한 것만으로도 의의 있는
　일 아닌 것은 아니지마는, 그래도 거기에 誤落이 있다는 것은 도리어 선
　생께 죄를 범한 것 같은 느낌을 갖지 않을 수 없습니다. 그래서 이번에
　다시금 거기에 精細한 교정을 가하여 틀린 것을 바로 잡아 上中下 삼권
　으로 개편 간행하게 된 것입니다. …6)

　한편 이인재도 개정판의 서문에서 다음과 같이 말하였다.

　　… 선생은 생전에 어떠한 저술이라도 부본을 둔 적이 없고, 身後에는
　遺文을 수집하여 둔 특출한 독지가도 없어 1972년 유고를 간행하는 데
　몇 가지 旣刊한 단행본 외에 신문이나 잡지의 斷簡 零片을 모은 것 뿐이
　기에 누락이 많았고 급히 서두른 까닭에 인용의 오류와 자구의 倒錯이
　많아 소홀의 慚愧는 이루 말할 수 없었다. 다행히 개정판에는 사학계의
　권위이신 천관우 선생의 심혈을 기울인 교열로 많은 오류를 바로 잡았

　기간된 전집은 『全集』이라 약칭하며, 새롭게 편찬된 것은 『전집』으로 약칭하여 구별해 둔다).
5) 金泳鎬, 「初版 解題」, 『全集』 下, 489~490쪽.
6) 李殷相, 「改訂版 發刊辭」, 『全集』 上, 6쪽.

고, 貧病의 상속과 실의에 빠진 선생의 落胤 秀範氏가 필설로 다할 수 없는 정성으로 개정판을 내게 된 것이다.[7]

개정판 전집 간행에 있어 주목되는 것은 천관우가 교열에 참여한 사실이다. 그는 당시 존망 받는 역사학자로서, 그의 참여는 이전 전집의 오류를 보완하고 개정판 전집의 신뢰와 권위를 높여 주었다. 이어 이해 말 누락된 자료를 추가하기 위해 별집 간행이 추진되었다. 별집에는 사론, 논평 · 성토문 · 논설, 천고(문헌), 소설, 수상, 시 · 시조, 서간, 추모문, 자료(전기) 등을 수록하였는데, 이 자료는 東京 武藏大 와타나베 마나부(渡部 學) 교수를 비롯하여 김영호, 신수범, 임중빈, 하동호 등이 제공한 것이다.[8]

이로써 보면 단재 전집은 몇 차례에 걸쳐 보유와 개정을 거쳤음을 알 수 있다. 그런데 그 후 30여년이 경과하며 새 단재 전집 간행의 필요성이 제기되었다. 그 까닭은 기존 전집에 수록된 일부 논설 등이 단재의 저작이 아니라는 시비가 있었고, 활자화 한 내용만 수록하고 원전을 수록하지 않은 등의 오류와 한계 때문이었다.

단재는 무기명 논설을 많이 썼고, 기명의 경우도 수많은 별호를 사용하였기 때문에 그의 저작 여부를 분간하기 곤란한 것들이 상당히 많다. 따라서 단재 전집 편찬에 있어서 가장 애로를 느끼는 작업은 단재의 무기명 논설을 분간하여 확정하는 일이다. 단재 저술로 추정되는 저작들은 간행물의 발행 주체나 내용과 문투 등으로 보아 단재가 집필하였을 것으로 짐작되나, 다른 사람이 집필하였을 가능성을 전연 배제할 수는 없다. 기존의 전집 편찬 때 위원들이 그 분간에 많은 노력을 하였으나 의욕이 과한 부분이 없지 않았다. 또한 한용운과 신백우가 모아 놓았다는 단재 '자료 보따

---

7) 李仁哉,「改訂版 序」,『全集』上, 4~5쪽.

8) 이은상,「刊行辭」,『全集』別集, 2~3쪽. 여기에서는 "… 특히 선생의 영식 수범이 직접 나서서 피나는 노력으로 옛날의 묵은 신문들을 장장이 뒤져 찾아 낸 것이므로 마치 구름 깊은 崑山에서 옥을 캐어 오고 안개 짙은 驪壑에서 구슬을 찾아낸 것 같아 얼마나 귀중한 것인지 모릅니다"라고 신수범의 노력을 특기하였다.

리'와, 신수범이 찾아냈다는 '윤세복이 수집해 둔 자료' 등이 구체적으로 무엇이었는가도 밝혀지지 않았다. 특히『全集』하권과 별집에 추록한 것은 북한에서 발행한『룡과 룡의 대격전』을 이용한 것이었다.9)

그런데 남과 북은 모두 단재가 저술한 자료의 원전을 훼손한 책임을 진솔하게 고백해야 한다. 북한은『룡과 룡의 대격전』을 간행할 때 원전대로 수록하지 않고 윤색·삭제·편집 등을 하였다. 남한에서는 이를 비밀리에 입수하여 다시 그 내용을 한자로 고쳐『전집』에 수록하였으니, 1차 윤색된 것을 2차로 윤색한 셈이다. 그러다 보니 정작 단재가 한자로 서술하지 않은 부분까지 한자로 고치는 오류를 범하면서 원전 본래의 모습을 크게 훼손시켰던 것이다.

1982~1985년간 평양 유학시절, 단재 유고를 열람하고 원본을 필사해 온 김병민은 북한에서 편찬한『룡과 룡의 대격전』과 단재신채호선생기념사업회가 편찬한『전집』과의 상관관계에 대해 다음과 같이 지적하였다.

> … 신채호 유고가 발견된 이후 1966년 2월 국립중앙도서관 민족고전부에서 문학유고들만을 선택하여 윤색, 삭제, 편집을 거쳐『용과 용의 대격전』이란 책명으로 세상에 내놓았다. 이는 신채호 연구에서 획기적 의의가 부여된다고 말해야 할 것이다. 1960년대 중기 신채호에 대한 연구는 평양 학자들의 큰 관심을 모았다. 그 뒤『용과 용의 대격전』이란 책이 평양에 왔던 일본인 학자에 의해 서울에 전해졌으며 서울의 단재신채호기념사업회에서는 선후로 1975년과 1977년에『용과 용의 대격전』이란 책에 실린 유고들을『단재 신채호 전집』의 하권과 별집에 수록하였다. 전집에 실린 글들은 그 내용상에서『용과 용의 대격전』의 것과 다름없다. 만약 다른 점이 있다고 한다면『용과 용의 대격전』의 글들이 순국문이었던 것을 국한문 혼용체로 바꾸어 놓은 것뿐이다. 상기

---

9) 조선문학예술총동맹출판사,『룡과 룡의 대격전』, 1966. 본서는 북한 국립중앙도서관 민족고전부에서 유고를 모아 편찬한 것이다. 본서는「룡과 룡의 대격전」등 문학,「선언」등 논설,「짤막한 조선의 이야기」등 사론,「리수상에게 도서 열람을 요청하는 편지」등 서간문 등으로 분류하여 53건의 단재 저술과 안함광의「해제」가 수록되어 있는데, 이 중 상당 부분이『全集』하권과 별집에 추록되었다.

상황에 대하여 단재 선생의 유자이신 신수범 선생도 필자에게 준 서신에서 시인한 바 있다. 이런 상황을 비추어 볼 때 『단재 신채호 전집』에 수록된 소설 『꿈하늘』을 비롯한 몇 편의 유고가 한룡운·신백우 선생들이 보존한 것이라거나 『류화전』 『선언』 등을 비롯한 유고가 윤세복 선생이 정리해 둔 것이라는 것은 신빙성이 극히 적다고 보인다. 왜냐하면 『전집』의 유고들이 내용상 윤색, 삭제, 재편집을 거친 『용과 용의 대격전』의 유고와 일치하기 때문이다. 이와 관련하여 필자는 일부 학자들이 신채호의 유고는 원래 서울에 보존되었는데 전쟁 당시에 인민군이 빼앗아갔다는 견해에 의심을 품지 않을 수 없다.[10]

한편 그는 『전집』은 『룡과 룡의 대격전』을 저본으로 한 것임을 확인하고, 원본과의 대조를 통해 차이를 구체적으로 지적하였다. 그는 그 차이점으로 첫째, 대폭 삭제된 점, 둘째, 어휘 표현이 바뀐 점, 셋째, 재구성 한 점, 넷째, 필명이 누락된 점, 다섯째, 문자 표기가 다른 점 등을 지적하였다.[11] 이는 『전집』이 『룡과 룡의 대격전』을 저본으로 하였기 때문인데, 따라서 원전을 훼손한 책임은 남북이 함께 져야 하며, 원전의 회복을 위해 함께 노력해야 할 것이다.

이 같은 현상은 남북의 독재 정권 및 냉전 이데올로기의 대립으로 빚어진 현상인데, 오류가 확인된 이상 전집의 새로운 간행은 지극히 당연한 일이며 오히려 만시지탄이 있는 사업이다. 또한 기간된 전집이 새로 활자화 한 자료만 수록하고 원전은 함께 제시하지 않았는데, 자료집으로서 전집의 기본에 충실하기 위해서라도 원전의 수록은 당연한 일이다.

2. 새로운 자료의 발굴

현재 단재의 자료가 많이 남아 있지 않은 것은 그 자신이 역사연구와 저술에 엄격하여 원고를 태워 없애는 등 스스로 파기하였고, 그의 사후

---

10) 김병민 편, 『신채호문학유고선집』, 연변대학출판사, 1994, 2~3쪽.
11) 김병민 편, 『신채호문학유고선집』, 4~8쪽.

원고 등 자료의 대부분이 북한으로 유입되어 공개되지 않고 있으며, 또한 무기명 논설이 많아 그의 저술로 확정하기가 어렵다는 점 등의 요인에 기인한다.

단재는 자신의 역사연구와 저술에 매우 엄격하였다. 그는 자신의 저술이 불만스러우면 스스로 없애 버리는 '累作累毀'를 거듭하였다. 그의 지우들의 증언은 이를 잘 알려준다.

> … 단재는 자기의 고심연구한 것을 초하다가 갑작이 업새버리는 버릇이 잇스니 이것은 다름이 아니라 초한 것을 다시 살펴보고 불만을 늣기는 까닭일 것이다. …12)

> …다만 性氣가 본대 곰살갑지 아니하여 發함이 있으면 찬란할 겨를을 낼 여지가 없어 간혹 一字의 불안을 憎惡하다가 전 책을 성냥불에 붙이는 등 어떤 때는 스스로 過思함을 모르고 홧김에 북북 찢어 쑤세미를 만드는 등 積年의 공을 드리어 심혈을 다 쏟은 것으로 하여금 片刻間에 烏有를 만든 것이 한두 번이 아니라 하는데, 나온 바로「朝鮮史研究草」만 하더라도 그가 여기 있기만 하였으면 그 고집에 피차 隔面하기까지 이르더라도 빼앗다가 없애고야 말았을 것이니, 累作累毀하였다는 것이 반드시 사실일 줄 안다. 平心하여 말하면 부족한대로라도 우선 통사의 체계를 세우고 수정을 隨加할지언정 舊를 全棄하지 말아 久長을 期하고 나갔던들 금일에 와서 남은 것이 이같이 無多하지는 아니할 것이어늘 속을 썩이지 못하기도 너무 심하여 저렇듯이 作毀가 頻數하였더니 이는 그 性氣의 短이라고 할 것이로되, 다시 생각하여 보면 그가 自視하여 부족한 것이 타인으로서 보기에는 미증유의 炯見인 것이 한두 가지가 아니니, 그의 부족으로 아는 것도 이렇거든 나아가 마지아니하는 그의 史學的 高詣가 만년에 어느 정도까지 갔었음을 어찌 알랴. …13)

---

12) 洪命憙,『朝鮮史研究草』序文,『전집』제2권, 182쪽.
13) 鄭寅普,「丹齋와 史學」,『全集』下, 458~459쪽.

한편 단재의 저술로서 이름만 전해지는 것 또한 적지 않다. 1920년대 초 북경에 거주하던 단재는『朝鮮史通論』·『文化篇』·『思想變遷篇』·『疆域考』·『人物考』·『附錄』등의 원고를 집필하여 가지고 있었다고 한다.[14] 이는 당시 그의 연구 주제와 관심의 범위를 짐작할 수 있게 하나, 이 원고들은 현전하지 않는다.

단재는 자신의 역사저술이 菲才蔑學의 의견이라고 겸양하였으나, 또한 자신의 역사저술에 있어 확신을 지니고 있었다. 그는 자신의 의견이 틀릴 수는 있으나, 연구의 기초와 방법은 착오가 없다고 자신하였으며, 三韓 칠십여 국에 대한 고증은 이전 사람들보다 '오뉴월 하룻볕' 정도의 차이가 있을 것이라고 하였다. 또한 자신이 "내라야 이것을 발견하지"라는 자신감을 피력하기도 하였으며,[15]『朝鮮四色黨爭史』와『六伽倻史』는 조선에서 자신이 아니면 능히 正鵠한 저작을 못하리라고 확신하였다.[16] 단재는 腹稿로서「鄭仁弘公略傳」과「六伽倻考」등을 구상하였으나, 집필하였는지 여부는 알 수 없다.

그럼에도 불구하고 단재의『전집』편찬 이후 적지 않은 단재의 저작이 새롭게 발굴되었다. 그 가장 대표적인 사례는 북한의 원전 자료를 확인하여 내용을 공개한 김병민의 연구와, 중국 북경대학 도서관 소장 ≪天鼓≫의 확인 발굴, 새로운 자료의 발굴에 노력해 온 박정규의 연구, 김주현의 일련의 단재 원전 확정 연구 등을 들 수 있다.

김병민은 북한 인민대학습당에 소장된「꿈하늘」등 16건의 문학 저술 내용을 공개하고,「신채호 유고 작품의 분류 및 창작연대」를 제시하였다. 특히 그는 자신이 열람한 자료 중「강역고」,「仙郞史通論」,「傳說時代史」, 「高句麗史」,「檀君疆域圖滿洲考」,「海上列國과 高句麗」등 역사관련 유고의 존재를 확인하며, 화랑에 관한 저술인「선랑사통론」은 6장의 목차

---

14) 李允宰,「北京時代의 丹齋」,『全集』下, 480~481쪽.
15) 申采浩,「極熊에게」,『全集』別集, 363쪽.
16) 申榮雨,「丹齋 獄中會見記」,『全集』下, 443쪽.

까지 제시하였다. 한편 문학 관련 미공개 유고로는 「朝鮮의 志士」,「丹兒
雜感錄」 등 수필, 기행문, 소설, 서문, 사화집 등도 있었다고 한다.17) 특히
「朝鮮史를 外國人에게 바우지 말어라」라는 논설 원고의 뒷장에는 '독자
없는 저작물, 購覽者 없는 미술품, 숭배자 없는 인물'이란 친필 붓글씨가
있었다고 하는 바, 이는 당시 단재 자신의 비감한 심경을 잘 보여주는 것
이라 생각된다.

　　한편 단재가 북경에서 주관한 잡지 ≪天鼓≫의 내용도 소장처와 3권까
지의 내용이 확인되었다. 이 잡지는 단재가 북경에서 김창숙 등의 도움을
받아 박숭병의 집에서 간행한 것인데, 중국문으로 발행하여 중국인에게
조선 문제를 선전하고자 한 것이었다.18) 기간된『전집』별집에서는 ≪천
고≫ 제1권 수록 내용 중「창간사」등 6편의 글만 게재하였다. 현재 ≪천
고≫는 제1권~제3권이 북경대학교 도서관에 소장되어 있는데, 북경대
소장본은 최광식,19) 김주현, 박걸순 등이 열람하고 자료를 확보하였고,20)
김삼웅은 연변에서 제2권을 발굴하여 보도한 바 있다.21)

　　단재 관련 자료 발굴과 관련하여 박정규와 김주현의 일련의 노력과 성
과가 돋보인다. 박정규는 그간 단재의 한시와 '丹齋箴' 등을 발굴하는 성
과를 거뒀고, 이를 도록으로 출간하였다. 도록에는 그가 발굴한 시문과
논설의 원전을 촬영하여 게재하였다. 그런데 여기에는 단재가 신문에 게
재한 무기명 논설을 그의 재직기간을 고려하여 ≪황성신문≫ 게재 논설

---

17) 김병민 편,『신채호문학유고선집』, 8~17쪽.「仙郎史通論」은 第一章 緒論, 第二章 花郎
　　의 名義, 第三章 花郎興廢, 第四章 花郎의 信條, 第五章 花郎의 實踐, 第六章 結論으로 구
　　성되었다고 한다.
18) 柳子明,『한 혁명자의 회억록』, 독립기념관 한국독립운동사연구소, 1999, 95쪽.
19) 최광식,「단재 신채호가 북경에서 출판한 잡지『턴고』」, ≪역사비평≫ 48호, 1999;「『천
　　고』고고편에 보이는 신채호의 고대사인식」, ≪한국사학사학보≫ 3, 2001;『단재 신채호
　　의 천고』, 아연출판부, 2004.
20) ≪天鼓≫는 북경대 도서관 자료 5785번(0002199)로 매우 엄격히 관리되고 있는데, 이번
　　에 간행된 새『전집』에는 ≪天鼓≫의 1~2권은 전체내용이, 3권은 일부 내용의 원전과
　　번역본이 수록되었다.
21) ≪대한매일신문≫ 2000년 6월 28일자.

172편, ≪대한매일신보≫ 게재 논설 39편(기존 전집 수록 외 추가), ≪독립신문≫ 게재 논설 6편을 수록하였다.[22] 이 논설 중 단재의 신문사 재직 기간이나 문체 등을 감안 할 때 단재 저술의 개연성이 인정되는 것이 적지 않다. 그러나 기간된 단재 전집에 수록된 논설에 대해 제기되어 온 필자 확정 문제는 여기에서도 여전히 과제로 남아 있다.

단재 저술의 원전 확정을 위한 김주현의 일련의 연구 논고는 주목된다. 그는 2005년부터 학술진흥재단 지원 과제로 수행 중인 「신채호의 작품 발굴 및 원전 확정을 위한 연구」 프로젝트 하에서 이미 ≪천고≫, ≪권업신문≫, ≪독립신문≫ 등에 수록된 논설을 글의 형식과 내용, 문체 등의 분석을 통해 단재 저술을 확정해 나가는 연구를 진행하고 있다. 그는 단재 원전 확정을 위한 일련의 연구를 통해 상당한 결실을 거두기도 하였는데, 학계의 활발한 논의를 기대한다.[23]

이밖에 이번 새『전집』을 간행하며 발굴한『無涯散稿』등의 새로운 자료들도 있다.『무애산고』는 성균관대학교 존경각에 소장된 자료인데, 1915년 프린트 본으로 간행된 것으로서, 「大我小我」·「大韓의 希望」·「歷史와 愛國心의 關係」·「大東帝國史敍言」·「東方 古代의 各 人種」·「乙支文德傳」 등 6편의 단재의 논설 등이 수록되어 있다. 이들은 대부분 이미 신문 등을 통해 발표한 것이나, 「대동제국사서언」은 새로 수록한 중요한 사론이다.[24] 이에 대하어는 재론하기로 한다.

---

22) 박정규 외,『단재 신채호』, 단재문화예술제전추진위원회, 2006.
23) 김주현의 단재 원전 확정 연구로는 「신채호의 자료 발굴 및 원전 확정 연구 —『천고』를 중심으로」(≪어문학≫ 제93집, 2006), 「신채호의 작품 발굴 및 원전 확정을 위한 연구 —『권업신문』을 중심으로」(≪우리말글≫ 제39집, 2007), 「중국혁명사략 저자 규명 및 창작 의의 연구」(≪한국독립운동사연구≫ 제28집, 2007) 및 「상해판『독립신문』소재 신채호의 작품 발굴 및 그 의의」 등이 있다.
24) 신용하는 「大東帝國史敍言」을 「朝鮮上古文化史」로 이어지는 글로 판단하였다(「해제」,『전집』제3권, 12쪽).

Ⅲ. 단재 전집 편찬 과정과 「역사편」의 구성

1. 편찬위원회의 구성

2006년은 단재가 서거한지 70주년이 되는 해였다. 단재기념사업회 등
에서는 이를 기념하기 위하여 학술세미나를 개최하기도 하였으며, 독립
기념관은 단재 전집 편찬 계획을 수립하여 추진하였다.[25] 이 사업은 새
관장으로 부임해 온 김삼웅 관장의 제안으로 기획되었다. 그는 이미 백범
김구와 백암 박은식, 우강 양기탁 전집 간행을 주도하였던 바, 민족주의사
학을 결산하는 후속사업으로 단재 전집 간행의 필요성을 절감하고 있었
다. 특히 그는 동서독이 '동서독 문화협력 공동사업'으로 좌파 극작가『브
레히트』전집을 편찬하며 이념의 장벽을 허물고 통일의 길을 열어간 예
를 들며, 남북이 공동사업으로 새 단재 전집 편찬을 추진할 것을 공식적
으로 제안하기도 하였다.[26]

이를 위해 선결하여야 할 가장 중요한 과제인 예산 확보 문제가 해결되
자, 국내외에 걸친 광범위한 자료수집과 편찬 방침 결정 등 중요사항을
자문, 결정하기 위하여 학계의 전문가로 편찬위원회를 구성하기로 하고
위원 인선에 착수하였다. 위원은 단재의 학문 세계와 활동 분야를 고려하
여 역사 · 문학 · 언론 · 사상 · 독립운동 등을 망라할 수 있는 사계의 원
로와 실무를 담당할 중견 학자들 간 조화를 고려하여 선임하였다. 특히,
기간된 전집과의 연계를 위해 기간 전집 편찬위원으로서 중요한 역할을
하였던 김영호와, 중국이나 북한 학계와의 연계를 위해 신채호 연구자로
서 북한 소장 단재 자료를 직접 열람하고 소개한 김병민을 특별히 위촉하
였다.

---

25) 단재의 순국 70주기를 추모하여 단재예술문화제전추진위원회는 「단재 신채호 연구의
　　재조명」(2. 17, 청주), 단재신채호선생기념사업회는 「단재 신채호 사상의 현재적 평가」
　　(2. 21, 서울)란 주제로 학술심포지엄을 각각 진행하였다.
26) 김삼웅,『단재 신채호 평전』, 시대의 창, 2005, 502~506쪽.

초창기 구성과 비교할 때 일부 변동은 있었지만 단재 신채호전집편찬위원회의 구성은 다음과 같다.

> ○ 위원장 : 윤병석(인하대학교 명예교수)
> ○ 위　원 : 김병민(중국 연변대 총장) · 김삼웅(독립기념관장) · 김영호(유한대 학장) · 김용달(독립기념관 수석연구원) · 김주현(경북대 교수) · 박걸순(충북대 교수) · 신용하(서울대 명예교수) · 이만열(전 국사편찬위원장) · 이호룡(민주화운동기념사업회 책임연구원) · 최광식(고려대 교수) · 최기영(서강대 교수) · 최원식(인하대 교수) · 최홍규(전 경기대 교수) · 한시준(단국대 교수)
> ○ 간　사 : 박민영(독립기념관 선임연구원) · 윤종문(독립기념관 연구원)

한편 편찬위원회는 효율적인 편찬 업무 추진을 위하여 편찬위원 중 김용달 · 김주현 · 박걸순 · 최기영 · 한시준 등으로 별도의 소위원회를 구성하여 수시 회합하며 수집된 자료를 검토하고, 무기명 논설의 확정 여부를 심의하는 등 편찬위원회 전체 회의에 상정할 안건을 사전 검토, 조정하도록 하였다.

2. 편찬 원칙과 자료 수집

편찬위원회는 수차 회합을 거듭하며 전집 편찬의 방향과 원칙을 수립해 나갔다. 편찬위원들은 단재 전집 편찬을 자료 수집과 연동하여 진행하기로 하였는데, 우선 현재로서 더 이상 새로운 자료가 나올 가능성이 희박하다고 판단한 「역사편」을 먼저 편찬하기로 하였다. 그리고 다른 분야도 만약 북한 등에서 새로운 자료가 수집될 시는 보유편 등의 형태로 보완해 나가기로 하였다.

새로 편찬할 전집은 역사, 신문과 잡지, 사론과 논설, 문학편 등으로 분류하여 편찬하기로 하되, 한말 이래 국내외에서 전개된 단재의 다양한 활동을 자료를 통해 정리하는 독립운동편을 설정하기로 하였다.[27] 또한 단재의 사후 지기와 후학들의 논찬을 모아 별권으로 간행함으로써 그의 역사적 위상을 설정하도록 하였다.[28]

편찬위원회는 새로운 단재 전집을 모두 9권으로 편찬하기로 한 바, 각 권별 분류와 수록내용, 해제 및 교열자는 다음과 같이 구성하였다.

단재 전집 각 권별 분류와 수록내용

권별	분류별	수록내용	해제 및 교열
제1권	역사편	각종 『朝鮮上古史』	이만열
제2권	역사편	「讀史新論」, 「大東帝國史敍言」, 「朝鮮上古文化史」	신용하
제3권	역사편	『朝鮮史研究草』	박걸순
제4권	역사편	「乙支文德傳」 등 傳記 4편	최홍규
제5권	신문 · 잡지편	≪天鼓≫, ≪新大韓≫ 등 단재 주관 신문과 잡지	최광식
제6권	사론 · 논설 · 서한편	신문 등에 수록된 논설류 및 서한	김삼웅
제7권	문학편	「룡과 룡의 대격전」 등 문학 작품	김주현
제8권	독립운동편	일제 정보 자료 등 단재 활동 자료	윤병석
제9권	단재론 · 연보편	단재 관련 논찬과 연보	최기영

전집에 수록될 자료는 단재가 직접 저술한 원고와, 처음 활자화 된 원전(신문 또는 초판 출판물 등)을 영인 수록하되, 독자의 이해와 편의를 위하여 필요한 부분은 새로 활자화하여 말미에 첨부하기로 하였다. 활자화 작업은 한문과 고어체 등 원문에 충실하되, 띄어쓰기만 현대 맞춤법에 맞추도록 하였고, 명백한 오류는 괄호로 처리하여 작은 글씨로 부기하기로 하였다. 다만, 활자화 과정에서 발생할 수 있는 오류를 최소화하기 위하여 해제자가 최종 교열을 하도록 하였다. 그리고 원전을 크게 훼손하지 않는 선에서 신문에 게재된 논설의 경우는 면수 등을 조정, 편집하여 싣기로 하였다. 기존의 전집이 거의 활자화하여 수록한 것과 대비되는 것이다.

---

27) 인물의 전집에서 독립운동편은 『白巖朴殷植全集』(2002) 편찬 때 편제된 바 있다.
28) 논찬과 추모편은 『島山安昌浩全集』(2000) 편찬 때 편제된 바 있다.

특히 활자본을 저본으로 색인을 말미에 제시함으로써 더욱 열람의 편의를 제공하였다.

편찬위원회는 해외, 특히 중국에 소장되어 있을 가능성이 있는 자료의 수집에 관심을 두었다. 편찬위원회는 북경대 도서관에 소장된 ≪천고≫의 원본 열람 및 사본 수집과, 단재가 중국에 있을 때 중국 신문에 게재한 논설을 조사 수집하기 위해 박걸순과 김주현을 북경과 연길 등지에 출장케 하여 자료 조사를 하도록 하였다.[29]

그런데 무엇보다도 새로운 단재 전집 편찬의 최대 과제이자 관건은 북한 소장 미공개 자료를 발굴하여 수록하는 것이었다. 북한 소장 단재 자료의 수집 계획은 전집 편찬 계획 초기부터 추진되었다. 현재 북한에는 적지 않은 양의 단재 자료가 소장되어 있는 것으로 알려져 있다. 이 소문은 오래 전부터 있어 왔고, 이 자료의 수집을 위해 개인 또는 단체 차원에서 몇 차례 북측과 접촉을 시도하기도 하였다고 한다.

단재의 옥중 순국 이후 그의 장서와 자료 등은 천진에 사는 朴龍泰에게 맡겨졌는데, 이 때 유고도 함께 맡겨졌을 것으로 추측된다.[30] 현재 대부분의 단재 유고는 북한 평양인민대학습당에 보관되어 있다. 그 까닭은 광복 후 이 자료가 북경주재 북한대사관을 통해 북한으로 유입되었기 때문이다.[31] 단재의 자료들은 1960년대 초 김책공업대학 교수가 국립중앙도서관 서고에서 큰 주머니에 들어 있는 것을 우연히 발견하고, 곧 주룡걸(김일성종합대학 어문연구소), 안함광(언어문화학부) 등이 정리에 착수하였고, 1962년경에는 일단 정리가 끝난 것으로 보인다.[32] 1966년 조선문

---

29) 중국 자료조사는 2007. 1. 7~1. 13일간 시행되었는데, 북경에서는 김준엽 선생의 소개로 북경대 한국연구중심 沈定昌 교수의 안내를 받아 북경대 도서관 소장 ≪天鼓≫ 1~3권을 열람하였고, 국가도서관과 청화대 도서관 등을 조사하였으나, 중국 언론에 기고한 단재의 기명 논설을 확인하지는 못하였다.
30) 李允宰,「北京時代의 丹齋」,『全集』下, 480~481쪽.
31) 김병민 편,『신채호문학유고선집』, 2쪽.
32) 김병민이 열람 당시「疆域考」의 마지막 쪽에 푸른 잉크로 '1962년'이라 기록되었다고 한다. 그런데 1966년에 간행된『룡과 룡의 대격전』에 수록된「룡과 룡의 대격전」에는 분

학예술총동맹출판사가 단재 문학 작품의 일부를 모아『룡과 룡의 대격전』
으로 편찬한 것은 정리가 일단락되었음을 의미하는 것으로 이해된다.

북한 소장 단재 자료의 수집은 독립기념관이나 편찬위원회의 의지나
노력만 가지고는 안 되는 일이었다. 따라서 신중하게 그 방법을 강구한
결과 독립기념관이 직접 북측과 접촉을 시도하는 것보다는 중국 연변대
의 협조를 구해 그들을 내세우는 것이 효율적일 것으로 판단하였다. 이에
연변대와 협의, 동의를 얻어 2006년 10월 13일 독립기념관 한국독립운동
사연구소와 연변대 민족연구원 사이에「단재 신채호 선생 자료 발굴과
수집을 위한 약정서」를 체결하게 되었다.33) 그리고 다시 연변대가 북측
과 협상하게 한 결과 연변대와 조선인민대학습당 사이에「『단재 신채호
선생유고집』공동 발굴, 정리 및 출판과 관련한 계약서」를 체결하기에 이
르렀다.34) 이 계약서의 골자는 연변대와 조선인민대학습당이 단재 자료
를 공동으로 발굴하고 출판한다는 것이었다.

북한 소장 단재 자료의 수집은 한동안 희망적으로 진행되었다. 북한 인
민대학습당 번역국장을 단장으로 하는 4인의 북측 대표단이 10월 12일
사전 예고 없이 연변대를 방문하여 자료의 공동 발굴 문제를 의논하였다.
이 때 북측은 인민대학습당에 소장하고 있는 단재 자료 목록과 함께 예산
안을 연변대 측에 건넸다. 연변대와 인민대학습당 대표 간에는 예산상 현
격한 의견차가 있었음에도 불구하고 계약서에 쌍방이 서명함으로써 가능
성을 열어두었고, 결국 북측은 11월 중 연길에서 자료 수집 문제를 재협
의하고 12월 말 목록상의 자료 사본을 연변대에 인도하기로 합의하였다.

북측 대표단이 협상과정에서 제시한「신채호유고목록」의 내용은 매우
놀라운 것이었다. 이로써 단재 순국 이후 그의 원고와 소장 자료가 모두

류기호가 없었으나, 최근 필자가 입수한 사진에는 '인민대학습당 269'라는 분류번호가
새겨진 고무인이 찍혀 있어 후에 다시 정리 작업이 진행되었음을 알 수 있다.
33) 이 약정서는 전문과 13개 조항으로 되어 있다.
34) 이 계약서는 전문과 11개 조항으로 되어 있다.

북으로 전해졌다는 풍문은 사실임이 확인된 것이다. 그 자료의 양이 방대함은 물론 지금까지 제명조차 알려지지 않은 저술도 적지 않았다. 북측이 제시한 「신채호유고목록」의 내용은 다음과 같다.

신채호 유고 목록[35]

NO.	제 목	면	구분	분류	비 고
1	彊域考	65	자필	순한문	
2	高句麗史抄考	123	자필	국한문	
3	朴象義, 李适	73	자필	국한문	전집 下
4	申采浩遺稿 史論	48	자필	국한문	
5	仙郎史 通編의 原稿本	56	자필	국한문	
6	朝鮮古代史想考	14	자필	국한문	
7	傳說時代史	32	자필	국한문	
8	朝鮮史 第1編, 수두시대	221	자필	국한문	전집 上(조선사 일부)
9	未完成朝鮮史草稿	16	자필	국한문	
10	朝鮮史열대 二, 海北列國과 高句麗	102	자필	국한문	
11	高百兩國의 衝突	290	자필	국한문	전집 上(조선사 일부)
12	朝鮮史열대 第一編 朝鮮建國史	134	자필	국한문	
13	朝鮮史 第二册 三國史	303	자필	국한문	
14	朝鮮上古文化史	366	자필	국한문	전집 上
15	龍과 龍의 大激戰	94	자필	국한문	전집 별집
16	百歲老僧의 美人談	99	자필	국문	전집 下
17	我邦倫理鏡의 原本	68	자필	국한문	김병민
18	利害	80	자필	국한문	전집 下
19	宣言	23	자필	국한문	전집 下
20	朝鮮史를 외국인에게 바우지 말어라	36	자필	국한문	룡과 룡의 대격전
21	朝鮮의 志士	28	자필	국한문	김병민
22	伊太利建國三傑傳	94	인쇄	국한문	전집 中
23	乙支文德傳	79	인쇄	국한문	전집 中
24	檀君彊域圖와 滿洲國	25	필사	국한문	
25	中國史觀	86	필사	국한문	
26	朝鮮史研究草	110	필사	국한문	전집 中
27	朝鮮史 第1編 수두시대	250	필사	국한문	전집 上(조선사 일부)
28	上古史 第1編 檀君時代	216	필사	국한문	전집 上(조선사 일부)
29	朝鮮稿 下, 第七章 衛氏 滅亡과 漢四郡의 建置	397	필사	국한문	전집 上(상고문화사 일부)
30	柳花傳	100	필사	국한문	전집 下
31	泰山行記	37	필사	국한문	

32	我邦倫理鏡 原本	60	필사	국한문	김병민
33	朝鮮史總論	137	필사	국한문	전집 上(조선사 일부)
34	朝鮮史 下	267	필사	국한문	
35	朝鮮史 正 1 수두시대	60	필사	국한문	전집 上(상고문화사 일부)
36	第一編 上古史 檀君時代	114	필사	국한문	
37	第一編 上古史 簡易朝鮮史 二	28	필사	국한문	
38	朝鮮史열대 一	115	필사	국한문	
39	朝鮮史열대 二	57	필사	국한문	
40	朝鮮史열대 二 海北列國과 高句麗	52	필사	국한문	
41	簡易朝鮮史	59	필사	국한문	
42	第2編 列國分立時代	35	필사	국한문	전집 上(조선사 일부)
43	檀君史講演	51	필사	국한문	
44	日用常話	29	필사	국한문	
45	朝鮮史열대 二 百濟와 高句麗의 衝突史 (一)	94	필사	국한문	전집 上(조선사 일부)
46	平壤浿水考	93	필사	국한문	전집 中
47	仙郎史 通編	62	필사	국한문	
48	仙郎史 正編	113	필사	국한문	
49	檀君史略 임금의 朝鮮	72	필사	국한문	
50	國之史草	56	필사	국한문	
51	朝鮮史 未定草 自序 丹齋雜感綠	21	필사	국한문	
52	檀君의 舊 疆域版圖解	23	필사	국한문	
53	朝鮮史整理에 對한 私議	33	필사	국한문	전집 中

이「신채호유고목록」에서 알 수 있듯이 북측은 단재의 저술 53건 4,979쪽을 제시하였다. 저술은 자필·인쇄·필사로 구분하였다. 자필은『조선상고문화사』(366쪽) 등 21건 2,271쪽에 달하였고, 인쇄는『이태리건국삼걸전』과『을지문덕전』2종 173쪽이 제시되었으며, 필사는『조선사연구초』(110쪽) 등 30종 2,535쪽에 달하였다. 여기에 제시된 자료만 모두 입수된다 하더라도 5백 쪽짜리 전집 10책 이상이 추가될 수 있는 많은 분량인 것이다.

---

35) 비고란의 전집은 기존에 발간된 단재 전집을, 김병민은『신채호문학유고선집』을,「룡과 룡의 대격전」은 1966년 북한의 조선문학예술총동맹출판사가 간행한 자료에 수록된 것을 표시한 것이다.

이 목록에 제시된 저술 중에는 『조선사』, 『조선상고문화사』, 『조선사연구초』 등의 초고로 정리되었거나 이미 공개되어 알려진 것도 있었으나, 절반 이상은 전혀 알려지지 않은 것이어서 주목된다. 목록에는 1920년대 이윤재가 북경에서 보았다는 「강역고」,[36] 김병민이 1980년대 유학 중 열람하였다는 「선랑사통론」,[37] 「전설시대사」, 「고구려사」, 「단군강역도만주고」, 「해상열국과 고구려」 등이 있었다. 게다가 「朝鮮古代史想考」, 「中國史觀」, 「簡易朝鮮史」, 「檀君史講演」, 「國之史草」, 「檀君의 舊疆域版圖解」 등은 제목조차 생소한 것들이다.[38]

그런데 이 목록에 제시된 자료들은 북한이 소장하고 있는 단재 자료의 전부가 아닌 것으로 판단된다. 왜냐하면 이 목록은 주로 역사 관련 저술로서, 이미 알려진 단재의 저술 중 문학이나 기타 분야의 저술 목록은 제시되지 않았기 때문이다.[39] 또한 그들이 예산을 요구하며 제시한 내용 중에는 전국적으로 자료 수집 공문을 시달하고 4명을 한 팀으로 하여 10개 도에 10일씩 출장을 계획하고 있어서 평양 이외의 지역에서도 단재 자료의 추가 발굴 가능성을 시사하는 것을 알 수 있다.[40]

그런데 2006년 12월 자료를 연변대에 인도해 주기로 약속하고 귀국한 북측 대표단은 이후 연락이 두절되었고, 수차에 걸친 연변대 측의 독촉에

---

36) 이 목록에는 「朝鮮史總論」(일련번호 33)이 있는데, 1920년대 초 북경에서 이윤재가 보았다는 「朝鮮史通論」일 가능성이 있다. 또한 「疆域考」(일련번호 1)와 「朝鮮古代史想考」(일련번호 6, 본고는 朝鮮古代思想考의 오자일 가능성도 있다)도 그 가능성을 배제할 수 없다.

37) 「신채호유고목록」에는 자필의 「仙郎史 通編의 原稿本」과 함께 필사의 「仙郎史通編」(일련번호 47)과 「仙郎史正編」(일련번호 48)도 함께 제시되어 있다.

38) 북측에서 예산 요구를 위해 별도로 제시한 목록이 따로 있었는데, 여기에는 「史論」(자필, 48쪽), 「國史湊尺」(필사, 85쪽) 등 자신들이 제시한 「신채호유고목록」에도 없는 것들도 있었다.

39) 북한에서 간행한 『룡과 룡의 대격전』에 수록된 저술이나, 김병민의 『신채호문학유고선집』에 수록된 저술 중 누락된 것이 적지 않다.

40) 북측이 제시한 계획서에는 '자료 발굴'은 5개월 간 3단계(제1단계:발굴팀 구성, 계획 수립 및 확정, 제2단계:전국적으로 조사발굴사업 전개, 제3단계:자료 수합)로 나누어 진행하는 것으로 되었는데, 전국 1만여 소에 자료 발굴과 조사 공문을 발송하고, 단재의 자필 자료의 구입비까지 계상되어 있다.

도 전혀 응답이 없었다. 이처럼 북한 측의 태도가 돌변한 까닭이 예산상의 불만 때문인지, 아니면 다른 어떤 의도가 개입되었는지는 알 수 없다.

2007년 7월, 방북하여 인민대학습당을 방문한 독립기념관 김삼웅 관장은 그곳에 소장된 단재 자료의 협조를 요청하였다. 그러나 그들은 별다른 반응이 없었다. 분명한 것은 북측에 단재의 미발굴 자료가 다량으로 있다는 사실이다. 이 자료가 수집되어 단재 전집에 추록된다면 단재 연구의 새로운 전기가 될 것임에 틀림없다. 설령 이미 공개된 자료라 하더라도 북한에 의해 그리고 남한에 의해 윤색, 삭제, 재편집된 원형을 원전의 친필 또는 필사본을 통해 확인한다는 의미에서 매우 중요한 가치를 지니는 것이라 할 수 있다.

3. 「역사편」의 구성과 특징

1) 제1권 『朝鮮上古史』

제1권은 단재의 역사 저술 중 대표작이라 할 수 있는 『조선상고사』를 수록하였다. 본서는 ≪조선일보≫ 학예란에 1931년 6월 10일부터 10월 14일까지 103회에 걸쳐 「朝鮮史」라는 제목으로 연재되었다. 「조선사」라고 이름한 것은 단재의 통사 게재를 목표로 했기 때문으로 보인다. 그러나 연재는 제11편 '백제의 강성과 신라의 음모'에서 백제의 부흥운동으로 그쳤다. 해방 후 단행본으로 간행될 때 『조선상고사』라고 제명을 고친 것은 이 때문이었다.[41]

그런데 단재가 총론편에서 "距今 16년 전에 國恥에 발분하여 비로소 『동국통감』을 열독하면서 사평체에 가까운 「독사신론」을 지어 ≪대한매일신보≫ 지상에 발포했다"고 한 바, 본서 총론의 저술 시기는 1921년

---

41) ≪東亞日報≫는 「朝鮮史」의 연재가 여기서 그치고 통일신라기로 넘어가지 못하는 이유를 "… 하편은 저자의 원고가 旅裝 속에서 錯亂되어 修整訂補하자면 다소의 시일이 걸리겠고 …" 라 하여 이후 부분도 원고가 있는 것처럼 말하였다(≪東亞日報≫ 1931년 10월 15일자).

이 아니라 1924년으로 보는 것이 타당할 것이다. 또한 본서의 본문은 1921년 이전에 먼저 저술하고, 총론편은 양계초의 영향을 받은 것으로 짐작되는 바, 그의 『中國歷史研究法』 공간 시기로 미루어 1922년 이후에 저술한 것으로 나누어 보는 것이 타당할 듯하다.[42]

본서에서 유의할 것은 단재의 원고 상 실수가 아니라, ≪조선일보≫의 편집상 착오와 오류가 많다는 점이다. 신문사로 전달된 단재의 원고는 기자가 교열하여 지상에 게재하거나, 아니면 원고를 보관하던 자가 가필을 가하여 전달하는 수가 있었다. 이선근은 자신이 조선일보 기자로 재직 중 사명으로 단재의 「조선상고사」 원고를 교열하였다고 밝힌 바 있으며,[43] 홍기문도 「조선사」는 타인의 가필이 심하여 필자의 본의를 손상하였기 때문에 완전히 신뢰할 수 없다고 한 바 있다.

> … 朝鮮史研究草는 가친이 그의 원고를 청하여 온 것인바 나도 일찍이 그 원고까지 본 일이 있고 朝鮮史는 그가 초하다가 던지고 간 원고를 某氏가 정리하여 본보에 연재하던 것이라는데 그조차 끝을 맺지 못하고 말았다. 그러므로 朝鮮史는 某氏의 가필이 어느 정도 미쳤을까? 필자의 본의를 과연 손상함이 없었을까 등의 의문이 떠오르는 터로 그의 저작 중 완전히 신빙할만한 것은 朝鮮史研究草 일권에 한한다고 보아서 무방하다. 그러나 선배의 글을 정리하는 분으로서 그에 대한 경의로라도 근본적으로까지 임의로 가감을 행했을 리는 없을 것이다. 직접 그 분으로부터 정리에 대한 경과를 듣지 못한 것은 섭섭한 일로 남겨두고 그만치만 신빙해서는 무방하지 않을까 생각한다. …[44]

단재는 자신의 「전후삼한고」 원고를 보내며 기자에게 신문에 게재 할 때에는 一字一句도 가감하거나 이동하지 말라고 당부한 바 있다. 즉, 그

---

42) 이만열, 「해제」, 『전집』 제1권, 4~5쪽.

43) 李瑄根, 『全集』 上, 12쪽의 「初版 刊行辭」.

44) 洪起文, 「朝鮮 歷史學의 先驅者인 申丹齋 學說의 批判(一)」, ≪朝鮮日報≫ 1936년 2월 28일자.

는 자신이 설혹 잘못된 판단을 내렸다고 하더라도 그것은 연구의 기초와 방법이 다르기 때문이니, 자신의 원고 전체가 부정되는 것은 가하나, 자구의 가감이나 이동은 절대 불가하다고 단호히 주문하였던 것이다.[45]

그러나 ≪조선일보≫에 연재된 단재의 「조선사」는 제목이 잘못되거나 내용이 중복되는 등 단재의 원고 상 잘못이라고 볼 수 없는 내용상의 잘못들이 다수 보인다. 이는 신문 연재 시 편집 책임자나 식자공들의 잘못으로 인한 것이다.[46]

이 편에는 ≪조선일보≫에 연재된 「조선사」, 1948년 종로서원에서 단행본으로 발행한 『조선상고사』, 단재의 저술 중 가장 원고에 충실한 「조선사」를 저본으로 한 새 활자본 등 3종의 『조선상고사』가 수록되었다. 새 활자본에서는 「조선사」에서 중국이나 우리나라의 고전 인용이 잘못된 부분은 각주로 처리하여 바로 잡았으며, 새 활자본으로 색인을 제작하여 첨부하였다.

2) 제2권 『朝鮮史硏究草』

제2권은 단재 사학의 성숙기인 1920년대의 대표작인 『조선사연구초』를 수록하였다.[47] 1920년대 초, 단재는 반임정 노선을 걸으며 북경에서 무장투쟁세력과 함께 일제와 혈전을 벌이는 것을 조선정신이라고 여기며 '武裝鈌鬪'를 전개하였다. 그러나 국민대표회의 결렬에 실망한 그는 일시 승려가 되기도 하나, 이후 북경대 도서관 자료를 섭렵하는 등 역사 연구에 몰두하였다.[48]

---

45) 『전집』 제2권, 7쪽.
46) 이만열, 「해제」, 『전집』 제1권, 6~7쪽.
47) 단재의 역사학은 저술을 기준할 때 제1기:1905~1908, 한말 「讀史新論」으로 대표되는 단재사학의 초창기, 제2기:1909~1920년대 초, 『朝鮮上古文化史』로 대표되는 단재사학의 발전기, 제3기:1920년대, 『朝鮮上古史』와 『朝鮮史硏究草』로 대표되는 단재사학의 성숙기로 나눌 수 있다.
48) 단재의 중국내 독립운동에 대하여는 韓詩俊, 「申采浩의 在中獨立運動」, ≪韓國史學史學

당시 단재의 역사 연구 내용은 국내 언론에 연재되며 민족사학을 선도해 나갔다. 주지하는 바와 같이 단재의 저술 원고가 국내로 보내져 신문에 연재될 수 있었던 것은 그의 처자의 생계를 염려한 홍명희 등 지기들의 권고와 배려 때문이었다.[49]

단재는 홍명희의 주선으로 ≪동아일보≫에 「古史上 吏讀文 名詞 解釋法」(1924. 10. 20~11. 3) 등의 논문을 게재하였다. 또한 이듬해에는 안질로 고통을 받으면서도 집필을 계속하여 ≪동아일보≫에 「三國史記 中 東西兩字 相換考證」(1925. 1. 3), 「三國志 東夷列傳 校正」(1925. 1. 15~1. 26), 「平壤浿水考」(1925. 1. 30~2. 16)를 연재하였고, 「前後三韓考」와 「朝鮮歷史上一千年來第一大事件」 논문도 발표하였다. 이 논문들은 대부분 『조선상고사』의 집필과정에서 정리된 것으로서, 단재의 저작 중 원전으로서 신빙할만한 것이다.[50] ≪동아일보≫에 연재된 논문 중 「고사상 이두문 명사 해석법」은 '特別 附錄'으로, 나머지는 '寄書'란에 실렸는데, 「삼국사기 중 동서양자 상환고증」은 『朝鮮史研究草(一)』라 제명을 붙였으나, 번호 부여가 일관되지 못하고 (八)은 중복되는 등 편집상의 미숙함이 보인다.

이 논문의 연재는 당시 국내 학계에 '다대한 센세이션'을 일으켰다. 특히 단재의 독특한 史眼, 사료의 선택과 비판 자세는 많은 영향을 끼쳤다.[51] 단재는 이 여섯 편의 논문을 통하여 민족사 연구의 새로운 영역을 개척하고 방법론을 제시하였으며, 전통사가에 의해 위축되고 식민사가에

報≫ 3, 韓國史學史學會, 2001;김삼웅, 『단재 신채호 평전』, 시대의 창, 2005;최홍규, 『신채호의 역사학과 민족운동』, 일지사, 2005;박걸순, 「신채호의 무장투쟁론과 재중독립운동」, 『단재 신채호연구의 재조명』, 단재순국 70주기 추모 학술 발표문, 2007 참조.

49) 박걸순, 「申采浩의 역사연구와 『朝鮮史研究草』의 사학사적 의의」, 『조선 민족 항일투쟁과 민족주의 문제』, 제7회 평양 국제학술토론회 발표문, 2007, 56~58쪽. 이 사실은 단재 자신도 몇 차례 언급한 바 있고, 홍명희의 회억도 있다. 한편 북경에서 단재와 함께 생활한 적이 있는 柳子明도 자신의 수기에서 단재로부터 직접 이 이야기를 들었다고 기록하였다(『한 혁명자의 회억록』, 94~95쪽).

50) 洪起文, 「朝鮮 歷史學의 先驅者인 申丹齋 學說의 批判(一)」, ≪朝鮮日報≫ 1936년 2월 28일자.

51) 文一平, 「讀史閑評」, ≪朝鮮日報≫ 1929년 10월 15일자.

의해 왜곡된 민족사의 강역을 회복하고 계통을 바로잡았다. 또한 민족사의 정신적 맥락을 낭가사상으로 설정하였으며, 근대 역사학에서 사료비판과 선택의 중요성을 제고하였다.『조선사연구초』는 단재가 사거 후 '조선사의 열쇠', '청구사학의 제일인자', '조선역사학의 개조·선구자·거벽', '조선의 랑케' 등으로 평가되며 민족사학을 견인한 주요 업적으로 칭송되었다.[52]

≪동아일보≫에 연재된 단재의 원고 등은 1929년 6월, 홍명희의 주선으로 조선도서주식회사에서『조선사연구초』라는 제명으로 발행되었으며 일원의 정가로 발매되었다. 당시 단재는 옥고를 치르는 중이었는데, 홍명희로부터 단행본 간행 사실을 전해들은 그는 회신을 통해「평양패수고」에 수정할 내용이 있다며 출판 중지를 요청하였다. 그러나 홍명희는 '史草처럼 간행'하는 심경으로 단재의 반대를 물리치고 출판을 단행하였다.[53] 이 과정에 대하여는 정인보의 회억을 통해 잘 알 수 있다.[54]

이 편에는「전후삼한고」의 친필본, ≪동아일보≫에 수록된「고사상 이두문 명사 해석법」등 4편의 논문, 1929년 조선도서주식회사에서 단행본으로 간행한『조선사연구초』, 그리고 단행본을 저본으로 한 새 활자본 등 4종을 수록하였다. 이 편의 새 활자본에서도 중국이나 우리나라의 고전 인용이 잘못된 부분은 각주로 처리하여 바로 잡았으며, 새 활자본으로 색인을 제작하여 첨부하였다.

3) 第3권『讀史新論』·『大東帝國史敍言』·『朝鮮上古文化史』

제3권은 단재사학의 초기부터 1910년대의 연구를 대표하는『독사신론』·『대동제국사서언』·『조선상고문화사』를 수록하였다.

『독사신론』은 신채호가 ≪대한매일신보≫에 1908년 8월 27일부터 12

---

52) 박걸순,「해제」,『전집』제2권, 29~30쪽.
53) 洪命憙,「序文」,『朝鮮史硏究草』, 朝鮮圖書株式會社, 1929.
54) 鄭寅普,「丹齋와 史學」,『全集』下, 458~459쪽.

월 13일까지 51회에 걸쳐 연재한 미완의 사론이다. 이 사론은 단재의 초기 역사학을 대표하는 저술이자 민족주의 사가로서 단재의 등장을 천명한 것이었다.

『독사신론』은 민족주의사관에 입각하여 기존의 역사를 전면 부정한 혁명적인 신역사로서 당시 사회에 큰 충격을 주었다. 이 사론은 ≪대한매일신보≫에 연재된 이후 다시 1910년 8월 최남선이 신문관에서 발행하던 ≪소년≫ 제8권에 「國史私論」이란 제명으로 게재되었다. 뿐만 아니라 1910년 9월부터 이듬해 1월에 걸쳐 하와이 동포사회에서 발행되던 ≪신한국보≫에 연재되었으며, 1911년 6월에는 재미한인소년서회가 호놀룰루 신한서관에서 단행본으로 간행하였다. 이로써 『독사신론』은 국내는 물론 해외 동포사회에도 커다란 영향을 끼쳤음을 알 수 있다.

그런데 이 사론은 체재가 정비된 통사가 아니고 사평체의 미완의 사론이기 때문에 단재는 이 글만으로 완전한 근대적 역사연구 방법론을 제시할 수 없었고, 단군부터 발해까지만 논급하여 민족사의 통사적 인식도 전개할 수 없었다.[55] 『독사신론』은 단재 스스로가 '논평의 독단임과 행동의 대담함을 자괴'한다고 밝힌 바 있는데, 고증이 불충분한 채 성급히 결

---

55) 『독사신론』의 목차는 다음과 같다.

  敍論
  一. 人種
  二. 地理
  第壹編 上世
  第壹章 檀君時代
  第二章 扶餘王朝의 箕子
  第三章 扶餘族 大發達時代
  第四章 東明聖王之功德
  第五章 新羅
  第六章 新羅 百濟와 日本의 關係
  第七章 鮮卑族 支那族과 高句麗
  第八章 三國興亡의 異轍
  第九章 金春秋의 功罪
  第十章 渤海의 存亡

론에 도달하거나 지나치게 정치사와 대외관계사에 치우친 나머지 사회사
와 경제사 분야가 결여된 한계가 지적되기도 하나, 근대민족주의 역사학
을 성립시킨 저술로서 높이 평가된다.[56]

　『대동제국사서언』은 이미 단재의 저술로서 소개된 바 있다.[57] 편찬위
원회에서는 존경각 소장 자료인 이 저술을 엄밀히 분석하여 단재의 저술
로 확정하고『전집』에 수록하게 된 것이다.『대동제국사서언』의 목차는
一. 國史는 國民의 必需物, 二. 舊史家의 謬見, 三. 今日 著史의 困難, 四. 本
史其搜採의 材料, 五. 國名, 六. 紀元, 七. 時代區別, 八. 本論 순이며 24쪽
분량으로, 1910년대 신채호 역사인식의 일단을 잘 보여준다. 그러나 말미
에서 제3기(酋長時代)부터 순차적으로 서술하겠다고 하여 제명 그대로 서
언에 해당함을 알려주나, 이후 부분은 결락되어 그 내용은 알 수 없다.[58]

　단재는『朝鮮上古史』총론에서 자신이 '史評體에 가까운' 「독사신론」
을 연재하였고, 수십 명의 학생들의 청구로 支那式의 演義를 본받은 '非歷
史 非小說'의『대동사천년사』를 지었으나, 두 작업이 모두 사고로 중단되
었다고 밝힌 바 있다.[59] 따라서『대동제국사서언』은 곧『대동사천년사』
의 첫 부분으로 판단되기도 한다.[60]

　『대동제국사서언』에서는 단재의 통사적 인식을 알려주는 시기구분에

---

56)『전집』제1권, 15쪽.

57) 임상석, 「신채호 연구의 잃어버린 한 고리」, ≪민족문화연구≫ 38호, 고려대학교 민족문
화연구소, 2003, 1～37쪽.

58) 단재는 본서에서 太古 民族發達史를 다음과 같이 6기로 나누어 설명하였다(『전집』제3
권, 216～217쪽).
　　第一期 : 孤立時代 亦各個人競爭時代
　　第二期 : 族長時代 亦各家族競爭時代
　　第三期 : 酋長時代 亦各部落競爭時代
　　第四期 : 神國時代 亦各神權競爭時代
　　第五期 : 封建時代 亦各群雄分治時代
　　第六期 : 貴族時代

59)『전집』제1권, 15쪽.

60) 신용하, 「해제」,『전집』제3권, 10쪽.

대한 논의가 주목된다. 그는 서양의 시기구분과 비교하며, 비록 지금은 진보의 길이 막히고 망국민이 되었으나 우리 민족이 진보할 것이라고 확신하며 피눈물로 역사를 읽을 것을 강조하였다.

己往時代는 東國이 亞洲의 東國이 되야 對峙흔 者는 亞洲의 國섇이오. 交涉흔 者는 亞洲의 人섇러니, 此時代에 至흐야는 東國이 世界의 東國이 되야 禮砲를 擧흐야 歐美人과 相見흔 以來로 數十年에 新潮가 日衝흐고 大局이 日變흐는딩, 前代의 藥業이 我國民 進步의 路을 障흐야 居然 四千載 相傳의 金歐을 壑舟에 輸送흐고 一慘然 無告의 亡國民이 되얏도다. 然이나 此時代 我國民이 全然히 進步가 無흠이 아니라, 思潮가 漸新흐고 武魂이 漸躍흐야 一年間 進步가 前時代 十年 二十年 보다 過흐느 旦 時勢가 一尺 進흐면 我民은 九寸을 進흐며 時勢가 一度을 進흐면 我民은 九分을 進흐야 恒時 一步差 遲의 歎이 有흔 故니 嗚呼라 今日 以後 我民의 進步가 將且 時勢을 能敵흐야 此國의 歷史를 再讀케 흘는지 凡我의 大東帝國의 歷史를 讀흐는 者여 淚로 讀흐며 繼흐야 血로 讀흘 지어다.[61)

단재는 이어 대동사천년의 역사를 다음과 같이 5시기로 구분하였다.

太古史：檀君 建國～三王朝 分爭
上世史：三王朝 分爭～渤海 滅亡
中世史：渤海 滅亡～滿洲 入寇
近世史：滿洲 入寇～佛寇 擊退
最近世史：佛寇 擊退～今日

이에 의하면 단재는 상세사의 하한을 발해의 멸망으로 이해하고, 중세와 근세사의 분기를 외적과의 관계로 설정하였음을 알 수 있다. 이는 1910년대 단재의 주체적이고 민족주의적인 역사인식의 일단을 잘 보여

---

61)『전집』제3권, 214～215쪽.

주는 것이라 할 수 있다.

『조선상고문화사』는 그가 만주 동창학교 교재로 발간했다는『조선사』
로 추정되는데, ≪조선일보≫에 1931년 10월 15일부터 12월 3일까지,
또한 이듬해 5월 27일부터 동월 31일까지 43회에 걸쳐 연재되었다.[62]
본서는 단재의 1910년대 저술로서,[63] 고조선의 역사를 5편으로 나누어
서술한 것이다.[64] 이 세편의 저술은 단재가 근대역사학의 방법과 역사관
으로 민족사의 초기 형성과 한국고대사를 새롭게 체계화한 업적으로 평
가된다.[65]

이 편에는 ≪대한매일신보≫에 연재한『독사신론』과, ≪신한국보≫에
연재한『독스신론』, ≪少年≫에 수록된「國史私論」, 재미한인소년서회
가 단행본으로 간행한『독사신론』등 4종의『독사신론』과, 존경각에 소
장되어 있는『대동제국사선언』, ≪조선일보≫에 연재된『조선상고문화
사』의 원전을 영인 수록하였다. 또한 ≪대한매일신보≫에 수록된『독사
신론』을 저본으로 만든 새 활자본을 수록하였다. 이 편의 새 활자본 또한
원전의 고전 인용 오류를 수정하여 각주로 처리하였으며, 색인도 제작하
였다.

4) 제4권『乙支文德』·『水軍第一偉人 李舜臣』·『東國巨傑 崔都統』·『伊
太利建國三傑傳』

제4권은 1900년대 중후반기 단재의 역사인식을 보여주는 영웅 전기류

---

62) 이 또한 연재의 일련번호가 중복되거나 빠진 부분이 많은데, 실제 연재 회수는 43회이다.
63) 신용하,「해제」,『전집』제3권, 12쪽. 그런데 한영우는 본서가『朝鮮上古史』와는 달리
   강한 대종교적 역사인식을 표방하고 있으며, '檀君'이 아니라 '壇君'이라는 표현, '壇君時
   代'라는 編名의 설정 등을 근거로 1918년에서 1921년 사이의 저술로 추정하고 있다(「1910
   年代 申采浩의 民族主義史學」,『韓國民族主義歷史學』, 일조각, 1994, 164~167쪽).
64) 본서는 제1편 단군시대, 제2편 단군조의 업적과 공덕, 제3편 아사달 왕조 시대와 단군 이
   후의 분열과 식민지의 성쇠, 제4편 진한의 전성과 대외전쟁, 제5편 조선 열국 분쟁의 초
   기 순으로 구성되어 있다.
65) 신용하,「해제」,『전집』제3권, 16쪽.

4편을 수록하였다. 단재는 세계와 교섭하고 세계와 분투하여야 세계 중에서 독립을 얻을 수 있다고 하며, 이를 위해 영웅이 필요하다고 강조하였다.[66] 나아가 그는 영웅이 없다면 국가가 성립될 수 없다고까지 한 바, 이는 일제의 식민지 지배라는 질곡을 타개하고 독립을 쟁취할 수 있는 원동력으로서 영웅대망론을 전개한 것이라 할 수 있다. 그가 영웅과 관련한 논설을 잇달아 저술한 것은 영웅대망론의 발원이었다.

단재는 '英雄者는 세계를 창조한 聖神이며 世界者는 영웅의 활동하는 무대'라고 정의하였다.[67] 또한 그는 국가의 강약은 영웅의 유무에 달린 것이고 영웅은 일국의 민족과 강토를 보호할 존재라 하였다.[68] 즉, 영웅을 초월적 존재이자 역사의 주체로서 인식한 것이었다.

그러나 그는 『조선상고사』를 저술하던 1920년대에는 영웅을 사회와의 관계 속에서 이해하려 하고 있어 영웅 인식의 변화상을 보인다. 그는 개인인 영웅과 사회와의 관계에 대해 두 가지 결론을 내렸다. 하나는 사회의 既定한 국면에서는 개인이 힘쓰기가 곤란하다며 그 사례로 정여립을 예로 들었다. 또 하나는 사회가 未定한 국면에서는 개인이 힘쓰기가 매우 쉽다고 하며 그 사례로 최치원을 들었다.[69] 그는 '때를 만나면 竪者도 성공한다'고 하였는데, 이는 일제 치하를 '사회가 미정한 국면'으로 규정하고, 일제를 타도하고 민족적 모순을 타개할 영웅의 출현을 대망하였던 것이다.

이 같은 영웅관을 지니고 있던 단재는 1907년 『이태리건국삼걸전』을 역술하며, 우리나라에서도 영웅이 속출하기를 기망하였다. 본서의 원저자는 양계초로서, 19세기 중반 이탈리아 민족국가 통일운동기에 활약한 마찌니·가리발디·카부르 등 세 명의 혁명적 위업과 애국적 활동을 소

---

66) 「英雄과 世界」, 『全集』 별집, 113쪽.
67) 「英雄과 世界」, 『全集』 별집, 111~113쪽.
68) 「乙支文德傳」, 『全集』 별집, 4쪽.
69) 「朝鮮上古史」 總論, 『全集』 上, 71~72쪽.

개한 것이다. 단재는 본서를 역술하며 당시 이태리의 국난이 우리나라와 유사하고 연조도 그리 멀지 않기 때문에 본서와의 인연을 소개함으로써 '대한 중흥'의 삼걸―삼십걸―삼백걸의 출현을 '血願'한다고 하였다.[70]

단재는 곧 우리 역사의 삼걸로서 을지문덕 · 최영 · 이순신을 주목하였다. 이들은 모두 국난극복의 영웅으로서, 특히 대외투쟁에서 승리한 대외적 경쟁력을 갖춘 무장이라는 공통점 외에도 민족적 위기를 타개하고 자주독립의 민족의식을 선양하고 실천하려 한 인물이라는 특징을 지닌다. 이는 일본 · 청국 · 러시아와 서구 제국주의 열강 등 외세의 침략으로 시달리던 19세기 말에서 20세기 초에 조성된 한말의 시대정신과 깊은 관련을 지니고 있다.[71]

이 같은 단재의 영웅대망론은 자강론자로서의 역사인식을 보여주는 것으로서, 박은식도 초기에는 영웅사학을 전개하였다. 단재는 을지문덕 · 최영 · 이순신 외에도 광개토왕이나 연개소문도 주목하였다. 또한 묘청이나 배중손, 김통정 등을 재평가하였고, 역사의 해석에서 주객이 도치되고 충역을 뒤바꾼 역사의 무필을 지적하였으며, 임제와 정여립을 높이 평가하기도 하였다. 단재의 주체적 역사인식론은 영웅―국민―민중으로 전이되는 3단계로 전개된 것으로 이해된다.[72]

이 편에는『을지문덕』의 국한문본(1908, 광학서포)과 한글본(1908, 광학서포),『수군제일위인 이순신』의 국한문본(1908. 5. 2~8. 18, ≪대한매일신보≫ 연재)과 한글본(1908. 6. 11~10. 24, ≪대한매일신보≫ 연재),『동국거걸 최도통』의 국한문본(1909. 12. 5~1910. 5. 27, ≪대한매일신보≫ 연재)과 한글본(1910. 3. 6~5. 26, ≪대한매일신보≫ 연재),『이태리건국삼걸전』(1907, 광학서포) 등 단재가 저술한 전기를 수록하였다. 새 활자본은『을지문덕』은 국한문본을,『수군제일위인 이순신』과『동국거걸 최도

---

70)『伊太利建國三傑傳』,『전집』제4권, 365쪽.
71) 최홍규,「해제」,『전집』제4권, 17쪽.
72) 박걸순,『한국근대사학사연구』, 국학자료원, 1998, 222~231쪽.

통』은 ≪대한매일신보≫에 연재된 국한문본을, 『이태리건국삼걸전』은 광학서포본을 저본으로 하여 정리한 것이고, 색인을 첨부하였다.

IV. 맺음말 − 새로운 전집 간행의 의의와 과제 −

본고는 새로운 단재 전집 간행의 당위성과 편찬과정, 「역사편」 4권의 구성과 특징 등을 살펴본 것이다. 마지막으로 새로운 전집 간행의 의의와 과제를 정리하는 것으로 맺음말에 대신하기로 한다.

새로운 단재 전집 간행의 의의로는 첫째, 원전을 중심으로 단재의 다양한 자료를 제공함으로써 연구자들이 일일이 원전을 찾는 불편을 해소하고 자료 이용의 편의를 제공하였다는 점을 들 수 있다. 둘째, 기간 전집의 오류를 정정함으로써 단재 자료의 학술적 정확성을 제고하였다는 점을 들 수 있다. 셋째, 기간 전집 편찬 이후 30년이 경과하며 새로 발굴한 자료를 추록함으로써 단재 자료를 집대성하였다는 점을 들 수 있다. 넷째, 원전에 가장 가까운 자료를 중심으로 새 활자본을 만들고, 이를 바탕으로 색인을 제작하여 열람의 편의를 제공함은 물론 자료의 이용도를 높인 점 등을 평가할 수 있을 것이다.

그러나 새로운 단재 전집의 간행을 통하여 제기된 향후 과제 또한 적지 않다. 그 과제로는 첫째, 남북이 함께 추앙하는 인물인 단재를 연구대상으로 설정하고 자료의 수집, 전집 편찬, 공동 연구 등을 진행하여야 한다는 사실을 들 수 있다. 남북이 함께 단재가 살았던 시대의 고민과 사색을 공유함으로써 진정한 민족통일의 길을 모색할 수 있을 것이다. 동서독이 브레히트 전집 발간을 통해 민족과 역사인식을 공유하며 통일을 열어 간 사례를 교훈 삼아야 한다. 남북이 단재 연구에 손을 잡을 때 다른 나라가 소장하고 있는 단재 자료의 협조도 쉽게 유도해 낼 수 있을 것이다. 남한이 단독으로 제안한 안중근 의사 유해 발굴사업을 중국 정부가 거부해 오다가 남북이 공동으로 제안하자 어쩔 수 없이 동의한 사실이나, 임진왜란 때 약탈당하여 야스쿠니 신사에 유폐되어 있던 북관대첩비를 남북이 공동으로 반환 요청하여 반환을 성사시킨 경험을 상기하여야 할 것이다. 둘째, 이번의 새 전집 간행을 계기로 단재의 연구를 한 단계 도약시키는 계기로 삼아야 한다는 사실을 들 수 있다. 아직도 단재 연구의 공백은 남아 있다. 특히 북한 소장 미공개 자료가 공개되면 역사 · 문학 분야 등이 재조명되어야 한다. 이를 위해 단재의 생장과 관련 있는 지방의 대학이나 지자체에 신채호연구소(가칭)를 설립하여 자료를 수집하고 연구자를 양성하며, 연구를 주도해 나가야 할 것이다. 최근 충북대학교에 송시열 연구소가 발족하여 다대한 예산과 인력을 확보하고 활발한 연구를 진행하고 있음을 본보기로 할 수 있다. 셋째, 단재의 기념사업에 대한 전면적인 재검토가 필요하다는 사실을 인식하여야 한다. 단재처럼 중앙과 지방에 별개의 기념사업회가 존재하며, 상호 단절된 상태에서 독자적인 기념사업을 추진하는 사례는 다른 인물들의 경우에도 더러 있으나, 모두 큰 성과를 거두지 못하고 만다는 엄연한 사실을 직시하여야 할 것이다. 단재는 특정 지역이나 집단이 전유해서는 안 되는 민족의 사표이기 때문이다.

[追記]

2008년 4월 10일 오후 6시 한국프레스센터 20층에서 '단재신채호전집 완간 출판기념회'가 개최되었다. 이날 윤병석 편찬위원장은 기념사에서 자신이 단재의 독립운동 활동과 관련된 자료를 모아 별도로 제8권을 「독립운동편」으로 구성하였으나, 단재의 다방면에 걸친 활동에 비해 자료가 부족하였고 특히 의열투쟁과 관련하여서는 많은 활동을 하였으나 자료가 적었다는 소감을 피력하였다. 또한 그는 향후 과제로서 북한 소장 단재 자료의 수집을 비롯하여 국내외에 걸친 체계적인 자료 수집의 필요성을 제기하였다. 특히 그는 해외에서 수집된 단재 자료일 경우 국내로 송고되

어 신문 등에 게재되는 과정에서 타인에 의해 가감되었을 수 있으니 원문
과 철저한 대비가 중요하다고 지적하였다.

(≪한국독립운동사연구≫ 제30집,
독립기념관 한국독립운동사연구소, 2009)

申采浩의 독립운동론과 재중독립운동

Ⅰ. 머리말

단재 신채호는 한말과 일제강점기의 언론인·문인·역사학자로서, 또한 독립투쟁을 실행한 대표적 지성으로 평가되고 있다. 그런데 이 같은 그의 활동은 교차적이거나 단층적이지 않고, 중층적으로 전개한 특징을 지니고 있다. 그는 망명 이후에도 계속하여 신문에 기고하고 잡지를 발간하며 독립투쟁의 논리를 주창하였고, 민족 역사의 연구와 저술을 통하여 독립의 당위성을 추구하였으며, 직접 독립운동단체를 조직하고 주도하는 지행합일을 실천하였다. 곧 그의 모든 활동은 독립운동이란 벼릿줄로 얽혀있고 그 외연에 포함되는 것이라 할 수 있다. 따라서 그에게 있어 독립운동은 최고의 가치이자 지향점이었다.

1910년 4월 망명한 신채호는 1928년 피체되기까지 일시 연해주에서의 활동을 제외하고는 주로 상해와 북경 등 중국에서 투쟁을 전개하였다. 그

간 신채호에 관하여는 그의 다양한 궤적을 추구한 많은 연구업적이 산출
되었고, 재중 독립운동에 대하여도 적지 않은 연구가 진행되었다.[1]

그럼에도 불구하고 단재 연구에 있어 과제 또한 적지 않다. 우선 뭉치
째 북한 인민대학습당에 보관되어 있는 단재의 유고가 발굴 공개되어야
하며,[2] 논설과 문학 작품의 분석, 논란이 되는 행적의 정리, 민족주의와
무정부주의사상의 성격, 임시정부와의 관련성, 단재사학의 고증성과 근
대성 등은 평가의 차이가 있는 부분이다.

이 같은 과제와 함께 단재의 독립운동론과 독립운동과의 구체적 연계
를 추구하는 것 또한 좀 더 규명되어야 할 과제의 하나이다. 즉, 단재는 기
본적으로는 문화운동 · 계몽운동론자라 할 수 있다. 이는 그의 전 생애를
일관한 독립운동론이었으나, 그는 후반기에는 문화운동을 극렬히 비판하
며 절대적 무장투쟁론을 전개하기도 하였고, 한때는 무장투쟁론을 포기
하는 듯한 입장을 피력하는 등 그의 독립운동론의 기복과 변화를 심층적
으로 분석할 필요가 있는 것이다. 그리고 이 같은 그의 독립운동론이 광복
회 · 대한독립청년단 · 제2회 보합단 · 신대한동맹단 · 군사통일촉성회 ·
통일책진회 · 의열단 및 무정부주의동방연맹 등 그가 조직하거나 관여한
무수한 단체에서 구현되는 과정에 대한 검토도 요구되는 분야이다.

본고는 이 같은 문제의식에서 단재의 독립운동론과 재중독립운동을
살펴보고자 하는 것이다. 먼저 단재의 독립운동론의 요체와 특징을 몇 가

---

1) 丹齋申采浩先生紀念事業會, 『丹齋 申采浩와 民族史觀』, 螢雪出版社, 1980;丹齋申采浩先
   生紀念事業會, 『申采浩의 思想과 民族獨立運動』, 螢雪出版社, 1986;申一澈, 『申采浩의 歷
   史思想研究』, 高麗大學校 出版部, 1983;愼鏞廈, 『申采浩의 社會思想研究』, 한길사, 1984;
   李萬烈, 『丹齋 申采浩의 歷史學研究』, 문학과 지성사, 1990;최홍규, 『신채호의 역사학과
   민족운동』, 일지사, 2005;오장환, 『한국아나키즘운동사연구』, 국학자료원, 1998;이호룡,
   『한국인의 아나키즘 수용과 전개』, 서울대학교 박사학위논문, 2000;韓詩俊, 「申采浩의
   在中獨立運動」, ≪韓國史學史學報≫ 3, 韓國史學史學會, 2001;김삼웅, 『단재 신채호 평
   전』, 시대의 창, 2005 등이 대표적이다.
2) 박걸순, 「단재 신채호전집 편찬의 의의와 과제」, ≪한국독립운동사연구≫ 제30집, 2008,
   1~44쪽.

지로 정리하고, 재중독립운동을 중심으로 살펴보기로 한다. 단, 단재의 실천적 독립운동 검토라는 논지를 선명히 하기 위해 단재사학이나 언론 활동, 문학, 무정부주의 이념 문제 등의 부분은 논외로 하거나 최소한의 논의로만 그쳤음을 밝혀둔다.

II. 독립운동론

1. 문화운동 · 계몽운동론

단재는 기본적으로는 문필가로서 문화운동론자이고 계몽운동론자였다. 그는 신문과 잡지의 발간과 기고를 통해, 또한 각종 선언서류의 기초 등 문필활동을 바탕으로 무장투쟁론과 민중 직접투쟁론을 강조하였다. 한말 계몽운동을 전개하다가 망명 후 러시아 연해주에서 ≪大洋報≫와 ≪勸業新聞≫의 주필을 역임하였으며, 중국으로 와서 ≪新大韓≫, ≪天鼓≫, ≪大同≫ 등의 잡지를 직접 발간하였을 뿐만 아니라 국내외 신문에의 기고 활동을 계속하였다. 특히 그는 「告示文」(광복회), 「朝鮮革命宣言」(의열단)과 「聲討文」(이승만), 「宣言」(무정부주의) 등 독립운동을 실천하는 과정에서 독립운동의 논리를 정리하여 내외에 포명한 바 있다.

그러나 단재는 「조선혁명선언」에서 그 스스로가 한말 이래 진력하였던 문화운동을 '일제의 강도정치에 기생하려는 주의를 지닌 자'로서 우리의 적으로 규정하였다.

> … 일본 강도 정치하에서 문화운동을 부르는 자 누구이냐? 문화는 산업과 문물의 발달한 總積을 가리키는 명사니 경제약탈의 제도하에서 생존권이 박탈된 민족은 그 종족의 보전도 의문이거든, 하물며 문화발전의 가능이 있으랴? 쇠망한 印度族, 猶太族도 문화가 있다 하지만 一은 금전의 力으로 그 祖先의 종교적 유업을 계속함이며, 一은 그 토지의 廣과 인구의 衆으로 상고의 자유발달한 餘澤을 보수함이니 어디 蚊蝱같

> 이 豺狼 같이 人血을 빨다가 骨髓까지 깨무는 강도 일본의 입에 물린 조
> 선 같은 데서 문화를 발달 혹 보수한 전례가 있더냐? 검열·압수 모든
> 압박 중에 幾個 신문·잡지를 가지고 '문화운동'의 목탁으로 自鳴하며,
> 강도의 비위에 거슬리지 아니할 만한 언론이나 주창하여 이것을 문화
> 발전의 과정으로 본다 하면 그 문화발전이 도리어 조선의 불행인가 하
> 노라. …3)

이는 일견 신랄한 자기부정의 논리로 여겨질 수 있다. 또한 무정부주의
를 접하며 사상이 전회하고 방법론이 전환하는 것으로 비춰질 수도 있다.
실제로 그가 ≪신대한≫, ≪천고≫, ≪대동≫ 등의 잡지를 발간하는 일은
1922년경 그만두었기 때문에, 「朝鮮革命宣言」을 기초한 1923년의 독립
운동 노선의 변화상을 보여주는 것일 수도 있다.

그러나 단재가 전개한 문화운동은 문화의 양식이기는 하지만 무장투
쟁의 일환으로 전개한 문화적 수단임을 명확히 인식하여야 한다. 즉, 단
재는 자신의 잡지 발간과 신문 기고 등의 행위를 문화운동으로 인식하지
않았던 것이다. 일제하 문화운동은 양면성을 지니고 있음에 유의하여야
한다.4) 단순한 실력양성운동일 경우, 이는 현실 도피적 성격을 지니고 있
을 뿐만 아니라 독립운동의 성격을 내포하지 못하고 있다. 야학에서 일본
어를 교육시킨 경우가 그러하다. 그러나 민족문화보전을 위한 국학운동
의 경우 독립운동의 범주에서 평가될 수 있을 것이다. 민족사의 연구를
통해 식민사학에 대항한 경우가 그러하다.

단재는 나라를 도모 하려는 자는 문화와 무력의 어느 하나라도 소홀히
해서는 안 된다고 하며 신국민을 양성하기 위해 필요한 것이라고 강조하
였다. 그는 文이 없으면 국가의 정신을 유지할 도구가 없어 비록 항우와
나탁과 같은 용사가 전국에 가득하다 하더라도 다만 적국의 부리는 자가

---

3) 「朝鮮革命宣言」, 『단재신채호전집』 제8권, 독립기념관 한국독립운동사연구소, 2008, 894
쪽(이하 『전집』으로 약칭).
4) 趙東杰, 「丹齋 申采浩의 삶과 遺訓」, ≪韓國史學史學報≫ 3, 2001, 195쪽.

되어 도리어 조국에 해를 입히게 될 것이라고 경고하였다. 그리고 문화의 중요성에 대해 다음과 같이 강조하였다.

> … 한국이 旣是 문화를 심취하여 여차 萎靡한 상태를 致하였거늘 수에 乃曰 文化를 무시함이 不可라 함은 何故오 曰 국민을 萎靡케 하는 문화도 有하며 국민을 강용케 하는 문화도 有하나니 彼西歐列强을 觀하라 학술의 발달이 如彼하며 도덕의 진보가 如彼하되 其國이 烝烝日强하나니 是는 其 문화가 동양고대의 인민을 驅하야 전제 하에 雌伏케 하던 문화가 아니라 자유를 歌하며 모험을 尙하는 문화인 故니 韓國有志君子여 자국 고유의 長을 保하며 외래문명의 精을 採하여 일종 신국민을 양성할만한 문화를 진흥할지어다.[5]

그러나 단재가 비판한 문화운동은 일제의 강도정치로 인해 생존권이 박탈당하여 종족의 보전조차 위기를 맞이한 상황에서 일제와 타협적인 언론과 잡지에 대한 것이었지, 문화운동 자체를 비판한 것은 아니라고 생각된다. 따라서 단재의 문화운동론·계몽운동론은 무장투쟁론과 괴리되지 않은 것으로서, 오히려 무장투쟁론을 더욱 강조하기 위한 선전적 보조수단으로 활용한 것으로 이해하는 것이 타당할 듯하다.

2. 무장투쟁론

단재의 독립운동론에서 가장 핵심적인 것은 민중의 직접 무장투쟁론이다. 그는 독립운동에서 중요한 요인으로 민중적 역량과 폭력적 중심을 들었다. 즉, 민중과 폭력은 독립운동에서 불가분의 관계로 본 것으로, 곧 그가 말한 폭력은 적극적인 무장투쟁을 지칭한다. 그는 기왕의 민족운동이었던 갑신정변·의병·의열투쟁·3·1운동에서의 양자의 관계를 다음과 같이 설명하였다.

---

5) 「文化와 武力」, 『전집』 제6권, 386쪽.

> … 우리 이왕의 경과로 말하면 甲申政變은 특수세력이 특수세력과
> 싸우던 궁중 일시의 활극이 될 뿐이며, 庚戌 전후의 의병들은 忠君愛國
> 의 대의로 激起한 讀書階級의 사상이며 安重根·李在明 등 열사의 폭력
> 적 행동이 열렬하였지만 그 후면에 민중적 역량의 기초가 없었으며, 3·
> 1운동의 만세소리에 민중적 일치의 의기가 瞥見하였지만 또한 폭력적
> 중심을 가지지 못하였도다. '民衆·暴力' 兩者의 其一만 빠지면 비록 轟
> 烈壯快한 擧動이라도 또한 電雷같이 收束하는도다. …6)

그는 갑신정변은 특수세력 간의 궁중 활극으로, 의병은 독서계급의 충
군애국사상으로, 의열투쟁은 민중적 기초가 결여된 행동으로, 3·1운동
은 폭력적 중심이 결여된 것으로 평가하였던 것이다. 곧 그는 민중과 폭
력이 결합되어 전개한 독립운동이야말로 진정한 독립운동으로 보았던 것
이다.

단재의 무장투쟁론은 그가 한말 국내에서 계몽운동을 전개할 당시에도
주장한 바 있다. 즉, 그는 의병투쟁을 성원하는 한편 문무쌍전론과 무력
양성론을 주장하였다. 그는 우리나라가 '文勝武弛'한지 오래되어 壬辰과
丙子의 國辱을 당하였고, 급기야 일제의 식민지로 전락하고 말았다고 지
적하고, 국민의 武魂을 환기하고 武氣를 양성해야 한다고 역설하였다. 그
는 무의 중요성에 대해 다음과 같이 강조하였다.

> … 武가 無하면 비록 釋迦文殊 같은 活佛이 各地에 普現할지라도 其
> 慈悲의 漏를 灑하고 一身을 將하여 餓虎의 口에 供할 뿐이니 國家 滅亡
> 에 何益이 有하리오. …7)

그가 신민회 동지들과 함께 독립군기지를 개척하기 위해 망명한 일 등

---

6) 「朝鮮革命宣言」, 『전집』 제8권, 898쪽.
7) 愼鏞廈, 『申采浩의 社會思想研究』, 126~129쪽. 그는 "武事를 全尙하고 文化를 無視함은
   亦不可하니라"라고 문무쌍전론을 주장하였다(「文化와 武力」, 『전집』 제6권, 386쪽).

은 이를 반증한다고 하겠다.8) 그러나 당시 그의 무장투쟁론은 다른 방법을 인정하지 않거나 배척하는 외곬 방법론은 아니었다. 오히려 그가 노령에서 광복회를 조직하고 주도할 때까지는 문무쌍전론이라는 편이 타당할 것이다. 그는 1912년 블라디보스토크에서 창립한 광복회의 「고시문」에서 무장투쟁론 외에 다양한 독립운동의 방법을 총체적으로 동원할 것을 주장한 바 있다.9) 따라서 한말 이래 1910년대까지 그의 독립운동론은 문무쌍전론의 입장에서 무장투쟁론 외의 방법론까지 포용하는 총체적인 것이라 함이 타당할 듯하다.

그러나 1920년대 이후, 특히 「조선혁명선언」의 기초 이후에는 철저한 무장투쟁론으로 전환하고 있다. 李克魯는 서간도에 머물 당시의 단재를 '철혈주의를 부르짖는 주전론자'로 회상한 바 있다.10) 단재 자신도 북경에 머물 당시 스스로의 무장투쟁론을 '武裝段鬪'라고 표현한 바 있다.11) 그는 일본 뿐 아니라 세계 어느 나라라 하더라도 조선에 무례를 가하거든 총칼이나 赤手空拳으로라도 '血戰'하는 것이 조선정신이라고 강조하였다.12)

한 때 그는 자신의 무장투쟁론을 '前日의 그름'이라고 과오였음을 자인한 바 있다. 즉, 그는 武裝段鬪가 유생의 능사가 아니고 국가흥망이 一朝의 突發이 아니라는 것을 비로소 깨달았기 때문에 역사연구에나 전념하겠다는 소회를 밝혔던 것이다.13) 그러나 이는 그의 진심이라기보다는 국민대표회의가 파탄하여 독립운동계의 희망이 좌절된 데 따른 일시적 체념에 불과한 것이었다. 이는 그가 이후에도 여전히 무장투쟁론을 견지하고 실천에 노력하였음에서 분명히 알 수 있는 사실이다.

---

8) 愼鏞廈, 『韓國民族獨立運動史研究』, 을유문화사, 1985, 100~124쪽.
9) 「申采浩의 光復會 通告文과 告示文 解題」, ≪韓國學報≫ 第32輯, 1983(『전집』 제8권, 941~944쪽).
10) 李克魯, 「西間島時代의 先生」, 『전집』 제9권, 83쪽.
11) 「李수상에게 圖書閱覽을 要請하는 便紙」, 『전집』 제7권, 228쪽.
12) 「聲討文」, 『전집』 제8권, 756쪽.
13) 「李수상에게 圖書閱覽을 要請하는 便紙」, 『전집』 제7권, 228쪽.

3. 절대독립론

단재는 내정독립론 · 참정권론 · 자치론 · 외교론 · 준비론자들을 일제
와 타협하려는 주의를 가진 적으로 규정하면서 절대독립론을 주장하였다.

> … 獨立이란 금에서 一步를 물러서면 合併賊魁의 李完用이 되거나
> 政合邦論者의 宋秉畯이 되거나 자치운동의 閔元植이 되어 禍國의 妖孼
> 이 幷作하리니 독립의 大防을 위하여 李 · 鄭 等을 誅討치 아니할 수 없
> 으며 방관자의 안중에는 朝鮮이 이미 멸망하였다 할지라도 朝鮮人의 心
> 中에는 永遠 獨立의 朝鮮이 있어 … 우리 前途는 全國 二千萬 要求가 '독
> 립뿐'이란 血과 淚의 따呼로 내론 동포의 誠力을 단합하며, 외론 열국의
> 동정을 博得함에 在하거늘 …14)

이는 그의 절대독립론을 잘 보여준다. 그는 독립에서 한 발짝만 후퇴하
면 나라를 망친 매국노가 될 것이라고 단호하게 말하며 추호의 타협이 없
는 '獨立뿐'이라는 절대독립론을 주장하였다.

3 · 1운동 이후 국내 일각에서는 이른바 자치론이 등장하였다. 일제의
기만적인 통치 술책에 일부 친일분자가 부응한 논리였다. 단재는 자치론
을 강도 일제가 독립운동을 약화시키려고 획책한 '미친 논리[狂論]'라고
간파하고 이에 부화하는 자는 맹인이 아니면 奸賊이라고 하였다.15)

그는 내정독립론자와 참정권론자 및 자치론자들의 주장 또한 반박하
였다. 즉, 설령 내정독립을 찾되 각종 이권을 찾지 못한다면 조선민족은
일반의 餓鬼가 될 뿐이며, 참정권을 획득하였다고 하여도 자본주의 강도
국의 식민지 인민이 되어 몇 명의 奴隷代議士의 선출만으로 餓死를 면할
수 없으며, 자치를 얻었다 하더라도 일본 제국이란 명칭이 존재하는 한 그
부속 하에 있는 조선 인민은 민족적 생존을 유지할 수 없다고 한 것이다.16)

---

14) 「聲討文」, 『전집』 제8권, 755~756쪽.
15) 「朝鮮革命宣言」, 『전집』 제8권, 893쪽.

심지어 그는 자신의 문학 작품 속에서조차도 자치론과 참정권을 준다
고 하면 속아 넘어가는 식민지 민중들을 개탄할 만큼 철저한 절대독립론
을 주장하였다.

> … 식민지 민중은 그 고통의 정도가 다른 민중보다 만 배나 되지만
> 매양 그 허망한 요행심을 가져 굶어 죽는 놈이 요행의 暖衣를 바라며 교
> 수대에 목을 디민 놈이 요행의 생을 바랍니다. 그래서 반항할 경우에도
> 반항을 못합니다. 그런즉 식민지 민중처럼 속이기 쉬운 민중이 없습니
> 다. … <건국>, <혁명>, <독립>, <자유> 등은 그 명사까지도 다
> 잊어버리라고 일체 구두 필두에 오르지도 못하게 하지만 옴 올라갈 자
> 치 참정권 등을 주마하면 속습니다. 보십시오. 저 亡國祭를 지낸 연애
> 문단에 여학생의 단 입술을 빠는 청년들이 제 세상을 자랑하지 안합니
> 까. 고국을 빼앗기고 구축을 당하여 천애 외국에서 더부살이하는 남자
> 들이 누울 곳만 있으면 제2 고국의 안락을 노래하지 안합니까! 공산당
> 의 대조류에 독립군이 떠나갑니다. 乞아지 정부의 연극에 대통령의 자
> 루도 찢어집니다. 속이기 쉬운 것은 식민지의 민중이니 상제시여, 마음
> 놓으십시오. 세계 민중들이 다 자각한다 하여도 식민지 민중만은 아직
> 멀었습니다. …17)

또한 그는 외교론도 신랄히 비판하였다. 그는 一劍一彈을 昏庸貪暴한
관리나 國賊에게 던지지 못하고 열국 공관에 公函이나 던지고 심지어 적
국인 일본 정부에 장서를 보내어 국세의 孤弱을 애소한 결과 을사조약과
경술합병을 당하여 조선이란 이름이 생긴 지 몇 천 년만의 치욕을 당하였
다고 개탄하였다. 또한 3·1운동 때에도 평화회의와 국제연맹에 대한 과
신이 도리어 이천만 민중의 奮勇前進의 의기를 打消하는 매개가 되고 말
았다고 지적하였다. 그는 준비론에 대하여는 더욱 신랄하게 비판하였다.
그는 처음에 전쟁에 대한 준비를 외치던 준비론이 그 범위가 점점 확장되

---

16) 「朝鮮革命宣言」, 『전집』 제8권, 893쪽.
17) 「龍과 龍의 大激戰」, 『전집』 제7권, 9~10쪽.

어 교육의 진흥과 상공업의 발전 외에도 모든 것이 그 대상이 되었다고 지적하였다. 또한 그는 10여 년 간 목이 터져라 준비론을 외친 소득이 몇 개 불완전한 학교와 실력 없는 會 뿐이었다고 하였다. 그런데 그는 이 같은 결과가 誠力의 부족이 아니라 주장의 착오이며, 모든 것을 빼앗긴 일제의 식민지 통치하에서는 '실로 일장의 잠꼬대'에 불과한 것이라고 말하였다. 곧 단재에게 외교론과 준비론은 버려야 할 미몽에 불과한 것일 뿐이었다.[18]

단재는 「조선혁명선언」에서 이처럼 타협적 방법론을 적으로 규정하고 배척하였으나, 이승만의 위임통치론에 대해서도 극렬히 비판하였다. 그는 위임통치 청원이 조국의 절대 독립을 포기하고 일본의 식민지로부터 미국의 식민지로 바꾸는데 불과한 매국 매족 행위라고 간주하고 이승만을 鄙夫, 逆賊이라 맹공을 가하였다.

> … 或曰 李承晚의 위임통치 청원은 자치운동의 閔元植과 같이 철저의 주장이 아니오 다만 일시의 迷誤인 고로 李도 지금에는 이 일을 옳은 줄로 자처함이 아니니 구태여 追罪할 것이 없다 하나 그럴진대 彼等이 즉시 미국 정부에 향하여 그 청원의 취소를 성명하고 國人에게 향하여 妄作의 죄를 謝하여써 만일의 일이라도 自贖의 道를 구함이 가하거늘 이제 十手의 指點을 불고하고 儼然히 상해에 來하여 소위 대통령의 명의로 오히려 여론을 농락하려 하니 이는 禍心을 포장한 역적이 아니면 苟且庸碌의 鄙夫라. 逆賊이나 鄙夫를 假借하여 국민의 명예를 오욕하면 또한 가통하지 아니한가? …[19]

따라서 그가 독립운동 방법론이 전혀 다른 이승만의 임시정부와 결별하고 반임정 노선을 걸은 것은 당연한 일이었다. 단재에게는 절대독립 외에 그 어떠한 것도 대안이 될 수 없었고 허용되지 않았던 것이다.

---

18) 「朝鮮革命宣言」, 『전집』 제8권, 895~896쪽.
19) 「聲討文」, 『전집』 제8권, 756~757쪽.

4. 민중직접혁명론

단재의 민중직접혁명론은 그의 독립운동론에 있어 매우 중대한 변화를 시사한다. 즉, 그의 민중에 의한 직접 혁명론은 혁명 주체와 방법론에 대한 인식의 변화를 의미한다. 한말 이래 그는 "英雄者는 세계를 창조하는 聖神이며, 世界者는 영웅의 활동하는 무대라"고 하여 역사의 주체와 동력을 영웅으로 인식하는 이른바 영웅사관을 지니고 있었다.[20]

그가 민중을 발견한 것은 3·1운동 이후 일부 민족세력이 독립운동 대열에서 이탈하는 반면 노동자와 농민층이 독립운동의 새로운 전위부대로 두드러진 역할을 하는 것을 목도한 결과였다. 곧 단재의 역사인식은 영웅주의에서 국민주의를 거쳐 민중주의의 3단계로 변화 발전하고 있다고 하겠다.[21]

그는 민중의 직접혁명을 다음과 같이 설명하였다.

> … 금일 혁명으로 말하면 민중이 곧 민중 자기를 위하여 하는 혁명인 고로 '民衆革命'이라 '直接革命'이라 칭함이며, 민중 직접의 혁명인 고로 그 沸騰 膨脹의 熟度가 숫자상 강약 비교의 관념을 타파하며, 그 결과의 성패가 매양 戰爭學上의 定軌에 逸出하여 無錢 無兵한 민중으로 백만의 군대와 억만의 부력을 가진 제왕도 타도하며 왜구도 구축하나니 그러므로 우리 혁명의 제일보는 민중 각오의 요구니라. …[22]

여기에서 그는 민중 각오의 방법에 대하여도 "오직 민중이 민중을 위하여 일절 불평·부자연·불합리한 민중 향상의 장애부터 먼저 타파함이 곧 '민중을 각오케' 하는 유일한 방법"이라고 하며, "선각한 민중이 민중의 전체를 위하여 혁명적 선구가 됨이 민중 각오의 第一路"라고 하였다.[23]

---

20) 「英雄과 世界」, 『전집』 제6권, 235쪽.
21) 姜萬吉, 「申采浩의 英雄·國民·民衆主義」, 299~324쪽.
22) 「朝鮮革命宣言」, 『전집』 제8권, 896~897쪽.
23) 「朝鮮革命宣言」, 『전집』 제8권, 897쪽.

즉, 민중 각오의 방법도 민중에 의한 것임을 천명한 것이었다.

한편 그는 민중적 역량의 기초와 폭력적 중심의 합일을 강조하며 "민중을 喚醒하여 강도의 통치를 타도하고 우리 민족의 신생명을 개척하자면 養兵 십만이 一擲의 炸彈만 못하며 억천 장 신문 잡지가 一回 폭동만 못하다"고 하였다.[24] 이는 이전의 자신의 독립운동론을 전면 부정하는 듯한 논리이다. 단재는 구한말 신민회 활동을 통하여 독립군 양성을 통한 독립전쟁론을 주창하였고 틈나는 대로 문무쌍전론을 주장하여 왔다.

그러나 「조선혁명선언」에서 그는 이를 전면 부정하였을 뿐만 아니라, 강도 일본에게 정치·경제적으로 모든 것이 박탈된 상황에서 어디서 얼마만큼의 군인을 양성할 수 있겠느냐고 반문하였다. 또한 설령 군인을 양성한들 일본 전투력의 백분지 일이나 되겠냐며 이를 '일장의 잠꼬대' 같은 이야기라고 일축하였다.[25] 물론 이 같은 그의 주장은 의열단의 투쟁방법을 강조하기 위한 의도에서 비롯된 것이다.[26] 따라서 그가 독립군의 무장투쟁을 전면 부정한 것은 아니나, 변화인 것만은 틀림없는 것으로 보인다.

억 천 장의 신문 잡지가 일회 폭동만 못하다는 표현 또한 그 자신이 한말부터 1920년대까지 줄곧 주도한 신문과 잡지의 발간을 통한 독립운동론을 전면 부정하는 듯하다. 이 또한 의열단의 폭력(암살·파괴·폭동)적 투쟁방법을 강조하기 위한 어법으로 이해되나, 무정부주의를 수용한 이래 변화된 모습을 보여주는 부분이라 할 수 있다.

그의 폭력투쟁론은 매우 강경하였다. 그는 비폭력주의와 무저항주의를 부르짖은 석가모니와 간디를 신랄하게 비판하며 자신이 인도인이라면 석가모니를 묶어 불에 던지고 간디를 바다에 수장시키겠노라는 극언을 마다하지 않을 정도로 폭력투쟁을 적극 옹호하였다.[27]

---

24) 「朝鮮革命宣言」, 『전집』 제8권, 898쪽.
25) 「朝鮮革命宣言」, 『전집』 제8권, 896쪽.
26) 愼鏞廈, 「申采浩의 民族獨立運動論의 特徵」, 295쪽.
27) 「人道主義 可哀」, 『전집』 제7권, 385~386쪽.

단재는 민중이 암살·파괴·폭동의 직접 혁명으로 제거해야 할 목적물로 ① 조선 총독과 각 관공리 ② 일본 천황과 각 관공리 ③ 偵探奴·賣國賊 ④ 적의 일체 시설물 ⑤ 언어와 행동으로 우리의 운동을 緩和하고 중상하는 자 ⑥ 일본인 이주민을 적시하였다.28) 이는 의열단이나 임시정부에서 선정한 공격 목표 '七可殺'과 유사한 것이다.

결국 그의 독립운동론은 「조선혁명선언」의 말미에서 다음과 같이 요약 정리되었다.

> … 우리 이천만 민중은 일치로 폭력 파괴의 길로 나아갈지니라. 민중은 우리 혁명의 대본영이다. 폭력은 우리 혁명의 유일무기이다. 우리는 민중 속에 가서 민중과 携手하여 不絶하는 폭력 ─ 암살·파괴·폭동으로서 강도 일본의 통치를 타도하고 우리 생활에 불합리한 일체 제도를 개조하여 인류로써 인류를 압박치 못하며 사회로써 사회를 剝削치 못하는 이상적 조선을 건설할지니라. …29)

이로써 보면 단재의 독립운동론은 상호 모순되거나 배치되는 부분이 있는 듯하며, 시기와 상황에 따라 방법론의 변화를 보이고 있는 듯이 보이기도 한다. 그러나 강도 일본제국주의를 상대로 절대독립론을 부르짖은 것은 전혀 변함이 없이 일관된 논리였다.

Ⅲ. 재중독립운동

1. 망명과 초기의 활동

신채호는 국외에 독립군기지를 건설한다는 신민회의 결정에 따라 1910년 4월 안창호·이갑 등의 동지와 함께 망명길에 올랐다.30) 그는 우선 동

---

28)「朝鮮革命宣言」,『전집』제8권, 899쪽.
29)「朝鮮革命宣言」,『전집』제8권, 901쪽.

지들과 靑島에서 만나 독립운동 방략을 협의하였다. 이른바 청도회의는 신민회 망명 간부를 중심으로 향후 독립운동의 방략을 논의한 중요한 회의였는데, 단재는 북만주 密山에 독립군기지를 개척하고 무관학교를 세운다는 계획 하에 이해 9월경 블라디보스토크로 갔다. 단재를 비롯한 신민회 간부들의 연해주행은 러시아 한인 독립운동에 중요한 전기가 되었다.[31]

이곳에서 그는 러시아 지역 최초의 한인단체인 권업회의 선전부장과 ≪대양보≫와 ≪권업신문≫의 주필을 맡는 등 초기 러시아 한인 독립운동사에서 중요한 역할을 하였다.[32] 1912년에는 윤세복·이동휘·이갑 등과 블라디보스토크에서 광복회를 조직하였는데, 이 때 그는 「通告文」과 「告示文」을 기초하였으며, 부회장에 피임되었다.[33]

그는 1913년경 申圭植의 부름을 받고 상해로 왔다. 상해 체류 당시 단재의 생활은 홍명희와 정인보의 회고를 통해 알 수 있다. 이들의 회고에 의하면 단재는 상해에서 동지들과 독립운동의 방략을 토론하고 서점을 순례하며 역사연구와 영어공부를 하였음을 알 수 있다.[34] 그러나 신규식이 그를 상해로 부른 중요한 이유는 독립운동 기반을 함께 구축하기 위한 것이었다. 여기에는 청주 산동 신씨라는 문중적 인연도 있었다.[35] 상해에서 신채호는 신규식·박은식·조소앙 등과 함께 同濟社의 주요 간부로 활동하였고, 동제사의 주도로 설립한 박달학원에서 교사로 활동하기도 하였다.[36]

---

30) 망명 당시 단재의 인상에 대하여는 李光洙, 「脫出 途中의 丹齋 印象」, ≪朝光≫ 1936년 4월호(『전집』 제9권, 77~78쪽).

31) 무관학교 설립 계획은 자금문제가 해결되지 못한 데다, 회원이 일제 관헌에 피체되는 등의 요인으로 실패로 돌아갔다.

32) 박 환, 『러시아 한인민족운동사』, 탐구당, 1995, 126~156쪽.

33) 愼鏞廈, 『申采浩의 社會思想硏究』, 30~31쪽.

34) 鄭寅普, 「丹齋와 史學」, 『전집』 제9권, 32쪽;洪命憙, 「上海時代의 丹齋」, 『전집』 제9권, 82쪽.

35) 任椿洙, 「淸州 高靈申氏 門中의 開化事例 硏究」, 국민대학교 석사학위논문, 1988;趙東杰, 「丹齋 申采浩의 삶과 遺訓」, 195쪽.

36) 姜英心, 「申圭植의 생애와 독립운동」, ≪한국독립운동사연구≫ 제1집, 1987, 243쪽.

단재는 1년 간 상해생활을 한 뒤 1914년 서간도로 갔다. 이는 윤세복의 요청에 따른 것으로 그는 윤세복과 함께 생활하며 신흥학교를 비롯하여 서간도에서 전개되는 독립운동의 실상을 돌아보는 한편 고구려와 발해 유적지답사와 역사 연구와 東昌學校 교사 등으로 1년을 보냈다. 특히 이 시기는 단재사학에 있어 매우 중요한 시기였다. 그는 서간도 일원의 천장 비사와 같은 보고인 고구려 유적지를 돌아본 소득을 "當地에 輯安縣의 一覽이 金富軾의 高句麗史를 萬讀함보다 낫다는 단안을 내렸다"고 자평한 바 있다.37) 서간도 일원 유적지의 답사는 단재사학에 있어 문헌의 부족으로 인한 착오를 바로 잡는 계기가 되었고, 문헌 고증보다 더 견고한 실증의 기초 위에 서게 되는 계기가 되었다.38) 그의 사학에 대종교적 인식이 엿보이는 것은 이 시기 윤세복과의 교유를 통한 결과라 할 수 있다.

1915년, 단재는 북경으로 옮겨 3·1운동이 발발하기까지 약 4년 간 체류하였다. 그가 북경으로 거처를 옮긴 것은 경제적 어려움, 상해의 독립운동 파벌 간 다툼, 이회영 형제의 초청에 의한 결과였다.39) 그가 북경에 도착하여 받은 인상은 天壇 부근에서 청나라 황제가 祭天禮를 거행하는 광경이 중국이 復辟이 된 것이 아니라 '民衆慶節'이라는 연극의 한 대목이라고 문학 작품에서 형상화 한 부분에서 잘 알려준다.40) 이 시기 단재는 북경 부근의 우리 고대사 관련 유적 답사, 독립운동 관계 논설 집필, 중국 신문(≪中華報≫, ≪北京日報≫ 등)에의 기고 및 역사연구에 힘을 쏟았다.41) 특히 북경시기 단재는 우리 역사를 5책으로 나누어 집필하는 등 역사연구의 상당 부분을 이 때 진행하였던 것으로 보인다.

---

37) 『朝鮮上古史』總論(『전집』 제1권, 15쪽).

38) 愼鏞廈, 『申采浩의 社會思想研究』, 34~35쪽.

39) 李光洙, 「그의 自敍傳」, 『全集』 別集, 408쪽. 그런데 그가 북경으로 온 시기가 1914년 말이라는 견해도 있다(최옥산, 『문학자 단재 신채호론』, 인하대학교 박사학위논문, 2003, 18쪽).

40) 「龍과 龍의 大激戰」, 『전집』 제7권, 18~19쪽.

41) ≪中華報≫는 ≪中華申報≫ 또는 ≪中華≫가 와전된 것으로 해석되기도 하나(최옥산, 『문학자 단재 신채호론』, 38~39쪽), 필자가 북경도서관 등지에서 조사한 바에 의하면 그 어디에서도 단재의 논설은 찾을 수 없었고, ≪北京日報≫에서도 확인하지 못하였다.

　… "내가 수년 전부터 조금 써 둔 것이 있는데 아직 좀 덜된 것이 있
습니다마는 쉬 끝내려고 합니다."하며 원고 뭉텅이를 끄내어 보인다.
이 원고는 모두 다섯 책으로 되었는데, 첫째 권은 朝鮮史通論, 둘째 권
은 文化篇, 셋째 권은 思想變遷篇, 넷째 권은 疆域考, 다섯째 권은 人物
考, 이밖에 또 附錄이 있는듯하다고 한다. …[42]

　북경에 체재하는 동안 신채호는 독립운동 전선의 전면에는 나서지 않
았다. 이는 아마도 역사연구에 전념한 때문으로 이해된다. 그러나 1910
년대 독립운동사에서 중요한 선언인 「大同團結宣言」(1917. 7)과 「大韓獨
立宣言書」(1919. 2)에 단재는 서명자로 참여하였다. 대동단결선언은 신
규식·박은식·조소앙 등 14인이, 대한독립선언서는 길림에서 대한독립
의군부가 주도하여 39인이 공동 명의로 발표한 것이다. 이들 선언에 신채
호가 참여하게 된 구체적인 경위와 역할 등은 확인되지 않으나, 당시 국
내외 독립운동계에서 차지하는 그의 위상을 잘 알려준다.

2. 대한민국임시정부 참여

　단재는 북경에서 3·1운동의 감격적 소식을 듣고 조성환 등 동지들과
다시 상해로 왔다. 4월 10일과 11일, 그는 프랑스 조계 김신부로에서 29
인의 동지들과 함께 임시의정원 회의를 열고 임시정부의 수립을 결정하
였다. 이 자리에서 의원으로 선출된 그는 한성정부의 법통을 따를 것을
강력히 주장하였다.[43] 그가 한성정부의 법통을 강조한 것은 다른 어떤 임
시정부보다도 국민적 합의에 충실하였기 때문이며, 자신이 박은식 등과

---

42) 李允宰, 「北京時代의 丹齋」, 『전집』 제9권, 85쪽. 그런데 이 5권의 책은 단재의 『조선사
　　총론』, 『조선상고문화사』, 『朝鮮史硏究草』에 등재된 논문들로 전해졌다고 보는 견해도
　　있다(申一澈, 『申采浩의 歷史思想』, 98쪽 및 趙東杰, 「丹齋 申采浩의 삶과 遺訓」, 188쪽).
　　그리고 그 원고 중 일부는 현재 북한 인민대학습당에 보관되어 있음이 확인되었다(박걸
　　순, 「단재 신채호전집 편찬의 의의와 과제」, 18~20쪽).
43) 李延馥, 「大韓民國臨時政府와 丹齋」, 349쪽.

18인의 評定官으로 추대되었던 점도 작용하였을 것으로 짐작된다.

그러나 4월 11일 진행된 국무총리 선출 시 단재는 이승만의 선출에 반대하며 회의장을 박차고 퇴장하고 말았다. 당시 신채호는 박용만을 국무총리 후보로 천거하였다가 부결되었으며, 단재 자신도 玄彰運에 의해 천거되었으나 부결 당하였다.[44] 단재가 이승만을 극력 반대한 것은 그가 국제연맹의 위임통치청원서를 윌슨에게 전달하였기 때문이다. 이 안은 절대독립론과 완전독립론을 주장하던 단재로서 도저히 수용할 수 없는 '賣國賣族'적인 것이었다. 결국 그는 이승만이 국무총리로 당선되자 열혈 청년들의 생명 위협에도 굴하지 않고 회의장을 퇴장하였던 것이다.[45]

단재는 이승만의 위임통치청원 소식을 미국에 있는 친구의 편지를 통해 알게 되었다. 단재는 박은식 · 김창숙과 만나 논의한 결과 이승만을 임시정부에서 축출하기로 결의하였다. 그들은 우선 이승만에게 위임통치청원안 제출 여부를 확인하고 만약 사실이라면 취하하라는 편지를 보냈다. 이승만으로부터 아무런 회신이 없자 이들은 임시정부로 가서 이승만의 축출을 주장하였으나, 임시정부의 붕괴를 우려한 다른 요인들의 반대에 부딪혀 당장 실현되지는 않았다.[46] 그러나 이승만의 위임통치청원은 단재로 하여금 임시정부와 결별하게 만든 결정적 요인이 된 것은 분명하다.

그렇다고 하여 단재가 이때 임시정부와 단절한 것은 아니었다. 그는 임시의정원 제2회 회의(1919. 4. 22)에도 의원으로서 참가하였으며, 제5회 회의(1919. 7. 7~7. 19)에서는 전원위원회 위원장과 충청도 의원으로 선임되었다.[47] 따라서 단재는 상해대한민국임시정부가 조직되던 1919년 4월부터 7월까지는 임시정부에 적극 참여하였던 것이다.

---

44) 國會圖書館, 『大韓民國臨時政府 議政院文書』, 1974, 39~41쪽.
45) 李光洙, 「脫出 途中의 丹齋 印象」, ≪朝光≫ 1936년 4월호(『전집』 제9권, 80~81쪽).
46) 金昌淑, 「獨立運動秘話」, 『전집』 제9권, 133~134쪽.
47) 李光洙, 「脫出 途中의 丹齋 印象」, ≪朝光≫ 1936년 4월호(『전집』 제9권, 80~81쪽).

3. 반임시정부 활동

단재는 제6회 의정원회의(1919. 8. 18~9. 17)에서 이승만을 대통령으로 선출하자 임시정부와 완전 결별하였다.[48] 그는 이전에 이승만의 위임통치청원 문제를 제대로 따지지 못하고 그를 국무총리로 천거한 것도 잘못이지만, 그를 다시 대통령으로 선출한 것은 더욱 큰 죄라고 여긴 것이었다. 아울러 그는 이와 관련하여 안창호의 죄책도 용서할 수 없는 것이라며 질타하였다

> … 위임통치청원에 대하여 재미국민회중앙총회장 安昌浩는 동의든지 묵인이든지 該會의 주간자로서 李 · 鄭等을 대표로 보내어 該請願을 올리었으니, 그 罪責도 또한 용서할 수 없으며, 상해 의정원이 소위 임시정부를 조직할 때에 발서 전파된 위임통치청원 운운의 說을 李等과 私憾이 있는 자의 做出이라 하야 철저히 査核하지 않고 李承晩을 국무총리로 推定함도 千萬의 輕擧어니와, 제2차 소위 각원을 개조할 때에는 환하게 該請願의 제출이 사실임을 알았는데 마침내 李承晩을 대통령으로 선거한 죄는 더 중하며 …[49]

단재는 임시의정원 전원위원회 위원장과 충청도 의원을 사임하고 본격적인 반임정 노선을 걷게 되었다. 즉, 종전의 반이승만 노선에서 반임정 노선으로 전환하여 투쟁을 벌이게 된 것이다.

단재의 반임시정부투쟁은 ① ≪신대한≫ · ≪천고≫ · ≪대동≫ 등 잡지의 발간, ② 군사통일회의 개최 등 북경 무장투쟁세력과의 연대, ③ 반임정 단체의 조직과 주도, ④ 국민대표회의 소집 요구 및 창조파 활동, ⑤

---

48) 단재가 의원에서 해임된 것은 8월 18일이고 이승만이 대통령으로 선출된 것은 9월 11일이었다. 따라서 단재가 임시정부와 결별한 원인은 이승만의 대통령 선출 결과에 따른 것이라기보다는 독립운동 노선의 차이 때문으로 보는 것이 타당할 듯하다. 다만, 후에 단재가 회고한 것처럼 이승만의 대통령 선출은 단재로서는 절대 수용할 수 없는 일이었다.

49) 「聲討文」, 『전집』 제8권, 756쪽.

「聲討文」 등의 발표를 통한 반이승만·반임시정부투쟁 등 전방위적이고 총력적인 것이었다.

단재는 상해에서 40여 명의 동지들과 함께 新大韓同盟團을 조직하여 副團主를 맡았으며, 이해 10월 28일 기관지로서 ≪신대한≫을 간행하였다.[50] 신채호는 ≪신대한≫을 통해 이승만의 위임통치청원이나 임정의 외교 중심의 독립운동 노선을 통박하고 일제와 분투할 것을 역설하였다.

> … 그러나 평화회의에서 그 聲言한대로 각 민족의 자결에 응한 자가 얼마나 되느뇨. … 민족자결을 許함은 그 표면뿐이요 내용의 진의는 열 강국의 이해를 전제함이 아닌가 하는 허다의 의문이 있도다. … 인류는 시대를 따라 자유의 길로 나아가나니 이를 누가 막으리요. 그러니 우리 조선은 강력자에 대한 요구보다 신기운에 향하여 춤추며 평화신에 대한 환영보다 적에 향하여 분투함이 더욱 神聖至高한 의무라 하노라.[51]

신채호의 반임정 세력 규합과 ≪신대한≫의 발간을 통한 임정 비판은 임시정부와 ≪독립신문≫의 입장을 곤란하게 만들었을 것임은 자명하다. 이에 ≪독립신문≫은 ≪신대한≫의 발간을 보도하며 '언론이 장쾌한 것이 특색'이라고 치켜세웠다.[52] 그러나 독립신문사 측에서는 단재를 회유하여 ≪독립신문≫의 주필로 영입을 시도하거나,[53] ≪신대한≫을 발행하는 인쇄소에 압력을 가하여 결국 ≪신대한≫은 1920년 1월 이후 폐간되고 말았다. 결국 신채호는 3개월 동안 약 20호의 신문을 발간하고는 북경으로 돌아갔다.[54]

일시 노령을 방문하였던 단재는 북경에서 박용만·신숙 등 반임정 세력들과 군사통일촉성회에 참석하는 한편,[55] 새로운 잡지의 창간에 진력

---

50) 國會圖書館, 『韓國民族運動史料』 中國篇, 1976, 211쪽.
51) 「國際聯盟에 對한 感想」, ≪新天地≫ 第1號, 1919년 10월 28일자(『전집』 제5권, 10쪽).
52) ≪獨立新聞≫ 1919년 11월 1일자 「新大韓出刊」.
53) 李光洙, 「脫出 途中의 丹齋 印象」, ≪朝光≫ 1936년 4월호(『전집』 제9권, 80쪽).
54) 최기영, 「일제 강점기 申采浩의 언론활동」, ≪韓國史學史學報≫ 3, 212~219쪽.

하여 1920년 말경 김창숙 · 박숭병 등과 ≪천고≫를 발간하기에 이르렀
다. ≪천고≫의 발행에는 박숭병의 지원이 컸던 것으로 보인다.56) ≪천
고≫에는 독립운동 관련 논설이 대부분이지만, 고대사에 관한 단재의 인
식을 보여주는 논문도 다수 수록되어 있다.57) ≪천고≫의 발간에는 유림
과 김정묵, 남형우도 참여한 것으로 보이며, 단재는 神志 · 震公 · 大弓 ·
鐵椎 · 我觀 · 南溟 등의 필명을 사용하여 논설을 집필하였다.58)

1921년 2월 단재는 박은식 · 원세훈 · 김창숙 등 14명 연명으로 북경에
서 「우리 동포에게 고함」이라는 성명서를 발표하고 임시정부를 부정하
며 국민대표회의의 소집을 요구하였다.59) 단재의 반임정 활동은 통일책
진회의를 조직 주도하고 국민대표회의의 선전과 촉진을 위해 박용만과
함께 ≪대동≫을 발행하며 더욱 정치적 색채를 지니게 되었다. 이때 단재
는 무장투쟁론자들과 第二回 普合團을 조직하여 內任長에 선출되었다.60)
이 단체는 1920년 평북 의주를 근거지로 조직되어 군자금 모금 등의 무
장투쟁을 전개하다가 서간도 지역 독립운동 단체 통합운동에 주도적으로
참여한 普合團의 후발적 조직인지 성격이 분명치는 않으나, 무장투쟁을
표방한 단체임은 분명하며,61) 이 시기 단재와 북경의 무장투쟁 세력의 동
향을 알려준다.

---

55) 曺圭泰, 「北京 '軍事統一會議'의 組織과 活動」, ≪한국독립운동사연구≫ 제15집, 2000,
    193~221쪽.
56) 柳子明, 「韓國愛國史學家 申采浩」, ≪世界史研究動態≫, 1981年 2期(『전집』 제9권, 406~414
    쪽). 그는 ≪天鼓≫ 발간에 대해 "… 그 때(1921년;필자) 단재 선생은 북경에 있으면서 역사
    저술에 전심 전력하고 있었다. 역사를 저술하는 일에는 박숭병이 지원 협조하였다. 단재 선
    생은 그의 집에서 거주하였고 住食과 저술에 들어가는 비용은 모두 박숭병이 부담하였다.
    단재 선생은 한문으로 된 ≪天鼓≫라는 잡지를 간행하였다."라고 회술하였다.
57) 최광식 역주, 『단재 신채호의 天鼓』, 아연출판부, 2004 참조.
58) 김주현, 「신채호의 자료 발굴 및 원전 확정 연구 − ≪天鼓≫를 중심으로 −」, ≪어문학≫
    제93집, 2006, 345~382쪽.
59) 國會圖書館, 『韓國民族運動史料』 中國篇, 276~277쪽.
60) 「北京における第二回普合團組織の件」, 『朝鮮獨立運動』 제2권, 458~460쪽.
61) 朴杰淳, 「1920年代初 國內武裝鬪爭團體의 活動과 推移」, ≪한국독립운동사연구≫ 제3
    집, 1989, 281~315쪽.

1923년 1월부터 6월까지 개최된 국민대표회의는 임시정부로서는 커다란 위기였으나, 독립운동계를 망라한 매우 중요한 회의였다. 그러나 국민대표회의는 결국 창조파와 개조파의 대립으로 결렬되고 말았다. 당시 국민대표회의에 신채호는 직접 참여하지는 않은 것 같으나, 창조파의 대표적 인물이었다.[62]

이 같은 단재의 반임정투쟁은 처음에는 이승만과의 독립운동 노선의 차이에서 비롯되었으나, 점차 임정 자체를 부정하는 것으로 확대되었다. 그러나 단재가 임정을 부정한 것은 임정의 존재나 필요성까지 부정한 것이 아니라, 운동 방법론에 대한 비판이었음을 유념하여야 할 것이다. 이는 임정 초기 단재가 임정에 매우 적극적으로 참여하였음에서도 명확히 알 수 있는 것이다.

4. 의열단과 무정부주의운동

1923년 1월, 단재는 의열단장 김원봉의 요청에 따라 의열단 선언문인 「조선혁명선언」을 기초하여 발표하였다. 의열단은 1919년 11월 길림에서 결성된 의열투쟁 단체였으나, 결성된 지 3년이 넘어 단재에 의해 비로소 투쟁 방법과 논리가 정립된 것이었다.

「조선혁명선언」은 일제강점기 한국독립운동이 낳은 가장 귀중한 문헌의 하나로서, 그가 무정부주의자로 전환하는 계기가 된 것으로 평가된다.[63] 그런데 단재의 「조선혁명선언」 기초와 관련하여 주목할 인물은 柳子明이다. 그는 이미 상해에서 단재의 강연을 들어 알게 되었고, 북경에서도 함께 생활한 바 있으며, 단재를 매우 존경하는 인물이었다.[64] 류자명은 1921년 의열단에 가입하여 탁월한 이론가로 활동하고 있던 중, 단

---

62) 韓詩俊, 「申采浩의 在中獨立運動」, 242쪽.
63) 愼鏞廈, 『申采浩의 社會思想硏究』, 53쪽.
64) 柳子明, 『한 혁명자의 회억록』, 독립기념관 한국독립운동사연구소, 1999, 46~56, 92~96쪽.

재를 상해로 초치하여 함께 기거하며「조선혁명선언」의 기초를 지원하
였다. 사실「조선혁명선언」에 무정부주의적 성향이 보이는 것은 단재 자
신의 이론이라기보다는 집필과정을 보좌한 류자명의 의견이 반영된 결과
였다.65)

단재가 의열단과 관계를 맺은 것은 의열단이 1920년 가을 무렵 북경으
로 옮겨와서 반임정세력에 동참한 것이 계기가 되었으며, 김원봉은 단재
가 주도하였던「성토문」에 서명한 바 있다. 따라서 단재는 김원봉을 이전
부터 알고 있었던 것이었다.

단재는 직접 의열단에 가입하거나 참가하여 활동하지는 않았으나, 깊
이 관여한 흔적이 보인다. 즉, 그는 金星淑을 의열단에 추천하여 선전부
장이 되게 한 바 있고, 김창숙과 함께 나석주 의거에 관여하여 그에게 폭
탄을 제공하기도 하였다.66)

「조선혁명선언」은 이 같은 배경 하에서 의열단의 정신적 지주와 같은
위치에 있던 단재가 작성한 것이었다.67) 1개월여의 산고 끝에 완성된「조
선혁명선언」은 즉각 인쇄되어 국민대표회의에 참가한 대표들에게 배포

---

65) 김영범,『한국근대민족운동과 의열단』, 창작과 비평사, 1997, 136~137쪽. 그러나 정작
류자명은 회고록에서「朝鮮革命宣言」기초과정에서 자신의 역할에 대해 전혀 언급하지
않았다(『한 혁명자의 회억록』, 130~131쪽). 그러나 류자명이「朝鮮革命宣言」의 기초
과정에 중요한 역할을 하였음은 그가 회억록에서 밝힌 다음과 같은 6대 원칙에서 잘 알
수 있다.
  1. 5천년의 력사를 가지고 잇든 문명한 조선민족이 일본제국주의의 침략으로 인하여 망
  하게 된 원인과 경과를 력사적으로 설명한 것이다.
  2. 나라가 망한 결과는 3천만 인민이 일본의 奴隷로 되었고 3천리 화려강산이 人間 地獄
  으로 된 것이다.
  3. 조선인민이 일본 침략에 대하여 英勇하게 투쟁해 온 과정을 력사적으로 설명한 것이다.
  4. 일본 군국주의에 대하여 폭력 혁명의 의의를 적극적으로 주장한 것이다.
  5. 민족의 해방을 위하여서는 민중을 각오시켜야 한다. 우리의 폭력 혁명운동은 우리의
  민중을 각오시키기 위한 것이다.
  6. 우리가 일본 군국주의에 대한 투쟁은 국가의 독립과 민족의 해방을 이룩할 때까지 굳
  세게 싸워야 한다.
66) 김영범,『한국근대민족운동과 의열단』, 141쪽.
67) 韓詩俊,「申采浩의 在中獨立運動」, 245쪽.

되었는데, 단재의 웅혼한 필치는 단원들은 물론 모든 읽는 이들을 감격시켰다.68) 결국「조선혁명선언」은 의열단의 위상에 커다란 변화를 가져오게 하였고, 활동 노선과 투쟁 방법론을 명확히 설정함으로써 향후 의열단의 지표와 정체성을 정립한 것이라 평가할 수 있다.

한편 단재는 多勿團이란 독립운동 단체에도 관여하였다. 그는 1924년 말경 북경에서 李圭駿 등이 다물단을 조직하고 자신에게 선언문의 기초와 지도를 부탁하자, 이에 응하여 선언문을 작성해주고 이회영·김창숙·류자명 등과 활동을 지도하였다.69) 다물단은 강렬한 의열투쟁 단체로서, 이듬해 류자명의 주도로 의열단에 합류하였다.70) 단재의 다물단 관여는 역시 그의 무장투쟁론에 따른 것이었다.

단재가 무정부주의를 독립운동의 이념으로 본격적으로 수용한 것은「조선혁명선언」의 집필을 전후한 시기라는 것이 일반적인 견해이다. 그러나 단재는 그보다 훨씬 이전인 국내에서 활동하던 1905년경 아나키즘을 접했으며, 상해시기를 거쳐 ≪신대한≫과 ≪천고≫를 발행할 무렵에는 그 이론을 원용하고 선전하는 상당한 수준에 이르러 있었다고 보는 견해도 있다. 즉, 단재는 ≪신대한≫의「新大韓 創刊辭」에서 아나키즘적 세계관에 입각하여 계급투쟁으로 자본주의 사회의 모순을 극복하고 빈부 차이가 없는 평등한 이상세계를 건설할 것을 주장하였다. 또한 ≪천고≫에서는 국가주의와 제국주의를 부정하고 대동사회 실현을 주장하면서 사회운영 원리로 상호부조론을 내세우는 등 아나키스트로서의 면모를 보이고 있는 것이다.71) 실제로 단재 자신도 자신이 무정부주의에 공명한 것은 황성신문사에 있을 때 幸德秋水의 '무정부주의 長廣舌을 읽은 때부터'라고 말한 바 있다.72)

---

68) 국민대표회의에 참가하기 위해 국내에서 온 일부 대표는 이 선언문을 보고 귀국을 포기하고 의열단에 가입하였으며, 단원들은 의열투쟁 시「朝鮮革命宣言」을 반드시 지녔다고 한다.
69) 李圭昌,「運命의 餘燼」, 寶蓮閣, 1992, 74~75쪽.
70) 崔洪奎,「申采浩의 民族主義思想」, 단재신채호선생기념사업회, 1983, 216~218쪽.
71) 李浩龍,「한국인의 아나키즘 受容과 展開」, 서울대학교 박사학위논문, 2000, 74~81쪽.

이로써 보면 적어도 단재가 아나키즘을 접한 것은 「조선혁명선언」 집필 훨씬 이전이며, 「조선혁명선언」 집필 이후 아나키스트로서 본격적인 활동을 시작하는 것으로 이해하는 것이 타당할 듯하다. 단재와 우당이 무정부주의자라고 자임한 것은 단재가 류자명과 함께 이회영의 집으로 옮겨가 살았던 1923년 가을 무렵이라는 이정규의 회고는 이 사실을 뒷받침한다.[73] 단재는 중국의 무정부주의자 劉師復, 일본의 무정부주의자 행덕추수 등의 저작을 읽으며 무정부주의를 학습하였는데, 그에게 가장 큰 영향을 준 것은 역시 크로포트킨이었다.[74]

신채호가 언제부터 무정부주의운동의 전면에 나섰는지는 명확하지 않다. 그러나 1924년 가을 관음사의 승려생활을 청산하고 난 뒤, 다시 이회영·류자명과 교유하고 중국인 아나키스트 李石曾과 접촉하며 본격적으로 활동하는 것으로 보인다.[75] 그는 1926년 東方無政府主義者聯盟 결성 준비에 참어하는 것을 시작으로 무정부주의 단체에 참어하였다. 이어 1927년 9월 북경에서 중국·조선·일본·대만·안남·인도 등 6개국 대표 120여 명이 모여 無政府主義東方聯盟(일명 A東方聯盟)을 조직할 때, 그는 李弼鉉과 함께 한인 아나키스트 대표로서 참가하였다. 또한 그는 1928년 4월 無政府主義東方聯盟 北京會議를 소집하고 주도하였다.[76] 단재가 1928년에 쓴 「宣言文」은 이 회의의 선언문으로, 무산민중의 최후 승리를 확신하면서도, 식민지나 반식민지 상태로 전락한 동방 민중이 급속도로 혁명에 나서지 않으면 결국 멸망하고 말 것이라고 주장하였다.

---

72) ≪朝鮮日報≫ 1928년 12월 28일자 「第1回 公判記事」.
73) 李丁奎, 『又觀文存』, 삼화인쇄, 1974, 49쪽.
74) 愼鏞廈, 『申采浩의 社會思想研究』, 63쪽.
75) 단재가 관음사로 들어가 승려 생활을 한 것은 불교를 신앙해서가 아니라, '청정한 우주 속으로 들어가서 일심으로 역사를 쓰고 싶은' 마음 때문이었다(柳子明, 「韓國愛國史學家 申采浩」, 『전집』 제9권, 412쪽).
76) 韓詩俊, 「申采浩의 在中獨立運動」, 248~250쪽.

… 우리 무산 민중의 최후 승리는 확정 필연한 사실이지만, 다만 동방 각 '식민지', '반식민지'의 무산 민중은 자래로 석가 · 공자 등이 제창한 곰팡내 나는 도덕의 '독' 안에 빠지며, 제왕 추장 등이 건설한 비린내 나는 정치의 '그물' 속에 걸리어 수천 년 헤매다가 일조에 영 · 법 · 일본 등 자본 제국 경제적 야수들의 경제적 착취와 정치적 압력이 전 속력으로 전진하여 우리 민중을 맷돌의 한 돌림에 다 갈아 죽이려는 판인즉, 우리 동방 민중의 혁명이 만일 급속도로 진행되지 않으면 동방 민중은 그 존재를 잃어버릴 것이다. 그래도 존재한다면 이는 분묘의 속 … 우리가 철저히 이를 부인하고 파괴하는 날이 곧 피등이 그 존재를 잃는 날이다. …77)

단재 등은 이 회의에서 선전기관을 설립할 것과 일제 관공서를 폭파하기 위해 폭탄제조소를 설치할 것을 결의하였다. 따라서 단재에게는 이를 실현하기 위한 자금이 필요하였다. 단재는 北京郵務管理局 外國爲替係에 근무하는 대만인 무정부주의자 林炳文과 협의하여 외국위체 2백 매(액면 6만 4천 원)를 위조 인쇄하여 일본 · 대만 · 조선 · 關東州 등 32개소 우편국에 留置爲替로 발송한 후 이를 찾아 쓰기로 하였다. 이 자금을 찾기 위해 지역을 바꾸어 임병문이 관동주와 조선을, 李弼鉉이 일본을, 단재는 대만을 담당하기로 하였다.

결국 단재는 1928년 5월 8일 柳炳澤(柳孟源)이란 가명을 사용하여 1만 2천 원을 찾기 위해 대만 基隆港에 도착하였으나, 수상서원에게 피체되고 말았다. 여기에서 주목할 사실이 있다. 즉, 단재는 제2회 공판 때 재판관에게 자신은 이 자금이 '우선 主義 宣傳 雜誌를 발간하여 동지를 규합'하기 위한 것이라고 밝힌 것이다.78) 이는 단재가 독립운동의 마지막 순간까지 폭탄제조소의 설치라는 무장투쟁론과 함께 잡지의 발간이라는 문화투쟁론을 병행하였음을 알려주는 것이라 하겠다. 또한 그 자신이 무정부

---

77) 「선언」, 『전집』 제7권, 159쪽.
78) ≪東亞日報≫ 1929년 2월 12일자 「第2回 公判記事」.

주의연맹을 조직할 때 어떤 책자를 보고 한 것이 아니라, "오직 현 제국주의 제도에 불평과 약소민족의 미래를 위하여 단행한 것"임을 명백히 밝혔다.[79] 즉, 그의 무정부주의운동은 이론적 바탕에서 비롯된 것이 아니라, 제국주의에 의한 식민지 지배라는 현실적 모순을 타파하기 위한 실천적이고 절박한 과제라는 것이었다. 곧 단재는 이를 "무정부주의로 기성 국체를 변혁하여 다 같은 자유로써 잘 살자"는 것이라고 설명하였다. 따라서 그는 사기행위를 추궁하는 재판관에게 양심에 부끄러움이나 거리낌이 없다고 당당하게 말할 수 있었던 것이다.[80] 결국 단재는 '유가증권위조·동행사 및 사기죄'로 10년형을 언도받고 뤼순감옥에서 옥고를 치르던 중 1936년 2월 21일 순국하였던 것이다.

[추기] 필자는 단재의 피체 장소에 대해 「申采浩의 아나키즘 수용과 東方被壓迫民族連帶論」(≪한국독립운동사연구≫ 제38집, 2011)에서 현지 언론인 ≪臺灣日日申報≫의 기사 분석을 통하여 기륭항이 아니라, 기륭우편국으로 바로 잡았다.

IV. 맺음말

본고는 단재 신채호의 독립운동론과, 이를 중국에서 실천한 독립운동을 살펴본 것이다. 이상을 요약 정리하면 다음과 같다.

단재는 한말 문화운동과 계몽운동으로 민족운동을 시작하여 생애 내내 신문과 잡지를 통한 투쟁을 지속하였다. 한 때 그는 문화운동론자들을 일제의 강도정치에 기생하려는 적으로 규정하고 공격하였으나, 이는 민족적 의미가 결여되거나 독립운동의 성격을 지니지 못한 단순한 실력양

---

79) ≪東亞日報≫ 1929년 4월 8일자 「第3回 公判記事」. 단재가 말한 '어떤 책자'는 幸德秋水의 저서를 지칭한 것이다.
80) ≪東亞日報≫ 1929년 10월 7일자 「第4回 公判記事」.

성운동에 대한 비판이었다. 그는 철저한 무장투쟁론을 주장하였다. 단재는 한말 이래 무장투쟁론을 주장하였으나, 점점 그 강도가 격렬해졌다. 국민대표회의가 실패로 끝나고 독립운동계가 분열될 당시 무장투쟁론을 포기하는 듯한 인상을 주었으나, 이 또한 일시적 현상일 뿐 여전히 무장투쟁론을 견지하고 실천에 나섰다.

단재는 내정독립론·참정권론·자치론·외교론·준비론자들을 일제와 타협하려는 주의를 가진 적으로 규정하면서 절대독립론을 주장하였다. 그는 독립에서 한 발짝만 후퇴하면 나라를 망친 매국노가 될 것이라고 단호하게 말하며 추호의 타협이 없는 '독립 뿐'이라는 절대독립론을 주장하였다.

한편 그는 3·1운동에서 민중을 발견하며 민중직접혁명론을 주장하였다. 그는 민중적 역량의 기초와 폭력적 중심의 합일을 강조하며 "민중을 喚醒하여 강도의 통치를 타도하고 우리 민족의 신생명을 개척하자면 養兵 십만이 一擲의 炸彈만 못하며 억 천 장 신문 잡지가 일회 폭동만 못하다"고 하였다. 이는 이전의 자신의 독립운동론을 전면 부정하는 듯한 논리이나, 사실은 시국과 형편에 따른 탄력적 독립운동론의 전개로 평가하는 것이 타당할 듯하다.

단재의 재중독립운동은 이 같은 독립운동론을 직접 실천한 과정이었다. 1910년 4월 망명한 단재는 1912년부터 1928년 피체될 때까지 16년 동안 중국의 상해와 북경을 중심으로 활동하였다. 신규식의 요청으로 상해에 온 단재는 상해에 독립운동기지를 건설하는데 기여하였다.

3·1운동 이후 다시 상해로 온 단재는 대한민국임시정부의 수립에 적극 참여하여 임시의정원에서 전원위원회 위원장과 충청도 의원으로 선임되었다. 그러나 그는 얼마 있지 않아 임시정부를 뛰쳐나와 반임시정부 활동을 벌였다. 그 까닭은 그의 절대독립론과 정면으로 배치되며 심지어 그가 매국 매족 행위라고 비판한 위임통치청원을 한 이승만과의 독립운동

노선 차이와, 그가 대통령으로 선출되었기 때문이다. 단재의 반임시정부 투쟁은 ≪신대한≫·≪천고≫·≪대동≫ 등 잡지의 발간, 군사통일회의 주최 등 북경 무장투쟁세력과의 연대, 반임정 단체의 조직과 주도, 국민대표회의 소집 요구 및 창조파 활동,「성토문」등의 발표를 통한 반이승만·반임시정부 투쟁 등 전방위적이고 총력적인 것이었다. 그런데 단재가 반임시정부 투쟁을 벌인 것은 임정의 존재나 필요성까지 부정한 것이 아니라, 운동방법론에 대한 비판이었음에 유념하여야 할 것이다.

1923년 1월, 단재는「조선혁명선언」을 기초하여 발표하였다.「조선혁명선언」은 일제강점기 한국독립운동이 낳은 가장 귀중한 문헌의 하나로서, 그가 무정부주의자로 전환하는 계기가 된 것으로 평가된다. 단재는 직접 의열단에 가입하거나 참가하여 활동하지는 않았으나, 정신적 지주와 같은 존재였다.「조선혁명선언」은 의열단의 위상에 커다란 변화를 가져오게 하였고, 활동 노선과 투쟁 방법론을 명확히 설정함으로써 향후 의열단의 지표와 정체성을 정립한 것이라 평가할 수 있다. 한편 단재는 제2회 보합단, 다물단 등의 무장투쟁 단체를 조직하고 주도하였다.

단재는 1905년경 무정부주의를 처음 접하였으며, 상해시기를 거쳐 ≪신대한≫과 ≪천고≫를 발행할 무렵에는 그 이론을 원용하고 선전하는 상당한 수준에 이르렀다. 단재는 1923년경부터 무정부주의운동의 전면에 나섰고, 1926년 동방무정부주의자연맹 결성 준비에 참여하였다. 이어 1927년 9월 북경에서 6개국 대표가 무정부주의동방연맹을 조직할 때, 그는 한인 아나키스트 대표로서 참가하였다. 1928년 4월에는 무정부주의동방연맹 북경회의를 소집하고 주도하였다. 그가 1928년에 쓴「선언문」은 이 회의의 선언문으로, 무산민중의 최후 승리를 확신하면서도, 식민지나 반식민지 상태로 전락한 동방 민중이 급속도로 혁명에 나서지 않으면 결국 멸망하고 말 것이라고 주장하였다.

단재의 무정부주의는 이론적 바탕에서 비롯된 것이 아니라, 제국주의

에 의한 식민지 지배라는 현실적 모순을 타파하기 위한 실천적이고 절박
한 인식의 소치였다. 단재는 이를 "무정부주의로 기성 국체를 변혁하여
다 같은 자유로써 잘 살자"는 것이라고 설명하였다. 단재가 활동자금 마
련을 위해 외국 위체 위조에 나선 것은 그 꿈을 실현시키고자 한 것이다.

(《중원문화논총》 제12집, 충북대학교 중원문화연구소, 2008)

1920년대 申采浩의 역사인식과 역사서술

―『朝鮮史硏究草』를 중심으로―

Ⅰ. 머리말

단재 신채호의 생애는 계몽운동가로서 언론활동기(1905∼1910), 해외 망명과 민족운동 및 한국고대사연구기(1910∼1925), 무정부주의운동기(1925년 이후) 등 3기로 구분되며,[1] 사회사상을 기준할 때 3단계로 구분하기도 한다.[2] 단재는 많은 사론과 역사저술을 남겼다. 따라서 그의 역사학은 저술을 기준으로 할 때 3시기로 나누어 이해된다.[3]

한말 단재는 ≪皇城新聞≫과 ≪大韓每日申報≫의 논설기자로 활동하

---

1) 申一澈, 『申采浩의 歷史思想硏究』, 高麗大學校 出版部, 1981, 3∼4쪽.
2) 愼鏞廈, 『申采浩의 社會思想硏究』, 한길사, 1984, 75쪽.
3) 단재의 역사학은 제1기(1905∼1908) : 한말 「讀史新論」으로 대표되는 초창기, 제2기(1909∼1920년대 초) : 『朝鮮上古文化史』로 대표되는 발전기, 제3기(1920년대) : 『朝鮮上古史』와 『朝鮮史硏究草』로 대표되는 성숙기로 구분된다. 이에 대하여는 李萬烈, 「丹齋史學의 배경과 구조」, 『韓國近代歷史學의 理解』, 문학과 지성사, 1981, 215∼216쪽 ; 韓永愚, 「1910年代 申采浩의 民族主義史學」, 『韓國民族主義歷史學』, 一潮閣, 1994, 47쪽 등 참조.

였고, 신민회에 가입하여 활동하며 그의 사회사상과 역사인식을 형성하고 심화시켜 나갔다. 그는 근대국민국가를 추구하는 한편 역사민족주의를 바탕으로 扶餘族을 主族으로 하는 사천년 민족사의 소장성쇠를 추구하였다. 그는 "조선인이 읽는 조선사나 외국인이 아는 조선사는 모두 혹 붙은 조선사요 옳은 조선사가 아니다"라고 비판하며4) '참 조선사'를 추구하였다.5)

국내에 있던 시기 단재는 자신이 '史評體에 가까운'「讀史新論」을 연재하였고, 수십 명 학생들의 청구로 중국식 演義를 본받은 '비역사 비소설'의『大東四千年史』를 지었으나, 두 작업이 모두 사고로 중단되었다고 밝힌 바 있다.6) 근래에 단재의 1910년대 저술로 보이는『大東帝國史敍言』이 발굴되어 소개된 바 있다.7)『대동제국사서언』은 구성이나 관점, 문체 등에서 단재의 저술임이 확인되는데,『대동사천년사』의 서론에 해당하는 부분으로 보이며, 1910년대 단재의 역사인식과 서술을 잘 보여주는 것으로 평가된다.8)

단재사학의 제1기를 대표하는「독사신론」은 근대민족주의 역사학을 성립시킨 저술로서 높이 평가되고 있다. 단재는 이 사론을 통해 중세적 왕조사관에서 벗어나 역사서술의 주체를 민족의 소장성쇠로 설정함으로써 민족사관을 정립하였다. 또한 존화사관에 젖어있는 주자학적 舊史를 비판하고 극복하고자 하였다. 특히 그는 일제의 허구적인 임나일본부설을 비

---

4) 申采浩,「總論」,『朝鮮上古史』(『단재신채호전집』제1권, 독립기념관 한국독립운동사연구소, 2007, 8쪽. 이하『전집』으로 약칭).

5) 申采浩,「朝鮮史整理에 對한 私疑」,『전집』제7권, 216~218쪽.

6) 申采浩,「總論」,『朝鮮上古史』,『전집』제1권, 15쪽.

7) 임상석,「신채호 연구의 잃어버린 한 고리」,≪민족문화연구≫ 38호, 고려대학교 민족문화연구소, 2003 참조.

8)『大東帝國史敍言』은 성균관대학교 尊經閣 소장 자료로서 1915년 프린트 본으로 간행된『無涯散稿』에 수록되어 있다. 목차는 一. 國史는 國民의 必需物, 二. 舊史家의 謬見, 三. 今日 著史의 困難, 四. 本史其搜採의 材料, 五. 國名, 六. 紀元, 七. 時代區別, 八. 本論으로 구성되었고 24쪽 분량으로서,『전집』제3권에 수록되었다.

판함으로써 본격적으로 반식민사학의 기치를 세웠다.[9] 그러나「독사신론」은 단재 스스로가 '논평의 독단임과 행동의 대담함을 自愧'한다고 한 바 있는데,[10] 전반적으로 고증이 불충분하고 지나치게 정치사와 대외관계사에 치우친 나머지 사회사와 경제사 분야가 결여된 한계가 지적된다.

단재 역사학의 제2기를 1909년으로 분기하는 것은 전년의「독사신론」과 구별하는 의미도 있으나, 이해에 ≪대한매일신보≫에「東國巨傑崔都統傳」등 중요한 저술을 다수 발표하였기 때문이다. 이 시기 단재의 역사연구는 1921년경 북경에서 자신을 방문한 李允宰에게 보여 주었다고 하는『朝鮮史通論』·『文化篇』·『思想變遷篇』·『疆域考』·『人物考』·『附錄』등의 제명을 통하여 그의 집필 주제와 관심의 범위를 짐작할 수 있다.[11] 이 원고들은 현전하지 않으나, 1920년대에 발표된 여러 논문의 초고가 되었거나,『朝鮮上古史』나『朝鮮上古文化史』등에 반영된 것으로 보인다. 그런데 그 원고의 일부를 포함하여 적지 않은 단재의 유고가 평양의 인민대학습당에 소장된 것으로 알려졌으며,[12] 실제로 그 목록의 일부가 확인되어 공개되기도 하였다.[13]

단재 역사학의 제2기를 대표하는 저술은『조선상고문화사』이다. 본서는 1931년과 1932년에 ≪조선일보≫에 연재되었는데, 실제 집필한 시기는 1918년에서 1921년 사이로 추정되고 있다.『조선상고문화사』는 부여족 국가인 단군조선이 통일과 분열을 거듭하여 삼국으로 이어지는 상고사를 5장으로 구성하여 서술하였다. 본서는 미완이나, 단군 이래 삼국 성립 이전의 상고사의 흐름을 조선족, 즉 부여족이 주족으로서 국가 활동의 주류를 이룬 것으로 체계화 한 것이다. 본서는 1910년대의 한국사학계에

---

9) 朴杰淳,『韓國近代史學史研究』, 國學資料院, 1998, 219~220쪽.

10) 申采浩,「總論」,『朝鮮上古史』,『전집』제1권, 15쪽.

11) 李允宰,「北京時代의 丹齋」,『전집』제9권, 84~85쪽.

12) 김병민 편,『신채호문학유고선집』, 연변대학출판사, 1994 참조.

13) 박걸순,「단재 신채호전집 편찬의 의의와 과제」, ≪한국독립운동사연구≫ 제30집, 2008, 18~19쪽.

서 가장 수준 높은 역사연구방법론과 고대사 인식체계를 보이는 것으로 평가된다.14)

본고는 단재사학의 제3기를 대표하는 저술인『조선사연구초』의 분석을 통하여 1920년대 단재의 역사인식과 역사서술을 검토하고자 하는 것이다. 먼저 본서의 저술배경을 검토한 다음, 본서에 수록된 6편 논문의 구성과 서술 내용을 분석하고자 한다. 또한『조선사연구초』출간 당시의 평가를 통해 본서의 사학사적 위치를 가늠해보고, 현대사학의 관점에서 그 사학사적 의의를 추구하고자 한다.

II.『朝鮮史硏究草』의 저술 배경

『조선사연구초』는 1920년대인 단재사학의 제3기를 대표하는 저술이라 할 수 있다. 이 시기 그는 위임통치를 청원한 이승만과의 노선 대립으로 임시정부를 뛰쳐나와 ≪新大韓≫을 간행하는 등 반임정 활동을 펼쳤다. 1920년 북경으로 간 단재는 박용만, 신숙 등과 함께 제2회 보합단과 군사통일촉성회 등 무장투쟁 단체를 조직하고 주도하는 등 무장투쟁론을 실현시키고자 하였다.15)

1921년 단재는 북경에서 김창숙·박숭병 등과 ≪天鼓≫를 발행하였다. 여기에 수록된 글들은 당시 독립운동사를 이해하는 데에도 매우 중요한 단서를 제공하지만,『조선사연구초』나『조선상고사』에 앞서 단재사학을 이해하는 데에도 불가결한 자료이다. 한편 당시 단재는 군사통일주비회를 개최하고 박은식, 원세훈 등과「我同胞에게 꿈함」이라는 성명서를 발표하고 이승만에 대한「聲討文」을 발표하였으며, 통일책진회를 발기하는 등 임시정부와 이승만에 대한 압박을 강화하였다. 북경에 머물 당시 그는 자신의 무장투쟁론을 '武裝段鬪'라고 표현한 바 있다. 그는 일본 뿐 아

---

14) 韓永愚,「1910年代 申采浩의 民族主義史學」, 173~176쪽.
15) 박걸순,「해제」,『전집』제2권, 7쪽.

니라 세계 어느 나라라 하더라도 조선에 무례를 가하거든 검이나 총이나 적수공권으로로라도 '혈전'을 벌이는 것이 조선정신이라고 강조하였다.[16)]

1923년은 단재에게 매우 중요한 의미를 지니는 해였다. 전년 12월 의열단장 김원봉의 초청으로 상해에 온 단재는 류자명의 도움을 받아 이해 1월 「조선혁명선언」의 작성을 완료하였다. 「조선혁명선언」은 민중의 직접혁명론을 제창하였고, 무정부주의적 성향을 보이는데 1920년대 독립운동 논설의 백미라 할 수 있다. 당시 단재는 국민대표회의에 창조파의 대표 격으로 활동하며 임시정부의 해체를 주장하였다. 그러나 국민대표회의가 결렬되자 민족통일전선을 형성하지 못한 데 크게 실망하여 북경으로 돌아갔다. 이후 그는 역사연구에 몰두하는 한편, 무정부주의에 더욱 경도되어 갔다.

1924년 그는 일시 북경 교외에 있는 觀音寺에 들어가 승려생활을 하기도 하였다. 그가 승려의 길을 택한 것은 국민대표회의의 결렬 등 독립운동의 부진으로 '灰心'하였기 때문이었다. 그런데 단재는 이미 국내에서부터 불교에 관한 조예가 깊었는데, 정인보는 단재의 불교에 대한 깊음이 '조선인 居士林에 거의 최고'라고 평가하였을 정도이다.[17)] 실제로 단재는 『維摩經』 등 불경에 밝았고 친구들에게 『大乘起信論』의 열독을 권할 정도로 불교에 심취해 있었다.

그러나 그는 자신의 사명이 조선사연구에 있음을 깨닫고 1924년 가을 하산하여 역사연구에 몰두하였다. 그는 이 무렵 이석증에게 보낸 편지에서 자신의 무장투쟁론을 '前日의 그름'이라고 과오였음을 자인하며 武裝 段鬪가 유생의 능사가 아니고 국가흥망이 一朝의 돌발이 아니라는 것을 비로소 깨달았기 때문에 역사연구에나 전념하겠다는 소회를 밝혔다.

---

16) 단재의 중국내 독립운동에 대하여는 韓詩俊, 「申采浩의 在中獨立運動」, ≪韓國史學史學報≫ 3, 韓國史學史學會, 2001;김삼웅, 『단재 신채호 평전』, 시대의 창, 2005;최홍규, 『신채호의 역사학과 민족운동』, 일지사, 2005 참조.

17) 鄭寅普, 「丹齋와 史學」, 『전집』 제9권, 34쪽.

… 前日에는 또한 나라 운명의 절박함을 통곡하고 분연히 일어나 붓
을 내던지고 몇몇 열사와 함께 나라를 위하여 죽음으로써 적과 싸우기
를 기도하였더니 벌써 정세는 더욱 틀려지고 기회는 더욱 멀어져 안타
깝게도 부질없이 머리만 어루만지는 동안 어느덧 賤한 나이 사십을 지
났습니다. 이리하여 武裝段鬪란 儒生의 能事가 아니고 국가 흥망이란
一朝의 돌발이 아니라는 것을 비로소 알았으니 陶淵明 같이 비록 얼른
'오늘의 옳음'을 감히 자신할 수는 없다 하더라도 遽伯玉과 같이 또한
'前日의 그름'은 자인합니다. 그러면 이 몸이 나갈 곳은 어디일까? '유어
(鮪)도 아니요 전어(鱣)도 아니니 못 속으로 들어가랴? 솔개도 아니요 새
매도 아니니 하늘 위로 올라가랴?'라고 한 詩를 외며 하염없는 눈물이
주르르 흘러내립니다. 생각건대 오직 남은 바 역사연구사업을 계속 진
행하고 과거의 견문을 정리 편수하여 後進 학자들로 하여금 나라의 전
통을 잊지 말게 하는데 혹 만일의 도움이 될까 합니다. …18)

이는 국민대표회의가 파탄하여 독립운동계의 희망이 좌절된 시기의
단재 심경을 잘 드러낸다. 그러나 이는 일시적 체념에 불과한 것일 뿐, 그
는 본격적인 역사연구와 집필에 전념하며 여전히 무장투쟁론을 견지하고
실천에 나섰다.

단재는 1924년 6개월여의 승려생활을 하는 동안에 「前後三韓考」와 『朝
鮮上古史』 총론 등을 집필하였고, 이 논문들은 국내로 송고되어 ≪동아일
보≫ 등에 연재되었다. 단재의 역사 논문이 국내의 신문에 연재된 것은
그의 국내 거주 가족들의 극심한 생활고를 염려한 지기들의 배려에 의한
것이었다. 즉, 얼마 간의 원고료를 통해 그의 처자의 생활비를 지원하고
자 한 것이었다. 당시 단재는 그 스스로도 수차에 걸쳐 경제적 곤란을 토
로한 바 있다.19) 홍명희에게 보낸 다음의 편지는 그의 절실한 심경을 솔
직하게 드러내고 있다.

---

18) 申采浩, 「李수상에게 圖書閱覽을 要請하는 便紙」, 『전집』 제7권, 228쪽.
19) 이 사실은 북경에서 단재를 만났던 柳子明의 수기에서도 확인된다(류자명, 『한 혁명자의
  회억록』, 독립기념관 한국독립운동사연구소, 1999, 94~95쪽).

… 妻 鎖子獄이란 말을 이제야 深切히 覺得하였습니다. 弟가 一身으로 돌아다닐 때는 아무 物碍가 없더니, 지금에는 張文潛의 이른바 漆로써 沐한 셈입니다. 이십 년 게으른 노동의 소득은 거우 정리치 못한 뇌중에 있는 朝鮮史稿 뿐이라, 本作의 가치가 원래 얼마 되지 못하겠지만 더욱 시세가 틀리어 매매할 곳이 없지만 그러나 가진 것이 그것뿐이므로 아직 저작하기 전에 算盤을 들고 이로써 自家와 처자의 호구를 답합니다. 그러나 외지에서는 할 수 없어 오직 내지만 바라는데 내지에 있는 ○○가 없는 놈이 하물며 내지를 떠난 지 십오 년 후리오. 그런 즉 그 중간의 居間人은 형이나 邁堂을 믿을 밖에 없으나 그러나 邁堂은 원래 此等 주선력이 全缺이라 함도 可하니, 부득불 兄을 轉恃할 수밖에 있습니까? 지어 논 수편을 정서하는 대로 보낼 것이니 亞報에 게재하는 동시에 '說項'의 방편도 많이 생각하심을 바랍니다. 弟의 續弦妻 朴慈惠와 4세의 脉兒가 京城 寬勳洞 一八二 李雲卿家에 우거하오니 일차 文暇에 過訪하여 그 생활의 정형을 한번 보심을 바랍니다. …[20]

이 글은 단재가 절친했던 홍명희에게 그의 속내를 숨김없이 드러낸 것이라 하겠다. 뿐만 아니라, 그는 「전후삼한고」의 원고를 보내면서 어린 자식의 생활비를 염려하는 아내의 독촉 편지 때문에 써서 보내는 것이라 가치가 없을 것이라고 하였다.

… 이 前後三韓考 3편 18장은 작년 여름 어늬달이던가 한창 장마 심할째 북경 某佛寺에서 체류하면서 대개 수십 일의 공부로써 저작한 것이다. 물론 그 재료의 수집과 연구의 노력은 그 수십 일 동안의 일이 안이다. 한 것은 목하 小兒 養活의 艱難을 빙자하야 매 주일 편지마다 보채는 家人의 입을 틀어막는 마개로 쓰게 된 것이다. 그러면 그 가치의 蔑如한 것이야 더 말할 것이 잇스랴? …[21]

홍명희도 단재가 국내의 신문에다 역사 논문을 발표한 것은 친구들의

---

20) 申采浩, 「洪碧初氏에게」, 『전집』 제7권, 748쪽.
21) 申采浩, 「自叙」, 『前後三韓考』(『전집』 제2권, 8~9쪽).

서신 권유도 있었으나 사실은 약간의 원고료로써 4세의 어린 아들 수범의 양육비를 보태기 위한 것이었음을 확인한 바 있다.[22]

단재의 어린 아들 수범에 대한 사랑은 매우 지극하였다고 한다. 그는 자신을 옥중 면회 온 이관용에게 수범을 부탁하였으며, 한 기자에게는 국내에 있는 아들의 교육문제가 걱정되지만, 옥중에서 걱정한다는 것은 어리석은 일이므로 아주 단념하였다고 말하기도 하였다. 단재의 애틋한 父情과 비감한 옥중 심경을 잘 보여주는 대목이다. 한편 단재는 韓基岳을 통하여 ≪시대일보≫에도 「고구려와 신라의 건국연대에 대하여」 등의 논문을 발표하였는데, 이 또한 서울 가족의 생계를 위한 것이었다.[23]

단재는 평생 경제적으로 궁핍한 생활을 하였으나, 돈에 대하여 비굴하지는 않았다. 그가 북경에서 ≪中華報≫에 사설을 연재하여 생계를 꾸리고 있던 때, 신문사에서 자신의 원고에서 문장의 의미와는 전혀 무관한 '矣'字를 誤字하였다 하여 집필을 거절하였다고 한다. 단재는 이로 인해 판매부수가 급락하자 수차 사과하러 온 중국인 사장을 질책하고 끝내 집필하지 않았다. 단재는 그것이 중국인의 조선인에 대한 우월감에서 나온 행동이라고 생각하고 자신이 돈을 위해 집필했던 사실이 조선인으로서 지조를 잃은 행동으로 후회하기도 하였다고 한다.[24] 또한 그는 한 때 자신이 金立으로부터 불의의 돈을 받았고, 역사편찬을 빌미로 김립의 돈을 속여 먹었다는 오해에 대해 적극 항변하기도 하였다.[25]

단재는 매우 엄격한 역사편찬의 태도를 견지하였으며, 민족주의 사가로서의 당당한 격조를 잃지 않았다. 그는 「전후삼한고」를 송고하며 원고를 받는 사람에게 첫째, 비록 투고된 원고는 반환하지 않는다는 사규가 있더라도 등재하지 않을 시는 즉각 필자에게 반환해 줄 것, 둘째, 본고를

---

22) 洪命憙, 「序文」, 『朝鮮史研究草』, 조선도서주식회사, 1929, 1쪽.
23) 申采浩, 「韓基岳氏에게」, 『전집』 제7권, 750~751쪽.
24) 申錫雨, 「丹齋와 '矣'字」, 『전집』 제9권, 66~67쪽.
25) 申采浩, 「전훈 老人에게 준 便紙」, 『전집』 제9권, 754~755쪽.

등재할 때는 一字一句도 가감하거나 이동하지 말 것, 셋째, 원고의 반환 시에는 간접적으로 하지 말고 직접 해 줄 것을 요구하였다. 특히 그는 자신의 원고에 잘못된 판단이 있다고 하더라도 연구의 기초와 방법이 다르기 때문에 차라리 자신의 원고 전부가 부정당함은 가하나 일자일구의 가감이나 이동은 불가하다는 단호한 의지를 보였다.[26]

정인보는 『조선사연구초』의 편찬과 관련하여 단재의 역사저술 자세를 다음과 같이 평하였다.

> … 최근 「조선사연구초」 같은 것도 방장 간포하여 하려 할 즈음에 毁板하라는 글발이 단재에게로부터 왔었으니 이러한 점에서 더욱 단재의 사학적 高格을 볼 수 있는 바다. 이른바 '識法者懼'가 단재를 두고 말한 것 같기도 하나 이보담도 단재의 사학은 '日異 月不同'의 실이 있어서 그 故에 自安하지 못함이니, 학문의 進境보담도 그 自欺하지 못하는 學的 량심이 또한 敬服함직하다. 다만 性氣가 본대 곰살갑지 아니하여 發함이 있으면 찬란할 겨를을 낼 여지가 없어 간혹 一字의 불안을 증오하다가 전 책을 성냥불에 붙이는 등 어떤 때는 스스로 過思함을 모르고 홧김에 북북 찢어 쑤세미를 만드는 등 積年의 공을 드리어 心血을 다 쏟은 것으로 하여금 片刻間에 烏有를 만든 것이 한두 번이 아니라 하는데, 나온 바로 「조선사연구초」만 하더라도 그가 여기 있기만 하였으면 그 고집에 피차 隔面하기까지 이르더라도 빼앗다가 없애고야 말았을 것이니, 累作累毁하였다는 것이 반드시 사실일 줄 안다. 平心하여 말하면 부족한대로라도 우선 통사의 체계를 세우고 수정을 隨加할지언정 舊를 全棄하지 말아 久長을 期하고 나갔던들 금일에 와서 남은 것이 이같이 無多하지는 아니할 것이어늘 속을 썩이지 못하기도 너무 甚하여 저렇듯이 作毁가 頻數하였더니 이는 그 性氣의 短이라고 할 것이로되, 다시 생각하여 보면 그가 自視하여 부족한 것이 타인으로서 보기에는 미증유의 炯見인 것이 한두 가지가 아니니, 그의 부족으로 아는 것도 이렇거든 나아가 마지아니하는 그의 사학적 高詣가 만년에 어느 정도까지 갔

---

26) 申采浩, 『前後三韓考』, 『전집』 제2권, 6~7쪽.

었음을 어찌 알랴. 혹 말하기를 그가 사학에 있어 우주에 번쩍거리는 電
光일성이 勝하고 伏流 滲過하면서도 기어이 그 줄기를 바다까지 끌고
가는 근기는 부치지 아니하느냐 하나, 이는 그런 것이 아니니 단재의 꾸
준한 점인들 어찌 그 필적이 있으랴. 그 作毁도 실상 꾸준 속의 作毁임
을 알라.27)

　　홍명희는『조선사연구초』의 간행 직전 이 계획을 단재에게 알렸다. 이
때 단재는「平壤浿水考」의 내용 중 수정할 것이 있다고 회답하였다. 그러
나 홍명희는 어렵게 조선총독부로부터 출판 허가를 받은 뒤라서 원고를
보내 수정할 시간이 없으니 나중에 재판할 때 수정하라고 하였다. 이에
단재는 아예 출판을 중지해 달라고 요청하여 왔다. 그것은 아들의 양육비
를 위해 자신이 원고를 너무 경솔히 써 '自心에도 불만'하였기 때문이었
다. 홍명희는 단재의 역사저술 태도를 다음과 같이 서술하였다.

　　… 단재는 자기의 고심연구한 것을 草하다가 갑작이 업새버리는 버
릇이 잇스니 이것은 다름이 아니라 초한 것을 다시 살펴보고 불만을 늣
기는 까닭일 것이다. 그의 불만하야 하는 모양으로 보면 그의 역사상
연구가「멘텔리」란 학자의 수학, 언어학 지식과 가티 암중에 매몰되고
말른지도 알지 못할 일이다. 珠玉이 매몰됨을 앗가워함은 상정이니 나
는 한갓 나의 친구를 위하야 謀忠함이 아니요 尋常한 珠玉으로 比치 못
할 단재의 연구를 일단이라도 매몰치 아니하랴고 함이다. 그럼으로 나
는 다시 편지로 단재에게 권하기를「불만을 참으라 초하는 것을 중지하
지 말라」하얏다. 중지하지 말라고 한 것은 어느 기회에 이 史草처럼 간
행하게 되기를 깁히 바라는 까닭이다. …28)

　　단재는 옥중으로 자신을 면회 온 ≪조선일보≫ 기자에게도 자신의 연
구가 너무 단정적이기 때문에 자신이 없고 완벽하지 못한 것이니 발표를

---

27) 鄭寅普,「丹齋와 史學」,『전집』제9권, 34쪽.
28) 洪命憙,「序文」, 1쪽.

중지시켜 달라고 요구하였다. 이때 그는 만일 자신이 10년의 옥고를 무사히 치르고 출옥한다면 다시 정정하여 발표할 것이라는 의욕을 보이기도 하였다.[29]

이로써 보면 단재의 역사 관련 원고는 가족들의 생계와 아들의 양육을 위한 경제적 고통으로 말미암아 국내 언론에 게재되어 공개될 수 있었던 것임을 알 수 있다. 또한 역설적이지만 『조선사연구초』는 단재가 타국에서 영어의 몸이었기에 간행이 가능한 셈이었던 것이다.

단재는 자신의 역사저술이 菲才蔑學의 의견이라고 겸양하였으나, 또한 자신의 역사저술에 있어 확신을 지니고 있었다. 그는 자신의 의견이 틀릴 수는 있으나, 연구의 기초와 방법은 착오가 없다고 자신하였으며, 삼한 칠십여 국에 대한 고증은 이전 사람들보다 '오뉴월 하룻볕' 정도의 차이가 있을 것이라고 하였다. 또한 자신이 "내라야 이것을 발견하지"라는 자신감을 피력하기도 하였으며,[30] 『朝鮮四色黨爭史』와 『六伽倻史』는 조선에서 자신이 아니면 능히 正鵠한 저작을 못하리라고 확신하였다.[31]

1924년 10월에는 홍명희의 주선으로 ≪동아일보≫에 「古史上 吏讀文 名詞 解釋法」(1924. 10. 20~11. 3) 등의 논문을 게재하였다. 또한 이듬해에는 안질로 고통을 받으면서도 집필을 계속하여 ≪동아일보≫에 「三國史記 中 東西兩字 相換考證」(1925. 1. 3), 「三國志 東夷列傳 校正」(1925. 1. 15~1. 26), 「평양패수고」(1925. 1. 30~2. 16)를 연재하였고, 「전후삼한고」와 「朝鮮歷史上一千年來第一大事件」 논문도 발표하였다. 이 논문들은 대부분 『조선상고사』의 집필과정에서 정리된 것으로 보인다. 『조선사연구초』는 단재가 여순감옥에서 옥고를 치르던 1929년 홍명희의 주선으로 단행본이 간행되었다.[32]

---

29) 申榮雨, 「丹齋 獄中會見記」, 『전집』 제9권, 25쪽.
30) 申采浩, 「極熊에게」, 『전집』 제7권, 752~753쪽.
31) 申榮雨, 「丹齋 獄中會見記」, 『전집』 제9권, 25쪽.
32) 『朝鮮史硏究草』는 1929년 6월 朝鮮圖書株式會社에서 간행되어 1원의 정가로 발매되었다.

Ⅲ. 『朝鮮史研究草』의 구성과 서술 내용

『조선사연구초』는 「고사상 이두문 명사 해석법」·「삼국사기 중 동서양자 상환고증」·「삼국지 동이열전 교정」·「평양패수고」·「전후삼한고」·「조선역사상일천년래제일대사건」 등 6편의 논문으로 구성되었다.

「고사상 이두문 명사 해석법」은 한자 차용 표기에 대한 단재의 사료비판 인식을 잘 보여준다. 단재는 이 글의 모두에서 이두문으로 된 국명·관명·지명 등에 대해 올바로 해석하는 것은 착오를 교정하고 訛誤를 歸眞하며, 제 시대의 본색을 탄로하고 이미 산실된 조선 역사상의 대사건이 발견되는 것이기 때문에 지중 고적을 발굴함에 비길만한 조선사 연구의 秘鑰이라고 강조하였다.[33]

단재는 이두문이 한자의 全音·全義 혹은 半音·半義로 만든 일종의 문자라고 하며, 연구상의 곤란함을 5가지로 지적하였다. 그 곤란함이란 첫째, 구결문으로 화하기 이전에는 자모의 발견이 되지 않았을 뿐 아니라 일정한 법칙도 없었고, 둘째, 신라 경덕왕 대에 지명을 정할 때에 古名의 본의를 버리거나 譯用하지 않고 한자로 하였으며, 셋째, 사서에 이두문으로 된 당시의 본명을 기록하지 않고 후래에 譯用한 한자어로 기록하였기 때문이며, 넷째, 조선의 사책에 訛字·誤字·疊字·漏字가 많으며 중국의 사책 조선열전 부분도 '사실의 誤나 문구의 訛'가 대단하여 믿을 수 없으며, 다섯째, 언어는 시대를 따라 생멸하며 변화하는 것이기 때문에 소멸되거나 변개된 말이 많기 때문이라고 설명하였다.

그럼에도 불구하고 단재는 이두문 표기의 연구를 위해 '千慮의 一得'으로서 6가지 해석방법을 수립하여 제시하였다. 이 해석방법은 매우 구체적인데, 간략히 요약하면 다음과 같다.

---

33) 申采浩, 『朝鮮史研究草』, 1쪽.

    1. 本文의 自證 : 고유어가 한자의 釋이나 音을 차용한 이두문일 때
一名·一作·本曰 등을 병기한 경우로서 별다른 어려움 없이 본문에서
해석할 수 있는 경우.
    2. 同類의 傍證 : 忽·波衣·忽次·彌知·木覓·夫斯 등과 같이 동일
한 접미사나 접두사를 지닌 동류를 수집하여 해석을 推斷하는 경우.
    3. 前名의 溯證 : 阿斯達과 非西의 예와 같이 父나 祖의 姓氏를 얻으면
그 자손의 성씨를 자연히 알듯이 지명이 모호할 시 그 古名에서 眞假를
아는 경우.
    4. 後名의 沿證 : 臣·辰의 예를 들고, 결국 金分信·淵蓋蘇文·成吉
思汗을 같은 의미로 해독하며, 前名의 溯證과 상대되는 경우.
    5. 同名異字의 互證 : 가장 대표적 사례로서 '라'와 '불'을 들고, 복잡
한 異名字에서 音·義·沿革으로 동명을 밝혀내는 것으로 조선 고사 연
구에 비상한 도움이 있는 경우.
    6. 異身同名의 分證 : '아리'를 '長'의 뜻으로 해석하여 'ᄋᆞ리가람(長
江)'을 조선족의 분포 순으로 六處에 존재한다고 하고 儒理王과 蓋婁王
과 같이 兩王이 존재한 경우.[34]

　　이 여섯 개 조항의 언어학적 해석방법은 지나치게 문헌에만 편중되고
항목 구별이 정밀하지 못한 한계가 지적되는 한편, 일정한 방법을 가지고
체계 있는 해석을 시도한 최초의 업적으로 평가된다.[35]
　　단재는 이런 해석으로 얻을 수 있는 효과로서 ① 전인이 이미 증명한
것을 더욱 堅確하게 함, ② 유래의 의문을 明答할 수 있음, ③ 전인의 僞證
을 교정함, ④ 前史의 두찬을 타파할 수 있음을 예시를 통해 설명하였다.
다만, 그는 이두문 명사 해석상의 독단을 피해야만 이 같은 효과가 가능
하다고 주의를 환기시켰다.[36]
　　결국 「고사상 이두문 명사 해석법」은 단재가 우리 상고사를 연구함에

---

34) 申采浩, 『朝鮮史硏究草』, 2~6쪽.
35) 崔範勳, 「申采浩의 吏讀文名詞 解釋의 硏究」, 『丹齋 申采浩先生 殉國 50周年 기념논총 申
　　采浩의 思想과 民族獨立運動』, 丹齋申采浩先生紀念事業會, 1986, 243~253쪽.
36) 申采浩, 『朝鮮史硏究草』, 8~9쪽.

있어서 영성한 자료를 보완하기 위해서 사료에 기록된 인명이나 지명 등의 고유명사와 관직명은 물론 옛 풍속이나 제도에 이르기까지 한자로 표기된 모든 자료를 올바로 읽고 해석해야 한다는 사실을 매우 중요하게 여겼음을 알 수 있는 글이다.

「삼국사기 중 동서양자 상환고증」은 ≪동아일보≫에 단 1회 게재된 단문이지만, 단재의 역사연구 자세가 잘 보이는 글이다. 단재는『삼국사기』온조왕 13년 조의 '國家東有樂浪'이란 문장을 들어서 고사상 '東' 자와 '西' 자가 바뀐 원인을 규명하고 실증하였다. 그는 낙랑에 대한 안정복과 정약용의 견해를 소개하고, 양인의 오류를 지적하며 자신의 견해를 피력하였다. 그는『삼국사기』에서 '西' 자가 '東' 자로 기록된 예로서 온조왕 23년 조의「東北一百里」와, 동왕 37년 조의「漢水東北」, 지리지의「東北大鎭」의 셋을 들며, '동북'으로 표기된 이 기록들은 모두 '서북'으로 표기되어야 맞는다고 주장하였다.[37]

그는 우리말에 '東方'을 '시'라 하였고, '西方'을 '한'이라 하였으므로 삼국시대 학자들이 한자를 취하여 이두문을 만들 때 '西' 자의 음인 '시'를 취해 '東'을 '西'로 쓰고, 그 대신 '西'를 '東'으로 쓴 것을 이후 사가들이 사책을 지을 때 바뀐 '동'과 '서'를 썼기 때문에 고사상 '동'과 '서'가 바뀐 것이라는 가설을 내세웠다. 그리고 이를 입증하는 실례로서「迦瑟羅 一名 河西良」과「東盟」을 들었다. 그런데 그는 '東' 자와 '西' 자가 바뀌지 않은 것도 있다고 하며, 관명과 지명이 두 개가 병기된 것은 이두자로 쓴 사책과 한자로 쓴 사책 기록의 차이로 설명하였다.[38]

본고의 결론은 김부식에 대한 비판으로 맺었다. 그는 김부식을 '荒粗孟浪한 사가'라고 평가하며, 그가 이두문에 무식하였을 뿐만 아니라 이두문을 철저히 배척하여『삼국유사』에 수록한 시가를 전혀 수록치 않은 것이

---

37) 申采浩,『朝鮮史研究草』, 10~11쪽.
38) 申采浩,『朝鮮史研究草』, 11~12쪽.

라고 하였다. 나아가 그는 김부식이 인명이나 지명에 이두문이 있었음을 알았거나, '동'과 '서'가 이두문으로 인해 바뀐 것을 알았다면 모두 배척하여 쓰지 않았을 것이라고 하였다. 그는 마지막으로『삼국사기』에 일부 '동'과 '서'가 바뀐 것이 존재하는 것은 고려 초의 문사나 승려들이 고기를 한문으로 지을 때 이두문으로 된 사책을 번역하는 과정에서 우연히 빠뜨린 결과라고 하였다.[39]

「삼국지 동이열전 교정」은 단재가 중국사서의 顚倒·訛誤·脫落·增疊된 자구까지 교정할 수 있는 해박한 지식과 탁월한 사료해석 능력을 잘 보여준 논문이다. 그는 먼저 우리의 고대사 관련 문헌이 너무 적기 때문에 중국 고사를 이용할 수밖에 없다고 전제하였다. 그러나 자신이 특히『三國志』동이열전을 취한 까닭은『史記』나『漢書』의 조선열전은 '中國流賊의 侵略史',『南北史』·『隋書』·『唐書』등의 동이열전은 '漢族의 外競史'에 불과하고, 위진시대 사관이 지은『魏書』와『魏略』도 문제가 있는 사서이기 때문이라고 밝혔다. 그리고『삼국지』를 버리고『後漢書』만 선택한 先儒의 오류도 지적하였다.[40]

단재는 자신이『삼국지』를 취하여 교정하는 이유는 첫째, 서적을 초사하여 전하는 과정에서 전도·와오·탈락·증첩된 자구가 허다함에도 불구하고 중국의 고증가들이 조선열전이나 동이열전 같은 부분은 고증에 힘쓰지 않았고, 설령 힘써 고증한다 하더라도 인명·지명·풍속·사정 등을 잘 몰라 교정한 것이 더 착오된 곳이 있으며, 둘째, 중국인의 유전적 자존성으로 말미암아 고의로 무록하거나 전문으로 오록한 것이 있기 때문이라고 밝혔다.[41]

이어 그는 전도·와오·탈락·증첩된 자구의 사례로서 다음의 여섯 가지를 제시하였다.

---

39) 申采浩,『朝鮮史研究草』, 12쪽.
40) 申采浩,『朝鮮史研究草』, 13쪽.
41) 申采浩,『朝鮮史研究草』, 13~14쪽.

1. 서문의 「踰烏丸骨都」는 抄寫者가 城名인 烏骨과 丸都를 몰랐기 때문에 「踰烏骨丸都」의 오류이다.

2. 濊傳의 「有廉恥 不請句麗 言語法俗 大抵與句麗同」은 「有廉恥不請匈」이 一句이고, 「言語法俗與句麗同」이 一句이다.

3. 韓傳의 「臣智 或加優呼 臣雲遣支」는 「臣智 或加優呼 臣遣支」의 오류이다.

4. 弁辰傳의 「借邑」은 「邑借」의 倒載이다.

5. 弁辰傳의 「彌烏邪馬」는 「彌烏馬邪」의 倒寫이다.

6. 韓傳의 「馺盧」 「莫盧」와 弁辰傳의 「馬延」은 疊寫한 것이므로 『海東繹史』에서 刪去한 것이다.[42]

단재는 열전의 기사 중에서 초사자들의 오류를 교정하는데 그치지 않고 본문 기사의 오류도 지적하였다. 그는 고구려를 침략했던 毌丘儉이 고구려의 서적을 가져가서 참고하였음에도 불구하고 기사의 違誤가 많은 것은 『元史』·『明史』·『一統志』가 고려의 사책과 『輿地勝覽』을 등록하면서도 妄改와 僞證이 있는 것과 같다고 하며 다음의 네 가지 구체적인 사례를 들었다.

1. 중국 사가들이 自尊의 僻見으로 허다한 笑話를 끼쳤으나, 위증과 불충분한 증거를 토대로 하여 辰韓을 秦人의 자손이라 함으로서 朝鮮의 族系를 亂하려 하였다.

2. 挹婁가 濊의 별명임을 모르고 挹婁傳을 立한 이외에 濊傳을 立한 것이 하나의 잘못이요, 東北 兩 扶餘 가운데 北扶餘는 扶餘라 칭하는 동시에 東扶餘를 濊로 인식함이 또 다른 잘못이다. 특히 主인 東扶餘를 立傳하지 않고 客인 濊를 立傳한 것은 잘못이다.

3. 樂浪을 뺌으로서 지리의 결점은 고사하고라도, 고구려와 낙랑, 낙랑과 삼한의 언어·풍속 등 동이 관계를 말하지 않았으며, 고구려와 부여 등 북방 제국과 삼한 등 남방 제국의 연락이 단절하여 本志 東夷列傳의 가장 큰 결점이 되고 있다.

---

42) 申采浩, 『朝鮮史研究草』, 14~15쪽.

4. 高句麗王을 高句麗侯라 하고, 고구려사에 보이지 않는 高句麗侯 '騶'란 이름이 보이는 등 착오가 많다.[43]

단재는 본고의 결론도 김부식과 『삼국사기』에 대한 신랄한 비판으로 맺고 있다. 결론의 일부를 인용하면 다음과 같다.

> … 金富軾은 조선고사가 결망된 까닭에 無虎洞中의 삵과 같이 조선 사가들의 비조가 되었지만, 彼가『삼국사기』를 지을 때에 宋人의『册府元龜』1천 권을 사다가 自家의 참고에 供하고는 內閣에 深藏하여 타인의 열람을 불허하여 自家가 유일한 박학자의 명예를 가지는 동시에『삼국사기』가 자가의 명예와 같이 국내 유일의 역사됨을 희망하였다. 彼의 악렬한 수단이 참 痛惡할 만할 뿐더러 그 史學的 頭腦가 非常히 缺乏하여 즉 近世의 發達된 歷史에 비하여 손색이 있을 뿐 아니라 동양 고대의 인물 중심주의 역사의 저울로 달아볼지라도『삼국사기』는 몇 푼어치가 못 되는 역사다. … 그러므로『삼국사기』는 문화사로나 정치사로나 가치가 전무하다. …[44]

단재의 우리 사학계에 대한 비판은 당대 사학에까지 미쳤다. 그는 久庵 (한백겸)과 順庵(안정복)이 탄복할만한 精詳謹密로 김부식의 착오를 많이 찾아냈다고 평가하면서도 중국 사서에 대한 신뢰가 너무 과하여 진위가 착잡한 자료를 마구 인용하고, 후대의 위작도 존신하였다고 비판하였다. 마지막으로 그는 근래의 저사자들이 기록의 是·非·誤·正을 따져보지 않고 각종의 眞書·僞書·訛言·正言을 모두 재료로 삼고, 洋文의 형식으로 편장을 갈라 신사학자가 지은 조선사라 하는 것은 부끄러운 일이라고 질타하였다.[45]

「평양패수고」는 조선 문명의 발원지로서 古三京의 하나인 平壤과 七

---

43) 申采浩, 『朝鮮史硏究草』, 15~18쪽.
44) 申采浩, 『朝鮮史硏究草』, 18쪽.
45) 申采浩, 『朝鮮史硏究草』, 19쪽.

大江의 하나인 浿水가 오늘날의 평양과 대동강으로 혼동되는 것을 비판하며, 그 착오된 이유를 지적하고 古平壤＝海城, 古浿水＝蓒芋濼으로 위치를 비정한 것이다. 먼저 단재는 시대별로 위치를 달리한 ① 三朝鮮時代의 평양, ② 三國과 東北國 兩 時代의 평양, ③ 고려 이후의 평양 등 세 개의 평양이 존재하였다고 하였다. 그는 고려 이후의 평양은 오늘날의 평양이나 古平壤, 즉 삼조선시대 평양 위치의 변증은 지난한 문제로서 조선의 선유나 최근 일본학자들까지 많은 노력을 기울였으나 아직 확인하지 못하였다고 하였다.[46]

단재는 古平壤을 찾지 못한 이유를 찾는 방법이 착오되었다고 하며 다음의 네 가지를 지적하였다. 첫 번째 착오는 平壤과 浿水의 의의를 해독하지 못하였기 때문이라고 하였다. 그는 平壤・平穰・平那・卞那・百牙・樂浪 등은 城을 이르는 것이고, 浿水와 浿河 등은 江을 이르는 것으로 문자는 다르나 假音은 '펴라'로서 동일한 것이라고 하였다. 즉, 음성학적인 방법을 동원하여 音義 독해의 중요성을 강조한 것이다. 두 번째 착오는 平壤과 浿水의 故典에 관한 사책의 본문을 善解하지 못하였기 때문이라고 하였다. 그는 『위략』과 『사기』의 조선열전과 흉노전에 수록된 동일한 사실의 기사를 대비 분석하여 '이천여 리'가 上谷부터 遼陽까지이며, 王儉城인 險瀆은 오늘날의 海城이 명백하다고 밝혔다. 세 번째 착오는 위조된 문자를 고핵하지 못하였기 때문이라고 하였다. 단재는 중국 사책은 거의 독특한 병적 심리인 자존성이 있는 춘추필법 계통자의 저작인 고로, 특히 자신들과 관계된 전쟁이나 영토문제의 경우는 위조가 심하여 믿을 수 없으며 그 대표적인 것으로 司馬相如의 저작이라는 『茂陵書』와 『한서』 지리지에서 낙랑군이 위조된 부분을 들었다. 네 번째 착오는 고사를 읽을 때에 전후의 문례를 모르고 자구의 문의만을 억해하여 위중한 기록을 발견하지 못하였기 때문이라고 하였다. 단재는 그 대표적인 사례로서 『한

---

46) 申采浩, 『朝鮮史硏究草』, 20쪽.

서』지리지 遼東郡의 「險瀆」 註를 잘못 해석한『東史問答』·『我邦疆域考』·『海東繹史』를 '天下의 笑話'라고 비판하였다. 그는 이를 '瘋人의 해석'으로서 '世人이 模揑할 수 없는 非地理의 지리, 非歷史의 역사'라고 신랄히 비판하였다.[47]

단재는 조선 문명사상 중요한 지방인 평양과 패수가 천여 년 동안 천여 리나 떨어진 평안도의 소지방으로 출계한 것은 '위증한 서적의 作孽'에도 원인이 있으나, 첫째, 동북 양국이 대치하다가 북국이 거란과 여진에게 멸망하여 종족이 전멸되고 토지도 잃는 등 조선 민족이 대외적으로 실패함으로써 평양과 패수란 이름을 보전치 못하였고, 둘째, 조선 문헌이 결망하고 위증된 중국사서가 일세에 횡행한 결과라고 진단하였다. 특히 그는 중국사서 중 위증의 문자를 조작한 것은 唐 太宗과 顔師古가 조선의 강성과 문명을 시기하여 손 댄『한서』와『晋書』가 가장 심하며『南齊書』와『隋書』 등에서도 唐 太宗이 조선 관련 기사를 塗抹 혹은 改竄한 것이라고 의심하였다. 뿐만 아니라 일본인 關野貞이『朝鮮古蹟圖譜』에서 列水를 大同江으로 비정한 것도『한서』지리지의 위증을 몰랐기 때문에 착오한 것이라고 하였으며, 본서 중 어떤 말은 학자의 견지에서 나왔다고 하기보다는 정치상 모종의 작용이 적지 않다고 식민사학적 성격을 날카롭게 지적하였다.[48]

그는 예전의 평양과 패수가 오늘날의 평양과 패수가 된 것은 첫째, 조선 고대에는 동일한 두 개나 두 개 이상의 지명을 짓고 남북 등을 붙여 구별하였다는 설과, 둘째, 先民이 국도나 인민을 遷徙시킬 때 지명까지 함께 옮겼으니 海城, 軒芉灤의 「펴라」에서 平壤, 大同江으로 옮기고「펴라」라 칭하였다는 설이 있다고 소개하였다.[49]

본고에서 특히 주목되는 것은 南北 兩 樂浪說＝南北 兩「펴라」설이다.

---

47) 申采浩,『朝鮮史硏究草』, 20~25쪽.
48) 申采浩,『朝鮮史硏究草』, 25~26쪽.
49) 申采浩,『朝鮮史硏究草』, 26쪽.

그는 한사군의 위치도 遷徙無常하였기 때문에 낙랑군 首府도 海城에만 고정되지는 않았으나, 遼東 이외를 벗어나지 않았기 때문에『삼국사기』에 기재된 樂浪國을 樂浪郡으로 혼동해서는 안 된다고 하였다. 그는 낙랑과 평양은 모두「펴라」의 假字이나, '南 펴라'는 평양이라 쓰고, '北 펴라'는 낙랑이라 썼는데, 낙랑이 멸망한 뒤로는 평양만을 사용하였으니, 양자는 隔絶한 관계라는 것이다. 곧 단재는 南에 있던 평양과 패수는 樂浪國 또는 平壤城이라 불리며 대동강상에 고정되었으며, 북에 있던 평양과 패수는 樂浪郡이라 불리며 郡治가 遼東부터 遼西, 遼西부터 上谷까지 이동한 것이라고 보았던 것이다.50)

「전후삼한고」는 사료 비판을 통하여 眞番莫 三朝鮮을 箕準이 남천하기 이전 북방에 있던 「신」·「불」·「말」의 前三韓·北三韓으로, 馬韓·弁韓·弁辰은 전삼한의 후신으로 유민들이 남하하여 이룩한 後三韓·南三韓으로 규정한 논문이다. 본 논문의 구성을 보면 논지가 명확히 드러나는 바, 목차는 다음과 같다.

一. 인용서의 선택
  (一) 인용서의 진위 판별
  (二) 조선 古史의 잔결
  (三) 중화사가의 조선에 관한 기록
  (四) 조선인 기록으로 中華史册에 초록된 삼국지의 조선 사실
  (五) 삼국지 조선에 관한 기록 전부를 신용할 수 없는 조건
  (六) 삼한에 관한 기록
二. 전삼한, 삼조선의 전말
  (一) 삼한의 所自出
  (二) 삼한은 곧 삼조선
  (三) 전삼한의 명칭
  (四) 전삼한 창립자 檀君

---

50) 申采浩,『朝鮮史研究草』, 27~29쪽.

본고는 단재의 역사연구 자세와 방법을 잘 보여주는 것으로 철저한 사료 비판에서 출발하였다. 그는 사료를 인용하기 위해서는 선택과 판별을 통해 가치를 성찰해야 하였다. 그는 우리의 고사가 잔결하여 중국 사료에 의존해야 하는 실정이나, 尊華攘夷 · 詳內略外 · 爲國諱恥 경향이 있는 중국사서 중『삼국지』가 관구검이 탈취해 간 고구려 기록에 기초하여 작성된 것이므로 조선과 관련된 기록 중 믿을 만하다고 하였다. 그러나 이 또한 조선본위의 조선사가 아니라 四夷傳 가운데 부록하는 것이었으므로 소략하다고 비판하였다. 또한 그는『삼국지』의 조선 관련 기록을 전적으로 믿을 수 없는 이유로 첫째, 중국 사가들의 타국에 대한 병적 심리로 인해 妄說이 많아 偏信할 수 없고, 둘째, 당 태종이 고구려를 침략할 때 自家臣民에게 적개심을 고취시키기 위해 조선에 관한 기록을 塗改하였기 때문에 그대로 尊信할 수 없으며, 셋째, 倒字 · 誤字 · 漏字 · 疊字 등이 많음을 들었다.[51]

단재는 전삼한의 존재를 밝히지 못한 한백겸의 실착을 지적하며『삼국사기』·『위략』·『삼국지』중 전삼한의 기록을 예시하였다. 그는 단군 · 기자 · 위만을 삼조선이라 한『高麗史』의 기록을 비판하고, 眞番莫을 三朝鮮이라 주장하며, 眞 · 番 · 莫은 신 · 불 · 말 三國의 義요, 辰 · 弁 · 馬

---

51) 申采浩,『朝鮮史研究草』, 34~36쪽.

는 신·불·말 三王의 義라고 하였다. 다만 이들이 다르게 쓰인 것은 이 두문을 한자로 취용하는 과정에서 비롯된 것이라 하였다. 또한 그는 전삼한의 개창자는 '檀君'이 아니라 '壇君'이며, 이를 蘇塗인 '수두'의 뜻이라고 하였다. 그리고 '님금'은 神壇 主祭者의 稱이요, '신한'은 政治 元首의 稱이니 단군왕검은 신단 주제자가 정치 원수의 직권을 幷有한 시기를 상징하는 것으로 해석하였다.52)

단재의 前三韓說에서 특히 주목되는 것은 그 강역의 비정이다. 단재는 '番朝鮮'(불한)은 遼河 以西와 開原 以北으로, '莫朝鮮'(말한)은 馬韓의 전신으로 鴨綠 以東, '眞朝鮮'(신한)은 요동반도와 길림 등지로 비정하되, 삼조선은 별개의 국가가 아니라 '신한'의 통치하에 약간의 구별을 가진 국가라 하였다.53) 이 견해는 우리 역사 발전의 무대를 만주의 요동과 요서 등 동북지방으로 크게 확대시킨 것으로서, 유학자들에 의한 전통사학과 침략적 식민사학에서 설정한 한민족사의 범주와는 확연하게 차이가 나는 것이다.

前三韓說을 주장한 단재는 후삼한 고증에 대한 한백겸·안정복·정약용·한치윤·한진서 등 선유의 '3대 오류'로서 ① 후대의 것으로 改竄의 狂擧를 한 『후한서』를 주요 자료로 삼고 더욱 중요한 『삼국지』는 보조 자료로 인용한 점, ② 당 태종의 예에서 알 수 있듯이 중국 사가들은 '종족적 편견'으로 자기들에 불리한 기사는 妄刪하였으나 이를 偏信한 점, ③ 해석상의 오류로서 이두자의 해석을 모르거나 중국 사료의 오류를 답습한 점 등을 들었다.54)

그런데 단재는 眞番莫 前三韓이 멸망하고 羅加濟 後三韓이 건설되기 이전에 존재하였던 準의 馬韓과 眞番 兩國의 유민이 건설한 辰韓과 弁辰의 兩 自治部落을 '中三韓'으로 개념화하였다. 즉, 그의 삼한설은 전·후

---

52) 申采浩, 『朝鮮史硏究草』, 36~40쪽.
53) 申采浩, 『朝鮮史硏究草』, 40~41쪽.
54) 申采浩, 『朝鮮史硏究草』, 43~45쪽.

삼한설이 아니라 전·중·후삼한설이라 할 것이다.

한편 단재는『삼국지』삼한전에 보이는 羅加濟 삼한(후삼한)에 대한 疆域·音義·沿革 등에 대하여 상세하게 논증하였다. 또한 前三韓 때에는 '신한'이 首位가 되고 '말한'과 '불한'이 보좌였으나, 후삼한 때에는 '말한'이 전삼한 때 '신한'의 位號를 지니고 칠십 여국의 共主가 되었다고 상관관계를 파악하였다. 또한 그는『삼국지』에 후삼한과 병립한 열국으로 기록한 扶餘·高句麗·沃沮·挹婁·濊 등 五國을 설명하면서 사실은 그리 핍절한 관계가 적었다고 하며 오히려 관계가 밀접했던 낙랑과 대방을 빠뜨렸음을 결점으로 지적하였다.55)

단재는「樂浪國」과「樂浪郡」을 분명히 구별하였다. 즉「낙랑국」은 평안도에 할거하던 최씨 왕조로서 마지막 왕인 崔理가 고구려에 망하자 그에 소속된 수십 소국이 고구려에 불복하고 漢과 통하여 漢의 세력이 낙랑에 침입하였으나 漢의 관리가 파견되거나 조령이 미친 것은 아니라고 하였다. 그러나「낙랑군」은 遼東에 虛設되었던 군명으로서, 그 아래의 諸縣 또한 허설된 것이라고 해석하였다.「帶方郡」또한 최씨 멸망 후 일시 존재하던 소왕국이었으나, 漢王들이 이를 따라 遼東에 허설한 것이라고 하였다.56)

마지막으로 단재는 '가장 可驚할 사실'로서 경상도의 신라, 경기·충청도 등의 백제, 강원도의 예, 평안도의 고구려와 낙랑, 함경도의 옥저, 길림·봉천·흑룡 등지의 부여와 고구려가 동일한 언어로 통일되었음을 들었다. 비록 소부분인 挹婁만이 언어가 좀 달랐으나, 滿淸과 朝鮮의 古語가 상통하므로 큰 차이는 아니라고 하였다. 또한 단재는 언어의 통일과 함께 사료 상에 나타난 관제와 풍속의 유사함도 강조하였다. 이는 단재가 언어·관제·풍속을 통해 한민족 상고사의 범위를 규정하였을 뿐만 아니라, 이

---

55) 申采浩,『朝鮮史硏究草』, 48~52쪽.
56) 申采浩,『朝鮮史硏究草』, 52~53쪽.

들 지역을 회복하여야 할 多勿의 대상으로 설정한 것이라 할 수 있다.[57]

결국「전후삼한고」는 부족과 지명 이동설을 차용하여 제시한 것으로서, 당시 정적이고 평면적인 삼한의 이해를 동적이고 입체적으로 발전시킨 것이라 할 수 있다. 그의 견해는 실증적인 측면에서 문제로 지적되는 부분도 있으나, 민족사의 진폭과 외연을 확대시키고 이후 민족주의 사학을 선도하였다는 점에서 의의가 매우 큰 것이다.

「조선역사상일천년래제일대사건」은 낭가사상의 관점에서 妙淸의 '西京戰役'이 지니는 역사적·사상적 성격과 의의를 규명하고,『삼국사기』의 사대주의 사관을 비판한 논문이다. 낭가사상은 단재의 고대사인식의 내면적 이념과 구조를 이루는 것으로서, 이에 대한 올바른 이해가 선행되지 않고는 그의 역사인식의 참모습을 제대로 파악할 수 없는 것이다.[58]

본서의 구성은 다음과 같다.

一. 緖論
二. 郎儒佛 三家의 源流
三. 郎儒佛 三敎의 政治上 鬪爭
四. 睿宗과 尹瓘의 對女眞戰爭
五. 妙淸과 尹彦頤의 稱帝北伐論의 發生
六. 妙淸의 狂妄한 擧動 － 西京의 擧兵
七. 妙淸의 敗亡과 尹彦頤의 末路
八. 本 戰役後 三國史記 編撰
九. 三國史記가 唯一한 古史된 原因
十. 結論

단재는 민족의 성쇠는 사상의 추향에 달린 것이고, 사상의 추향은 모종 사건에 영향을 받는 것이라고 전제하고, 조선 근세에 종교·학술·정

---

57) 申采浩,『朝鮮史研究草』, 53~55쪽.
58) 배용일,『박은식과 신채호 사상의 비교연구』, 景仁文化社, 2002, 115~131쪽.

치·풍속 등 각 방면에 사대주의 노예성을 산출한 것은 묘청의 서경전역
이 김부식에게 패배한 것이 원인이라고 지적하였다. 그는 이 사건의 성
격에 대한 기존의 견해를 근시안적 관찰이라고 비판하며 '조선역사상일
천년래제일대사건'이라고 규정하였다.

… 西京戰役을 역대 사가들이 다만 王師가 반역을 친 전역으로만 알
고 있을 뿐이나, 이는 근시안적 관찰이다. 그 실상은 이 전역이 즉 郎佛
兩家對 儒家의 戰이며 국풍파대 한학파의 戰이며 독립당대 사대당의 戰
이며, 진취사상대 보수사상의 戰이니, 묘청은 곧 전자의 대표요, 김부식
은 곧 후자의 대표였던 것이다. 이 전역에 묘청 등이 패하고 김부식이
승하였으므로 조선사가 사대적 보수적 속박적 사상 – 유교사상에 정복
되고 말았거니와, 만일 이와 반대로 김부식이 패하고 묘청 등이 승하였
더라면 조선사가 독립적 진취적 방면으로 진전하였을 것이니 이 전역
을 어찌 일천년래제일대사건이라 하지 아니하랴. …59)

그는 화랑은 본래 소도 제단의 무사로서 '선비'라 칭하던 자였으나, 고
구려에서는 皂衣를 입어 '皂衣仙人'이라 불렸고, 신라에서 미모를 취하여
화랑이라 하고 國仙·仙郎·風流徒·風月徒라고도 불렀다고 하였다. 그
는 崔公徒·盧公徒 등은 花郎의 原郎徒·永郎徒를 모방한 것이며, 학교
의 靑衿錄은 花郎의 風流 黃卷을 모방한 것이라고 예시하며, 고려 초와 중
엽까지 화랑의 유풍이 남아 있었으나, 사가의 필삭을 당해 전해지지 않는
것이라고 주장하였다.60)

단재는 고려시대에 화랑사상을 실행하려던 대표적 인물로 여진정벌을
시행한 예종과 윤관을 들었고, 그 이후의 칭제북벌론자로서 尹彦頤·妙
淸·鄭知常을 들었다. 그런데 단재는 칭제북벌론자로서 묘청보다 윤언이
를 먼저 꼽았으며, 묘청의 광망한 행동은 책망하면서도 윤언이가 평양 천

---

59) 申采浩, 『朝鮮史硏究草』, 56쪽.
60) 申采浩, 『朝鮮史硏究草』, 56~57쪽.

도에 반대한 것은 탁견이며 묘청의 광망한 거동에 동참할 수 없었던 것이라고 윤언이를 옹호하며 긍정적으로 서술한 것은 주목되는 부분이다.[61]

단재는 본고에서도 2장에 걸쳐 김부식을 비판하는 것으로 마무리하고 있다. 그는 『삼국사기』가 소략한 것은 병화로 인해 사료가 소실된 것이 아니라 김부식의 사대주의가 사료를 분멸한 것이라고 지적하였다. 그는 김부식의 '이상적 조선사'는 ① 조선의 강토를 줄여 대동강이나 한강으로 국경을 비정하고, ② 조선의 제도·문물·풍속·습관 등을 모두 유교화 하여 삼강오륜의 교육이나 받고, ③ 정치는 외국에 사신 다닐만한 비열한 외교의 사령이나 담임할 사람을 양성하여 동방군자국의 칭호나 유지하려는 것으로 개념화 하였다. 이어 그는 김부식이 『삼국사기』를 저술 할 때 그 주의에 합당한 사료만 敷演讚嘆이나 개작하며, 합당하지 않는 사료는 論貶塗改나 刪除하였다고 주장하였다. 그는 그 근거로서, ① 扶餘와 渤海를 拔去함, ② 백제의 위례를 직산이라 하고, 고구려의 주군을 태반이나 한강 이남으로 옮기고, 신라의 平壤州를 삭제하여 북방 강토를 외국에 할양함, ③ 조선의 고유한 사상으로 발전한 花郎의 聖人인 永郎과 夫禮郎 등은 성명도 기재하지 않고 도당 유학생으로 거의 唐에 동화한 崔致遠 등을 숭배함, ④唐과 혈전한 扶餘福信은 열전에 올리지 않고 투항한 黑齒常之를 特載함 등을 들었다. 그는 김부식에게 가장 刪削을 당한 것은 유교도의 사대주의에 정반대되는 독립사상을 지닌 낭가의 역사라고 하였다. 그러나 김부식이 화랑의 역사를 全削치 못한 것은 중국사를 존중한 결과에 지나지 않는다고 하였다.[62]

단재는 「삼국지 동이열전 교정」 등에서 『삼국사기』가 유일한 고사가 된 원인을 지적한 바 있으나, 본고에서는 그 원인으로 다음과 같은 구체적 사건을 제시하였다. 첫째, 서경전역 이후에 윤언이·정지상 등이 처형

---

61) 申采浩, 『朝鮮史硏究草』, 58~65쪽.
62) 申采浩, 『朝鮮史硏究草』, 65~67쪽.

당하였고,『삼국사기』편찬 이후에 모든 사료가 궁중에 비장되어 타인의 열람을 금함으로써 국풍파의 사상전파를 금지함, 둘째, 몽고의 압제를 받을 때 太祖 이래의 실록이 허다하게 찬삭되는 등 정치 이외의 압박을 당하며 궁중에 비장된 고사가 더욱 深藏하게 됨, 셋째, 조선 창업 이후에도 『삼국사기』이외의 역사를 공포할 의지가 없어 '松都의 秘藏이 漢陽의 秘藏'으로 될 뿐이며,『고려사』가 세종에 의해 일부가 원문대로 회복되었으나, 결국은『삼국사기』의 서법을 奉承한 정도전의『고려사』가 원본이 되었기 때문에 高麗의 가치 있는 사료도 비장됨, 넷째, 조선에서는 前代史까지도 官史나 準官史 이외에는 마음대로 보거나 쓰지 못하는 괴습이 있어 역대 경복궁에 비장되어 온 고사가 임진왜란의 병화로 소실되고 만 것이라고 하였다. 다만,『삼국유사』가 전해지는 것은『삼국사기』를 모방하여 사대주의 사관과 충돌하지 않은 결과에 불과한 것으로 해석하였다.[63]

곧 단재는 우리나라의 사상계가 낭가의 독립사상과 유가의 사대주의로 분립되어 오던 중, 묘청의 광망한 거동과 패망으로 사대주의 천하가 되고 말았으며, 몽고의 압제를 경유하며 더욱 유가의 사대주의가 득세하고, 조선이 사대주의로 창업됨으로써 낭가사상은 아주 멸망한 것이라고 탄식하였다. 단재는 본서의 마지막에서 우리가 비록 甲午 乙未의 시기를 맞이하였더라도 진흥대왕 같은 경세가가 나오지 못하고 단지 외세에 따라 전이하는 사회가 되는데 그친 근대사의 혼돈은 서경전역으로부터 비롯된 것이라고 결론지었다.[64]

IV.『朝鮮史硏究草』의 당대 평가

1929년 6월, 홍명희 등의 주선으로 단재가 국내 신문에 발표한 논문 등

---

63) 申采浩,『朝鮮史硏究草』, 67~68쪽.
64) 申采浩,『朝鮮史硏究草』, 68~69쪽.

6편을 모은『조선사연구초』가 조선도서주식회사에서 발행되었다.『조선
사연구초』의 발행 직후 문일평은 단재를 '조선혼을 부르짖던 애국자'라
하며 본서의 독후감을 다음과 같이 피력하였다.

> … 이 사론이 일찍 조선 내에 있는 신문지를 통하여 실리게 될 때, 斯
> 界 식자들 사이에 다대한 센세이션을 일으킨 것은 아직도 기억에 새로
> 운 바이어니와 그를 아끼는 친구들이 지금 그 사론의 몇 편을 다시 수습하
> 여 단행본으로 출간한 것이 곧 이『조선사연구초』이다. … 단재가 조선
> 사를 통하여 조선혼을 부르짖던 것은 사실이다마는 단재가 단재된 所
> 以는 그의 열정보다도 독특한 史眼에 있는 것이다. 그는 항상 보는 바가
> 빠르고 날카로와 거의 타인의 追及을 허하지 않는다. 기탄없이 말하면
> 그의 이론이 반드시 모두 肯綮에 맞는지는 모르나, 또는 그의 연구가 반
> 드시 모두 과학적이라고는 할는지 모르나, 그의 견식에 이르러서는 참
> 으로 투철한 바 있으니 試하여 이『조선사연구초』를 뒤져보면 나의 말
> 이 거짓 아닌 줄을 알 것이다. 그 중에 수습한 6편의 사론은 조선사를
> 연구하는 이로서는 누구나 한번 참고하지 않을 수 없다.「이두문 명사
> 해석」같은 것은 조선 고사를 개척하는 데 있어서의 한 秘鑰이 될 것이
> 며,「삼국지 동이열전 교정」같은 것은 역사 저술하는 이의 가장 필요
> 한 사료선택에 관하여 비판적 태도를 보여준 것이다.65)

한편 홍기문은 단재의 순국 직후인 1936년 2월 28일부터 ≪조선일보≫
에「조선 역사학의 선구자인 신단재 학설의 비판」이란 제하로 7회에 연속
하여 단재의 역사학에 대한 장문의 평론을 게재하였다. 이 평론은 홍기문
이 '가친의 가장 가까운 친우요 또 나의 가장 경모하는 선배'인 단재의 역
사학에 대해 본격적이고 체계적으로 평가를 시도한 점에서 연구사적 의의
를 지닌다. 또한 제명처럼 단재의 관념론적 사관의 한계를 날카롭게 지적
하면서도, 그를 조선 역사학을 진흥시킨 선구자로서 조선 역사학의 개조
라고 높게 평가하고 자리매김하였다.66)

---

65) 文一平,「讀史閑評」, ≪朝鮮日報≫ 1929년 10월 15일자.

홍기문은 그의 부친 홍명희와 단재의 절친한 관계로 인해 단재를 잘 알고 있었다. 특히 단재의 원고가 부친의 요청으로 신문에 연재되는 형편을 잘 알고 있었고, 자신이 직접 그 원고를 본 일도 있었다고 밝혔다.

> … 신단재의 저서는 기간으로 李舜臣傳, 乙支文德, 崔都統, 朝鮮史研究草 등이 있고 미간으로 朝鮮史가 있을 뿐이다. 그 중에도 이순신전, 을지문덕, 최도통은 그의 초기 저작인 만큼 역사가로서 자기의 연구결과를 발표하기 위한 저작이 되지 못하니 오직 나의 비판 대상을 이루는 것은 조선사연구초와 조선사 양 종에 지나지 않는다. 조선사연구초는 가친이 그의 원고를 청하여 온 것인바 나도 일찍이 그 원고까지 본 일이 있고 조선사는 그가 초하다가 던지고 간 원고를 某氏가 정리하여 본보에 연재하던 것이라는데 그조차 끝을 맺지 못하고 말았다. 그러므로 조선사는 某氏의 가필이 어느 정도 미쳤을까? 필자의 본의를 과연 손상함이 없었을까 등의 의문이 떠오르는 터로 그의 저작 중 완전히 신빙할 만한 것은 조선사연구초 일 권에 한한다고 보아서 무방하다. 그러나 선배의 글을 정리하는 분으로서 그에 대한 경의로라도 근본적으로까지 임의로 가감을 행했을 리는 없을 것이다. 직접 그 분으로부터 정리에 대한 경과를 듣지 못한 것은 섭섭한 일로 남겨두고 그만치만 신빙해서는 무방하지 않을까 생각한다. …[67]

즉, 홍기문은 단재의 원고 중『조선사연구초』는 타인의 가감이 없이 단재의 본의를 잘 보여주는 신빙할 수 있는 원고라고 인정하였던 것이다. 그러나 홍기문은 단재의 관념론 사학을 신랄히 비판하였다. 그는 단재가 사상의 추향 여하가 민족의 성쇠를 결정한다고 하고, 모종의 사건이 그 사상 추향에 영향을 준다고 하며 묘청의 서경전역을 강조하고, 또한 역사를 我와 非我에 대한 투쟁에 의한 심적 상태의 기록이라 서술한『조선사』

<hr>

66) 洪起文,「朝鮮 歷史學의 先驅者인 申丹齋 學說의 批判(二)」, ≪朝鮮日報≫ 1936년 3월 1일자(『전집』 제9권, 41~42쪽).

67) 洪起文,「朝鮮 歷史學의 先驅者인 申丹齋 學說의 批判(一)」, ≪朝鮮日報≫ 1936년 2월 28일자(『전집』 제9권, 39쪽).

를 지적하였다. 특히 그는 아와 비아의 투쟁을 유사 이래 역사의 중요한 근간을 이루는 계급대립이라고 강조하며 이를 막연한 개념으로 심상하게 포섭시킨 단재의 학설을 비판하였다. 홍기문은 이 같은 단재의 사학은 종래 관념론사가로부터 한 발짝도 더 나아가지 못한 것이라고 혹평하였다. 그는 이 같은 역사관 아래서는 결코 진정한 역사를 찾을 수 없으며, 곧 이는 단재를 위해 '근본적 불행'을 의미한다고 하였다.

> … 조선사연구초를 한번 보라. 만일 그것은 각 부문 단편 단편의 연구 논문을 모은 것으로 또 좀 다르다고 할진댄 다시 조선사를 보라. 毌丘儉의 來侵 隋唐의 攻戰을 말하기에 급급할 뿐 삼국시대의 경제생활 내지는 계급관계 같은 데로는 눈을 돌리지 않았다. … 단재와 같은 역사관 아래서는 진정한 역사가 찾아질리 결코 없는 일이다. 이것은 그를 위하여 거의 근본적 불행을 의미한다.68)

홍기문의 단재사학에 대한 비판은 철저한 유물론사학에 입각한 것이다. 즉, 홍기문은 역사의 원동력은 물질적 생산력에 있고, 유사 이래 역사는 계급대립의 역사라고 해석하는 유물론사학을 신봉하고 있었다. 따라서 그가 단재의 관념론적 정신사학을 비판한 것은 당연한 일이라 할 것이다. 그는 단재의 '자칭 과학의 관념론적 역사관'에 의한 역사를 "선민의 위세를 들먹여 조상의 거룩함을 자랑하고 그들의 자손 됨을 만족케 하는 역사"로 규정하였다. 그리고 단재의 관념론적 역사관이 배타자존의 역사를 산출시킨 것이 아니라, 도리어 배타자존의 강렬한 감정이 끝내 관념론적 역사관으로부터 벗어나지 못하게 한 것이라고 평하였다.69) 또한 그는 단재가 人類學·言語學·考古學·土俗學·碑銘學 등 보조과학에 대한

---

68) 洪起文, 「朝鮮 歷史學의 先驅者인 申丹齋 學說의 批判(二)」, ≪朝鮮日報≫ 1936년 3월 1일자(『전집』 제9권, 42쪽).
69) 洪起文, 「朝鮮 歷史學의 先驅者인 申丹齋 學說의 批判(三)」, ≪朝鮮日報≫ 1936년 3월 3일자(『전집』 제9권, 43쪽).

소양이 부족함에도 불구하고 ‘조선족의 동래’ 등에서 영역 비정의 독단을 범하였음을 지적하였다.[70]

그러나 홍기문은 단재의 天稟, 천재적 眼光, 풍부하고 궁극적인 創見 등을 높이 평가하며 단재를 조선역사학의 선구자로 자리매김하였다. 따라서 단재의 학설을 무조건 신뢰해서도 안 되나, 단재를 함부로 모멸하거나 비판해서도 안 된다고 주의를 환기시켰다.[71]

홍기문은 단재의『조선사연구초』에 수록된 논문 중 특히「고사상 이두문 명사 해석법」과「삼국지 동이열전 교정」을 상세히 설명하며 높이 평가하였다. 그는「고사상 이두문 명사 해석법」이 비록 문헌에만 치우치고 항목의 구별이 정밀하지 못하며 독단적인 부분이 있다고 지적하였으나, 이는 ‘백옥의 티’에 불과한 결함이라고 하며 단재가 제시한 여섯 가지 해석 방법을 상세히 설명하였다.[72] 또한「삼국지 동이열전 교정」은 ‘역사학계의 막대한 보배’라고 극찬하며, 단재가 자구의 교정에서 제시한 여섯 가지 사례를 설명하였다. 또한 그는 단재가 중국사서와『삼국사기』의 오류와 왜곡을 비판한 것도 긍정적으로 평가하였다. 특히 그는 단재의『삼국사기』비판은 극도의 증오를 금치 못하여 가끔 어조의 격심함이 있다고 하면서도, 교정의 가치를 저하시키는 것은 아니라고 옹호하였다.[73]

결국 홍기문은 단재를 역사학자로서는 불행히 실패하였으나, 거대한 사료고증학자나 문헌학자로서는 성공한 인물로 평가하였다. 즉, 단재의 학설에 전적으로 동조하지는 않으나 그가 문헌고증과 해박한 역사적 지

---

70) 洪起文,「朝鮮 歷史學의 先驅者인 申丹齋 學說의 批判(四)」, ≪朝鮮日報≫ 1936년 3월 4일자(『전집』제9권, 45쪽).
71) 洪起文,「朝鮮 歷史學의 先驅者인 申丹齋 學說의 批判(五)」, ≪朝鮮日報≫ 1936년 3월 5일자(『전집』제9권, 47쪽).
72) 洪起文,「朝鮮 歷史學의 先驅者인 申丹齋 學說의 批判(六)」, ≪朝鮮日報≫ 1936년 3월 6일자(『전집』제9권, 49~50쪽).
73) 洪起文,「朝鮮 歷史學의 先驅者인 申丹齋 學說의 批判(七)」, ≪朝鮮日報≫ 1936년 3월 7일자(『전집』제9권, 53~54쪽).

식을 통해 결론에 도달하는 역사연구와 해석의 방법론은 높이 평가한 것이라 할 수 있다.

단재의 『조선사연구초』를 비롯한 역사학에 대하여는 이후에도 많은 학자들의 평가가 있었다. 특히 단재가 사거한 직후 많은 신문과 잡지들은 단재 특집호를 기획하여 그를 추모하였다. 여기에는 단재와 동시대를 살면서 교유했던 많은 인사들의 절절한 추모의 정이 잘 나타나 있다. 그 가운데에서 그를 '철혈주의를 부르짖은 주전론자'라 한 이극로의 평가는 그의 독립운동론을 잘 표현하고 있다.[74] 특히 단재 사학의 영향을 받은 정인보와 안재홍의 회고는 역사학자로서의 단재의 위치를 명확히 설정하였다. 정인보는 단재를 才·學·識의 3장을 두루 갖춘 靑丘史家의 제일인자요 사학의 巨擘이라고 평가하였다.[75] 안재홍은 단재를 조선사학의 선구자라고 평가하였다.[76] 또한 변영로는 단재를 국수주의의 恒星, 조선의 랑케로 비유하였고,[77] 원세훈은 단재를 현 조선에서 유일한 사학가로 평가하였다.[78]

V. 맺음말

본고는 단재사학의 발전기를 대표하는 『조선사연구초』를 검토한 것이다. 『조선사연구초』가 한국사학사에서 지니는 의의는 다음과 같이 정리할 수 있다.

첫째, 민족사 연구의 새로운 영역을 개척하고 새로운 연구방법론을 제시하였다. 단재는 국명·지명·관명 등에 표기된 이두문의 해석 방법을 구체적으로 제시하고 이를 언어학과 음운학 등의 방법과 연계하여 민족

---

74) 李克魯, 「西間島時代의 先生」, 『전집』 제9권, 83쪽.
75) 鄭寅普, 「丹齋와 史學」, 『전집』 제9권, 34~35쪽.
76) 安在鴻, 「申丹齋 學說 私觀」, ≪朝光≫ 2-4, 1936년 4월호(『전집』 제9권, 70~76쪽).
77) 卞榮魯, 「國粹主義의 恒星인 丹齋 申采浩先生」, 『전집』 제9권, 6~8쪽.
78) 元世勳, 「丹齋 申采浩」, 『전집』 제9권, 89쪽.

사 연구의 새로운 영역을 개척하였다. 이는 민족사 연구를 심화시키는 커다란 업적이라 할 수 있다.

둘째, 전통사가에 의해 위축되고 일제 식민사가에 의해 왜곡된 민족사의 강역을 회복하고 계통을 바로 잡았다. 단재는 南北 兩 樂浪說＝南北 兩「퍼라」說 및 前後 三韓說 등 독창적인 해석을 제시하였다. 또한 平壤과 浿水가 오늘날의 평양과 대동강으로 혼동되는 것을 비판하며, 古平壤＝海城, 古浿水＝軒芋濼으로 위치를 비정하였다. 이로써 사대주의 사관에 함몰되어 있던 전통 유학사가가 위축시키고, 한국 침략과 식민지 지배 이데올로기를 창출하고자 한 일제 식민사가에 의해 왜곡된 민족사의 강역을 회복하고 계통을 바로 잡았을 뿐만 아니라 민족사의 외연을 확대하고 진폭을 확장시킨 것이라 할 수 있다.

셋째, 민족사의 정신적 맥락을 낭가사상으로 설정하였다. 단재는 妙淸을 郎佛家·國風派·獨立黨·進取思想을 대표하는 인물로 평가하였으나, 그의 광망한 西京戰役의 거동이 오히려 儒家·漢學派·事大黨·保守思想을 대표하는 김부식에게 패배함으로써 결국 낭가사상을 단절시키고 말았다고 개탄하였던 것이다.

넷째, 근대 역사학에서 사료선택과 비판의 중요성을 제고하였다. 단재는 중국사서가 중국인들의 尊華攘夷·詳內略外·爲國諱恥 필법으로 특히 그들과 관계된 전쟁이나 영토관계 기사는 僞造와 妄改가 심하다고 하며 사례를 제시하였다. 또한 거의 모든 논고에서 김부식이『삼국사기』를 저술할 때 사대주의사관에 입각해 수많은 사료를 의도적으로 인멸하고, 민족사를 위축시켰다고 구체적 근거를 제시함으로써 역사연구에서 사료의 선택과 비판의 중요성을 일깨웠다.

요컨대『조선사연구초』는 1920년대 단재 사학의 성숙기를 대표하는 저술일 뿐만 아니라, 당시까지 민족주의 역사학계의 연구 수준과 성과를 대표하는 저술로도 평가할 수 있다. 즉,『조선사연구초』는 조선사의 열

쇠, 靑丘史學의 제1인자, 조선 역사학의 開祖·先驅者·巨擘, 거대한 사
료고증학자, 조선의 랑케로 평가된 단재 신채호가 민족주의 역사학을 견
인한 선구적 연구업적이라 할 수 있는 것이다.

(≪호서사학≫ 제50집, 호서사학회, 2008)

申采浩의 아나키즘 수용과 동방피압박민족연대론

Ⅰ. 머리말

단재 신채호의 생애는 계몽운동가로서 언론 활동기(1905~1910), 해외 망명과 민족운동 및 한국고대사 연구기(1910~1925), 무정부주의운동기 (1925년 이후) 등 3시기로 구분된다.[1] 또한 그의 사회사상은 시민적 민족 주의자, 무정부주의를 수용한 혁명적 민족주의자, 무정부주의자의 시기 등 3단계로 구분된다.[2] 이로써 보면 그의 생애와 사상, 민족운동을 구획 할 때 아나키즘의 수용과 운동이 중요한 분기점임을 알 수 있다.

그간 단재에 대해서는 많은 연구가 진행되었고, 아나키즘 사상과 활동 에 관한 연구도 적지 않다. 그러나 단재의 아나키즘 수용 배경과 시기, 특 히 그 활동에 대한 역사적 평가를 둘러싸고 논란이 계속되고 있다.

---

1) 申一澈, 『申采浩의 歷史思想研究』, 高麗大學校 出版部, 1981, 3~4쪽.
2) 愼鏞廈, 『申采浩의 社會思想研究』, 한길사, 1984, 75쪽.

단재는 절대독립의 방법론으로 민중의 직접혁명을 외쳤고, 말년에는 연대 대상의 외연을 동방피압박민족으로 넓혔다. 그러나 이 또한 그의 강렬한 민족주의적 성격에 가려져 거의 논의되지 않고 있는 실정이다. 설령 이를 논의한다 하여도 민족주의의 틀을 벗어나지 않으려는 의도성이 있으며, 민족주의와 아나키즘의 상보적 관계를 강조하는 등 아나키즘 사상과 운동의 순연성을 부정하는 경향이 강했다. 따라서 그 평가에 소극적이며 오해도 있었다.

이는 독립운동사에서 아나키즘 운동에 대한 평가와 관련이 있다. 즉, 그의 무정부주의사상이 민족주의사상보다 '민족적'이지 않다는 인식, 동방피압박민족연대투쟁의 가시적 성과가 미미하다는 평가, 그가 주도한 국제 위체 위조사건의 정당성 여부를 둘러싼 비판적 평가 등이 학계의 주류를 이루어 왔기 때문이다. 근래 단재의 무정부주의사상과 동방피압박민족연대론을 독립운동의 사상과 방법론으로 중시하려는 견해들이 제시되고는 있으나, 이를 본격적으로 다룬 연구는 아직도 만족스럽지 못한 실정이다.[3)]

본고는 이 같은 문제의식에서 출발하였다. 먼저 단재가 아나키즘을 수용하게 되는 배경과 시점, 그리고 그에 대한 역사적 평가에 대해 논의하고자 한다. 그리고 그의 독립운동론을 검토하고 그가 마지막 단계에서 주장한 동방피압박민족연대론의 논리와 의미를 추구할 것이다. 마지막으로 그가 동방피압박민족연대론을 실천하기 위해 무정부주의 단체를 결성하

---

3) 다음의 논저가 참고 된다.

吳章煥, 「1920년대 在中國韓人無政府主義運動」, ≪國史館論叢≫ 25, 1992.

徐仲錫, 「申采浩의 무정부주의에 대한 小考」, 『韓國民族運動史硏究』, 于松趙東杰先生停年紀念論叢刊行委員會, 1997.

李浩龍, 「신채호의 아나키즘」, ≪歷史學報≫ 제177집, 2003;『아나키스트들의 민족해방운동』, 한국독립운동사편찬위원회 · 독립기념관 한국독립운동사연구소, 2008.

박 환, 『식민지시대 한인아나키즘운동사』, 선인, 2005.

김명섭, 「한 · 일아나키스트들의 사상교류와 반제 연대투쟁」, ≪한국민족운동사연구≫ 49, 2006.

고 국제 위체를 위조하는 등의 활동에 대해 새롭게 조명하고자 한다. 특히, 단재의 피체과정이나 피체지에 대한 기존 연구의 오류를 지적하고, 피체지를 새롭게 고증할 것이다. 이로써 단재의 아나키즘과 동방피압박민족연대론에 대한 논의와 이해가 심화되는 계기가 되기를 기대한다.

II. 아나키즘의 수용

한말 이래 신채호가 견지하고 있던 사상 체계는 강렬한 민족주의였다. 그의 민족주의의 사상적 토대를 이루고 있는 것은 사회진화론이었는데, 그는 1910년대 중반까지 사회진화론적 인식으로부터 벗어나지 못하였다.

단재는 제국주의와 민족주의를 강자와 약자, 침략자와 저항자의 관계로 보되, 모두 外競의 관계로 해석하였다. 그는 제국주의를 '영토와 국권을 확장하는 주의'로, 민족주의를 '다른 민족의 간섭을 받지 않는 주의'로 정의하였다. 그리고 민족주의를 '民族保全의 不二的 法門'이라고 하며, 제국주의 활극장이 된 세계무대에서 제국주의에 저항하는 방법은 민족주의를 발휘하는 것이라고 주장하였다. 민족주의가 膨脹的 · 雄壯的 · 堅忍的 光輝를 떨치면 어떠한 劇烈的 · 怪惡的 제국주의라도 감히 참입하지 못하니 곧 제국주의는 민족주의가 박약한 국가에만 참입하는 것이라고 하였다. 따라서 한국 동포는 민족주의를 대분발하여 '我族의 國은 我族이 주장한다'는 구호로 호신부를 만들어 민족을 보전하여야 한다고 강조하였다.[4]

신채호는 자신이 아나키즘에 공명한 것은 황성신문사에 재직하던 1905년경 일본인 아나키스트 幸德秋水의 『長廣舌』을 읽은 때부터였다고 말한 바 있다.[5] 그리고 신규식의 요청으로 1913년 상해로 온 그는 劉師復

---

4) 「帝國主義와 民族主義」, ≪大韓每日申報≫ 1909년 5월 28일자『단재신채호전집』 제6권, 독립기념관 한국독립운동사연구소, 2008, 720~721쪽. 이하『전집』으로 약칭). 여기에서는 논설편을 記名 · 認定 · 推定으로 구분하고, 이 논설을 단재의 저술로 추정하였으나 문체 등으로 볼 때 단재의 저술로 보는 것이 타당할 듯하다.

의 논설을 탐독하였고, 그 과정에서 크로포트킨의 상호부조론을 이해할 정도로 아나키즘에 대한 이해의 폭을 넓혀갔다. 북경에 있을 때는 김창숙과 함께 이회영의 숙소를 왕래하며 사상을 교류하였다. 그의 아나키즘 수용에 가장 커다란 영향을 준 것은 크로포트킨의 저작이었다. 그러나 그는 단순히 책자의 영향을 받아 무정부주의자가 된 것이 아니라, '오직 현 제국주의 제도에 대한 불평과 약소민족의 미래를 위한' 실천적 무기로서 무정부주의를 선택한 것이었다. 그가 법정에서 무정부주의로 동방의 국체를 변혁하여 모두가 자유롭게 잘사는 세상을 만들고자 하였다고 말한 것은 이 같은 사실을 잘 알려준다.[6]

단재의 무정부주의 사상 수용과 관련하여 몇 가지 논란이 있다. 첫째는 단재가 무정부주의를 수용한 배경과 관련된 사실이다. 이에 대하여는 사회적 조건으로서 3·1운동의 충격, 상해 임시정부와 반임시정부 활동, 독립군 활동의 난항, 국민대표회의의 실패, 의열단 운동의 성장을 들고, 사상적 배경으로서 무정부주의의 사회진화론의 강권주의 비판, 민족주의에 대한 회의, 공산주의에 대한 비판, 무정부주의의 자유연합론에의 공명, 「조선혁명선언」의 집필 등을 제시하는 견해가 있다.[7] 또한 민족운동 진영의 분열과 대립에 대한 회의, 공산주의에 대한 거부감, 무정부주의에 대한 호감, 중국 무정부주의의 영향을 드는 견해도 있다.[8]

그런데 단재가 무정부주의로 경도된 가장 중요한 역사적 계기는 3·1운동이라 할 수 있다. 즉, 단재는 비록 해외에서 3·1운동을 맞이하였지만, 한민족의 폭발적 힘이 드러나자 민중을 민족해방의 주체로 인식하며, 당시 민중 해방을 표방하던 아나키즘을 자신의 사상으로 수용하였던 것이다.[9] 그렇기 때문에 신채호의 사상에 있어서 3·1운동은 그의 사상을

---

5) ≪朝鮮日報≫ 1928년 12월 28일자. 「제1회 공판 기사」. 단재가 말한 '共鳴'이란 아나키즘에 대한 완전한 이해라기보다는 처음으로 認知한 시점으로 보는 것이 타당할 듯하다.
6) ≪東亞日報≫ 1929년 4월 8일자. 「제3회 공판 기사」.
7) 愼鏞廈, 「申采浩의 無政府主義 獨立思想」, ≪東方學志≫ 38, 1983, 89~116쪽.
8) 吳章煥, 「1920년대 在中國韓人無政府主義運動」, 46~56쪽.

전·후기로 양분하는 기점으로 인식되기도 하는 것이다.10) 그리고 또 하나의 배경으로 그의 독립운동론의 변화를 주목하여야 할 것이다. 그는「조선혁명선언」(1923) 기초 이후 민중의 직접 혁명론을 주장하였는데, 이를 실천할 수 있는 사상적 도구가 무정부주의 외에는 없었던 것이다. 즉, 무정부주의와 민중의 직접 혁명론은 상호를 규정하는 사상과 방법론으로서 불가분의 관계에 있는 것이었다.

단재가 무정부주의를 수용한 시점에 대한 논의도 계속되고 있다. 전술한 바와 같이 단재는 일찍이 무정부주의를 접하였으나, 곧 바로 무정부주의자가 되지는 않았다. 이는 그의 주체적인 사상 수용 태도에 기인한 것으로 평가된다.11)

일반적으로 신채호가 무정부주의를 수용한 시점으로「조선혁명선언」의 기초를 들고 있다. 그러나「조선혁명선언」은 민족주의로부터 무정부주의로 전환해 가는 과도기의 작품이며 엄격히 말하자면 혁명적 민족주의 범주에 속하는 작품으로서, 그가 무정부주의자로 전환한 것은 빨리 잡아도「浪客의 新年漫筆」을 저술한 1925년으로 보아야 한다는 주장이 있다.12) 이는 그의 무정부주의 수용과 무정부주의자로서의 전환을 구별해야 한다는 논리이나, 그 시점을 늦추고자 하는 의도가 엿보인다. 이는 한국독립운동사에서 무정부주의의 평가와 관련이 있을 것이나, 지나치게 늦춘 것으로 생각된다.

그렇다고 그가 1919년경부터 아나키스트운동을 전개하였다고 보는 견해13)는 시점을 너무 이르게 보는 것으로 여겨진다. 또한「조선혁명선언」을 집필한 시기는 무정부주의자라기보다는 무정부주의에 공감한 시기로서, 1920년대 중반 이후의 사상이 무정부주의 사상이라고 보는 것은 시

---

9) 李浩龍,「신채호의 아나키즘」, 79쪽.
10) 申一澈,『申采浩의 歷史思想硏究』, 168쪽.
11) 李浩龍,「신채호의 아나키즘」, 78쪽.
12) 愼鏞廈,『申采浩의 社會思想硏究』, 63~64쪽.
13) 李浩龍,「신채호의 아나키즘」, 82쪽.

점이 명료하지 못하다.[14] 한편 그가 무정부주의를 수용한 시기가 불명하다고 하면서도 ≪新大韓≫과 ≪天鼓≫를 발간할 무렵 무정부주의를 원용하고 선전하는 수준에 이르게 되었다고 하여 1920년을 전후한 시기를 주목하고, 1923년에 들어서는 아나키스트로 활동하였다고 보는 견해도 있다.[15]

신채호는 1923년 가을경 자신을 무정부주의자로 자임하였다.[16] 이는 「조선혁명선언」의 기초와 관련이 있을 것이나, 사실 「조선혁명선언」 기초와 관련하여 주목할 인물은 柳子明이다. 그는 이미 상해에서 단재의 강연을 들어 그를 알게 되었고, 북경에서도 함께 생활한 바 있으며, 단재를 매우 존경하였다.[17] 류자명은 1921년 의열단에 가입하여 탁월한 이론가로 활동하고 있던 중, 김원봉의 지시로 단재를 상해로 초치하여 함께 기거하며 「조선혁명선언」의 기초를 지원하였다. 「조선혁명선언」에 무정부주의적 성향이 보이는 것은 단재 자신의 이론이라기보다는 집필 과정을 보좌한 류자명의 의견이 반영된 결과였다.[18] 류자명은 크로포트킨과 행

---

14) 吳章煥, 「1920년대 在中國韓人無政府主義運動」, 47~49쪽.
15) 한시준, 「申采浩의 在中獨立運動」, ≪韓國史學史學報≫ 3, 2001, 245~247쪽.
16) 李丁奎, 『又觀文存』, 國民文化研究所, 1984, 49쪽. 이회영 역시 이 시기에 무정부주의자로 자임하였으며 진정한 독립운동은 무정부주의라고 인식하였는데, 이는 당시 혁명적 민족주의자의 사상 전회를 보여주는 것이라 할 수 있다.
17) 柳子明, 『한 혁명자의 회억록』, 독립기념관 한국독립운동사연구소, 1999, 46~56쪽, 92~96쪽. 柳子明은 노년에 중국 잡지에 신채호를 추억하는 글을 게재하였다(「韓國愛國史學家申采浩」, ≪世界史研究動態≫ 1981년 2월호, 32~35쪽).
18) 朴杰淳, 「申采浩의 獨立運動論과 在中獨立運動」, ≪中原文化論叢≫ 제12집, 2008, 165쪽. 그러나 정작 류자명은 회고록에서 「朝鮮革命宣言」 기초과정에서 자신의 역할에 대해 전혀 언급하지 않았다(『한 혁명자의 회억록』, 130~131쪽). 그러나 류자명이 「朝鮮革命宣言」의 기초 과정에 중요한 역할을 하였음은 그가 회억록에서 밝힌 다음의 6대 원칙에서 잘 알 수 있다.
1. 5천년의 력사를 가지고 잇든 문명한 조선민족이 일본제국주의의 침략으로 인하여 망하게 된 원인과 경과를 력사적으로 설명한 것이다.
2. 나라가 망한 결과는 3천만 인민이 일본의 奴隷로 되었고 3천리 화려강산이 人間 地獄으로 된 것이다.
3. 조선인민이 일본 침략에 대하여 英勇하게 투쟁해 온 과정을 력사적으로 설명한 것이다.

덕추수와 함께 한인 아나키스트에 영향을 끼친 인물로 평가될 정도이다.[19] 따라서 단재의 「조선혁명선언」 기초는 무정부주의자로서의 완성이 아니라, 무정부주의에 대한 인식을 심화하는 계기가 되었던 것으로 평가하여야 할 것이다.

단재가 자신을 무정부주의자로 자임한 사실과 관련하여 더욱 주목하여야 할 것은 1923년 그가 북경으로 온 류자명과 재회하여 이해 가을에 함께 이회영의 집에서 기숙한 사실이다.[20] 당시 그는 류자명의 소개로 李石曾 등 중국의 아나키스트를 소개받고 그들과 만나 무정부주의적 견해를 경청하였다.[21] 또한 그가 류자명과 머물러 생활한 이회영의 집에는 이을규·이정규 형제와 정현섭, 백정기 등이 자주 모이고 있어 그들과 수시로 의견을 교환할 수 있었던 것도 중요한 계기로 해석된다. 따라서 「조선혁명선언」의 기초로 무정부주의에 대한 인식을 심화한 단재는 중국과 한국 아나키스트들과의 교유를 통해 1923년 가을경에는 스스로가 자임할 정도의 아나키스트로 성장하였던 것으로 보는 것이 타당할 듯하다.

이후 단재의 저술에서 무정부주의적 성향은 더욱 짙어지고 있다. 「問題없는 論文」(1924. 10)에서는 우리의 單調的 金錢主義·唯金主義의 현상으로 말미암아 인류의 相愛와 互助를 잊어버려 민족운동은 꿈같은 이야기라고 비판하였다. 또한 그는 '政權을 失한 貧民이 經濟的 地位를 獲得할 수 있다 함은 妄論'이라고 하며 조선을 구하기 위해서는 '金錢 이외의 朝鮮, 金錢 이외의 同志, 金錢 이외의 同族, 金錢 이외의 恥辱'을 알게 하는 것이라고 하였다.[22]

---

4. 일본 군국주의에 대하여 폭력 혁명의 의의를 적극적으로 주장한 것이다.

5. 민족의 해방을 위하여서는 민중을 각오시켜야 한다. 우리의 폭력 혁명운동은 우리의 민중을 각오시키기 위한 것이다.

6. 우리가 일본 군국주의에 대한 투쟁은 국가의 독립과 민족의 해방을 이룩할 때까지 굳세게 싸워야 한다.

19) 박　환, 『식민지시대 한인아나키즘운동사』, 29~32쪽.

20) 柳子明, 『한 혁명자의 회억록』, 98쪽.

21) 愼鏞廈, 『申采浩의 社會思想研究』, 62쪽.

「浪客의 新年漫筆」(1925. 1)은 무정부주의자로서 단재의 대표적 저술이다. 그는 여기에서 일제의 폭압적 식민지 통치 아래에서 사회조직부터 개혁하려 하는 것은 '愚擧'이므로, 소작인의 운동처럼 일시의 급박한 궁민 동포를 구하는 것을 유일 방법으로 삼아야 할 것을 요구하였다.[23] 즉, 병에 따라 약을 쓰듯 식민지 현실에 맞는 민족운동을 하여야 한다는 것이었다. 단재는 이 글에서 한국의 유산자보다 일본의 무산자가 낫다는 주장을 펼쳤다. 즉, 그는 상해에서 발행되던 ≪民衆≫에 어느 문사가 게재한 글 중 '조선인 중에도 유산자는 세력 있는 일본인과 같고 일본인 중에도 무산자는 가련한 조선인과 한가지이다'라고 한 부분에 대해 아무리 일본인 무산자라 하더라도 그들의 뒤에는 일본 제국이 있기 때문에 조선인과 같이 본다는 것은 '몰상식한 언론'이라고 비판한 것이다.[24] 특히 그는 이른 바 新靑年들의 '정치적 경제적 고통에서 탈출하여 新詩 新小說의 避亂生涯로 일생을 마치려는' 심리를 정말 애석하고 頹敗한 志氣라고 일갈하며, 크로포트킨의 「靑年에게 告하노라」란 논문의 세례를 받자고 주장하였다.[25] 그는 이 논문이 민족의 현실을 외면하고 '新文藝의 痲醉劑'에 빠져 있는 신청년들이 걸린 병에 맞는 藥方으로 확신하였다.[26]

단재의 무정부주의 사상은 문학 작품을 통해서도 표출되었다. 곧 「룡과 룡의 대격전」(1928)은 天國의 시위대장 용 '미리'와, 地國의 민중혁명을 선동하는 용 '드래곤'의 대립을 중심으로 민중의 투쟁과정과 혁명의 성공을 말하고 있다. 여기에는 투쟁의 구체성과 이념의 선명성이 잘 나타나 있는데, 이는 아나키즘 사상을 소설 속에 형상화함으로써 얻어진 결과이다.[27] 이는 단재 소설이 이룩한 최고의 성취로서, 알레고리(allegory, 諷

---

22) 「問題없는 論文」, ≪東亞日報≫ 1924년 10월 3일자(『전집』 제6권, 579~582쪽).
23) 「浪客의 新年漫筆」, ≪東亞日報≫ 1925년 1월 2일자(『전집』 제6권, 585쪽).
24) 「浪客의 新年漫筆」, 『전집』 제6권, 585~586쪽.
25) 「浪客의 新年漫筆」, 『전집』 제6권, 587쪽.
26) 「浪客의 新年漫筆」, 『전집』 제6권, 588~589쪽.
27) 김경복, 「일제하 아나키즘 소설 연구」, ≪현대문학이론연구≫ 제30집, 현대문학이론학

論)를 중심에 놓았다는 데에서 미학적 특성을 찾을 수 있다. 그런데 이 작품은 상당히 정교한 알레고리의 한국적 전형을 보여주며, 몽유록에서 쉽게 발견할 수 있는 선동적인 특성이 강한데 이는 무정부주의 사상을 교양하고 선동하려는 강력한 목적의식 아래 집필되었기 때문으로 보인다.[28]

단재의 무정부주의 사상 수용 및 활동과 관련하여 가장 논란이 되는 부분은 이를 한국독립운동사에서 어떻게 평가할 것인가의 문제이다. 단재와 동 시기에 활동하였던 인사 중 정화암은 일찍이 단재의 무정부주의를 외면하는 학계의 경향을 비판한 바 있다.[29] 현재 학계에서 단재의 무정부주의에 대한 평가는 민족주의의 틀 속에서 해석하려는 견해와, 민족주의와 아나키즘을 상보적 관계로 보려는 견해, 순연한 아나키스트로 보는 견해의 세 부류로 대별할 수 있다.

단재의 무정부주의를 민족주의로 해석하려는 견해는 단재의 자강론적 민족주의가 무정부주의적 민족주의 또는 민중적 민족주의로 전환한 것으로 이해하면서도 공산주의와의 차별성을 강조한다.[30] 또한 그의 무정부주의 사상을 '국제적 열린 세계관에 그의 민족주의를 포용한 조선주의'로 이해하기도 한다.[31] 그의 무정부주의 사상 수용은 민족주의 이념 및 민족해방운동의 방법과 전술론으로 활용하고자 하였던 것이며,[32] 따라서 그의 무정부주의 활동은 당연히 무정부주의적 민족주의운동, 즉 항일민족운동으로 해석된다.[33] 그의 사상과 활동에 있어서 무정부주의시기를 별도로 구획하는 경우도 이를 저항 민족주의의 변용이나 민족주의의 이데

회, 2007, 151~154쪽.

28) 김창현, 「신채호 소설의 미학적 특성과 알레고리」, ≪古典文學硏究≫ 제27집, 현대고전문학회, 2005, 389~390쪽.

29) 이정식 면담/편집 해설 김학준, 『혁명가들의 항일 회상』, 민음사, 2006, 331쪽.

30) 申一澈, 『申采浩의 歷史思想硏究』, 167~176쪽.

31) 申一澈, 「신채호의 민족주의적 세계관과 그 극복」, ≪계간 사상≫ 1997년 여름호, 사회과학원, 261~262쪽.

32) 최홍규, 『신채호의 역사학과 민족운동』, 일지사, 2005, 166쪽.

33) 吳章煥, 「1920년대 在中國韓人無政府主義運動」, 71쪽.

올로기적 접합으로 해석함으로써 민족주의라는 틀 속에서 논의하고 있다.[34] 한편 그의 사상은 국가주의와 동일시되지 않는 범위 내에서 민족주의의 場안에 있었다고 하며 그는 순연한 아나키스트는 아니고 종종 아나키즘과 배치되거나 아나키즘적 지향을 부정하는 논리와 표현 구사를 도외시하지 말 것을 지적한 견해도 있다.[35]

이와 함께 그의 민족주의와 무정부주의는 상호 배척의 관계가 아니라 상호 보완적 관계로서, 그의 감성적 민족주의란 원색의 바탕 속에 아나키즘이란 이념적 내실이 성숙해 간 것으로 평가하는 견해가 있다.[36] 그가 무정부주의를 수용한 것은 그의 민족주의가 현실 조건의 변화에 대응하면서 자기 성숙을 해나간 과정의 최종 도달점으로서 그의 민족주의가 도달한 최고·최종의 발전 성숙 단계라는 주장도 제기되었다.[37] 이처럼 양자를 상보적 관계로 해석하는 견해도 사실상 민족주의적 입장을 강조하고자 하는 성향이 짙다.

한편 단재의 아나키즘을 민족주의와 구별하여야 한다는 주장도 있다. 즉, 단재의 아나키즘을 독립운동의 수단으로 보는 기존의 다수 견해를 편견이라고 배척하며, 이는 無强權·無專制·無搾取·無特權 사회를 건설하기 위해 생명을 바친 혁명가에 대한 모독이라고 비판하는 주장이 있다.[38] 또한 단재를 민족주의의 틀 내에 가두는 것을 반대하며 그를 아나키스트로 규정할 때 한국근대사상계에서 그가 차지하는 비중이 더 커질 것이란 주장도 있다.[39] 뿐만 아니라 단재가 민족주의를 위해 무정부주의를 수단으로 하였다는 기존의 통설을 정면으로 반대하고, 그는 무정부

---

34) 陳德奎, 「단재 신채호의 민중·민족주의의 인식」, 『申采浩의 思想과 民族獨立運動』, 丹齋申采浩先殉國50周年追慕論叢, 단재신채호선생기념사업회, 1986, 400~406쪽.
35) 김영범, 「申采浩의 '조선혁명'의 길」, ≪한국근현대사연구≫ 제18집, 2001, 64~66쪽.
36) 河岐洛, 「丹齋와 아나키즘」, 『丹齋 申采浩와 民族史觀』, 丹齋申采浩先生誕辰100周年紀念論叢, 단재신채호선생기념사업회, 1980, 371쪽.
37) 김성국, 「아나키스트 申采浩의 試論的 재인식」, ≪아나키즘연구≫ 창간호, 1995 참조.
38) 無政府主義運動史編纂委員會, 『韓國아나키즘運動史』, 형설출판사, 1978, 312쪽.
39) 李浩龍, 「신채호의 아나키즘」, 100쪽.

의를 최고의 가치로 보고 그를 위하여 민족주의를 수단으로 한 것이라고 하며 이를 '단재 방식'으로 평가하는 견해까지 제기되었다.[40] 이 같은 견해가 단재의 아나키즘을 긍정적으로 평가하는 것이라면, 이를 비판적으로 보는 견해도 있다. 즉, 단재의 무정부주의를 민족주의와 구분하여 무정부주의적 독립사상으로 보되, 그가 무정부주의자가 된 것을 '뜻밖의', '이해하기 어려운', '애석한 일'로 보는 견해가 그것이다.[41]

반면, 단재가 무정부주의자였다는 사실 자체에 대해 회의적인 견해도 있다. 즉, 단재가 「낭객의 신년만필」에서 크로포트킨의 상호부조론이나 무정부주의를 언급하고 있으나, 무정부주의 이론과 주의에 공명하여 이 글을 썼다고 보는 것은 확대해석이란 것이다. 이 견해는 단재의 「선언문」과 「룡과 룡의 대격전」이 무정부주의사상에 의거하고 있는 것은 인정하나, 철저한 무정부주의자라는 사실은 인정하지 않는다. 또한 단재가 舊態의 민족주의를 견지할 사람이 아니라는 전제하에 무정부주의와 구별하고 있는 것이다.[42]

그런데 단재의 무정부주의 사상 수용과 활동에 대한 평가에서 간과한 중요한 사실이 있다. 그것은 당시 단재와 함께 무정부주의 투쟁을 벌였던 인사들의 회고나, 단재의 자평이다. 이회영은 자신이 무정부주의자가 되었다거나 무정부주의사상으로 방향을 전환한 것이 아니라, 독립을 위한 사고와 방책이 무정부주의자들의 사상과 상통한 것 뿐이라며 이를 '覺今是而昨非'라고 표현하였다. 그는 독립운동자의 견지에서 무정부주의의 自由意思와 自由聯合 이론을 '가장 적절한 이론'이라고 생각하였다.[43] 정화암은 일제하 조선 아나키즘운동의 배경을 일제에 대한 반항과 공산주의에 대한 동경으로 설명하고, 그 운동의 궁극적 목표가 항일독립이었다

---

40) 趙東杰, 「丹齋 申采浩의 삶과 遺訓」, ≪韓國史學史學報≫ 3, 2001, 196쪽.
41) 愼鏞廈, 「申采浩의 無政府主義 獨立思想」, 88 · 108쪽.
42) 徐仲錫, 「申采浩의 무정부주의에 대한 小考」, 723~742쪽.
43) 李乙奎, 『是也金宗鎭先生傳』, 한흥인쇄소, 1963, 42~44쪽.

고 회고하였다.44) 김성숙은 단재의 아나키즘은 강력한 항일투쟁을 위한 이념적 무기라고 평가하였다.45) 이로써 보면 단재와 동 시기에 무정부주의 투쟁을 벌인 인사들은 자신들의 무정부주의 사상과 운동을 의식적인 수용이나 운동이 아니라 사고와 방책의 상통이나 독립투쟁의 방편으로 여겼고, 단재의 무정부주의도 그렇게 평가하였음을 알 수 있는 것이다.

이와 관련하여 가장 중요한 것은 단재 자신의 평가이다. 그는 세계적 사상가로 석가·공자·예수·막스·크로포트킨을 들고, 道德과 主義를 위하는 조선은 있으나 조선을 위하는 도덕과 주의는 없으니 이는 노예의 특색이라고 질타하였다.

> … 釋迦가 들어오면 朝鮮의 釋迦가 되지 안코 釋迦의 朝鮮이 되며 孔子가 들어오면 朝鮮의 孔子가 되지 안코 孔子의 朝鮮이 되며 무삼 主義가 들어와도 朝鮮의 主義가 되지 안코 主義의 朝鮮이 되랴 한다. 그리하야 道德과 主義를 爲하는 朝鮮은 잇고 朝鮮을 爲하는 道德과 主義는 업다. 아! 이것이 朝鮮의 特色이냐. 特色이라면 特色이나 奴隷의 特色이다. 나는 朝鮮의 道德과 朝鮮의 主義를 爲하야 哭하랴 한다.46)

이는 조선의 도덕과 주의의 비주체성을 지적한 것이다. 그는 비슷한 시기에 쓴 「朝鮮의 志士」에서 주의의 교조주의에 빠져 조선의 특수한 상황을 망각하는 현상을 비판하기도 하였다.47) 그는 '多主義는 필경 無主義'라고 하면서도, 唯一 主義가 되는 것 보다 경우에 따라 '主義가 善變'하여야 한다고 하였다. '주의의 선변'이란 조선의 공자는 예수도 될 수 있고, 조선의 바쿠닌은 카이젤도 될 수 있고, 조선의 레닌은 원세개도 될 수 있다는 것이다. 그는 楞嚴經을 예시하며 '龍王을 만나거든 龍王으로 現身하여 說

---

44) 이정식 면담/편집 해설 김학준, 『혁명가들의 항일 회상』, 333~334쪽.
45) 이정식 면담/편집 해설 김학준, 『혁명가들의 항일 회상』, 95쪽.
46) 「浪客의 新年漫筆」, 『전집』 제6권, 583쪽.
47) 「朝鮮의 志士」에는 중국의 제1차 國共合作이 언급되어 있어 1924년 이후의 저술이 분명하다(『전집』 제7권, 641쪽).

法하며, 天大將軍을 만나면 天大將軍으로 現身하여 說法해야 한다'고 하였고, 다윈의 말을 인용하며 '사막에 처한 자는 白의 保護色을 가지고 樹林에 처한 자는 靑의 보호색을 가진다'는 사실을 강조하였다. 즉, 그가 주장한 '주의의 선변'은 '身은 變하되 法은 不變하고, 色은 變하되 骨은 不變'하는 것이었다.[48]

이 부분은 신채호의 무정부주의 수용과, 그 운동과 관련한 평가에서 매우 중요한 단서를 제공하는 것이라 할 수 있다. 그가 이 글을 쓴 것은 무정부주의자로 활동하던 시기였다. 그런 그가 敎條主義를 비판하고 중국이나 인도의 석가와는 다른 조선의 석가, 중국이나 일본의 공자와는 다른 조선의 공자가 될 것을 요구하며 '주의의 선변'을 강조한 것은 민족적 현실, 즉 독립운동의 조건과 상황에 맞도록 사상의 주체적 변용을 강조한 것이라 할 수 있다. 단재가 변해도 될 것으로 말한 '身·色'은 무정부주의 사상과 운동이며, 불변해야 할 것으로 강조한 '法·骨'은 민족주의에 기초한 독립정신과 운동을 지칭한다고 보는 것이 타당할 듯하다. 결국 그는 자신이 조선의 크로포트킨이 되어 무정부주의를 조선의 현실에 적합하도록 변용하여 수용하는 '주의의 선변'을 하였던 것으로 이해하여야 할 것이다.

단재의 무정부주의 사상 수용과 그 운동을 민족주의의 틀 속에 고정시키는 것은 단재의 광대한 사상과 민족운동을 협애하게 만들 우려가 있다. 무엇보다도 단재의 무정부주의 사상 수용과 운동을 비판적으로 보는 시각은 교정되어야 할 것이다. 그렇다고 그를 순연한 아나키스트라거나 심지어 그가 무정부주의를 최고의 가치로 여기고 그를 위하여 민족주의를 수단으로 하였다고 주장하는 견해도 지나친 논리라고 생각된다. 요컨대 그의 무정부주의 사상 수용과 운동은 그가 선험한 독립운동 이념과 방법론의 주체적 '선변'으로 평가하는 것이 타당할 것이다.

---

48) 「朝鮮의 志士」, 『전집』 제7권, 641쪽.

Ⅲ. 독립운동론의 변화

단재의 동방피압박민족연대론을 정확히 이해하기 위해서는 그의 독립운동론 전반에 대한 검토가 필요하다. 단재의 독립운동론은 시기와 상황에 따라 변화하였다. 그의 동방피압박민족연대론은 그가 독립운동의 가장 마지막 단계에서 선택한 방법론이었다.

단재는 기본적으로 문필가였고, 그의 민족운동은 언론을 통한 계몽운동으로부터 출발하였다. 그는 망명 후에도 연해주에서 ≪大洋報≫와 ≪勸業新聞≫의 주필을 역임하였으며, 중국으로 와서 ≪신대한≫, ≪천고≫, ≪大同≫ 등의 잡지를 직접 발간하였을 뿐만 아니라 국내외 신문에의 기고 활동을 계속하였다. 그리고 자신의 마지막 활동도 무정부주의동방연맹의 선전기관 설립 계획을 추진한 것이었다. 그가 민족운동 기간 내내 집착한 신문과 잡지 발간 및 집필활동은 계몽운동으로서 문화운동의 일환이라고 할 수 있다. 물론 단재 자신은 문화운동을 '일제의 강도정치에 기생하려는 주의를 지닌 자로서 우리의 적'이라고 신랄히 비판하였으나,49) 자신의 무장투쟁론·절대독립론과 괴리되지 않는 선전적 보조수단이라 할 수 있다.50)

단재의 갑신정변 이래 3·1운동에 이르는 민족운동에 대한 평가는 그의 독립운동론을 집약적으로 보여준다. 그는 갑신정변은 특수세력 간의 궁중 활극으로, 의병은 독서계급의 충군애국사상으로, 의열투쟁은 민중적 기초가 결여된 행동으로, 3·1운동은 폭력적 중심이 결여된 것으로 평가하였다. 그리고 아무리 轟烈壯快한 거동이라도 민중과 폭력 중 하나만 빠지면 곧 끝나버린다고 하여 민중과 폭력이 결합되어야만 진정한 독립운동이 가능한 것으로 인식하였다.51)

---

49) 「朝鮮革命宣言」, 『전집』 제8권, 894쪽.
50) 朴杰淳, 「申采浩의 獨立運動論과 在中獨立運動」, 150~152쪽.
51) 「朝鮮革命宣言」, 『전집』 제8권, 898쪽.

1910년대 단재의 독립운동론은 1912년 블라디보스토크에서 창립한 光復會의 「告示文」에 나타난 바와 같이 무장투쟁론을 포함한 총체적인 것이었다.52) 그러나 「조선혁명선언」의 기초 이후에는 '鐵血主義를 부르짖는 主戰論者'로서 철저한 무장투쟁론으로 전환하고 있다.53) 단재는 북경에 머물 당시 스스로의 무장투쟁론을 '武裝段鬪'라고 표현한 바 있다.54) 그는 일본뿐 아니라 세계 어느 나라라 하더라도 조선에 무례를 가한다면 釰이나 銃이나 赤手空拳으로라도 '血戰'하는 것이 조선정신이라고 강조하였다.55) 그러나 그는 한때 자신이 지녔던 무장투쟁론을 '前日의 그름'이라며 과오였음을 자인한 바 있다. 즉, 그는 무장단투가 유생의 능사가 아니고 국가흥망이 一朝의 突發이 아니라는 것을 비로소 깨달았기 때문에 역사연구에나 전념하겠다는 소회를 밝혔던 것이다.56) 이는 그의 진심이라기보다는 국민대표회의가 파탄하여 독립운동계의 희망이 좌절된 데 따른 일시적 체념으로 여겨진다. 또한 이른바 북경파와 추진한 무장투쟁론이 소기의 성과를 거두지 못한 데 따른 소회로 보는 것이 타당할 듯하다.

단재는 절대독립론을 추구하였는데, 그 방법론으로 민중의 직접 혁명론을 견지하였다. 그는 독립이란 금에서 한 발짝도 물러설 수 없다고 하고, 내정독립론·참정권론·자치론·외교론·준비론자들을 '일제와 타협하려는 주의를 가진 적'으로 규정하면서 오직 '독립뿐'이라는 강경한 절대독립론을 주장하였다.

> … 獨立이란 금에서 一步를 물러서면 合倂賊魁의 李完用이 되거나 政合邦論者의 宋秉畯이 되거나 自治運動의 閔元植이 되어 禍國의 妖孽이 幷作하리니 獨立의 大防을 위하여 李·鄭 等을 誅討치 아니할 수 없

---

52) 「申采浩의 光復會 通告文과 告示文 解題」, 『전집』 제8권, 943쪽.
53) 李克魯, 「西間島時代의 先生」, 『전집』 제9권, 83쪽.
54) 「李수상에게 圖書閱覽을 要請하는 便紙」, 『전집』 제7권, 228쪽.
55) 「聲討文」, 『전집』 제8권, 756쪽.
56) 「李수상에게 圖書閱覽을 要請하는 便紙」, 『전집』 제7권, 228쪽.

으며 傍觀者의 眼中에는 朝鮮이 이미 滅亡하였다 할지라도 朝鮮人의 心
中에는 永遠 獨立의 朝鮮이 있어 … 우리 前途는 全國 二千萬 要求가 '獨
立뿐'이란 血과 淚의 叫呼로 내론 同胞의 誠力을 團合하며, 외론 列國의
同情을 博得함에 在하거늘 …57)

3·1운동 이후 국내 일각에서는 이른바 自治論이 등장하였는데, 이는
일제의 기만적인 통치 술책에 일부 개량주의자들이 부응한 논리였다. 단
재는 자치론을 강도 일제가 독립운동을 약화시키려고 획책한 '미친 논리
[狂論]'라고 간파하고 이에 부화하는 자는 맹인이 아니면 奸賊이라고 비
판하였다.58)

그는 내정독립론자와 참정권론자 및 자치론자들의 주장 또한 반박하
였다. 즉, 설령 내정독립을 찾되 각종 이권을 찾지 못한다면 조선 민족은
'一般의 餓鬼'가 될 뿐이며, 참정권을 획득하였다고 하여도 자본주의 강도
국의 식민지 인민이 되어 몇 명의 奴隷代議士의 선출만으로 餓死를 면할
수 없으며, 자치를 얻었다 하더라도 일본 제국이란 명칭이 존재하는 한 그
부속 하에 있는 조선 인민은 민족적 생존을 유지할 수 없다고 한 것이다.59)

그는 자신의 문학 작품에서도 자치론과 참정권을 배격하며 절대독립
론을 주장하였다.

… 그런즉 식민지 민중처럼 속이기 쉬운 민중이 없습니다. … <건
국>, <혁명>, <독립>, <자유> 등은 그 명사까지도 다 잊어버리라
고 일체 구두 필두에 오르지도 못하게 하지만 옴 올라갈 자치 참정권 등
을 주마하면 속습니다. 보십시오. 저 亡國祭를 지낸 戀愛 文壇에 여학생
의 단 입술을 빠는 청년들이 제 세상을 자랑하지 안합니까. 고국을 빼앗
기고 구축을 당하여 천애 외국에서 더부살이하는 남자들이 누울 곳만
있으면 제2 고국의 안락을 노래하지 안합니까! 공산당의 대조류에 독립

---

57) 「聲討文」, 『전집』 제8권, 755~756쪽.
58) 「朝鮮革命宣言」, 『전집』 제8권, 893쪽.
59) 「朝鮮革命宣言」, 『전집』 제8권, 893쪽.

군이 떠나갑니다. 乞아지 정부의 연극에 대통령의 자루도 찢어집니다.
속이기 쉬운 것은 식민지의 민중이니 상제시여, 마음 놓으십시오. 세계
민중들이 다 자각한다 하여도 식민지 민중만은 아직 멀었습니다. …60)

단재는 外交論도 신랄히 비판하였다. 그는 一劍一彈을 昏庸貪暴한 관리
나 國賊에게 던지지 못하고 列國 公館에 公函이나 던지고 심지어 적국인
일본 정부에 長書를 보내어 國勢의 孤弱을 애소한 결과 을사조약과 경술
합병을 당하여 조선이란 이름이 생긴 지 몇 천 년만의 치욕을 당하였다고
개탄하였다. 또한 3·1운동 때에도 평화회의와 국제연맹에 대한 과신이
도리어 이천만 민중의 奮勇前進의 의기를 打消하는 매개가 되고 말았다고
지적하였다. 그가 위임통치를 청원한 이승만의 행위를 일본의 식민지로부
터 미국의 식민지로 바꾸는 데 불과한 매국매족 행위로 간주하고 그를 鄙
夫, 逆賊이라고 맹공하며 임시정부를 뛰쳐나온 것은 당연한 일이었다.

그의 準備論에 대한 비판은 더욱 신랄하다. 그는 처음에 전쟁에 대한
준비를 외치던 준비론이 그 범위가 점점 확장되어 교육의 진흥과 상공업
의 발전 외에도 모든 것이 그 대상이 되었다고 지적하였다. 또한 그는 10
여 년 간 목이 터져라 준비론을 외친 소득이 몇 개 불완전한 학교와 실력
없는 會를 만든 것뿐이었다고 평가하였다. 그런데 그는 이 같은 결과가
誠力의 부족이 아니라 주장의 착오라고 하며 방법론상의 문제점을 지적
하였다. 곧 단재에게 외교론과 준비론은 버려야 할 迷夢이었던 것이다.61)

단재는 절대독립 쟁취의 방법론으로 민중의 직접혁명론을 강조하였
다. 그는 역사 변혁의 주체요 동력으로서 민중을 발견하고, 그들이 직접
혁명에 나서는 제일보가 민중의 각오라고 하였다. 민중 각오의 방법에 대
하여는 오직 민중이 민중을 위하여 일절 불평·부자연·불합리한 민중
향상의 장애부터 먼저 타파하도록 '민중을 각오'하게 하는 것이 유일한

---

60)「룡과 룡의 대격전」,『전집』제7권, 9~10쪽.
61)「朝鮮革命宣言」,『전집』제8권, 895~896쪽.

것이라고 하며, 선각한 민중이 민중의 전체를 위하여 혁명적 선구가 됨이 민중 각오의 第一路라고 하였다.62) 즉, 민중 각오의 방법도 민중에 의한 것이어야 함을 천명한 것이었다.

한편 그는 민중적 역량의 기초와 폭력적 중심의 합일을 강조하며 "민중을 喚醒하여 강도의 통치를 타도하고 우리 민족의 신생명을 개척하자면 養兵 十萬이 一擲의 炸彈만 못하며 億千張 新聞 雜誌가 一回 暴動만 못하다"라고 하였다.63) 이는 이전의 자신의 독립운동론을 전면 부정하는 듯한 논리이다. 단재는 구한말 신민회 활동을 통하여 독립군 양성을 통한 독립전쟁론을 주장하였고 틈나는 대로 문무쌍전론을 주장하여 왔다.

그러나 「조선혁명선언」에서 그는 이를 전면 부정하였을 뿐만 아니라, 강도 일본에게 정치 경제적으로 모든 것이 박탈된 상황에서 어디서 얼마만큼의 군인을 양성할 수 있겠느냐고 반문하였다. 또한 설령 군인을 양성한들 일본 전투력의 백분지 일이나 되겠냐며 이를 '일장의 잠꼬대' 같은 이야기라고 일축하였다.64) 물론 이 같은 그의 주장은 의열단의 투쟁방법을 강조하기 위한 의도에서 비롯된 것으로서, 그가 독립군의 무장투쟁을 전면 부정한 것은 아니었다. 그러나 그의 독립투쟁론의 변화인 것만은 틀림없는 것으로 보인다. 즉, 그는 독립군을 양성하여 일제와 정면으로 맞서고자 한 무장투쟁에 현실적 회의를 느끼고 개별투쟁인 의열투쟁으로 선회한 것으로 이해된다. 그가 '武裝段鬪'를 '前日의 그름'이라고 표현한 것도 의열투쟁으로의 변화를 시사한 것으로 보인다. 이 시기 그는 무정부주의자를 자처한 만큼 의열투쟁이 그에 부합하는 방법론이라는 점도 유념하여야 한다.

그의 폭력투쟁론은 매우 강경하였다. 그는 비폭력주의와 무저항주의를 부르짖은 석가모니와 간디를 신랄하게 비판하며 자신이 인도인이라면

---

62) 「朝鮮革命宣言」, 『전집』 제8권, 897쪽.
63) 「朝鮮革命宣言」, 『전집』 제8권, 898쪽.
64) 「朝鮮革命宣言」, 『전집』 제8권, 896쪽.

석가모니를 묶어 불에 던지고 간디를 바다에 수장시키겠노라는 극언을 마다하지 않을 정도로 폭력투쟁을 적극 옹호하였다.[65]

결국 그의 독립운동론은 「조선혁명선언」의 말미에서 다음과 같이 요약 정리되었다.

> … 우리 二千萬 民衆은 一致로 暴力 破壞의 길로 나아갈지니라. 民衆은 우리 革命의 大本營이다. 暴力은 우리 革命의 唯一武器이다. 우리는 民衆 속에 가서 民衆과 携手하여 不絶하는 暴力 — 暗殺·破壞·暴動으로서 强盜 日本의 統治를 打倒하고 우리 生活에 不合理한 一切 制度를 改造하여 人類로써 人類를 壓迫치 못하며 社會로써 사회를 剝削치 못하는 理想的 朝鮮을 建設할지니라. …[66]

이로써 보면 단재의 독립운동론은 시기와 상황에 따라 계몽운동론 — 무장투쟁론 — 의열투쟁론으로 변화를 보임을 알 수 있다. 그러나 그가 일본제국주의를 상대로 절대독립론을 부르짖은 것은 전혀 변함이 없이 일관된 논리였다. 특히 그가 무정부주의를 수용하며 독립운동의 주축이자 수단으로 여긴 것은 민중과 폭력이었던 것이다.

IV. 동방피압박민족연대론의 주장과 실천

단재는 절대 독립론과 민중 직접혁명론을 실현하기 위한 방편으로 그 외연을 동방민족연대론으로 넓히고 이를 실천하고자 하였다. 그가 국제적 연대나 동방민족연대론을 구상한 것은 무정부주의 사상의 주체적 수용과 밀접한 관련이 있으며, 그의 사상과 독립운동론에서 커다란 변화라 할 수 있다.

한말 단재는 이른바 東洋主義의 허상을 명쾌히 꿰뚫고 있었다. 그는 동

---

65) 「人道主義 可哀」, 『전집』 제7권, 385~386쪽.
66) 「朝鮮革命宣言」, 『전집』 제8권, 901쪽.

양주의가 서양(백인종)의 침입을 평계로 한 일본 제국주의의 야욕이라고 간파하고, 이를 함께 논의하는[共議] 것은 노예의 어리석음[奴癡]이라 하였다. 나아가 열국경쟁시대에 국가주의를 제창하지 않고 동양주의를 미몽하는 것은 엉뚱한 짓이라고 비판하였다. 그는 國家는 主이고 東洋은 客이나, 동양주의를 주장하는 자들은 東洋이 主이고 國家가 客이라 하는 愚迷한 생각을 지닌 자라고 비판하였다. 나아가 그는 한인으로서 동양주의를 이용하여 국가를 구하려는 자가 없고 외국인이 동양주의를 이용하여 국혼을 빼앗으려는 자가 있으니 이를 戒愼하라고 경고하였다.[67]

이로써 보면 단재는 당시의 동양주의 또는 아시아연대론의 제국주의적 야욕을 정확히 인식하고 있었음을 알 수 있다. 일본 민족의 우월감을 바탕으로 한 아시아 연대론은 독선적이고 자기중심적인 아시아 지배를 추구케 하였다.[68] 그런데 19세기 중반부터 20세기 전반까지 아시아주의 · 아시아연대론 · 대동아공영권으로 불리는 일본의 지역 협력이나 통합 구상은 일제의 해외 식민지 팽창을 정당화, 합리화 시키는 이론이었다.[69] 반면, 아시아주의나 연대론의 이념과 당위는 일본이 동아시아에서 가지고 있던 현실적 이해와 상충하고 모순되는 것이기도 하였다.[70]

1920년대 들어 단재는 조선의 독립과 동양평화와의 관계에 대해 주목할 만한 글을 발표하였다. 그는 이 논설에서 조선이 중국과 일본의 중간에 위치한 지정학적 상황을 지적하며 동양 평화에 기여한 역사적 사실을 고증하였다. 그리고 조선의 독립이 '진실로 東洋平和의 要義'임을 강조하였다.

---

67) 「東洋主義에 對ᄒ 批評(續)」, 『전집』 제6권, 361쪽.

68) 韓相一, 「大陸浪人과 '아시아' 連帶主義」, ≪일본연구논총≫ 1, 현대일본학회, 1979, 168~170쪽.

69) 김현철, 「아시아연대론의 명분과 실제」, ≪아세아연구≫ 통권 111호, 고려대 아세아연구소, 2003, 250쪽.

70) 김경일, 「아시아연대의 역사적 교훈」, ≪정신문화연구≫ 제27권 제3호, 한국학중앙연구원, 2004, 212쪽.

　… 따라서 금일 동양의 평화를 말하려면 가장 좋은 방법은 조선의 독
립만한 것이 없다. 조선이 독립하면 일본은 방자하게 탐욕스러운 데 이
르지 않게 되고 사방을 경영하여 그 힘을 모아 바다와 섬을 보호하게 된
다. 러시아의 과격파 또한 약소민족을 돕는다는 평계를 대지 않고 날개
를 접어 치타 북쪽에 잦아들어 있을 것이다. 중국 역시 한가이 수습하여
수년의 혁명으로 어지러운 국면을 정돈할 수 있을 것이다. 이것은 진실
로 동양평화의 요의이다. …71)

　그는 다른 글에서 조선의 문제는 조선인만의 문제가 아니라 세계평화
와 관련된 것이라고 주장하였다. 단재는 조선의 독립이 중국의 이해와 직
결되기 때문에 중국인이 한국의 독립을 지원해야 하며 한중의 우호와 연
대가 필요하다고 강조하였다. 즉, 그가 동방민족연대론에서 가장 중요하
게 인식한 대상은 중국이었던 것이다. 그리고 조선의 민족자결 주장은 편
협한 국가주의가 아니라 동아시아의 중요한 문제라고 강조하였다.72) 곧,
그는 일제가 주장한 동양주의와는 근본적으로 다른, 조선의 독립과 동양
평화를 위한 논리로서 동방민족연대론을 주장하였던 것이다.

　그러나 단재의 동방민족연대론은 피압박민족의 연대로만 국한된다. 그
는 민중을 강국의 민중과 식민지의 민중으로 양분하였다. 그리고 강국 민
중과 식민지 민중의 차이를 다음과 같이 설명하였다.

　… 지상의 민중을 대개 두 부분으로 나눌 수 있으니 (1)은 강국의 민
중이요 또 (1)은 식민지의 민중이올시다. 강국의 민중은 아주 그 惰力的
의 애국심을 가진 동시에 國을 지배계급의 국으로 오인하여 지배계급
의 세력을 확장 증진케 하는 일을 애국으로 誤信하여 그 애국심이 僞愛
國心이 되고 말았습니다. 그런즉 강국의 민중에게는 얼마큼 보통선거
의 권리 같은 것, 로동 임금의 증가 같은 것이나 허하여 주고, 일면으로
그 위애국심을 장려하여 약소국의 민중을 정복케 하며 식민지 민중을

---

71)「朝鮮獨立及東洋主義」, ≪天鼓≫ 제1권 제1호(『전집』 제5권, 45~47쪽).
72)「華友寄送之兩大著」, ≪天鼓≫ 제1권 제1호(『전집』 제5권, 71~73쪽).

압박케 하여 지배 계급 − 자본주의 − 의 선봉이 되게 하면 彼等의 고픈 배[腹]가 다시 이 리익 없는 허영에 불러져 우리가 비록 몇 10년 동안 피둥의 피를 빨아 먹어도 아픈지를 모를 것이요, 식민지 민중은 그 고통 의 정도가 다른 민중보다 만 배나 되지만 매양 그 허망한 요행심을 가져 굶어 죽는 놈이 요행의 飽食을 바라며, 얼어 죽는 놈이 요행의 暖衣를 바라며 교수대에 목을 디민 놈이 요행의 생을 바랍니다. 그래서 반항할 경우에도 반항을 못합니다. 그런즉 식민지 민중처럼 속이기 쉬운 민중 이 없습니다. …73)

그가 말하는 강국 민중은 일본 민중을, 식민지 민중은 조선 민중을 지 칭하는 것이다. 일본에서는 일찍이 군국주의에 반대하는 양심적 지식인 이 민족과 국적의 장벽을 넘어 연대 투쟁해야 한다는 인식을 지니고 공동 투쟁을 모색하였고, 1920년대에 들어 한 · 중 · 일 아나키스트들의 노력 으로 동아시아 반제 공동 전선 구축이 현실화되었으나,74) 단재는 당시 일 부 좌익운동자들이 일본의 무산자들과 연대할 것을 주장하는 견해에 단 호히 반대하였다.

단재는 독립운동을 민족으로 나눌 것이 아니라 有 · 無産으로 나누자 는 주장에 강력히 반대하였다. 즉, 일본의 무산자와 공동으로 반제투쟁을 해야 한다는 주장에 대하여 그는 일본의 무산자는 제국주의를 배경으로 조선의 유산자보다 호강한 생활을 누리며, 특히 조선에 利殖한 일본의 무 산자는 조선인의 생활을 威嚇하는 殖民의 선봉에 불과한 존재라고 간파 하였다. 즉, 그는 일본 민중과 무산자를 제국주의 그 자체와 동일시하였 던 것이다.

… 오늘에 와서 主義를 부르고 强權을 反對하지만 其實은 政府가 民 衆으로 변할 뿐이며 執政大臣이 日本 無産者로 변할 뿐이며 統監 伊藤

---

73) 「룡과 룡의 대격전」, 『전집』 제7권, 9~10쪽.
74) 김명섭, 「한 · 일 아나키스트들의 사상교류와 반제 연대투쟁」, 50쪽.

博文 軍司令官 長谷川이 片山潛 堺利彦으로 변할 뿐이니 변하는 자는 名詞 뿐이오 精神은 依舊하다. … 일본 무산자를 조선인으로 본다함은 强族에게 納諂하는 못난 卑劣이 아니면 종로 거지가 都承旨를 불쌍하다 는 지나친 仁厚가 될 뿐이다.[75]

여기에서 알 수 있듯이 단재는 일본 정부가 민중으로, 집정대신이 무산자로, 통감과 군사령관이 무정부주의자로 변한 것이니 이름만 바뀐 것이요 정신은 이전과 똑 같은 것이라고 본 것이다. 따라서 그가 아무리 동방민족연대를 주장하고 무산자동맹을 추구하였으나 일본은 절대로 연대할 수 없는 존재였던 것이다. 이는 그의 「宣言」에서 더욱 명확해진다. 그는 여기에서 연대의 대상이 '세계 무산대중, 더욱 동방 각 식민지 민중'임을 강조하였다. 즉, 그는 세계의 무산대중 가운데에서도 동방의 식민지 민중을 우리가 연대해야 할 대상으로 상정하고, 여기에 동방의 반식민지 무산민중까지 포함하였다.[76] 요컨대 단재의 동방민족연대론은 일본을 배제한 식민지·반식민지 동방피압박민족연대론인 것이다.

동아시아 아나키스트들의 국제적 연대는 오스기 사가에[大杉榮]가 극동사회주의자 회의에 참석하기 위해 상하이로 밀항하면서부터 시작되었다. 그러나 그가 죽고 난 뒤 아나키스트들의 국가적 연대는 신채호·유기석·이정규 등 한인 아나키스트와 대만 출신 아나키스트 임병문에 의해 추진되었다.[77]

1924년 4월 말, 이회영·이을규·이정규·정현섭·백정기·류자명 등 6인이 在中國朝鮮無政府主義者聯盟을 결성하였다. 이 때 단재는 관음사에 들어가 역사 연구에 몰두하고 있을 때이므로 여기에 참가하지 않았다.[78] 그런데 이 단체 결성의 주도자들이 혁명 근거지 건설을 도모하던 인물들

---

75) 「浪客의 新年漫筆」, 『전집』 제6권, 586쪽.
76) 「宣言」, 『전집』 제7권, 157~159쪽.
77) 김명섭, 「한·일아나키스트들의 사상교류와 반제 연대투쟁」, 50~51쪽.
78) 정화암, 『이 조국 어디로 갈 것인가』, 자유문고, 1982, 61~62쪽.

이었기 때문에 '테러 활동'을 강조하는 단재가 운동 방법론의 차이 때문에 참가하지 않았다는 견해도 있다.[79] 또한 그가 민족주의에 대한 집착때문에 의도적으로 참가하지 않은 것이란 견해도 있다.[80] 그러나 당시 단재는 多勿團 선언서를 기초[81]하는 등 이들의 활동과 무관하지 않았으며, 간접적으로 무정부주의운동에 관여하고 있었다.[82] 다만, 재중국조선무정부주의자연맹은 재정적 어려움으로 인해 동년 10월에 사실상 해체되고, 이들 중 이을규·이정규·백정기·정화암이 중국 동지와 유대 강화를 위해 상해로 떠나고 북경에는 이회영과 류자명만 남는 등[83]의 상황도 그가 이후에라도 참여할 수 없는 이유가 되었을 것이다. 또한 이후 그의 무정부주의 활동을 보더라도 운동 방법론의 차이나 민족주의적 성향으로 인해 이 단체에 의도적으로 참가하지 않았다기보다는, 당시 독립운동계에 대한 단재의 심경이나 행적과 연계하여 해석하는 것이 타당할 듯하다.

1925년 3월, 의열단에 의한 金達河 처단 사건이 발생하였다.[84] 이 때 이회영 내외의 김달하 조문을 둘러싼 오해로 신채호와 김성숙이 이회영에게 절교를 선언하는 등 일시적으로 관계가 소원해졌으나, 곧 이은숙의 적극적인 활동으로 관계를 회복하였다.[85] 따라서 김달하 처단 사건을 보는 태도의 차이를 신채호와 이회영 간 노선상의 갈등으로 보는 견해[86]는 지나친 비약으로 여겨지며, 오히려 이는 망명지의 간고함 속에서도 민족운동가로서 삼엄한 절조를 지키기 위한 자세에서 벌어진 오해에서 비롯

---

79) 李浩龍, 「신채호의 아나키즘」, 88쪽. 여기에서는 이회영과 내왕하고 있던 단재가 在中國朝鮮無政府主義者聯盟 창립 소식을 모를 리 없을 것이라며 의도적 불참임을 강조하였다.
80) 愼鏞廈, 「申采浩의 無政府主義 獨立思想」, 116쪽.
81) 李圭昌, 『運命의 餘燼』, 寶蓮閣, 1992, 75쪽.
82) 한시준, 「申采浩의 在中獨立運動」, 248쪽.
83) 吳章煥, 「1920년대 在中國韓人無政府主義運動」, 66~68쪽.
84) ≪東亞日報≫ 1925년 8월 6일자.
85) 李恩淑, 『民族運動家 아내의 手記』, 정음사, 1975, 52~53쪽;李圭昌, 『運命의 餘燼』, 74~81쪽.
86) 이호룡, 「재중국 한국인 아나키스트들의 민족해방운동」, ≪한국독립운동사연구≫ 제16집, 2001, 276쪽.

된 것으로 보는 것이 타당할 듯하다.[87]

신채호가 본격적으로 무정부주의 단체에 참여한 것은 1926년 여름경으로 보인다.[88] 즉, 그는 1926년 여름, 임병문이 상하이에서 중국 · 일본 · 조선 · 인도 등지 아나키스트들의 국제 연대를 위한 준비회의를 열었을 때 이 회의에 참가하였던 것이다. 이 같은 준비를 거쳐 1927년 9월 북경에서 無政府主義者東方聯盟(일명 A東方聯盟, 이하 東方聯盟)이 결성되었다.[89]

동방연맹은 중국 광동의 아나키스트 黍健의 발의로 조선 · 중국 · 일본 · 대만 · 베트남 · 인도 · 필리핀 등 7개국 대표 120여 명이 참가하여 결성한 국제단체였다. 단재는 이 회의에 임병문의 안내로 28세의 젊은 이필현(일명 李志永 또는 李三永)[90]과 함께 조선 대표로서 참가하였다. 단재가 임병문과 이필현을 알게 된 것은 류자명의 소개에 의해서이다. 이에 대해 류자명은 다음과 같이 기록하였다.

> … 나는 1924년에 북경에서 대만사람인 林炳文과 范本樑을 알게 되
> 었으며 그들과 나는 무정부주의 동지로 되어 서로 친밀하게 지냈었다.
> 임병문은 그 때 북경우정국에서 일하고 있었고 前門의 泉州會館에 기숙

---

87) 崔洪奎, 『申采浩의 民族主義思想』, 丹齋申采浩先生紀念事業會, 1983, 216~218쪽.

88) 그는 제4회 공판(1929. 10. 3) 때 자신이 무정부주의자동방연맹에 입회한 것이 '3년 전 여름'이라고 하여 1926년 여름이었음을 밝힌 바 있다(≪東亞日報≫ 1929년 10월 7일). 그런데 1926년 여름에는 무정부주의자동방연맹의 준비회의가 열렸던 때이기 때문에 그의 진술이 정확하다면 그는 결성 이전의 준비회의에 참가한 것이라 할 수 있다. 그런데 그가 이 때 참가한 단체를 在中國朝鮮無政府主義者聯盟으로 본 견해(愼鏞廈, 『申采浩의 社會思想研究』, 64쪽)는 사실과 다른 것으로 여겨진다.

89) 東方聯盟이 결성된 장소를 천진으로 보는 견해가 있다(愼鏞廈, 『申采浩의 社會思想研究』, 64쪽;김명섭, 「한 · 일아나키스트들의 사상교류와 반제 연대투쟁」, 51쪽). 이는 1927년 9월의 북경 회의와, 1928년 4월 단재가 별도로 개최한 천진 회의를 혼동한 오류로 여겨진다(≪朝鮮日報≫ 1928년 12월 28일자, ≪東亞日報≫ 1929년 2월 12일자, ≪中外日報≫ 1929년 4월 8일자).

90) 李弼鉉은 1920년대 전반기 일본에서 박열과 함께 박살단에 참여하였을 뿐만 아니라 흑우회 잡지인 ≪現社會≫를 발행하였으며 불령사 활동도 함께 한 젊은 아나키스트였다(김명섭, 『한국 아나키스트들의 독립운동 －일본에서의 투쟁－』, 이학사, 2008, 94 · 137 · 141쪽).

하고 있었다. 그 때 생활이 곤란하여 림병문의 관계로 나도 천주회관에
서 한동안 림병문과 같이 있었기 때문에 단재 선생과 림병문과도 서로
친하게 되었던 것이다. 리지영은 그 때 서울에서 같이 북경으로 온 청년
이었는데 나는 북경에서 그를 만나보았고 나를 통하여 단재 선생과 림
병문도 알게 되었다. 그들은 천진에서 활동하다가 …91)

　　이 회의에 참가한 각 국 대표들은 본부를 상해에 두기로 결의하고, 본국
으로 돌아가 연락을 취하며 목적을 달성케 하자고 맹세하였다.92) 단재는
이 단체에 참가한 목적을 무정부주의로 동방의 기성국체를 변혁하여 모든
민중이 다 같이 자유롭게 잘사는 사회를 만들기 위한 것이라고 밝혔다.93)

　　1928년 3월 상해에서 在中國朝鮮無政府共産主義者聯盟이 결성되었다.
이 단체의 결성 때 단재의 참가 여부를 둘러싼 논란이 있으나 현재로서
단정할 수는 없다.94) 단재는 1928년 4월 천진에서 한인 아나키스트 회의
를 소집하였다.95) 이는 전년도에 열린 동방연맹 회의의 결정사항을 실천
에 옮기기 위한 것이었다. 이 회의는 회원들을 성명이 아닌 번호로 호칭
할 정도로 비밀리에 진행되어, 이 회의를 주관한 단재 자신도 누가 참석
했는지 모른다고 답변한 바 있다.96)

　　이 회의는 연맹의 선전 기관을 설치할 것과, 러시아와 독일의 폭탄 제

---

91) 류자명,『한 혁명자의 회억록』, 179~180쪽.
92) ≪朝鮮日報≫ 1928년 12월 28일자.
93) ≪東亞日報≫ 1929년 10월 7일자.
94) 이 단체와 신채호와의 관련에 대해 상반된 견해가 있다. 즉, 당시 이 단체의 창립을 주도
　　할만한 인물이 단재 밖에 없었고, 이회영이 관계하였다는 회고가 없으며, 이 단체가 테러
　　적 직접행동을 취하고 있다는 등의 근거로써 그가 창립을 주도하였다고 보는 견해가 있
　　다(李浩龍,「신채호의 아나키즘」, 89~90쪽). 반면, 이 단체의 기관지 ≪奪還≫이 단재가
　　피체된 이후인 1928년 6월 1일 창간호가 발간되었고 단재의 글이 실리지도 않았다는 사
　　실을 근거로 단재와의 관련성을 부정한 견해도 있다(박환,「1920년대 在中韓國人의 無政
　　府主義運動과「奪還」의 刊行」, ≪韓國學報≫ 제52집, 1988, 108쪽).
95) 이 회의 개최 장소를 북경으로 보는 견해(愼鏞廈,『申采浩의 社會思想研究』, 65쪽)는 ≪朝
　　鮮日報≫(1928. 12. 28) 보도에 근거한 것이나, 신채호의 공판 답변이나 류자명의 수기 등
　　에 의하면 천진으로 봄이 타당하다.
96) ≪東亞日報≫ 1929년 10월 7일자.

조 기술자를 고빙하여 북경 교외에 폭탄 제조공장을 설치할 것을 결의하
였다. 선전기관에서 인쇄한 선전물은 세계 각국에 발송할 계획이었고, 제
조한 폭탄은 동방연맹 가맹 국가에 보내 대관 암살과 대건물을 파괴하는
데 사용하고자 하였다.[97]

이 회의에서는 단재가 기초한 「선언」이 채택되었는데, 여기에는 단재
의 무정부주의에 기초한 동방 식민지·반식민지 무산 민중의 연대혁명
론이 강하게 표현되어 있다. 단재는 「선언」에서 세계 무산민중으로부터
동방 식민지·반식민지 무산민중으로 연대의 대상을 좁히고, 이를 최대
다수의 민중 대 최소수의 야수적 강도라는 대결 구도로 설명하였다. 그는
당시 동방 무산 민중의 생존 상태가 야수적 강도에 의한 '死滅보다도 陰
慘한 不生存의 生存'이라고 지적하였다. 그는 정부를 '人肉分贓所'라고 극
단적으로 표현하였으며 정치, 법률과 형법, 명분과 논리 등에 대해 다음
과 같이 설명하였다.

> … 이 怪動物들이 맨 처음에 狡猾하게 自由 平等의 社會에서 사는 우
> 리 民衆을 쇠기여 支配者의 地位를 어더 가지고 그 掠奪行爲를 組織的
> 으로 白晝에 行하라는 所謂 政治를 맨들며 掠奪의 所得을 分配하라는
> 곳 「人肉分贓所」인 所謂 政府를 두며 그리고 永遠 無窮히 그 地位를 누
> 리랴 하야 反對하랴는 民衆을 制裁하는 所謂 法律 刑法 등 부어터진 條
> 文을 制定하여 民衆의 奴隷的 服從을 식히랴는 所謂 名分 論理 등 민동
> 이 갓흔 道德律을 制定하얏다. 東西 歷史에 傳하여 온 帝王, 聖賢이 이
> 强盜나 野獸를 擁護한 野獸의 走狗들이다. …[98]

그리고 무산 민중이 생존하기 위해서 재래의 정치·법률·도덕·윤리
와 기타 一切 文具를 부인하고, 군대·경찰·황실·정부·은행·회사와
기타 모든 세력을 파괴하자는 분노의 절규로써 혁명을 외쳤으나, 무산 민

---

97) ≪朝鮮日報≫ 1928년 12월 28일자.
98) 「宣言」, 『전집』 제7권, 655쪽.

중이 진정으로 해방하기 위해서는 그들을 소극적으로 부인할 것이 아니라 적극적으로 투쟁하여 그들의 존재를 없애야 한다고 주장하였다. 그는 동방 각 식민지·반식민지 무산 민중의 최후 승리를 확신하면서도 일본 등 제국주의 야수의 경제적 착취와 정치적 압박을 철저히 부인하고 파괴하는 혁명에 급속도로 전진하여야만 동방 민중이 존재할 수 있을 것이라고 강조하였다.

> … 우리의 生存은 우리의 生存을 쌔앗는 우리의 敵을 업시하는 데서 차질 것이다. 一切의 政治는 곳 우리의 生存을 쌔앗는 우리의 敵이니 第一步에 一切의 政治를 否認한 것, 消極的 否認만으로는 곳 '董卓을 哭死'하랴는 …(탈락)… 彼等의 勢力은 우리 大多數 民衆의 否認하며 破壞하는 날이 곳 彼等이 存在를 일른 날이며 彼等의 存在를 일른 날이 곳 우리 民衆이 熱望하는 自由 平等의 生存을 어더 無産階級의 眞正한 解放을 일우는 날이다. 곳 凱旋의 날이니 우리 民衆의 生存할 길이 여긔 이 革命에 잇슬 뿐이다. 우리 無産 民衆의 最後 勝利는 確定必然한 事實이지만 다만 東方 各 '植民地' '半植民地'의 無産 民衆은 自來로 釋迦 孔子 等이 提唱한 곰팡내 나는 道德의 '독' 안에 쌔아지며 帝王 酋長의 비린내 나는 政治의 '금울' 속에 걸니어 數千年 헤매다가 一朝에 英 法 日本 等 帝國主義 野獸 …(인멸됨)… 每年 增加하느냐? 彼等의 經濟的 搾取와 政治的 壓迫이 全速力으로 前進하여 우리 民衆을 맷돌의 한 돌님에다 갈어 죽이랴는 판인즉 우리 東方 民衆의 革命이 만일 急速度로 前進되지 안하면 東方 民衆은 그 存在를 일허 버릴 것이다. 그래도 存在한다면 이는 墳墓의 속 …(탈락)… 온 것이니 우리가 徹底히 否認하고 破壞하는 날이 곳 彼等이 그 存在를 일는 날이다.[99]

단재는 망명 이전에 쓴 글에서 동서양 혁명의 차이를 설명하고, 東洋革命史의 결점을 지적한 바 있다. 즉, 동양에서 혁명이 일어나는 원인은 서양과 마찬가지로 '暴君凶黨'의 학대에서 비롯된 것이나, 서양은 혁명의 결

---

99) 「宣言」, 『전집』 제7권, 656~657쪽.

과 그들을 제거하여 '人權 國利'를 얻고, 동양은 제2의 폭군과 흉당이 나타나 인권 국리를 얻는데 실패하였다고 지적한 것이다.[100] 그가 「선언」에서 동방 무산민중들이 철저한 부인과 파괴의 혁명으로 제국주의 야수를 제거할 것을 주장한 것은 이 같은 역사인식에 기인한 것이라 할 수 있다.

단재는 선언에 그치지 않고 동방연맹의 행동을 실천하기 위한 자금의 조달에 나섰다. 그는 北京郵務管理局 외국위체계에 근무하던 임병문과 협의, 액면가 6만 4천 원에 달하는 외국위체 2백 매를 위조 인쇄하여 일본·대만·조선·관동주 등 중요한 32개 우편국에 留置爲替로 발송하였다. 단재는 동지들과 함께 지역을 분담하여 위체를 현금화하고자 하였는데, 자신은 대만을, 이필현은 일본을, 임병문은 관동주와 조선을 담당하기로 하였다. 그러나 임병문이 4월 25일 大連銀行에서 華北物産公司 張同華라는 가명으로 위체 2천 원을 찾아 북경의 이필현에게 보내고, 다시 일본 고베에 도착하여 일본은행에서 같은 방법으로 2천 원을 찾으려다 발각되어 일경에 체포되며 전모가 발각되고 말았다. 이 사실을 모르고 대만으로 가서 돈을 찾으려던 단재는 5월 8일 基隆郵便局에서 피체되고 말았다.[101]

그런데 지금까지 단재의 피체 과정이나 피체지가 잘못 알려져 왔다. 이 오류는 당시 국내 언론 보도의 오보로 인한 것이다.[102] 그러나 당시 실상을 정확히 알 수 있었던 대만 현지 언론인 ≪臺灣日日申報≫에 단재 피체의 전말이 생생히 보도되고 있다. 지금까지의 연구에서 이 자료는 전혀 이용되지 않았다. 이에 의해 단재의 피체 과정을 정리하면 다음과 같다.

---

100) 「東洋革命史의 缺點」, 『전집』 제6권, 139쪽.
101) ≪朝鮮日報≫ 1928년 12월 28일자.
102) 이 보도는 "… 신채호는 5월 8일 경에 柳炳澤이라고 변명한 후 책임액 1만 2천 원을 찾기 위해 일본 門司를 거쳐 恒春丸으로 臺灣 基隆港에 도착하여 상륙코자 하는 즈음 基隆水上警察署에게 발각 체포 …"라고 하였다. 또한 동일의 다른 기사에서는 '실지 착수 도중에 체포'되었다고 보도하였다(≪朝鮮日報≫ 1928년 12월 28일자). 한편 대만의 『維基百科 自由的百科全書』에는 단재가 피체될 때 柳煙澤이라는 가명을 사용한 것으로 되어 있는데, 柳炳澤의 오기일 가능성이 있다.

4월 23일, 臺北郵便局에 北京華北物産公司 구좌로부터 劉文祥 명의로 위조 위체 4백 원권 5매 합계 2천 원이 보내져 왔다. 이것이 위조된 위체임을 확인한 대북우편국은 臺北南署에 急報하고 엄중한 경계를 펼쳤다. 24일에는 新竹郵便局에 역시 劉孟源 명의로 위조 위체 2천 원이 왔고, 그 후 基隆·臺中·臺南·高雄 등 각 우편국에서도 계속하여 화북물산공사 명의의 위조 위체가 발견되었다. 또한 임병문 구좌로부터도 위조 위체가 들어와 그 액면가는 1만 원에 달하였다. 대만 당국에서는 이 사실을 공개하지 않고 비밀리에 범인 수사에 들어갔다. 그러던 5월 8일 이 사실을 모르던 신채호가 기륭우편국에 나타났던 것이다. 단재는 門司를 거쳐 배를 타고 왔는데 船客 名簿에 '北京前門內安福 劉文祥 號 孟源'이라고 썼고, 명함도 그렇게 인쇄하여 지니고 있었다. 일경은 위조 위체의 수취인이 劉文祥, 劉孟源으로 되어 있던 터에, 동일한 이름이 선객 명부에서 확인되자, 기륭항에서부터 단재를 미행하였던 것이다. 이를 모르던 단재는 우편국 위체계 창구에서 유문상 명의로 지급청구서에 서명 날인하고 현금을 수령하려고 기다리던 중 기륭수상파출소 與世山 형사에게 피체되었던 것이다. 이날 단재는 유치장에 갇히며 일경에게 '猛然反抗'하였다. 또한 단재는 자신을 신문하는 基隆署 山元 警部補와 臺北州 保安課에서 응원 나온 山下 警部에게 자신은 중국인이고 북경어 외에 일본어나 조선어는 할 줄 모른다며 말을 하지 않고 버텼다. 그러나 일경이 곧 북경어를 사용하는 중국인을 불러 대담하게 하자, 단재는 이튿날에 결국 일본어로 사실을 말하지 않을 수 없었던 것이다.[103]

이로써 볼 때 단재의 피체과정이나 피체 장소에 대해 기륭항에 상륙하려다가 그 직전에 피체되었다거나,[104] 12,000원을 인출하여 대만 기륭으로 도피하다가 피체된 것[105]이라는 등의 오류는 수정되어야 할 것이다.[106]

---

103) ≪臺灣日日申報≫ 1928년 5월 12일자. 이 신문은 中文과 日文으로 간행되었다.
104) 愼鏞廈, 『申采浩의 社會思想研究』, 65~66쪽;최홍규, 『신채호의 역사학과 민족운동』, 271쪽.

　당시 언론은 이를 ‘조선 아나키스트 비밀결사의 효시’로 평가하였다.[107] 이 사건으로 단재와 임병문, 이필현을 비롯하여 의열단원 李鍾元, 중국인 楊吉慶 등 5명이 피체되었다. 이들은 대련으로 호송되어 혹독한 조사를 받고 공판에 회부되었는데, 임병문은 이해 8월 옥중에서 사망하였다.

　단재는 공판 과정에서 자신은 의심할 바 없는 무정부주의자임을 자처하였다. 그리고 위조 위체는 동방연맹의 자금으로 쓰되 우선 主義 宣傳 雜誌를 발간하여 동지를 규합하려 한 것이라고 밝혔다. 단재는 국제 위체 사기가 나쁜 일이 아니냐는 판사의 신문에 대해서 독립을 이루기 위해 취

---

105) 申一澈, 『申采浩의 歷史思想硏究』, 174쪽.
106) 일제가 臺灣에서 우편업무를 개시한 것은 군대가 진주한 직후인 1895년 3월 27일 媽宮에 混成第一野戰郵便局을 설치하면서부터이다. 곧 이어 이해 6월 9일 기륭에 秋山啓之에 의해 基隆野戰郵便局이 설치되었는데, 한 달 후인 7월 9일 第一野戰郵便局으로 개칭되었다. 현재 基隆郵國 홈페이지(http://www.post.gov.tw/index.jsp)에 기륭우국의 성립시기를 ‘民國前 16년 7월 9일’이라 한 것은 이를 기점으로 잡은 것이다. 이는 이듬해에 基隆郵便電信局으로 개칭되었고, 1907년 4월 1일 基隆郵便局으로 개칭되었다. 1909년에 지금의 基隆郵政總局處 자리에 郵政大廈를 짓기 시작하여 1912년 6월 9일 낙성을 하고 7월 8일부터 이사를 마치고 업무를 개시하였다(설계자, 近藤十郞). 이 건물 외벽의 테두리는 흰색 돌을 사용하였고, 붉은 벽돌을 쌓아 올렸다. 기륭우편국의 입구는 반원형의 계단으로 되어 있고 건물의 정상부는 둥근 돔의 형태를 하였으며, 좌측에 塔樓를 건축함으로써 그 앞의 日新橋와 함께 기륭의 상징적인 ‘指標 建築物’이 되었다. 현재 남아 있는 사진을 통해 일신교가 처음에는 목재로 건설되었다가 후에 석재로 건설되었음을 알 수 있는데, 다리 밑으로 배가 왕래하였다[사진 1~4 참조]. 이 건물은 1970년에 우정업무가 발달함에 따라 오늘날의 5층 빌딩으로 개축하였다(曹潛, 『中華郵政史臺灣編』, 交通部郵政總局, 1981, 167~168쪽;陳郁欣, 「日治時期臺灣郵政的初建」, ≪臺灣學硏究≫ 第6期, 2007, 71~88쪽;『日治時期臺灣郵政史』 참조). 현 주소는 基隆市 仁愛區 愛三路 130호이며, 基隆愛三路郵局(基隆 901支)으로 업무를 계속하고 있다[사진 5~6 참조]. 1905년의 시가지 지도와 최근의 시가지 지도를 대비해 보면 그 위치가 일치함을 확인할 수 있다[사진 7~8 참조]. 필자는 2009년 11월 25일 중국 뤼순에서 개최된 국제학술회의 발표에서 단재 피체지의 오류를 수정할 것을 제안한 바 있으며(「申采浩의 아나키즘과 東方被壓迫民族連帶論」, 『동아시아평화론의 현대적 조명』, 단국대학교 동서문화교류연구소 주관), 각종 자료와 사진 및 지도를 통해 현재 기륭우편국의 위치를 확인하였다. 필자의 제안에 따라 독립기념관 해외사적지 조사팀이 2010년 8월 현지 조사를 실시하여 이를 확인하였다(국가보훈처 · 독립기념관, 『국외독립운동사적지 실태조사보고서』 10, 2010, 130~133쪽).
107) ≪朝鮮日報≫ 1928년 12월 28일자.

하는 수단은 모두 정당한 것이니 사기가 아니며, 양심에 부끄러움이나 거리낌이 없다고 답변하였다.108) 그의 답변은 조금도 기탄없고 당당하여 법정을 긴장케 하였다.109)

신채호의 피체로 무정부주의동방연맹의 활동은 크게 위축되었다. 1928년 6월 14일 상해에서 동방무정부주의자연맹(동방A연맹)이 결성되어 활동하였으나 1931년경부터 활동이 침체되었다.110)

단재는 옥중에서도 무정부주의에 대한 깊은 관심을 지니고 있었다. 그는 자신을 면회 온 李灌鎔111)과 申榮雨112)에게 일본어판 에스페란토어 사전과 원문으로 된 책의 차입을 부탁하였고, 『世界大思想全集』의 크로포트킨편을 유물로 남긴 것은 이를 잘 알려준다.113) 이는 그가 임종하는 순간까지 무정부주의 사상을 바탕으로 식민지·반식민지 동방피압박민족연대론을 실현하고자 한 의지로 이해된다.

Ⅴ. 맺음말

본고는 단재의 무정부주의 사상 수용의 배경과 시기, 그의 역사적 평가를 논의한 것이다. 또한 그가 무정부주의 사상에 바탕하여 구상한 동방피압박민족연대론과, 이를 실천하기 위한 활동을 재조명한 것이다. 이상을 요약하면 다음과 같다.

단재가 무정부주의를 수용하게 된 중요한 계기는 3·1운동이었다. 그

---

108) ≪東亞日報≫ 1929년 2월 12일자;≪朝鮮日報≫ 1928년 12월 28일자.
109) ≪中外日報≫ 1929년 10월 8일자.
110) 이호룡, 『아나키스트들의 민족해방운동』, 172~173쪽;김명섭, 「한·일아나키스트들의 사상교류와 반제 연대투쟁」, 52~55쪽.
111) 李灌鎔, 「大連監獄에서 申丹齋와 面會」, ≪朝鮮日報≫ 1928년 11월 8일자(『전집』 제9권, 14쪽).
112) 申榮雨, 「朝鮮의 歷史大家 丹齋 獄中會見記(五)」, ≪朝鮮日報≫ 1931년 12월 25일자(『전집』 제9권, 26쪽).
113) 신수범, 「아버님 丹齋」, ≪나라사랑≫ 제3집, 1971년(『전집』 제9권, 145쪽).

는 3·1운동으로 분출된 민중의 힘을 목도하며 역사 변혁의 주체로서 민
중을 인식하게 되고 절대독립의 민중직접 혁명론을 지니며 그에 합당한
사상을 수용하였던 것이다. 그가 무정부주의를 처음 접한 시기는 이른 시
기였으나, 1923년 「조선혁명선언」을 집필하며 이해의 폭을 넓혔고, 이해
가을 한국과 중국의 무정부주의자들과 교유하며 스스로가 무정부주의자
임을 자처할 정도로 성장하였다. 무정부주의자로서 단재의 모습은 이후
발표한 논설과 문학작품에서 확인할 수 있다.

단재의 무정부주의 사상과 운동을 평가하는 관점 또한 다양하다. 그러
나 단재의 무정부주의 사상 수용과 그 운동을 민족주의의 틀 속에만 고정
시키는 것은 단재의 광대한 사상과 민족운동을 협애하게 만들 우려가 있
다. 그렇다고 그를 순연한 아나키스트라거나 심지어 그가 무정부주의를
최고의 가치로 여기고 그것을 위하여 민족주의를 수단으로 하였다는 것
은 지나친 논리라고 생각된다. 무엇보다도 단재의 무정부주의 사상 수용
과 운동을 비판적으로 보는 시각은 교정되어야 할 것이다. 그의 무정부주
의 사상 수용과 운동은 그가 선험한 독립운동 이념과 방법론의 주체적
'선변'으로 보는 것이 타당할 것으로 사료된다.

단재는 절대 독립론과 민중 직접혁명론을 실현하기 위한 방편으로 동
방민족연대론을 구상하고 이를 실천하고자 하였다. 그가 국제적 연대나
동방민족연대론을 지니게 된 것은 무정부주의 사상의 주체적 수용과 밀
접한 관련이 있으며, 이는 그의 사상과 독립운동론에서 커다란 변화였다.

1920년대 들어 단재는 조선의 독립이 중국의 이해뿐 아니라 동양평화
에도 중요한 의미를 지닌다고 확신하고 한중 우호와 연대를 주장하였다.
그리고 그 연장선상에서 동방민족연대론을 주장하였다. 그는 민중을 강
국의 민중과 식민지의 민중으로 양분하고, 식민지·반식민지 민중의 연
대를 주장하였다. 일부에서 일본의 무산 민중들과도 연대할 것을 주장하
기도 하였으나, 그는 일본의 무산 민중과 제국주의를 동일시하였다. 따라

서 단재의 동방민족연대론은 곧 식민지·반식민지 동방피압박민족연대론이었다.

단재는 동방피압박민족연대론을 실천하기 위해 1926년 여름경부터 무정부주의 단체에 가입하여 활동하였다. 그리고 1927년 9월 북경에서 조선과 중국 등 7개국 대표가 모여 무정부주의자동방연맹을 결성할 때 조선 대표로서 이 회의에 참가하였다. 그리고 이 회의의 결의사항을 실천하기 위해 1928년 4월, 천진에서 한인무정부주의자 회의를 소집하였다. 이 회의에서는 그가 기초한 「선언」이 채택되었고, 연맹의 선전 기관을 설치할 것과, 러시아와 독일의 폭탄 제조 기술자를 고빙하여 북경 교외에 폭탄 제조공장을 설치할 것을 결의하였다. 그는 자금 조달을 위해 대만인 林炳文과 협의, 외국 위체를 위조하여 현금으로 찾으려다 1928년 5월 8일 피체되어 뜻을 이루지 못한 채 1936년 뤼순감옥에서 순국하였다. 그런데 단재가 피체된 시점과 장소는 기륭항에서 하선하여 기륭우편국으로 가서 창구에서 가명을 사용하여 청구서를 제출하고 위조 위체를 현금으로 찾으려던 순간으로 수정되어야 할 것이다.

단재 신채호, 그는 조선의 크로포트킨이 되어 독립을 추구한 한국의 독립운동가였을 뿐만 아니라, 동방피압박민족의 식민지·반식민지 모순을 타파하고 동양평화를 이루고자 한 동방의 혁명가라 평가할 수 있을 것이다.

≪한국독립운동사연구≫ 제38집,
독립기념관 한국독립운동사연구소, 2011)

<사진 1> 대만대백과사전에 수록된 기륭우편국 사진. 앞의 일신교가 목재로 되어 있다.

<사진 2> 기륭우편국 전경(1916년)

<사진 3> 기륭우편국 전경(1919년)

<사진 4> 일신교와 기륭우편국

<사진 5> 현재의 기륭우국

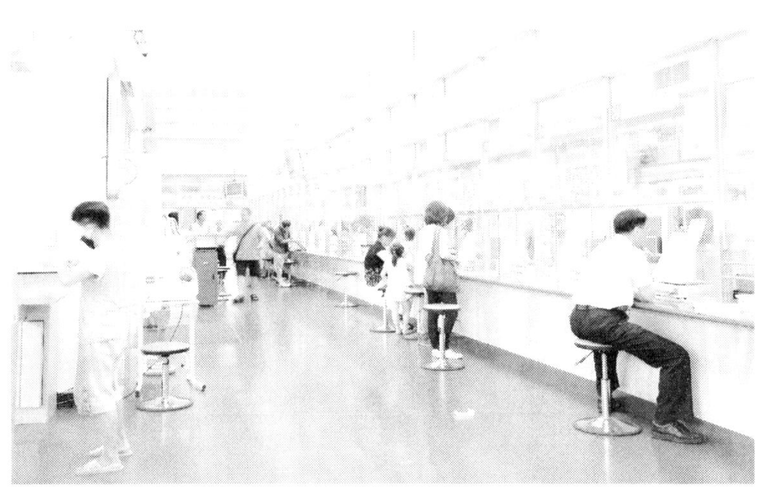

<사진 6> 기륭우국 내부

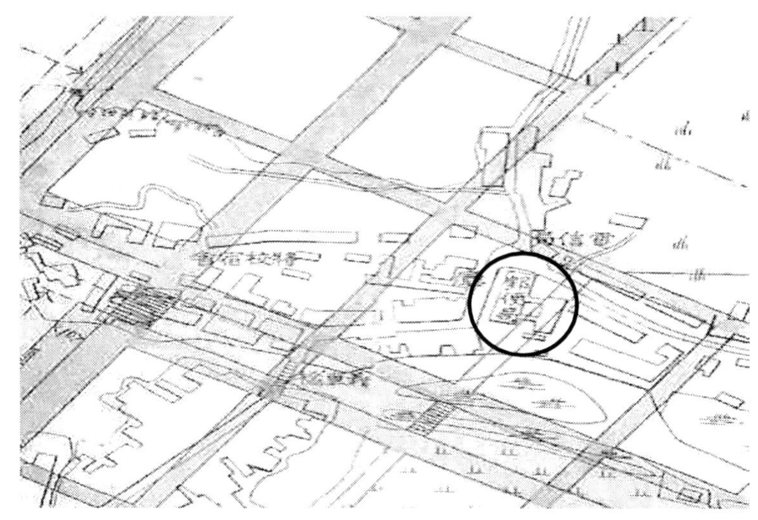

<사진 7> 기륭시가도에 표시된 우편국(1905년)

<사진 8> 기륭우국 홈페이지에 게시된 약도

부록

새로 발굴한 아나키스트 柳子明의 친필 수기

‖ 해제

부록편에 수록한 두 편의 자료는 충주 출신 아나키스트 柳子明(1891~
1985)이 친필로 남긴 자신의 약력이다. 이 자료는 필자가 2006년과 2008
년 두 차례에 걸쳐 중국 창사[長沙]에 거주하고 있는 그의 아들 柳展輝 교
수의 집을 방문하여 류자명 유고와 유품 등의 자료를 조사할 때 확인한 것
이다. 「我的簡歷」은 1974년 3월 호남농학원 재직 시절에 자신의 약력을
정리한 것이고, 「我在中國六十多年」은 1979년의 사실까지 기술하고 있어
그 후에 정리한 것임을 알 수 있는데 구성과 내용은 유사하다.

류자명은 남과 북에서 모두 훈장을 받은 유일한 인물이다. 먼저 북한에
서는 1978년 그가 농업과학 분야에서 이룬 탁월한 업적을 높이 평가하여
‘조선민주주의인민공화국 3급 국기훈장’을 수여하였다. 이어 남한에서는
1991년 그의 독립운동의 공적을 인정하여 ‘건국훈장 애국장’을 추서하였
다. 그가 남북으로부터 모두 훈장을 받기는 하였으나, 서훈의 공적이 다른
것은 분단의 현실을 말해주는 것이기도 하다.

그의 삶은 매우 극적이었다. 그는 1950년 귀국의 부푼 꿈을 안고 대만
기륭항에서 홍콩까지 왔다가 바로 그날 6·25전쟁이 발발하는 바람에 귀
국을 포기하고 말았다. 조국의 전쟁이 그의 귀국을 막은 것이었다. 이후 그
는 조선 국적을 포기하지 않은 ‘朝僑’로서 살았고, 자식들도 조선족으로 입
적하였다. 그의 중국 거주와 모국의 분단 현실은 고향으로의 귀국을 어렵
게 하였다. 그러던 1957년, 그는 북한의 요청으로 귀국을 결심하고 중국
생활을 청산하였다. 그러나 뒤늦게 그가 농학 연구의 인재임을 깨달은 중
국 고등교육부가 외교부에 귀국을 막아달라고 요청함으로써 귀국은 또 좌
절되고 말았다. 이번에는 국가 이익을 고려한 중국의 방해로 말미암아 귀
국할 수 없었던 것이다. 결국 그의 귀국은 2002년 유해 봉환의 형태로 이
루어졌다. 참으로 멀고도 기구한 귀국 길이었다.

현재 창사에는 호남대학 당안관과 류전휘 교수의 집에 그와 관련된 자료가 보관되어 있다. 전자는 주로 교수 초빙서와 호남농학원 재직 시절의 학사 관련 자료이며, 후자는 대부분 벼·포도·감귤·장미 등 농학과 관련된 그의 논문 원고류가 대부분이다. 독립운동 관련 자료가 전무한 것은 무척 안타까운 일이었다. 그러나 수차에 걸친 거주지 이동과 문화대혁명 등 격변의 소용돌이 속에서 그나마 이 정도의 자료라도 보존된 것은 아들 류전휘의 효성 때문이었다.

류자명의 친필 수기는 1984년 중국 요령민족출판사에서 활자본『나의 회억』으로 간행된 바 있다. 그러나 수기를 전부 수록한 것도 아니고 내용도 완전치 못하다. 다행히 독립기념관 한국독립운동사연구소에서 1999년 『한 혁명자의 회억록』으로 그의 수기를 원전 그대로 영인하여 간행함으로써 연구에 큰 도움을 주고 있다.

그러나 여기에 소개하는 두 편의 간략한 자필 약력 소개는 그간 전혀 알려지지 않은 자료로서, 이번에 최초로 공개하는 자료이다. 그간 그의 생애와 활동과 관련하여 약간의 혼돈이 있었으나, 그 자신의 기록을 통해 올바로 정리될 것으로 기대된다. 다만,『한 혁명자의 회억록』의 일부 기술 내용도 그렇지만, 여기의 내용 가운데에도 사상과 관련된 부분은 조국의 분단 현실과, 그가 중화인민공화국에 거주한 현실이 반영되어 있음에 유의하여야 한다. 그러면서도 이른바 '문화대혁명운동'을 '문화대파괴운동'으로 규정하며 비판하는 대목은 대단히 인상적이다.

당시 자료 조사의 편의를 제공해 주고 이 자료의 공개를 허락해 주신 류전휘 교수와 자료의 수집과 정리를 도와준 중경대한민국임시정부청사 李鮮子 부관장께 감사드린다. 자료의 수록 방법은 원전은 편집상 부득이 축쇄하였으며, 번역은 가급적 원전에 충실하고자 하였으나, 어색할 경우 약간의 의역을 한 부분도 있음을 밝혀둔다. 이 자료가 류자명과 한국독립운동사연구에 자그마한 섬돌 하나라도 되기를 기대해 본다.

부록 1 나의 약력

我的簡歷

我的简历　　　柳子明

1. 出生时期及出生地

1894年1月13日出生在朝鲜忠清北道忠州郡。

这一年是朝鲜农民起义，同时引起中日战争的一年。历史上称的甲午战争，就是日本帝国和朝鲜设日帝侵略的开端。

2. 朝鲜被日帝侵吞

1910年8月29日、日帝强迫朝鲜一小撮卖国贼签订的"日韩合併条约"被公布了。是朝鲜民族永远不能忘记的耻辱的日子。

那时我十六岁，生忠州公立普通学校读书。

3. 1919年3月1日朝鲜独立运动爆发

"3.1"是朝鲜民族呈瞩起，宣布独立自主的一天。"3.1"运动比中国"5.4"运动早两个月爆发。两个运动具有共同的历史情况和时代特性。是反帝反封建，要求国家独立民族解放和政治民主的革命运动。

那时我毕业"永兴农林学校"在忠州农业学校教书。在当年3月间，我脱离农校，到汉城，同几个朋友进行地下活动：组织支援革命政府的团体的联系爱国妇人会和爱国青年会等。

4、第一次出国到上海

1919年6月间，我同由上海回国的一位朋友（赵铜周）一道，秘密渡过鸭绿江，经过沈阳、营口，到达上海。

那时在上海法国租界，已经成立了"韩国临时政府"。临时政府是由"临时议会"经过立法和选举而成立。我是以忠清北道代议员的名义参加临时议会。

5、由上海回到汉城

1919年11月间，我同金檀回到汉城。那时，金檀已经接受了社会主义思想，我把他当先生来待时了。

1920年夏，在汉城成立了"劳动共济会"。这是朝鲜劳动人阶级登上政治舞台的标志，

由申伯雨主持劳会，并出版会列"共济"杂志，
金檎主背后帮助和作宣传工作。

　　当时在汉城还有临时政府的联络机构，由临时政府派来的李铣熊为主。我也帮助过他方面的事情。

　　6、再次出国，先到北京

　　1921年3月，我再次出国，来到北京。在北京认识了许多先进的爱国人士，特别是认识申丹斛先生，是一生难忘的。丹斛先生是著名爱国志士和卓越的历史家。先生在1928年在大连监狱中逝世。

　　7、在天津加入"朝鲜义烈团"

　　1921年冬天，朝鲜留学生高光宾、金相勘等等找到天津法国租界同住。我到天津后，由起组织侨民团，使旅居当地的朝鲜团结起来了。

　　1922年夏天，在天津我加入了"朝鲜义烈团"。那时该团的一个成员梁建浩从监狱中被释放出来，在汉城遇到金檎，金檎把我介绍给他。他到天津时同义烈团负责人金若山和南廷珏一起来看我。我就加入了"义烈团"。

"义烈团"是于1919年成立，设有组织规章，只有纲领三章。其一章是："把正义的事业猛烈地进行。"义烈团以名义就是由正义的"义"和猛烈的"烈"组成的。义烈团以革命斗争方法，只用暴力和破坏的手段对付日帝。

我参加团主要担任联络和文字宣传工作。

8、"义烈团"成员参加1927年
中国第一次大革命运动

1925年，以金若山为首以王子诚候部到广州黄埔军官学校学习。四团长和中山大学报后加以几个同志决定参加学校。

1926年春，在广州召开义烈团代表会议，把义烈团由单纯以暴力性团体改造为革命的党性团体。于是义烈团替布了自己的纲领、政策和规章制度。

1926年在北伐军里有200多名朝鲜青年参加。义烈团成员在黄埔军校毕业后都参加了北伐革命团。

1927年4月12日，蒋介石在广州开始清党，大批逮捕和枪毙共产党员和青年学生，其残酷是世所罕有的。当时我和金若山在广州，怀以痛恨的心情，写一篇通讯稿描述实际情况，寄给"朝鲜日报"，该报用"赤色的恐怖"为标题发表了面文。

当年5月初，我和金若山离开广州去上海的航道中遇到海盗的突袭，我右腿受到流弹穿胁，在厦门一个医院治疗，金若山先去武汉。我伤愈出院，经过上海，于6月到达武汉。当时，又把团成员集中在武汉。

当年7月，武汉国民党也开始清党，这时参加北伐革命的朝鲜青年纷纷离开武汉，金若山、成志因等同志参加了"八、一"南昌起义，部分朝鲜青年参加了广州起义。

我们10来人留在武汉，暂住在"东方被压民族联合会"。

9. 在武汉被逮捕

1928年2月28日我同几个义烈团成员，在汉口的一个同志住所，开会纪念"3.1"运动当中，被日本驻汉口领事馆特务同武汉市公

坚决要求人员联合逮捕。当日朝鲜人被捕数共
十人，内有一女同志，在三个地方同时被捕。日寇又把我们作为共产党员，向武
汉公安局要求逮捕，并且当场要求把我们引渡
给它。公安局不很快这样回答，问政治把口重处
理。第二天把我们送到"武汉卫戍司令部"，
卫戍司令部把我们押在看守所。

日寇天天要求引渡我们，由卫戍司令部要求日寇拿
去我们为共产党员的证据。于是日寇伪托"通讯
社"以名义偏造新闻稿，通讯稿，说什么"相
鲜共产党员十名被武汉公安逮捕"，他们是派遣
奉共产国际派来的等等，把通讯发给各处新闻
社去。但传气名以是，当时武汉、长沙等国民
党以受报同时大表题目得了遍以消息。假使我
们是中国人以证，这一些新闻消息也可以采更
多。还请当省卫戍司令眼她等待日寇去伪造证据，
把到六个月。吴大由上海朝鲜临时政府和朝鲜
侨民团派人向南京政府进行交涉，于8月28日
才得到释放。这就是武汉军警当局为了镇压共
产党，同日本帝国主义勾结以一个具体事实。

当时武汉公安局情报人员中也有日敌的密探，住在日本租界的朝鲜人中也有日敌的密探。另外在"东方被压迫民族联合会"内印度人中也有日敌的密探。我们在汉口的往来又由印度人叫做多辛当是日敌的。我们十个人中，在看守所病死了一人（李海观），九个人讲款放以后，都没有旅费离开武汉。这时住在日租界的一个朝鲜人（白某）的要帮助回来旅费，我们上了他的当，肖国和崔某二人接受了他的帮助去上海。在下船时在黄浦江过中被日本船上海领事馆警察逮捕。因此我们离开武汉时，未敢轻举行动，而且不到上海。

10. 由武汉到南京

被释放不久，我同安老青一道到南京。曾作在"东方被压迫联合会"。这个联合会以来课，是在北伐革命军占领武汉前，收回汉口英国租界后，英国在汉口的领事馆，洋行等都走了。在英租界为英国巡捕的印度人没有工作。于是南京革命政府在组织帮助下了"东方被压迫联合会"。

参加该会的有：朝鲜、印度、越南及中国等各国代表。中国革命政府按月支援一定的经费，作为活动及印发先生人员的生活费。在蒋破坏期间，该会搬到南京，由国民党中央党部按月补助经费。这些我限定每作印度人以生活费，朝鲜人不参加领取任何一点钱。当时蒋石公开声明，在消灭共产党以前，谈不上什么帮助被压迫民族的革命运动。朝鲜人反而成为逃犯的对象。

　　搬到南京后，先去上海看"义烈团"的同志们。金若山参加"八、一"南昌起义后，经过江西、福建地等，回到上海。他们将去北京，我没有同他们一起去。

　　我离开南京后，所认识的中国朋友中，有三个人值得回忆：袁绍先、叶正叔和陈回光。叶正叔年纪已老，曾系"同盟会"的会员，先加过辛亥革命，对国民党反动政治，表示愤慨，寄居住着"乙巳具乐部"，那里右几间招待室，可作联络所。陈回光国民秘密共产党员，以"花脏楼书店"为掩护。与上海秘密党员作联络工作。袁佰先生以"通讯社"为掩护，多方面活动。"纪念郑复庆烈士合作农场"是由袁先生筹办而成之的。当时南京还有黄克强夫人主持的"孤儿院"。当时在国民党白色恐怖统治下这些机构都起着避难者的防空洞作用。

　　11、在"纪念郑复庆烈士合作农场"

　　1929年春天，由于袁继先先生的筹划，在南京中山门外成立了"纪念郑复庆烈士合作农场"。由于袁先生的介绍，我在该场担任技术工作，帮作播种之计。

　　当年在这里，我第一次会到匡互生先生，匡先生给我遗下了难忘的印象。这是后来使我在"立达学园"工作的起缘。

　　12、在泉州"黎明中学"

　　1930年在南京农场时，由于朋友的介绍找到泉州"黎明中学"去担任生物学课程。当时由吴克刚任校长，卫惠林为教务主任。

　　孙立铭叫中学过了一个学期后，由于学校
内发生纠纷的开始，吴宪明、工思林及其他朋
友离开泉州。我也离开泉州。

　　13．在"立达学园农村教育科"

　　我离开泉州时，袁志伊也在那里。由于袁
志伊的介绍，我在"立达农教科"担任农业课
程，立达学园是由匡互生先生主持开办的，而
且有几位教师来合作经营的性质。"立达农教
科"的教学方法与普通学校不同的有以流点：
　　第一、教学和生产费结合。
　　把教学和生产劳动结合，必须有生产基地
和生产资金。同时立学校有养猪场、果园、菜园
等基地本建派。并且在新生入学时交纳一定的
学费作为生产费。从入学时开始让他参加生产劳
动，再过实践学习生产技术。
　　第二、学生共同管理学校和教学工作。

544 충북의 독립운동과 독립운동가

三个年级合成一个大班，分成三个组：教学组、生产组和生活组。组由勤劳性工作的学生担任。教学组主管教学计划、排课等工作，由教研室主任指导。生产组主管养鸡、种菜、种果林茶业生产及产品处理等工作。生活组主管罱装、米、油、盐及烧饭等工作。学生同教员一起轮流烧饭。

　　第三、学生互相学习

　　例如养鸡的技术，多通过生产实践，由旧同学教新同学。村里有新式鸡舍，人工孵卵机及喂鸡的种等。孵化头几次掌握一定的温度，就要在课堂里讲好速度；配合小鸡饲料也要熟练的技术。这些技术又反复去实践才把学到手。

　　我担任的卫生兽医课，也要按照学校需要来进行教学，每种与临床新讲与临床。兽种养兽病类，主要通过实践来学习。在课堂讲的时间很少。

　　烧饭烧菜也以能者为师，像我这样没有这个经验的教员，只好从学生学习。

　　第四、也有送课和课外与讨训练

例如，学生要我讲一美日文，我就给他们讲解了。有兴趣的学生听课，上课的时间也不一定。研究基本论后，让学生进行自学。

有机会聘请到专家的时候，可以进行专题讲座，例如社会问题、历史问题、生物学等等。

只有基础课，如数学、化学、生物学等，是由他们将本种的教师每周按一定的时间来上课的。

第五、没有考试制度
入学、一定的课程，以及毕业，都不需要什么考试。

总之，这种教育制度和原理，我当时不能够理解其根源。现在我才认为这是"马克思主义"的教育理论的根据。

14. "九·一八" 前后我国朝鲜革命的关系

1927年至1937年这一时期，在中国革命运动记来，是有两种反革命"围剿"：军事"围剿"和文化"围剿"。也有两种革命深入：农村革命浪潮和文化革命深入。

（中国形势）

　　这一时期朝鲜革命运动也受到很新的影响。参加北伐革命的朝鲜青年们也受到打击，不得不离开上海，去东北、北去或苏联。那时在上海法国租界还有"韩国临时政府"的老先生们在那里坚持精神堡垒。（独立的）

　　那时（我们差不多思想是无政府主义，但）我同临时政府老先生们，特别是同金九先生（韩国独立党主席兼临时政府主席）有联系。

　　1931年"9.18"事变后，当年去东北的几个朝鲜（无政府主义的）朋友们再到上海。特别是在1932年"1.28"日帝武装进攻上海时我同他们往在一起。

　　上海抗日战争，以国民党政府报情，略告结束后，日帝侵略者以胜利者的疯狂态度，在上海大集会庆祝战胜记念的时候，由金九先生指挥的尹奉吉投掷虹口，乔装进入记念会场内，炸死了日军总司令白川（陆军大将）、炸坏了日海军司令野村（海军中将），又炸死了上海日侨民团长。这一壮举打垮了敌人的威风，特

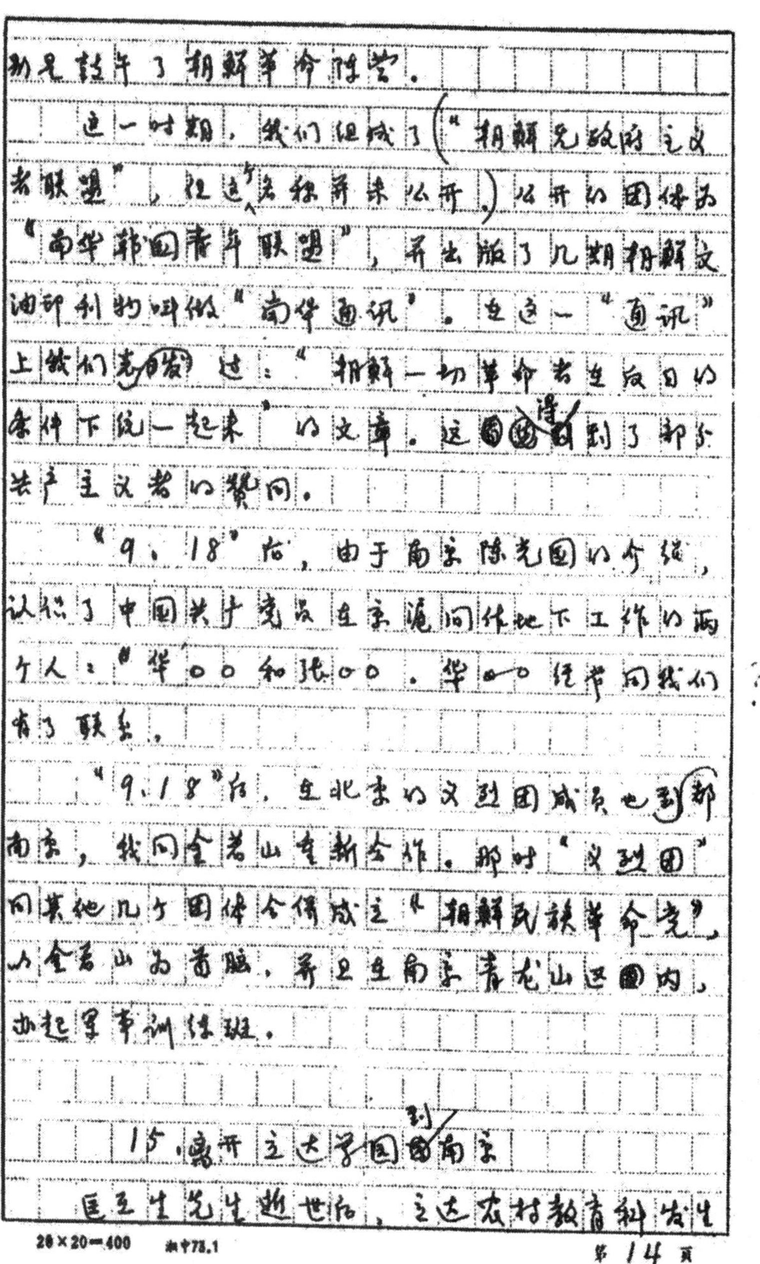

勋先牺牲了朝鲜革命烈士。

這一时期，我们组成了（"朝鲜无政府主义者联盟"，但这个名称并未公开），公开的团体为"南华韩国青年联盟"，并出版了几期朝鲜文油印刊物叫做"南华通讯"。在这一"通讯"上我们发表过："朝鲜一切革命者在反日的条件下统一起来"的文章。这回回得到了朝鲜共产主义者的赞同。

"9．18"后，由于南京陈光国的介绍，认识了中国共产党员在京沪间做地下工作的两个人："华○○和张○○。华○○经常同我们有联系。

"9．18"后，在北平的义烈团成员也到了南京，我同金若山重新合作。那时"义烈团"同其他几个团体合併成立"朝鲜民族革命党"，以金若山为首脑，并且在南京青龙山区团内，办起军事训练班。

15．离开立达学园田南京

区立生先生逝世后，立达农村教育科毕业

了困难，还用其他网……于1935年6月，我
离开之上农村教育科，在南京"农村振兴委员
会"（国民政府行政院委员会附设机构）以东流
农场担任技术工作。

　　同年秋季我出公差到杭州，将要回来的时
候，由上海打来一个电报，叫我不要直接回家
先到郭领络——东流农场主管人——家里。回
到南京后才知道：方几天夜晚，宪兵司令部特
务来到我家，进行搜索和侦查。搜查的对象是
一个日本的流浪朋友田和民。别别忠为之牲
牲失踪。直夜不转睡觉，第二天背小孩到"东
达农教科"，打电报给我。

　　发生事情的经过是这样：当时国民党中央
党新召开重要会议，在党部所院全新出席人员
都跟相的时候，有一个刺客向汪精卫开枪来中
刺客当场被捕。据说刺来的真正对象是将介石，
但当时将在党新走廊里还不出来，于是就向汪
精卫开了枪。

　　当时与刺客从上海同来的还有两个人。他
们新在陈光国的地硓下住在一起，进行活动。

　　田和民是一个日本以元放治议者，当时
专任立体光国家吧。那一天晚上陈光国同上海
来的两个人一起被捕的时候，田和民逃走了。
当晚我家和叶□叔家同时被搜查。

　　与此同时，在上海法国租界的华光医院学
生邓梦仙也被捕。

　　陈光国被逮（捕）後来。这时我们才知道他是
共产党地下工作人员。这一事件的报导者报在
上海以华日日。在这一案件生一个段底以后。
我问家居搬到上海法国租界暂住，渡过一时。

　　16、"朝鲜民族战代联盟"和"朝鲜义勇
队"

　　1937年"7.7"芦沟桥事变后。在南
昌的"朝鲜民族革命党"，"哥卫同盟"和"解
放同盟"和"朝鲜兄的府之义联盟"联合起来
成立的"朝鲜民族战代联盟"时。我（以先后
两义联盟以代表）先加"战役联盟"。金若山为
联盟以主任委员。我担任了秘书工作。

在上海失陷后，日军已到无锡一带的时候，我们才撤离南京到达武汉。那时"联盟"所属人员和家属一起都进行共同生活和共同移动。

1938年在武汉成立"朝鲜义勇队"。义勇队附属于"联盟"，联盟（盟员）都是骨干的队员，以金若山为队长，队长下面有指导员七人，这就等于参谋部。我也是指导员之一。

朝鲜义勇队受中国政治部领导。当年在武汉成立的政治部是国共合作的联合政治机构，陈诚为部长，周总理为副部长。国民党黄埔派军人为第一厅长，郭沫若为第三厅长；朝鲜义勇队在军事上受第一厅的领导，在敌后和对敌宣传工作上受第三厅领导。

义勇队成立当时，武汉保卫战已经开始。撤退武汉时，朝鲜义勇队分为第一、第二两动队，第一队由队长率领向湖南撤退，以至桂林；第二队均向南撤退，以至延安。我跟第一队，经过衡山、衡阳等，于1938年冬季到达桂林。

那时，临时政府的老先生们，由杭州经过长沙到达柳州暂住，作为前往四川的准备。我代表"民族战线联盟"于柳州，同金九先生及其他国老先生们交换关于民族统一战线的问题。当时统一是谁也渴望的，但在怎样统一的方法上还有分歧。但是从此统一的问题就提到我们的日程上来了。

　　1939年1月，我到重庆同"战线联盟"的勤部生活在一起。勤部在重庆南岸"弹子石"吴家花园里，工作人员和家属共一百多人一起进行共同生活。

　　另一方面，临时政府及其家属在镇江进行共同生活，也有一百多人。双方之间为了统一问题，1939年夏天在綦江开过代表会议。但双方意见还不统一致，暂时停下来了。

　　当年秋季，（另有不改的主义青年和临时政府方面的青年联合起来成立一个"战时工作队"，并且向"朝鲜义勇队"要求在义勇队底下以别的队的名义进行单独活动。可惜义勇队都没有同意他们的要求，迫是搁浅的。结果"朝鲜清

年战时服务团"又在临时政府的帮助下,到西
安方面去进行救济工作。

17、由重庆到福建

茶叶公司试验先失败后,金若山再去桂林救
亡剧队第一队的工作。我们两在重庆的"战
时服务团"没有具体工作可做。在这种情形下,
我也离开了重庆。

1940年春天,我接到福建陈范予和栗同
以信,而且正好得到福建省政府的一个直达
汽车从重庆开住福建的机会,作了一次紧张和
愉快的长途旅行,经过四川、贵州、湖南、江
西到达福建永安(战时省会),在省农事试验
场和园艺试验场担任技术工作。当时福建省主
席是陈仪先生,沈仲九先生为省政府顾问。

同年秋季期,陈仪主席调川任行政院秘书
长,沈先生也离开福建到桂林暂住。恰在此时
我接到四川马宗融的信,要求我去桂林在"回教
救国协会"主办的"灵泉农场"担任技术指导工
作。"回教救国协会"设立重庆,马宗融为该

会委员之一。在马宗融建议下，从回族族子女中选出十名，在复旦大学农业专修班学习的，为了他们的出路，在桂林开办一个农场。进行开荒种地。

马宗融也是我在立达农教种时认识的朋友，他同他的夫人罗菽蕃而学法国回国后，在农教种教过书。在抗日战争时期在复旦大学（重庆）教书。我当时去桂林的主要目的，是要同重庆方面好做联系。日帝占领武汉后，暂时停止南进的军事活动。但在1940年下半期开始，它蠢蠢欲动，准备进攻湖南要打通汉广线。我怕日帝在领汉广线后，同重庆的连络就易断绝。因此接受马宗融的要求，于1941年1月离开福建到桂林，在"吴棠农场"工作。

当时沈仲九先生、胡琬如先生，夏唉仍先生也在桂林。巴金也在桂林主持"文化生活出版社"。

18. 在重庆参加朝鲜革命战线统一的会议

1943年夏天，从桂林到重庆参加"桅国

临时议会"的会议，当时在"韩国临时政府"统一领导下成立了"韩国光复军"，承"朝鲜义勇队"、"韩国青年战时工作队"都合编于"韩国光复军"，以李青天为总司令，令君山为副司令，这样在重庆方面的朝鲜革命团体的统一就实现了。

另一方面还成立了"中韩文化协会"。我也参加了成立大会。在同年冬季回到桂林。

在桂林期间，同夏明四個、钟济光、苏把想、蒋学知等湖南朋友，组织一个种苗农场，并且去过邵阳两次。

19. 从桂林再到福建

1944年，日寇进攻桂林前夕，我一家人乘福建省很引桂林支引以最后一班直达车，脱出桂林直到福建永安。

那时福建省剩有节余赋谷几十万斤，在省府秘书在程星龄筹划下，开办战时儿童的教养机构：《康乐新村》。新村总部生永安，第一村在闽西宁化，由傅柏翠筹备工作。第二村到闽东福安县溪柄乡，由我主持筹备工作。

是年秋天，我同谢真（沈仲九先生在福建培养的干部）和李怀民（之达农教科的学生）一起去福安开始筹备工作。溪柄原来已有土地和房屋等基础条件。筹备处分为总务、生产、教养三个组，由谢真管总务、李怀民管生产、林墨煌管教养。积极工作的结果，在一年内收容了来自福安、霞浦、宁德、连江、周墩等七县的难童60余名，进行教养。

1945年8月日本投降，被日帝占据五十年的台湾回到解放，回到祖国的怀抱。台湾解放的同时设行政长官公署，毛的院秘书长陈仪被任为行政长官，沈仲九先生为长官公署顾问。是年内谢真被调到台湾工作。

这时福建省秘书长程星岭被蒋介石关进重庆、福安县长胡邦宪以共产党嫌疑被免职、福安县日报处处长何宪文亦以共十党嫌疑被关押。这乱是在抗日战争的保守局面，国共合作的统一战线遭破坏。

另外在日本投降后，在重庆方面以全新朝

解人，由国民党给船用飞机只到南朝鲜。这时美国也把李承晚送到南朝鲜。那时用乌苏里江还不能回去重庆联系。

　　20、从福建去台湾
　　1940年3月，我离开福安去台湾。在农林处工作。

　　这时程景岭先生，由陈仪长官向蒋介石(们)保送到台湾，欢迎在宾都厅会客，我到台湾后同乡们一起到宾舍来看过他。

　　台湾在日帝占领时期，垄断土地的面积很大，除全部山林外，光是耕地面积达15万公顷以上（2,250,000市亩以上）。一个地区集中的面积达1,000～3,000公顷，有些大面积农场有经使快路的版面。这时台湾农民来说是残酷的剥削榨取机构。解放后这些土地归为公有地。在沈先生的建设和计划下，在公有地建立合作农场制度，使农民共同经营。

　　第一年我做了公有地调查和合作农场制度的研究工作。在"2·28"事变以后在农事农培场芝图书馆技术工作。

　　21. 离开台湾来到长沙

　　1949年10月1日、中华人民共和国成立了。这时南朝鲜李承晚政府在台湾派主领事馆。领事阁石麟是我从上海、重庆认识的朋友。

　　同年冬季、台湾的战争空气特别浓厚。英美等国驻台领事馆、对他们旅台侨民都发出通知，促他们尽快地离台回国。南朝鲜的大使也在1950年元旦、召集旅台朝侨、号召及早离台回国。

　　我是以松山申请回国。同我一起申请的还有郑华岩一家。我在台湾时冒充中国人，那时在台湾的工作人员都必须有五人联保，在住民区必须有五家联保。并且还又领有国民身份证。我也持有冒充的国民身份证。

　　南朝鲜领事馆的回国证明和英国领事馆的香港过境手续搞好了，到台湾警务处要求签订出境证明的时候、警务处要我先取消国民身份证、然后才发给离境证明。这样为了取请国民身份证"，ΟΟ记到中国内务部、外交部、长北警察所等，周转多次，（花去一年以时间）者在罗湾处签发为旅证，用了五个月时间，六月二十三日ΟΟ从基隆到香港的船票。

　　1950年6月25日傍晚到香港时，朝鲜战争已经爆发了。朝鲜战争不爆发，也我们心中计划早已定了，快些回到大陆来。不过在离台前，已不能回朝鲜才能脱出台湾。

　　那时，刘别忠的二姐在广州爱群大厦（旅社）为电话员。我们到香港的第二天用电报通知她。过了两天，她到香港来接我们。刘别忠、陈得梯（10岁）和底耀（8岁）同二姐先回广州；我暂住在九龙起宅教所主常的"正光化工厂"，写信给湖南省人民委员会副主席程星岭先生。程先生把我介绍给湖南大学，并将湖南大学的聘书寄给我ΟΟ。我把聘书当入境证，于7月下旬回到广州，8月下旬到长沙，在湖南大学农学院担任农艺系主任。

　　1951年"湘大农学院"和"修业农专"合併而成立湖南农学院。以后我历任园艺系主任、实习农场主任、科委会委员等职务。

?

22、思想转变的过程

从1920年开始，我的思想慢慢倾向于无政府主义。主要受到日本无政府主义者幸德秋水和大杉荣的影响。幸德秋水还写了"天皇"和宗教，引起日本统治阶级的恐慌，把幸德处以死刑！大杉荣继幸德之后，坐过七次的牢，其时间达7~8年。但在1919年以后，他还在"改造"和"解放"杂志上发表关于无政府主义的文章。通过他们的翻译和介绍，我也看到克鲁泡特金的著作。

我参加"义烈团"的初期，金若山的思想还有空无主义的倾向。我们以很大的兴趣阅读这十八世纪二十年代俄国虚无党运动史料，例如"地底下的俄罗斯"等，"义烈团宣言"中强调了暴力革命的意志，也受到了这种空无主义的影响。

金若山到黄埔学校学习时，加入了中国共产党。

20×20=400　　湘中75.1　　第26页

在"义烈团"改造时，已经接受了社会主义的基本纲领和政策。

1927年广州发生了"4、12"国民党清党时，我写的"赤色的悲哀"一文是站在共产党的立场上写的。

④在"9、18"事变以后，我还在上海参加"朝鲜无政府主义者联盟"和"南华韩国青年联盟"。但还是主张过朝鲜民族革命力量的统一。在中国抗日战争时期还参加"朝鲜民族园日战役联"。实际上抛弃了无政府主义。但是在理论上还不能彻底批判无政府主义的反动本质。

在大学院参加工作以后，在中国共产党领导下，通过学习：列宁《国家与革命》、斯大林《无政府主义还是社会主义》，毛主席《论人民民主专政》等光辉著作，才从理论上认识到无政府主义的反动本质。

无政府主义者从第一国际的运动起，在历代国际无产阶级革命运动中，起了反革命的作用。因此斯大林指出："无政府主义者是与马思主义的真正敌人。"

　　毛主席指出："阶级消灭了，作为阶级斗争的工具的一切东西，政党和国家机器，将因其丧失作用，没有需要，逐步地衰亡下去，完成自己的历史使命，而走到更高的人类社会。"

　　毛主席又指出："你们不是要消灭国家权力吗？""我们要，但是我们现在还不要，我们现在还不能要。为什么？帝国主义还存在，国内反动还存在，国内阶级还存在。我们现在的任务是要强化人民的国家机器，这主要是指人民的军队，人民的警察和人民的法庭，借以巩固国防和保护人民利益。"

　　　　　　　　（完）

　　　　　　1974年3月 于湖南农学院

达仁：你好！

　　我的简历，赶快地写完了。内容和文章都可能有不妥的地方。你可以随便改正。不多写了。切记

你们身体健康，工作愉快！

　　　　　　柳子明 1974.4.2.

　　你的信和照相底片都收到了。

나의 약력

류자명

1. 출생시기와 출생지

1894년 1월 13일 조선 충청북도 충주군에서 태어났다. 이 해는 조선에서 농민봉기가 일어나서 중일전쟁이 일어난 해이다. 역사상 갑오전쟁(甲午戰爭)이라 불렀으며 중국과 조선이 일제에게 침략을 당하는 발단이 되었다.

2. 조선이 일제에게 병탄당하다

1910년 8월 29일, 일본 제국주의가 조선의 극소수 매국노를 강요하여 체결한 '일한합병조약(日韓合倂條約)'이 공포되었다. 이것은 조선 민족이 영원히 잊지 못할 치욕적인 날이다. 나는 당시 16세로 충주공립보통학교를 다니고 있었다.

3. 1919년 3월 1일 조선에서 독립운동이 발발하였다

'3 · 1'운동은 조선 민족이 총궐기를 하여 독립자주를 선포한 날이다. '3 · 1'운동은 중국의 '5 · 4'운동보다 2개월 앞서 발발하였다. 이 두 운동은 공동의 역사적 배경과 시대적 특징을 지니고 있다. 그것은 반제 · 반봉건운동으로서 국가의 독립과 민족의 해방, 정치적 민주를 요구한 혁명운동이다. 그때 나는 수원농림학교(水原農林學校)를 졸업하고 충주농업학교(忠州農業學校)에서 교편을 잡고 있었다. 그해 3월에 나는 농업학교를 빠져나와 서울로 가서 몇몇 친구와 지하활동을 전개했으며, 혁명정부 단체를 지지하고 지원하는 조직을 만들고 애국부인회 · 애국청년회와 연락을 하였다.

4. 처음 출국하여 상해에 도착하다

1919년 6월, 나는 상해에서 귀국한 친구(조용주, 趙鏞周)와 함께 비밀리에 압록강을 건너 심양(沈陽)·영구(營口)를 거쳐 상해에 도착하였다. 그때 상해 프랑스조계에는 이미 '한국임시정부'가 성립되어 있었다. 임시정부는 '임시의회'의 입법과 선거를 거쳐 수립된 것이다. 나는 충청북도 대의원의 이름으로 임시의회에 참가하였다.

5. 상해에서 서울로 돌아오다

1919년 11월, 나는 김한(金翰)과 함께 서울로 돌아왔다. 김한은 그때 이미 사회주의 사상을 받아들였고 나는 그를 선생으로 대하였다. 1920년 여름, 서울에서 '노동공제회(勞動共濟會)'가 조직되었다. 이것은 조선의 노동자계급이 정치무대에 올라서는 지표였다. 노동공제회는 신백우가 회무를 주관하였고 기관지로 ≪공제(共濟)≫란 잡지를 출판하였다. 김한은 배후에서 도우며 홍보 업무를 맡았다. 당시 서울에는 임시정부의 연락기관도 있었는데, 임시정부에서 파견된 이종욱(李鍾旭)이 주관했으며 나도 그 일을 도와주었다.

6. 다시 출국, 먼저 북경으로 가다

1921년 3월, 나는 다시 출국하여 북경으로 갔다. 나는 북경에서 선진적인 애국인사를 많이 알게 되었다. 특히 신단재(申丹齋) 선생님은 평생토록 잊지 못할 분이다. 단재 선생님은 저명한 애국지사이자 탁월한 역사가였다. 선생님은 1928년(1936년의 오류;역자) 대련(大連)에 있는 적의 감옥에서 돌아가셨다.

7. 천진(天津)에서 '조선의열단'에 가입하다

1921년 겨울, 조선 유학생 고광인(高光寅)·김상훈(金相勛) 등이 나에게 천진의 프랑스조계로 와서 같이 살자고 하였다. 나는 천진에 간 뒤 교민단을 조직하여 천진지역 동포들이 단결하도록 하였다.

1922년 여름, 나는 천진에서 '조선의열단'에 가입하였다. 그 당시 의열단 단원의 한 사람인 양건호(梁建浩)가 적의 감옥에서 석방되었는데 서울에서 김한을 만나게 되었다. 김한은 그에게 나를 소개시켰다. 그는 천진으로 와서 의열단의 책임자인 김약산(金若山)·남정옥(南廷珏)과 같이 나를 찾아왔다. 나는 기꺼이 '의열단'에 가입하였다. '의열단'은 1919년에 조직되었는데 조직규장(組織規章)도 없었고 3개 조의 약법(約法)만 있었다. 그 중에 하나는 '정의로운 사업을 맹렬하게 진행하자!'였다. 의열단의 이름은 정의의 '의(義)' 자와 맹렬의 '열(烈)' 자로 구성된 것이다. 의열단의 혁명투쟁방법은 폭력과 파괴적 수단으로 일본 제국주의에 대응하는 것이었다. 나는 주로 의열단에서 연락과 홍보 업무를 담당하였다.

8. '의열단' 단원이 1927년 중국 제1차 대혁명운동에 참가하다

1925년, 김약산을 수장으로 한 주요 단원들은 모두 광주로 가서 황포군관학교에서 공부하였다. 나와 중산대학에서 공부하던 몇몇 동지는 군관학교에 가지 않았다. 1926년 봄에는 광주에서 의열단 대표회의를 개최하여 의열단을 단순한 폭력 단체에서 혁명 정당적 성격의 단체로 개조하였다. 이리하여 의열단은 비로소 그들의 강령, 정책과 규장제도를 갖게 되었다.

1926년 북벌군에 약 200여 명의 조선 청년이 참가하였다. 의열단 단원은 황포군관학교를 졸업한 후 모두 북벌혁명에 참가하였다.

1927년 4월 12일, 장개석은 광주에서 당을 숙청하기 시작하였다. 그는 공산당원과 청년 학생들을 마구 체포·살육하였는데 그 잔혹함이란 세상에 전례가 없었다. 당시 나는 김약산과 같이 광주에 머물고 있었다. 나는 통한의 심정으로 실제 상황을 묘사한 기사를 써서 ≪조선일보≫에 기고하였다. ≪조선일보≫는 「적색의 비애」라는 제목으로 기사를 게재하였다.

그해 5월 초, 김약산과 광주를 떠나 상해로 가는 항로에서 해적의 습격을 받았다. 나는 유탄에 왼쪽 다리를 맞는 상처를 입어 하문(厦門)의 한 병원에서 치료를 받았으며, 김약산은 먼저 무한(武漢)으로 떠났다. 나는 상처가 치유되자 퇴원하여 상해를 거쳐 6월에야 무한에 도착하였다. 당시 의열단 단원들은 모두 무한으로 모였다.

그 해 7월, 무한의 국민당 역시 숙청을 시작하였다. 이때 북벌혁명에 참가했던 조선 청년들은 잇달아 무한을 떠났다. 김약산·성현원(成玄園) 등의 동지들은 '8·1' 남창(南昌) 봉기에 참가하였고 일부 조선 청년은 광주 봉기에 참가하였다. 나는 10명의 동지와 같이 무한에 남아 '동방피압박민족연합회(東方被壓迫民族聯合會)'에서 임시 거주하였다.

9. 무한에서 체포되다

1928년 2월 28일, 나는 의열단 단원 몇 명과 한구(漢口)의 동지 거처에서 '3·1'운동을 기념하는 모임을 갖고 있었는데, 주한구일본영사관(駐漢口日本領事館)의 특무와 무한시 공안국 경찰이 연합하여 우리를 체포하였다. 그날 피체된 조선인은 전부 10명으로 그 중에는 여성이 한 명 있었으며 세 개 지역에서 동시에 피체되었다. 일본영사관은 우리를 공산당원으로 간주하고 무한시 공안국에 체포할 것을 요구했으며 아울러 당장 우리를 넘겨달라고 요구하였다. 공안국은 이런 국제적 정치범의 처리를 결정하지 못하였다. 이튿날 우리는 '무한위수사령부(武漢衛戍司令部)'로 압송되었고 위수사령부는 우리를 간수소(看守所, 유치장;역자)에 가뒀다.

일본영사관은 날마다 우리의 인도를 요구하였으나, 위수사령부는 일본 측에 우리가 공산당원이라는 증거를 대라고 요구하였다. 그러자 일본 영사관에서는 통신사의 명의를 빌어 신문 소식을 위조하여 '조선공산당 10명이 무한시 공안국에 피체되었다'고 하면서 우리를 제3국제에서 파견하였다는 등등의 기사를 날조하여 각 처의 신문사에 보냈다. 분개할 일은 당시 무한·장사 등 국민당 당보에서 이 소식을 특별히 큰 제목으로 게재했다는 것이다. 만약 우리가 중국인이었다면 이런 조그만 신문 기사만으로도 목이 잘릴 판이었다. 이렇게 위수사령부는 일본영사관이 증거를 위조하도록 무한히 기다리고 있으면서, 우리를 6개월 동안 놓아주지 않았다. 마침내 상해 조선임시정부와 조선 교민단체에서 사람을 파견하여 남경정부와 교섭한 결과 8월 28일에야 드디어 석방되었다. 이것은 무한 군경당국에서 공산당을 진압하기 위하여 일본 제국주의와 결탁한 구체적인 사례이다. 당시 무한공안국 정보원 중에 일본영사관의 밀정이 있었을 뿐더러 일본 조계지에 사는 조선인 중에도 일본영사관의 밀정이 있었다. 그리고 '동방피압박민족연합회' 내 인도인 중에도 일본영사관의 밀정이 있었다. 우리의 한구(漢口) 주소는 인도 사람 나란신(邢蘭辛)이란 자가 밀고한 것이다. 우리 10명 중 한 명은 간수소에서 병으로 죽었고(이해관, 李海觀), 9명은 석방된 후에도 모두 무한을 떠날 여비가 없었다. 이때 일본 조계에 사는 조선인 백모가 자발적으로 여비를 도와주었다. 우리는 그의 배신에 속아 넘어갔는데 최원(崔園)과 최영(崔英)은 그의 도움을 받고 상해로 갔다가 배에서 내릴 때 황포강에서 일본 주상해영사관 경찰에게 체포되었다. 그래서 우리는 무한을 떠날 때 비밀리에 움직였으며, 더군다나 상해로는 가지 않았다.

10. 무한에서 남경으로

석방되고 오래지 않아 나는 안지청(安志靑)과 같이 남경에 가서 '동방피압박연합회'에서 잠시 살았다. 이 연합회가 생긴 유래는 이러하다. 북벌혁명군이 무한을 점령하여 한구의 영국 조계지를 회수한 후 한구의 영국영사관과 은행 등이 모두 무한을 떠나자 영국 조계에서 순찰 일을 하던 인도인들은 일자리를 잃게 되었다. 그래서 중국 혁명정부의 도움 하에 '동방피압박연합회'를 조직하였던 것이다. 이 연합회에는 조선·인도·

베트남 및 중국 등 각국의 대표가 참가하였다. 중국 혁명정부는 매달 일정한 경비를 지원하였으며 활동비와 인도 실업자의 생활비로 하였다. 내가 감옥에 갇혀 있는 동안 연합회는 남경으로 이사하여 국민당 중앙당부에서 매달 경비를 보조받았는데, 이 경비는 인도인의 생활비에만 한정되었고, 조선인은 경비를 한 푼도 받지 못하였다. 당시 장개석은 공개적인 성명에서 공산당을 소멸하기 전에는 어떤 피압박 민족의 혁명운동도 일체 도와줄 수 없다고 하였다. 당시 조선인은 도리어 감시의 대상이 되었다.

나는 남경에 도착한 후 먼저 상해로 가서 '의열단' 동지들을 찾아갔다. 김약산은 '8·1' 남창봉기에 참가한 후 강서·복건 등지를 거쳐 상해로 돌아왔다. 그들은 북경으로 갈 계획이었는데 나는 그들과 동행하지 않았다.

남경에서 돌아 온 후 내가 알고 지낸 중국 친구 중에는 기억할 만한 인물이 세 명 있었는데 원소선(袁紹先)·엽정숙(葉正叔)·진광국(陳光國)이 그들이다. 엽정숙은 이미 나이가 지긋하였으며 최초의 동맹회(同盟會) 회원이었고 신해혁명(辛亥革命)에 참가한 사람이었다. 그는 국민당의 반동 정치에 반대하여 분노를 표시하며 아울러 '을사구락부(乙巳具樂部)'를 조직하였다. 여기에 초대실이 몇 개 있어 연락소로 사용할 수 있었다. 진광국은 비밀공산당원이며 '화패루서점(花牌樓書店)'를 엄폐수단으로 삼아 상해의 비밀당원들과 연락을 하고 있었다. 원소선은 '통신사'를 엄폐물로 삼아 다방면으로 활동하였다. '한복염열사기념합작농장(韓復炎烈士紀念合作農場)'은 원소선 선생의 계획과 준비로 만들어진 것이다. 당시 남경에서는 황극강(黃克强)의 부인이 '빈아원(貧儿院)'을 주관하고 있었다. 당시 국민당의 백색테러 통치 아래에서 이런 기구들은 망명자의 방공호 역할을 하였다.

11. 한복염열사기념합작농장에서

1929년 겨울, 원소선 선생의 기획으로 남경 중산문 밖에 '한복염열사기념합작농장'이 만들어졌다. 나는 원소선 선생의 소개로 이 농장의 기술 업무을 맡아서 잠시 머물 곳으로 삼았다. 당시 여기에서 나는 광호생(匡 互生) 선생을 처음 만났는데 광선생은 나에게 잊지 못할 인상을 남겨 주었다. 이것이 내가 후에 입달학원(立達學園)에서 일하게 된 연유이다.

12. 천주(泉州)의 여명중학에서

1930년 남경의 농장에 있을 때 친구의 소개로 천주의 여명중학(黎明中學)에서 생물학 과정을 맡게 되었다. 그 당시 오극강(吳克剛)이 교장이었고 위혜림(衛惠林)이 교무주임을 맡고 있었다. 내가 여명중학에서 한 학기를 보낸 후, 학교 내부에서 양 파의 모순이 발생하여 오극강, 위혜림 그리고 다른 친구들이 천주를 떠났고 나도 천주를 떠났다.

13. 입달학원 농촌교육과에서

내가 천주를 떠날 때 원지이(袁志伊)도 그곳에 있었다. 나는 원지이의 소개로 입달농교과(立達農教科)에서 농업과정을 담당하였다. 입달학원은 광호생 선생이 주관한 것이며 교육가 몇 분이 합작 경영하는 성격을 지녔는데, '입달농교과'의 교학방법은 아래의 몇 가지 부분에서 보통학교와 차이를 보인다.

첫째, 교학과 생산노동이 결합하였다. 교학과 생산노동이 결합하자면 생산기지와 생산기금이 있어야 한다. 때문에 학교에는 양계장 · 과수원 · 채원(菜園) 등 기반시설이 있었다. 게다가 신입생들은 입학할 때 일정한 학비를 납부하여 생산비로 삼았다. 학생들은 입학하면서 곧바로 생산에 참가하여 실천을 통해 생산기술을 배웠다.

둘째, 학생들이 공동으로 학교와 교학 업무를 관리하였다. 3개 학년이 연합하여 큰 반을 구성하고 교학조 · 생산조 · 생활조의 3개 조로 나눴다. 조 내부의 사무적인 일은 학생이 맡았다. 교학조는 교학 계획을 주관하였고 배열 등의 업무는 교무주임이 지도하였다. 생산조는 양계 · 채소 심기·과수 심기 등 농업생산과 생산품 처리 등의 일을 맡았다. 생활조는 땔감·곡식·기름·소금 및 식사준비 등을 관리하였고, 학생은 선생과 함께 교대로 식사준비를 하였다.

셋째, 학생들은 서로 배웠다. 예를 들면 양계의 기술은 생산 실천을 통하여 이전 학생이 새 학생을 가르쳤다. 과정에는 신식 계사와 인공 부화기, 개량 닭 품종 등이 있었다. 부화는 반드시 일정한 온도를 유지해야 했고 깊은 밤에도 온도를 점검해야 했다. 병아리 사료를 배합하는 것도 익숙한 기술이 있어야 했다. 이런 기술은 반드시 실천을 거쳐야 만이 비로소 배울 수 있었다. 내가 맡았던 농업기초과 역시 실제 수요에 따라서 교학을 진행해야 했다. 감자를 심을 때는 감자를 강의해야 했고 채소를 심을 때는 채소를 강의해야 했다. 교학은 주로 실천을 통해 이루어졌고 교실에서 강의하는 시간은 아주 적었다. 식사준비를 하는 것 역시 잘하는 사람을 선생으로 삼았다. 나처럼 아무런 경험이 없는 교원은 학생으로부터 배울 수밖에 없었다.

넷째, 과목 선정과 과외 주제 강좌도 있었다. 예를 들면 학생들은 나에게 영문과 일문 강의를 요청하였고 나는 그들에게 강의를 해주었다. 흥미가 있는 학생들은 과목을 들었고, 수업시간도 일정하지 않았다. 기본 문법을 강의하고 나면 학생들로 하여금 스스로 학습하도록 하였다. 전문가를 초빙할 기회가 생기면 주제 강좌를 진행할 수 있었다. 예를 들면 사회문제·역사 문제·생물학 문제 등등이다. 다만 수학·화학·생물학 등 기초과목은 강만(江灣) 본과(本科) 교사들이 매번 일정한 시간에 맞춰 와서 수업하였다.

다섯째, 시험 제도가 없었다. 입학, 일정한 과정, 이후 졸업 모두 어떠한 시험도 필요하지 않았다. 요컨대 이런 교육제도와 원리에 대해 당시 나는 그 근거를 전혀 이해하지 못했다. 지금에 와서야 이것이 마르크스주의 교육이론에 근거한 것이라는 것을 알게 되었다.

14. '9 · 18' 전후 나와 조선혁명의 관계

1927년부터 1937년에 이르는 시기에 중국의 혁명운동에는 두 종류의 반혁명 '위초(圍剿, 공산당을 포위하여 토벌한다는 의미;역자)'인 군사위초와 문화위초가 있었다. 역시 두 종류의 혁명 심입(深入)이 있었는데, 농촌 혁명 심입과 문화혁명 심입이다.

이 시기에 조선의 혁명운동 역시 중국 정세에 깊은 영향을 받았다. 북벌혁명에 참가한 조선 청년들도 타격을 받아 부득이 상해를 떠나 동북이나 북경 혹은 소련으로 떠나야 했다. 그때 상해 프랑스 조계의 '한국임시정부'에는 원로 선생님들이 그곳에서 독립의 정신적 보루를 지키고 계셨다. 그때 나의 기본 사상은 무정부주의였으나, 다만 우리나라 임시정부의 노선생님들, 특히 김구선생(한국독립당 주석 겸 임시정부 주석)과 연계되어 있었다.

1931년 '9 · 18' 사변 이후 재작년 동북으로 갔던 몇몇 조선의 무정부주의 친구들이 다시 상해로 왔다. 특히 1932년 '1 · 28' 일제가 무단으로 상해를 침공했을 때 나는 그들과 함께 살고 있었다. 상해 항일전쟁에서 국민당 정부가 투항함으로써 일순간 결말이 난 이후, 일제 침략자들이 승리자로서의 광분한 태도로 상해에서 대대적인 집회를 열어 전승축하회를 진행할 때, 김구 선생님의 지도로 윤봉길이 폭탄을 가지고 교묘히 축하회장에 들어가 일본군 총사령 시라카와(白川, 육군대장)를 폭살하고 일본 해군 사령 노무라(野村, 해군중장)의 눈에 부상을 입히고 상해 일본교민 회장을 죽였다. 이 장렬한 의거는 적의 위풍을 꺾었으며 특히 조선 혁명 진영을 고무시켰다.

이 시기 우리는 '조선무정부주의연맹(朝鮮無政府主義聯盟)'을 조직하였는데, 단 이 명칭은 공개하지 않았다. 공개적인 단체로는 '남화한국청년연맹(南華韓國靑年聯盟)'을 조직하였고 아울러 ≪남화통신(南華通訊)≫이라고 명명한 조선글로 된 등사 간행물 몇 기를 출판하였다. 이 '통신'에 우리들이 발표한 "조선의 모든 혁명가는 일본을 반대하는 조건 아래에서 함께 통합하자!"라는 문장을 실었다. 이것은 일부 공산주의자의 지지를 받았다.

'9·18' 이후 나는 남경의 진광국(陳光國)의 소개로 중국 공산당원으로 북경과 상해 사이에서 지하공작을 하는 화(華)○○와 장(張)○○ 두 사람을 알게 되었다. 화○○는 우리와 자주 연락을 취하였다. '9·18' 이후 북경의 의열단 단원들도 모두 남경에 왔고 나는 김약산과 다시 새롭게 협력하였다. 그때 '의열단'과 다른 몇몇 단체가 통합하여 '조선민족혁명당'을 조직하여 김약산을 수뇌로 하였고, 또한 남경의 청룡산(靑龍山) 구역에 군사훈련반을 만들었다.

15. 입달학원을 떠나 남경으로 가다

광선생님이 돌아가신 후 입달농촌교육과는 곤경에 빠졌고, 다른 원인도 있어 1935년 6월 나는 입달농촌교육과를 떠나 남경의 '농촌진흥위원회'(국민정부 건설위원회 부설 기구)의 동류농장(東流農場)에서 기술 업무를 담당하였다.

같은 해 가을 나는 항주에 출장 갔다 돌아오려고 할 무렵 상해에서 온 전보를 받았다. 나에게 절대 바로 집으로 가지 말고 먼저 곽송명(郭頌銘, 동류농장의 주관인)의 집으로 가라는 것이었다. 남경에 도착해서야 비로소 며칠 전 야밤에 헌병사령부 특무가 우리 집에 와서 수사하였다는 것을 알게 되었다. 수사의 대상은 일본의 떠돌이 친구 전화민(田和民, 浮田和民을 지칭한 듯함;역자)이었다. 유칙충(劉則忠)은 놀라고 당황하여 어쩔 줄 몰라 밤새 잠을 이루지 못하다가 이튿날 아기를 업고 '입달농학과'로 가서 나에게 전보를 쳤던 것이었다.

이 일의 발생 과정은 다음과 같다. 당시 국민당 중앙 당부에서 중요회의를 개최하였는데 당부 정원에서 전체 참석자들이 사진을 찍을 때 한 자객이 왕정위(汪精衛)를 향해 총을 쏘았는데 명중하지는 못하였다. 자객은 바로 붙잡혔다. 자객의 진정한 저격 대상은 장개석이었으나 그때 장개석이 회랑에서 나타나지 않아 왕정위에게 총을 쏘았던 것이었다. 당시 자객과 상해에서 함께 했던 인물이 두 명 더 있었다. 그들은 모두 진광국의 보살핌 아래 같이 살며 활동을 진행하였다. 전화민은 일본의 무정부주의자였으며 당시 진광국의 집에서 살고 있었다. 그날 밤 상해에서 온 두 사람과 진광국이 피체되었을 때 전화민은 도주하였다. 그날 밤 나의 집과 엽정숙의 집이 동시에 수색 당했다. 이와 동시에 상해 프랑스 조계의 화광병원(華光病院) 의사 등몽선(鄧夢仙)도 피체되었다. 진광국은 비밀리에 교살 당하였고 이때서야 우리는 비로소 그가 공산당 지하 공작원이었음을 알게 되었다. 이 자객 사건의 주도자는 바로 상해의 화ㅇㅇ이었다. 이 살해 사건이 마무리되기 전에 나는 가족과 함께 상해 프랑스 조계로 옮겨 일시 거주하며 잠시 피해 있었다.

16. '조선민족전선연맹'과 '조선의용대'

1937년 '7 · 7' 노구교(盧溝橋) 사변 이후 남경의 '조선민족혁명당', '전위동맹', '해방동맹'과 '조선무정부주의자연맹'은 연합하기 시작하여 '조선민족전선연맹'을 조직할 때, 나는 무정부주의자연맹 대표로 '전선연맹'에 참가하였다. 김약산은 연맹의 주임위원이었으며 나는 비서업무를 담당하였다.

상해가 함락된 이후, 일본군이 이미 무석(無錫) 일대에 도착하였을 무렵, 우리는 그제서야 남경에서 철수하여 무한에 도착하였다. 그때 '연맹' 소속원들과 가족들은 모두 공동생활과 공동이동으로 나아갔다.

1938년 무한에서 '조선의용대'가 조직되었다. 의용대는 '연맹'에 부속되며 연맹의 맹원들은 모두 당연히 대원이었다. 김약산을 대장으로 하였으며, 대장 산하에 지도위원이 7명 있었는데 이는 참모부와 같았다. 나도 지도위원 중의 한 명이었다.

조선의용대는 중국 정치부의 지도를 받았는데 그해 무한에서 설치된 정치부는 국공합작의 연합 정치기구로서 진성(陳誠)이 부장(部長)이었고, 주총리(주은래;역자)가 부부장(副部長)이었다. 국민당 황포파 군인이 제1청 청장이었고 곽말약(郭沫若)은 제3청 청장이었으며 조선의용대는 군사적으로 제1청의 지휘를 받았지만, 적 후방과 대적선전 업무에 있어서는 제3청의 지휘를 받았다.

의용대 성립 당시에 이미 무한 보위전(保衛戰)이 시작되었다. 무한에서 철수할 때 조선의용대는 제1, 제2의 두 대(隊)로 나뉘어 제1대는 대장의 인솔 하에 호남(湖南)을 향해 철수하여 계림(桂林)에 도착하였고, 제2대는 하남(河南)을 향해 철수하여 연안(延安)에 이르렀다. 나는 제1대를 따라 형산(衡山)·형양(衡陽)을 거쳐 1938년 겨울 계림(桂林)에 도착하였다.

그 때 임시정부의 노선생님들은 항주에서 장사를 거쳐 유주(柳州)에서 잠시 머물면서 사천(四川)으로 향할 준비를 하였다. 나는 '민족전선연맹'을 대표하여 유주에 가서 김구 선생님 및 다른 선생님들과 민족전선의 통일 문제에 관한 의견을 교환하였다. 당시 통일은 누구든 갈망했던 것임에도, 어떻게 통일을 할 것인가의 방법에 있어서는 여러 의견이 있었다. 그러나 통일의 문제는 우리의 일정에 상정되었다.

1939년 1월, 나는 중경에 가서 '전선연맹' 후방 지원부 동지들과 같이 지냈다. 후방 지원부는 중경 남안(南岸) '탄자석(彈子石)' 오가화원(吳家花園)에 위치하고 있었으며 직원과 가족이 총 100여 명으로 함께 공동생활을 하였다.

또 한편 임시정부와 가족들은 기강(綦江)에서 공동생활을 지속하였는데, 역시 100여 명이었다. 쌍방이 통일 문제를 위해 1939년 여름 기강에서 대표회의를 개최하였다. 그러나 쌍방의 견해가 역시 일치하지 않아 잠시 논의를 멈췄다.

그해 가을 다른 무정부주의 청년들이 임시정부 청년들과 연합하여 '전시공작대'를 조직하여 '조선의용대' 산하 별동대의 명의로 단독 활동을 하

게 해달라고 요구하였다. 안타깝게도 의용대에서는 그들의 요구를 받아
들이지 않았다. 이것은 잘못된 것이다. 결국 '한국청년전시공작대'는 임
시정부의 도움 하에 서안(西安)에 가서 적후 공작을 진행하게 되었다.

17. 중경에서 복건으로

기강회의가 일단 실패로 돌아간 후 김약산은 다시 계림으로 가 의용대
제1대의 업무를 지휘하게 되었다. 우리는 중경에 남았는데 '전선연맹'에는
구체적으로 할 만한 업무가 없었다. 이런 상황에서 나도 중경을 떠났다.

1940년 봄, 나는 복건의 진번여(陳范予)와 속동(粟同)의 편지를 받았다.
또 때마침 복건성 정부의 버스가 중경에서 복건으로 가는 기회를 얻게 되
어 긴장되면서도 유쾌한 장거리 여행을 하면서 사천 · 귀주 · 호남 · 강서
성을 거쳐 복건 영안(永安, 전쟁 시 성의 수도)에 도착하여 성(省)농사실험
장과 원예실험장에서 기술업무를 맡게 되었다. 당시 복건성 주석은 진의
(陳儀) 선생이었고 심중구(沈仲九) 선생은 성 정부의 고문을 맡고 있었다.

동년 하반기 진의 주석은 행정원 비서장에 임명되었고 심선생도 복건
을 떠나 계림에서 잠시 살았다. 이 무렵 나는 사천에서 마종융(馬宗融)의
편지를 받았는데 나에게 계림으로 가서 '회교구국협회'가 주관하는 '영조
농장(靈棗農場)'에서 기술지도의 업무를 맡아달라고 요청하였다. '회교구
국협회'는 중경에서 조직된 것으로 마종융은 이 협회 위원 중 한 사람이
었다. 마종융의 건의 하에 회족 자녀 중에서 10명을 뽑아 복단대학(復旦
大學) 농업전수반(專修班)에서 공부하게 한 후 그들의 출로를 위하여 계
림에서 농장을 하나 열어 생산을 진행하도록 하였다.

마종융은 내가 입달농교과에 있을 때 안 친구이고 그는 부인 나세미(羅
世彌)와 프랑스에서 유학한 후 귀국하여 농학과에서 교편을 잡았고 항일
전쟁 시기에는 복단대학(중경)에서 교사를 했다. 당시 내가 계림으로 간
주요목적은 중경과 연락을 취하는 것이었다. 일제는 무한을 점령한 후 남
진하는 군사행동을 잠시 중단했었다. 그러나 1940년 하반기가 시작되자

꿈틀대더니 호남을 공격해 들어가 한광선(漢廣線)을 개통하려 하였다. 나는 일제가 한광선을 점령하고 나면 중경과의 연락이 단절될까 염려하였다. 그래서 마종융의 요청을 받아 1941년 1월 복건을 떠나 계림으로 가서 '영조농장'에서 일하였다. 당시 심중구·호완여(胡琬如)·하명강(夏明剛) 선생도 계림에 있었다. 파금(巴金)도 계림에서 '문화생활출판사'를 주관하고 있었다.

18. 중경에서 조선혁명전선통일회의에 참석

1943년 여름 나는 계림으로부터 중경으로 가서 '임시의회'에 참석하였다. 당시 '한국임시정부'의 통일적인 영도 하에 '한국광복군'을 성립하였다. 원래의 '조선의용대'와 '한국청년전시공작대'도 모두 '한국광복군'에 통합되어 이청천을 총사령관으로 하고, 김약산이 부사령이 되었다. 이리하여 중경에 있는 조선혁명 단체의 통일이 비로소 실현된 것이다.

다른 한편으로는 역시 '중한문화협회'가 성립되었다. 나도 성립대회에 참가하였다. 나는 그해 겨울 계림으로 돌아왔다. 계림에 있는 동안 나는 하명강·종도룡(鐘濤龍)·소포초(蘇抱樵)·장학지(蔣學知) 등 친구와 함께 종묘농장을 조성하였다. 아울러 이 기간에 소양(邵陽)에 두 차례 갔었다.

19. 계림에서 다시 복건으로

1944년, 일제가 계림으로 진공해 오기 직전 나는 가족과 함께 복건성 은행 계림지행의 마지막 버스를 타고 계림을 탈출하여 복건성 영안에 도착하였다. 그때 복건성에는 처리하고 남은 곡식이 수십 만 근이 있었으며 성 정부 정성령 비서장의 기획 하에 전시아동을 교육하는 기구로서 '강락신촌(康樂新村)'을 개설하였다. 신촌의 총부는 영안에 두었고 제1촌은 민서(閩西)·영화(寧化)에 두고 부백취(傅柏翠)의 주관 하에 업무를 준비하였다. 제2촌은 민동(閩東) 복안현(福安縣) 계병향(溪柄鄉)에 위치하였는데 내가 준비하는 일을 주관하였다. 그해 가을 나는 사진(謝眞, 심중구 선생이 복건에서 양성한 간부), 이회민(李懷民, 입달농교과의 학생)과 함께 복안에 가서 준비 업무를 하였다. 원래 계병에는 땅과 가옥 등 기초시설이 설치되어 있었다. 준비 공작은 총무 · 생산 · 교양 3개 조로 구성되었고 사진은 전체 업무를 관리하고 이회민은 생산을 책임지고 임경황(林景煌)은 교양을 맡았다. 열심히 일한 결과, 일 년 내에 서안(西安) · 하포(霞浦) · 영덕(寧德) · 연강(連江) · 주돈(周墩) 등 각 현에서 온 수난 아동 60여 명을 받아들여 교양(敎養)해 나갔다.

1945년 8월 일본이 투항하였다. 일제에 의해 50년이나 점령당했던 대만은 해방을 맞아 조국의 품으로 돌아왔다. 대만은 해방과 동시에 행정장관공서(行政長官公署)를 설치하여 원래 행정원 비서장 진의는 행정장관으로 임명되었고, 심중구 선생은 장관공서 고문으로 임명되었다. 그해 사진은 대만으로 배속되었다. 이 때 복건성 비서장 정성령은 장개석에 의해 중경에 갇혔고 복안현장인 호방헌(胡邦憲)은 공산당 혐의로 면직 당하였으며 복안현 전량처장 종헌문(鍾憲文)도 공산당 혐의로 갇혔다. 이것은 바로 항일전쟁이 끝난 뒤 국공합작의 통일전선이 파괴되었다는 것을 보여준다. 또한 일본이 투항한 후 중경에 있는 모든 조선인은 국민당 정부가 비행기로 남조선에 태워다 주었다. 이때 미국도 이승만을 남조선에 보내 주었다. 그때 나는 복안에 있었기 때문에 중경과 연결이 되지 못하였다.

20. 복안에서 대만으로 가다

1946년 3월, 나는 복안을 떠나 대만으로 가서 농림처(農林處)에서 일을 하였다. 이 무렵 정성령 선생은 진의(陳儀) 장관이 장개석에게 부탁을 하여 보석으로 같이 대만으로 갔고 군부 간수실에 연금되었는데, 나는 대만에 도착한 이후 속동과 같이 간수실로 가서 그를 만났다.

일제 점령 시기에 대만은 겸병(兼倂)된 토지 면적이 매우 넓었다. 산림 전체를 제외하고 경지면적만 15만(2,250,000 市苗 이상) 헥타르 이상이었다. 한 지역에 집중된 면적은 1,000~3,000 헥타르였다. 일부 면적이 큰 농장의 내부에는 편리한 철로설비가 있었다. 이 농장들은 농민을 잔혹하게 압박하고 착취하는 기구였다. 해방 이후 이 토지는 공유로 바뀌었다. 심중구 선생의 건의와 계획 하에 이 공유지에 합작농장제도를 건설할 준비를 하여 농민들이 공동으로 경영하게 하였다. 첫 해에 나는 공유지조사와 합작농장제도의 연구업무를 맡았다. '2·28'사변 이후 나는 농장 실험장 원예과에서 기술업무를 담당하였다.

21. 대만을 떠나 장사로 가다

1949년 10월 1일, 중화인민공화국이 수립되었다. 이때 남조선의 이승만 정부는 대만에 영사관을 설립하였다. 영사 민석린(閔石麟, 閔弼鎬;역자)은 내가 상해와 중경에서 알던 친구였다.

그해 겨울 대만은 전쟁 분위기가 농후하였다. 영국과 미국 등 대만주재 영사관에서는 대만에 거주하는 교민들에게 통지를 보내 대만을 신속히 떠나 귀국하라고 독촉하였다. 남조선 대사도 1950년 원단에, 대만에 거주한 조교(朝僑)를 모아놓고 대만을 떠나 귀국하라고 호소하였다. 나는 이 기회에 귀국 신청을 하였다. 나와 같이 신청을 한 사람은 정화암(鄭華岩) 일가이다. 나는 대만에 살았을 때 중국사람 행세를 하였다. 그 당시 대만에서 직장을 다니는 사람은 반드시 5명이 담보를 서야 했고, 거주민은 5가구에서 담보를 서야 하였다. 게다가 또 국민신분증이 있어야 했다. 나도 가짜 국민신분증이 있었다.

나는 조선영사관의 귀국증을 받고 영국영사관에서 홍콩으로 넘어 가는 수속을 마치고 대만경무처에 가서 출국증을 받으려 할 때, 경무처에서는 먼저 국민신분증을 취소시켜야만 출국증을 발급할 수 있다고 하였다. 이리하여 국민신분증을 취소하기 위하여 중국 내정부·외교부·대만 경찰소 등에 반년 동안 여러 차례 주선한 끝에 드디어 경비처에서 출국증을 발급받았다. 이리하여 6월 23일에야 기륭(基隆)에서 홍콩까지 가는 배표를 사게 되었다.

1950년 6월 25일 저녁 무렵 홍콩에 도착할 때 조선에서는 이미 전쟁이 발발하였다. 조선전쟁이 발발하지 않았더라도 나의 마음은 이미 대륙으로 돌아가기로 결정했었다. 그러나 대만을 떠나기 전에 조선으로 간다고 해야만 대만을 탈출할 수 있었던 것이다.

그 때 유칙충의 둘째 언니는 광주 애군(愛群)빌딩(여관)에서 교환원으로 일하고 있었다. 우리는 홍콩에 도착한 이튿날 전화로 그녀에게 알렸다. 이틀 후 그녀는 우리를 데리러 홍콩으로 왔다. 유칙충은 득로(得櫓, 10세)와 전휘(展輝, 8세)를 데리고 둘째 언니와 먼저 광주로 돌아가고 나는 구룡(九龍)의 조정의(趙定毅)가 주관하는 '정광화공창(正光化工廠)'에서 잠시 머물면서 호남성인민위원회 부주석 정성령 선생에게 편지를 보냈다. 정선생은 나를 호남대학에 소개시켜 주었고 호남대학의 초빙서까지 보내주었다. 나는 초빙서를 입경(入境)의 근거로 하여 7월 하순에 광주로 돌아와 8월 하순에 장사로 가서 호남대학 농학원 농예과 주임을 담당하게 되었다.

1951년 '호남대학 농학원'은 '수업농전(修業農專)'과 통합하여 호남농학원을 성립하였고 그 후 나는 원예과 주임, 실습농장 주임, 과위회위원(科委會委員) 등을 역임하였다.

22. 사상의 변화 과정

1920년부터 나의 사상은 차츰 무정부주의 쪽으로 기울기 시작하였다. 일본 무정부주의자 행덕추수(幸德秋水)와 대삼영덕(大杉英德)의 영향을 받았던 것이다. 행덕추수는 '천황'과 종교를 부정하여 일본 통치계급을 공황에 빠지게 하여 사형을 선고받았다. 대삼영덕은 행덕추수의 뒤를 이어 7번 감옥살이를 하였는데, 기간이 7~8년에 달하였다. 그러나 1919년 이

후 그는 ≪개조≫와 ≪해방≫이란 잡지에서 무정부주의에 관한 글을 발표
하였는데 그들의 번역과 소개로 나도 크로포트킨의 저작을 읽게 되었다.

내가 '의열단'에 가입한 초기에 김약산의 사상은 허무주의적 경향이 있
었다. 우리는 큰 흥취를 가지고 18세기(19세기의 오류;역자) 60년대 러시
아의 허무당운동 사료를 읽었다. 예컨대 '땅 밑의 러시아(地底下的俄羅斯,
원저는 S. Stepniak의 『Underground Russia』;역자)' 등이다. '의열단 선언'
에서 폭력혁명의 의의를 강조한 것도 허무주의의 영향을 받은 것이다. 김
약산은 황포군관학교에서 공부할 때 중국공산당에 가입하였고, '의열단'
을 개조할 때 이미 사회주의적 기본강령과 정책을 수용하였다. 1927년 광
주에서 '4·12' 국민당의 숙청이 발생하였을 때, 나는 「적색의 비애」란
제목의 글을 썼는데 이것은 공산당의 입장에서 쓴 것이다.

'9·18' 사변 이후 나는 상해에서 '조선무정부주의자연맹'과 '남화한국
청년연맹'에 참가하였다. 그러나 조선 민족혁명 역량을 고양한 통일을 주
장하였다. 중국의 항일전쟁 시기에는 '조선민족전선연맹'에 가입하였다.
실질적으로 무정부주의를 포기한 것이다. 그러나 이론상으로 무정부주의
의 반동 본질을 철저하게 비판하지 못하였다.

농학원에서 공작에 참가한 이후 중국공산당의 영도 하에 학습을 통하
여 레닌의 『국가와 혁명』, 스탈린의 『무정부주의냐 사회주의냐』, 모주석
(모택동;역자)의 『인민민주전정(人民民主專政)을 논함』 등 훌륭한 저작
을 읽은 후 이론적으로 무정부주의의 반동적 본질을 알게 되었다. 무정부
주의는 제1국제운동에서 시작하여 역대 국제적 무산계급 혁명운동 중에
서 반혁명적인 역할을 하였다. 그래서 스탈린이 "무정부주의자는 마르크
스주의의 진정한 적이다."라고 지적한 것이다. 모주석도 "계급은 소멸되
었고 계급투쟁의 도구인 일체의 것들, 정당과 국가 기기(機器)도 그로 인
해 역할을 상실하고 필요 없게 되어 점차로 쇠망해 간다. 진실로 자신의
역사적 사명을 다하여 드높은 인류사회의 단계로 나아가자!"라고 지적한

것이다. 모주석은 또 "너희들은 국가 권력을 소멸하려고 하지 않았나? 우리는 소멸할 것이다. 그렇지만 지금은 아니다. 우리는 아직 멀었다. 왜냐고? 제국주의가 아직 존재하기 때문이다. 국내에서는 반동파가 존재하고 계급은 아직도 존재한다. 우리 현재의 임무는 인민의 국가기관을 강화하는 것, 이 중요한 것이란 인민의 군대, 인민의 경찰과 인민의 법정, 이렇게 국방을 공고히 하고 인민의 이익을 보호함을 가리키는 것이다."라고 지적하였다(끝).

1974년 3월 호남농학원에서

달인(達仁): 잘 지내는가?

나의 약력 정리를 겨우 마무리 지었네. 내용과 문장이 모두 완전하지 못한 곳이 있을 테니 자네가 알아서 수정해도 괜찮네. 길게 쓰지 않겠네. 자네들도 건강하고 유쾌하게 지내기 바라네. 자네의 편지와 사진 필름은 모두 잘 받았다네.

류자명 1974. 4. 2.

※ 달인은 입달학원을 설립하고 류자명에게 커다란 영향을 끼친 광호생의 둘째 딸인데, 이 약력은 그녀의 요구에 의해 정리한 것이다(역자).

부록 2 나의 중국에서의 60여 년

我在中国六十多年

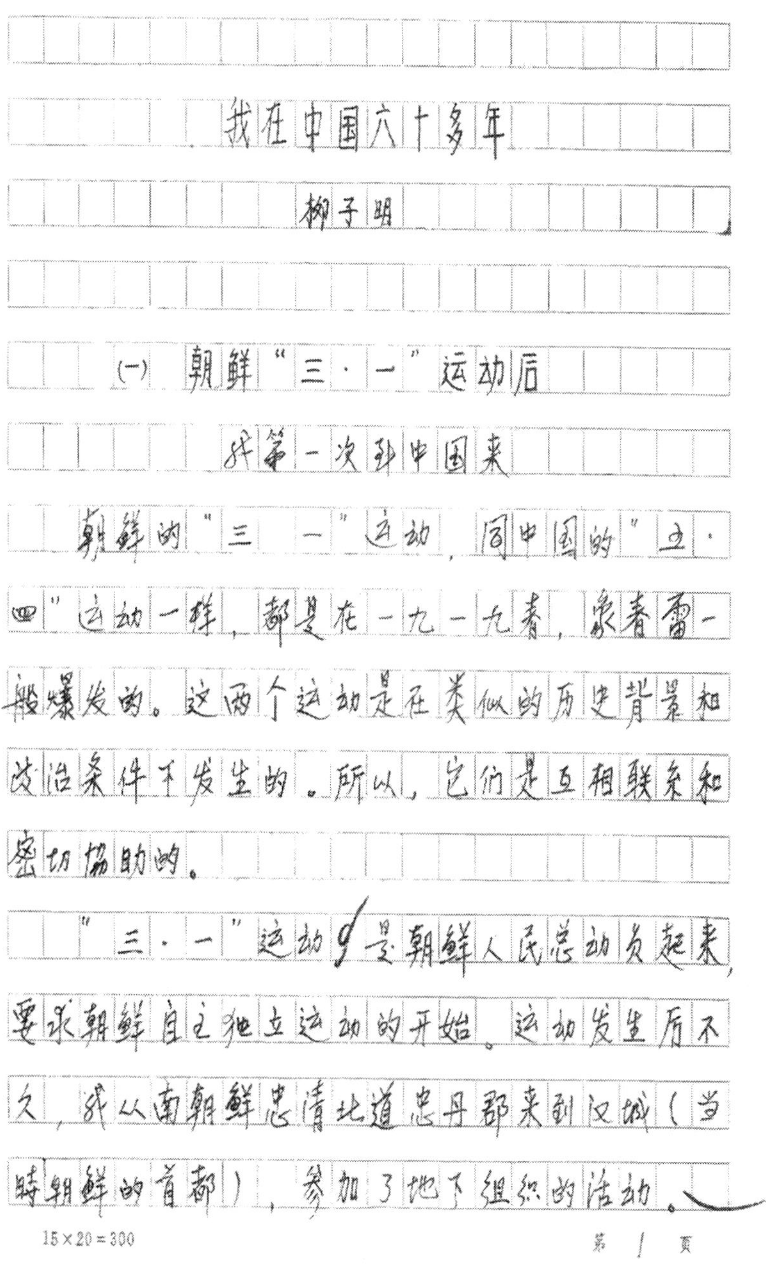

我在中国六十多年

柳子明

（一）朝鲜"三·一"运动后

我第一次到中国来

朝鲜的"三·一"运动，同中国的"五·四"运动一样，都是在一九一九春，象春雷一般爆发的。这两个运动是在类似的历史背景和政治条件下发生的。所以，它们是互相联系和密切协助的。

"三·一"运动是朝鲜人民总动员起来，要求朝鲜自主独立运动的开始。运动发生后不久，我从南朝鲜忠清北道忠丹郡来到汉城（当时朝鲜的首都），参加了地下组织的活动。

　　这时，长期流亡海外的朝鲜爱国志士们，都集中在上海法租界，组织了"韩国临时政府"，而在临时政府和汉城秘密组织之间，已经有了通讯联络。

　　一九一九年六月间，我和从上海回国的一位通信联络员一起，第一次出国，经过丹东（当时叫安东）、沈阳和营口，坐英国轮船到达上海。当时，在上海除了临时政府以外，还有"临时议会"（即等于人民代表会议）。我到上海后，就成为忠清北道的代议员（等于人民代表）。并且兼任"临时议会"的秘书。从此以后，我同诸位爱国志士面前接触的机会多起来了。我当时二十五岁，是年纪最轻的议员之一。老先生们对我象自己的子弟一样看待，我也象对自己的父兄和老师一样尊敬他们。这样，我们之间的

关系，是同志的友谊和血肉的感情交织在一起
的。

　　（二）带着任务回国
　　一九一九年十二月，我带着通讯联络的任
务，同金翰、姜泰东等同志，先后分别离开上
海，回北汉城。这时，朝鲜已经发生了工人运
动，以"劳动共济会"为领导工人运动的公开
团体，由一些共产主义者联合出版《共济》杂
志，与日本资本家们进行针锋相对的斗争。金翰同
志公开表明：他自己是一个马克思主义者。
但是当时朝鲜革命运动变化，不管是马克
思主义也好，无政府主义也好，任何一种宗教
团体也好，总不能离开"爱国"两个字的。从
日本军国主义侵略朝鲜开始，朝鲜内部对立的

斗争　即是爱国主义反对卖国主义的斗争，又是

殖民地民族战线与帝国主义侵略战线两条路线

的斗争。

　　从回到汉城的两年之间，在金翰同志的支

持下，帮写了两篇文章，在《共济》杂志和《朝

鲜日报》上发表。

　　（三）第二次离开祖国到北京

　　一九二二年三月，8第二次离开祖国到北

京，跟着朝鲜杰出的历史学家、著名的爱国文

士申采浩（号丹斋）先生，学习历史知识。丹

斋先生当时在北京专门研究历史　并与金昌淑

先生共同出版《天鼓》杂志，宣传朝中两国人

民之间的传统友好关系，受到中国朝国名版界

的好评。

　　一九二三年至一九二四年，我同高光嵩、金相劭、金炳玉等留学生一起到天津，住在法租界，参加美国女士开办的英语学习班，学习一年英语。

　　(四) 参加"朝鲜义烈团"

　　一九二四夏天，"朝鲜义烈团"团员金若山到天津，要求我参加义烈团，我无条件地答应了。同年秋，我去上海担任义烈团的通讯联络和宣传工作。

　　义烈团是"三·一"运动初期在吉林省长春市成立的暴力革命团体，它以暗杀和破坏为对敌斗争的手段。

　　义烈团成立后，从一九二〇年至一九二五年的九次对敌斗争中，既有成功的经验，又有失败的教训。这里只把成功的经验简介如下：

　　1. 一九二一年，朴在赫同志为登山日本
警察所被捕的同志们复仇，从上海带一颗炸弹
回到釜山，炸死了日本警察所长。晴天霹雳，
轰动一时。

　　2. 一九二二年，金益相同志带颗炸弹从
天津回到汉城，直冲日本总督府，炸破了总督
办公厅后，安然脱离了敌人的包围，不到一周，
又返回了天津。敌人搜索几百天，没有发现任
何形迹。

　　3. 一九二三年十二月，秋江同志带两颗
炸弹，从上海到达日本东京，在一九二四年元
旦，直冲日本皇宫门口，炸破了皇宫的大门。

　　4. 一九二四年秋，罗锡畴同志带两颗炸
弹和一支手枪，从天津到烟台，束渔船飘到仁

川港登陆往汉城，炸破了"朝鲜银行"和"东洋拓殖公司"以后，用手枪同日本军队拼搏，并以最后一颗子弹结束了自己的生命。

　　（士）　中国北伐战争時期

　　一九二六年七月，中国北伐战争开始的时候，在黄埔军校学习的义烈团团员多半都参加了北伐战争。北伐军在广大工农群众拥护支持下，先后打败了北洋军阀吴佩孚、孙传芳几十万反动军队，占领了大半个中国。一九二七年北伐战争在胜利发展中，蒋介石于四月十二日在上海发动反革命政变。当时我同金若山还在广州，目睹了反革命逆流泛滥于珠江流域。广州的革命司令部，在一夜之间突变为反革命的指挥台；昨日的同志，今天突变为仇敌。

　　在暴风骤雨的环境里，偕同金若山一起离穗经沪，在同年六月到达武汉。这时蒋反的政治空气已经出现了山雨欲来风满楼的题兆。果然，在七月十五日，汪精卫发动了反革命政变，他公开叫喊："宁可错杀三千，不让一个漏网人游(共产党员)。"这就是汪精卫向蒋介石投靠的口号，不久就出现了"宁汉合流"。

　　"宁汉合流"以后不久，以金若山为首的义烈团团员都跟着第四军叶挺部队同到江西南昌，参加了"八·一"南昌起义。其他没有参加此次队伍的朝鲜同志，由于无路可走，只好逗留武汉，观望时局的演变。

　　(六) 武汉警备司令部看守所的
　　　　　　铁窗生活

　　一九二八年二月二十八日，正值朝鲜"三一"运动九周年纪念日的前夕。我们在武汉的同志们约会，准备举行纪念"三、一"运动的座谈会。正在此时，驻在汉口的日本领事馆两名特务伙同武汉公安局特工人员来逮捕我们。这样我们以共产党嫌疑犯，被囚禁在警备司令部看守所。经过六个月的铁窗生活，于八月二十八日才得到释放。

　　（七）一九二八年九月至一九二九年三月
在南京"东方被压迫民族会"应国民党中央委员会宣传部的要求，用朝鲜文翻译孙中山先生原著《孙文学说》。

　　（八）一九二九年六月至十二月，我在福

建泉州黎明中学担任高中生物教员。

　　　　（九）一九三0年一月至一九三五年五月，我在上海由著名的教育革新者匡互先生创立的立达学园农村教育科，教授农业技术和日文。

　　　　（十）一九三一年"九·一八"事变发生后，我在上海参加了朝鲜无政府主义者联盟。

　　　　（十一）一九三五年六月至一九三七年十二月，我在南京国民党建设委员会开办的东流实验农场从事园艺生产指导工作。日本侵略军围攻南京时，前往武汉。

　　　　（十二）一九三八年一月至一九三九年八

月，我在汉口参加了朝鲜民族战线联盟，并兼任朝鲜义勇队第一队指导委员。

（十三）一九三八年十月，武汉沦陷，我随朝鲜义勇队第一队从武汉撤退，经过衡山、衡阳，到达桂林暂驻。

（十四）一九三九年一月，我从桂林到重庆，在重庆市南岸鹅公堡朝鲜民族战线联盟办事处工作。

（十五）一九四〇年三月，由于生活困难，离渝到福建永安（福建临时省会）任农业改进处技正兼永安园艺试验场场长。

　　　　（十六）一九四二年一月，我离开福建到
桂林，在回教救国协会开办的灵枣农场从事农
业技术指导工作。

　　　　（十七）一九四四年八月，日本传略军进
攻桂林，在万分危急时刻，由福建省政府桂庭龄
秘书长，致电福建省银行桂林办事处，把我一
家四个人，从炮火中救了出来，回到了永安。同
年九月，由桂庭龄秘书长介绍我到闽东福安县
溪柄乡，创办福建省政府所属的康乐教科第二
村，担任筹备处主任。

　　　　（十八）一九四五年日本投降，八年抗日
战争，终以伟大的胜利而结束。可是，令人唯
以理解的是，在抗战胜利结束的同时，蒋介石

与何必名程星龄秘书长从福建到重庆，并把他监视起来？

与此同时，福建省政府康乐新村永安管理处，致电康乐新村第二村："将收容在涣、疴乡小学校进行教养的战时孤儿，送到永安管理处支持。"于是，我们第二村办公室，指定姐童教养员高则英，把大十多难童带到永安，交给管理处。至此，康乐新村第二村的任务就算结束了。

（廿九）一九四五年日本投降以后，五十年来为日本军国主义者们所侵占的台湾也得到解放，回到了祖国的怀抱，国民党政府任命行政院秘书陈仪为台湾行政长官。同时，陈仪主闽时的顾问沈仲九随陈仪一道去台湾，任长官公署顾问。

　　还有一点值得指出的是 陈去官赴台前，曾向蒋介石请求，将在重庆被监视的程星龄秘书长带经台湾，加以管教。陈仪率同前往台湾接收的人员，经过万里长江，渡过三百里台湾海峡和基隆港，到达台北市的时候，受到成千上万刚刚得到解放的台湾同胞隆重而热烈的欢迎！

　　（二〇）一九四六年三月 由于沈仲九段间的关系，卦台湾去开始从事农业技术工作。

　　来卦台湾后，程星的秘书长已被蒋介石它令陈仪，以"嫡系异党分子"的罪名，扣押在长官公署警卫团。我到警卫团会见了程，将我离开福安县来到台湾的经过告诉了他。一九四七一月间，程星龄由他的朋友刘斐、许孝炎等将他保释出来，另住一所民房，我又去会见过他。

　一九四七年，陈仪离开台湾，转任浙江省政府主席。一九四八年秋，程星龄回到自己的家乡湖南，同我所认识的李达、李君九等同志一起，策划湖南和平解放。一九四九年八月，程潜、陈明仁两将军宣佈湖南和平起义。我们无比感到万分欢欣。浙江省政府陈仪主席也决心走起义的光明道路。在解放军渡江前夕，密令他一手培植的汤恩伯掩护解放军渡江。不料汤恩伯忘恩负义，竟向蒋介石告密。蒋介石即命汤逮捕陈仪，解到上海，监禁在警备司令部。一九四九年，人民解放军占领南京前夕，又把陈仪解到浙江衢州，~~随后又解到～州~~，不久，

解剖白湾台北市。一九五〇年五月，陈仪光荣
牺牲于台北。在陈仪就义前，蒋介石曾派人诱
陈，说 只要陈做到两条，第一条悔过认罪；
第二条发表公开斥责张治中、黄绍竑的信，就
可免其一死。陈仪断然拒绝，说 "我一生做
了不少危害人民的事，只有最后一着（指密谋
起义）做得对，可以赎罪于万一。我无过可悔，
无罪可认。至于对张文伯、黄、李等，我只能颂
扬，不能指责。"陈仪就是这样宁死不屈，慷慨
就义的，不能不令人肃然起敬。

　　陈仪就义后，他的亲信都属曾私密举行一
次座谈会来代替追悼会。我也参加了这次座谈
会。会上有人说："这是蒋介石杀鸡给猴子看的!"
另一个人说："猴子是谁呀?"又一个人说."猴
子是我们吧!"这三句话，表现了当时来自大陆

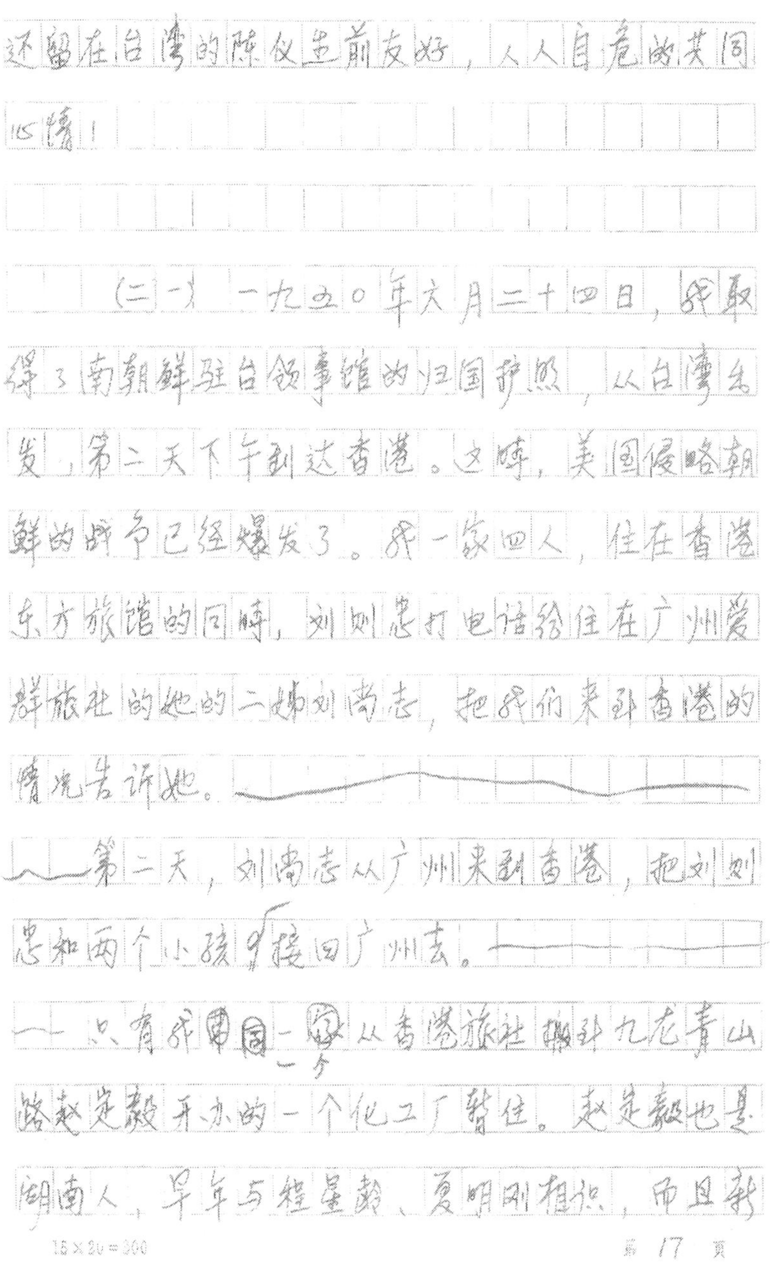

还留在台湾的陈仪忽前友好，人人自危的美国
心情！

　　（二）一九五0年六月二十四日，我取
得了南朝鲜驻台领事馆的归国护照，从台湾出
发，第二天下午到达香港。这时，美国侵略朝
鲜的战争已经爆发了。我一家四人，住在香港
东方旅馆的同时，刘则忠打电话给住在广州爱
群旅社的她的二姊刘尚志，把我们来到香港的
情况告诉她。

　　第二天，刘尚志从广州来到香港，把刘则
忠和两个小孩先接回广州去。

　　只有我（与国二弟）从香港旅社搬到九龙青山
路赵定毅开办的一个化工厂暂住。赵定毅也是
湖南人，早年与程星龄、夏明刚相识，而且新

近同他们有过联系。于是，我请赵定毅先打电报给程星龄，然后我又写信给程，告诉我从台湾来到香港的情况。不过几天，程星龄把湖南大学的聘请书和他的亲笔信等给我，我就把聘书作为入境证件，经过广州，在八月间来到长沙，去湖南大学报了到。

我到湖南大学报到的时候，校长是李达ル，付校是易鼎新；大学包括：工程学院、自然科学院，农学院等三个学院。

农学院分成：农经系、农艺系，昆虫系等三个系。农学院长是李凤荪；农经系主任是卢爱知，农艺系主任是我自己，昆虫系主任是由院长兼任。

从学生的数量来说，农艺系最多有四、二、一的三个年级，只缺少三年级，共一百多人，昆虫系为第二，农经系最少。

一九五〇年十月八日，中国人民革命军事委员会　毛泽东主席"给中国人民志愿军的命令"以后，湖南省委黄克诚书记对湖南大学全体师生员工，做周抗美援朝的动员报告，指出抗美援朝不仅有抗美援

19

朝的作用，还有保家卫国的义务，必须进行抗美援朝的宣传教育运动。

　　黄克诚书记、还指出必须使全国每处每人都到抗美援朝的教育。他最后还指出全国每四处每人，特别是青年学生有参军的义务和~~告诉形势的紧急性~~。

　　从此以后，湖南大学全体学生的参军运动，也成为抗美援朝教育运动，最后，经过~~鉴定~~批准参军的学生中，农学院农艺系学生有四个人，占全体湖南大学学生的第一位。

　　但是，全体湖南大学的师生员工，一律受到了抗美援朝的宣传教育。

（二二）湖南农学院的新建

一九五一年三月，湖南大学的农学院分立成为新建的《湖南农学院》。这是为社会主义新中国将来的农业生产建设和农业科学发展所必要的。

湖南农学院成立大会上，李毅之院长指出《湖南农学院是一个新型的农学院》，这也说明：由半封建、半殖民地的旧中国发展到社会主义新中国的过程中，重新开展新教育的路线、方针、政策的指示。

马列主义·毛泽东思想的教育方针是：《应该使受教育者在德育、智育、体育几个方面都得发展，成为有社会主义觉悟的有文化的劳动者》。

解放初期对人民教育来说：不仅受教育者，
21

而且教育者首先成为三好（德、智、体）教师，才能培养着三好学生。

（二三）一系列政治思想教育运动

1、电影《武训传》的讨论（一九五一年）

2、反"三反""五反"的斗争（一九五一年十一月～一九五二年三月）

3、知识分子思想改造运动（一九五三年）

~~4、对《胡风反革命集团的斗争（一九五五年五～六月）~~

~~5、对资产阶级右派进攻的斗争（一九五七年）~~

（二四）文化大革命十年动乱时期

从一九六六年开始，到一九七五年为止的十年动乱时期，湖南农学院园系的葡萄生产科学研究基地、葡萄实验温室、花卉栽培温室几个方面的生产教育的基本建设，遭受大破坏。

22

由此可说：“四人邦”所谓的“文化大革命运动倒是“文化大破坏运动”。

可是都过去了，且看明早！

（二五）湖南葡萄酒的新生

一九七六年一月九日：中朝人民最敬爱的周恩来总理逝世的第二天，我们在湖南轻工研究所，开追悼会以后，怀着“化悲痛为力量的决心”，在轻工研究所指导下，开葡萄学习班，参加学习的，以溆浦城关镇么社的社员为主，其他长沙市园艺试验所，湖南军区长沙军政学校等代表参加学习；由湖南农学院园系负担讲课任务。经过一个多星期的教学以后，做教学总结时，由一位轻工研究所的领导同志指出：“以今年此时为起点，在三年以内，用湖南生产的葡萄酒，在国庆宴会上，招待外宾，

23

为毛主席家乡争光！"

从此以后，在湖南轻工研究所领导下，由叙浦城关镇公社负把葡萄酒生产任务，由湖南农学院园艺系，负责进行葡萄品种试验，由此结成三联合的关系，互相努力，互相促进的结果：溆浦城关镇公社是提早一年，只在两年内，酿成两种葡萄酒，供应省内外市场，得到好评。

我院园艺系是在三年以内，恢复了葡萄品种科学研究工作。

（二五）葡萄一与多次结果的栽培技术

1958年，湖南农学院园艺系，栽培在温室里的一株玫瑰香品种结果三次；另一株小白玫瑰香品种结果四次。这两株品种的成熟时期不一致，因此这两株葡萄在这一年收到其七

24

次。

这一年秋季，在北京开展《教育和生产劳动相结合的展览会》。我们把南三次结果的玫瑰香品种制成标本，送到北京展出于展览会上。然后我们受到中央农业厅的电报；其中要求：《把一年多次结果的葡萄品种及其栽培技术，向农业厅报导！》

我们受到电报后，就把一年多次结果的葡萄品种名称及其栽培技术的总结，向农业厅做了报告。

（二六）主要的论著

1、葡萄一年多次结果的栽培技术（浙N 59）

2、葡萄栽培的历史

3、湖南温州蜜柑、脐橙的来源和葡萄栽培的开始（仅）

4、柑桔类的起源和发展

5、关于温州蜜柑来源的问题（学报）

6、关于柑桔分类的问题（本刊）

7、栽培稻的起源和发展　《中国科学》1976

8、长沙马王堆汉墓出土的二十种栽培植
　　物的历史考证

9、再论稻谷起源的问题

10、瓜类丰产的总结（1958．5发　农学院学报

11、中国蔬菜栽培轮作制（单印本．1962年．

12、中国古农书的唯物主义思想

13、中国著名的几科花卉（单行本）1958　湖南人民出版社

14、园林花卉（单行本、二十人合作）

15、稻谷今昔谈（化石）1979．

나의 중국에서의 60여 년

류자명

1. 조선 '3·1'운동 이후

내가 처음 중국에 오다

조선의 '3·1'운동과 중국의 '5·4'운동은 모두 1919년 봄, 봄날의 우레처럼 폭발하였다. 두 운동은 유사한 역사적 배경과 정치적 조건하에서 발발하였다. 때문에 그들은 상호 연결되고 밀접하게 협조를 한 것이다.

'3·1'운동은 조선 인민이 모두 일어나 조선의 자주와 독립을 요구한 독립운동의 개시였다. 이 운동이 발발한지 얼마 후 나는 남조선 충청북도 충주군으로부터 서울(당시 조선의 수도)로 와서 지하조직 활동에 참가하였다. 이 때 오랫동안 해외로 망명한 조선의 애국지사들은 상해 프랑스 조계에 모여 '한국임시정부'를 조직하였다. 그리고 임시정부와 서울의 비밀 조직 간에는 이미 통신 연락이 있었다.

1919년 6월 나는 상해에서 귀국한 통신 연락원과 함께 처음으로 출국하여 단동(丹東, 당시는 안동으로 칭했음), 심양(沈陽), 영구(營口)를 거쳐 영국 기선을 타고 상해에 도착하였다. 당시 상해에서는 임시정부 이외에 또 '임시의회'(인민대표 회의와 같은 것)가 있었다. 나는 상해에 도착한 후 충청북도 대의원(인민대표와 같은 것)이 되었다. 그리고 '임시의회'의 비서를 겸임하였다. 그 이후 나는 애국지사 선배님들과 접촉하는 기회가 많았다. 당시 나는 25살이고 제일 젊은 의원 중의 하나였다. 선생님들은 나를 자제와 같이 대하였고 나도 내 부친이나 형님처럼 그들을 존경하였다. 우리들의 관계는 동지의 우의와 혈육의 감정이 교차하였다.

2. 임무를 띠고 귀국

1919년 12월 나는 통신 연락의 임무를 띠고 김한(金翰), 강태동(姜泰東) 등 동지와 함께 앞뒤로 상해를 떠나 서울에 돌아왔다. 이 무렵 조선은 이미 공인운동(工人運動)이 일어났고 '노동공제회(勞動共濟會)'는 공식적으로 공인운동을 이끄는 단체가 되었으며 공산주의자들이 연합하여 출판한 ≪공제(共濟)≫ 잡지는 일본 자본가들과 날카로운 투쟁을 전개하였다. 김한 동지는 공식적으로 자기가 마르크스주의자라고 표명하였다. 그러나 당시 조선의 혁명운동은 마르크스주의도 무정부주의도, 어느 종교 단체라 하더라도 '애국'이란 두 글자와 떼어 놓을 수 없었다. 일본 군국주의가 조선을 침략한 후 조선 내부의 대립적 투쟁은 애국주의였고 매국주의를 반대하는 투쟁이기도 하였다. 그리고 또 식민지 민족 전선과 제국주의 침략 전선 두 노선의 투쟁이었다. 나는 서울에 돌아오기 전 2년 사이에 김한 동지의 도움을 받아 두 편의 글을 써서 ≪공제≫ 잡지와 ≪조선일보≫에 발표하였다.

3. 두 번째 조국을 떠나 북경으로 가다

1922년 3월 나는 두 번째로 조국을 떠나 북경으로 가서 조선의 뛰어난 역사학자이며 저명한 애국 문사인 신채호(申采浩, 호는 丹齋) 선생님으로부터 역사지식을 배웠다. 당시 단재 선생님은 북경에서 전문적으로 역사를 연구하며 김창숙(金昌淑) 선생님과 함께 ≪천고(天鼓)≫ 잡지를 출판하여 조중(朝中) 양국 인민의 전통 우호 관계를 널리 알려 중국 신문 출판계의 호평을 받았다. 1923년부터 1924년까지 나는 고광인(高光寅), 김상훈(金相勛), 김병옥(金炳玉) 등 유학생과 같이 천진으로 가서 프랑스 조계에 거주하며 미국 여사가 개설한 영어 학습반에 참가하여 1년 동안 영어 공부를 하였다.

4. '조선의열단'에 참가하다

1924년 여름 '조선의열단' 단원 김약산(金若山)이 천진에 와서 의열단에 참가하기를 요청하기에 나는 무조건 승낙하였다. 그 해 가을 나는 상해에 가서 의열단의 통신 연락과 홍보 활동을 담당하였다. 의열단은 '3 · 1'운동 초기에 길림성(吉林省) 장춘시(長春市)에서 조직된 폭력 혁명 단체로서 암살과 파괴를 대적(對敵) 투쟁의 수단으로 하였다. 의열단이 수립된 후 1920년부터 1925년까지 9차례의 대적 투쟁 가운데에는 성공의 경험이 있을 뿐만 아니라 실패의 교훈 또한 있었다. 여기에서는 성공의 경험만을 다음과 같이 간단히 소개한다.

1) 1921년 박재혁(朴在赫) 동지는 부산 일본 경찰서에 피체된 동지들의 원수를 갚기 위해 상해에서 폭탄을 가지고 부산으로 가서 일본 경찰소장을 폭살하였다. 마른하늘에서 날벼락이 떨어지듯 당시 커다란 반향을 일으켰다.

2) 1922년 김익상(金益相) 동지는 폭탄을 가지고 천진에서 서울로 들어가 곧 바로 일본 총독부로 가서 청사를 파괴하고 적의 포위에서 탈출하여 일주일 내에 천진으로 다시 돌아왔다. 적들은 수백일 수색을 했는데 아무런 행적도 찾지 못했다.

3) 1923년 11월 추강(秋江) 동지는 폭탄 2개를 휴대하고 상해에서 일본 도쿄에 도착해 1924년 원단(元旦)에 일본 황궁 문 앞으로 가서 황궁의 대문을 파괴하였다.

4) 1924년 가을 羅錫疇(나석주) 동지는 폭탄 2개와 권총 한 정을 지니고 천진에서 연태로 가서 어선을 타고 인천항에 상륙하여 서울로 가서 '조선은행'과 '동양척식회사'를 파괴한 뒤 권총으로 일본 경찰들과 맞서 싸우다가 마지막 총알로 스스로 생명을 마감하였다.

5. 중국 북벌전쟁 시기

1926년 7월 중국에서 북벌전쟁이 시작될 때 황포군관학교에서 공부하는 의열단 단원들은 반수 이상이 북벌전쟁에 참가하였다. 북벌군은 많은 공농(工農) 군중들의 따뜻한 지지를 받으며 북양 군벌인 오패부(吳佩孚), 손전방(孫傳芳)의 수십만 반동 군대를 누르고 중국의 절반 이상을 점령하였다. 1927년 북벌전쟁이 승기를 잡았을 때 장개석은 4월 12일 상해에서 반혁명 쿠데타를 일으켰다. 당시 나는 김약산과 광주에서 반혁명(反革命)의 역류(逆流)가 주강(珠江) 유역에서 범람하는 것을 목격하였다. 광주의 혁명사령부는 하루 밤 사이에 반혁명의 지휘대로 돌변하였고 어제의 동지가 오늘의 적으로 되었다.

이런 기세가 대단한 환경에서 나는 김약산과 같이 광주를 떠나 상해를 거쳐 그 해 6월 무한에 도착하였다. 이 때 무한의 정치 분위기는 폭풍전야의 징조가 나타나기 시작하였다. 과연 7월 15일 왕정위(汪精衛)는 반혁명 쿠데타를 일으켜 공식적으로 "설령 3천명을 잘못 죽이더라도 1명(공산당을 지칭)을 놓치지 않겠다."라고 외쳤다. 이것은 왕정위가 장개석에게 투항하는 구호이고 얼마 이후 '영한합류(寧漢合流)'가 일어났다. '영한합류'가 있은 지 얼마 안 되어 김약산을 비롯한 의열단 단원들은 제4군 엽정(葉挺) 부대를 따라 강서성 남창(南昌)에 도착하여 '8·1' 남창봉기에 참가하였다. 그 밖에 북벌대오에 참가하지 않은 조선 동지들은 갈 곳이 없어 무한에 체류하여 시국의 변화를 관망하는 수밖에 없었다.

6. 무한 경비사령부 간수소(看守所)에서의 철창생활

1928년 2월 28일 조선의 '3·1'운동 9주년 기념일 전, 나는 무한의 동지들과 약속하여 '3·1'운동을 기념하는 다과회를 준비하고 있었다. 이 때 한구(漢口)의 일본 영사관 특무 두 명과 무한공안국 특무가 합동하여 우리들을 체포하였다. 그리하여 우리는 공산당 혐의범으로 경비사령부 간수소에 갇혔다. 6개월의 철창생활을 지내고 8월 28일에서야 석방되었다.

7. 1928년 9월부터 1929년 3월까지 남경의 '동방피압박민족회(東方被壓迫民族會)'에서 국민당 중앙위원회 선전부의 요구에 응하여 손중산(孫中山) 선생의 저작『손문학설(孫文學說)』을 우리 글로 번역하였다.

8. 1929년 6월부터 12월까지 나는 복건(福建) 천주(泉州)의 여명(黎明) 중학에서 고중(高中) 생물 교사를 하였다.

9. 1930년 1월부터 1935년 5월까지 나는 상해의 저명한 교육혁신가인 광호생(匡互生)이 설립한 입달학원(立達學園) 농촌교육과에서 농업 기술과 일본어를 가르쳤다.

10. 1931년 '9·18'사변이 발생한 후 나는 상해에서 조선무정부주의자연맹에 참가하였다.

11. 1935년 6월부터 1937년 12월까지 나는 남경 국민당 건설위원회에서 설립한 동류실험농장(東流實驗農場)에서 원예 생산을 지도하였다. 일본 침략군이 남경을 공격하였을 때 무한으로 이동하였다.

12. 1938년 1월부터 1939년 8월까지 나는 한구(漢口)에서 조선민족전선동맹에 가입하였고, 아울러 조선의용대 제1대(隊) 지도위원을 겸임하였다.

13. 1938년 10월 무한이 함락되자 나는 조선의용대 제1대를 따라 무한에서 철수하여 형산(衡山), 형양(衡陽)을 거쳐 계림에서 잠시 거주하였다.

14. 1939년 1월 나는 계림에서 중경에 도착하여 중경시 남안(南岸) 아공보(鵝公堡)에 있는 조선민족전선연맹 사무처에서 일하였다.

15. 1940년 3월 생계가 곤란하여 중경을 떠나 복건 영안(永安, 복건성의 임시 수도)에 가서 농업개진처 기정(技正) 겸 영안원예실험장 장장(場長)을 맡았다.

16. 1942년 1월 나는 복건을 떠나 계림에 도착하여 회교구국협회(回教救國協會)에서 설립한 영조농장(靈棗農場)에서 농업기술을 지도하였다.

17. 1944년 8월 일본 침략군이 계림을 공격하는 매우 위급한 시기에 복건성 정부 정성령(程星齡) 비서장이 복건성은행 계림판사처에 전보를 보내 우리 가족 4명을 포화 중에서 구해주어 영안으로 돌아올 수 있었다. 이 해 9월 정성령 비서장은 나를 민동(閩東) 복안현(福安縣) 계병향(溪柄鄉)에 소개하여 복건성 정부 소속의 강락신촌(康樂新村) 제2촌을 조성하게 하고 주비처(籌備處) 주임을 담당하게 하였다.

18. 1945년 일본이 투항하고 8년 항일전쟁은 위대한 승리로 끝났다. 그러나 이해하기 어려운 것은 항일전쟁이 승리로 끝난 동시에 장개석은 정성령 비서장에게 전보를 보내 복건으로부터 중경으로 오게 하여 그를 감시하기 시작한 것이다. 이와 동시에 복건성 정부 강락신촌 영안 관리처에서는 강락신촌 제2촌에 전보를 보내 "계병향 소학교에 수용된 전시 고아들을 영안 관리처에 인수하라."라고 지시하였다. 그리하여 우리 제2촌 사무실은 난동교양원(難童敎養員) 고칙영(高則英)을 파견하여 60명의 난동을 영안으로 데려가 관리처에 넘겨주었다. 이에 이르러 강락신촌 제2촌의 임무는 이렇게 끝났다.

19. 1945년 일본이 투항하고 50여 년 동안 일본 군국주의자들이 점령한 대만도 해방을 맞이하여 조국의 품으로 돌아왔다. 국민당 정부는 행정원 비서장 진의(陳儀)를 대만 행정장관(行政長官)으로 임명하였다. 아울러 진의가 민남(閩南)에서 같이 일했던 고문 심중구(沈仲九)도 진의와 같

이 대만에 가서 장관 공서 고문을 담당하였다. 또 하나 지적해야 할 것은 진장관이 대만으로 갈 때 장개석에게 중경에서 감시를 당하고 있던 정성령 비서장을 대만으로 데려가 단속하고 가르친다며 허가를 요청한 것이다. 진의는 대만을 접수할 인원들을 인솔하여 만리 장강을 거쳐 3백리 대만해협과 기륭항을 건너 대북시에 도착하였을 때 해방을 맞이한 대만 동포의 성대하고 열렬한 환영을 받았다.

20. 1946년 3월 나는 심중구 고문과의 관계로 대만구(台湾區)에서 농업기술에 종사하였다. 내가 대만에 도착한 후 진의는 장개석으로부터 정성령 비서장이 "이당분자(異党分子)가 확실하다"는 죄명으로 장관 공서 경비단에 구속하라는 전보를 받았다. 나는 경비단에 가서 정성령을 만나 내가 복안현을 떠나 대만으로 오는 경과를 말해 주었다. 1947년 1월 정성령이 그의 친구 유비(劉斐), 허효염(許孝炎) 등의 도움으로 보석으로 나와 민가에서 살고 있을 때 나는 또 한 번 그를 만났다.

1947년 진의는 대만을 떠나 절강성 정부의 주석으로 취임하였다. 1948년 가을 정성령은 고향인 호남으로 돌아와서 내가 아는 이달(李達), 이군구(李君九) 등 동지와 함께 호남의 평화적 해방을 계획하였다. 1949년 8월 정잠(程潛), 진명인(陳明仁) 두 장군이 호남성 화평 봉기를 선포하였다. 나는 이 소식을 듣고 매우 기뻤다. 절강성 정부의 진의 주석도 봉기를 일으켜 광명의 길을 가기로 결심하였다. 해방군이 도강(渡江)하기 전에 진의는 비밀리에 자기가 키운 당은백(湯恩伯)에게 해방군의 도강을 엄호하라고 명령하였다. 뜻밖에도 당은백은 은혜와 의리를 저버리고 장개석에게 밀고해 버렸다. 장개석은 당은백에게 진의를 체포하라고 명령하고 진의를 상해로 압송하여 경비사령부에 감금하였다. 1949년 인민해방군이 남경을 점령하기 전에 또 진의를 절강성 구주(衢州)로 압송하고 얼마 후에 대만 대북시로 압송하였다. 1950년 5월 진의는 대북시에서 영광스럽게 희생하였다. 진의가 희생하기 전 장개석은 진의에게 사람을 보내 "진의가 두 가지만 하면 죽음을 면제해 줄 수 있다. 첫째는 죄를 인정하고 반성하는 것, 둘째는 장치중(張治中), 황소횡(黃紹竑)을 질책하는 편지를 공식적으로 발표하는 것"이라며 유혹하였다. 진의는 단연히 거절하였다. 그는 "나는 평생을 인민에게 위해(危害)한 일만 했다. 다만 최후의 일(봉기를 비밀리에 계획한 것을 가리킴)만 잘되었다면 만(萬)의 하나나마 죄를 씻을 수 있었다. 나는 후회할 것도 없고 인정해야 할 죄도 없다. 장문백(張文伯), 황계관(黃季寬)에 대해서는 찬양할 수는 있으나 질책할 수는 없다."라고 말하였다. 진의는 이렇게 죽음에 임하면서도 굴하지 않았고 비분강개하게 희생하여 사람들로 하여금 숙연하게 하였다.

진의가 희생된 후 그의 심복 부하들은 비밀리에 좌담회를 열어 추도회를 대신하였다. 나도 이 좌담회에 참석하였다. 이 회의에서 어떤 사람이 "이 무렵에 장개석은 분명히 닭을 죽여서 원숭이에게 보여 준 것이다!"라고 말하자 다른 어떤 사람은 "원숭이는 누구인가?"라고 하였고, 또 어떤 사람이 "원숭이는 우리들이다!"라고 하였다. 이 세 마디의 말은 당시 대륙이나 아직 대만에 머물고 있는 진의와 생전에 가깝게 지낸 친구들이 사람마다 스스로 신변의 위험을 느끼는 공동의 심정이었다.

21. 1950년 6월 24일 나는 남조선 주대만영사관에서 귀국 여권을 취득하여 대만을 출발하여 이튿날 오후 홍콩에 도착하였다. 이 때 미국이 조선을 침략하는 전쟁이 이미 발발하였다. 나는 가족과 4명이 홍콩 동방여관에 투숙하는 동시에 유칙충(劉則忠)은 광주(廣州) 애군여사(愛群旅社)에 있는 그녀의 둘째 언니 유상지(劉尙志)에게 전화를 하여 우리들의 홍콩에서의 상황을 얘기해 주었다.

이튿날 유상지는 광주에서 홍콩으로 와서 유칙충과 두 아이를 광주로 데려갔다. 나는 홍콩여관에서 구룡(九龍) 청산로(靑山路)에 조정의(趙定毅)가 세운 한 화학공장에서 잠시 거주하였다. 조정의는 호남 사람이고 일찍이 정성령, 하명강과 아는 사이였고 최근에 그들과도 연락이 있었다.

그리하여 나는 조정의에게 정성령에게 전보를 치게 하고 나도 정에게 편지를 보내 내가 대만에서 홍콩에 도착했다는 상황을 얘기해 주었다. 며칠 되지 않아 정성령은 호남대학의 초빙서와 그의 친필 편지를 나에게 보내 주었다. 나는 초빙서를 입경(入境)하는 증거로 하여 광주를 거쳐 8월에 장사에 도착하여 호남대학에 가서 도착 등록을 하였다. 내가 호남대학에 가서 등록할 당시 교장은 이달(李達), 부교장은 역정신(易鼎新)이었으며, 대학은 공정학원, 자연과학원, 노학원 등 3개 학원을 포함하고 있었다.

농학원은 농경학과, 농예학과, 곤충학과 등 3개 학과로 이루어졌다. 농학원 원장은 이봉소(李鳳蘇), 농경학과 주임은 노애지(盧愛知)였으며 농예학과 주임은 내가 담당하고 곤충학과 주임은 원장이 겸임하였다. 학생 수는 농예학과가 제일 많으며 4, 2, 1의 3개 학년이 있었는데 3학년은 없었고 모두 100여 명이였으며 곤충학과는 두 번째로 많았고 농경학과 학생 수가 제일 적었다.

1950년 10월 8일 중국인민군사위원회 모택동 주석의 '중국인민지원군의 명령'을 받은 이후 호남성위원회 황극성(黃克誠) 서기는 호남대학 전체 교수와 학생 및 직원들에게 항미원조(抗美援朝)의 동원보고를 하였는데 항미원조는 항미원조만이 아니라 또한 보가위국(保家衛國)의 의무도 있는 것이라고 지적하고 반드시 항미원조의 홍보교육운동을 전개해야 한다고 하였다. 황극성 서기는 또 전국 어디서나 누구나 항미원조 교육을 받아야 된다고 지적하였다. 그는 마지막으로 전국 어느 곳이나, 누구나, 특별히 청년 학생은 군대에 입대할 의무가 있다고 지적하였다.

이 후 호남대학의 전체 학생들은 참군운동(參軍運動)에 나섰으며 항미원조 교육운동이 결실을 거둬 군대 입대를 결심한 학생 중 농학원 농예학과가 4명으로서 호남대학 전체 학생 중 1위를 차지하였다. 그러나 전체 호남대학의 교수와 학생, 직원들은 모두 항미원조의 홍보교육을 받았다.

22. 호남농학원의 신축

1951년 3월 호남대학 농학원이 분립하여 새로 '호남농학원'을 건립하였다. 이것은 사회주의 신중국(新中國)이 장래의 농업 생산 건설과 농업을 과학적으로 발전시키기 위하여 필요한 것이었다.

호남농학원 성립대회에서 이의지(李毅之) 원장은 "호남농학원은 새로운 형태의 농학원이다."라고 하였다. 이것은 반봉건, 반식민지적 구 중국이 사회주의 신중국으로 발전하는 과정에서 다시 신교육의 노선, 방침, 정책의 지시인 것이다.

마르크스주의 모택동 사상의 교육 방침은 '교육을 받은 자가 덕육, 지육, 체육 등 모든 방면에서 발전하여 사회주의적 각오가 되어 있는 문화적인 노동자로 되는 것'이다. 해방 초기에 인민의 교육에 대해 말한다면 교육을 받는 자 뿐만 아니라 교육자가 우선 삼호(三好, 德·智·體) 교사가 되어야만 삼호 학생을 양성할 수 있는 것이었다.

23. 일련의 정치사상 교육운동

1) 영화「무훈전(武訓傳)」의 토론(1951년)
2) '3반(三反)'과 '5반(五反)'투쟁에 관하여(1951년 11월~1952년 3월)
3) 지식분자의 사상개조운동(1953년)

24. 문화대혁명 10년 동란(動亂)의 시기

1966년부터 1975년까지의 10년 동난(動亂) 시기에 호남농학원 원예계의 포도 생산 과학 연구기지, 포도 실험온실, 화훼 재배온실 등 몇 개 분야의 생산교육 기본시설들이 파괴 당하였다. 그리하여 '4인방'의 소위 '문화대혁명운동'은 오히려 '문화대파괴운동'이다.

그러나 다 지나갔다. 내일을 기대해 보자!

25. 호남 포도주의 새 탄생

1976년 1월 9월 중조(中朝) 인민이 경애하는 주은래(周恩來) 총리께서 서거한 이튿날 우리는 호남경공업연구소에서 추도회를 연 후 '비통을 역량으로 승화시키는 마음'을 안고 경공업연구소의 지도하에 포도 학습반을 개설하였다. 학습반에 참가한 사람은 서포(漵浦) 성관진(城關鎭) 공사(公社)의 사원들이 위주였고 기타 장사시 원예연구소, 호남군구 장사 군정학교 등 대표들이며 호남농학원 원예계에서 강의 임무를 맡았다. 일주일 남짓 강의를 하고 교학(敎學)을 마무리 할 때 경공업연구소의 영도 동지는 "지금 이 시점부터 시작하여 3년 이내에 호남에서 생산한 포도주로 국경(國慶) 연회에서 외빈을 초대하여 모 주석 고향의 영예를 떨쳐야 한다."라고 말하였다.

이 후 호남경공업연구소의 지도하에 서포 성관진 공사에서 포도주 생산 임무를 담당하게 하고 호남농학원 원예계에서 포도주 품종실험 임무를 담당하여, 3개 기관이 연합하여 서로 노력하고 서로 촉진한 결과 서포 성관진 공사는 일 년 앞당겨 2년 내에 두 가지 포도주를 만들어 성(省) 내외 시장에 내놓아 호평을 받았다. 우리 농학원 원예계는 3년 내에 포도주 품종 과학연구를 회복하였다.

25. 포도 1년 다작 결과의 재배 기술

1958년 호남농학원 원예계에서는 온실에서 장미향(玫瑰香) 품종을 재배하였는데 결과는 3차례 수확이었다. 작은 백장미향(小白玫瑰香) 품종은 4차례 수확의 결과를 얻었다. 이 두 가지 품종의 성숙기는 일치하지 않았기 때문에 두 가지 포도 품종은 1년 내에 7차례나 수확할 수 있었다.

이 해 가을 북경에서 「교육과 생산노동이 서로 결합하는 전시회」가 열렸다. 우리는 그 해 3차례 수확 결과를 본 장미향 품종을 표본으로 만들어 북경 전시회에서 전시하였다. 얼마 안 되어 우리는 중앙 농업부의 전보를 받았다. 전보 내용에는 "1년 다작 결과인 포도품종과 재배기술을 농업부에 보고하라"는 요구가 있었다. 우리는 전보를 받고 1년 다작 결과의 포도 품종 명칭과 재배기술을 정리하여 농업부에 보고하였다.

26. 주요 논저

1) 「포도 일 년 다작 결과 재배기술」(浙北, 1959)

2) 「포도 재배의 역사」

3) 「호남 온주 밀감, 네이블오렌지의 기원과 포도 재배의 시작」(편지)

4) 「감귤류의 기원과 발전」

5) 「온주 밀감 유래 문제에 관하여」(학보)

6) 「감귤 분류 문제에 관하여」(미간)

7) 「재배 벼의 기원과 발전」(≪중국과학≫, 1976)

8) 「장사 마왕퇴 한묘에서 출토된 20가지 재배 식물의 역사 고증」

9) 「도곡(稻谷) 기원의 문제를 재론하며」

10) 「과(瓜)류 풍작의 총화」(≪심양농학원 학보≫, 1958)

11) 『중국 야채 재배 윤작제』(단행본, 1962)

12) 「중국 고대 농서에서의 유물주의적 사상」

13) 『중국의 저명한 몇 가지 화훼』(단행본, 1958, 호남인민출판사)

14) 『원림 화회』(단행본, 20인 합작)

15) 「도곡(稻谷) 금석담」(화석, 1979)

■ 류전휘의 아버지 회고록

나의 아버지 류자명을 회억하며
回忆我的父亲柳子明

回忆我的父亲柳子明

－ 一位韩国人士与湖南结下的不解之缘 －

柳展辉

父亲是怎样一个人

今年四月，韩国国家独立纪念馆的首席研究员朴杰淳先生来到了长沙。他是和重庆韩国临时政府旧址纪念馆的李鲜子副馆长以及姜薇主任一起，为一项关于我父亲柳子明先生生平的研究课题前来收集资料的。因为我的父亲曾经是韩国的一位独立运动人士，为韩国的独立做出过很大贡献。而1950年后，则定居长沙，先后担任湖南大学和湖南农学院教授，为中国的农业教育和农业研究也作出了很大的贡献。父亲既是一位韩国的独立运动家，又是一位中国的农学家。

在与朴先生的交谈中，他说到这样一件事：他同时兼任我的故乡忠清北道的忠北大学的教授，他在忠北大学开设的一门课程就叫"柳子明先生"。在课程结束时，他给学生布置的作业就是要学生写一篇论文，谈柳子明先生一生中遇到的三个关键的转折点，然后阐述自己如果一生中也遇到了这样的三个转折点，会做怎样的选择。

这三个转折点的后两个都和湖南长沙有着密切的关系。大批从事独立运动的韩国人长期生活在中国，这一点都不奇怪。但是父亲为什么最终定居于长沙，在中国度过了自己的后半生，这大概只能用缘分来解释了。

为了理清这段不解之缘，必须先简略地回顾一下父亲的一生。

父亲于1894年1月13日出生在韩国忠清北道忠州郡(现忠州市)利柳面永平里的一个农户家庭里。青年时期就读于水原高等农林学校(今国立首尔大学前身的一部分)，毕业后在家乡的一所农业中学任教。当时的韩国正处于日本帝国主义的残酷殖民统治之下，父亲由于痛恨殖民主义的野蛮统治，又接受了一些新的革命思想，便在学生中宣传抗日独立的道理。1919年3月1日朝鲜半岛爆发了反帝反殖民主义的"三·一独立运动"，父亲毅然投身于这场轰轰烈烈的革命斗争之中。此后，在革命组织的帮助下，秘密来到中国，几经辗转，最终到达上海，在设于上海的韩国临时议政院任忠州代议员。其后，还先后担任过"朝鲜义烈团"(1924年)、"朝鲜民族革命党"(1926年)、"南华韩人青年联盟"(即"朝鲜无政府主义者联盟"的公开名称"，1932)、"朝鲜民族战线联盟"(1937)、"朝鲜义勇队"(1938)等革命组织的领导成员。在艰苦的条件下为韩国独立事业做了大量的工作，其中包括: 组织和派遣义士回国袭击日本总督府或日本在韩国的殖民机构; 撰写文章揭露日本帝国主义的野蛮侵略行径，宣传独立救国事业; 联络韩国各派革命力量; 协助韩国临时政府主席金九先生促成韩国各派革命力量的统一等。

与此同时，父亲也在中国从事农业技术工作和农业教育工作，并与多位中国进步人士交往与合作。其中，1930年—1935年，任教于上海"立达学园"农村教育科。1941年，在桂林担任"灵枣农场"技术指导工作。1944年，在闽东福安县溪柄乡主持"康乐新村"第二村筹备工作，收容、教养战时孤儿。1945年8月日本侵略者投降后，赴台湾省任省农林厅技正。1950年6月，离开台湾到湖南大学任教授，并担任湖南大学农学院农艺系主任。1951年春，农学院脱离湖南大学，单独成立湖南农学院，父亲即转为湖南农学院教授，先后担任过实习农场主任，园艺系主任等职务。在湖南农学院工作期间，主要学术成果有: 柑橘起源研究，葡萄一年多熟研究，花卉栽培和园林布置研究，马王堆汉墓出土农作物研究，以及由马王堆汉墓出土农作物而引起的栽培稻起源研究，等。在湖南农学院工作期间，还曾任中国园艺学会理事、中国园艺学会湖南省分会副会长、名誉会长等职务。退休后享有湖南农学院园艺系名誉主任荣誉。

他享受的主要荣誉有:

1978年12月，朝鲜民主主义人民共和国金日成主席为表彰柳子明先生的历史功绩和对发展中朝人民友谊所作的贡献，为其颁发了三级国旗勋章。

1991年4月13日，已经逐步走向民主化的大韩民国政府卢泰愚总统为表彰柳子明先生对韩国独立运动做出的贡献，向已故的父亲颁发了建国勋章爱国章。

1984年2月26日获得中国农学会给"从事农业科研、教学、推广或行政工作五十年以上：年逾七十五岁的老一辈农业科学家"颁发的中国农学会表彰状。

1985年3月，由方毅副总理提序的《中国现代农学家传》第一卷出版，父亲的生平事迹收录其中，排在第三位。

1996年11月26日，湖南省科学技术协会为缅怀和弘扬建国以来，为促进科技进步、经济振兴和社会发展做出了显著成绩的湖南省科技工作者，决定对80名同志命名为首届"湖南科技之星"。父亲的名字位列其中。

2004～2005年，忠州市在柳子明先生家乡为当地的三位独立运动家柳子明、徐廷襲和李一信修建了独立有功者追慕碑(纪念碑)，建成后，在2005年3月1日"韩国三一独立运动纪念日"举行了隆重的纪念碑揭幕典礼。

2005年7月，韩国政府确定柳子明先生为大韩民国2006年1月"本月的独立运动家"，加以纪念。

朴杰淳先生所说的我父亲一生中遇到的三个关键转折点，第一个就是当年投身独立运动，离乡背井来到中国，放弃了也还不错的教员地位和安逸的小家庭，而过起了艰苦危险的流亡生活；第二个就是1950年离开台湾原本是要回到韩国去的，但路经香港时正好遇到朝鲜战争爆发，在几种可能的方案中选择了前往社会主义的中国大陆；第三个是1957年，朝鲜停战后曾接到朝鲜政府命令，要求举家回朝鲜参加战后建设，但在湖南省政府和湖南农学院的挽留之下，选择了继续留在中国从事农业教育和农业研究。这后两个转折点就都和湖南人，和长沙市联系在了一起。

最初结识的湖南朋友

现在韩国研究我父亲的历史学家们总结出我父亲具有两个与其他独立运动家不太相同的特点。其一就是我父亲在从事革命运动的同时，还能从事自己的专业工作；其二就是他并不只和自己国家的同志交往，还融合到了中国人民之中，和许多中国朋友结下了深厚的友谊。

说到中国朋友，这正是我父亲一生中每每在危难时刻能度过难关的重要因素。而这些朋友中，湖南人又占有特别重要的地位。

邵东人匡互生先生可以说是我父亲结识的重要的中国友中的第一位。匡互生先生从少年时代起就接受了民主进步和民族革命思想，以救国为己任。1911年辛亥革命时期，身为中学生的匡互生先生就参加过革命的学生军。1919年，就读于北京高等师范学校(即北京师范大学)数理部的匡先生是"五・四运动"的重要组织者和带头人，在火烧赵家楼行动中是率先越墙冲进曹汝霖住宅的第一人。在任湖南第一师范学校教务主任时(1920年)，打破该校非大学毕业生不能担任一师教师的陈规，改为附小主事(校长)可以担任教师，从而任命了毛润之(毛泽东)为第一师范的老师。匡先生还参加了"新民学会"。1925年在上海创立"立达学园"，则是先生开创并实践新的教育思想和教育方法的一个重要标志。可惜1933年(42岁)因直肠癌而英年早逝，未能实现其宏伟抱负。然而直至今日，教育界还不断有人研究匡互生先生的教育思想。

1928年2月28日，父亲在武汉和几个韩国革命志士在一起开会纪念韩国"三・一独立运动"，被日本驻汉口领事馆察觉，向武汉警察局伪报有共产党人开会，父亲等十人从而被警察局逮捕。后经过韩国临时政府及韩国侨民团体多方营救，才于8月28日获得释放。获释后父亲即去了南京。

在南京，认识了一位中国朋友袁绍先。1929年冬，在袁先生的策划与筹备下，在南京中山门外成立了"韩夏炎烈士纪念农场"。经袁先生的介绍，父亲便在该农场担任了技术工作。当时农场要从上海"立达学园"附属农场分让一箱蜜蜂来饲养，身为"立达"教务委员会主任("立达"当时不设校长)的匡互生先生竟亲自送来了这一箱蜜蜂，还详细地讲解了蜜蜂的饲养方法。父亲便得以认识了这一位"五·四运动"的闯将。1931年春，父亲则进入了"立达学园"高中部农村教育科任教。

韩国的"三·一运动"之所以和中国的"五·四运动"发生在同一年仅差两个多月的时间，就是因为有着相同的反帝反封建历史背景，加上匡先生和我父亲当时又都倾向于无政府主义思想，因此不同国籍的两人便迅速建立起了亲密的友谊。

在"立达"执教的不乏当时中国的知名人士，例如：朱光潜、周为群、刘薰宇、丰子恺、夏丏尊、叶圣陶、夏衍、胡愈之、周予同、刘大白、陈之佛、朱自清、沈雁冰、郑振铎、沈仲九、陈范予等等。"立达"当时聘请教师是不发聘请函的，而且教师的待遇是每人每月一律60元。若论资历和教学经验，我父亲是比不上这些名士的，况且这些人中有许多原本就是"五·四运动"的知名闯将，但是匡先生却破例给父亲80元的月薪，原因就是朝鲜民族是被压迫民族，中国人要支持他们。从中不难看出匡先生有着多么崇高的思想。

在教学思想上，两人也有许多共同的认识，尤其重要的是，匡先生的教育思想和教学方法给了我父亲很大的影响。后来父亲在纪念匡先生的文章"匡互生先生印象记"中，对先生的思想和方法总结为以下五方面：教育与劳动生产相结合，学生参与管理学校，学生互教互学，开门办学和学生、工人及教师相结合。父亲的分析很到位，可见他对匡先生的思想和方法领会很深。

正因为"立达"的特别之处，在"立达"因匡先生不幸早逝而难以为继之后，立达学生仍与教师终身保持着亲密的关系。特别值得一提的是，匡先生的二女儿达人和巴金的弟弟李采臣在这时期都成为了父亲的学生。此外学生中后来成为了南洋著名实业家的梁祖辉先生，每每在我们家遇到困难时慷慨解囊相助，令我们一家感激不已。至于在台湾的李毓华先生，则是念念不忘师恩，时时盼望着有记述父亲一生的书出版。

在"立达"，有多少湖南人士我不太清楚，但沈仲九先生是在长沙第一师范任过教的，其夫人胡琬如女士也是湖南人，另外大概还有钟涛龙、苏抱樵、蒋学知。沈仲九先生的姐夫陈仪先生曾担任福建省省长，在匡先生去世不久，沈先生即到福建任省政府顾问去了。后来在刘建绪任省长时，又担任过省政府顾问。这也就和我父亲后来到福建工作，到光复后的台湾工作，乃至最后落脚长沙发生了关系。也就是说，父亲在上海"立达学园"结识了一批湖南朋友，为我父亲后来的发展和成就起到了决定性的作用。

抗日战争艰难时期及胜利前后的湖南友人

父亲1935年6月离开"立达学园"农村教育科后又到了南京，在政府"农村振兴委员会"所办的"东流农场"担负技术工作，同时继续从事韩国的抗日独立运动。1937年"七·七事变"后，南京的韩国革命团体达成了联合，成立了"朝鲜民族战线联盟"。父亲所在的"朝鲜民族革命党"的领导人金若山担任该联盟的主任委员，我父亲则担任了秘书。其后上海沦陷，日军逼近无锡，"朝鲜民族战线联盟"的成员及眷属被迫撤到武汉。1938年，韩国革命组织在武汉成立了"朝鲜义勇队"，"战线联盟"的成员即成为义勇队的当然队员。金若山任队长，我父亲则任第三支队的指导员。"朝鲜义勇队"当时是由中国国共合作的政治部领导的，部长陈诚，副部长周恩来。义勇队在军事上归一厅领导，厅长是国民党的黄埔派军人；在敌后工作及对敌宣传工作上则归三厅领导，厅长是郭沫若。此时，武汉保卫战已经打响，义勇队一部分经湖南撤退到桂林，一部分则经河南撤往延安。父亲随第一部分于1938年冬经衡山、衡阳、邵阳到桂林。其后到过重庆(当时韩国临时政府已撤到重庆)，协助韩国临时政府主席金九先生实现民族统一战线；1940年春还到过福建，在陈仪省长和沈仲九顾问安排下，在省农事试验场和园艺试验场担任技术工作。但，下半年因受"回教救国协会"马宗融委员邀请，又回到桂林，在"回教救国协会"

为解决战时人员生活问题而主办的"灵枣农场"担任技术指导工作。

在上海时，我父亲由于接受了无政府主义思想，和中韩两国的无政府主义者来往较多。其中"立达学园"的匡互生、沈仲九、陈范予、罗斯美、**魏惠林**、马宗融以及马的夫人罗世弥等都是无政府主义者，与"立达"关系密切的国民党中央党部的元老吴稚晖和李煜瀛(李石曾)也倾向无政府主义，巴金和"立达"的关系也很密切，因此当时有人把"立达学园"视为无政府主义者的学校。当时，上海法租界里有一所由四川人邓梦仙开办的"华光医院"，由于邓也是无政府主义者，所以这所医院也就成为了无政府主义者的联络点。我父亲和巴金的友谊也是在这里开始的。韩国比较著名的无政府主义者则有李晦观、李又观和郑华岩等。

父亲在从武汉撤往桂林的途中，曾短暂地在邵阳停留数日，住在钟涛龙家里，这大概就是父亲最初在湖南留住的地方了。另外，在上海时，不知经谁介绍，还为邵阳的贺满真先生(贺渌汀的兄长)引进过日本的无核蜜橘，这却是父亲和湖南的果树栽培发生的最早关系。在"灵枣农场"工作期间，父亲还和湖南朋友夏明纲、钟涛龙、苏抱樵、蒋学知等人开办了一个种苗农场。

1944年，日本侵略军攻占了桂林。在桂林沦陷前夕，已经找不到交通工具逃离桂林了。我们一家处在了非常危险的境地，因为一旦日军占领了桂林，早就被日本警察列入了黑名单的父亲就将难逃日本魔掌。正在这时，另一位在福建省政府担任秘书长的湖南朋友程星龄先生救了我们。原来福建省银行在桂林有一家支行，支行有一辆汽车将带着支行的东西撤往福建，程先生嘱咐他们一定要带上我们一家，这几乎是最后撤离桂林的一辆车辆了，我们一家就这样脱离了险境。

程先生在福建创办了"康乐新村"，专门收容教养战时孤儿。新村办得颇有成效，于是省政府决定在闽东福安县溪柄乡再开办第二村。程星龄先生便委托我父亲主持筹备工作，我父亲和谢真(沈仲九在福建培养的骨干)、李怀民(福建人，父亲在"立达"的学生)以及林景煌一起工作，一年里就收容了福安、霞浦、宁德、连江、周墩等地的难童60余名。然而，不幸的是福安县长胡邦宪等人因共产党嫌疑被撤职和关押，程星龄先生也被囚禁在重庆了。

1945年，中韩人民终于迎来了长期抗战的胜利时刻——日本侵略者被打败了，投降了！

原福建省长，时任国民政府行政院秘书长的陈仪先生被任命为台湾行政长官公署长官，全面主持接收台湾事宜，沈仲九先生则担任长官公署的顾问。接收工作亟需人才，因此陈仪邀请我父亲到台湾农林处(不久后改为农林厅)任农事试验场园艺系主任等工作。

陈仪还保释程星龄到台湾，然而在台湾，程星龄先生仍被软禁在军部看守所。1947年，台湾二二八事变以后不久，蒋介石又怀疑陈仪先生通共叛变，竟将他枪毙了。事后，父亲和陈先生的家属一起去看望过他的遗体，

离开台湾定居长沙

1949年，中国大陆解放了，中华人民共和国成立了。台湾却陷入了一篇惶恐之中。一方面临战气氛日益浓烈，另一方面物价上升货币贬值，恶性刑事案件也与日俱增。到了1950年，各国政府，也包括韩国政府决定撤侨。父亲当年是因为陈仪先生的邀请到了台湾，而没有和大陆许多韩国人一样回到魂牵梦萦的家乡，现在陈先生已去，台湾又如此令人失望，便向韩国大使馆领事部报名归国。

但是，初到台湾时，因台湾实行五户联保制，且每户都要有国民身份证，父亲便自报为中国人，领取了身份证。在向警务处申请出境证时，被告知必须先取消国民身份证，才能签发出境证。办理这样一个手续整整花了半年时间。与此同时，一场朝鲜战争却在悄然地策划之中。

父亲选择的路径是从基隆出发，经香港到韩国(可能目的地是釜山吧？当年我八岁，不清楚此事)。我记得轮船可能航行了三天两夜或者两天一夜，于1950年6月25日傍晚抵达香港。登岸后父亲从报纸上看到了一

条令人震惊的消息: 朝鲜战争已于当日爆发了! 这样一来，父亲便马上面临了一生中第二个必须紧急作出抉择的关头。

道路有三条; 一是返回台湾; 二是在香港变换住处，躲过香港移民当局的检查，然后在香港的朋友的帮助下混下去(当年要做到这一点也不算难); 三是转向中国大陆去。父亲当年在中国从事独立运动的时候，早就对中国共产党的目标和主张有所了解，"朝鲜义烈团"改造成"朝鲜民族革命党"就是受共产党影响的结果，党的最主要领导人金若山还加入了中国共产党。因此，父亲当时毫不犹豫地决定前往新中国。

程星龄在陈仪死后不知什么时候又被蒋介石转到老家邵阳软禁。虽被限制了自由，他还是暗地里和程潜联络，并且共同策划和实现了湖南的和平解放。他本人也在解放后的湖南省政府担任了副省长。父亲便决定再次求助于他。父亲想到的另外一位朋友就是在上海的中国著名生物学家朱洗。程星龄接到父亲的信后立即采取行动，一方面向湖南大学校长李达推荐，另一方面和省农业厅联系。两方面都马上给了肯定的答夏，李达校长还亲笔书写了聘书寄往香港。接着，上海方面欢迎前往的回信也收到了。父亲因为湖南的聘书先到，便决定前往湖南赴任。于是我们举家于1950年7月来到了长沙。

湖南大学不因父亲是个外国人而有所顾忌，而是给予了父亲充分的信任，除了担任教授，还担任了农学院农艺系系主任，接着校学术委员会、绿化委员会、工会等机构的一系列聘书也跟随而来。

新中国对农业的发展给予了高度的重视，在建国初期经济还未完全恢夏的1951年，湖南省就决定把农学院从湖南大学分离出来，单独建院。于是父亲也就转而成了湖南农学院的教授和园艺系主任。1954年全国院系调整时，湖南农学院的园艺系被划归武汉的华中农学院。但是湖南农学院舍不得放我父亲走，于是他便留下来改任实习农场主任。这个决定后来看起来是非常正确的，这为1958年重新成立园艺系保留了力量。

在1957年时，父亲又一次面临了人生中的重大抉择：朝鲜停战之后，朝鲜面临战后的恢夏与建设，国家需要大量人力，于是朝鲜政府决定尽可能召回海外侨民。父亲接到朝鲜政府的回国命令之后，立即着手做回国准备。在短短的时间里，我们可以说是做好了一切启程的准备了，母亲还专程回到家乡广州去向所有亲戚告别。但是当时中国也在为抚平长期战争的创伤而奋斗着，也非常需要人才。湖南省和湖南农学院都有挽留父亲之意。结果还是程星龄副省长出面，要求高教部通过外交途径协商留人。当然，此时当事人本人的决定是举足轻重的。父亲经过慎重考虑，决定留在长沙，继续为他怀有深厚情谊的，为对他本人和韩国朝鲜人民有恩的中国人民服务，并把他已开始的农业教育和农业研究事业继续下去。这一决定也很快得到了朝鲜政府的认可，他们也为自己的侨民能受到中国人民如此的欢迎而感到高兴。此后，他便永久地留在了湖南。1985年4月17日，在长沙去世。

结　语

当我叙述父亲在上海，在福建，在桂林所结交的湖南朋友时，虽然大部分事实都发生在我出生之前(1942年之前)，但毕竟人数有限，还能择其要者，一一道来。但是当我想把我家定居长沙后身边的湖南人选几个来回忆父亲与他们的友谊时，便感到力不从心了，因为要写的人实在是太多了。我只能说，来到长沙父亲才开始过上了安定而且比较宽裕的生活，才有了真正从事教育和科研的条件，并且享受到了一系列的荣誉。尽管中国也经历了动荡，但即使在文化大革命那样的大灾难里，父亲也没有受到太大的冲击。他受到的不是某个有特别能耐的人的保护，而是群众的保护。父亲一辈子牢记着中国人民的恩情，他和中国人民结下了深厚的情谊，这其中尤其有缘分的是湖南的土地、湖南的人。

湖南大学岳麓书院的大门上的对联是"惟楚有材，于斯为盛"。我常想，这"材"不应该理解成是产自楚之材，许多材集于楚却产于楚之外。事实上，岳麓书院从古至今集纳的人才就不限于湖南人。如果我父亲也能算是一"材"，那就更是来自于国外。但是，材之所以会"于斯为盛"，却跟湖南本身之材密切相关，正是湖南本身的人才引来了外界的人才。认识到这一点，我觉得就能对缘分的产生有了理解，也就能对湖南人有了更深的认识。

后　记

　　本文是应长沙市政协文教与文史体委员会之约而写的。当初的要求是回忆我父亲和长沙市有关的一些事情。然而在提笔时想到现在知道柳子明是何许人的人的恐怕已经不多，文中必须要有所交待。可是，父亲的经历可谓相当的复杂，写起来还蛮要点篇幅，因此和湖南、和长沙的关系就只能择其要而写了。这自然也就要从对我父亲，乃至对我们全家影响最大的人写起了。写了这些后，当我思考1950年后，在长沙和好友们的故事时，又犯难了：太多了，在这一篇幅有限的文章里又怎么写呢！结果，和解放后的政府以及朋友的事反而只是提一下而已了。

　　想我父亲在朝鲜半岛南北，在中国海峡两岸都有对他一生很重要，而又地位很高的朋友。但是，被中国称为"韩国国父"的金九先生于1949年被李承晚暗杀了；在朝鲜的金元凤(若山)、金科奉、朴健雄等被清除了，他们是怎么死的我们到现在也无法知道；担任接收台湾重任的陈仪先生被蒋介石处死了；湖南和平解放的功臣程星龄1957年被打成右派，度过了很长的一段艰难的日子。唯独我父亲却能安然地度过了他的后半生。父亲一生淡薄名利，与人为善，热爱科学和教育，因此除了日本帝国主义者是其不共戴天的死敌外，在自己阵营内就从没有必欲置其于死地的对头，这应该是个很重要的因素。一生中遇到了许多既有抱负又乐于助人的朋友，又是一个很重要的因素。然而这些还是不能成为全部的解释，剩下的只好归结于命运了！

나의 아버지 류자명을 회억하며[1]

– 한 한국 인사가 호남과 맺은 인연 –

柳展輝[2]

부친은 어떤 사람인가

올해 4월 한국의 독립기념관 수석연구원 박걸순 선생이 장사에 다녀갔다. 그는 중경대한민국임시정부 구지 진열관의 이선자 부관장, 강미 주임과 함께 나의 부친 류자명 선생 생애의 연구를 위하여 자료 수집을 목적으로 온 것이다. 나의 부친은 예전에 독립운동에 종사하였으며 한국의 독

---

1) 이 글은 류자명의 아들로서 호남대학 교수로 정년 퇴임을 하고 현재 중국 호남성 장사시에 거주하고 있는 류전휘 교수가 장사시 정협 문교위생체육과 문사위원회가 편찬하는 『長沙文史』(2007. 9)에 발표한 내용의 일부이다. 원문의 번역은 중국 중경대한민국임시정부청사의 李鮮子 부관장이 수고하였다. 이 회억문은 필자의 요구에 의해 류전휘 교수가 재정리해 보내온 것으로 ≪중원문화논총≫ 제14집(충북대학교 중원문화연구소, 2010)에 게재한 것임을 밝혀둔다.

2) 류전휘는 1942년 5월 19일 중국 광서성(廣西省, 현재의 광서장족자치구) 계림에서 독립운동가인 류자명(柳子明)과 그의 중국 부인 유칙충(劉則忠) 사이에 넷째 아들로 태어났다. 그의 이름은 부친 류자명이 광복군을 조직하여 무장투쟁을 전개하자는 간절한 염원을 담아 지은 것이라 한다. 즉, 그의 이름의 휘(輝)자는 광(光)과 군(軍)을 합한 글자로서 곧 광복군을 의미하며, 전(展)자는 독립투쟁을 전개하자는 뜻이라는 것이다. 이후 그는 부친을 따라 호남성의 성도인 장사(長沙)로 옮겨 아례중학교(雅禮中學校, 현 장사시 제5중학교, 1955. 9~1961. 7)를 거쳐 호남대학 건축학과(5년제, 1961. 9~1966. 7)를 졸업하였다. 대학 졸업 후 수전부(水電部) 서남 전력설계원(사천성 성도시에 위치)과 수전부 서남전력 제3공사에서 견습기사로 근무하였고, 1972년 호남성 경공업 설계원(호남성 장사시에 위치)에서 건설 설계를 담당하였으며, 이 과정에서 기사와 보조 엔지니어를 거쳐 건축사가 되었다. 1981년 11월부터는 호남대학에서 교수로 교편생활을 하였는데, 호남대학 설계연구원에서 건축사를 겸임했으며 중국에서 공인 건축사 제도가 만들어진 후 국가 1급 공인 건축사 자격을 취득하였으며, 2002년 정년퇴직하였다. 호남대학 재직 기간에 건축학과 부학과장(1984~1994), 중국인민정치협상회의 장사시 제6회 위원(1988~1992), 중국인민정치협상회의 장사시 제7회 상무위원회 상무위원(1993~1997), 중국인민정치협상회의 호남성 위원회 위원(1998~2002) 등을 지냈다. 현재 중국 국적을 가지고 장사에 거주하고 있다.

립을 위하여 크게 기여한 바 있다. 그리고 1950년부터 장사에 정착하여 잇따라 호남대학과 호남농학원의 교수를 담당하면서 중국의 농업교육과 농업연구에 크게 기여하기도 하였다. 부친은 한국의 독립운동가 뿐만 아니라 또한 중국의 농업가이기도 하다.

박 선생과 이야기 나누던 중 그는 이런 말을 하였다. 그는 나의 고향 충청북도 충북대학교의 교수를 겸임하며 충북대학교에서 「류자명 선생」이란 과정을 개설하였다 한다. 이 과정을 끝나고 학생들에게 류자명 선생이 삶에서 3차례 고비에 부딪혔을 때 어떤 선택을 했고, 부친의 3차례 운명의 전환점이 되였는데 만약 학생들이 이런 고비에 봉착하면 어떤 선택을 택할지 정리해 보라는 과제를 냈다고 하였다.

이 3차례 전환점 중 마지막 2차례는 모두 호남 장사와 밀접한 관계가 있다. 대개 독립운동에 종사한 한국인들은 중국에서 장기적으로 생활하였기 때문에 이것은 조금도 이상하지 않다. 그러나 부친은 왜 장사에 최종 정착을 했는지, 중국에서 후반생 삶을 보냈는지 이 점은 연분이라고 해석을 할 수 밖에 없는 듯하다.

이 떼어 놓을 수 없는 인연을 정리하기 위하여 부친의 삶을 간략하게 회고할 필요가 있다.

부친은 1894년 1월 13일 한국 충청북도 충주군(현재 충주시) 이류면 영평리의 한 농가에서 태어났다. 청년시절에 수원고등농림학교(현재 서울대학 전신의 일부분)를 졸업하고 고향의 농업학교에서 교편을 잡았다. 당시 한국은 일본제국주의의 잔혹한 식민지 통치 아래에 있었는데, 부친은 식민지의 야만통치를 중오하고 혁명 사상을 받아들여 학생들에게 일본제국주의를 항거하여 독립운동을 해야 한다는 사실을 가르쳤다. 1919년 3월 1일 조선반도에서 제국주의 식민지를 반대하는 3·1독립운동이 발발하였다. 부친은 의연히 이 혁명투쟁에 투신하였다. 이후 혁명조직의 주선하에 비밀히 중국에 와서 각지를 전전하다 드디어 상해에 도착하여 상해

한국임시정부의 충주 대의원에 임명되었다. 그리고 조선의열단(1924), 조선민족혁명당(1926), 남화한인청년연맹(즉 조선무정부주의자연맹의 공식 명칭, 1932), 조선민족전선연맹(1937), 조선의용대(1938) 등 혁명조직의 지도자로 활약하였다. 어려운 환경에서 한국의 독립사업에 일을 많이 하셨고 예컨대 의사를 국내에 파견하여 총독부나 한국에 있는 일본 식민지 기구를 습격하거나 글로써 일본 제국주의의 야만 침략 행위를 폭로하고 각 혁명 계열과 연락하며 한국임시정부 주석 김구 선생님을 도와 한국 각 계열 혁명 역량의 통합을 촉성하였다.

아울러 부친은 중국에서 농업기술과 농업교육사업에 종사하여 중국의 진보 인사와 교제를 하고 합작하였다. 그 중 1930년부터 1935년까지 상해 입달학원 농촌교육과에서 교편을 잡았다. 1941년에는 계림 영조농장(靈棗農場)에서 기술 지도를 하였다. 1944년 민동(閩東) 복안현(福安縣) 계병향(溪柄鄉)에 '강락신촌' 제2촌에서 주비공작을 주관하였고 전시 고아를 수용 교육하였다. 1945년 8월 일본제국주의 무조건 항복 후 부친은 대만성 농림청 기정(技正)에 부임하였다. 1950년 6월 대만을 떠나 호남대학에 교수로 초빙되어 호남대학 농학원 농예학교 주임을 담임하였다. 1951년 농학원은 호남대학에서 분리하여 호남농학원으로 독립하였다. 부친은 호남농학원의 교수로 실습농장의 주임도 겸임하였고 원예학과 주임 등 직무를 담당하였다. 호남농학원에 근무하는 동안에 주요 학술성과로는 감귤(柑橘) 기원의 연구, 포도 일년 다숙(多熟) 연구, 화훼 재배와 원림 분포 연구, 마왕퇴(馬王堆) 한묘(漢墓) 출토 농작물 연구, 마왕퇴 한묘 출토 농작물에서 기인하는 벼 재배의 기원 등의 연구 성과를 거두었다. 호남농학원에 근무하는 기간 중국 원예학회 이사, 중국 원예학회 호남성 분회 부회장, 명예회장 등 직무를 담임하였다. 정년퇴직 후에는 호남농학원 원예학과 명예 주임 등 영예를 받았다.

부친께서 받은 주요 영예는 다음과 같다.

1978년 12월, 조선민주주의인민공화국 김일성 주석은 류자명 선생의 역사 공적과 중조인민의 우의를 증진시키는데 기여한 것을 표창하기 위하여 3급 국기 훈장을 수여하였다.

1991년 4월 13일 점차 민주화로 매진하는 대한민국 정부 대통령 노태우는 류자명 선생의 한국독립운동에 기여한 데 대하여 표창하기 위하여 작고하신 부친에게 건국훈장 애국장을 수여하였다.

1984년 2월 26일 중국농학회에서 '농업 과학연구, 교육, 보급, 행정 공작 50년 이상 종사자, 나이가 75세 이상 원로 농업 과학가' 칭호를 받아 중국 농학회에서 표창장을 수여하였다.

1985년 3월 방의(方毅) 부총리께서 서문을 쓰신『중국현대 농학가전』 제1권이 출판되었는데, 여기에 부친의 생애와 활동이 제3위에 배열되어 수록되었다.

1996년 11월 26일 호남성 과학기술협회에서는 건국 이래 과학기술의 진보와 경제 진흥과 사회발전에 현저한 성적을 거둔 과학기술자를 선양하고 기리기 위하여 80명을 제1회 '호남 과학기술의 별'로 임명하였다. 부친의 이름도 그 중에 포함되었다.

2004~2005년 충주시는 류자명 선생의 고향에서 충주 출신의 3명 독립운동가인 류자명, 서정기(徐廷夔), 이일신(李一信)을 기리는 독립유공자 추모비를 세웠다. 추모비가 수립된 후 2005년 3월 1일 한국 3·1운동 기념일에 거대한 추모비 제막식을 거행하였다.

2005년 7월 한국 정부는 류자명 선생을 2006년 1월 '이달의 독립운동가'로 선정하여 기념하였다.

박걸순 선생은 나의 부친의 생애에서 3번 중요한 전환점에 봉착하였다고 하였는데 첫 번째는 당시 고향을 등지고 떠나 독립운동에 투신하였고 괜찮은 교원직과 행복한 가정을 떠나 위험하고 가난하고 고생스러운 망명생활을 시작한 것이고, 두 번째는 1950년 대만을 떠나 한국을 돌아 갈 계획이었는데 홍콩을 경유할 때 조선전쟁이 발발하여 몇 가지 대책 중에 사회주의인 중국 대륙을 선택한 것이고, 세 번째는 1957년 조선전쟁 휴전 이후 조선정부의 명령을 받아 조선에 들어가 전후 건설에 참가하라는 요구에 호남성 정부와 호남농학원의 만류로 인해 중국에서 계속 농업교육과 농업과학연구를 선택한 것이다. 두 번째와 세 번째 전환점은 호남 사람과 장사시와 연결된 것이다.

<h3 style="text-align:center">최초로 사귄 호남의 친구</h3>

한국에서 현재 나의 부친을 연구하는 역사학자들은 부친이 여타 독립운동가들과는 다른 두 가지 특징이 있다고 한다. 하나는 부친이 혁명운동에 종사하는 동시에 자기의 전공에 맞는 일에도 종사하였고, 또 하나는 부친이 자기 나라 동지들과 친분을 맺을 뿐 만 아니라 중국 인민 속에 융합하여 중국 친구와 아주 두터운 우정을 맺은 것이다.

중국 친구로 말하자면 부친의 삶에서 위기가 닥칠 때마다 고비를 넘길 수 있는 중요한 요소가 되었다. 이 친구들 중에는 호남 출신이 중요하고 특별한 위치를 차지한다. 소동(邵東) 출신인 광호생(匡互生) 선생은 나의 부친께서 사귄 중국 친구 중에 첫 번째로 꼽히는 분이다. 광 선생은 소년 시절부터 민주진보 사상과 민족혁명 사상을 받아 들여 구국을 자기의 소임으로 삼았다. 1911년 신해혁명 시기에 중학생인 광 선생은 혁명적 학생군에 가담하였다. 1919년 북경고등사범학교(즉 북경사범대학) 수리부(數理部)에서 공부하고 있는 광 선생은 5·4운동의 중요한 조직자이자 선도자이고 조가루(趙家樓)를 불태우는 행동에서 제일 먼저 담을 넘어 조여림(曹汝霖)의 집에 들어 간 사람이다. 그는 호남 제1사범학교 교무 주임을 담당할 때(1920) 학교의 대학 졸업생이 아닐 경우 학교 교사를 담당하지 못한다는 낡은 규범을 타파하여 부소주사(附小主事, 교장)는 교사 담당

자격이 있게 하여 모윤지(모택동)를 제1사범의 교사로 임명하였다. 광 선생은 '신민학회'에도 가담하였다. 1925년 상해에서 입달학원을 창설하여 선생의 새 교육사상과 교육방법을 실천에 옮긴 중요한 표지가 되었다. 1933년(42세) 직장암으로 한창나이에 세상을 떠나 그의 웅장한 포부를 실현하지 못하여 아쉬움을 남겨주었다. 하지만 오늘날까지 교육계에서 광 선생의 교육사상을 연구하는 사람이 끊이지 않고 있다.

1928년 2월 28일 부친은 무한에서 한국혁명지사 몇 명과 한국 3·1독립운동을 기념하기 위하여 회의를 개최하고 있을 때 일본 주재 한구(漢口) 영사관에서 발각되어 무한(武漢) 경찰국에 공산당들이 회의를 열고 있다는 거짓 보고를 하여 부친 등 10명은 경찰국에 체포되고 말았다. 한국 임시정부와 한국 교민 단체에서 다방면으로 구원하여 8월 28일에야 석방되었다. 석방된 부친은 곧 남경으로 갔다.

남경에서 부친은 중국 친구 원소선(袁紹先)을 알게 되었다. 1929년 겨울 원 선생의 계획과 준비 끝에 남경 중산문 밖에서 '한복염열사기념농장(韓復炎烈士紀念農場)'을 창설하였다. 원 선생의 소개로 부친은 이 농장에서 기술직을 담당하였다. 당시 농장에서는 상해 입달학원 부속농장에서 꿀벌 한 박스를 가져다 키우기로 결정하였다. 입달학원의 교무위원회 주임 광 선생은 직접 꿀벌을 가져다주었고 상세하게 키우는 방법도 설명해주었다. 부친은 이리하여 이 5·4운동의 맹장을 알게 되었다. 1931년 봄 부친은 입달학원 고중부 농촌교육과에서 교편을 잡게 되었다.

한국의 3·1운동은 중국의 5·4운동과 같은 해에 2개월 밖에 차이가 나지 않게 발발했다는 것은 같은 반제 반봉건의 역사 배경 하에 처해 있었고 더구나 광 선생과 나의 부친은 무정부주의를 신앙했기 때문에 국적이 다른 두 사람은 신속히 친해졌다.

입달학원에서 교편을 잡은 사람들 중에 중국 저명인사가 적지 않았다. 예컨대 주광잠(朱光潛)·주위군(周爲群)·유훈우(劉薰宇)·풍자개(豊子愷)·

하개존(夏丏尊) · 엽성도(葉聖陶) · 하연(夏衍) · 호유지(胡愈之) · 주예동
(周予同) · 유대백(劉大白) · 진지불(陳之佛) · 주자청(朱自淸) · 심안빙(沈
雁冰) · 정진탁(鄭振鐸) · 심중구(沈仲九) · 진범예(陳范予) 등이 그들이다.
입달학원은 당시 교사를 초빙할 때 초빙서를 발송하지 않았고 교사의 대
우는 일인당 일률적으로 60원이었다. 자격과 경력, 교육 경험으로 볼 때
나의 부친은 이 사람들과 비교가 안 될 정도이고 뿐만 아니라 이 분들 중
에 많은 분이 5 · 4운동에 참여한 저명한 맹장들이다. 그러나 광 선생은
관례를 깨고 부친에게 월급을 80원이나 주었다. 그 원인은 조선 민족은
피압박민족이며 중국 사람은 그들을 지지해 주어야 한다는 것이다. 여기
서도 광 선생이 얼마나 숭고한 사상을 지니고 있었는지 쉽게 알 수 있다.

　교육사상에서도 두 분은 같은 인식을 갖고 있다. 더욱 중요한 것은 광
선생의 교육사상과 교학방법은 나의 부친에게 많은 영향을 주었다는 사
실이다. 그 뒤 부친은 「광호생선생 인상기」에서 선생의 사상과 방법을 교
육과 생산노동의 결합, 학생이 학교관리에 참석, 학생들이 서로 가르치고
학습하며, 공개적으로 학교를 운영하며, 학생 · 공인 · 교사가 서로 결합
하여야 한다는 등 다섯 가지로 정리하였다. 부친의 분석은 매우 정확하였
다. 부친은 광 선생의 사상과 방법을 매우 깊게 이해하고 있었다는 것을
잘 알 수 있다.

　입달학원의 이런 특별한 점이 있었기 때문에 광 선생께서 불행히 일찍
돌아가신 후 학교가 유지하기 어렵게 되어도 입달학원의 학생과 교사들
은 시종일관 친한 관계를 유지하였다. 특별히 언급해야 할 것은 광 선생
의 둘째 딸인 달인(達人)과 파금(巴金)의 아우 이채신(李采臣)은 이 시기에
모두 부친의 제자가 된 것이다. 이 외에 부친의 제자 중 훗날 저명한 남양
(南洋) 실업가로 성장한 양조휘(梁祖輝) 선생은 우리 집이 매번 곤란에 봉
착할 때마다 아낌없이 주머니를 열어 도와주었으며 우리로 하여금 감사
해 마지않게 하였다. 대만에 이육화(李毓華) 선생은 부친에 대한 감사의

마음을 한시도 잊지 않고 마음에 두고 부친의 삶을 기술하는 책이 출판되기를 간절히 바랬다.

입달학원에는 호남 분이 몇 명인지 잘 모르겠지만 심중구 선생은 장사 제1사범학교에서 교편을 잡은 적이 있으며 그의 부인 호완여(胡琬如)여사는 호남 출신이며 이외에 종도룡(鐘濤龍)·소포초(蘇抱樵)·장학지(張學知) 등도 아마 호남 출신이었을 것이다. 심중구 선생의 자형 진의(陳儀) 선생은 복건성 성장을 담임한 적이 있으며 광 선생이 돌아가신 지 얼마 안 되어 심 선생은 복건성 정부의 고문으로 부임하였다. 그 후 유건서(劉建緖)가 성장으로 계실 때 성정부의 고문을 다시 담당하였다. 이것이 바로 나의 부친이 복건성에서 일을 하고 광복 후에 대만에서 일을 하며 심지어 최후에 장사에서 정착하는 것과 연결된 것이다. 바꾸어 말하자면 부친은 상해 입달학원에서 사귄 많은 친구들이 부친이 이후에 발전과 업적을 취득하는데 결정적 작용을 하였던 것이다.

항일 전쟁 어려운 시기와 승리 전후 호남의 친구

부친께서는 1935년 6월 입달학원 농촌교육과를 떠나 남경으로 가서 정부의 농촌진흥위원회에서 마련한 동류농장(東流農場)에서 기술직을 담임하였고 동시에 한국 항일독립운동에 종사하였다. 1937년 7·7사변 후 남경에 있는 혁명단체들은 통합을 이루어 조선민족전선연맹을 수립하였다. 조선민족혁명당의 지도자 김약산은 연맹의 주임위원을 담당하였고 부친은 비서를 담당하였다. 이 후 상해가 함락되고 일본군이 나날이 무석(無錫)에 가까워지자 조선민족전선연맹의 구성원들과 가족들은 어쩔 수 없이 무한으로 철수하였다. 1938년 한국혁명조직은 무한에서 조선의용대를 수립하고 전선연맹의 구성원들은 당연히 의용대의 대원이 되었다. 김약산은 대장에 취임하였고 나의 부친은 제3지대의 지도원을 담당하였다. 조선의용대는 국공합작한 중국 정치부 산하에 두고 부장은 진성(陳

誠), 부부장은 주은래(周恩來)였다. 의용대는 군사적으로 1청의 지도아래 청장은 국민당의 황포파 군인이며, 적후공작과 대적 홍보는 3청의 지도를 받았고 청장은 곽말약(郭沫若)이었다. 이때 무한 보호전은 이미 시작되었고 의용대 일부분은 호남을 지나 계림으로 철수하였고 다른 일부분은 하남(河南)을 거쳐 연안으로 철수하였다. 1938년 겨울 부친은 제1부분을 따라 형산(衡山) · 형양(衡陽) · 소양(邵陽)을 거쳐 계림(桂林)에 도착하였다. 그 후 중경에 도착(이 때 한국임시정부는 이미 중경으로 철수하였다)하여 한국임시정부 주석 김구 선생님을 도와 민족통일 전선을 실현하였고, 1940년 봄 복건에 가서 진의와 심중구 고문의 배려 하에 복건성 농사실험장과 원예실험장에서 기술담당을 하였다. 그러나 하반기에서 '회족구국협회(回族救國協會)' 마종융(馬宗融) 위원의 초청으로 다시 계림으로 돌아와 회교구국협회에서 전시 인원들의 생활문제를 해결하기 위하여 만든 영조농장(靈棗農場)에서 기술 지도를 담당하였다.

상해시기에 나의 부친은 무정부주의 사상을 받아들여 중한 양국의 무정부주의자들과 내왕이 비교적 많았다. 그 중 입달학원의 광호생 · 심중구 · 진범예 · 나사미(羅斯美) · 위혜림(魏惠林) · 마종융과 부인 나세미(羅世弥)는 모두 무정부주의자였으며 입달과 친한 국민당 중앙당부의 원로 오치휘(吳稚暉), 이욱영(李煜瀛)도 무정부주의를 신앙하였고 파금도 입달과의 관계가 밀접하였고 당시 많은 사람들이 입달학원을 무정부주의 학교로 간주하였다. 그 때 상해 프랑스 조계에 사천 사람 등몽선(鄧夢仙)이 만든 화광의원(華光醫院)이 있었는데 등몽선도 무정부주의자였기 때문에 이 병원도 무정부주의자들의 거점이었다. 나의 부친과 파금의 친분도 여기서부터 시작하였다. 비교적 저명한 한국 무정부주의자는 이회관(李晦觀) · 이우관(李又觀) · 정화암(鄭華岩) 등이 있다.

부친은 무한에서 계림으로 철수하는 도중에 소양(邵陽)에 잠시 며칠 머물러 종도룡의 집에서 보냈는데 이것은 부친이 최초로 호남에서 머물던

곳이다. 이 외에 상해에 있을 때 누구의 소개인지 모르겠지만 소양에서
하만진(賀滿眞) 선생(賀淥汀의 형)을 위하여 일본의 무핵감귤(無核柑橘)
을 도입하였다. 이것은 부친이 호남에서 과수 재배와 맺은 최초의 관계라
하겠다. 영조농장에서 일하는 동안에 부친은 호남의 친구 하명강(夏明
綱)·종도룡·소포초·장학지(蔣學知) 등과 종묘농장을 설립하였다.

1944년 일본 침략군은 계림을 함락시켰다. 계림이 함락 직전 계림을
떠날 교통수단을 찾을 수 없었다. 우리 가족은 아주 위험한 경지에 처해
있었다. 일단 일본군이 계림을 점령하면 일찍 일본 경찰의 요시찰인이었
던 부친은 일본의 마수에서 벗어나기 어려웠던 것이다. 이 무렵에 복건성
정부에서 비서장을 담임하고 계신 호남친구 정성령(程星齡) 선생이 우리
를 구해 주었다. 본래 복건성 은행은 계림에 지행이 설치되어 있었다. 지
행에서 차량 한대가 지행의 짐을 싣고 복건성으로 철수할 때 정 선생은
꼭 우리 가족을 데리고 가라는 당부를 하였다. 이것이 계림에서 철수할
수 있는 마지막 차량이었던 것이다. 우리 가족은 이렇게 위험에서 벗어
날 수 있었다.

정 선생은 복건성에서 '강락신촌'을 창설하여 전시 고아를 수용하고 가
르쳤다. 신촌은 탁월한 효과를 거두었기 때문에 성정부에서는 민동(閩東)
복안현(福安縣) 계병향(溪柄鄉)에서 제2촌을 개설하기를 결정하였다. 정
성령 선생은 준비 작업을 나의 부친에게 위탁하였고, 부친은 사진(謝眞,
심중구가 복건성에서 키운 인재), 이회민(李懷民, 복건 출신, 입달에서의
부친 제자)과 임경황(林景煌)과 같이 일을 하게 되었고 1년 내에 복안(福
安)·합포(霞浦)·영덕(寧德)·연강(連江)·주돈(周墩) 등지에서 60여 명
의 아동을 수용하였다. 그러나 불행하게도 복안현 현장 호방헌(胡邦憲)
등은 공산당 혐의로 면직을 당하고 체포까지 당하였다. 정성령 선생도 중
경에 수감되었다.

1945년 중한 인민은 드디어 장기적인 항일전쟁 승리의 시각을 맞이하

였다. 일본침략자는 드디어 패망해 투항을 하였다.

복건성 전 성장이고 현 국민정부 행정원 비서장인 진의(陳儀) 선생은 대만 행정장관공서(行政長官公署)의 장관으로 임명되어 대만을 인수하는 사업을 전면 주관을 하여 심중구 선생은 장관공서의 고문을 담임하게 되었다. 이 작업은 인재가 필요했기 때문에 진의는 부친을 초청하여 대만 농림처(얼마 후 농림청으로 개칭)에 농사실험장 원예학과 주임 등을 담임하게 하였다.

진의는 또 정성령을 보석하여 대만에 가게 하였다. 그러나 정성령은 대만에서도 군부 감옥에 연금되었다. 1947년 대만 2·28 사건 직후 장개석은 진의선생이 공산당과 내통하고 변절하였다고 의심하여 진의를 뜻밖에도 총살하였다. 이 일이 있은 후 부친은 진 선생의 가족과 같이 가서 그의 시신을 보았다.

대만을 떠나 장사에 정착

1949년 중국 대륙은 해방을 맞이하였고, 중화인민공화국이 수립되었다. 대만은 혼란스러운 분위기에 빠졌다. 한편으로는 전쟁의 분위기가 나날이 짙어지고 또 한편으로는 물가가 상승하고 통화 가치의 하락으로 악성 형사 사건도 날로 늘어나고 있다. 1950년 들어 각국 정부는 한국정부를 포함하여 교민을 철수시켰다. 부친은 그 당시 진의 선생의 초청으로 대만에 와 있었는데, 중국 대륙에 많은 한국 사람과 같이 꿈에도 그리운 고향으로 돌아가지는 않았다. 당시 진 선생은 이미 돌아가셨고 대만도 사람을 실망시키자 부친은 한국대사관 영사부에 귀국 보고를 올렸다.

그러나 대만에 처음 갔을 때는 대만에서 5호연보제(五戶聯保制)를 실시하여 매 가정마다 국민신분증이 있어야 했으므로 부친은 중국인으로 보고를 올려 신분증을 수령하였다. 그리하여 경무처에 출국 신청을 할 때 국민신분증을 먼저 취소시켜야만이 출국증을 발급 받을 수 있다고 하였다. 이 수속을 밟는 절차가 반년을 걸렸다. 이와 같은 시기에 한바탕의 한 국전쟁이 조용히 획책되고 있었다.

부친께서 선택한 경로는 기륭(基隆)에서 출발하여 홍콩을 거쳐 한국(목적지는 부산인 듯하다. 당시 나의 나이는 8살이라서 확실하게 잘 모른다)에 들어가는 것이다. 나의 기억으로는 2박 3일인지 1박 2일인지 기선을 타고 1950년 6월 25일 저녁 무렵에 홍콩에 도착하였다. 상륙 후 부친은 신문에서 놀라운 소식을 보았다. 한국전쟁이 당일에 발발하였던 것이다. 그리하여 부친은 일생 중에 두 번째로 긴급하게 선택을 해야 할 고비를 직면하게 되었다.

갈 길은 세 가지가 있었다. 하나는 대만으로 돌아가는 것, 둘째는 홍콩에서 거처를 바꾸어 홍콩 이민당국의 검사를 피하여 홍콩에 있는 친구의 도움으로 홍콩에 체류(그 당시 이것은 그리 어려운 일이 아니다)하는 것, 세 번째는 중국 대륙으로 가는 것이다. 부친은 당시 중국에서 독립운동에 종사하면서 중국공산당의 목표와 주장을 이해하였는데, 조선의열단이 조선민족혁명당으로 개조한 것도 공산당의 영향을 받은 결과이고 당의 제일 중요한 지도자 김약산은 중국공산당에 가입한 적도 있다. 때문에 부친은 조금도 망설임 없이 새 중국으로 가기로 결정하였다.

정성령은 진의 사망 후 언젠지 모르겠지만 장개석으로부터 고향 소양에 수감되었다. 비록 자유는 제한되었지만 그는 비밀히 정잠(程潛)과 연락하여 함께 호남의 평화적인 해방을 계획하였다. 그 본인도 해방 후에 호남성 정부의 부성장을 담임하였다. 부친은 또 한 번 도움을 청하기로 결정하였다. 부친이 또 한 친구를 생각해 냈는데 그분이 바로 상해에 있는 중국 저명의 생물학자 주세(周洗)이다. 정성령은 부친의 편지를 받고 즉시 행동을 취하여 한편으로는 호남대학 이달(李達) 교장에게 추천서를 쓰고 또 한편으로는 성농업청과 연락을 취하였다. 두 방면에서 모두 긍정적인 답장을 보내왔다. 이달 교장은 친히 초빙서를 홍콩으로 부쳐 주었다.

이어 상해에서도 환영한다는 편지가 왔다. 부친은 호남의 초빙서를 먼저 받았다는 이유로 호남으로 부임하기로 결정하였다. 그리하여 우리 일가는 1950년 7월 장사에 도착하였다.

호남대학은 부친이 외국인이라고 꺼리지 않고 부친을 충분히 신임하였다. 부친은 교수를 담당했을 뿐만 아니라 농학원 농예학과의 학과 주임도 담당하고 뒤이어 학교 학술위원회(學術委員會), 녹화위원회(綠化委員會), 공회(工會) 등 기구에서는 일련의 초빙서가 잇달아 왔다.

새 중국은 농업발전을 매우 중요시하였다. 건국 초기에 경제가 완전히 회복하기 전인 1951년에 호남성은 농학원을 호남대학에서 분리하여 독립시켰다. 부친은 그리하여 호남농학원의 교수와 원예학과 주임을 담당하였다. 1954년 전국에서 대학과 학과 조정을 할 때 호남농학원 원예학과는 무한의 화중농학원(華中農學院)에 귀속되었다. 그러나 호남농학원에서는 부친을 놓치기 아쉬워하여 부친은 농학원에 남아 실습농장의 주임을 전임하였다. 이 결정은 나중에 보면 아주 정확한 것이었음을 알 수 있다. 이것이 1958년 다시 원예학과를 수립하는 역량이 된 것이다.

1957년 부친은 또 한 번 삶에 중대한 선택을 하지 않을 수 없었다. 한국전쟁 정전 후 조선은 전후 회복과 나라 건설에 대량 인력을 필요하였기 때문에 조선 정부는 가능하면 해외에 거주하는 교민을 소환하기로 결정하였다. 부친은 조선 정부의 귀국 명령을 받아 즉시 귀국준비에 착수하였다. 단시간 내에 일체 준비를 다 하였고 심지어 모친은 고향 광주에 가서 친척들과 고별인사를 하였다. 그러나 당시 중국은 장기적 전쟁의 상처를 치유하기 위해 노력하고 있는 때라 인재가 필요하였다. 호남성과 호남농학원에서는 부친을 만류하였다. 결국은 정성령 부성장이 나서서 고교부(高敎部)를 통하여 외교 경로를 이용하여 조선 방면과 협상해서 부친을 만류하게 하였다. 이때 물론 당사자 본인의 결정이 결정적이었다. 부친은 신중하게 고민한 끝에 장사에 남기로 결정을 내려 이미 정이 들었고 본인과 한국, 조선 인민의 은인인 중국 인민을 위하여 계속 복무하고 아울러 이미 개시한 농업교육과 농업과학연구 사업을 계속하기로 하였다. 이 결론은 곧 조선 정부의 인정을 받아 조선에서도 조선 교민이 중국 인민의 이런 환영을 받을 수 있다는 것을 반가워하였다. 이 후 부친은 호남에 영구히 남아서 살았다. 1985년 4월 17일 부친은 장사에서 세상을 떠났다.

<h2 style="text-align:center">맺는말</h2>

나는 부친이 상해·복건·계림에서 사귄 호남 출신의 친구를 서술하였는데, 비록 대부분 내가 출생하기 이전의 사실이지만(1942년 전) 사람을 제한하고 중요한 분만 선택하여 하나하나 얘기할 수는 있었다. 그러나 우리가 장사에 정착한 후 부친과 친분이 두터운 친구를 선택하려고 할 때 힘이 따르지 않음을 절실히 느꼈다. 그것은 서술해야 할 분이 너무 많기 때문이었다. 부친이 장사에 정착한 후부터 비교적 안정적이고 넉넉한 생활을 할 수 있었다고 말할 수 있다. 부친은 이때부터 명실상부하게 교육과 과학연구의 조건이 마련될 수 있었고 동시에 일련의 영예를 누릴 수 있었다. 비록 중국은 사회가 불안한 시기를 겪었지만 가령 문화대혁명처럼 큰 재난 중에도 부친은 큰 충격을 받지 않을 수 있었다. 부친은 몇몇 유능한 사람의 보호를 받은 것이 아니라 대중들의 보호를 받은 것이다. 부친은 평생 중국 인민의 은정을 잊지 않았으며 그는 중국 인민과 두터운 우의를 맺었고 이 중에 특히 호남의 땅, 호남의 사람과 인연을 맺었다.

호남대학 악록서원(岳麓書院)의 대문에는 '유초유재 우사위성(惟楚有材 于斯爲盛)'이라는 글귀가 있다. 나는 자주 이렇게 생각한다. 이 '재'(材)는 초(楚)에서 나는 '재'라고 이해하는 것이 아니라 많은 '재'들이 초(楚) 외에서 나기도 한다. 사실상 악록서원은 옛날부터 지금까지 받아들인 인재는 호남 출신으로 제한하지 않았다. 만약 나의 부친이 '재'라고 할 수 있다면 그것은 외국에서 온 '재'이다. 그러나 '재'는 '우사위성(于斯爲盛)'이라

하는 까닭은 호남출신의 '재'와 밀접한 관계가 있다. 호남 인재들이 외부의 인재를 끌어들였기 때문이다. 이점을 알게 되면 나는 인연이란 것을 이해할 수 있고 호남 사람에 대해 한층 더 깊이 인식할 수 있다고 하겠다.

후 기

본문은 장사시 정협문교(政協文敎)와 문사체위원회(文史体委員會)의 약속을 받아 쓴 것이다. 당시 나의 부친이 장사시와 관련한 일을 회억하기로 약속하였다. 그러나 집필할 때 류자명이 어떤 사람인지 아는 분이 아마 많지 않을 것이라 생각하고 문장에서 꼭 소개해야 한다고 생각했다. 하지만 부친의 경력이 워낙 복잡하여 쓰려면 지면을 꽤나 차지할 것 같아 호남, 장사와 관련한 내용 중 중요한 것을 골라 쓸 수밖에 없었다. 그리하여 자연스럽게 부친과 심지어 우리 일가족에게 큰 영향을 미친 분부터 써야 하였다. 이 부분을 정리한 후 1950년 이후를 생각할 때 장사와 친한 친구의 이야기를 하려고 할 때 또 한 번 난처하게 되었다. 너무 많아서 이 지면이 제한된 문장에서 어떻게 다 쓰겠는가! 결국은 해방 후의 정부와 친구의 일은 오히려 간략하게 언급할 뿐이었다.

부친은 조선반도의 남과 북, 중국 해협 양안(兩岸)에 모두 부친의 삶에서 중요하고 지위가 높은 친구들도 있다. 그러나 중국에서 '한국 국부'라 불리는 김구 선생님은 1949년 이승만에 의해 암살당하였고, 조선에서는 김원봉(약산), 김두봉, 박건웅 등이 숙청당하였으며 그들은 어떻게 죽었는지 우리가 알 길이 없으며, 대만 접수의 중임을 맡은 진의 선생도 장개석에 의해 사형 당하였으며, 호남을 평화적으로 해방을 맞이할 수 있게 한 공신 정성령은 1957년 우파로 몰려 오랫동안 곤란한 세월을 보내야 하였다. 유독 부친은 반평생을 안심하게 지낼 수 있었다. 부친은 평생 명리(名利)에 담백하고 남과 함께 좋은 일을 하였으며 과학과 교육을 사랑했으며 일본 제국주의가 그에게 불공대천지원수(不共戴天之怨讐)인 이외에는 자기 진영 중에는 사지에 몰아넣는 원수는 없었다. 이것이 중요한 요인이라 할 수 있겠다. 그리고 평생에 많은 포부를 품고도 다른 사람을 기꺼이 돕는 친구를 만나는 것이 또 하나의 요인이라 할 수 있겠다. 그러나 이 모두를 전반적으로 이해하지 못한다면 운명으로 돌릴 수밖에 없을 것이다!

韓國史研究叢書 72

충북의 독립운동과 독립운동가

| 초판 1쇄 인쇄일 | | 2012년 10월 29일 |
| 초판 1쇄 발행일 | | 2012년 10월 30일 |

지은이		박걸순
펴낸이		정구형
출판이사		김성달
편집이사		박지연
책임편집		이원숙
편집/디자인		이하나 정유진 이호진 전용완
마케팅		정찬용
영업관리		한미애 권준기 천수정 심소영
인쇄처		월드문화사
펴낸곳		**국학자료원**

등록일 2006 11 02 제2007-12호
서울시 강동구 성내동 447-11 현영빌딩 2층
Tel 442-4623 Fax 442-4625
www.kookhak.co.kr
kookhak2001@hanmail.net

| ISBN | | 978-89-279-0198-3*94900 |
| 가격 | | 49,000원 |

* 저자와의 협의하에 인지는 생략합니다.
  잘못된 책은 구입하신 곳에서 교환하여 드립니다.